Herausgegeben von Karl Schneider
unter Mitarbeit von Prof. Dieter Pflaum

WERBUNG

in Theorie und Praxis

Autoren:
Bernhard Engelhardt
Hans-Adolf Frick
Roland Gemeinhardt
Christine Kreuzer
Beate Lämmle-Koziollek
Mechthild Langner
Gerhard Märtterer
Bernd-Jürgen Matt
Thomas Meichle
Prof. Dieter Pflaum
Geert Reuter
Antje Roth
Karl Schneider
Armin Scholz
Harald Schrader
Joachim Seebohn
Mine Sirin
Ralph Walper
Martin Walter

M & S
VERLAG
FÜR MARKETING UND SCHULUNG

Die Deutsche Bibliothek – CIP-Einheitsaufnahme

Werbung in Theorie und Praxis / hrsg. von
Karl Schneider unter Mitarb. von Dieter Pflaum.
Autoren: Bernhard Engelhardt ... –
Waiblingen: M–und–S-Verl. für Marketing und Schulung.

[Hauptbd.].. – 5., erw. und überarb. Aufl. – 2000
ISBN 3–930465–00–0

5. Auflage 2000
ISBN 3-930465-00-0

Postfach 50 18, 71315 Waiblingen
Endersbacher Str. 57, 71334 Waiblingen
Telefon: (0 71 51) 9 59 01-0
Telefax: (0 71 51) 9 59 01-22

Lektorat und Redaktion der 5. Auflage:
Verlagsbüro Claus Keller, Stuttgart

Titelgestaltung und Schaubilder:
Diplom-Grafik-Designer (FH) Gerhard Schuschkleb,
Werbeagentur MÄRTTERER + SCHUSCHKLEB GmbH, Waiblingen

Druck:
Rösler Druck GmbH, Schorndorf

Printed in Germany

Vorwort

Auch für die vorliegende fünfte Auflage war unser Bestreben, das grundlegende Fachwissen der Werbebranche in einem Werk zu vereinen und gleichzeitig einen hohen Grad an Aktualität zu liefern. Aus diesem Grund wurden alle Bereiche durchgesehen und aktualisiert. Einige Kapitel haben eine grundlegende Überarbeitung erfahren, zum Beispiel „Marketinginstrumente", „Marketingkommunikation" und „Werbung". Zwei Kapitel wurden neu in das Instrumentarium der Kommunikationspolitik eingefügt: „Product-Placement" und „E-Commerce". Fünfte Auflage

Die Struktur des Lehrbuches wurde grundsätzlich beibehalten. Allerdings mit einer konsequenten Fokussierung auf die Veränderungen der Berufswelt und der damit verbunden Forderung nach entsprechend qualifizierter Ausbildung. Schlüsselqualifikationen und berufliche Handlungskompetenz sind gefragt. Das bedeutet für Studium und Ausbildung mehr Handlungsorientierung und Organisation von Geschäftsprozessen. Die Lösung komplexer Aufgaben gelingt nur, wenn man die Probleme rechtzeitig erkennt, das entsprechende Fachwissen besitzt und weiß, wo angesetzt werden muss, um die nötigen Strategien zu entwickeln. Diesem Anspruch wird das vorliegende Lehrbuch gerecht, indem es das allgemein relevante und praktisch verwertbare Grundlagenwissen vermittelt. Es verbindet die verschiedenen Disziplinen der Werbung mit den korrespondierenden Fachgebieten wie betriebswirtschaftliche Grundlagen oder Werberecht. Konzeption

Das Buch ist nicht nur für Werbekaufleute in der Ausbildung konzipiert, sondern verschafft auch Studenten im Bereich der Werbe- und Verlagswirtschaft einen leicht verständlichen, kompakten und schnellen Überblick der jeweiligen Fachgebiete. Dank des umfassenden Stichwortverzeichnisses hilft es auch den Mitarbeitern in Agenturen und Werbeabteilungen bei der Einarbeitung in neue Gebiete.

„Werbung in Theorie und Praxis" ist eine Gemeinschaftsarbeit von Berufsschullehrern, Dozenten an Fachhochschulen und erfahrenen Führungskräften der Werbewirtschaft. Aus der Form des Sammelwerkes resultiert die unterschiedliche Ausgestaltung und Färbung der jeweiligen Kapitel, die durch die individuellen Erfahrungen und Sichtweisen der Autoren bedingt ist. Die Überschneidungen mancher Themen sind aus lernpsychologischen Gesichtspunkten beabsichtigt und verdeutlichen auch die Vernetzung der Inhalte im Rahmen des Marketinginstrumentariums.

Vorwort

Didaktik

Das bisherige didaktische Konzept hat sich bewährt und wurde für diese Auflage beibehalten:

- Strukturierte Themendarbietung mit vielen anschaulichen Grafiken ermöglichen einen effektiven Lernprozess.
- Wichtige Begriffe bieten als Marginalien eine Hilfe zur schnelleren Orientierung und zum nachhaltigen Speichern des erarbeiteten Stoffgebietes.
- Am Ende eines jeden Kapitels folgen Fragen zur Wiederholung und zur Kontrolle.
- Das Literaturverzeichnis zu jedem Kapitel soll auch dazu anregen, weiterführende Literatur zu konsultieren.

Arbeitshandbücher

Ergänzend zu diesem Lehrbuch sind auch zwei Arbeitsbücher unter dem Titel „Compact-Training" erschienen. Band I hilft bei der Vorbereitung auf Prüfungen und Klausuren in Form von Fragen und Antworten, Prüfungsaufgaben und Fallstudien mit den entsprechenden Musterlösungen. „Compact-Training II" enthält neben weiteren Fragen/Antworten ein umfangreiches Glossar mit den wichtigsten Begriffen aus der Werbewirtschaft (s. Seite 86).

Autoren und Mitarbeiter

Auch diesmal haben mich wieder viele Fachleute aus der Werbung unterstützt, denen ich an dieser Stelle danken möchte. Mein besonderer Dank geht an Professor Dieter Pflaum und das gesamte Autorenteam für die engagierte und konstruktive Mitarbeit. Danken möchte ich auch allen Fachkolleginnen und -kollegen und den Mitarbeitern in den Agenturen, die durch Anregungen und Vorschläge dazu beigetragen haben, die Qualität des Buches zu optimieren.

Eine große Hilfe war wiederum Gerhard Schuschkleb von der Agentur Märtterer + Schuschkleb in Waiblingen, zuständig für die grafischen Arbeiten und die Gestaltung des Buches, sowie Claus Keller, der für das Lektorat verantwortlich zeichnete.

Anregungen

An diesem Buch wurde wie immer mit größter Sorgfalt gearbeitet. Dennoch wird es Details geben, die noch zu verbessern wären. Für konstruktive Kritik und Anregungen bin ich, auch im Namen der Autoren, jederzeit dankbar.

Waiblingen, im Mai 2000

Karl Schneider
Herausgeber

Inhaltsverzeichnis

Prolog

Integrierte Kommunikation ist der Schlüssel zum Erfolg

Die Rolle der Kommunikationspolitik als unabdingbare Voraussetzung für erfolgreiche Unternehmens- und Produktpolitik leugnet heute niemand mehr. Die Zeiten, als darüber debattiert wurde, ob Werbung wirklich notwendig sei oder das Produkt nicht ausreichend für sich selbst spreche, sind endgültig vorbei. Auch die Variante „Etwas Werbung muss schon sein, aber bitte nicht zu viel" verschwindet zunehmend aus der ernsthaften Diskussion.

Es geht also nicht mehr darum, ob oder ob nicht, sondern wie Unternehmen und Institutionen optimal für sich und ihre Produkte kommunizieren. Auch hier hat es in den letzten Jahren starke Veränderungen gegeben.

Das ist kein Wunder. Schließlich zählt die Marktkommunikation mit einer Umsatzentwicklung von 74 Mrd. DM 1991 über 115 Mrd. DM 1996 auf schätzungsweise 137 Mrd. DM im Jahre 2000 und 169 Mrd. DM in 2005 zu den Wachstumsmotoren der deutschen Volkswirtschaft. Der Anteil am Bruttoinlandsprodukt wird damit von 2,5 % (1991) auf ca. 3,1 % (2005) steigen.

Auch die Wachstumsdynamik ist nach wie vor ungebrochen und lag mit knapp 8 % 1998 deutlich über der allgemeinen Wachstumsrate. Damit kommt der Kommunikationswirtschaft ein ständig wachsendes Gewicht im Wirtschaftsleben unseres Landes zu. Und sie bringt eine positive Entwicklung bei der Schaffung neuer Arbeitsplätze mit sich.

Alle diese Zahlen fassen die Ausgaben für die verschiedenen Instrumente der Marktkommunikation im Sinne der integrierten Kommunikation zusammen. Deshalb sind sie zum Teil deutlich höher als die Werte, die sich auf die klassische Werbung beziehen, wie aus der folgenden Abbildung hervorgeht.

Werbeinvestitionen in Deutschland
nominal / Milliarden Mark / gerundet

Investitionen in Werbung	Deutschland gesamt Ergebnisse				*Prognose*
	1995	1996	1997	1998	*1999*
Gesamt Honorare, Werbemittelproduktion, Medien	53,6 + 5,5%	54,9 + 2,4%	56,6 + 3,1%	59,3 + 4,8%	*62,3* *+ 5,1%*
davon Einnahmen Werbeträger	36,4 + 7,1%	37,3 + 2,6%	38,7 + 3,7%	41,1 + 6,4%	*43,6* *+ 6,1%*

Integrierte Kommunikation ist die logische Konsequenz für Unternehmen und Institutionen und kein Zauber- und Schlagwort mehr. Sie kennzeichnet das Kommunikationsgeschehen in Wirtschaft und Gesellschaft zunehmend und wird mehr und mehr unerlässliche Voraussetzung für Erfolg im Wirtschafts- und Meinungsmarkt.

Abb.: Die strategische Bedeutung der Kommunikationsinstrumente (Quelle: kommunikationsverband.de)

Der kommunikationsverband.de hat deshalb zusammen mit dem Wirtschaftswissenschaftlichen Zentrum (WWZ) an der Universität Basel unter Leitung von Professor Dr. Manfred Bruhn eine erneute Untersuchung zu den Chancen und Anforderungen professioneller Kommunikationsarbeit durchgeführt. Die Antworten aus 82 deutschen und 113 Schweizer Unternehmen der wichtigsten Branchen zeigen, dass die integrierte Kommunikation als die Conditio sine qua non für Erfolge im Markt angesehen wird. Gegenüber der Erstuntersuchung 1991 sieht heute die große Mehrheit der befragten Unternehmen die integrierte Kommunikation für die Zukunft als einen, wenn nicht den wesentlichen Erfolgsfaktor der Unernehmenspolitik an.

Globalisierung – das ist die zweite große Entwicklung unserer Jahre. Die Kommunikationsbranche ist davon nicht ausgenommen. Im Gegenteil: Auf der einen Seite schließen sich Automobilhersteller, Mobilfunkanbieter, Logistikunternehmen und andere weltweit operierende Unternehmen zusammen, um fitter für den Kampf im Weltmarkt zu sein. Damit bekommt auch deren werbliche Kommunikation eine Dimension jenseits aller nationalen Grenzen.

Auf der anderen Seite verschmelzen Agenturnetze horizontal und vertikal. Gerade die zunehmende Nutzung und der damit verbundene wachsende Einsatz des Internets spielen hierbei eine besondere Rolle. Die Konzentration der Kräfte und das Nutzen von Synergien sind derzeit eine entscheidende Triebfeder im weltweiten Agenturmarkt.

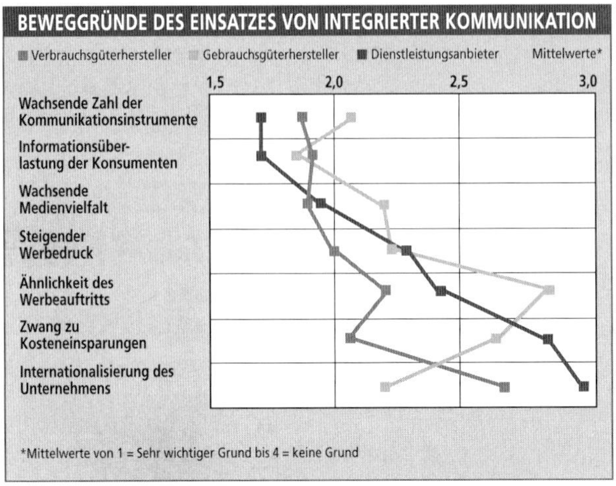

Abb.: Beweggründe für den Einsatz von integrierter Kommunikation (Quelle: kommunikationsverband.de)

Der kommunikationsverband.de hat dieser Entwicklung – übrigens auf Verbandsebene – durch den Zusammenschluss mit dem German Chapter der IAA (International Advertising Association) Rechnung getragen. Die IAA erhält dadurch eine starke Repräsentanz im drittgrößten Werbemarkt der Welt, in Deutschland. Der kommunikationsverband.de erfährt dadurch die notwendige internationale Anbindung, um seinen Mitgliedern neue Services zu erschließen und seine Lobbyarbeit grenzüberschreitend schlagkräftiger zu machen.

Voraussetzung für ein dynamisches und gesundes Wachsen der Branche sind die Ausbildung eines qualifizierten Nachwuchses und die kontinuierliche Fort- und Weiterbildung der Fachleute in den Unternehmen, Institutionen und Agenturen. Das betrifft alle Bereiche – von der universitären bis zur dualen Berufsausbildung. Hier sind dringend weitere Angebote notwendig, um den enormen Bedarf einer boomenden Branche gerecht werden zu können.

Der Übergang von der Produktions- zur Kommunikationsgesellschaft ist in vollem Gange. Die damit einhergehenden gravierenden Veränderungen bestimmen zunehmend das Wirtschaftsgeschehen. Das Internet gibt dieser Entwicklung enorme Impulse und schafft neue Kommunikations- und Distributionswege. Neue Internet-Firmen fordern das gewohnte Gefüge heraus. Der Stellenwert der Marktkommunikation steigt. Nur wer sich und sein Unternehmen darauf rechtzeitig einstellt, wird sich auch künftig im Markt behaupten können.

Jochen Pläcking
Sprecher des Präsidiums
kommunikationsverband.de

Die Werbeagentur – Grundlegende betriebswirtschaftliche Aspekte

Teil I

In diesem Kapitel sollen die elementaren Sachgebiete dargestellt werden, die den betriebswirtschaftlichen Rahmen der Agentur bilden. Dazu gehören neben den organisatorischen auch rechtliche und finanzwirtschaftliche Inhalte. Zunächst soll kurz auf den Begriff „Werbeagentur" eingegangen werden.

Definition

Eine Werbeagentur ist ein Dienstleistungsunternehmen, das gegen Entgelt im Auftrag des Kunden folgende Dienstleistungen ausführt: Werbeberatung, Planung und Konzeption von Werbekampagnen, Entwicklung und Gestaltung von Werbemitteln sowie den Einsatz dieser Werbemittel, d. h. die Werbedurchführung. Der Agenturvertrag ist eine Mischung aus Dienst- und Werkvertrag. Neben der beraterischen Dienstleistung muss die Agentur auch Kampagnen oder einzelne Werbemittel „liefern". (vgl. Hattemer 1995, S.14 und 18)

Full-Service-Agenturen

B-to-B-Agenturen

Das Spektrum der Full-Service-Agenturen ist sehr breit. Neben den klassischen Agenturaufgaben reicht die Palette der Aufgabenstellung von der Marktforschung über das Lösen von Marketingproblemen ihrer Kunden bis zur Werbeerfolgskontrolle. Viele Agenturen haben branchenorientierte Schwerpunkte gebildet (z. B. für Pharmaprodukte o. Ä.). Wenn eine dieser Agenturen verstärkt Werbung für Investitionsgüter macht, spricht man von einer Business-to-Business-Agentur (B-to-B).

Spezialagenturen

Zu den Spezialagenturen zählen die Media-Agenturen, die Mediawerbung planen und abwickeln. Daneben gibt es Agenturen, die auf Direkt-Marketing, Verkaufsförderung, Öffentlichkeitsarbeit, Sponsoring oder Events spezialisiert sind. In jüngster Zeit verlegen sich Agenturen immer mehr auf Multi-Media-Dienste.

Werbeagenturen in Deutschland

Eine genaue Angabe über die Zahl der Werbeagenturen in Deutschland ist schwierig, da die Bezeichnung „Werbeagentur" nicht geschützt ist. Eine seriös erscheinende Zahl liegt zwischen 2.500 und 3.000 Agenturen. Der Gesamtverband Werbeagenturen (GWA) hat 152 Mitglieder, die das Qualitätszeichen GWA tragen. Diese haben 1998 Provisionen/Honorare (das so genannte Gross-Income) von 2,9 Mrd. DM erwirtschaftet. Das entspricht einem betreuten Werbevolumen (Equivalent Billings) von 19,3 Mrd. DM. (ZAW 1999) Die Berechnung basiert auf der Annahme, dass das Gross-Income 15 % der Billings beträgt (das ist der Satz der AE-Provision).
Die Income-Struktur von Agenturen setzt sich in der Regel aus Provisionen, Pauschalhonoraren und Projekthonoraren zusammen. Die von den GWA-Agenturen gemeldete Verteilung entspricht in etwa der seit einigen Jahren gültigen Formel: 30:30:40.

Die 30 größten Werbeagenturen 1998

Rang 1998	Agenturname	Gross-Income in TDM 1998	Veränderung in Prozent	Equivalent Billings 1998	Zahl der Mitarbeiter 1998	Veränderung in Prozent	Gross-Income pro Mitarbeiter 1998	Gross-Income pro Mitarbeiter 1997
1	BBDO-Gruppe Deutschland	384.066	27,3	2.561.720	2.205	55,06	174	212
	Leonhardt & Kern	14.850	-3,43	99.050	57	1,79	261	275
2	Grey-Gruppe Deutschland	200.973	10	1.340.490	905	5,6	222	213
	Consell	8.417	3,2	56.141	40	2,56	210	209
	Cre-Activ	5.480	11,5	36.552	27	-12,9	203	159
	Gramm	10.941	12	72.976	49	11,36	223	222
	Grey Connect	4.317	22	28.794	23	9,52	188	183
	K.M. Wolff & Partner	10.248	-9,83	68.354	50	-3,85	205	219
3	Publicis-Gruppe Deutschland	188.491	8,92	1.257.235	816	10,42	231	234
	BMZ/FCA-Gruppe	53.746	9,1	358.486	253	8,58	212	211
	Publicis	80.097	11,43	534.247	364	12	220	221
	Publicis MCD	54.648	5,27	364.502	189	4,42	289	287
4	Young & Rubicam	136.278	8,75	908.977	593	7,43	230	227
5	Ogilvy & Mather-Gruppe	127.577	12,11	850.939	491	12,36	260	260
	OgilvyOne Worldwide	34.684	20,08	231.344	117	14,71	296	283
6	McCann-Erickson	112.332	20,05	749.254	450	7,14	250	222
7	Springer & Jacoby	108.653	11,76	724.716	451	7,38	241	231
8	Scholz & Friends	103.320	15,9	689.144	388	2,37	266	235
9	J. Walter Thompson	96.760	10,9	645.389	389	4,85	249	235
10	Ammirati Puris Lintas	96.111	-9,72	641.060	412	-14,17	233	222
11	DDB Germany	92.285	10,88	615.541	449	2,98	206	191
12	Michael Conrad & Leo Burnett	75.927	6,45	506.435	302	3,78	251	245
13	DMB&B	75.591	1,29	504.192	350	3,86	216	221
14	TBWA Deutschland	75.285	9,43	502.151	298	3,47	253	239
15	Borsch, Stengel, Körner, Bozell	64.733	-0,75	431.769	263	-1,5	246	244
16	Serviceplan	53.500	13,59	356.845	230	12,2	233	230
17	Heye & Partner	52.117	0,66	347.620	239	0,84	218	218
18	Euro RSCG	51.000	25	340.170	300	16,28	170	158
19	Spiess Ermisch & Andere	45.170	8,06	301.284	164	17,14	275	299
20	FCB/Wilkens	42.000	7,69	280.140	210	7,14	200	199
21	Saatchi & Saatchi	41.924	23,96	279.633	171	30,53	245	258
22	Jung v. Matt	41.165	27,05	274.571	181	34,07	227	240
23	B/W Werbeagentur	40.600	-1,93	270.802	117	-3,31	347	342
24	Lowe & Partners	38.819	-6,78	258.923	145	-2,03	268	281
25	KNSK/BBDO	37.657	4,39	251.172	164	4,46	230	230
26	Rempen & Partner	33.236	13,7	221.684	178	14,84	187	189
27	M-S-B-K/Team	30.197	10,22	201.414	143	9,16	211	209
28	Economia	28.691	4,93	191.369	127	3,25	226	222
29	Heller & Partner	28.001	15,23	186.767	130	13,04	215	211
30	Select Communications	28.000	9,8	186.760	145	20,83	193	213

Abb.: Die 30 größten Werbeagenturen 1998 (Quelle: Arbeitsgemeinschaft GWA, Horizont, w&v, 1999)

1. Organisation in der Werbewirtschaft

Unter diesem Aspekt sollen hier zwei Bereiche angesprochen werden: zum einen die einzelbetriebliche Organisation, zum anderen die Werbeinstitutionen und Organisationen dieses Berufsstandes.
Bevor auf die speziellen Belange in der Werbung eingegangen wird, zunächst einige grundlegende Begriffe zum Thema Organisation.

Jede Unternehmung strebt das Erreichen bestimmter Ziele an. Diese kann man einerseits in Sachziele (Bereitstellen bestimmter Dienstleistungen) und andererseits in Formalziele (Gewinn, Sicherheit, hoher Marktanteil etc.) gliedern. Unternehmensziele

Die Organisation dient als Mittel zur Erreichung dieser Unternehmensziele. Der Organisationsbegriff kann aber nicht nur auf Betriebe bezogen werden; Organisation ist auch in anderen Bereichen notwendig, z. B. in der Verwaltung, in Schulen und Verbänden. Deshalb wird der Begriff „Organisation" durch den Terminus „System" ersetzt.

Systeme bestehen aus miteinander verknüpften Elementen. Die einzelnen Produktionsfaktoren sind die Elemente des Systems Betrieb. Die Verknüpfung der Elemente ist die Kombination der Produktionsfaktoren. Dabei wird die Aufgabe des Ordnens, die der Organisation zufällt, als Strukturierung bezeichnet. Verknüpfung/ Strukturierung

Die Strukturierung des betrieblichen Systems umfasst zwei Aufgabenfelder:

1. *Die Aufbauorganisation*
   Dieser Organisationsbereich ordnet den Aufbau des Betriebes. Dabei besteht die Strukturierung des Systems Betrieb in der Aufgabenzuordnung zu Stellen, der Abteilungsbildung und der Festlegung der Rangordnung im Betrieb.
2. *Die Ablauforganisation*
   Hierbei geht es um die Strukturierung von Arbeitsabläufen nach Zeit und Ort (Organisation von Arbeitsprozessen).

Beide Strukturierungsbereiche können jedoch nicht isoliert betrachtet werden; sie stehen in einem interdependenten Zusammenhang.

> *Betriebliche Organisation ist die Strukturierung betrieblicher Systeme zur Erreichung der betrieblichen Zielsetzung.*

Definition

Die organisatorischen Bereiche bilden Planung, Durchführung und Kontrolle. Dabei stellt sich die Frage nach dem Grad der Planung. Es sollte ein organisatorisches Gleichgewicht angestrebt werden. Zu viel Planung kann zur Überorganisation führen, zu wenig zur Unterorganisation. Zur besseren Abgrenzung sind die folgenden Begriffe zu unterscheiden:

1. Generelle Regelung: Generelle Regelungen sind auf Dauer angelegt, z. B. die Aufgabenverteilung am Empfang.
2. Disposition: Disposition oder fallweise Regelungen sind dadurch gekennzeichnet, dass sie jeweils Einzelmaßnahmen darstellen, z. B. eine Vertretung bei Krankheit.
3. Improvisation: Improvisation ist das Bewerkstelligen unerwartet auftretender Situationen. Dieses Handeln kann wegen der Nichtvorhersehbarkeit der Situation nicht geplant sein, z. B. Sturmschaden am Gebäude legt den Betrieb teilweise lahm.

Denkbare Veränderung der Anteilsmerkmale

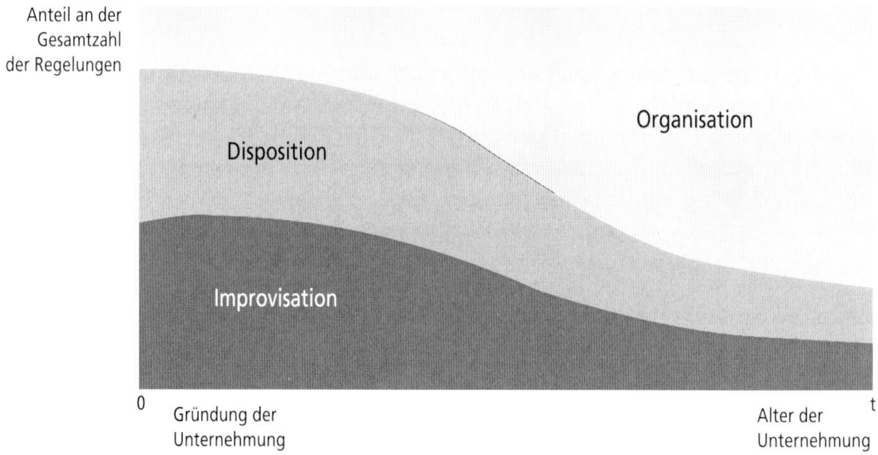

Abb.: Organisation, Disposition, Improvisation

Wie viel Organisation muss sein?

Organisatorisches Gleichgewicht wird erreicht, wenn einerseits stabile Verhältnisse durch generelle Regelungen geschaffen werden, zum anderen muss der Betrieb flexibel reagieren können, um nicht überorganisiert zu erstarren. Planung in diesem Sinne ist mit hohen Organisationskosten verbunden. Der Aspekt der Wirtschaftlichkeit fordert, dass die Vorausplanung auf ein vertretbares Maß beschränkt wird.

Organisatorisches Gleichgewicht

FLEXIBILITÄT	STABILITÄT	WIRTSCHAFTLICHKEIT
Disposition	Organisation	Improvisation

1.1 Situationsspezifische Sachverhalte

Wie sieht die Organisation eines Unternehmens aus, das auf dem modernen Marketingkonzept beruht? Welche organisatorischen Voraussetzungen sind notwendig, um einen reibungslosen Geschäftsablauf zu gewährleisten, und mit welchen Managementtechniken können die Aufgaben erfolgreich durchgeführt werden? Fragen

Wie die Werbeagentur oder der Marketingbereich eines Unternehmens organisatorisch zweckmäßig zu gliedern ist, hängt von den jeweiligen Gegebenheiten ab. Allgemein ist anzustreben:

- eine möglichst einfache Organisationsstruktur, die eine straffe Leitung, schnelle und wirksame Entscheidungen und eine reibungslose Zusammenarbeit gewährleistet,
- eine Spezialisierung der Sachbearbeiter auf einzelne Teilaufgaben und
- eine Vermeidung von Doppelarbeiten und Kompetenzüberschreitungen.

Neben diesen allgemeinen Grundsätzen sind die konkreten Maßnahmen von Interesse. Allerdings muss dabei die Betriebsgröße berücksichtigt werden. Von den ca. 2.600 Agenturen in Deutschland (laut GWA) können die meisten wohl als Klein- bzw. Kleinstbetriebe bezeichnet werden. Es liegt auf der Hand, dass die Organisation in diesen Betrieben etwas anders gestaltet ist als in den Agenturen, die als Mittel- und Großbetriebe gelten. Grundsätze
Wie die Organisationsstruktur in den Betrieben aussehen kann, wird unter Punkt 1.2 dargestellt.

1.1.1 Personen und Institutionen

Bevor auf die Organisation im engeren Sinne eingegangen wird, soll hier zunächst dargestellt werden, wer an dem Prozess „Werbung" alles beteiligt ist. Was verbirgt sich hinter der Branche „Werbewirtschaft"? Werbewirtschaft

(1) Werbungtreibende
Jeder Unternehmer, der planmäßig mit seinen Produkten oder Dienstleistungen am Markt die Öffentlichkeit unterrichtet und zugleich auffordert, seine „Leistung" zu kaufen. Der Inhaber eines kleinen Lebensmittelgeschäfts z. B. genauso wie der Hersteller eines bekannten Markenartikels (Behrens, 1975, S. 316).

Die werbenden Firmen können in drei Gruppen eingeteilt werden:
- Warenhersteller (wie Markenartikler, Investitionsgüterhersteller)
- Dienstleister (Banken, Sparkassen, Versicherungen)
- Handel (Großhandel, Einzelhandel)

(2) Werbungdurchführende (Medien)

Das sind alle Unternehmer, die durch den Einsatz von Werbemitteln und Werbemöglichkeiten jeder Art Werbung für andere durchführen (Behrens, 1975, S. 316). Dazu gehören zum Beispiel:

- Tageszeitungen und Zeitschriften
- Fernseh- und Rundfunkwerbung
- Direktwerbung
- Kinowerbung
- Außenwerbung

(3) Werbemittler und Berufe

Werbeagenturen gehören zu den Dienstleistungsbetrieben. Sie übernehmen im eigenen Namen und für eigene Rechnung die Betreuung von Produkten und Dienstleistungen. Sie stellen eine Mittlerfunktion zwischen Werbungtreibenden und Werbungdurchführenden dar.
Auf die berufsspezifischen Sachverhalte, vor allem Funktion und Position in den Agenturen, soll im Folgenden näher eingegangen werden.

Werbeberufe

Qualifikation

In den letzten Jahren konnte man einen Boom für Werbeexperten beobachten. Anhand der aufgegebenen Stellenofferten in den Medien können die Vorstellungen der Arbeitgeber abgeleitet werden. Von den Werbefachleuten wird allgemein verlangt: breites und tiefes Grundwissen, verbunden mit der Bereitschaft zur ständigen Weiterbildung, umfassende Marktkenntnisse, Kreativität, sattelfester Umgang mit den komplizierter werdenden Medien, Einfühlungsvermögen in die komplexe Welt der Verbraucher und nicht zuletzt ein ausgeprägter Leistungswille (Nickel, 1988). Es gibt drei Wege, um sich für die künftige Karriere in der Werbung zu rüsten:

Berufsschule

- Auf der ersten Ebene besteht die Möglichkeit der dualen Ausbildung im Rahmen einer meist drei Jahre dauernden Lehre zum Werbekaufmann. Der Werbekaufmann/die Werbekauffrau übernimmt die kaufmännischen Arbeiten in Unternehmen der Werbewirtschaft. Dabei handelt es sich um planende, durchführende, koordinierende und kontrollierende Aufgaben.
  Grundlage der Ausbildung ist die am 1. August 1990 in Kraft getretene neue „Verordnung über die Berufsausbildung zum Werbekaufmann bzw. zur Werbekauffrau".

Fachschule/Akademie

- Die zweite Ebene bietet eine Ausbildung an Werbefachschulen oder Werbeakademien. Da diese Bildungsmöglichkeit sich an Berufstätige richtet, ist sie meist in der Form von Abendschulen üblich. Dauer etwa zwei Jahre. Abschlussbezeichnungen sind unterschiedlich, z. B. Werbeassistent und Kommunikationsfachwirt.

- Auf der dritten Schiene kann werbefachliches Wissen an Hochschulen und Universitäten erworben werden. Das wissenschaftliche Studium erleichtert die Karriere in der Werbewirtschaft. Der Trend zum Akademiker tritt nach ZAW-Beobachtungen bei Arbeitsplatzangeboten immer deutlicher hervor (Nickel, 1991, S. 16). Hochschule/ Universität

In Deutschland sind etwa 110.000 Menschen in den klassischen Werbeberufen beschäftigt. Die wichtigsten Berufe im Agenturbereich zeigt die folgende Aufstellung:

Der Kundenberater (Kontakter, Account-Supervisor)

Der Kontakter bildet die Nahtstelle zwischen Kunde und Agentur. Er ist dem Kontaktgruppenleiter oder dem Etatdirektor organisatorisch unterstellt. Der Kontakter nimmt Kundenaufträge und -wünsche entgegen und gibt sie in der Agentur an die zuständigen Stellen weiter, koordiniert deren Tätigkeit und präsentiert dem Kunden die Ergebnisse. Ist ein Kundenberater für mehrere große Etats zuständig, wird er von großen Agenturen als Management-Supervisor geführt. Kundenberatung

Der strategische Planer

In den letzten Jahren wuchs die Bedeutung der strategischen Planung bei den großen Agenturen. Insbesondere bei der Entwicklung von Markenstrategien ist Koordination und Integration von Marktforschung notwendig. Darüber hinaus müssen Trends in der Gesellschaft beobachtet, interpretiert und für die Markenführung transformiert werden. Der strategische Planer ergänzt das Zweigestirn Beratung und Kreation in besonderer Weise. Strategische Planung

Der Juniorkontakter (Kontaktassistent)

Er betreut die technisch-organisatorische Abwicklung eines oder mehrerer Kundenetats unter der Aufsicht des Kontakters oder Kontaktgruppenleiters.

Der Marketingberater

Er nimmt in der Agentur eine Stabsfunktion ein, d. h., er berät den Kontakter bei allen auf Kundenseite anfallenden Marketingproblemen (Preis-, Produkt- und Distributionspolitik). Werbevorbereitung

Der Marktforscher

Auch der Marktforscher nimmt im Allgemeinen eine Stabstelle ein, er ist also beratend tätig. Er führt kleinere Untersuchungen selbst durch (z. B. Packungstests, Werbemittel-Pretests, Imageuntersuchungen) und plant und überwacht Projekte, die bei Marktforschungsinstituten in Auftrag gegeben wurden. Marktforschung

Der Agentur-Controller

Er entwickelt kurz- und mittelfristige Finanzpläne in Absprache mit der Geschäftsleitung. Der Controller formuliert Verträge für Kunden und Zulieferer Rechnungswesen und sorgt somit für einen reibungslosen Ablauf. Darüber hinaus überwacht der Controller die Geschäftsentwicklung anhand von Daten aus dem Rechnungswesen.

Der Creative Director (CD)

Gestaltung

Der CD zeichnet verantwortlich für Visualisierung und Verbalisierung der Werbemittel. Er prägt – in der Regel – als Vorgesetzter von Art Director und Texter die Handschrift der Agentur. Der CD bestimmt also die grundsätzliche Linie.

Der Art Director (AD)

Wer hier arbeitet, ist verantwortlich für bildliche, textliche und typographische Umsetzung der Werbekonzeption. Er entwickelt auch Gestaltungsvorschläge für Verkaufsförderungsaktionen, Messen oder für Ausstellungen. Er ist verantwortlich für die Auswahl der Fotografen, ihrer Bilder und allem, was mit der optischen Gestaltung einer Werbebotschaft sonst noch zusammenhängt.

Der Texter

Zusammen mit dem Kontakter und dem Art Director erarbeitet er die Werbekonzeption (Copy-Strategie). Anschließend entwickelt er für die geplanten Werbemittel die entsprechenden Texte. Neben dem sicheren Umgang mit dem gesprochenen und geschriebenen Wort soll er die Fähigkeit haben, mit wenigen Worten viel auszudrücken.

Der Grafik-Designer

Er wirkt an der Gestaltung klassischer Werbemittel mit, aber auch an der grafischen Entwicklung von Packungen, Mustern, Verkaufsförderungsmitteln. Des Weiteren fallen in seinen Aufgabenbereich die Gestaltung von Geschäftspapieren, Inseraten, Firmenzeichen usw. Der Grafik-Designer kann auch als so genannter Freelancer freiberuflich tätig sein.

Der Produktioner (Producer)

Produktion

Zu den Hauptaufgaben des Producers gehört die Produktion von Werbemitteln. Er veranlasst und überwacht die Herstellung von Druckvorlagen, nimmt Reinzeichnungen und Andrucke ab. Ferner ist er für die Produktion von Verkaufsförderungsmitteln, Prospekten und Direct Mailings zuständig.

Der Traffic-Manager

Er ist für die Realisierung der Werbemaßnahmen verantwortlich (Qualität der Reinzeichnungen, Terminierung der Druckarbeiten, Rechnungslegung).

Der Produktionsassistent (PA)

Er arbeitet für den Producer oder betreut einen Gruppenetat. Des Weiteren übernimmt der PA die gesamte organisatorische und kaufmännische Leitung, sobald der Producer einen Terminplan festgelegt hat.

Der Medialeiter

Im Rahmen der Mediaforschung ist es die Aufgabe des Medialeiters, Daten über das Lese-, Seh- und Hörverhalten der soziodemographisch bzw. psychologisch bestimmten Zielgruppen herauszufinden. In der Phase der Mediaplanung müssen Streupläne erstellt werden und beim Mediaeinsatz schließlich ist der Medialeiter für die Realisierung der Mediaplanung verantwortlich. Media

1.1.2 Organisationen der Werbewirtschaft

Die Dachorganisation der deutschen Werbewirtschaft ist der ZAW (Zentralverband der deutschen Werbewirtschaft e. V.). Hierin haben sich alle Unternehmen und Berufszweige zusammengeschlossen, die insgesamt die Werbewirtschaft ausmachen. ZAW

Aufgaben des ZAW (§ 2 der ZAW-Satzung):

- Der ZAW widmet sich allen Angelegenheiten der Wirtschaftswerbung.
- Seine Tätigkeit bezweckt, eine staatl. Werberegelung entbehrlich zu machen.

Um dies zu realisieren, bedurfte es eines freiwilligen Zusammenschlusses aller in der Werbewirtschaft tätigen Gruppen. Dem ZAW gehören heute 44 Verbände an (siehe die folgende Abbildung zur ZAW Organisation).

Von den in der Werbewirtschaft tätigen Organisationen sollen hier nur der kommunikationsverband.de und der Gesamtverband Werbeagenturen GWA kurz dargestellt werden:

- *kommunikationsverband.de*

  „Der kommunikationsverband.de (Berufsvertretung der Wirtschafts- und Gesellschaftskommunikation) ist das Netzwerk der Kommunikationsprofis." Zu seinen Hauptaufgaben gehören die gegenseitige fachliche Information und berufliche Förderung, Vertretung gemeinsamer Interessen gegenüber Wirtschaft, Öffentlichkeit und Behörden, Kontaktpflege zu Hochschulen, Akademien und Werbefachschulen und schließlich die generelle Förderung des Ansehens der Werbung. Mitglieder sind Führungskräfte der Kommunikationswirtschaft und ihr qualifizierter Nachwuchs, des Weiteren Unternehmen und Institutionen, die Kommunikationsmittel und -techniken einsetzen.

- *Gesamtverband Werbeagenturen GWA e. V.*

  Mitglieder können nur Agenturen einer bestimmten Größe sein, die bereit sind, sich überprüfen zu lassen und die gewünschten Unterlagen offen zu legen. Zurzeit (1998) gehören dem GWA 152 Agenturen an. GWA

  Der GWA vertritt die Interessen seiner Mitglieder den Marktpartnern gegenüber und unterstützt das Agenturmanagement durch spezifische Dienstleistungen.

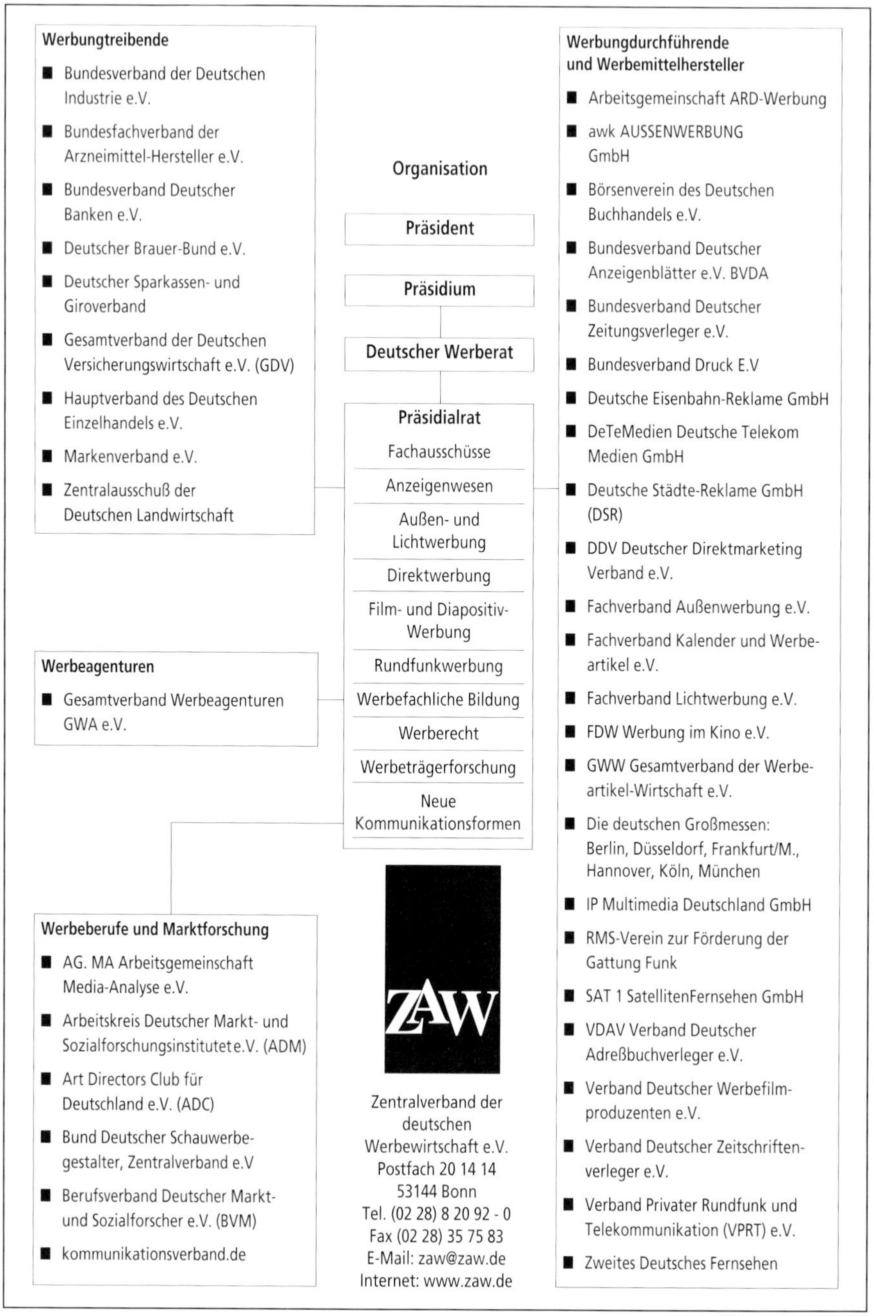

Abb.: ZAW Organisation (Quelle: ZAW, Hrsg., 1999)

1.2 Aufbau und Arbeitsweise von Agenturen

Aufgabe: Eine Werbeagentur soll für einen Kunden eine Konzeption entwickeln. Präsentation in sechs Wochen.

1.2.1 Aufbauorganisation

Teilaufgaben

Die aus dem obigen Beispiel zu bewältigende Aufgabe „Erstellen einer Werbekonzeption" muss zunächst in Teilaufgaben zerlegt werden, z. B. Medien, Grafik, Text usw. Jede Teilaufgabe kann in weitere Teilaufgaben unterteilt werden, z. B. eine Anzeige in:

- *Entwurf*
- *Reinzeichnung*
- *Schaltung*
- *Abrechnung*

Analyse/Synthese

Nach der Analyse der Aufgaben erfolgt die Synthese, d. h. das Zusammenfassen von Teilaufgaben zum Aufgabenbereich einer Person. Die zusammengefassten Teilaufgaben bilden eine Stelle. Ein weiteres organisatorisches Problem ist die Besetzung der Stelle. Es muss eine Person gefunden werden, die die in einer Stelle zusammengefassten Aufgaben erledigen soll. Da sich in unserem Beispiel eine Vielzahl von Stellen ergeben, ist es notwendig, Regelungen für das Zusammenwirken der Stellen zu schaffen. Dazu werden Stellen zu Gruppen oder Abteilungen zusammengefasst und festgelegt, wer wem Anweisungen erteilt. Daraus ergeben sich die Planungsschritte der Aufbauorganisation:

Aufgabenanalyse
▼
Stellenbildung
▼
Weisungssystem

(1) Aufgabenanalyse

Beispiel: Hersteller von Werbemitteln
Der Unternehmer hat vier Abteilungen gebildet:

Verwaltung und Finanzierung	Beschaffung	Produktion	Absatz

Abteilungen

Die Aufgabenanalyse kann nach sachlichen und formalen Gesichtspunkten erfolgen. Sachliche Gesichtspunkte werden unterteilt in:

Aufgabenanalyse

Gliederung nach	Verrichtung	Objekt	Region
	Funktionen	Produkten	geographischen Besonderheiten
	z. B. Beschaffung Produktion	z. B. Kugelschreiber Schnupftabakdose	z. B. länderspezifische Aspekte EU-Staaten Nicht-EU-Staaten

Neben den sachlichen Gesichtspunkten ist eine Aufgabenanalyse nach formalen Gesichtspunkten notwendig:

Rang	Phase	Zweck
Teilaufgaben werden unterschieden: - ausführende, - leitende Tätigkeit	Aufgabenteilung nach Arbeitsabschnitten: - Planung - Durchführung - Kontrolle	Zusammenhang mit dem betrieblichen Sachziel: - mittelbare, - unmittelbare Aufgaben zur Erreichung der Ziele

(2) Stellenbildung und Stellenbeschreibung

Aufgabenbereich

In einer Tageszeitung erschien eine Anzeige, die die folgende Abbildung zeigt. Aus ihr geht hervor, dass der Aufgabenbereich einer Person sachlich zusammengefasst ist. Für die Zusammenfassung von Teilaufgaben gilt:

- Überschaubarkeit der zusammengefassten Teilaufgaben, die Aufgaben müssen zu bewältigen sein.
- Spezialisierung, die Aufgaben müssen den vorausgesetzten Qualifikationen des Stelleninhabers angepasst werden.

Stellenbeschreibung

Die Stelleninhalte werden in einer Stellenbeschreibung festgehalten. Dabei handelt es sich um die schriftliche Darstellung der Tatbestände, die die Stelle ausmachen:

- Position der Stelle innerhalb der Hierarchie (betriebliche Rangordnung) = Über- oder Unterordnung,
- Aufgaben, die in der Stelle zusammengefasst sind,
- Anforderungen, die an einen Stelleninhaber gestellt werden.

Stellenbeschreibungen sollen in gewissen Zeitabständen überprüft und eventuell veränderten Bedingungen angepasst werden.

Beispiel Stellenbeschreibung Director Media:

1. *Verantwortungsbereich*
   Der Director Media ist verantwortlich für die fachliche Arbeit und Organisation des Agenturbereichs Media. Er ist Repräsentant der Agentur gegenüber den Medien.
2. *Aufgabenbereiche*
   Verantwortung für die Einstellung und Entlassung aller Mitarbeiter der Abteilung Media. Er hat Personalgesamtverantwortung für Mitarbeiter der genannten Abteilung in Fragen der Mitarbeiterauswahl und Schulung, des Einsatzes und der Förderung der Mitarbeiter und stimmt die Personalpläne für seinen Verantwortungsbereich mit der Geschäftsführung ab.
   Verantwortung für die fachliche Richtigkeit und termingerechte Leistungserbringung der Mitarbeiter der ihm unterstellten Abteilung im Hinblick auf Leistungsanforderung der Agenturkundenverträge und den von der Geschäftsführung vorgegebenen Leistungsstandards.
   Plant, steuert und klärt Sachfragen und Aufgaben im Bereich Media, die von den ihm unterstellten Gruppenleitern nicht gelöst werden können und sollen. Er ist „trouble shooter" bei allen Arbeitsproblemen.
   Genehmigt und prüft Mediastrategien und Mediaempfehlungen.
   Erarbeitet Pläne und Programme zur Weiterentwicklung und Verbesserung der Organisation der von ihm betreuten Aufgabenbereiche. Stimmt diese mit der Geschäftsführung ab.
   Repräsentiert gemeinsam mit der Geschäftsführung die Agentur bei den Medien, vertritt die Agenturinteressen gegenüber Sendern und Verlagen, in Gremien, Institutionen oder Verbänden.
   Mitwirkung bei New-Business-Präsentationen (Koordination und Kontrolle der Medialeistungen) und Aktionen zur Gewinnung von Media-Kunden und Anbahnung von Fullservice-/New-Business-Kontakten.
3. *Selbstschulung*
   Wissenserweiterung auf dem Gebiet Media durch Besuch von Seminaren und sonstigen Schulungsveranstaltungen sowie durch Kontaktpflege in Zusammenarbeit mit z. B. der GWA.
4. *Über-/Unterstellung und Vertretung*
   Der Stelleninhaber ist Prokurist der Agentur. Er berichtet dem Geschäftsführer Media. Ihm untersteht die Abteilung Media mit den Gruppen Planung, Einkauf, Abrechnung, Optimierung. Er wird vom Geschäftsführer Media vertreten. Der Director Media bildet mit den Gruppenleitern der einzelnen Disziplinen und dem GF-Media das Media-Management-Board, das Ziele, alle Belange und Maßnahmen sowie die Entwicklungsstrategien, den Gesamtbereich Media betreffend, festlegt. Er führt und organisiert.
5. *Weiterentwicklung*
   Er kann weitere Aufgaben kaufmännischer Art übertragen bekommen.

RTS RIEGER TEAM WERBEAGENTUR

TEXTER

Wir suchen die schreibende Kraft. Mit mehr als Praktikum-Erfahrung. Mit wenig Angst vor Technik-Themen. Und mit dem festen Vorsatz, den Griffel nicht für Durchschnittliches zu spitzen. Wenn Sie auch mit Kunden können, könnte es was mit uns werden.

Das erste, was Sie für uns schreiben sollten, ist eine Bewerbung. Zur Sprache bringen können Sie sich vorab telefonisch bei Jörg Dambacher oder Thomas Meichle.

RTS RiegerTeam
Werbeagentur GmbH
Postfach 10 02 54
70746 Leinfelden-Echterdingen
Telefon 07 11/97 52-0
Fax 97 52-181

Mitglied im
GWA Gesamtverband Werbeagenturen
Network B-to-B Deutschland
Europa-Network E3

Abb.: Stellenanzeige

Abteilungs-/ Gruppenbildung

Stellen werden zu Abteilungen zusammengefasst. Die Hierarchie der organisatorischen Einheiten zeigt das nächste Schaubild:

Unternehmensleitung
▼
Hauptabteilungen
▼
Abteilungen
▼
Gruppen
▼
Stellen

Die Verknüpfung der organisatorischen Einheiten kann in einem Organigramm übersichtlich dargestellt werden. Gleichrangige Einheiten werden auf der gleichen Ebene dargestellt (siehe Organigramm auf der nächsten Seite).

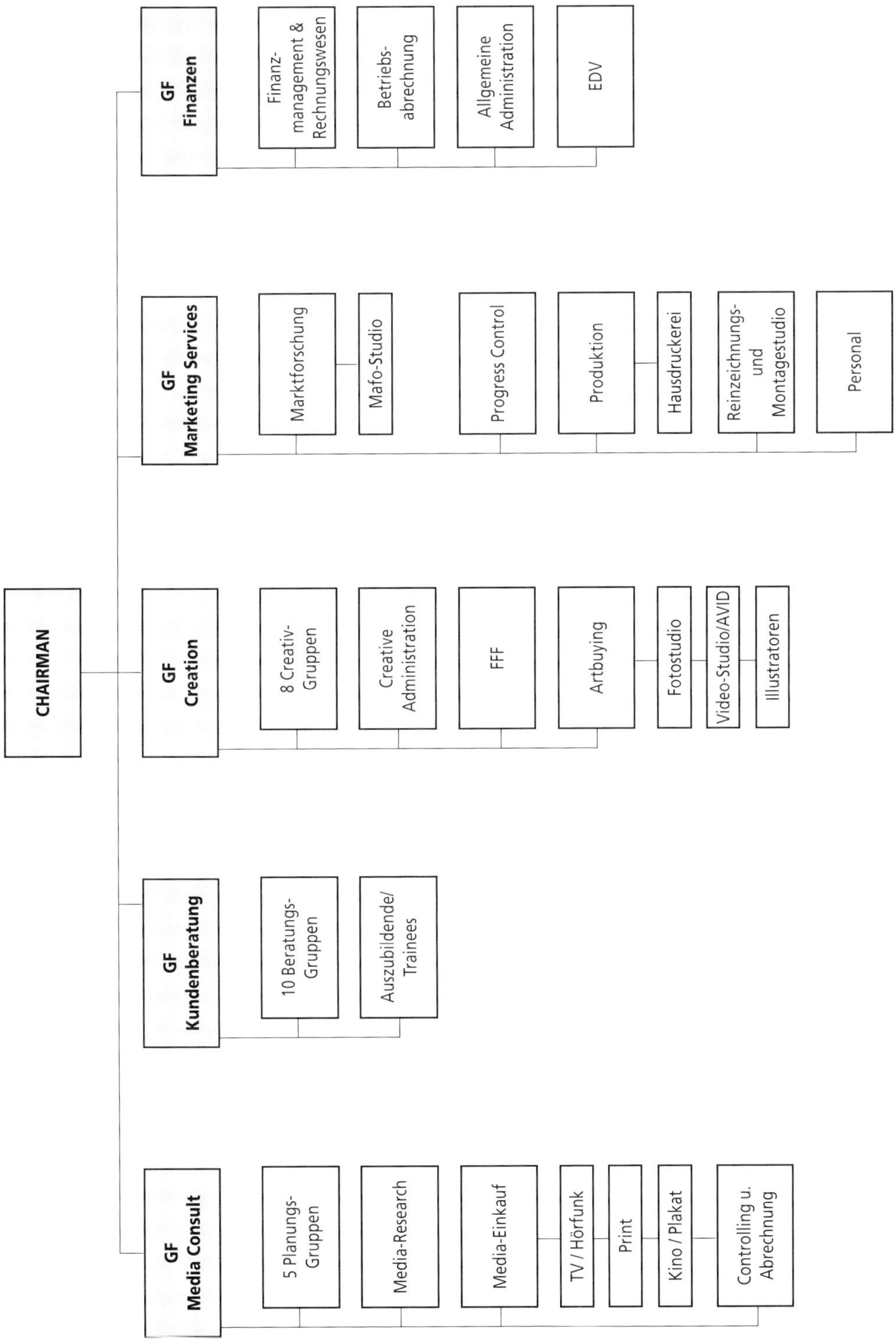

Abb.: Organigramm der Werbeagentur Ogilvy & Mather, Frankfurt/M.

Die Betriebshierarchie

Hierarchie Stellen mit Entscheidungs- und Anordnungsbefugnis heißen Instanzen, sie nehmen Führungsaufgaben wahr.

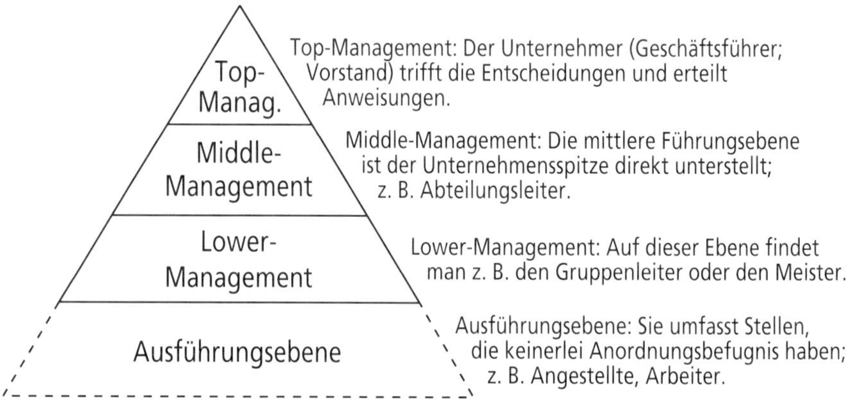

Abb.: Betriebshierarchie

(3) Leitungssystem (Weisungssystem)

Das Leitungssystem soll aufzeigen, wie Anordnungen von der Unternehmensspitze bis zur Ausführungsebene gelangen.

Das Einliniensystem

Es ist dadurch gekennzeichnet, dass ein Mitarbeiter nur von einer Person Anweisungen erhält.

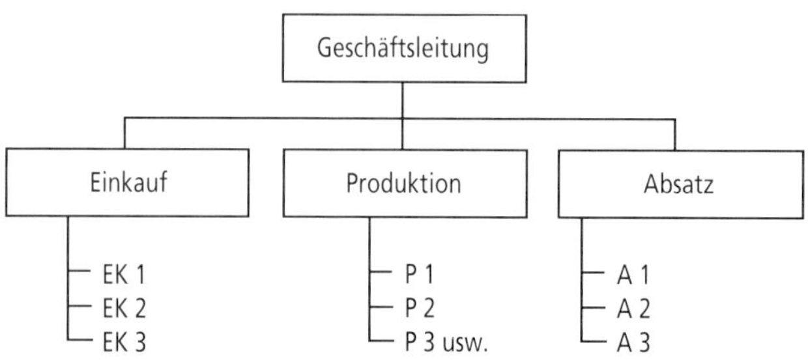

Abb.: Einliniensystem

Das Mehrliniensystem

Es geht auf das von *Taylor* vorgeschlagene Funktionsmeistersystem zurück. Das Mehrliniensystem räumt den Vorgesetzten als Spezialisten mehr Handlungsspielraum ein. Mehrere der Spezialisten sind den Mitarbeitern der Ausführungsebene gegenüber anweisungsberechtigt. Funktionsmeistersystem

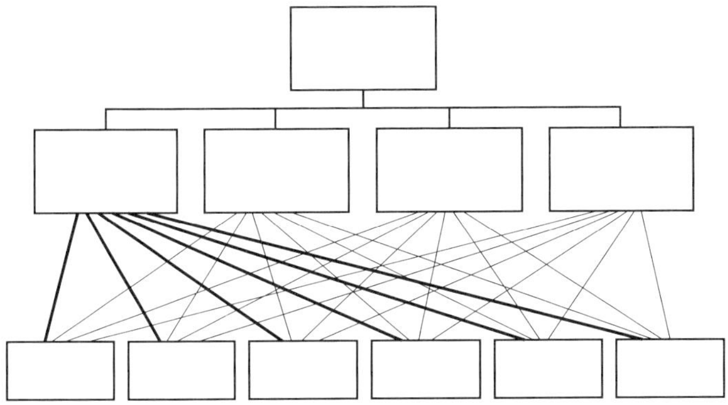

Abb.: Mehrliniensystem

Das Stab-Linien-System

Dabei sollen die Vorteile des Einlinien- mit denen des Mehrliniensystems verbunden werden:

- Der Instanzenweg des Einliniensystems wird beibehalten.
- Den leitenden Stellen werden Leitungshilfsstellen ohne Weisungsbefugnis zugeordnet, die man als Stäbe bezeichnet. Die Stäbe wirken beratend bei den Instanzen mit und erhöhen die Qualität der Entscheidungen. Stäbe

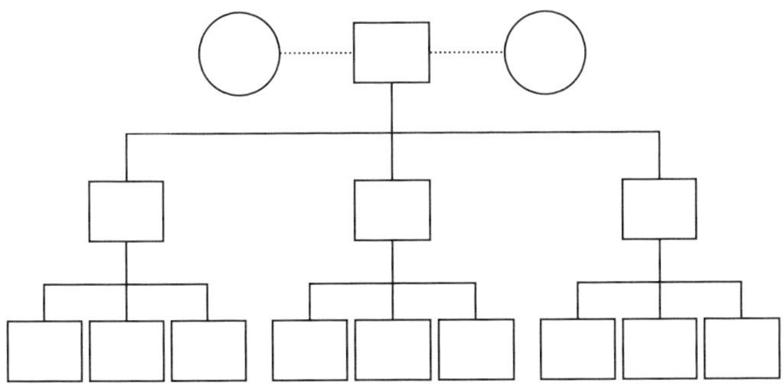

Abb.: Schema des Stab-Linien-Systems mit Führungsstäben (als Kreise dargestellt)

Die Spartenorganisation

Gliederung nach Objekten

Hierbei wird nicht nach funktionalen Gesichtspunkten gegliedert, sondern nach Objekten. Ein Unternehmen, das sowohl Waschmittel produziert als auch in Supermarkt-Ketten engagiert ist, braucht für jede Produktgruppe ein anderes Marketing. Die nach Produktgruppen zusammengefassten Unternehmensbereiche werden als Divisionen oder Sparten bezeichnet. Diese führen als selbstständige Unternehmensbereiche ihre Geschäfte in eigener Verantwortung.

Profit-Center

Als Profit-Center-System bezeichnet man Sparten, die einen angestrebten Gewinn erzielen sollen. Dazu hat die jeweilige Sparte volle Handlungsfreiheit.

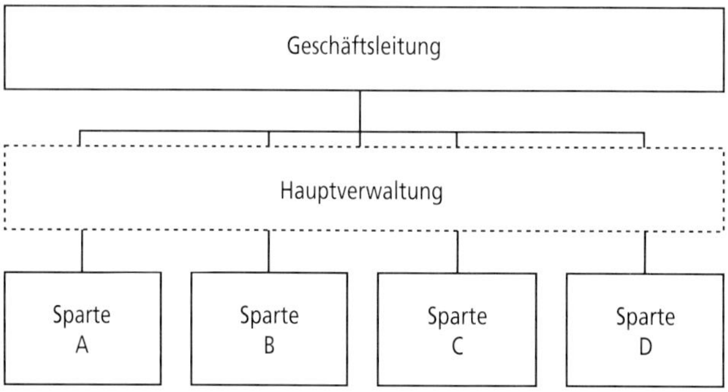

Abb.: Spartenorganisation

Die Matrixorganisation

Funktionsbereiche, Produktbereiche

Bei der Matrixorganisation wird eine Kombination der nach Funktionen gegliederten Organisation und der nach Produkten/Produktgruppen gegliederten, also objektbezogenen Organisation vorgenommen.

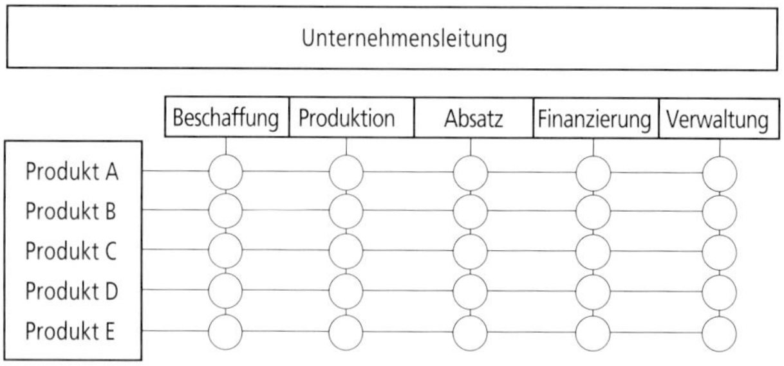

Abb.: Matrixorganisation

Hier sind sowohl die Produktbereiche als auch die Funktionsbereiche entscheidungsberechtigt, was zu einer konstruktiven Entscheidungfindung führt.

Die Teamorganisation

Sie ist eine dauerhafte Bildung von Teams auf allen Ebenen der Betriebshierarchie. Insbesondere in Werbeagenturen ist diese Organisationsform vorzufinden.

Eine Ausprägung der Teamorganisation ist das Konzept der sich überlappenden Teams. Hier werden auf jeder Ebene der Hierarchie Teams gebildet. Die Verbindung eines Teams zur nächsthöheren Stufe der Betriebshierarchie stellt der Leiter jedes Teams dar, der gleichzeitig Mitglied des Teams auf der höheren Stufe ist. Beispiel

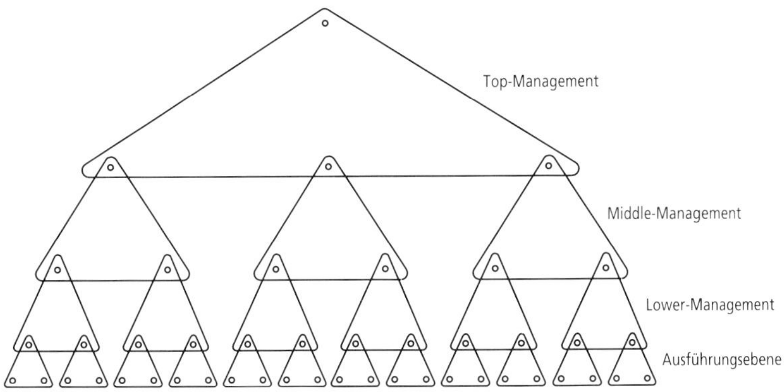

Abb.: Grundschema der Teamorganisation nach dem Konzept der sich überlappenden Teams (Quelle: Kehl, Klippstein, Kriete, 1989, S. 65)

Befristete Organisationsformen

Wenn komplexe Aufgaben vorliegen, die den alltäglichen Arbeitsablauf übersteigen, kann eine der drei zeitlich befristeten Organisationsformen genutzt werden. Dabei werden Mitarbeiter aus der Hierarchie herausgelöst, um die Aufgaben zu erledigen. Nach Beendigung des Auftrages werden die Mitarbeiter wieder in die Hierarchie eingegliedert.

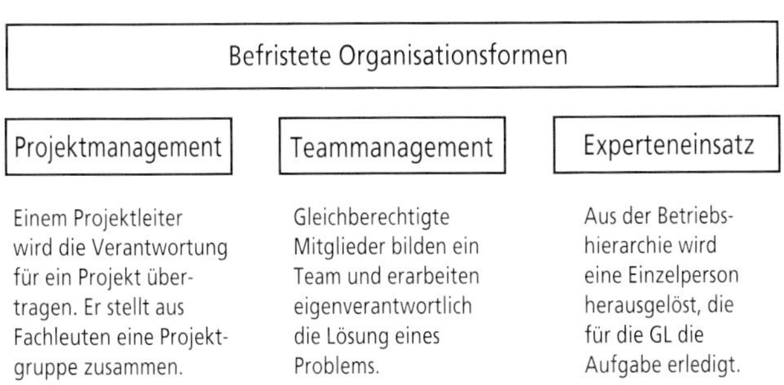

Projektmanagement

Neben der Teamorganisation kann man in der Praxis immer häufiger das Projektmanagement antreffen. Um flexibler und effektiver auf den Markt und die Kundenbedürfnisse reagieren zu können, führen auch Werbeagenturen zunehmend diese Organisationsform ein.

Rahmenbedingungen

Voraussetzung für ein funktionierendes Projektmanagement sind zunächst Rahmenbedingungen, die Strukturen und Abläufe für die zu bearbeitenden Projekte festlegen. Daneben muß allen Beteiligten diese besondere Organisationsform in Abgrenzung zu anderen Formen bewußt gemacht werden. Denn in Organisationen, die nach Aufgabenbereichen getrennt sind, besteht die Gefahr des Nebeneinanders anstatt eines Miteinanders. Wer nicht durch gemeinsame Aufgaben verbunden ist, konzentriert sich auf seinen Bereich, ohne die Auswirkungen seines Handelns in anderen Bereichen zu berücksichtigen.

Wenn sich außerdem die Hierarchieebenen, aus welchen Gründen auch immer, gegeneinander abgrenzen, entsteht eine Zerklüftung der Organisation mit negativen Folgen auf ihren inneren Zusammenhalt und ihre Außenwirkung.

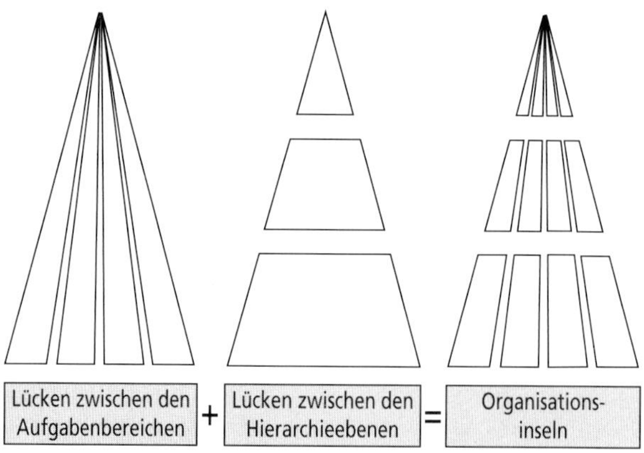

Abb: Zerklüftung einer Organisation durch Abgrenzung der Aufgabenbereiche und der Hierarchieebenen

Projektmanagement ist eine Antwort auf diese Zerklüftungsgefahr, indem verschiedene Funktionsbereiche und Hierarchieebenen in einem Projekt zusammengeführt werden. Je mehr projektorientiert gearbeitet wird, um so dichter wird das Netz der kommunikativen Beziehungen in der Organisation geknüpft, so daß die Inseln wieder zusammenwachsen.

Projekte

Ein Projekt in einer Werbeagentur kann ein innerhalb einer Kundenbetreuung definiertes Einzelprojekt sein (Image-Broschüre, Geschäftsbericht, 100-Jahr-Feier u.a.) oder ein Gesamtetat, der in einer Ganzjahresbetreuung ein festes Projekt ist. Für das jeweilige Projekt wird eine Projektgruppe zusammengestellt.

Der Vorteil der Projektorganisation ist, daß die Agentur als flexibles Ganzes dabei mehr Ressourcen hat, als es starre, kleine Einzelgruppen bieten können. So kann sich z. B. jeder, wenn es Zeit und Fähigkeit erlauben, für ein Projekt melden. Aus den für das Projekt am besten geeigneten Mitarbeitern wird das Projektteam gebildet. Neben dem Projektleiter kann auch ein zuständiges Geschäftsleitungsmitglied integriert werden. Der gemeinsam ausgehandelte Projektauftrag wird schriftlich definiert. Die Inhalte dieses „Arbeitsauftrages" sind: Projektziel und -aufgaben, Vorgaben und Beschränkungen, die Mitglieder des Teams, die Projektdauer mit Start und Ende, Zwischentermine (Meilensteine) wie z. B. Vorpräsentation, Review-Board, Kundenpräsentation etc.

Projektteam

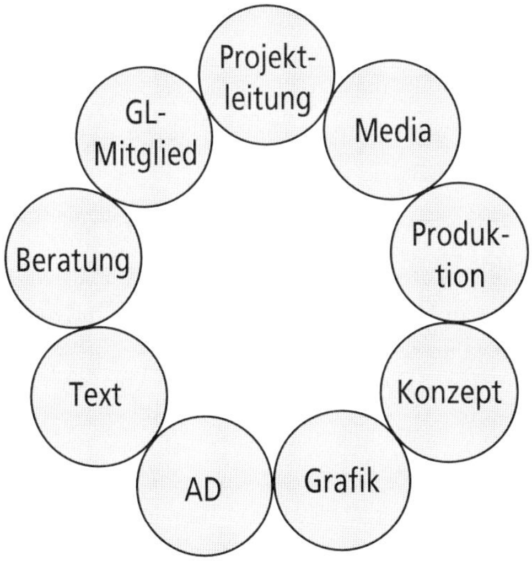

Abb: Projektteam statt hierarchischer Funktionsgruppe

Die Vorteile des Projektmanagements in der Werbeagentur:

- Projektteams erhalten innerhalb der definierten Rahmenbedingungen größere Freiheit, den Erfolg eines Projektes zu beeinflussen.
- Mitarbeiter werden nach Fähigkeiten und Neigungen eingesetzt und gewinnen so mehr Arbeitszufriedenheit und mehr Motivation.
- Die Flexibilität und die Reaktionsmöglichkeit auf schnelle Veränderungen am Markt erhöhen sich. Starre Strukturen, wie beispielsweise fix definierte Units, würden dieser Arbeitsweise eher im Wege stehen.

Definierte Erfolgsfaktoren und die Transparenz in jedem Projekt machen es möglich, daß alle Mitglieder des Projektteams über den Lauf des Projektes, die Risiken, Chancen und den finanziellen Erfolg informiert sind. Unternehmerisches Denken wird gefördert.

Zusammenfassung

Die Aufbauorganisation gliedert die zur Erreichung der Unternehmensziele notwendigen Aufgaben in Aufgabenbereiche und bestimmt die Stellen und Abteilungen, die diese bearbeiten sollen.

1.2.2 Ablauforganisation

Aufgabe der Ablauforganisation ist die nach ökonomischen Kriterien orientierte Gestaltung der Arbeitsabläufe.

Arbeitsablauf

Arbeitsabläufe sind Vorgänge zur Erfüllung betrieblicher Teilaufgaben, die zeitlich und räumlich hinter- oder nebeneinander verlaufen.

Ökonomische Gesichtspunkte sind:

- Minimierung der Durchlaufzeiten, d. h., die Bearbeitungszeit eines Arbeitsablaufs soll so klein wie möglich gehalten werden.
- Maximierung der Kapazitätsauslastung, d. h. mit einem bestimmten Einsatz von Sachmitteln und Arbeitskräften soll möglichst viel erreicht werden.

Ein weiteres wichtiges Ziel ist die Terminsicherung. Es müssen Terminpläne aufgestellt und überwacht werden.

Teilprozess

Für die Organisation ist nur das gewünschte Endergebnis des gesamten Arbeitsprozesses vorgegeben. Es muss festgestellt werden, in welchen Teilprozessen dies erreicht werden kann. Die Teilprozesse werden dann nochmals in kleineren Schritten vollzogen.

Arbeitszuordnung

Die Verteilung der Arbeiten erfolgt durch die Arbeitszuordnung. Durch sie werden die Arbeitskräfte und die Sachmittel zur Erfüllung der Aufgaben bestimmt. Daneben müssen die Arbeitszeit und der Arbeitsort festgelegt werden. Zur Veranschaulichung eines Arbeitsganges dienen Ablaufdiagramme.

Soll-Ist-Vergleich

Darstellungsmöglichkeiten von Arbeitsabläufen

Die Organisation der Arbeitsabläufe muss immer wieder überprüft werden, um Fehler zu beseitigen oder bei künftigen Arbeiten im Vorfeld zu erkennen und zu vermeiden. Sowohl die Ist- als auch die Solldaten bedürfen einer übersichtlichen Darstellung, aus der die Bestimmungsgrößen der Arbeitsabläufe sowie ihre Zusammenhänge klar und vollständig hervorgehen. Neben der Beschreibung bedient man sich auch der grafischen Darstellung.

Ablaufdiagramm	Netzplantechnik

Lineare Darstellung (Arbeitsablaufkarte)

Die Arbeitsablaufkarte eignet sich für einfache Arbeitsabläufe. Die Teilarbeiten werden in zeitlicher Folge untereinander angegeben. Für die verschiedenen Tätigkeiten werden Symbole verwendet:

Symbol	Bedeutung	Beispiel
○	Bearbeitung	Posteingang sortieren
□	Kontrolle	Verkaufsleiter prüft Reklamation
⇨	Transport	Sachbearbeiter leitet Vorgang an Rechtsabteilung
D	Verzögerung (engl.: Delay)	Arbeiter wartet auf Eintreffen des Ersatzteils
▽	Lagerung, Ablage	Sachbearbeiter legt Rechnung ab

Abb.: Ablaufdiagramm

Aus dem Ablaufdiagramm lässt sich unter anderem Folgendes erkennen (Kehl, Klippstein, Kriete, 1989, S. 104):

- Ursachen für Störungen im Arbeitsablauf,
- Doppelarbeiten,
- mögliche Verkürzungen des Zeitverbrauchs,
- sinnvollere Zuordnungen der notwendigen Arbeitsgänge.

Siehe hierzu auch die folgende Abbildung einer Ablaufkarte.

Arbeitsablauf: Angebotserstellung aufgrund von Anfragen	Abteilung Verkauf
Aufgenommen von: H. Bergammer	Geprüft von: B. Gallus
Datum: 12.03.19..	Datum: 15.03.19..

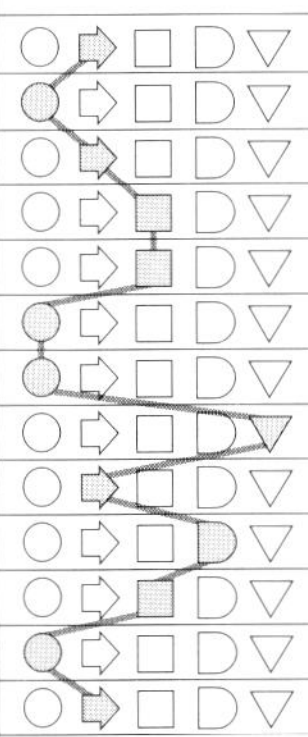

Lfd. Nr.	Stufen des Arbeitsablaufs	○ ⇨ □ D ▽	Zeit in Minuten	Bemerkungen
1	Verkaufsleiter erhält Anfragen	○ ⇨ □ D ▽		
2	Verkaufsleiter vermerkt zuständigen Sachbearbeiter	○ ⇨ □ D ▽		
3	Verkaufsleiter gibt an Sachbearbeiter	○ ⇨ □ D ▽		
4	Sachbearbeiter prüft Kreditwürdigkeit	○ ⇨ □ D ▽		
5	Sachbearbeiter prüft die Lieferfähigkeit	○ ⇨ □ D ▽		
6	Sachbearbeiter ermittelt Konditionen	○ ⇨ □ D ▽		
7	Sachbearbeiter erstellt Angebot	○ ⇨ □ D ▽		
8	Sachbearbeiter legt Anfrage ab	○ ⇨ □ D ▽		
9	Angebot an Verkaufsleiter	○ ⇨ □ D ▽		
10	Sammlung der Angebote beim Verkaufsleiter	○ ⇨ □ D ▽		
11	Verkaufsleiter prüft Angebote	○ ⇨ □ D ▽		
12	Verkaufsleiter unterschreibt	○ ⇨ □ D ▽		
13	Verkaufsleiter leitet Angebot an Poststelle	○ ⇨ □ D ▽		
14		....		
15		....		
	Summe	4 | 4 | 3 | 1 | 1		

Abb.: Ablaufdiagramm (Quelle: Kehl, Klippstein, Kriete, 1989, S. 105)

Netzplantechnik

Mit diesem Verfahren werden Projekte geplant und deren einzelne Arbeitsabläufe zeitlich geordnet dargestellt. Projekte sind komplexe Aufgaben, für die der Anfangs- und Endzeitpunkt festgelegt werden kann.

Fallbeispiel

Eine Agentur erhält die Aufgabe, die Werbung für einen Hersteller von Hundefutter zu entwickeln und durchzuführen. Als Werbeetat stehen pro Geschäftsjahr 5 Mio. DM zur Verfügung. Für die Aufgabenerfüllung sind alle Abteilungen einer Full-Service-Agentur (mindestens 15–20 Mitarbeiter) notwendig. Das Unternehmen verfügt über einen relativ geringen Marktanteil von 3% und vertreibt seine Produkte ausschließlich über den Fachhandel (rund 8.000 Handelspartner). Zielgruppe: alle Entscheider über den Einkauf von Hundefutter (4,3 Mio. Personen in Deutschland). Zeitrahmen: sechs Wochen bis zur Präsentation.

Bevor ein Netzplan erstellt werden kann, muss eine Liste der Teilarbeiten erarbeitet werden (siehe hierzu die folgende Darstellung).

Vorgang	Teilarbeiten	Dauer	Vorgänger	Nachfolger
A	Briefing Kunde	1 Tag	-	B
B	Re-Briefing Agentur	2 Tage	A	C, D
C	Konkurrenzanalyse	6 Tage	B	E
D	Fact Finding	4 Tage	B	E
E	Ideenfindung	8 Tage	C, D	F, G
F	Copy Strategie / Media Strategie	8 Tage	E	H, I, J
G	Agency Review	1 Tag	E	H, I, J
H	Gestaltungsstrategie	10 Tage	F, G	K
I	Media-Planung	3 Tage	F, G	K
J	VKF-Strategie	9 Tage	F, G	K
K	Finishing / Präsentationsvorbereitung	14 Tage	H, I, J	L
L	Präsentation	1 Tag	K	-

Abb.: Liste der Teilarbeiten

Das hier verwandte Verfahren bezieht sich auf die MP-Methode (Metra-Potential-Method). Dabei werden die einzelnen Teilarbeiten in einem so genannten Vorgangsknoten beschrieben. Pfeile verbinden die aufeinander folgenden Vorgänge.

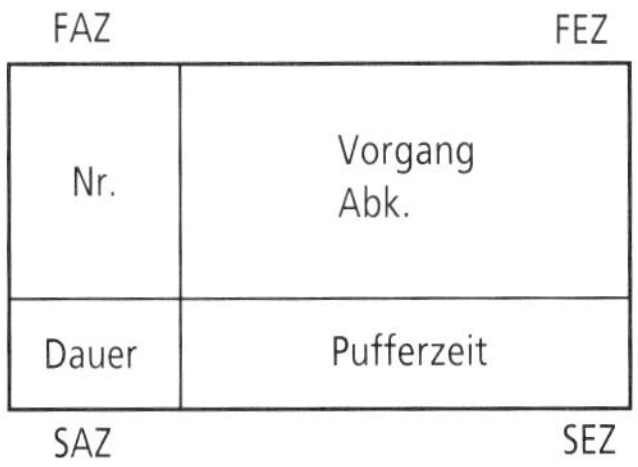

Erläuterung:

FAZ = frühester Anfangszeitpunkt
FEZ = frühester Endzeitpunkt
SAZ = spätester Anfangszeitpunkt
SEZ = spätester Endzeitpunkt

Abb.: Metra-Potential-Method (MPM)

Richtungspfeile dürfen nicht nach rückwärts geführt werden. Besondere Bedeutung ist dem „kritischen Weg" beizumessen. Der kritische Weg ist die Verbindung von Vorgängen, die keine Pufferzeiten enthalten.

Der entsprechende Netzplan zum obigen Beispiel ist auf der folgenden Abbildung dargestellt:

Vorteile der Netzplantechnik (NPT):

- Die NPT bringt Transparenz in ein Projekt und zeigt Abhängigkeiten auf. Zusammenfassung
- Die NPT deckt Schwachstellen im System auf.
- Die NPT zwingt zu Entscheidungen.
- Die NPT erhöht die Kommunikation zwischen den Verantwortlichen.
- Die NPT fordert eine klare „Werbesprache".
- Die NPT zwingt zu termingerechtem Handeln.

1.2.3 Führungsstile und Führungstechniken

Bei den Führungsstilen geht es um die Art und Weise, wie Entscheidungen getroffen und den Mitarbeitern angeordnet werden. Das Verhalten der Mitarbeiter kann dadurch beeinflusst werden.

Der autoritäre Führungsstil
Entscheidungen werden allein von der Führungsperson getroffen und „befehlsmäßig" erteilt. Dieser Führungsstil ist charakteristisch für vergangene Zeiten. Heute ist dieser Führungsstil in seiner ehemaligen Ausgeprägtheit nicht sehr häufig anzutreffen.

Formen:

- *Der patriarchalische Führungsstil*
  Vorbild war der über allen Familienmitgliedern stehende Vater, dem vor Unmittelbare
  allem die Kinder unbedingten Gehorsam zu leisten haben. Der Führungskraft Führung

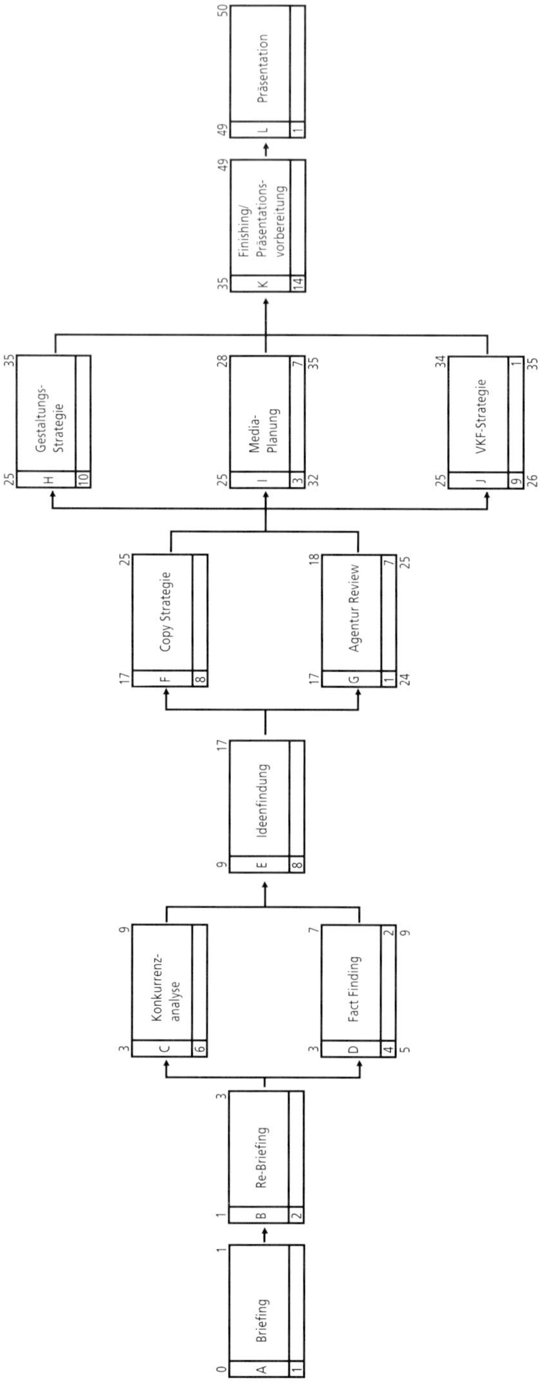

Abb.: Netzplan

kommt aber auch als „Vater" eine angemessene Fürsorge- und Treuepflicht zu.

- *Der autokratische Führungsstil*
  Dabei wird die Personenbezogenheit zurückgedrängt. „Aus dem alleinigen Führungsanspruch des Autokraten wird eine Führung durch Institutionen mittels eines Leitungsapparates (Hierarchie). Aus der unmittelbaren Führung wird eine mittelbare, d. h., die untergeordneten Instanzen setzen die Entscheidungen des Autokraten durch." (Weidner, 1984, S. 74) Mittelbare Führung

Der kooperative Führungsstil:

Hierbei geht es darum, das Wissen und Können aller Mitarbeiter auszuschöpfen. Dies erfordert die Zusammenarbeit aller Mitarbeiter, um zu einer besseren Lösung anstehender Probleme zu gelangen. Andere Autoren sprechen vom „partizipativen Führungsstil", also alle Mitarbeiter einer Unternehmung werden am Entscheidungsprozess beteiligt. Partizipativer Führungsstil

Führungstechniken (Managementtechniken)

Sie sind Hilfsmittel, um dem optimalen erfolgreichen Führungsstil näher zu kommen. Für die Erfüllung der Führungsaufgaben werden folgende Managementtechniken angewandt, allerdings nur als unterstützende Mittel ohne Erfolgsgarantie. Hilfsinstrumente

- *Management by Objectives*
  Das heißt Führung durch Zielvorgabe (oder Zielvereinbarung). Den Personen der mittleren und unteren Managementebene wird das Oberziel (oder ein Zielbündel) deutlich gemacht und Teilziele vorgegeben. Dabei kommen diesen Leitungskräften auch die Aufgaben zu, die Oberziele mit formulieren zu helfen. Dies dient vor allem dem Zweck, die Sachkenntnis der Mitarbeiter voll nutzbar zu machen. Eine Leistungsmessung erfolgt durch einen Soll-Ist-Vergleich. Korrekturen erstrecken sich auf Ziele und Handlungen. Zielvorgabe

- *Management by Exception*
  Diese Technik basiert auf dem Prinzip der Ausnahme. Die der obersten Leitung nachgeordneten Personen erledigen die „Normalfälle" selbstständig. Der Vorgesetzte wird nur in Ausnahmesituationen in den Entscheidungsprozess eingreifen. Ausnahmeregelung
  - Dadurch wird der Vorgesetzte entlastet und kann sich intensiver den wichtigeren Führungsaufgaben zuwenden
  - und die Mitarbeiter werden durch Übertragung von mehr Verantwortung zu höheren Leistungen angespornt.

  Das Instrument zur Erfüllung der Voraussetzungen ist die Stellenbeschreibung.

– *Management by Delegation*

Kompetenz
Auch hier geht es um die Steigerung der Leistungsbereitschaft der verantwortlichen Mitarbeiter. Dabei sollen den Mitarbeitern klar definierte Entscheidungsbereiche eingeräumt werden. Also Zuständigkeit, Verantwortung etc. sind eindeutig festzulegen.

– *Management by Results*

Ergebnis
Dabei wird der einzelnen Führungskraft ein Aufgabenbereich weitgehend selbst verantwortlich zugeteilt und dann aufgrund der festgestellten Ergebnisse entschieden, ob der betreffende Manager überhaupt in der Lage ist, die ihm übertragenen Aufgaben effizient zu erfüllen.

Allgemein lässt sich sagen, dass die Managementtechniken zum Teil schwer voneinander zu trennen sind.

Bezogen auf das Projektmanagement lassen sich einige Gedanken zum Thema Führungsstile zusammenfassen:

Führungsgrundsätze
Der Projektleiter bestimmt den Führungsstil. Dieser muss überzeugend kooperativ sein. Der Führungsstil des Projektleiters sollte wesentlich durch folgende Prinzipien geprägt sein (Steinbuch, 1981, S. 71):

1. Der Mensch steht im Mittelpunkt.
2. Es herrscht das Prinzip der „offenen Tür". Ein Mitarbeiter muss jederzeit ein Gespräch mit dem Projektleiter führen können.
3. Es gibt keine vorgegebenen Informationen, sondern alle Informationen erfolgen direkt.
4. Führung durch Überzeugung und Argumentation.
5. Ergebniskontrolle anstatt Verfahrenskontrolle.
6. Förderung von Initiative und Eigenverantwortung.
7. Besondere Leistungen sollen besonders gewertet und honoriert werden.
8. Klare Abgrenzung von Aufgaben, Befugnissen und Verantwortung für jeden Mitarbeiter der Projektgruppe.

1.3 Qualitätsmanagement (ISO 9000)

Begriff
Mittlerweile hat die ISO-Norm auch Einzug bei den Werbeagenturen gehalten. In einer Pilotstudie, die der Gesamtverband Werbeagenturen (GWA) 1995 in Auftrag gegeben hat, waren acht Werbeagenturen vertreten, die die ISO-Zertifizierung anstrebten. ISO steht für International Standardization Organisation und beschreibt das System des Qualitätsmanagements eines Unternehmens. ISO fordert 20 Qualitätselemente, die in jeder Firma gesetzt werden. Standards also, wo und in welcher Form Regelungen zu treffen sind.

Das Deutsche Institut für Normen hat 36 deutschen Firmen die Zulassung als Zertifizierer erteilt; diese als Auditoren bezeichneten Berater gehen in die betreffenden Unternehmen und überprüfen und bescheinigen gegebenfalls, ob ein anerkanntes Qualitätsmanagementsystem (QMS) vorhanden ist. Außer der Zertifizierung finden regelmäßig Überwachungsaudits statt, bei denen kontrolliert wird, ob die Normen auch eingehalten werden. (N.N., Horizont, 21/96) QMS

Zunächst wurde die ISO-Norm für die Industrie entwickelt. Vor allem die Automobilhersteller gehen seit Jahren mit „genormter Qualität" um und erwarten auch von ihren Zulieferern die Einhaltung und den Nachweis bestimmter Standards. Die Qualität von Produkten ist von entscheidender Bedeutung. Neue Managementkonzepte sehen vor, dass Qualität nicht in Produkte „hineinkontrolliert" , sondern „hineinkonstruiert" und „hineinproduziert" werden muss. Dabei kommt den Beschäftigten auf allen Ebenen des Betriebes eine entscheidende Rolle zu. Qualitätssteigerungen bei Produkten müssen auch die Qualität der Arbeitsbedingungen mit einschließen. (Brauer/Kühme,1996, S. 4) Bedeutung
Vertreter dieses Systems betrachten die ISO-Norm als ein Werkzeug, mit dem die Qualität und damit die Wettbewerbsfähigkeit auch in einer Agentur gesichert wird. Nicht nur das kreative Produkt, sondern auch die Marktfähigkeit des Produktes bestimmen die Qualität einer Agentur. Marktfähigkeit bedeutet in diesem Zusammenhang Effizienz und Preis einer Leistung. Diese Faktoren sind maßgeblich von den Arbeitsabläufen abhängig. Von den Agenturen werden Standards gesetzt für die Prozesssteuerung. Damit sollen die Fehler minimiert, Reibungsverluste vermieden sowie die Effizienz erhöht werden. Für die Beratung und Kreation wird dadurch ein verlässliches Arbeitsumfeld hergestellt (N.N. Horizont, 21/96). Standards

Die Grundlage zum Aufbau eines modernen Qualitätsmanagements (QMS) bietet die Normenfamilie ISO 9000. Sie regelt die Anforderungen an das QMS und enthält einen Leitfaden für die Anwendung der Normen und den Aufbau des QMS.

Die genaue Bezeichnung der ISO-Familie lautet: DIN EN ISO 9000 bis 9004. Die Benennung ist Kennzeichen der Verzahnung deutscher (DIN), europäischer (EN) und internationaler (ISO) Normierungsarbeit. Im Folgenden wird die verkürzte Schreibweise ISO 9000 verwendet. ISO 9000 ff.

Der erste Schritt ist die Festlegung der Ziele für die einzelnen Hierarchieebenen. Die Ziele müssen so formuliert werden, dass deren Erreichung für die Mitarbeiter messbar und nutzbringend wird. Diese Zielsetzung bildet die Grundlage für die gesamte Aufbauarbeit des QMS-Systems. Wichtig dabei ist, dass die Unternehmensleitung die Vorbildfunktion ernst nimmt und die Mitarbeiter mit umfassenden Informationen von dem System auch überzeugen kann. Nur so kann eine hohe, Erfolg versprechende Leistungsmotivation aller im Betrieb Beschäftigen auf Dauer angelegt werden. Operationale Zielsetzung Motivation

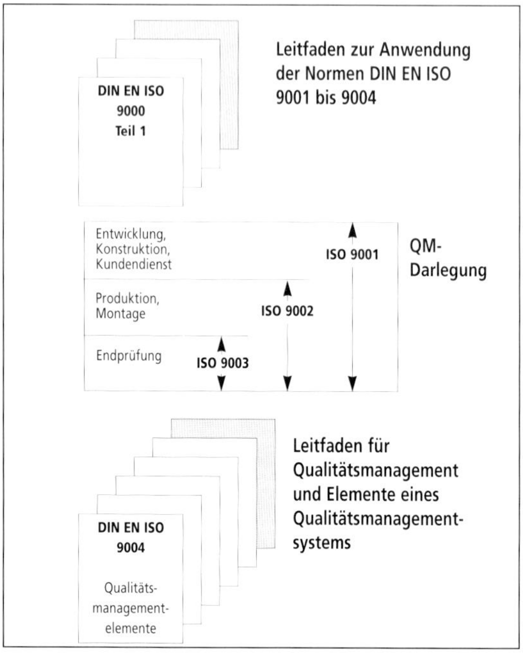

Abb.: Aufbau des Qualitätsmanagements (Quelle: Brauer/Kühme, 1996, S. 9)

Neben Zielsetzung und Ermittlung der Anforderungen, die von innen als auch von außen an das Unternehmen gestellt werden, ist es wichtig, die tatsächliche betriebliche Praxis vollständig und wirklichkeitsgetreu zu erfassen. Gleichsam eine Beschreibung des Istzustandes. Wichtig sind dabei:

- Aufbau- und Ablauforganisation
- Stellen- und Tätigkeitsbeschreibungen
- Verfahrens-, Arbeits- und Prüfanweisungen
- Qualitätsaufzeichnung und Dokumentation

Nach der Festlegung der Prozesse und Schnittstellen sind diese zu dokumentieren. Zur Erfüllung der Normanforderung ist es zweckmäßig, die QM-Dokumentation in drei Ebenen zu gliedern.

Manual

Das QM-Handbuch (auch: Qualitätshandbuch) stellt die wichtigste systembezogene Dokumentation dar und soll einen schnellen Überblick zur Aufbau- und Ablauforganisation liefern. Die für die interne Verwendung vorgesehenen Verfahrensanweisungen sollten die notwendigen Regelungen zu den Abläufen im Unternehmen darstellen, sodass sie eine praktikable Arbeits- und Orientierungshilfe für alle Mitarbeiter darstellen. Die ebenfalls für den internen Gebrauch bestimmten Arbeits- und Prüfanweisungen regeln die Einzelheiten.

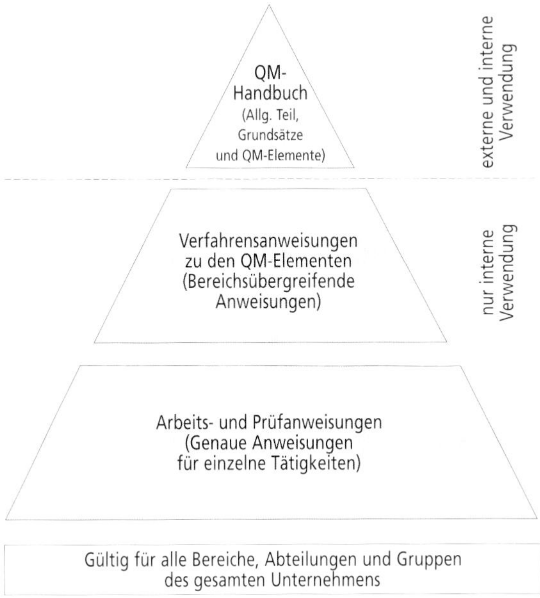

Abb.: Dokumentation des QM-Systems (Quelle: Brauer/Kühme, 1996, S. 16)

Für die Arbeit in der Werbeagentur bedeutet das Qualitätshandbuch – wie manche Kritiker missverstehen – nicht: „Du musst Werbung so und so machen." ISO schreibt weder dem Kundenberater noch den Verantwortlichen in Kreation oder Produktion etwas vor, sondern sagt nur: „Schreib auf, was du tust, und sorge dafür, dass jeder, der es wissen muss, auch weiß, was du tust. Sorge außerdem dafür, dass du in einem Jahr auch noch findest, was du getan hast." (N.N., Horizont, 38/95)

Inhalte der ISO 9001–9003

1. Verantwortung der Leitung
2. Qualitätsmanagementsystem
3. Vertragsprüfung
4. Designlenkung
5. Lenkung der Dokumente und Daten
6. Beschaffung
7. Lenkung der vom Kunden beigestellten Produkte
8. Kennzeichnung und Rückverfolgbarkeit von Produkten
9. Prozesslenkung
10. Prüfungen
11. Prüfmittelüberwachung
12. Prüfstatus
13. Lenkung fehlerhafter Produkte
14. Korrektur- u. Vorbeugungsmaßnahmen
15. Handhabung, Lagerung, Verpackung, Konservierung und Versand
16. Lenkung von Qualitätsaufzeichnungen
17. Interne Qualitätsaudits
18. Schulung
19. Wartung
20. Statistische Methoden

Kosten

Die Übertragung dieser Standards auf die Agenturszene ist nicht einfach. Je nach Größe und Struktur der Agentur können Kosten in Höhe von 80.000 bis 100.000 DM entstehen, bis die sehr technischen Fragen der Industrienorm auf Ablauf- und Organisationsschemata der Werbeagentur übertragen sind. Bei kleinen Agenturen liegen die Kosten etwa bei 20.000 DM.

Während die einen von ISO 9000 überzeugt sind, gibt es auch viele Stimmen, die die Sinnhaftigkeit einer Zertifizierung infrage stellen. So sprechen einige Kritiker aus der Werbebranche von Normierungsdiktatur, andere sehen in ISO einen Kostentreiber oder betrachten die Qualitätselemete gar als kreativitätstötende Vorschriftenlitaneien. Die Ergebnisse aus einer Pilotstudie im Auftrag des GWA widerlegen dies. „ISO 9000 soll Arbeitsabläufe optimieren und nicht Kreationsprozesse standardisieren." (Ulrich Tillmanns, in: Horizont 21/96)

2. Der Betrieb „Werbeagentur"

Aspekte der Rechtsform

Für den Werber ist die Rechtsform eines Unternehmens unter zwei Aspekten von Bedeutung:

- Die rechtliche Verfassung des eigenen Unternehmens, besonders hinsichtlich der Fragen der Finanzierung (Beschaffung des Kapitals) und der Haftung für Verbindlichkeiten.
- Der Kontakt mit den Kunden der Agentur, bei der die entsprechende rechtliche Verfassung für die Zahlungsfähigkeit des Kunden und damit für die Sicherheit der eigenen Forderungen von Bedeutung ist.

Bestimmungsfaktoren

Die Entscheidung über die Rechtsform bei einer Agenturgründung ist von folgenden Faktoren bestimmt, die nicht nur bei der Gründung, sondern auch für bestehende Unternehmen in regelmäßigen Abständen geprüft werden sollten:

1. Ist die Rechtsform in Bezug auf die Unternehmensgröße angemessen?
2. Ermöglicht die Rechtsform eine ausreichende Versorgung mit dem notwendigen Kapital und stimmt das Verhältnis von Eigen- zu Fremdkapital?
3. Ist das Risiko, z. B. beim Einkauf von Media-Leistungen, das der Agenturbetreiber zu tragen hat, auch im angemessenen Verhältnis zu seinem Privatvermögen? Sollte nicht durch die Wahl der Rechtsform eine Haftungsbegrenzung erreicht werden?
4. Werden bei der Wahl der Rechtsform auch optimal alle legalen Möglichkeiten zur Einsparung von Steuern ausgenutzt?

Verschiedene Gesetze regeln die Art der Verfassung eines Unternehmens. Die wichtigsten sind aus dem folgenden Schaubild zu entnehmen. Die Genossenschaften spielen im Bereich der Werbewirtschaft keine Rolle, sind aber der Vollständigkeit halber mit aufgeführt. Gesetzliche Grundlagen

Rechtsform	Bezeichnung	Gesetzliche Grundlage
Einzelunternehmen		Handelsgesetzbuch
Personengesellschaften	Offene Handelsgesellschaft **(OHG)** Kommanditgesellschaft **(KG)**	Handelsgesetzbuch
Kapitalgesellschaften	Gesellschaft mit beschränkter Haftung **(GmbH)**	GmbH-Gesetz
	Aktiengesellschaft **(AG)**	Aktiengesetz
Genossenschaften	Genossenschaft mit beschränkter Haftung **(eGmbH)** Genossenschaft mit unbeschränkter Haftung **(eGmuH)**	Genossenschaftsgesetz

2.1 Auswahl der Rechtsform

Um eine Werbeagentur zu eröffnen, müssen wichtige betriebswirtschaftliche Fragen vorher geklärt werden:

Besteht eine ausreichende Nachfrage nach den Dienstleistungen einer Agentur? Kunden
Eine fundierte Marktanalyse hilft dem zukünftigen Unternehmer, Fehlentscheidungen zu vermeiden. In der Regel wird er einschlägige Erfahrungen aus seiner Tätigkeit als Angestellter einer Agentur mitbringen.

Kann sich eine junge Agentur gegenüber der bereits am Markt vorhandenen Konkurrenz behaupten? Konkurrenz
Dies hängt nicht zuletzt vom Know-how und der Kreativität der Gründer ab. Gerade die Werbebranche lebt vom kreativen Potenzial der Mitarbeiter. Die Chancen für neue Agenturen dürften, wenn sie über das erwartete Potenzial verfügen, gut sein.

Kapitalausstattung

Ist genügend Kapital vorhanden, um die vom Markt erwarteten Leistungen zu erbringen? Kann eine „Durststrecke" zu Beginn durchgestanden werden? (siehe Teil I, 3. Finanzierung)

Entscheidend ist, wie viel Eigenkapital aufgebracht werden kann. Dies hängt wiederum von der Zahl der Gründer ab. Ein Einzelunternehmer wird kaum so viel aufbringen können wie eine Agentur mit mehreren Gesellschaftern. Das Gleiche gilt auch für Sicherheitsleistungen zum Erhalt von Fremdkapital.

Standort

Welche Kriterien sind bei der Wahl des Agenturstandortes von Bedeutung?

Für das Dienstleistungsunternehmen „Werbeagentur" sind wichtige Standortfaktoren: Kundennähe, gute Infrastruktur (Verkehrsanbindung an Autobahn, Flughafen, Datennetze, Nähe zu schulischen und wissenschaftlichen Einrichtungen usw.). Auch der Freizeitwert der Region spielt eine wichtige Rolle, insbesondere unter dem Aspekt der Beschaffung qualifizierten Personals. Dabei ist heute aufgrund der modernen Datennetze durchaus eine größere räumliche Distanz zwischen Produktion der Werbeleistung und Konsum möglich. Große international operierende Agenturen beweisen dies. In Kundennähe genügen dann geeignete Nebenstellen.

Rechtsform

Ist die Rechtsform der Einzelunternehmung für die Agentur von Vorteil?

Wird die Agentur als Einzelunternehmen gegründet, bringt eine einzelne Person das Eigenkapital auf. Diese leitet die Agentur eigenverantwortlich und trägt das volle Risiko. Die Haftung für Verbindlichkeiten erstreckt sich auch auf das Privatvermögen. Rasche Entscheidungen sind der Vorzug für ein Einzelunternehmen, die Kapitalkraft jedoch ist begrenzt, da auch die Möglichkeiten für Sicherheitsleistungen zur Fremdkapitalbeschaffung eingeschränkt sind.

Kaufmannseigenschaften

Hat eine solche Agentur Kaufmannseigenschaften?

Kaufmann im Sinne des HGB ist, wer ein Handelsgewerbe betreibt. Wesensmerkmal des Kaufmanns ist, dass er Unternehmer ist. Nicht jeder Unternehmer ist jedoch Kaufmann. Unternehmer ist nach § 2 UStG jeder, der eine gewerbliche oder berufliche Tätigkeit selbstständig und nachhaltig mit der Absicht der Gewinnerzielung ausübt. Durch das Handelsrechtsformgesetz vom 22.06.1998 ist ein einheitlicher Kaufmannsbegriff geschaffen worden. Zwischen Muss- und Sollkaufmann sowie zwischen Voll- und Minderkaufleuten ist nicht mehr zu unterscheiden.

Das Handelsgesetzbuch definiert folgende Arten von Kaufleuten:

HGB § 1

Istkaufmann

Dies sind Kaufleute, die ein Handelsgewerbe betreiben. Darunter sind Unternehmen zu verstehen, die nach Art und Umfang einen in kaufmännischer Weise eingerichteten Geschäftsbetrieb erfordern (§ 1 Abs. 2 HGB). Neben Handelsbetrieben, Industriebetrieben, Banken und Versicherung fallen jetzt auch Handwerksbetriebe und sonstige Betriebe (wie z. B. die Werbeagentur} unter diese Vorschrift.

Kannkaufmann HGB §§ 2, 3

Ein gewerbliches Unternehmen, dessen Gewerbebetrieb nicht schon nach § 1 Abs. 2 Handelsgewerbe ist, gilt als Handelsgewerbe, wenn die Firma des Unternehmens in das Handelsregister eingetragen ist. Der Unternehmer ist berechtigt, aber nicht verpflichtet, die Eintragung nach den für die Eintragung kaufmännischer Firmen geltenden Vorschriften herbeizuführen. Für Betriebe der Land- und Forstwirtschaft gilt § 2 entsprechend.

Formkaufmann HGB § 6

Unternehmen in Form der Genossenschaften oder Kapitalgesellschaften besitzen allein wegen ihrer Rechtsform die Kaufmannseigenschaften.

Das neue Handelsgesetz unterscheidet nicht mehr zwischen Voll- und Minderkaufmann. Kleingewerbetreibende können jetzt die Kaufmannseigenschaft durch freiwillige Eintragung ins Handelsregister erwerben (z. B. ein Kleingewerbe, das die Herstellung von kleinen Streuartikeln betreibt). Dann gelten alle Rechte und Pflichten des HGB.

Ein Einzelunternehmer, der im Handelsregister eingetragen ist, kann sich jetzt „eingetragener Kaufmann" bzw. „eingetragene Kauffrau" nennen, z. B. „Klaus Mayer e.K." oder „Karin Heller e.Kfr.".

Gesellschaftsvertrag

Eine Werbeagentur in der Rechtsform einer Gesellschaft entsteht durch den vertraglichen Zusammenschluss zweier oder mehrerer natürlicher oder juristischer Personen (das sind bereits bestehende Kapitalgesellschaften). Sie schließen einen Gesellschaftsvertrag (Satzung).

Kapitalbasis

Mit diesem Zusammenschluss wird vor allem die Kapitalbasis verbreitert, es ergänzen sich unterschiedliche Qualifikationen (Künstler, Kaufmann, Techniker), die Lasten der Arbeit werden auf mehrere Schultern verteilt, das Risiko für den Einzelnen wird verkleinert, die Kreditwürdigkeit und damit die Möglichkeit zur Fremdkapitalbeschaffung wird erhöht. Nicht zuletzt wird durch die Arbeit im Team das kreative Potenzial gesteigert.
Werbeagenturen in der Rechtsform einer Gesellschaft sind Kaufleute im Sinne des Handelsgesetzbuches. Damit sind alle darin enthaltenen Rechtsnormen für diese verbindlich. Man unterscheidet bei den Gesellschaftsformen Personen- und Kapitalgesellschaften, die in den beiden folgenden Unterpunkten dargestellt werden.

2.1.1 Personengesellschaften

Natürliche Personen

Sie erfordern mindestens einen vollhaftenden Gesellschafter (die Haftung erstreckt sich auch auf das Privatvermögen), das Unternehmen wird in der Regel auch durch die Kapitaleigner geleitet. Geschäftsführung (nach innen) und Vertretung (nach außen) obliegen den Gesellschaftern. Bei Werbeagenturen in dieser Rechtsform gibt es in der Regel keine Trennung von Kapital und Leitung. Die Gesellschafter sind zumeist „natürliche Personen" (= in juristischer Definition Menschen, im Gegensatz zu Kapitalgesellschaften als „juristische Personen").

KG, OHG

Man unterscheidet dabei zwei wesentliche Gesellschaftsformen: die Offene Handelsgesellschaft (OHG) mit gleichberechtigten Gesellschaftern und die Kommanditgesellschaft (KG) mit dem Komplementär als vollhaftendem Gesellschafter sowie den Kommanditisten als Teilhafter.

HGB §§ 105–177

Die Gründung der Personengesellschaft ist formfrei, d. h., der Gesetzgeber schreibt die Art des Vertrages nicht vor. Werden allerdings Grundstücke in die Gesellschaft eingebracht, bedarf es der notariellen Beurkundung. Die Gesellschaft beginnt im Innenverhältnis mit dem Vertragsabschluss, im Außenverhältnis mit Aufnahme der Geschäftstätigkeit oder mit dem Eintrag in das Handelsregister. Bei Kaufleuten beginnt die OHG und KG frühestens mit dem Handelsregistereintrag, der in diesem Fall konstitutive (= rechtserzeugende) Wirkung hat. Sollten diese Kaufmannseigenschaften nicht vorliegen, hat die Handelsregistereintragung nur deklaratorische (= rechtsbezeugende) Wirkung.

Sowohl die Gesellschafter der OHG als auch der Komplementär als Vollhafter der KG haben gleiche Rechte und Pflichten:

Rechte und Pflichten der Gesellschafter

- Die Gesellschafter sind verpflichtet, die Kapitaleinlagen zu leisten, die Geschäftsführung, Vertretung und Haftungspflicht für alle Verbindlichkeiten der Gesellschaft zu übernehmen und die Verluste anteilig zu tragen. Dabei haften die Gesellschafter persönlich, unbeschränkt auch mit ihrem Privatvermögen, sowie unmittelbar und solidarisch. Das heißt, jeder einzelne kann voll für die Begleichung der Schuld alleine herangezogen werden, allerdings hat er dann einen Rechtsanspruch gegenüber den anderen Gesellschaftern.
- Die Gesellschafter sind berechtigt, in der Regel alleine die Geschäfte zu führen (vertraglich beschränkbare Einzelgeschäftsführungsbefugnis) und alleine die Gesellschaft nach außen zu vertreten (vertraglich nicht beschränkbare Einzelvertretung). Ferner haben sie ein persönliches Kontrollrecht, das jederzeit wahrgenommen werden kann, und ein Recht auf den Gewinnanteil, d. h. nach dem Gesetz eine Verzinsung von 4% des Kapitalanteils, der Rest wird nach Köpfen verteilt. Außerdem besteht ein Recht auf Kapitalentnahme bis zu maximal 4% des Anteils pro Jahr und auf Kündigung mit einer Frist von sechs Monaten zum Geschäftsjahresende. Ein ausscheidender Gesellschafter haftet dann aber noch fünf Jahre für die Verbindlichkeiten, die zum Zeitpunkt seines Ausscheidens bestanden.

Die Firma der Werbeagentur kann seit dem 01.07.1998 eine Personen- oder Sachfirma sein, auch wenn sie eine Personengesellschaft ist. Entscheidend für die Funktion der Firma sind jetzt die Unterscheidungskraft und die damit einhergehende Kennzeichnungswirkung, die Ersichtlichkeit des Gesellschaftsverhältnisses und die Offenlegung der Haftungsverhältnisse. Auch eine „Phantasiefirma" ist zulässig, sofern sie die Unterscheidungsfunktion erfüllt. Eine Werbeagentur mit den Gesellschaftern Müller und Mayer könnte sich in der Rechtsform der OHG folgende Firmenbezeichnung geben: Müller & Mayer Werbung OHG, Mayer OHG, Müller OHG, M&M Werbung OHG, Phantasia-Werbung OHG.

Firma

Die Rechte und Pflichten eines Kommanditisten in der Kommanditgesellschaft sind gegenüber dem Komplementär begrenzt. Dies ist begründbar mit der auf die Kapitaleinlage beschränkten Haftung und damit auf das verminderte Risiko. An den Verlusten wird er nur in angemessenem Verhältnis beteiligt. Er hat ein Kontrollrecht über den Jahresabschluss. Ein laufendes Kontrollrecht besteht nicht. Der Kommanditist erhält vom Gewinn einen Anteil in „angemessenem Verhältnis". Was angemessen ist, muss daher dringend im Gesellschaftsvertrag geregelt sein, um Streitigkeiten zu vermeiden. Ein Recht auf Geschäftsführung und Vertretung besteht für den Kommanditisten nicht.

Kommanditist, HGB § 168 Abs. 2

Häufig entstehen Kommanditgesellschaften, um im Erbfall die erbberechtigten, aber nicht an der Mitarbeit in der Werbeagentur interessierten Familienmitglieder einzubinden und damit einen durch Auszahlung des Erbteils entstehenden Kapitalabfluss mit steuerschädlicher Aktivierung stiller Reserven zu vermeiden.

Erbfall

2.1.2 Kapitalgesellschaften

Bei den Kapitalgesellschaften gibt es keine persönlich haftenden Gesellschafter. Sie sind juristische Personen, die durch Organe vertreten werden (z. B. Vorstand), und haben eigene Rechtspersönlichkeit. Daher ist es möglich, bei dieser Gesellschaftsform Kapitalgeber und Leitungsfunktion voneinander zu trennen. Während die gesetzliche Grundlage der Personengesellschaften das Handelsgesetzbuch ist, gelten für die Kapitalgesellschaften eigene Gesetzbücher. Die wirtschaftlich bedeutendsten Gesellschaftsformen sind die Gesellschaft mit beschränkter Haftung (GmbH), die im GmbH-Gesetz geregelt wird, und die Aktiengesellschaft (AG), für die das Aktiengesetz gilt.

Juristische Person, Trennung von Kapital und Leitung

Da der Haftungsausschluss für das Privatvermögen erhebliche Risiken für mögliche Geschäftspartner mit sich bringt, entstehen Kapitalgesellschaften erst mit der Eintragung in das Handelsregister (= konstitutive Wirkung), wobei dem eintragenden Registergericht Prüffunktionen obliegen. Damit wird vom Gesetzgeber ein gewisses Maß an Sicherheit vor unseriösen Gründungen geschaffen.

Gesellschaft mit beschränkter Haftung (GmbH)

GmbH, GmbHG § 5

Bei der GmbH sind die Gesellschafter mit Stammeinlagen am Stammkapital beteiligt, ohne persönlich für die Verbindlichkeiten der Gesellschaft zu haften. Daher ist diese Rechtsform gerade in der Werbebranche häufiger vertreten. Es ist sogar möglich, eine „Ein-Mann-GmbH" zu gründen, sodass diese Rechtsform viele Merkmale einer Personengesellschaft oder eines Einzelunternehmens aufweist, ohne deren Nachteile einer persönlichen Haftung (auch mit dem Privatvermögen) zu besitzen.

Firma GmbHG § 4

Die Firma einer GmbH kann eine Personen-, Sach- oder gemischte Firma mit dem Zusatz GmbH sein. Beispiele: Alfons Weber GmbH, Plakatwerbung Stuttgart GmbH, Werbeagentur Müller GmbH.

Gründung GmbHG § 7

Zur Gründung einer GmbH sind eine oder mehrere Personen erforderlich. Es bedarf eines notariell beurkundeten Gesellschaftsvertrages (Satzung) und der Eintragung in das Handelsregister. Vor der Eintragung haften die Gesellschafter persönlich und gesamtschuldnerisch. Zur Risikominderung für Geschäftspartner hat der Gesetzgeber ein Mindeststammkapital von 50.000,– DM vorgeschrieben.

GmbHG § 5

Das Stammkapital setzt sich aus den Stammeinlagen der einzelnen Gesellschafter zusammen, die mindestens 500,– DM betragen müssen.

Rechte und Pflichten der Gesellschafter

Die Gesellschafter einer GmbH haben verschiedene Rechte und Pflichten:

- Vor der Anmeldung zur Eintragung der GmbH in das Handelsregister muss ein Viertel des Betrages auf jede Stammeinlage einbezahlt sein. Insgesamt muss an Geld- und Sacheinlagen auf das Stammkapital so viel geleistet sein, dass 25.000,– DM erreicht werden.

Gewinn

- Der Gesellschafter einer GmbH hat Anspruch auf seinen Gewinnanteil. Er kann Teile des Jahresüberschusses auch als Gewinnrücklagen stehen lassen und so der GmbH weiteres Kapital zur Verfügung stellen. Ferner hat der Gesellschafter ein Mitverwaltungsrecht, das er in der Gesellschafterversammlung ausübt.

Organe

Die juristische Person GmbH setzt sich aus Organen zusammen, denen vom Gesetzgeber bestimmte Funktionen zugewiesen werden.

Geschäftsführer GmbHG § 35 ff.

Der Geschäftsführer vertritt die Gesellschaft nach außen und führt die Geschäfte in der Gesellschaft (Geschäftsführung und Vertretung). Es sind ein oder mehrere Geschäftsführer möglich, die zugleich auch Gesellschafter sein können, aber nicht müssen. Die Art der Vertretungsmacht der Geschäftsführer ist ins Handelsregister einzutragen.

Gesellschafterversammlung GmbHG § 48

Die Gesellschafterversammlung ist das beschließende Organ der GmbH. Wesentliche Tagesordnungspunkte einer Gesellschafterversammlung sind:

- die Feststellung und Verwendung des Jahresüberschusses,
- die Einforderung von Einzahlungen auf die Stammeinlagen,

- die Teilung oder Einziehung von Geschäftsanteilen,
- die Bestellung, Entlastung oder Abberufung von Geschäftsführern
- sowie die Bestellung von Prokuristen und Handlungsbevollmächtigten.

Das Stimmrecht wird je 100,– DM eines Geschäftsanteils mit einfacher Mehrheit wahrgenommen.

Aufsichtsrat GmbHG § 52

Einen Aufsichtsrat benötigen nur große Gesellschaften mit mehr als 500 Mitarbeitern. So wird man in der Werbebranche kaum Gesellschaften mit einem Aufsichtsrat finden.

Rechnungslegung

Die Rechnungslegung der GmbH erfolgt nach den Regelungen des Handelsgesetzbuches für Kapitalgesellschaften. Der Geschäftsführer erstellt den Jahresabschluss. Der Jahresüberschuss kann für Tantiemen der Geschäftsführer und Aufsichtsräte, zur Bildung von Rücklagen gemäß Satzung und zur Verteilung an die Gesellschafter im Verhältnis der Stammeinlagen verwendet werden.

Haftung, Gründungskosten

In der Werbebranche ist die Rechtsform der GmbH sehr häufig vertreten. Entscheidend dabei dürfte vor allem die Haftungsbegrenzung sein. Das Risiko, das sich z. B. beim Einkauf von Media-Leistungen ergibt, bleibt so auf die Stammeinlagen beschränkt. Die Verwaltungskosten sind vor allem dadurch begrenzt, dass die Kapitaleigner zugleich auch Geschäftsführer sein können, also gegebenenfalls die GmbH wie ein Einzelunternehmen geführt werden kann (Ein-Mann-GmbH). Auch sind die Gründungskosten einer GmbH im Vergleich zur Aktiengesellschaft vergleichsweise niedrig. Für den Gesellschafter einer GmbH ergeben sich jedoch unter Umständen steuerliche Nachteile. Die GmbH unterliegt der Körperschaftsteuer mit einem Spitzensteuersatz auf nicht ausgeschütteten Gewinn von 45%. Um diesen Nachteil zu mildern, wird in der Werbebranche häufig eine kombinierte Form aus Personen- und Kapitalgesellschaft gewählt: die GmbH & Co. KG, die im folgenden Abschnitt besprochen wird.

GmbH & Co. KG

GmbH & Co. KG

Bei dieser Rechtsform wird eine Kommanditgesellschaft gegründet, deren Komplementär als Vollhafter eine GmbH ist.

Typische Form

Wenn die Kommanditisten zugleich Geschäftsführer der GmbH sind, spricht man von der typischen Form der GmbH & Co. Bei der atypischen Form besteht diese Personalunion nicht.

Der steuerliche Vorteil der GmbH & Co. ist darin zu sehen, dass die Gewinne auf die nur einkommensteuerpflichtigen Kommanditisten verlagert werden und die GmbH, z. B. duch Gehaltszahlungen an die Geschäftsführer, kaum körperschaftsteuerpflichtige Gewinne erwirtschaftet. Dieser in der Vergangenheit wichtige Aspekt wurde jedoch durch eine Reform im Steuerrecht mit der Anrechenbarkeit der Körperschaftsteuer auf die persönliche Einkommensteuer abgeschwächt.

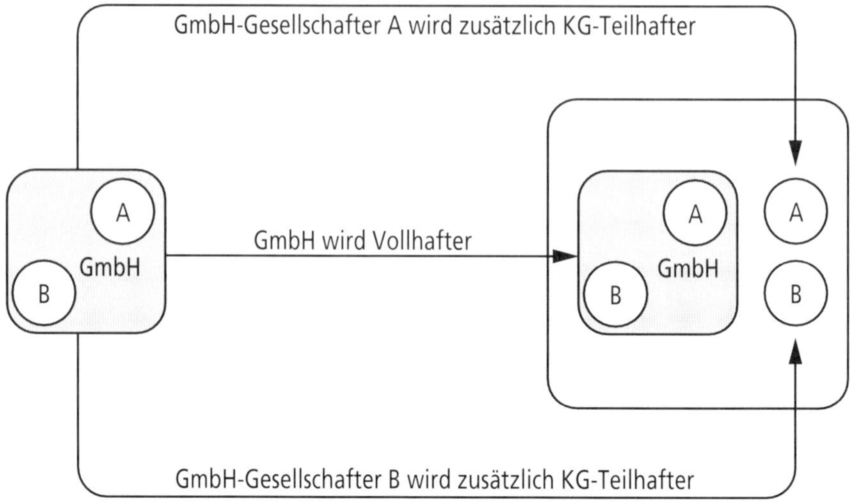

Abb.: Haftung bei der GmbH & CO. KG

Aktiengesellschaft (AG)

Aktiengesellschaft

Das Wesen der Aktiengesellschaft ist die Zerlegung des Grundkapitals in Aktienanteile, die jederzeit übertragbar sind. Eine persönliche Haftung besteht für den Aktionär nicht. Der Aktionär bleibt in der Regel anonym.

AktG § 6, 7, 8

Das Grundkapital einer AG ist in Aktien gestückelt, die einen Mindestnennwert von 5,– DM haben müssen. Häufig sind Nennbeträge über 50,– DM und 100,– DM, wenn sie darüber liegen, müssen sie durch 100 teilbar sein. Die Aktien sind veräußerbar. Der Wert orientiert sich dabei am Marktwert, der an der Börse ermittelt wird. Man nennt diesen Wert den Kurswert.

Gründung

Für die Gründung einer Aktiengesellschaft schreibt das Aktiengesetz Mindestvoraussetzungen vor:

- ein Gründer (kleine Aktiengesellschaft),
- 100.000,– DM Grundkapital,
- Kapitaleinlage durch Übernahme aller Aktien mindestens zum Nennwert,
- Gesellschaftsvertrag (Satzung), notariell beurkundet,
- Bestellung des Vorstandes, Aufsichtsrates und Abschlussprüfers durch die Gründer,
- Gründungsbericht und -prüfung,
- Eintragung in das Handelsregister mit konstitutiver Wirkung.

Firma
AktG § 4

Die Firma einer Aktiengesellschaft ist i.d.R. eine Sachfirma mit Zusatz AG, z. B. Süddeutsche Filmwerbung AG. Nur Aktiengesellschaften, die vor dem heute geltenden Recht entstanden sind, haben noch eine Personenfirma, z. B. die Friedrich Krupp AG.

Organe

Der Aufbau einer Aktiengesellschaft umfasst drei Stufen. Die Geschäftsführung und Vertretung wird vom Vorstand wahrgenommen. Dieser wird vom Aufsichtsrat überwacht. Die Hauptversammlung ist die Zusammenkunft der Kapitaleigner, der Aktionäre oder der von diesen Beauftragten. Damit ist der Vorstand das Leitungs-, der Aufsichtsrat das Überwachungs- und die Hauptversammlung das Beschlussfassungsorgan.

Vorstand

Die Aufgaben des Vorstandes sind: die eigenverantwortliche Leitung der Gesellschaft mit der Sorgfalt eines ordentlichen und gewissenhaften Kaufmanns, eine vierteljährige Berichtspflicht an den Aufsichtsrat, die Aufstellung des Jahresabschlusses und des Geschäftsberichtes, der einer Abschlussprüfung durch einen unabhängigen Prüfer unterliegt, die Einberufung der Hauptversammlung, der ein Vorschlag über die Gewinnverwendung vorzulegen ist, sowie die Beantragung der Konkurseröffnung bei Überschuldung. Die Zusammensetzung des Vorstandes ist in das Handelsregister einzutragen und zu veröffentlichen. Dies gilt auch bei Veränderungen. In der Regel erhält ein Vorstand neben seinem festen Gehalt gewinnabhängige Tantiemen. Für die Rechnungslegung der AG gelten die strengen Regeln des Aktiengesetzes.

Aufsichtsrat

Der Aufsichtsrat einer AG überwacht die Tätigkeit des Vorstandes und kann ihn bei wichtigem Grund abberufen. Ferner prüft er den Jahresabschluss, den Lagebericht, den Prüfbericht des Abschlussprüfers und den Vorschlag über die Verwendung des Gewinnes und erstattet der Hauptversammlung darüber schriftlichen Bericht. Der Aufsichtsrat kann außerdem eine außerordentliche Hauptversammlung einberufen, wenn es das Wohl der Gesellschaft erfordert.

Den Aufsichtsratsmitgliedern kann eine Vergütung bezahlt werden. Häufig sind Mitglieder des Aufsichtsrates Vertreter der Banken. Über das so genannte Depotstimmrecht in der Hauptversammlung haben die Banken meist einen größeren Einfluss, als dies über ihre Aktienanteile zu erwarten wäre, und nehmen diesen Einfluss auch wahr. Dabei liegt das Interesse der Banken in einer hohen Rücklagenbildung und geringen Gewinnausschüttung, da eine AG mit entsprechenden Rücklagen auch eine solvente Kreditnehmerin ist.

Hauptversammlung, Depotstimmrecht, Einfluss der Banken

Die Hauptversammlung ist die Versammlung der Aktionäre. In ihr nehmen diese ihr an die einzelne Aktie gebundenes Stimmrecht wahr. Viele Aktien befinden sich jedoch im Depot der Banken, die dann im Auftrag des Aktionärs das Stimmrecht wahrnehmen (Depotstimmrecht der Banken). Daraus ergibt sich teilweise auch der große Einfluss der Geschäftsbanken in Deutschland. Der Aktionär hat ein Auskunftsrecht, das ihm nur in besonders begründeten Fällen verweigert werden kann (z. B. Betriebsgeheimnisse, die auch für die Konkurrenz von Interesse wären).

Rechtsformen im Vergleich OHG, KG

	Offene Handelsgesellschaft (OHG)	Kommanditgesellschaft (KG)
Gesetzliche Regelung	§§ 105 - 160 HGB, (§§ 705 - 740 BGB gelten ersatzweise)	§§ 161 - 177 HGB (Vorschriften über die OHG gelten ersatzweise)
Rechtspersönlichkeit	keine eigene	keine eigene
Gründung	entsteht durch Gesellschaftsvertrag; Mindestgründerzahl: 2 HR-Eintragung erforderlich	entsteht durch Gesellschaftsvertrag von mindestens einem Komplementär und mindestens einem Kommanditisten; HR-Eintragung erforderlich
Mindestkapital/Mindesteinzahlung	nicht vorgeschrieben	Komplementäre: wie OHG; jedoch: feste Kommanditeinlagen für Kommanditisten (Höhe beliebig)
Geschäftsführung/ Vertretung	mangels anderer gesellschaftsvertraglicher Vereinbarungen Einzelgeschäftsführung und -vertretung aller Gesellschafter	mangels anderer gesellschaftsvertraglicher Vereinbarungen Einzelgeschäftsführung und -vertretung der Komplementäre; Kommanditisten sind von der Geschäftsführung grundsätzlich ausgeschlossen (jedoch Kontroll- und Widerspruchsrechte) und zur Vertretung nicht berechtigt
Haftung	unmittelbare, unbeschränkte, gesamtschuldnerische Haftung jedes Gesellschafters	*Komplementäre*: wie OHG-Gesellschafter; *Kommanditisten*: haften vor HR-Eintragung unbeschränkt, nachher nur noch bis zur Höhe ihrer Einlage (beschränkte Haftung); solange die Einlage nicht geleistet ist, haften die Kommanditisten unmittelbar
Gewinn- und Verlustbeteiligung	grundsätzlich Gesellschaftsvertrag maßgeblich; mangels anderer Vereinbarungen 4%-Verzinsung der Kapitalanteile; Restgewinn- und Verlustverteilung nach Köpfen	grundsätzlich Gesellschaftsvertrag maßgeblich; mangels anderer Vereinbarungen 4%-Verzinsung der Kapitalanteile; Verteilung des Restgewinns und Verlustes in angemessenem Verhältnis; am Verlust nimmt der Kommanditist nur bis zur Höhe seines Kapitalanteils teil
Steuern	Einkommensteuer, Gewerbesteuer	Einkommensteuer, Gewerbesteuer

Abb.: Rechtsformen im Vergleich

Rechtsformen im Vergleich GmbH, AG

Gesellschaft mit beschränkter Haftung (GmbH)	Aktiengesellschaft (AG)	
GmbH-Gesetz	Aktiengesetz	Gesetzliche Regelung
Juristische Person	Juristische Person	Rechtspersönlichkeit
entsteht durch notariell beurkundeten Gesellschaftsvertrag (Satzung) von grundsätzlich zwei Gründern (mit Ausnahme der Ein-Mann-GmbH) und der Eintragung ins Handelsregister	entsteht durch notariell beurkundeten Gesellschaftsvertrag (Satzung) durch mindestens einen Gründer	Gründung
Stammkapital mindestens 50.000,- DM, davon müssen mindestens 25.000,- DM eingezahlt werden	Grundkapital von mindestens 100.000,- DM, Mindestnennbetrag je Aktie 5,- DM. Nennbeträge, die über mehr als 50,- DM lauten, müssen durch 100 teilbar sein.	Mindestkapital/Mindesteinzahlung
durch den Gesellschaftsvertrag werden der Geschäftsführer und der Umfang der Geschäftsführungs- und Vertretungsbefugnis bestimmt	soweit in der Satzung nichts anderes bestimmt ist, besteht Gesamtgeschäfts- und Gesamtvertretungsbefugnis durch den Vorstand	Geschäftsführung/ Vertretung
beschränkt; die Haftung ist auf den Wert der Stammeinlage (Geschäftsanteil) des Gesellschafters begrenzt	das Gesellschaftsvermögen der AG haftet den Gläubigern gegenüber unbeschränkt; die Aktionäre tragen lediglich das Risiko des Kursverlustes oder des Verlustes der Aktie	Haftung
grundsätzlich Gesellschaftsvertrag maßgeblich	Dividende auf die Aktiennennbeträge	Gewinn- und Verlustbeteiligung
Körperschaftsteuer, Gewerbesteuer, Vermögensteuer	Körperschaftsteuer, Gewerbesteuer, Kapitalertragsteuer, Vermögensteuer	Steuern

Beschlussfassung

Die Hauptversammlung wählt den Aufsichtsrat mit einfacher Mehrheit, eine vorzeitige Abberufung kann mit Dreiviertelmehrheit erfolgen. Sie beschließt über Satzungsänderungen, Kapitalerhöhungen und -herabsetzungen, Verschmelzung und Auflösung der Gesellschaft. Sie wählt die Prüfer, beschließt über die Verwendung des Gewinnes und über die Entlastung von Aufsichtsrat und Vorstand.

Qualifizierte Mehrheit, Sperrminorität, junge Aktien

Die Beschlüsse erfolgen mit einfacher Mehrheit des anwesenden Kapitals. Satzungsänderungen bedürfen einer qualifizierten Mehrheit von 75% des anwesenden Kapitals, sodass mit 25% plus einer Aktie Satzungsänderungen verhindert werden können (Sperrminorität). In der Regel genügen jedoch bereits weniger Anteile, da selten das gesamte stimmberechtigte Kapital auf der Hauptversammlung anwesend ist. Zur Erhaltung des Stimmrechtanteils hat der Aktionär bei Ausgabe junger Aktien, z. B. zur Kapitalerhöhung, ein Bezugsrecht, das er wahrnehmen oder an der Börse veräußern kann.

2.1.3 Rechtsformen im Vergleich

Siehe die beiden vorherigen Tabellen, auf denen die wichtigsten Rechtsformen der Unternehmungen nach verschiedenen Kriterien übersichtlich gegenübergestellt sind (Quellen: Heinen, Hrsg., 1985, S. 184–186 u. Hartmann, Härter, 1984, S. 88).

2.2 Unternehmens- und Personalfragen

2.2.1 Steuern im Überblick

Durch den föderalen Staatsaufbau in Deutschland werden die Steuern zwischen den Körperschaften Bund, Länder und Gemeinden aufgeteilt. Als Richtwerte kann man für den Bund ca. 45%, die Länder 35% und die Gemeinden 15% als Anteil am Gesamtaufkommen annehmen.

Die Steuern lassen sich unter verschiedenen Aspekten einordnen:

Aspekte

- Nach dem Gegenstand der Besteuerung: Besitz-, Verkehr-, Verbrauchsteuern
- Nach der Körperschaft, der die Steuer zufließt: unter Bund, Länder und Gemeinden aufgeteilte Steuern (Gemeinschaftsteuern, Bundessteuern, Ländersteuern und Gemeindesteuern)
- Nach der Erhebungsart: direkte und indirekte Steuern
- Nach der Abzugsfähigkeit: Betriebs- und Personensteuern

2.2.2 Besteuerung in der Agentur

Die Werbeagentur ist von folgenden Steuern hauptsächlich berührt:

Umsatzsteuer

Sie ist für die Agentur jedoch nur ein durchlaufender Posten. Leistungen, die die Agentur einkauft, z. B. Leasinggebühren für die Computerausstattung, sind mit Umsatzsteuer belastet, die als Vorsteuer verbucht wird. Für die Dienstleistung, die die Agentur erstellt, berechnet sie den Kunden Umsatzsteuer. Von dieser wird die Vorsteuer abgezogen; die Differenz ist die so genannte Zahllast, d. h. der Betrag, der an das Finanzamt abzuführen ist. UStG

Gewerbesteuer

Die Gewerbesteuer dagegen mindert die Gewinne der Werbeagentur. Sie errechnet sich aus einem Messbetrag für den Gewerbeertrag, multipliziert mit dem Hebesatz der Gemeinde. GewStG

Der Gewerbeertrag setzt sich zusammen aus den Gewinnen bzw. Verlusten der Unternehmung, vermehrt um 50% der Zinsen auf Dauerschulden, vermindert um 48.000,– DM für natürliche Personen oder Personengesellschafter. Eine GmbH z. B. hat keinen Freibetrag, sondern muss die Gewinne von Anfang an versteuern.

Beispiel: Personengesellschaft und GmbH haben einen Gewinn von 100.000,– DM. Daraus errechnet sich ein Messbetrag für die Personengesellschaft von 840 und für die GmbH von 5.000. Bei einem Hebesatz von 430% ergibt sich dann eine Steuerschuld von 3.312,– DM bzw. von 21.500,– DM.

	Personengesellschaft	GmbH
Gewinn	100.000,- DM	100.000,- DM
Messbetrag	840	5.000
Hebesatz	430 %	430 %
Steuerschuld	3.312,- DM	21.500,- DM

Abb.: Bestimmung der Steuerschuld

Die Höhe des Hebesatzes ist regional sehr verschieden. Finanzschwache Großstädte haben oft weit höhere Sätze als Mittelstädte im ländlichen Raum. Das führt dann zu Abwanderung von Betrieben in steuerlich günstigere Kommunen, was die Finanzlage der Großstädte verschärft. Gerade Agenturen mit Anbindung an moderne Kommunikationsnetze genügen kundennahe Nebenstellen, während die eigentliche Produktion an einem günstigeren Standort sein kann.

Körperschaftsteuer

Die Körperschaftsteuer ist die „Einkommensteuer" juristischer Personen. Sie beträgt 40% vom nicht ausgeschütteten und 30% vom ausgeschütteten Gewinn. Für den Gewinnempfänger als natürliche Person wird zur Vermeidung einer Doppeltbesteuerung die bezahlte Körperschaftsteuer auf die Einkommensteuer angerechnet.

KStG

Vermögensteuer

Die Vermögensteuer besteuert juristische und natürliche Personen mit Wohn- oder Geschäftssitz im Inland. Maßgebend für die Besteuerung ist das steuerpflichtige Vermögen, das sich aus dem Rohvermögen (z. B. dem Einheitswert von Grund- und Betriebsvermögen) abzüglich der Schulden und persönlicher Freibeträge errechnet. Der Steuersatz beträgt 1,0% für natürliche und 0,7% für juristische Personen. Öffentlich-rechtliche Körperschaften, gemeinnützige Einrichtungen sowie die Kirchen sind befreit. Die Vermögensteuer wird seit dem 1.1.1997 nicht mehr erhoben, da die bisherige Regelung verfassungswidrig ist.

VStG

2.2.3 Lohn- und Einkommensteuer

Am wichtigsten für den Staatshaushalt sind die Lohn- und Einkommensteuer. Besteuerungsgrundlage ist dabei das Einkommen natürlicher Personen.

EStG

Die Lohnsteuer unterscheidet sich von der Einkommensteuer im Wesentlichen nur durch die Art der Erhebung. Die Lohnsteuer als Steuer auf Einkünfte aus nichtselbstständiger Arbeit wird im Abzugsverfahren von den Betrieben direkt vom Lohn und Gehalt einbehalten und an den Staat abgeführt. Die Einkommensteuer wird auf alle übrigen Einkunftsarten erhoben. Der Steuerpflichtige hat nach Ablauf des Kalenderjahres eine Steuererklärung abzugeben, danach wird die zu zahlende Einkommensteuer festgesetzt. Um die Benachteiligung der Bezieher von Einkünften aus nichtselbstständiger Arbeit zu mildern, die direkt bei Lohn- und Gehaltszahlung ihre Steuer abgezogen bekommen, hat der Einkommensteuerpflichtige in der Regel Vorauszahlungen in etwaiger Höhe der zu erwartenden Einkommensteuer zu leisten.

Einkunftsarten

Das Einkommensteuergesetz unterscheidet die folgenden Einkunftsarten:

- Einkünfte aus Land- und Fortswirtschaft,
- Einkünfte aus einem Gewerbebetrieb,

- Einkünfte aus selbstständiger Arbeit (Ärzte, Architekten, Künstler etc.),
- Einkünfte aus nichtselbstständiger Arbeit (Löhne und Gehälter),
- Einkünfte aus Kapitalvermögen (Zinsen, Dividenden),
- Einkünfte aus Vermietung und Verpachtung,
- sonstige Einkünfte (wiederkehrende Bezüge, z. B. Renten).

Von der Summe der Einkünfte werden der Altersentlastungsbetrag (§ 24a EStG), die Sonderausgaben und die außergewöhnlichen Belastungen (§§ 10 und 33 EStG) sowie der Haushalts- und Kinderfreibetrag (§ 32 EStG) abgezogen, um das zu versteuernde Einkommen zu berechnen.

Der Steuertarif orientiert sich an der Höhe des zu versteuernden Einkommens. Ein Jahreseinkommen bis 13.499,– DM für Ledige, 26.998,– DM für Verheiratete ist steuerfrei (Grundfreibetrag). Darüber hinausgehende Beträge werden bis zu einem Einkommen von 114.696,– DM bei Ledigen, 229.392,– DM bei Verheirateten beginnend mit 22,9% mit progressiv ansteigenden Steuersätzen bis maximal 51% besteuert (Progressionszone). Darüber hinaus beträgt der Steuersatz 51% (obere Proportionalzone). Tarif

Als Werbungskosten (§ 9 EStG) sind Aufwendungen zur Erwerbung, Sicherung und Erhalt der Einnahmen anzusehen. Dazu gehören unter anderem die Fahrtkosten zwischen Wohnung und Arbeitsstätte, Berufskleidung, Fachliteratur und Fortbildungskosten im ausgeübten Beruf. EStG § 9

Sonderausgaben sind in der Regel Aufwendungen der Lebenshaltung, die nicht in wirtschaftlichem Zusammenhang mit einer der Einkunftsarten stehen. Sie werden aus finanz-, sozial- und wirtschaftspolitischen Gründen steuerlich begünstigt. Dazu zählen z. B. Beiträge zu Kranken-, Unfall-, Haftpflicht- und Lebensversicherungen (§ 10 ff. EStG). In den meisten Fällen sind Sonderausgaben nur bis zu einer Höchstgrenze abzugsfähig.

Außergewöhnliche Belastungen (§ 33 ff. EStG) sind zwangsläufig anfallende Aufwendungen, die einem Steuerpflichtigen in höherem Maße entstehen als der überwiegenden Zahl der Steuerpflichtigen. Das sind unter anderem krankheitsbedingte Aufwendungen, Pflegeaufwendungen oder Aufwendungen, welche durch eine Behinderung entstehen. Der Steuerpflichtige hat jedoch einen Teil der Aufwendungen als zumutbare Belastung selbst zu tragen. Mit dieser Regelung soll ein Missbrauch verringert werden. EStG § 33

Die Lohnsteuer ist die Einkommensteuer aus nichtselbstständiger Arbeit. Der Arbeitgeber zieht sie direkt vom Lohn bzw. vom Gehalt ab. Dazu benötigt der Arbeitgeber entsprechende Angaben, die auf der von der Wohngemeinde des Arbeitnehmers ausgestellten Lohnsteuerkarte enthalten sind. Der Arbeitgeber trägt am Jahresende den Bruttolohn einschließlich der Abzüge auf der Rückseite ein. Lohnsteuer

Steuerklassen

Die Steuerklasse ergibt sich aus § 38 b EStG:

Klasse I: Unverheiratete (Ledige, Verwitwete, Geschiedene) und dauernd getrennt Lebende, wenn sie nicht mindestens ein Kind haben.

Klasse II: Unverheiratete und dauernd getrennt Lebende, wenn sie mindestens ein Kind haben.

Klasse III: Verheiratete, wenn der Ehegatte keinen Arbeitslohn bezieht oder auf Antrag beider Ehegatten in Steuerklasse V eingereiht ist. Ferner Verwitwete für das Kalenderjahr, das dem Todesjahr des Ehegatten folgt, und Geschiedene im Jahr der Ehescheidung.

Klasse IV: Verheiratete, wenn der Ehegatte ebenfalls Arbeitslohn bezieht.

Klasse V: Verheiratete, wenn der Ehegatte ebenfalls Arbeitslohn bezieht und in Steuerklasse III eingereiht ist (siehe dort).

Klasse VI: Steuerpflichtige mit weiteren Beschäftigungsverhältnissen.

Veranlagung zur Einkommensteuer

Der Lohnsteuerpflichtige kann am Jahresende nach Erhalt der ausgefüllten Lohnsteuerkarte zu viel bezahlte Lohnsteuer mit Hilfe eines Antrages zur Veranlagung der Einkommensteuer (bis 1992: Lohnsteuerjahresausgleich) zurückerhalten. Der Staat behält jährlich hohe Summen dadurch, dass viele Steuerzahler, die mit dem komplizierten Verfahren nicht zurechtkommen, keinen Antrag abgeben.

3. Finanzierung

3.1 Überblick der Finanzierungsarten

Finanzierung im engeren/weiteren Sinne

Wenn sich Unternehmer das notwendige Mindeststammkapital beschaffen (egal, ob in Geld oder in Sachgütern), spricht man von der Finanzierung im engeren Sinne. Sollten später Entscheidungen über weiteren Kapitalbedarf und über die Kapitalverwendung notwendig werden, so wird von Finanzierung im weiteren Sinne gesprochen.

Die Finanzierung wird in der Regel nach folgenden Kriterien unterschieden:

Außenfinanzierung
Innenfinanzierung

a) nach Herkunft des Kapitals, d. h., ob es von außerhalb der Unternehmung (= Außenfinanzierung) oder aus ihr selbst bzw. dem betrieblichen Umsatzprozess kommt (= Innenfinanzierung),
b) nach den Eigentumsverhältnissen am Kapital bzw. der Rechtsstellung des Kapitalgebers, d. h., ob der Eigentümer Kapital zur Verfügung stellt (= Eigen-

finanzierung) oder dies ein „Fremder", in der Regel eine Bank, tut und damit Unternehmensgläubiger wird (= Fremdfinanzierung),

c) nach der Fristigkeit der Kapitalüberlassung, wobei das Eigenkapital meist unbefristet, das Fremdkapital befristet überlassen wird. Dabei wird unterschieden in:
   - kurzfristig (bis 1 Jahr),
   - mittelfristig (bis 4 Jahre) und
   - langfristig (mehr als 4 Jahre).

Erläuterungen zum folgenden Schaubild:

(1) Eigenfinanzierung

Diese zu erhöhtem Eigenkapital führende Finanzierung lässt sich am besten an den Rechten charakterisieren, die vom Kapitalgeber erworben werden. Diese sind:

- Anteil am Vermögen der Unternehmung,
- Anteil am Liquidationserlös = Erlös nach Abwicklung der Unternehmung,
- Gewinnbeteiligung und
- Einfluss auf die Geschäftsführung.

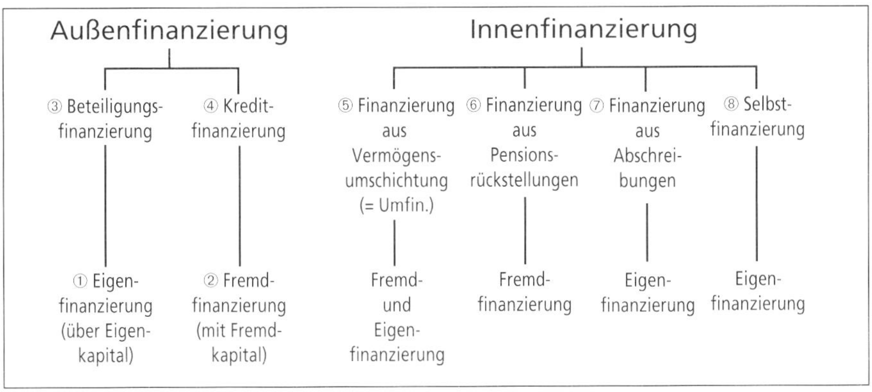

Abb.: Formen der Finanzierung

Allerdings müssen die Eigenkapitalgeber auch für die Verbindlichkeiten der Unternehmung haften, wobei die genauere Ausgestaltung ihrer Rechte und Pflichten von der gewählten Rechtsform bzw. vom erstellten Gesellschaftsvertrag abhängig ist (siehe auch Abschnitt 2.1 Auswahl der Rechtsform).

(2) Fremdfinanzierung

Sie führt zu höherem Fremdkapital (auch Schulden) und ist im Gegensatz zur Eigenfinanzierung gekennzeichnet durch:

Zins/Tilgung

- Anfall von Zins und Tilgung (mit Auswirkung auf die Unternehmensliquidität), was auch verdeutlicht, dass Fremdkapital stets befristet ist, und
- begrenztes Risiko für den Kapitalgeber durch Sicherheitsleistungen, die der Schuldner erbringt.

Sicherheiten mit Bonitätsprüfung

SCHUFA

Vor der Kreditvergabe wird heute immer eine so genannte Bonitäts- oder Kreditwürdigkeitsprüfung durchgeführt, wobei persönliche Merkmale wie Ruf und Zahlungsgewohnheiten ebenso wie dingliche Kriterien (z. B. Vermögenslage, belastbare Gegenstände) und die Ertragsaussichten wegen der zukünftigen Zahlung von Zins und Tilgung überprüft werden. In jedem Fall wird auch eine Auskunft von der SCHUFA (= Schutzgemeinschaft für allgemeine Kreditsicherung GmbH) eingeholt. Sie gilt als sehr sicher und zuverlässig, weil dort alle im Zusammenhang mit Zahlungen stehenden Vorgänge wie Kreditaufnahmen, Mahnbescheide, Vollstreckungen und Wechselproteste registriert werden.

(3) Beteiligungsfinanzierung

Verbriefte Eigentumsrechte

Bei dieser Finanzierungsart werden die Eigentumsrechte verbrieft (= Urkunde ausgestellt). Da dies nur bei den Kapitalgesellschaften (AG: Aktie, GmbH: Geschäftsanteil) bzw. bei den Genossenschaften geschieht, wird eine Eigenkapitalerhöhung bei den Personengesellschaften häufig auch als Einlagenfinanzierung bezeichnet. Eine Beteiligungsfinanzierung bei einer GmbH läge z. B. dann vor, wenn die Gründer später eine Stammkapitalerhöhung beschließen und die neuen Stammeinlagen selbst oder durch einen neuen Gesellschafter leisten lassen würden.

(4) Kreditfinanzierung

Personalsicherheiten

Die im Vertrauen auf Rückzahlung gewährten Kredite werden überwiegend in Geld, aber auch häufig in Sachen geleistet. Die Sicherung der Kredite (wegen der Risikominderung für den Gläubiger) geschieht entweder personell oder dinglich bzw. heute meist als Kombination verschiedener Möglichkeiten.

BGB § 765 ff., HGB § 349, BGB § 398 ff.

Zu den Personalsicherheiten (= Rechte gegen Personen) gehören:

- die Bürgschaft (wobei Vollkaufleute grundsätzlich nur selbstschuldnerisch, d. h. dem eigentlichen Schuldner gleichgestellt, bürgen dürfen),
- die Forderungsabtretung oder Zession,
- die Sicherung durch Diskontwechsel und
- die Kreditleihe (= Avalkredit).

Realsicherheiten

BGB § 930, BGB §1204 ff., BGB § 875 ff., BGB § 1113 ff.

Zu den Realsicherheiten (auch dingliche Sicherung=Rechte an Sachen) gehören:

- die Sicherungsübereignung,
- die Verpfändung von beweglichen Sachen (= Lombard) und
- die Verpfändung von unbeweglichen Sachen (= Grundpfandrecht).

Bei den Pfandkrediten spielt wegen der Höhe des gewährten Kredites auch die so genannte Beleihungsgrenze eine große Rolle. Banken beleihen in der Regel zwischen 40 und 60% des Verkehrswertes eines Pfandes.

Der häufigste Sachkredit ist der Lieferantenkredit, der durch das Einräumen eines Zahlungszieles entsteht. Der in den Warenpreis einkalkulierte Skonto ist dann der Preis für diese Kreditart, wenn nicht rechtzeitig bezahlt wird. Wegen des relativ hohen Skontosatzes für eine geringe Zeitspanne gehört der Lieferantenkredit zu den teuersten Krediten und wird deshalb meist nur von kleinen kapitalschwachen Betrieben zur Finanzierung ihrer Warenbeschaffung genutzt. Als Sicherung wird normalerweise der Eigentumsvorbehalt eingesetzt, d. h., die Ware bleibt bis zur vollständigen Bezahlung das Eigentum des Verkäufers. Lieferantenkredit

(5) Umfinanzierung

Bei dieser Finanzierungsart ändert sich nur die Zusammensetzung (Struktur) des Kapitals, d. h., es erfolgt kein Zufluss neuer Mittel. Ein Beispiel für eine Umschichtung innerhalb des Fremdkapitals wäre die Ablösung eines kurzfristigen Wechseldiskontkredites durch ein langfristiges Bankdarlehen. Von einer Umwandlung von Eigen- in Fremdkapital wäre zu reden, wenn zur Auszahlung eines Gesellschafters ein Bankdarlehen aufgenommen würde. Veränderung der Kapitalstruktur

(6) Finanzierung aus Pensionsrückstellungen

Viele Betriebe zahlen ihren altershalber ausscheidenden Arbeitnehmern eine Betriebsrente, die aus den Pensionskassen finanziert wird. Da für die Unternehmung lediglich eine Verpflichtung zur Zahlung laut Tarifvertrag/Gesetz besteht, aber Zeitpunkt und Höhe nicht festgelegt sind, ist bei der Bildung von Pensionsrückstellungen ein gewisser Entscheidungsspielraum gegeben. Häufig wird dieser Spielraum zur Bildung stiller Reserven genutzt, d. h., dass das Eigenkapital nach außen geringer erscheint, und daraus gegebenenfalls eine Finanzierung betrieben werden kann. Zur Fremdfinanzierung wird diese Art gerechnet, weil Rückstellungen grundsätzlich Verbindlichkeiten darstellen.

(7) Finanzierung aus Abschreibungen

Hier geschieht die Finanzierung durch Kapitalfreisetzung. Die in den Verkaufspreis der Produkte einkalkulierten Wertminderungen der Vermögen fließen im Umsatzprozess zurück und stehen der Unternehmung bis zum Tag der Wiederbeschaffung (= Ersatzinvestition) zu Finanzierungszwecken zur Verfügung. Kapitalfreisetzung

(8) Selbstfinanzierung

Diese Finanzierung ist wie die gesamte Innenfinanzierung natürlich bei Gründung einer Unternehmung nicht machbar. Sie ist nur möglich, wenn erwirtschaftete Unternehmensgewinne ganz oder teilweise zurückgehalten und nicht an die Eigentümer ausgeschüttet werden. Sind die einbehaltenen Gewinne aus der Bilanz (sie erhöhen dort das Eigenkapital) bzw. aus der Gewinn-und Verlust-Rechnung ersichtlich, spricht man von offener Selbstfinanzierung. Sie werden bei der GmbH wie bei der AG als Gewinnrücklagen ausgewiesen, sind aber nicht vorgeschrieben. Einbehaltene Gewinne HGB § 266

Als verdeckte Selbstfinanzierung bezeichnet man eine Unterbewertung des Vermögens bzw. eine Überbewertung der Betriebsschulden. Dies kann z. B. durch überhöhte bilanzmäßige Abschreibung oder zu hoch angesetzte Rückstellungen (siehe auch Punkt 6 Finanzierung aus Pensionsrückstellungen) geschehen. Beide führen zu überhöhten Aufwendungen und damit zu einem buchmäßig geringeren Gewinnausweis. Das Bilanzrichtliniengesetz hat allerdings die Bildung dieser stillen Rücklagen/Reserven ziemlich erschwert.

HGB § 280

3.2 Besondere Finanzierungsformen

Wegen ihrer zunehmenden Bedeutung im Finanzierungsgeschäft (auch für die Agenturen) erscheint es wichtig, zwei neuere Finanzierungsformen genauer zu betrachten, nämlich Leasing und Factoring. Wenn man beide den Finanzierungsarten (siehe 3.1 Überblick der Finanzierungsarten) zuordnet, so müssten sie der Außenfinanzierung und dort der Kreditfinanzierung/Fremdfinanzierung zugerechnet werden.

3.2.1 Leasing

Miete statt Kauf

Unter dem Begriff Leasing versteht man den vertraglich fixierten Erwerb von Nutzungsrechten (in der Regel mittel- bis langfristig) an Vermögensgegenständen gegen Entgelt (= Leasingrate), also praktisch Miete/Pacht anstatt Kauf eines Anlagegutes. Diese von der Unternehmung anhand von Rentabilitäts- und Liquiditätsgesichtspunkten ständig zu treffende Entscheidung hängt von vielen Faktoren ab, die eine grundsätzliche Aussage praktisch nie zulassen. So müssen z. B. vorhandene Eigenmittel, Nutzungsdauer, Bonität und Absatzziele berücksichtigt werden.

Die folgende Zusammenstellung soll einen groben Überblick über die häufigsten Leasingformen geben.

Das Financial-Leasing ist von den dargestellten Leasingformen am besten mit dem kreditfinanzierten Kauf zu vergleichen, weil der Leasingnehmer das Investitionsrisiko (Reparatur, Instandhaltung, Verschlechterungs- und Untergangsrisiko) trägt.

Außer dieser Regelung wird in solchen Leasingverträgen noch Folgendes festgehalten (Däumler, 1986):

1. für bestimmten Zeitraum (= Grundmietzeit) unkündbar,
2. Grundmietzeit in der Regel kürzer als betriebsgewöhnliche Nutzungsdauer,

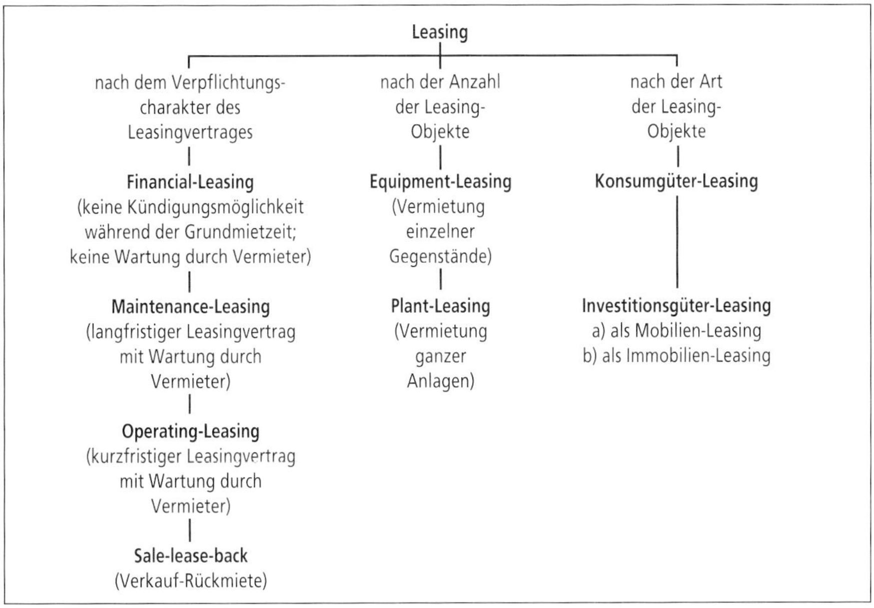

Abb.: Formen des Leasing (Quelle: Däumler, 1986)

3. Höhe der Leasingraten so bemessen, dass der Leasinggeber während der Grundmietzeit
   - das eingesetzte Kapital zurückbekommt,
   - die ausstehenden Beträge verzinst erhält,
   - die Wagnisse und Verwaltungskosten abgedeckt hat und Gewinn erzielt,
4. Leasingraten sind unabhängig von der Funktionsfähigkeit des Mietobjektes fällig.

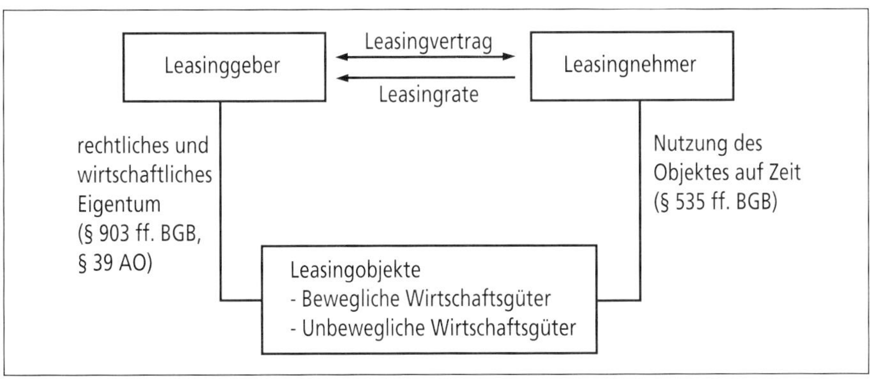

Abb.: Prinzip und Beteiligte beim Leasing

Ein Vergleich zwischen Leasing und Kreditkauf ist sehr schwierig. Die Entscheidung erfolgt anhand der Kriterien Liquidität und Aufwand. Bei einer Anschaffung im Wert von 60.000,00 DM und folgenden Konditionen:

Kreditfinanzierung
8% Zins p.a., Tilgung 15.000,00 DM am Ende des Jahres, geschätzte Nutzungsdauer 5 Jahre, lineare Afa

Leasing-Angebot
1.516,00 DM pro Monat bei 36 Monaten Laufzeit, Restwert 15.000,00 DM

ergibt sich nach dem dritten Jahr folgendes Bild:

Kreditfinanzierung

Tilgung	Zins	Liquiditätsabfluss	Abschreibung*	Aufwand
15.000,00 DM	4.800,00 DM	19.800,00 DM	12.000,00 DM	16.800,00 DM
15.000,00 DM	3.600,00 DM	18.600,00 DM	12.000,00 DM	15.600,00 DM
15.000,00 DM	2.400,00 DM	17.400,00 DM	12.000,00 DM	14.400,00 DM

Leasing

Leasingrate		Liquiditätsabfluss		Aufwand
1.516,00 DM/Monat		18.192,00 DM		18.192,00 DM
1.516,00 DM/Monat		18.192,00 DM		18.192,00 DM
1.516,00 DM/Monat		18.192,00 DM		18.192,00 DM

*Abschreibungen sind nur möglich, wenn ein Anlagegut auch im Eigentum des Unternehmens ist.
Beim Leasing werden die Abschreibungen vom Leasinggeber in die Leasingrate einkalkuliert.

Auch steuerliche Aspekte sind zu berücksichtigen. Die Aufwendung reduzieren den zu versteuernden Gewinn. Speziell beim Kreditkauf unterliegen 50% der Dauerschuldzinsen der Gewerbesteuer. Bei einem Verkauf des Anlageguts muss der erzielte Marktpreis der Gewinnbesteuerung unterworfen werden (außerordentlicher Ertrag).

Vorteile des Leasing:

- Leasing bindet kein Kapital; die Liquidität wird geschont.
- Leasing erhöht nicht den Gewebeertrag; dadurch wird Gewerbesteuer eingespart.
- Die festgesetzten, gleich bleibenden Leasingraten bilden eine verlässliche Kalkulationsgrundlage (fixe Kosten).

Nachteile des Leasing:

- Die Kosten für die geleasten Anlagen sind hoch, weil das eingesetzte Kapital in kurzer Zeit amortisiert werden muss, der Leasinggeber eine Risikoprämie einkalkuliert und einen angemessenen Gewinn erzielen will.
- Nachträgliche Veränderungen an dem Anlagegut (z. B. Einbau einer Standheizung etc.) unterliegen der Zustimmung des Leasinggebers. Dieser kann bei Vertragsende die Herstellung des ursprünglichen Zustands verlangen.
- Dem Leasinggeber steht bei Reparaturschäden ein Anspruch auf Wertminderung zu.

3.2.2 Factoring

Factoring ist eine Form der Absatzfinanzierung. Es bedeutet den Ankauf von Forderungen aus Warenlieferungen oder sonstigen Leistungen (nicht aus reinen Geldgeschäften), die eine Unternehmung gegenüber ihren Kunden hat. Der Ankäufer (= Factor) ist in der Regel ein Finanzierungsinstitut, das die Forderungen (meist zwischen 80 bis 95% der Forderungssumme) bevorschusst. Dabei übernimmt der Factor eine Reihe von Funktionen, die diese Finanzierungsform für viele Unternehmen interessant macht (Service-, Delkredere und Finanzierungsfunktion). Absatz-finanzierung

Für den Verkäufer der Forderungen (auch Anschlusskunde genannt) entstehen dadurch Vorteile:

- Abwälzung des Kreditrisikos auf die Factoring-Gesellschaft,
- Verbesserung der eigenen Liquidität,
- Kostenminderung, da wesentliche Teile der Buchführung ausgelagert werden.

3.3 Finanzierungsprobleme

Im Folgenden soll untersucht werden, wie im Falle der Störung des Geldflusses im Betrieb verfahren wird bzw. welche Maßnahmen dagegen ergriffen werden können. Außerdem ist die Frage zu beantworten, was geschehen soll, wenn die Unternehmung selbst nicht mehr zahlungsfähig, also Not leidend ist. Abschließend werden spezielle Finanzierungsprobleme der Agenturen herausgearbeitet und mögliche Lösungen dafür aufgezeigt. Not leidend = zahlungsunfähig

3.3.1 Forderungsausfälle

Der häufigste Störfall des betrieblichen Geldflusses in der Werbeagentur besteht darin, dass Kunden mit Verspätung zahlen. Dadurch fließen die aus dem Umsatzprozess erwarteten Mittel nicht rechtzeitig (und manchmal auch gar nicht). Es stehen der Unternehmung einige Maßnahmen zur Verfügung, um diese Situation möglichst zu vermeiden:

1. *Bonitätsprüfung*
   (siehe Teil I, 3.1 Überblick der Finanzierungsarten)
2. *Eigentumsvorbehalt*
   Er besagt, dass der Käufer erst bei vollständiger Bezahlung Eigentümer der Ware wird, sodas der Verkäufer die gelieferte Ware bei Nicht- oder verspäteter Zahlung wieder zurücknehmen könnte. Für eine Agentur dürfte dies nicht sinnvoll sein, weil die Leistung in der Regel entweder Dienstleistung oder nicht weiter verwertbare Sachleistung (z. B. Plakat) ist. BGB § 455

3. *Factoring*

   Die Übernahme des Ausfallrisikos einer Forderung könnte eine Lösung für eine neu aufgebaute Agentur sein, da sicher noch finanzielle Reserven fehlen, um Ausfälle aufzufangen (siehe Teil I, 3.2.2 Factoring).

4. *Absicherung durch Zahlungsbedingungen*

   Für eine junge Agentur wird es wohl sehr schwer sein, ihre Konditionen am Markt auch nur annähernd durchzusetzen, da zunächst eindeutig der Kunde die Marktmacht besitzen dürfte. Denkbar wären folgende Möglichkeiten:
   - Vorauszahlung: Bei unbekannten bzw. nicht zweifelsfreien Kunden wird in der Regel immer vor der Leistung Geld verlangt.
   - Zug-um-Zug-Geschäft: Warenübergabe = Zahlungszeitpunkt (z. B. Nachnahme, Barkasse).
   - Ausstellung eines Wechsels: Damit kommt bei Nichtzahlung das gegenüber dem langen und umständlichen Zivilprozess schnellere und verschärfte Wechselrecht zum Zuge.

Mahnverfahren, ZPO § 688 ff.

Wird eine Forderung nicht rechtzeitig bezahlt, beginnt die Unternehmung mit dem außergerichtlichen Mahnverfahren. Es wird in Form von mehreren Erinnerungsbriefen durchgeführt. Dabei steht eindeutig das Erhalten des Kunden im Vordergrund. Erst wenn in einem Terminbrief (in der Regel = letzte Mahnung) die Androhung gerichtlicher Maßnahmen erfolgt und letztlich ein Mahnbescheid zugestellt wird, ist der Schritt zum gerichtlichen Mahnverfahren erfolgt. Dieses endet schließlich mit einem Urteil, welches im Wege der Zwangsvollstreckung (mit Hilfe des Gerichtsvollziehers) die Berechtigung gibt, in das Vermögen des Schuldners einzugreifen. Aus den (Versteigerungs-)Erlösen werden dann Forderung und Kosten beglichen.

Verjährung, BGB § 194 ff.

Das Recht eines Lieferers auf Bezahlung einer Forderung kann auch durch Verjährung verloren gehen. Danach besteht die Forderung zwar weiter, kann aber nicht mehr gerichtlich erzwungen werden. Das Gesetz unterscheidet folgende Verjährungsfristen:

BGB § 195/198, BGB § 197/201, BGB § 196/201

- 30 Jahre (z. B. Urteile),
- 4 Jahre (z. B. Ansprüche von Kaufleuten untereinander),
- 2 Jahre (z. B. Ansprüche von Kaufleuten an Privatleute).

BGB § 208/209/214, BGB § 202/203/205

Zu beachten ist dabei, dass die Verjährung unterbrochen werden kann (z. B. durch Mahnbescheid) und dann ab dem Unterbrechungstag von neuem zu laufen beginnt. Möglich ist auch die Hemmung der Verjährung, z. B. durch Stundung einer Forderung. Dann wird die Verjährungsfrist um die Hemmungszeit verlängert, d. h., der Zeitraum der Hemmung wird der normalen Verjährungsdauer zugerechnet.

3.3.2 Die Not leidende Unternehmung

Die Gründe, weswegen eine Unternehmung Not leidend wird, sind vielschichtig und nur zu einem Teil betriebsbedingt. Häufig sind leistungswirtschaftliche Mängel des Betriebes, z. B. zu hohe Kosten, Überkapazitäten oder Absatzschwierigkeiten, der Auslöser. Aber auch die Marktzwänge (Wettbewerb, Preisentwicklung, Konjunktur etc.) führen schnell zu Existenzproblemen. Leistungsmängel/ Marktzwänge

Erstes größeres Alarmzeichen ist die Zahlungsunfähigkeit des Betriebes, d. h., dass die laufenden Zahlungsverpflichtungen nicht mehr erfüllt werden können. Der gewährte Kreditrahmen der Banken ist in diesen Fällen voll ausgeschöpft bzw. überzogen, sodass eine Sanierung (= Gesundung) der Unternehmung nur über eine Eigenfinanzierung möglich ist (z. B. freiwillige Zuzahlung von Eigentümern). Bei einer GmbH wäre eine Nachschusspflicht der Gesellschafter (wenn vertraglich vereinbart) denkbar. Vorstellbar wäre auch die Verwertung von nicht betriebsnotwendigem Vermögen, falls nicht schon aufgebraucht. Meistens leidet ein solcher Betrieb bereits an einer Überschuldung, d. h., dass die Schulden die Vermögenswerte übersteigen. Sanierung GmbHG § 26 Überschuldung

Oft bleibt zur Rettung der wirtschaftlichen Existenz nur noch der Vergleich, bei dem die Sanierung dadurch erfolgt, dass die Gläubiger hier mehrheitlich auf einen Teil ihrer Forderungen verzichten (Vergleichsquote aber mindestens 35%). Häufig ist jedoch das verwertbare Vermögen zu gering, um die Sanierungsvoraussetzungen zu erfüllen bzw. die Mindestquote abzudecken, dann lehnt das abwickelnde Amtsgericht den Vergleich ab und eröffnet das Anschlusskonkursverfahren. Ein Konkurs dient dazu, alle Gläubiger gleichmäßig aus dem zu liquidierenden Vermögen zu befriedigen, d. h., die aus der Vermögensverwertung stammenden Geldmittel zu verteilen. In der Praxis werden die Forderungen nach einer genauen Rangordnung berichtigt, sodass für den Normalgläubiger nichts oder nicht viel übrig bleibt (Konkursquoten meist unter 10%), zumal vorher noch die Aussonderung und die Absonderung durchgeführt werden. Sehr häufig wird ein Konkurs nach gerichtlicher Prüfung „mangels Masse" (= verwertbarem Vermögen) gar nicht erst eröffnet. VerglO § 1 ff., VerglO § 7 VerglO § 102 KO § 61, KO § 43, KO § 47/48, KO § 107

3.3.3 Finanzierungsproblematik der Werbeagenturen

Die bei den Agenturen auftauchenden Finanzierungsfragen sind wie in allen anderen Bereichen äußerst vielschichtig. In den folgenden Abschnitten sollen die Probleme aus ihren verschiedenen Finanzierungsebenen angesprochen und erläutert werden.

a) Gründungsfinanzierung

Nicht selten wird eine Agentur als GmbH gegründet. Das Mindeststammkapital beschaffen sich die Gründungsgesellschafter dabei häufig durch die Aufnahme eines Bankkredits (Privatkredit). Die notwendige Kreditsicherung kann z. B. über Kreditfinanzierung

Bürgschaften, Sicherungsübereignungen oder Beleihung von Vermögenswerten erfolgen.

Leasing

Wenn größere Investitionen notwendig sind, muss geprüft werden, ob bestimmte Teile im Anlagevermögensbereich im Leasingverfahren beschafft werden können (siehe Abschnitt 3.2.1 Leasing).

Ein allgemeines Gründungsproblem ist sicher, dass möglichst schnell nach dem Etablieren am Markt ein guter Mitarbeiterstamm aufgebaut werden muss (d. h. hohe Mitarbeiterinvestitionen), weil davon letztlich das Überleben der Agentur abhängt.

b) Die laufende Finanzierung

Kontokorrentkredit für Personalkosten, Kosten der Media-Vermittlung

Zur Finanzierung der laufenden Kosten wird auf einen Kontokorrentkredit zurückgegriffen (= kurzfristiger Kredit mit ständig wechselnden Kredithöhen bis zu einem vereinbarten Limit). Damit werden vor allem die Personalkosten (deren Kostenanteil bei den Agenturen in der Regel zwischen 60 und 70% oder höher liegt) und wenn nötig die Finanzierung der Media-Vermittlung abgedeckt. Diese oft notwendige Vorfinanzierung von Medien ist eines der Hauptprobleme jeder Agentur. Die im Voraus zu zahlenden Beträge zeigt die folgende Beispielberechnung:

Anzeigen-Brutto	DM 10.000
– Rabatt, hier 10%	DM 1.000
Anzeigen-Netto/Kunden-Netto	DM 9.000
– Mittlervergütung, 15%	DM 1.350
Agentur-Netto/Netto-Netto	DM 7.650
– Skonto, hier 2%	DM 153
Agentur zahlt an den Verlag:	DM 7.497
Vom Kunden an die Agentur zu zahlen:	DM 9.000

Abb.: Das Basisschema mit Rabatt und Skonto (vgl. Bristot, 1995)

Der Kunde bekommt den Nettopreis verrechnet, da üblicherweise der erhaltene Mengenrabatt ganz an ihn weitergegeben wird. Dabei ist es günstiger, bei großen Formaten den Rabatt nach der Mengenstaffel, bei hohen Schaltfrequenzen nach der Malstaffel zu berechnen. Die Agenturprovision beträgt i.d.R. 15%. Die Wunschvertragsform einer Werbeagentur wäre zweifellos, wenn sie ca. 17,5% auf den Nettopreis aufschlagen und damit den Full-Service (Beratung, Gestaltung, Produktion und Schaltung der Werbemittel) abrechnen könnte. In der Praxis ist es oft so, dass bei wachsender Etathöhe ein Provisionssplitting vereinbart wird, mit der Begründung, dass nicht mehr Agenturvorarbeiten anfallen. Der Kunde partizipiert also häufig auch an der Agenturprovision. Heute gibt es viele reine Media-Agenturen (ohne Werbeberatung und Gestaltung), die sich auf Mediaplanung und Schaltung von Werbemitteln spezialisiert haben. Die anfallende Mediaprovision wird leistungsorientiert auf die Beteiligten aufgeteilt, da ja beide Agenturen (Werbe- und Media-Agentur) den Kunden kooperativ betreuen. Die Media-Agenturen tätigen in der Regel die Mediareservierung (z. B. Sendezeiten), was kostenlos möglich ist und erst nach der Sendung bezahlt werden musss (in Anlehnung an den üblichen Kaufvertrag sind auch hier Mängelrügen mit den üblichen Rechtsfolgen möglich, aber nicht sehr häufig, z. B. bei den Printmedien wegen fehlender Druckqualität, bei den Non-Print-Medien wegen veränderter Sendezeit).

Provisions-splitting

c) Spezielle Finanzierungsprobleme der Werbebranche

Mitarbeiterstamm

1. Es wurde schon erwähnt, dass eine Agentur in besonders starkem Maße von der Qualität ihrer Mitarbeiter abhängt. Deren Produktionsleistung (verstärkt durch einen guten Ruf der Agentur) ermöglicht die Annahme größerer Auftragsvolumen. Dies bedeutet aber gleichzeitig die Notwendigkeit, permanent für ihre Auslastung zu sorgen, damit die gute Mitarbeiterbezahlung bei Unterbeschäftigung nicht schnell in die Verlustzone führt. Die bei Vergrößerung des Mitarbeiterstabes auftretenden sprungfixen Kosten können bei rückläufiger Beschäftigung aus vielerlei Gründen (wie z. B. Kündigungsschutz) nicht in gleichem Maße abgebaut werden (Remanenzkostenproblem) und sollen es häufig auch nicht, sind doch viele Mitarbeiter individuelle Garanten für bestehende und neue Aufträge und deswegen ihre Bindung an die Agentur notwendig.

Internationalisierung

2. Durch die internationale Ausrichtung ihrer Kundschaft waren die Agenturen schon vor der Einführung des europäischen Binnenmarktes 1993 gezwungen, sich dem internationalen Wettbewerb zu stellen. Um Leistungsfähigkeit und Präsenz zu beweisen, sind nach wie vor größere Investitionen erforderlich. Da dies den Kapitalrahmen mancher Agenturen sprengt, ist der Trend zur Konzentration unübersehbar. Eine gewisse Grenze setzt der Nachfrager selbst durch eine Art „Wettbewerbsausschluss", da Konkurrenten in der Regel nicht bei kapitalmäßig verflochtenen Agenturen werben. Wenn z. B. Agentur A die Agentur B mehrheitlich übernimmt und bei A bisher der Autokonzern X, bei B der Konkurrent Z geworben hat, wird sich wohl X oder Z eine andere Agentur suchen. Gegen diese Entwicklung versuchen sich die Werbeagenturen durch Spezialisierung und Konzentrierung auf Teilmärkte zu schützen.

Gewinnung neuer Kunden

3. Immer schwieriger und teurer wird die Gewinnung neuer Kunden, d. h., die Investitionen in „die eigene Leistung" werden höher und müssen finanziert werden. Dies ist jedoch Voraussetzung, um überhaupt zu einer Präsentation aufgefordert zu werden. Leider ist es heute vielfach so, dass Entschädigungen oder Preisgelder die Kosten einer Wettbewerbspräsentation nicht mehr tragen.

Bewertung der Agentur

4. Sollte eine Agentur sich am Markt nicht mehr alleine behaupten können und die Fusion mit einem Partner suchen, so wird ihre Andersartigkeit gegenüber sonstigen Branchen auch bei der Bewertung deutlich. Die entscheidenden Bewertungskriterien für eine Agentur sind:
   - *bestehende Verträge*
   - *Mitarbeiter*
   - *Ertrag*

Der Substanzwert spielt z. B. nur eine völlig untergeordnete Rolle.

3.4 Risikoabsicherung

Bei allen Tätigkeiten für und innerhalb eines Unternehmens fallen viele Risiken (= Gefahren, Wagnisse) an. Einige davon sind automatisch Bestandteil jeden unternehmerischen Tuns, sie werden als allgemeine Unternehmerrisiken bezeichnet. Dazu gehören z. B. Absatz-, Preis- und Gewinnrisiko. Diese Risiken möglichst gering zu halten ist eine der Aufgaben des Managements, eine völlige Absicherung ist nicht möglich.

Ein anderer Teil der Risiken kann dagegen, weil vorhersehbar und weitgehend abschätzbar, über Versicherungen abgedeckt werden. Dazu gehören Sachschäden, Haftungsfälle für Mitarbeiter, Betriebsunterbrechungen und Mitarbeiterverlust durch Unfall. Ohne Versicherungsmöglichkeit wäre die Unternehmung gezwungen, Rücklagen für den Eventualfall zu bilden, was einer größeren Kapitalbindung auf unbestimmte Zeit entspräche. Aber so können diese Risiken (über die Prämie) zu festen kalkulatorischen Kosten gemacht und in die Preiskalkulation eingebunden werden.

Individualversicherung

Es gibt zwei Gruppen dieser Individualversicherungen (= frei zwischen beiden Vertragspartnern aushandelbarer und zu gestaltender Versicherungsschutz), die wirtschaftliche Relevanz haben. Zum einen ist es die Vermögensversicherung (z. B. Haftpflicht, Kredit) und zum anderen die Sachversicherung (z. B. Feuer, Glas). Der dritte Bereich ist die Personenversicherung (z. B. Leben), die langsam auch betriebswirtschaftlich an Bedeutung gewinnt (z. B. Beleihung einer Lebensversicherung zur günstigen Kreditaufnahme bei der OHG).

Grundlage ist der Versicherungsvertrag, in dem die Leistungen des Versicherers und die Höhe der Beiträge (= Prämie) des Versicherten fixiert sind. Der Antrag des Versicherten und der von der Versicherung unterzeichnete Versicherungsschein (= Police) bilden zusammen den Vertrag.

Prämie, Police

Die Versicherungen führen selbst eine Risikostreuung durch, indem sie erstens eine Risikoauslese betreiben, d. h., bei der Antragsstellung wird das Risiko geprüft bzw. werden später erhöhte Risiken durch Kündigung bereinigt. Zweitens betreiben Versicherungen Risikobegrenzung, weil sie das Risiko durch eine breite Palette der versicherten Personen mischen (= Gefahrengemeinschaft) und Risiken verteilen, d. h. sich bei anderen Gesellschaften rückversichern.

Risikoauslese, Risikobegrenzung

Die Agenturen schließen in der Regel die üblichen Sachversicherungen ab. Die Vermögensversicherungen, vor allem die Kreditversicherungen, sind teuer und werden deshalb nicht sehr häufig getätigt. Wenn z. B. eine Media-Agentur Sendezeit reserviert hat, dann übernimmt der Kunde durch die Anerkennung des Mediaplanes die Haftung gegenüber dem Sender. Erst wenn der Kunde zahlungsunfähig wird, haftet die Agentur. Üblich ist, statt teurer Ausfallversicherungen lieber Vorsorge in Form von Auskünften (SCHUFA) oder Vorauszahlungen bei Erst- oder unsicheren Kunden zu verlangen.
Die einzige häufig abgeschlossene Versicherung dürfte die Vermögensschaden-Haftpflichtversicherung sein, die bei Fehlern in der Vorlagenproduktion zum Tragen kommt.

4. Kontrollfragen zu Teil I

Fragen zu Organisation in der Werbewirtschaft

1. Erklären Sie die Begriffe „Aufbauorganisation" und „Ablauforganisation"!
2. Unterscheiden Sie:
   a) Generelle Regelungen
   b) Disposition
   c) Improvisation
3. Was beinhaltet eine Stellenbeschreibung?
4. Worin besteht der Unterschied zwischen Projektmanagement und Teamorganisation?
5. Beschreiben Sie Wesen und Vorteile der Netzplantechnik!
6. Welches ist Ihrer Meinung nach der optimale Führungsstil?
7. Was versteht man unter Projektmanagement?
8. Stellen Sie verschiedene Managementtechniken einander gegenüber!
9. Was versteht man unter Qualitätsmanagement?
10. Was bedeutet die ISO-Zertifizierung für eine Werbeagentur?

Fragen zu Rechtsformen in der Werbewirtschaft

1. Welche Standortfaktoren sind für eine Werbeagentur wichtig?
2. Nach welchen Kriterien würden Sie die Rechtsform Ihrer Werbeagentur wählen?
3. Welche Kaufmannseigenschaft hat die Firma Werbe-Konzept GmbH? Um welche Rechtspersönlichkeit handelt es sich hier?
4. Welchen Vorteil bietet einer Agentur die Rechtsform einer Kapitalgesellschaft hinsichtlich des Verhältnisses von Kapital und Leitung?
5. Wie können Sie verhindern, dass bei wirtschaftlichen Schwierigkeiten Ihr privates Vermögen gefährdet wird?
6. In welcher Weise beeinflusst die Rechtsform einer Werbeagentur deren Kreditwürdigkeit?
7. Vergleichen Sie die GmbH und die OHG hinsichtlich Gründung, Haftung, Mindestkapital und Geschäftsführungsbefugnis!
8. Welche Steuern hat eine Werbeagentur, bezogen auf ihre jeweilige Rechtsform, zu tragen?
9. Wie würden Sie die Entlohnung in einer Agentur handhaben?

Fragen zu Finanzierung

1. Warum erfolgt bei der Abschreibungsfinanzierung eine Kapitalfreisetzung?
2. Was versteht man unter verdeckter Selbstfinanzierung?
3. Warum ist der Lieferantenkredit einer der teuersten Kredite?
4. Was muss ein Vollkaufmann bei einer Bürgschaft beachten?
5. Welche Inhalte werden in einem Leasingvertrag geregelt?
6. Was versteht man unter allgemeinen Unternehmerrisiken?

5. Literaturverzeichnis zu Teil I

Behrens, K.C.: Handbuch der Werbung, 2. Auflage, Wiesbaden 1975.

Brauer / Kühme: DIN EN ISO 9000–9004 umsetzen, Wien 1995.

Bristot, R.: Geschäftspartner Werbeagentur, Essen 1995.

Bühner, R.: Betriebswirtschaftliche Organisationslehre, München 1991.

Hartmann, G.: / Härter, F.: Allgemeine Wirtschaftslehre, Rinteln 1984.

Hattemer, K.: Die Werbeagentur, Düsseldorf 1995.

Heinen, E., Hrsg.: Industriebetriebslehre – Entscheidungen im Industriebetrieb, Wiesbaden 1985.

Kehl / Klippstein / Kriete: Organisationslehre f. Kaufmännische Schulen, Köln 1989.

Kugler, G. u. a.: Betriebswirtschaftslehre der Unternehmung, Wuppertal 1986.
Nickel,V.: Hinter der bunten Werbewelt ..., in: Handelsblatt Nr. 9/1988, Düsseldorf.
Nickel, V.: Studium Werbung 1991–1992, Bonn 1991.
N.N.: in: Horizont Nr. 38 vom 21.9.1995.
N.N.: in: Horizont Nr. 21 vom 24.5.1996.
Pflaum, D.: Lexikon der Werbung, Landsberg am Lech 1991.
Schwarz, H.: Betriebsorganisation als Führungsaufgabe, Landsberg/Lech 1983.
Steinbuch, P. A.: Organisation, Ludwigshafen 1981.
Weidner, W.: Organisation in der Unternehmung, München 1984.
Zentralausschuß der Werbewirtschaft (ZAW), Hrsg.: Werbung in Deutschland 1996.

Einführung in das Marketing

Teil II

1. Definition und Entstehung des Marketing

Unter Marketing versteht man eine Unternehmensphilosophie, die das Führen eines Betriebes vom Absatzmarkt her zum Gegenstand hat. Das heißt, ein Unternehmen soll nach den Wünschen der Nachfrager so geführt werden, dass dabei für das Unternehmen Gewinn erwirtschaftet und für die Nachfrager ein optimaler Nutzen erzielt wird.

Definition

Oder wie es der amerikanische Marketingspezialist *Kotler* definiert:
„Marketing ist ein Prozess im Wirtschafts- und Sozialgefüge, durch den Einzelpersonen und Gruppen ihre Bedürfnisse und Wünsche befriedigen, indem sie Produkte und andere Dinge von Wert erzeugen, anbieten und miteinander austauschen." (Kotler / Bliemel, 1999, S. 8 f.)

und Nieschlag, Dichtl, Hörschgen ergänzen:
„Marketing ist eine Grundhaltung, die durch konsequente Ausrichtung aller unmittelbar und mittelbar den Markt berührenden Entscheidungen an dessen Erfordernissen (Marketing als Maxime) gekennzeichnet ist ..." (Nieschlag / Dichtl / Hörschgen, 1994, S. 1011)

Die Philosophie, dass sich die Marketingidee auf das gesamte Unternehmen beziehen soll, beinhaltet für die einzelnen Unternehmensabteilungen folgende Konsequenzen:

- Die Produktionsabteilung ist verpflichtet, sich an den Belangen des Marktes zu orientieren. Das heißt, nicht die Produktion großer Stückzahlen steht im Vordergrund, sondern es sollen diejenigen Produkte zur Verfügung gestellt werden, die laut Marketingleitung am Markt auch absetzbar sind.
- Auch die Beschaffungsabteilung ist gefordert, das heißt, die Beschaffung von Roh-, Hilfs- und Betriebsstoffen orientiert sich an den Nachfragerwünschen des Marktes und nicht allein an günstigen Konditionen und Rabatten.
- Die Vertriebsabteilung selbst, zu der die Marketing- und die Verkaufsabteilung zählen, ist verpflichtet, aufgrund umfassender Marktanalysen den Einsatz der Marketing-Mix-Faktoren zu optimieren – zur Gewinnerzielung des Unternehmens und zum Nutzen der Nachfrager.
- Die Administrations- und Finanzabteilung hat schließlich die Aufgabe, marktgängige, Gewinn bringende Preise zu kalkulieren und über Transparenz schaffende Kontrollmechanismen lenkend und steuernd in den Marketingprozess einzugreifen.

Neben diesen traditionellen Definitionen existieren auch avantgardistische Neupositionierungen des Marketing, insbesondere wenn man der Definition des Japaners A. Morita, der Chairman of the Board von *Sony* war, folgt. Seine Definition des Marketing lautet: „Wir folgen nicht den Signalen des Marktes, wir wissen besser als der Markt selbst, was der Markt braucht" (N. N., a, 1990, S. 39 ff.).
Diese anmaßend anmutende Definition des Marketing wird aber bei *Sony* durch erfolgreiche Produktinnovationen belegt. *Sony* sucht nicht nach Marktlücken, sondern schafft neue Märkte. Das heißt, Marketing wird bei *Sony* nicht als Marktreaktion, sondern als eigenes Agieren auf dem jeweiligen Teilmarkt verstanden. Ein Beispiel soll dies verdeutlichen. Als der Firmengründer von *Sony* – Ibuka – im Jahre 1979 bei einem Rundgang durch die Labors den Prototyp eines Kassettenrekorders für Journalisten liegen sah, an dem zufällig für Testzwecke Kopfhörer angeschlossen waren, kam ihm die Idee, auf den Aufnahmeteil zugunsten geringerer Abmessungen zu verzichten und dafür ein neues Produkt zu kreieren. Dies war die Geburtsstunde des „Walkman", eines Produktes, das zum Symbol für Jugend, Unabhängigkeit und „easy going life" wurde. Durch massive Werbekampagnen konnte sich *Sony* in diesem Teilmarkt einen 35%igen Marktanteil sichern.
Sony wie auch andere Firmen können für sich in Anspruch nehmen, durch Marketing neue Märkte, neue Anwendungen und neue Produkte, die zuvor nicht vorhanden waren, geschaffen zu haben.

Entstehung des Marketing

Verkäufermarkt
Käufermarkt

Marketing entstand durch den Wandel des Verkäufermarktes zum Käufermarkt. Dies war in Deutschland Mitte der 60er-Jahre der Fall, als sich insbesondere im Konsumgütersektor ein Überangebot an Produkten zeigte, das nur noch durch ausgefeilte Marketingtechniken abgesetzt werden konnte. Dies war auch in Deutschland der Beginn der Marketingrealisierung. Das heißt, die Betriebe begannen, Marketingabteilungen einzurichten, die, basierend auf einer funktionsfähigen Marktforschungsabteilung, den optimalen Einsatz der Marketing-Mix-Faktoren planten, durchführten und kontrollierten.
Die Marketingidee setzte sich zunächst im Konsumgütersektor, das heißt in der Markenartikelindustrie, durch. Dies hing damit zusammen, dass Mitte der 60er-Jahre durch ausländische Angebote und durch eine beginnende Bevölkerungsstagnation das innerdeutsche Warenangebot die vorhandene Nachfrage übertraf. Im Investitionsgüter- und Dienstleistungssektor breitete sich die Marketingidee und auch die Einrichtung der Marketingabteilung in den Unternehmungen erst viel später aus. Der Grund war, dass sowohl im Investitionsgüter- wie auch im Dienstleistungsbereich die Verkäufermarktsituation noch viele Jahre anhielt, wogegen im Konsumgütersektor schon ein starker Konkurrenzkampf um Marktanteile entbrannt war. Deshalb ist es nicht verwunderlich, dass Marketingabteilungen in Investitionsgüter- wie auch in Dienstleistungsbetrieben erst in den letzten zehn Jahren notwendig wurden.

2. Marketingkonzepte

Um die Aufgaben des Marketing zu erfüllen, müssen einerseits der jeweilige Markt untersucht (Marktinformationsbeschaffung) und andererseits die marketingpolitischen Instrumente gezielt eingesetzt werden (Einwirkung auf den Markt). Um diesen Anforderungen gerecht zu werden, bedarf es eines passenden Marketingkonzeptes.
Kotler unterscheidet die folgenden Konzepte:

- *das Produktionskonzept*
- *das Produktkonzept*
- *das Verkaufskonzept*
- *das integrierte Marketingkonzept*
- *das Social-Marketingkonzept*

Beim *Produktionskonzept* achtet man auf die größtmögliche Qualität und Güte der Produkte und bringt sie möglichst preiswert auf den Markt. Das Motto lautet hier: „Gute Produkte verkaufen sich von selbst." Der Schwerpunkt liegt dabei auf einer optimalen Produktion.

Beim *Produktkonzept* legt man großen Wert auf die beste Qualität, das beste Design und damit insgesamt auf das Erbringen der besten Gegenleistung. Die Produkte müssen somit ständig modernisiert, aktualisiert und verbessert werden.

Das *Verkaufskonzept,* auch traditionelles Marketingkonzept genannt, legt das meiste Gewicht auf den Verkauf, die Werbung und die Verkaufsförderung. Die Produktpalette eines Unternehmens ist der Ausgangspunkt, um mit den eben genannten Mitteln Kunden bzw. Käufer zu finden.

Das traditionelle Marketingkonzept entstand aus der Problematik heraus, Käufer für bereits vorhandene Produkte zu finden.

Abb.: Traditionelles Marketingkonzept (Quelle: Weis, 1999, S. 28)

Das moderne Marketingkonzept hingegen untersucht die Wünsche und Bedürfnisse der Nachfrager *vor* dem betrieblichen Leistungsprozess. Das Marketing steht hier an erster Stelle und beeinflusst alle unternehmerischen

Entscheidungen. Durch die Befriedigung von Bedürfnissen der Kunden erwirtschaftet man Gewinne und setzt dazu die Marktforschung und die marketingpolitischen Instrumente ein.

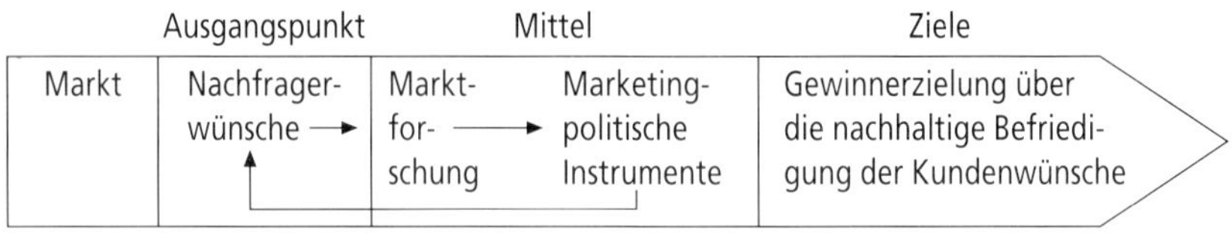

Abb.: Modernes Marketingkonzept (Quelle: Weis, 1999, S. 28)

Beim *integrierten Marketingkonzept* werden alle Funktionen des Unternehmens systematisch auf den Absatzmarkt ausgerichtet. Ein koordiniertes und abgestimmtes Konzept ermöglicht erst ein erfolgreiches und effizientes Marketing. Synergieeffekte, d. h. die Gesamtwirkungen der Maßnahmen sind größer als die Summe der Teilwirkungen, können nur durch ein gezieltes Marketingkonzept, das das gesamte Unternehmen beeinflusst, erreicht werden.

Beim *nichtintegrierten Marketing* sind die einzelnen Aktivitäten nicht gegenseitig abgestimmt und koordiniert. Eine effiziente Einwirkung auf den Absatzmarkt ist somit nicht möglich.

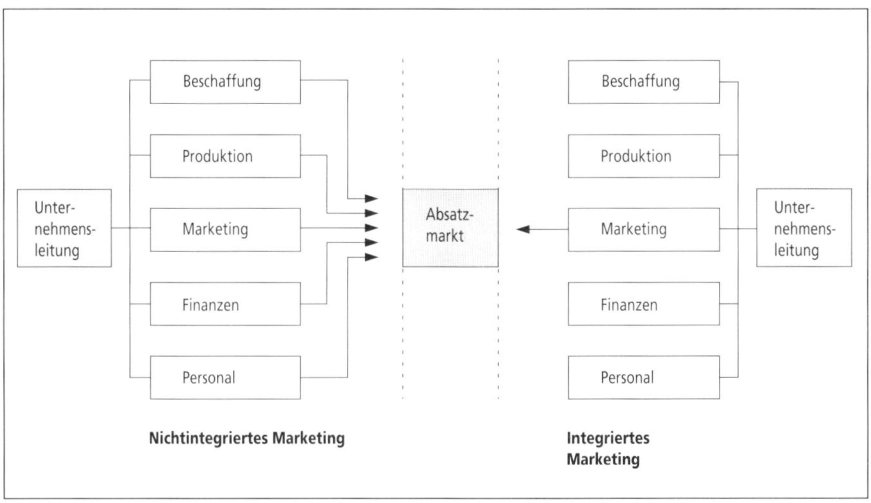

Abb.: Integrierte und nichtintegrierte Marketingkonzeption eines Unternehmens (Quelle: Weis, 1999, S. 30)

Die Frage nach der gesellschaftlichen Verantwortung dehnte den Marketinggedanken aus und führte zum *Social-* oder *Sozio-Marketing.* Auch das zunehmende Umweltbewusstsein der Konsumenten und der sich öffnende europäische Markt haben zu neuen Ausprägungen des Marketing geführt, die in den folgenden Punkten beschrieben werden.

(vgl. Weis, 1997, S. 28 ff.)

3. Neue Ausprägungen des Marketing

3.1 Euro-Marketing und Global Marketing

Mit dem im Jahre 1993 realisierten EG-Binnenmarkt, d. h. mit rund 324 Mio. Menschen, wird ein Bruttosozialprodukt von über 7.000 Mrd. DM erwirtschaftet (Nickel, o. J., S. 16 ff.). Die Realisierung des europäischen Binnenmarktes brachte den Abbau der physischen, technischen und fiskalischen Schranken. EG-Binnenmarkt

Zu den physischen Schranken zählte man Personen-, Waren- und Verkehrskontrollen. Die Wirtschaft wurde durch diese Maßnahmen unnötigerweise mit Abfertigungs-, Transport- und Umladekosten belastet.

Die technischen Schranken bezogen sich auf die geltenden Vorschriften und Normen, die von einem Mitgliedsstaat zum anderen unterschiedlich sind bzw. waren. Dazu zählen die Sicherheits-, Gesundheits-, Umwelt- und Verbraucherbestimmungen. Unterschiedliche Produktionsnormen und -vorschriften führen auch heute noch dazu, dass viele Produkte für die einzelnen Länder getrennt und nach unterschiedlichen Normen produziert werden. Dies verursacht, trotz eines gemeinsamen Binnenmarktes, zusätzliche Kosten durch isolierte Aufwendungen für Forschung, Entwicklung und Marketing. Auf der Wunschliste der Industrie steht die vollständige Beseitigung dieser technischen Schranken an erster Stelle.

Die fiskalischen Schranken, die auch heute noch nicht ganz abgebaut sind, erstrecken sich z. B. auf die unterschiedlichen Sätze bei der Mehrwertsteuer und bei den Verbrauchsteuern. Die dadurch ausgelösten Wettbewerbsverzerrungen und künstlichen Preisunterschiede sollen mittel- und langfristig abgebaut werden.

Euro-Marketing lässt sich wie folgt definieren: *In einer Euro-Marketingstrategie wird festgelegt, welcher Geschäftsbereich einer Unternehmung, in welchen Ländern und in welcher Reihenfolge, auf welche Art durchgeführt wird.* Definition

Firmen, die schon vor der Realisierung des europäischen Binnenmarktes Euro-Marketing betrieben haben, waren *Nestlé, Henkel, Swatch, Yves Rocher, Jacobs-Suchard, Benetton, Ikea* und *Siemens-Nixdorf.*

Euro-Marketing-strategien

Möchte eine Unternehmung eine Euro-Marketingstrategie realisieren, so sind verschiedene Schritte zu beachten (Rohleder / Gratzer, 1990, S. 473 ff.):

1. *Analyse und Auswahl der Euro-Märkte*
2. *Eintrittsmethoden in die Euro-Märkte*
3. *Euro-Marketing-Basisstrategien*
4. *Euro-Marketing-Mix*

Die Analyse des Euro-Marketingpotenzials beschäftigt sich vor allen Dingen mit der Festlegung der internen Euro-Marketingfähigkeit. Darunter versteht man eine Analyse der eigenen Stärken und Schwächen (Höfner, Tescher, 1988, S. 480 ff.). Ein weiterer Schwerpunkt der Analyse besteht in der Überprüfung des eigenen Personals. Dabei ist vor allen Dingen auf die Sprachkenntnisse der für den Einsatz im Euro-Marketing vorgesehenen Mitarbeiter zu achten. Außerdem sollten die Organisation, die Marketing-Mix-Faktoren, das Controlling und die Marktforschung überprüft werden.

Bei der Festlegung der Eintrittsmethoden in die Euro-Märkte sind verschiedene Möglichkeiten zu prüfen. Die Finanzkraft und das Know-how des eigenen Unternehmens sind ausschlaggebend für eine länderspezifische Eintrittsmethode. Diese Methoden erstrecken sich über Produktionsstättengründungen oder Lizenzvergaben bis hin zu Tochtergesellschaften und „Joint Ventures".

Global-Marketing-strategien

Die wirtschaftliche Entwicklung wird immer mehr von der weltwirtschaftlichen Dynamik bestimmt. Die Fortschritte im Bereich der Kommunikations- und Transporttechnologie ermöglichen die Entwicklung eines „Global Marketplace", wobei sich die großen Konzerne als „Global Player" verstehen. Daraus ergibt sich die Notwendigkeit und gleichzeitig auch die Chance für eine Internationalisierung des Marketing. Entscheidend dabei ist, in welcher Form bzw. mit welcher Strategie die Internationalisierung erfolgt. Das Jahr 1998/1999 wird vielleicht als das Jahr der großen nationalen und weltweiten Fusionen in die Wirtschaftsgeschichte eingehen, als Beispiel sei die Fusion von Daimler und Chrysler zum weltweit agierenden Daimler-Chrysler-Konzern genannt.
Die viel zitierten „Global Player" formieren und positionieren sich. Gleichzeitig wächst die Europäische Union zusammen und wird durch den Euro zum größten Binnenmarkt der Welt. Auch in Osteuropa entstehen junge Marktwirtschaften, Asien wird wieder ein interessanter Zukunftsmarkt.
Die Komplexität der Märkte und deren Bearbeitung nimmt mit zunehmender Internationalisierung zu, dennoch engagieren sich viele Unternehmen europaweit bzw. weltweit. Dafür können folgende Gründe angeführt werden:

- Zum einen sind Sättigungstendenzen auf den Heimmärkten vieler Industrienationen festzustellen. Während auf den Verkäufermärkten in den Jahren 1950 bis 1960 die Nachfrage im Allgemeinen größer war als das Angebot, ist seit Ende der 60er-Jahre in den Industrienationen die Entwicklung zu Käufermärkten zu beobachten.
- Zum anderen sind in den letzten Jahrzehnten sowohl politische als auch wirtschaftliche und rechtliche Hindernisse durch internationale Abkommen verringert worden, wie z. B. durch die Schaffung der Europäischen Union, der Schaffung von NAFTA, ferner durch die Gründung des Allgemeinen Zoll- und Handelsabkommens GATT. Damit wandelte sich bei vielen Unternehmen die Bearbeitung der internationalen Märkte vom lukrativen Zusatzgeschäft zu einer unabdingbaren Hauptaufgabe des Marketing. Denn Aktivitäten in Europa bzw. weltweit liefern zusätzliche Absatzchancen, erhöhen die Gewinnmargen, bieten Möglichkeiten der Risikostreuung, erlauben die Erzielung von Kostenvorteilen durch Produktion vor Ort bedingt durch niedrige Löhne und ermöglichen eine Währungsabsicherung (vgl. Hummel, 1994, S. 68).

Standardisierung / Differenzierung

Entscheidet sich ein Unternehmen für internationales Marketing, liegt die Auswahl der zu bearbeitenden Länder fest, so ergibt sich die Frage nach der richtigen Strategie zwischen „Standardisierung" und „Differenzierung" der Marktbearbeitung. Ob die einzelnen internationalen Märkte mit standardisierten Prozessen und Programmen bearbeitet oder die unterschiedlichen Ansprüche so weit berücksichtigt werden, dass für jeden Markt ein individuelles Marketing konzipiert wird, hängt von der strategischen Grundorientierung des Unternehmens ab. Verschiedene Strategieansätze können unterschieden werden:

Ethnozentrische Orientierung

- Bis Anfang der 80er-Jahre waren Auslandsaktivitäten für viele Unternehmen ein Zusatzgeschäft, das hauptsächlich der Sicherung des inländischen Absatzes und Umsatzes diente. Länderspezifische Besonderheiten wurden in dieser Phase kaum oder nicht berücksichtigt, das eigene Handeln orientierte sich an den inländischen Konkurrenten. Man kann deshalb von der Phase der ethnozentrischen Orientierung sprechen. (Das eigene Unternehmen im Inland stand im Mittelpunkt aller Marketingaktivitäten.)

Polyzentrische Orientierung / multinationales Marketing

- Mit der zunehmenden Bedeutung des Auslandsgeschäftes Anfang der 80er-Jahre erfolgte eine Orientierung der Marketingaktivitäten an den Erfordernissen des jeweiligen Exportlandes. Deutsche Unternehmen gründeten Tochtergesellschaften im Ausland mit zum Teil weitreichender Autonomie, die Marketingkonzeption war länderspezifisch ausgerichtet. Ziel ist eine Eigenprofilierung gegenüber dem lokalen Wettbewerb (Meffert / Bolz, 1998, S. 26). Man nennt diese Art des Auslandsengagements polyzentrische Orientierung bzw. multinationales Marketing (Jenner, 1994, S. 11). Eine polyzentrische, bzw. multinationale Marketingorientierung bedeutet hierbei, dass die Entscheidungsfindung und Entscheidungsausübung nicht mehr nur von einer Stelle ausgeübt wird, sondern von mehreren externen Zentren.

Geozentrische Orientierung

- Existiert bei einem Unternehmen ein länderübergreifendes Gesamtkonzept, d. h., alle Aktivitäten werden in einem Maßnahmenbündel integriert, so spricht man von Global Marketing, d. h. von einer geozentrischen Orientierung. Dieser aus dem Griechischen stammende Fachausdruck bedeutet, dass das Zentrum aller internationalen Marketingziele, Marketingplanungen und Marketingmaßnahmen die Zentrale des eigenen Unternehmen darstellt. Im Vordergrund steht eine weitgehende Standardisierung verbunden mit Kostenvorteilen auf dem Gebiet der Beschaffung, Produktion, ferner auf den Sektoren des Vertriebs und der Administration und Finanzverwaltung.

Marktsegmentierungsstrategien

Hat das Unternehmen festgelegt, ob eine ethnozentrische Orientierung, eine polyzentrische/multinationale Marketingstrategie oder eine geozentrische Orientierung präferiert wird, so geht es darum, den ins Auge gefassten ausländischen Markt zu segmentieren. Die Marktsegmentierungsstrategie lässt drei Möglichkeiten zu, sofern das zu bearbeitende Land und der zu bearbeitende Teilmarkt festgelegt sind:

- Bei der undifferenzierten Marketingstrategie wird der angestrebte Teilmarkt mit allen Marktsegmenten vollständig bearbeitet, d. h., eine deutsche Brauerei beliefert den ausländischen Binnenmarkt mit allen dort existierenden Biersorten.
- Bei der konzentrierten Marketingstrategie wird nur ein Marktsegment im Teilmarkt bearbeitet, d. h., die deutsche Brauerei tritt z. B. nur mit der Spezialität Weißbier auf dem ausländischen Markt auf.
- Bei der differenzierten Marketingstrategie wird eine Auswahl unter verschiedenen Marktsegmenten getroffen, d. h., die deutsche Brauerei liefert z. B. Weiß- und Pilsbier in den ausländischen Teilmarkt.

Da in vielen EU-Ländern eine hohe Wettbewerbsintensität mit einem eindeutigen Trend zur Unternehmenskonzentration existiert, ist für deutsche Unternehmen auch die Kooperationsstrategie überlegenswert, d. h. die Bearbeitung des ausländischen Marktes mit Hilfe von „Jointventures".

Die Euro-Zielgruppen (Euro-Konsumenten)

Die Festlegung von so genannten Euro-Zielgruppen ist deshalb schwierig, da auf der einen Seite eine Europäisierung der Verbraucher stattfindet, andererseits aber eine Rückbesinnung auf nationale und lokale Werte vollzogen wird (Meffert, 1990, S. 21 ff.). Verschiedene Untersuchungen wurden durchgeführt, um Transparenz bezüglich der Euro-Konsumenten zu schaffen. Von den verschiedenen Untersuchungen seien zwei besonders erwähnt, einmal der Typologieansatz des französischen Marktforschungsinstituts Risc (Research Institute on Social Change), das jedes Jahr 30.000 Personen befragt (N. N., b, 1989, S. 84 ff.), zum anderen das Institut Europanel mit den „Euro-Styles".

Die drei in der EU festgestellten hauptsächlichen Konsumentengruppen (Typologien) sind (Tietz, 1990, S. 230 ff.):

Typologien des Institutes Risc

Die Traditionalisten
Es handelt sich dabei um Konsumenten, die rund 30 % aller Europäer ausmachen. Es sind ältere Leute mit einfacher Ausbildung, denen eine fehlende oder enge Wandlungsbereitschaft zugerechnet wird. Sie scheiden für ein aktives Euro-Marketing aus.

Die wandlungsoffenen Bürger
Sie machen ca. 40 % aller Europäer aus. Das französische Marktforschungsinstitut Risc rechnet, dass jährlich rund 10 Mio. Menschen vom traditionellen Bereich in dieses Segment überwechseln.

Die Globalisten
Dies sind Bürger, die die Träger des Wandels darstellen. Etwa 30 % aller Europäer, die eine überdurchschnittliche Ausbildung, überdurchschnittliches Einkommen und schließlich Kommunikations- und Qualitätsinteresse besitzen, gehören zu dieser Gruppe.

Typologie des Institutes Europanel

Ein weiterer Ansatz, um Euro-Konsumenten zu finden, sind die so genannten „Euro-Styles". Hierbei handelt es sich um eine Gemeinschaftsuntersuchung von Europanel (einem Zusammenschluss von 15 europäischen Marktforschungsinstituten mit Beteiligung der GFK in Nürnberg bzw. ihrer Tochter G & I und des französischen Marktforschungsinstituts CCA, centre de communication avance).
20.000 Europäer wurden schriftlich über ihre Konsum-, Einkaufs- und Mediagewohnheiten, ferner über ihren Besitzstand sowie über ihre Einstellung zur Werbung und Verpackung befragt. Die 16 auf diese Weise gefundenen „Euro-Styles" lassen sich in einem Koordinatensystem positionieren, wobei Merkmale bezüglich der Aufgeschlossenheit gegenüber Neuerungen und Abenteuern, der Wunsch nach Sicherheit und Tradition und ferner das Streben nach materiellen Werten und schließlich die Suche nach immateriellen Werten die Enden der Achsen bestimmen. So fand man z. B. Zielgruppen wie die Euro-Rocker, die Euro-Romantiker, die Euro-Misstrauischen, die Euro-Wohltäter, die Euro-Protestler, die Euro-Alternativen, die Euro-Karrieremacher usw. Für ein Unternehmen, das aktiv Euro-Marketing betreiben will, ist es wichtig, „seine" Zielgruppe in den wichtigsten Nachbarländern unter Einbezug der ausgewählten Typologietheorie zu finden und darauf basierend eine maßgeschneiderte Marketing-Mix-Auswahl festzulegen (N. N., b, 1989, S. 84 ff.).

Europäische Milieus

Einen interessanten Ansatz für die Typisierung europäischer Zielgruppen liefert das in Heidelberg angesiedelte Marktforschungsinstitut Sinus Sociovision. Laut Sinus-Definition sind soziale Milieus „Gruppen Gleichgesinnter" (N.N., c, 1999, S. 138 f.), die sich in allen Ländern wiederfinden. Dabei konnte festgestellt werden, dass Menschen aus verschiedenen Ländern, die aber vergleichbaren Milieus angehören, mehr miteinander verbunden sind als mit dem Rest ihrer eigenen Landsleute.

Seit mehr als 20 Jahren erforscht das Marktforschungsinstitut Sinus Sociovision die Lebenswelten der Verbraucher in Deutschland und im Ausland. Bei den Milieustudien handelt es sich um eine „Lebensweltforschung", die alle Alltagsbereiche der Verbraucher im In- und Ausland erfasst. Internationale Sinus-Milieus sind erhältlich für Frankreich, Großbritannien, Italien, die Niederlande, Polen, Russland, die Slowakei, Spanien, Tschechien, Ungarn und die USA.

Sinus-Milieus

Die Sinus-Milieus legen für die einzelnen Länder so genannte Lebensweltsegmente fest, d. h., psychologische definierte Zielgruppen, die in den einzelnen Ländern vorherrschen, werden gemäß ihren Einstellungen und ihren Verhaltensweisen beschrieben. Gleichzeitig wird das Konsum- und Medienverhalten dieser psychologisch definierten Zielgruppen erforscht, sodass für die praktische Marketingarbeit aufgezeigt werden kann, welche Zielgruppen für das eigene Produkt- bzw. Dienstleistungsangebot in erster Linie in Frage kommen. Betrachtet man z. B. die Sinus-Milieus in Westdeutschland (siehe Teil V, 3.2.3), so ist für *Mercedes-Benz* besonders das konservativ/technokratische Milieu als hauptsächliche Käufergruppe interessant. Das technokratische Milieu bildet die traditionelle Elite Deutschlands mit einem ausgeprägten Statusdenken und Machtbewusstsein; dieses Milieu verfügt über finanzielle Unabhängigkeit, einen hohen Lebensstandard und über ein hohes Bildungsniveau. Das aufstiegsorientierte Milieu liefert die zweite große Käufergruppe von *Mercedes Benz*. Der soziale Aufstieg ist der zentrale Lebensinhalt, deshalb haben Konsumwerte auch eine so große Bedeutung.

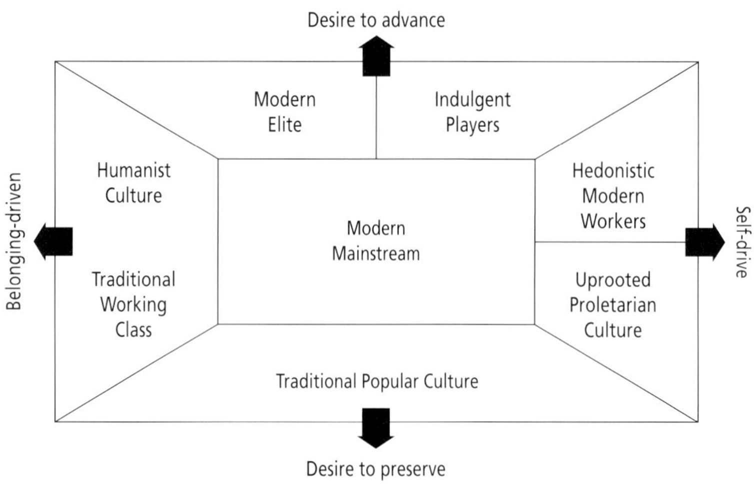

Abb.: Lebensweltsegmente in Zentraleuropa (Quelle: Sinus Sociovision)

Betrachtet man die Lebensweltsegmente in Zentraleuropa, zeigt sich die große Gruppe des „Modern Mainstream". Diese Gruppe verfügt über eine ausgeprägte Komfort- und Wohlstandsorientierung. Sie ist offen für neue Moden und neue Trends, außerdem verfügt sie über eine soziale Mobilität. Die moderne Mitte ist in Deutschland besonders breit, in Großbritannien und Spanien dagegen dominiert eher die traditionelle Mitte. In Spanien z. B. gibt es noch keine moderne Unterschicht, dies ist nach Meinung der Sinus-Marktforscher jedoch nur noch eine Frage der Zeit, denn in den vergangenen zehn Jahren zeigten sich die Spanier als die dynamischste Gesellschaft in Westeuropa.

Beispielhaft sollen noch weitere Lebensweltsegmente, die in Zentraleuropa vorherrschen, präsentiert werden:

- Modern Elite: wirtschaftsliberale, prowestliche Haltungen, Führungsanspruch und Machtbewusstsein, statusorientiert
- Humanist Culture: humanistische, häufig christlich geprägte Wertvorstellung, bildungsbürgerliche Ideale
- Traditional Working Class: stolz auf das „mit eigenen Händen" Erarbeitete, Festhalten an sozialer Gleichheit und Solidarität, Respekt vor staatlichen Autoritäten
- Traditional Popular Culture: materialistisch, sicherheitsorientiert, will festhalten an traditionellen, häufig vorsozialistischen Lebensweisen
- Indulgent Players (nachgiebige Spieler): hoch qualifiziert und mobil, auf der Suche nach neuen Chancen, genuss- und trendorientiert, hohe Risikobereitschaft

Bezüglich des Euro-Marketing-Mix sollte auf die Euro-Produktpolitik und auf das Euro-Advertising besonders eingegangen werden:

Euro-Produktpolitik

Innerhalb der Euro- bzw. globalen Produktpolitik lassen sich grundsätzlich zwei Arten von Produktkategorien unterscheiden. Einmal sind dies die so genannten culture-free-products. Man versteht darunter Produkte, die sich hauptsächlich an Innovatoren, das heißt an Trendsetter und soziale Aufsteiger, wenden. Voraussetzung ist eine gleiche Produktnutzenerwartung, gleiche rechtliche Bedingungen, ähnliche Mediaszenen und die Möglichkeit einer sprachlichen Anpassung. Zur Gruppe dieser „culture-free-products" zählt man Produkte bzw. Dienstleistungen aus den Bereichen Kosmetik, Softdrinks, Fastfood, Computer, Hotels, Fluglinien, Sportbekleidung, Musik und Unterhaltung. Beispiele für eine erfolgreiche produktpolitische Euro-Strategie liefern *Marlboro, ESSO, Lufthansa, British Airways, Kodak, Timex* und *Coca-Cola.*

Culture-free-products

Culture-bound-products

Produkte, die sich nicht für eine Euro- bzw. globale Strategie eignen, sollen unter dem Begriff „culture-bound-products" zusammengefasst werden. Die Produktpolitik für diese Kategorie muss mehr nach nationalen Gesichtspunkten ausgerichtet sein. Beispiele für „culture-bound-products" sind Nahrungsmittel, Bier, Möbel, Wein, Brot usw. Dies bedeutet, dass das gleiche Produkt trotz gleicher Produktausstattung und gleichem Logo in den verschiedenen Ländern unterschiedlich werblich positioniert werden muss. Die Ursache dafür sind die verschiedenen Einstellungen der Konsumenten zu diesem Produkt bzw. zu der Produktkategorie. So wird man Italiener, Deutsche und Engländer unterschiedlich bei der Werbung für Bier ansprechen müssen, weil die Einstellungen dieser drei Nationalitäten zu diesem Produkt ganz verschieden sind.

Euro- bzw. Global Branding

Ziel einer Produktpolitik ist das „Euro-Branding" bzw. das „Global Branding", d. h. die Schaffung eines Markenartikels und dessen europaweite bzw. weltweite Marktdurchsetzung (Berg / Meissner / Schünemann, 1990, S. 122 ff.). Diese Europamarke (Euro-Brand bzw. Global Brand) muss folgende Aufgaben erfüllen (Kreutzer, o. J., S. 569 ff.):

- *kurzer, einfach zu lernender Markenname,*
- *leichte Aussprache des Namens in allen Sprachen*
- *und das Wecken der richtigen Assoziationen zum Produkt in allen europäischen bzw. außereuropäischen Ländern.*

Die EG-Kommission trägt der Tendenz zum Euro-Brand Rechnung, indem sie die Anmeldung einer Gemeinschaftsmarke für die gesamte Europäische Gemeinschaft ermöglicht. Zum Euro-Brand gehört auch das Euro-Design, das heißt eine Einheitlichkeit bezüglich Produktgestaltung, Name und Verpackung.

Euro-Advertising

Unter dem Stichwort „Euro-Advertising" sind die Werbekampagnen im vereinten Europa zu verstehen. In vielen Branchen scheinen Produktverbesserungen kaum noch möglich zu sein. Das zwingt die Unternehmen, die Produktdurchsetzung im Markt über Preisvorteile durchzuführen, was oft nur über einen größeren Mengenausstoß zu realisieren ist. Die hierfür notwendige Marktausdehnung unterstützt die Entwicklung europäischer Marketingstrategien. Das einheitliche Vorgehen in Europa bei der Bearbeitung europäischer Märkte ermöglicht die Gewinnung von Synergieeffekten und ein rationelleres Vorgehen und damit Kostenersparnisse im Marketingbereich (Berekoven, o. J., S. 25 ff.).

Culture-free-products

Wie bereits aufgeführt, eignen sich insbesondere „culture-free-products" für eine „european advertising strategy". Bei der Kommunikation der Vorteile dieser Produktgattungen spielt die Sprache keine entscheidende Rolle mehr. Man kann sich z. B. der englischen Sprache bedienen, die von den Innovatoren in den jeweiligen Länder verstanden wird, oder man verzichtet vollständig auf Sprache. Europaweit akzeptierte Musikclips z. B. ersetzen das Wort. Jedoch hat die uneingeschränkte Übertragung einer Werbekonzeption auf ausländische Märkte gewisse Probleme. Sie liegen weniger im betriebswirtschaftlichen als vielmehr im psychologischen Bereich.
Welche Werbeagentur bzw. welche Marketingleitung in Deutschland lässt sich gerne eine von England vorgegebene Werbekonzeption „aufdrücken"? Dies

kann leicht zur Demotivation des lokalen Managements aufgrund des „Not-invented-here-Syndroms" führen, denn die in der Werbung Tätigen möchten sich gerne selbst verwirklichen und nicht nur weiterreichen, was andere gemacht haben. Deshalb wird im Rahmen des Euro-Marketing sinnvollerweise so vorgegangen, dass z. B. vom Inland aus nur eine Grundkonzeption bzw. eine Dachkampagne vorgegeben wird und nationale Werbe- und Marketingspezialisten diese dann den lokalen Gegebenheiten anpassen.

Culture-bound-products

Für die zweite Produktkategorie, die „culture-bound-products", empfehlen sich weiterhin hauptsächlich lokale Kampagnen. Nur so kann auf die jeweils unterschiedlichen Produktnutzenerwartungen, rechtlichen Voraussetzungen, verschiedenen Mediaszenen und auf die spezifischen Sprachvoraussetzungen eingegangen werden.

Ebenso wie Frankreich ist auch Italien ein Land des genussvollen Essens. Die Ernährung wird durch ihre vielfältigen Geschmacksrichtungen, ihre intensiven Aromen und den Farbenreichtum zu einem Fest der Sinne. Hier existieren wenig Chancen für die leichte Küche. Das Ernährungsbewusstsein ist ein seltenes Thema und wird daher mit natürlichen Produkten in Verbindung gebracht. In der italienischen Food-Werbung spielen nationale und auch regionale Traditionen eine wichtige Rolle. Der Hinweis „aus italienischen Landen" ist ein häufiges Verkaufsargument (Logo-FCA, 1990, S. 39 ff.).

Mediaszene Europa

Die europäische Mediaszene lässt sich durch folgendes Szenario beschreiben:

- Die Konzentrationsbemühungen der internationalen Medienkonzerne wird weitergehen. Medienkonzerne mit internationalen Verflechtungen treten für mehrere Mediengattungen als Anbieter auf.
- Funk und Fernsehen werden in ihrer Bedeutung zunehmen, das heißt, der auf sie entfallende Werbeanteil wird wachsen. Private Stationen werden ihre Positionen ausbauen.
- Von besonderer Bedeutung werden in Zukunft das Sponsoring, das Product-Placement und alle weiteren Sonderformen sein.

Werberecht im europäischen Binnenmarkt

In der EU wird mit der Harmonisierung des Werberechts ein Kompromiss aus Marktintegration und Verbraucherschutz, insbesondere Gesundheitsschutz, angestrebt. Seit Mitte 1991 existieren folgende Regelungen in der werberechtlichen Landschaft der EU (Stutzer, 1992, S. 1–65 ff.):

- Allgemeine Regelungen für jede Art von Werbung (z. B. irreführende, vergleichende Werbung),
- Regelungen für die Werbung in bestimmten Medien (z. B. Richtlinien für grenzüberschreitende Fernsehwerbung),
- Regelungen für Werbung für bestimmte Produkte (z. B. Verbot für Tabakwerbung).

Die Möglichkeiten einer europaweiten Werbung sind durch Werbeverbote und Werbebeschränkungen gefährdet. Werbung als Ausdrucksmittel des Wettbewerbs ist ein wesentlicher Bestandteil einer freien Marktwirtschaft. Alle westlichen Demokratien stützen sich auf die Marktwirtschaft als Wirtschaftssystem der Vergangenheit, Gegenwart und hoffentlich auch der Zukunft. (Siehe hierzu Teil XX, 5. Rahmenbedingungen der deutschen Werbewirtschaft durch EU-Recht)

3.2 Öko-Marketing

Umweltschutz als Unternehmensziel

Der Umweltschutz gilt hier als Unternehmensziel. Durch die Überforderung der natürlichen Systeme, die auch eine Belastung der Menschen mit sich bringt, und der nicht beliebig veränderbaren Regenerationskräfte entstand eine ökologische Krise. Nachdem der Staat mit einer Vielzahl von Gesetzen reagierte, sind nun auch in verstärktem Maße die Unternehmungen gefordert, das Ökologiekonzept zum Bestandteil ihrer Unternehmenszielsetzung zu machen. Bisher bestanden die Unternehmensziele hauptsächlich in der Realisierung von Gewinnzielen, ferner in der Verwirklichung von machtpolitischen, aber auch sozialen Zielen. Dies reicht heute nicht mehr aus, denn die Zielsetzungspalette eines Unternehmens, das sich an der Sozialwirtschaft orientiert, muss auch die Ökologie, das heißt den Umweltschutz, berücksichtigen.

Was bedeutet nun Umweltschutz als Unternehmensziel? Das ökologisch orientierte Unternehmensziel lässt sich in dreifacher Weise definieren (Dyllick, 1990, S. 24 ff.):

- *Als Ressourcenziel,*
  darunter versteht man die Schonung ökologisch knapper Ressourcen.
- *Als Emissionsziel,*
  darunter soll das Vermeiden, Vermindern, Verwerten und Entsorgen von belastenden Emissionen und Abfällen verstanden werden.
- *Als Risikoziel,*
  das heißt das Vermindern von Gefahrenpotenzialen und das Verhindern oder Begrenzen von Störfällen.

Aus den Unternehmenszielen, die nun um den ökologischen Bereich erweitert sind, werden bekanntermaßen die Marketingziele abgeleitet. Auch hier ist es notwendig, die klassischen Marketingziele, wie z. B. Erhöhung des Umsatzes bzw. Absatzes, Erreichen eines gewissen Deckungsbeitrages, Erweiterung der Distribution, Steigerung der Käufer- bzw. Wiederkäuferrate usw., durch ökologisch definierte Marketingziele zu erweitern. Dabei ist zu beachten, dass nicht nur die Marketingabteilung, sondern auch die übrigen Funktionsbereiche, wie

z. B. die Produktentwicklung, die Materialbeschaffung, die Produktion, die Logistik, die Personal- und Organisationsabteilung, um ökologische Zielsetzungen erweitert und damit aufgewertet werden müssen.

Betrachten wir an dieser Stelle zunächst die klassische Marketingabteilung und ihre Funktionen. Insbesondere die Produkt- und Sortimentspolitik bietet sich an, um ökologische Marketingziele zu realisieren. Hier ist es primäre Aufgabe des Marketing, Produkte bzw. Packungen durch umweltfreundliche Alternativprodukte und Bestandteile zu ersetzen. Dabei spielen die Verpackungen eine wesentliche Rolle. Die Anforderungen an eine umweltorientierte Verpackung können z. B. lauten (Meffert / Kirchgeorg, 1992, S. 215):

Umweltfreundliche Verpackung

- Die Packung sollte wieder verwendbar, verwertbar oder unproblematisch entsorgbar sein.
- Die Packung sollte die vorhandene Raumkapazität bei Transportmitteln, im Handel wie auch im Haushalt optimal nutzen.
- Die Packung sollte ein möglichst geringes Gewicht aufweisen, um z. B. Transportenergie zu sparen.

Recycling

Von Produkten bzw. von Produktbestandteilen wird im Rahmen eines ökologiebewussten Marketing eine Recyclingfähigkeit erwartet. Unter Recycling versteht man vier verschiedene Ausprägungen (Hopfenbeck, 1989, S. 903):

- *Die Wiederverwendung* von Packungen, Produkten bzw. Produktbestandteilen, z. B. Pfandflasche, Austauschmotor, runderneuerte Autoreifen.
  Man versteht darunter die wiederholte Verwendung einer Packung, eines Produktes oder eines Produktbestandteils für den ursprünglich vorgesehenen Verwendungszweck.
- *Die Weiterverwendung*, z. B. die Waschmitteltrommel als Papierkorb, das *Nescafé*-Glas als Trinkglas.
  Unter Weiterverwendung wird die Nutzung eines Produktes für eine vom Erstzweck verschiedene Verwendung verstanden.
- *Die Wiederverwertung*, z. B. Altpapier wird zu Zeitungspapier, Altglas wird bei der Flaschenproduktion verwendet, Autoteile werden zerkleinert und wieder der Automobilproduktion zugeführt, z. B. Stoßstangen.
  Unter Wiederverwertung versteht man den Einsatz von Stoffen für bereits vorhandene Produktionsprozesse, aber auch den Einsatz dieser Stoffe für einen erneuten Produktionseinsatz.
- *Die Weiterverwertung*, z. B. Herstellung von Papiersäcken und Kartonagen aus Papierabfällen.
  Unter Weiterverwertung versteht man den Einsatz von Stoffen in noch nicht durchlaufenen Produktionsprozessen.

Eines der Hauptprobleme im Bereich des ökologieorientierten Marketing ist die Verpackung und die damit zusammenhängenden Fragen. Bekanntlich verordnete das Umweltministerium, dass seit 1993 auch die Verkaufsverpackungen vom Handel zurückgenommen werden müssen. Es sei denn, der Handel und die Industrie würden zusammen eine umweltfreundliche Ersatzlösung anbieten. Dies geschah durch die Gründung des Dualen Systems. Das heißt, die Rücknahme der Verkaufsverpackungen durch den Handel entfällt, sofern das Duale System die Entsorgung dieser Packungen flächendeckend übernehmen kann. Inzwischen sind fast 90% aller Markenartikel mit dem „Grünen Punkt" versehen, der dafür bürgt, dass die Verkaufsverpackungen entweder durch den „Gelben Sack" oder durch die „Gelbe Tonne" entsorgt werden. Dabei fällt die Sortierarbeit beim Haushalt an. Die durch das Duale System Deutschland entsorgten Verpackungsmaterialien werden sortiert, aufbereitet, von Resten bzw. Abfällen befreit und dem Produktionsprozess wieder zugeführt. Spezielle Verwertungsgesellschaften, wie z. B. die VKG (Verwertungsgesellschaft für gebrauchte Kunststoffe mbH) oder die RECARTON GmbH, sorgen für die Wiederzuführung der Verpackungsmaterialien in den Produktionsprozess.

Duales System Deutschland

Aber auch im Bereich der Kommunikationspolitik soll das ökologiebewusste Marketing zum Ausdruck kommen. Dabei ist es wichtig, dass die Unternehmungen ihre Position zur Ökologie verdeutlichen. Dies bringt den umweltbewussten Betrieben Wettbewerbsvorteile, wie die positive Entwicklung der Firma *Opel* oder die Umsatzentwicklung von *Tengelmann* zeigen.

Im Sinne der Werbetheorie kann der Umweltaspekt eines Produktes als Zusatznutzen oder sogar als einzigartiger Verbrauchernutzen (Consumer Benefit) bzw. USP eingesetzt werden. Denn, wie Untersuchungen bewiesen haben, sind Themen wie Umwelt, Technologie, Arbeitsmarkt und Wohnungsmarkt topaktuell und erregen sowohl in Deutschland als auch im angrenzenden Ausland die Gemüter.

Zusatznutzen

So steht z. B. in der deutschen Schweiz das Thema Umwelt bei 78% der Bevölkerung an erster Stelle der aktuellen und brisanten Anliegen (Dyllick, 1990, S. 8).

Das umweltbewusste Verhalten der Bevölkerung drückt sich durch folgende regelmäßige Handlungen aus:

- *Sammeln von Altpapier,*
- *Sammeln von Glas,*
- *Sammeln von Silberpapier und Kunststoff,*
- *Rückgabe von Batterien,*
- *Kauf von Mehrwegflaschen anstelle von Einwegflaschen,*
- *Vermeidung des Gebrauchs von Spraydosen,*
- *Nutzung der öffentlichen Verkehrsmittel,*
- *sparsamer Umgang mit der Heizung,*
- *Kauf von chemiearmen Putzmitteln und*
- *teilweiser Verzicht auf das Autofahren.*

Beispiel der Öko-Werbung

Aus dem Bereich der ökologiebewussten Werbung sei der Text einer Anzeige der deutschen chemischen Industrie genannt (Hopfenbeck, 1990, S. 347), in der der Einsatz der Chemie für neue Treibmittel für Sprays dokumentiert wird. Die Headline lautet:
„Der Schutz der Ozonschicht erfordert mehr als nur neue Treibmittel für Sprays. Die Chemie handelt."
Die Abbildung zeigt ein Spray mit dem Aufkleber „Treibmittel ohne FCKW", ferner wird anhand einer Statistik der abnehmende Einsatz der Sprays mit FCKW dokumentiert. In der Copybody lautet der Text (Auszug): „Die chemische Industrie prüft bereits Ersatzstoffe für alle anderen Anwendungen von FCKW. Bis zu ihrem Einsatz bieten wir Zwischenlösungen wie das Recycling von Kältemitteln an."
Die Anzeige enthält einen Hinweis zur Kontaktaufnahme mit dem Verband der chemischen Industrie in Frankfurt am Main.

Umweltorientiertes Handeln im Marketing

In verstärktem Maße wird der Umweltaspekt auch von der klassischen Markenartikelindustrie in die Werbung eingebracht. Waschmittelfirmen, wie z. B. *Henkel, Procter & Gamble* und *Lever Sunlicht,* demonstrieren an konkreten Produkt- und Anzeigenbeispielen, welchen Beitrag sie zur Lösung der Umweltproblematik leisten.

Auch im Bereich der Preis- und Konditionenpolitik kann umweltbewusstes Marketing demonstriert werden. Da die umweltfreundlichen Artikel mit einem Zusatznutzen ausgestattet sind, ist der Verbraucher auch vielfach bereit, für diese Produkte einen Mehrpreis zu bezahlen. Dies zeigt die stürmische Umsatzentwicklung der „Bio-Produkte". Der Missbrauch, der mit dem Namen „Bio" getrieben wurde und wird, schmälert nicht die Bereitschaft des Verbrauchers, für umweltfreundliche Produkte mehr Geld auszugeben.

Abschließend soll auch im Rahmen des ökologiebewussten Marketing auf die Vertriebspolitik hingewiesen werden. Hier können durch umweltfreundliche Transport- und Verpackungsmittel wertvolle Beiträge für eine gesündere und lebenswertere Umwelt geleistet werden.

Die Aufwertung der klassischen Marketing-Mix-Faktoren durch umweltorientiertes Handeln kann nur dann von Erfolg sein, wenn auch die Personal- und Organisationsabteilung voll vom Umweltgedanken erfüllt sind und im Rahmen der Aus- und Weiterbildung ökologische Hilfestellung geleistet wird. Die Ökologie sollte in die interne Weiterbildung fest integriert werden. Ebenfalls sollte im Rahmen der Mitarbeitermotivation eine Belohnung für umwelt- bzw. ökologierelevante Vorschläge erfolgen. Dabei ist zu beachten, dass diese Maßnahmen auf freiwilliger Basis erfolgen und nicht durch Gesetze. Denn je mehr der Staat durch Gesetze und Vorschriften in die Mechanismen der freien, sozialen und umweltorientierten Marktwirtschaft eingreifen muss, desto eher ist sie auch gewissen Reglementierungs- und Beschränkungsgefahren ausgesetzt.

Zu überlegen wäre die Einrichtung einer dem Deutschen Werberat (DWR) vergleichbaren Institution, in der Umweltverstöße der Industrie, soweit sie nicht Menschen- und Tierleben gefährden, zur Sprache kommen. Diese Einrichtung, nennen wir sie „Umweltrat", hätte die Aufgabe, auf die betroffenen Firmen so einzuwirken, dass sie die Umweltbelastungen beseitigen und für eventuell aufgetretene Schäden aufkommen. Erst wenn dieser Weg erfolglos geblieben wäre, könnten gerichtliche Schritte eingeleitet werden. In den Betrieben selbst wäre der „Umweltschutzbeauftragte" für die Einhaltung der Gesetze und Vorschriften verantwortlich.

3.3 Sozio-Marketing

Unter Sozio-Marketing (Social-Marketing) versteht man den Einsatz der Marketing-Mix-Faktoren zur Erfüllung sozialer Zielsetzungen. Dabei steht nicht die Gewinn-, sondern die Nutzenmaximierung bei sozialen Gruppen im Vordergrund. Bei *amnesty international* z. B. wird mit Hilfe des Marketing-Mix-Einsatzes zunächst auf das Schicksal von unschuldig festgehaltenen Gefangenen hingewiesen. Anschließend wird durch Ausübung von politischem und Mediendruck versucht, das Schicksal dieser Gefangenen positiv zu beeinflussen. Organisationen wie *Misereor, Brot für die Welt, World Wide Fund for Nature (WWF)* und *Aktion Gemeinsinn* setzen gekonnt die Marketing-Mix-Instrumente zur Realisierung ihrer sozialen Zielsetzungen ein.

Beispiel Sozio-Marketing

Ein Beispiel einer in Stuttgart durchgeführten Sozio-Marketingaktion sei hier aufgeführt. Bei der Kampagne „Funky-Drinks" ging es darum, den Jugendlichen in den Kneipen der Großstadt ein preiswertes alkoholfreies Getränk anzubieten, ohne dabei den Alkohol bei dieser jungen Zielgruppe zu dämonisieren. Alkoholfreien Getränken sollte ein positives Image verliehen und somit der Alkoholkonsum reduziert werden. In Stuttgart beteiligten sich an dieser Aktion 60 Wirte, die von einer Werbeagentur mit den entsprechenden Werbemitteln ausgestattet wurden. Außerdem hatte die Aktion durch klassische Medien, wie z. B. Zeitungs- und Plakatwerbung, eine Unterstützung. Auch für den Rundfunk war dieses Thema aktuell genug, um im Rahmen seiner Jugendsendungen darüber zu berichten. Nicht nur die Jugendlichen, sondern auch die Wirte waren von dieser Aktion voll begeistert. Die Sozio-Marketingaktion führte sogar zum Sozio-Sponsoring, das heißt, Banken, Krankenkassen, Bausparkassen und Erfrischungsgetränkehersteller beteiligten sich an der Finanzierung dieser erfolgreichen Sozio-Marketingkampagne.

Problematik des Sozio-Marketing

Die Problematik bei der Durchführung von Sozio-Marketingkampagnen besteht darin, dass, obwohl vordergründig die Gewinnabsicht negiert wird, dennoch hintergründig Gewinne realisiert werden, dies aber oftmals vor den

Zielpersonen verschleiert wird (Nieschlag / Dichtl / Hörschgen, 1991, S. 26). So können Sozio-Marketingaktionen durchaus ein negatives Image bekommen, wenn z. B. bekannt wird, dass aufwendig publizierte „Fund-raising-Aktionen" den Initiatoren beträchtliche Gewinne einspielten. Beispiele dafür sind Spendenaktionen für osteuropäische Länder, bei denen sich herausstellte, dass die gesammelten Kleider und Lebensmittel nicht verteilt werden konnten, weil die Logistik nicht vorhanden war und darüber hinaus das gespendete Material auf dem Schwarzmarkt wieder aufgetaucht ist.
Ähnlich negative Image-Effekte erhält das Sozio-Marketing, wenn Spendenaktionen für afrikanische Länder in den Privatschatullen der staatlichen Führungsschicht landen. Deshalb ist es notwendig, dass gerade bei Sozio-Marketingaktionen das Marketing-Audit (Marketing-Erfolgskontrolle) besonders beachtet wird. So können z. B. Spendentransporte von Journalisten bzw. von staatlichen Repräsentanten begleitet werden, um sicherzustellen, dass die Spenden direkt bei den Notleidenden eintreffen und auch dort verteilt werden. Noch begegnet man dem Begriff und der Praxis des Sozio-Marketing mit einer gewissen Skepsis. Das heißt, es ist noch Aufbauarbeit in das Vertrauen und in die Praktikabilität dieser neuen Marketingvariante zu leisten.

Marketing-Audit

4. Marketingprozess

Wie jeder Entscheidungsprozess kann auch der Marketingprozess anhand eines Schemas in sieben verschiedene Phasen unterteilt werden. Die einzelnen Phasen zeigen die Aktivitäten der verschiedenen Entscheidungsträger.

Phase eins stellt die Erkennungs- und Identifizierungsphase eines Problems dar. Daran schließt sich die Phase der Beschaffung von Informationen über den Markt, die Marktteilnehmer, die Produkte usw. an. Die gewonnenen Daten werden einer Analyse und Bewertung unterzogen, um zu einer möglichst objektiven Darstellung des jeweiligen Marktes zu kommen. Je nachdem, wie diese Analyse ausfällt, müssen zusätzliche Informationen beschafft bzw. Untersuchungen durchgeführt werden (siehe Teil III Marketing-Forschung). Wenn die Informationsbeschaffung erfolgreich abgeschlossen wurde, kann eine Marketingkonzeption erarbeitet und, nach der Beschlussfassung des Managements, realisiert werden. In der abschließenden Kontrollphase versucht man den Erfolg oder Misserfolg der verschiedenen Marketingaktivitäten festzustellen. So können bei zukünftigen Maßnahmen möglicherweise Fehler vermieden werden.

Diese Vorgehensweise ermöglicht eine systematische Lösung von Problemen im Unternehmen. (vgl. Weis, 1995, S. 33 f.)

Lfd. Nr.	Phase	Funktionsträger
1	Erkennen des Problems	
2	Informationsbeschaffung	Marktforschung / Rechnungswesen
3	Datenanalyse	
4	Erarbeitung einer Konzeption	Marketingplanung
5	Entschlussfassung	Management
6	Realisation der Marketingkonzeption	Innere und äußere Marketingorganisation
7	Kontrolle	Marketingkontrolle / Rechnungwesen / Statistik

Abb.: Phasen des Marketingprozesses (Quelle: Weis, 1995, S. 34)

5. Marktgrößen

Alle Marketingaktivitäten sind auf bestimmte Märkte eines Unternehmens ausgerichtet. Zur Kennzeichnung der jeweiligen Marktsituation sind hier einige Begriffe, die sich gegenseitig beeinflussen, zu definieren:

1. Markt- und Absatzpotenzial

Das *Marktpotenzial* gibt die maximal mögliche Aufnahmefähigkeit eines Marktes an, vorausgesetzt, alle potenziellen Käufer hätten ein Interesse und verfügten über die entsprechende Kaufkraft für ein Produkt oder eine Dienstleistung. Die folgenden Faktoren bestimmen vor allem das Marktpotenzial (Weis, 1995, S. 51):

- *die Zahl der potenziellen Nachfrager,*
- *die Bedarfsintensität,*
- *die Markttransparenz,*
- *die Marktsättigung und*
- *die Marketingaktivitäten der Anbieter.*

Als *Absatzpotenzial* gilt derjenige Anteil am Marktpotenzial, den eine Unternehmung zu realisieren glaubt. Die Einflussgrößen auf das Absatzpotenzial stellt das folgende Schaubild dar.

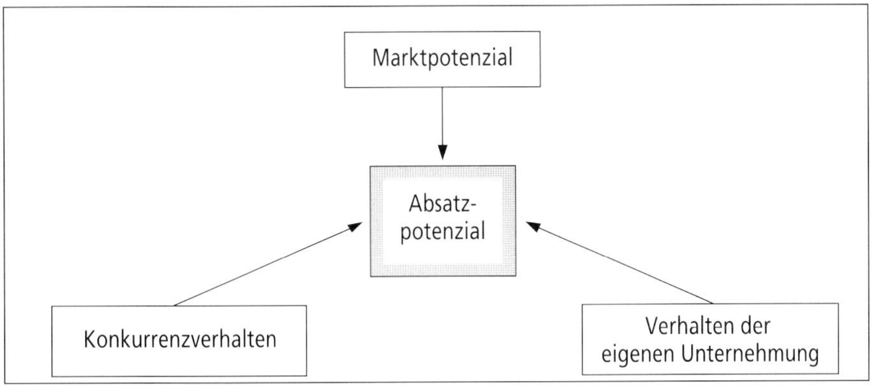

Abb.: Einflüsse auf das Absatzpotenzial (Quelle: Weis, 1995, S. 52)

Einfluss auf die Höhe des Absatzpotenzials haben (vgl. Weis, 1995, S. 52):

- *die marketingpolitischen Maßnahmen des Anbieters,*
- *der Preis und die Produktqualität im Vergleich zur Konkurrenz,*
- *der Grad der Distribution,*
- *die Substitutionsbeziehungen zwischen den Märkten und*
- *das Verhalten der Konkurrenten auf dem jeweiligen Markt.*

2. Markt- und Absatzvolumen

Als *Marktvolumen* bezeichnet man diejenige Absatzmenge, die in einem abgegrenzten Markt in einer bestimmten Periode erzielt wurde.
Das *Absatzvolumen* ist die Summe der getätigten Umsätze einer Unternehmung pro Zeitraum in einem bestimmten Markt.

3. Marktanteil

Der Marktanteil eines Unternehmens ist der prozentuale Anteil des in Mengen- oder Werteinheiten ausgedrückten Absatzes, gemessen am gesamten Volumen eines ganz bestimmten Marktes (Weis, 1995, S. 54):

$$\text{Marktanteil} = \frac{\text{Absatzvolumen} \bullet 100}{\text{Marktvolumen}} \%$$

Die Höhe des Marktanteils gibt an, wie stark ein Unternehmen im Vergleich zur Konkurrenz auf dem jeweiligen Markt vertreten ist.

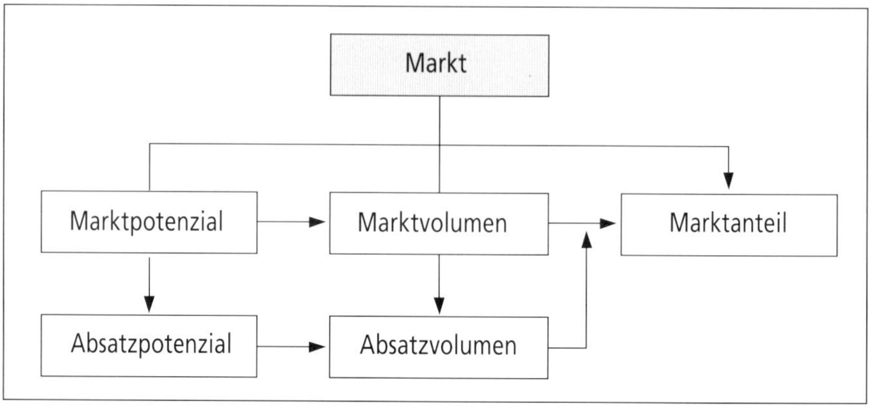

Abb.: Marktgrößen (Quelle: Weis, 1990, S. 38)

6. Marketingstrategien

Ein Unternehmen muss sich, um seine geplanten Ziele zu erreichen, systematisch und marketingorientiert verhalten, das heißt bestimmte Verhaltensgrundsätze des Marketing (Marketingstrategien) einhalten. Diese Marketingstrategien sind zeitlich festgelegte Maßnahmen, die einen Erfolg am Markt ermöglichen sollen.
Je nach den Zielsetzungen des Unternehmens sind verschiedene Grund- bzw. Gesamtstrategien in Bezug auf das Marketing insgesamt, die Entwicklungsrichtung des Marketing, das Verhalten am Markt sowie die entsprechenden Teilstrategien (Marktsegmentierungs-, Wettbewerbs-, Produktstrategien) auszuwählen.

Ein Unternehmen kann sich grundsätzlich zwischen den folgenden Strategien im Hinblick auf das Gesamtmarketing entscheiden (Weis, 1995, S. 55 ff.):

- *Differenzierungsstrategie,*
  mit der man sich von den Konkurrenten unterscheiden möchte.
- *Anpassungsstrategie,*
  mit der man sich an die Konkurrenz anpassen möchte.

Hieraus lassen sich z. B. die im folgenden Schaubild dargestellten weiteren Grundstrategien im Marketing ableiten:

Bereich	Grundstrategie
Gesamtmarketing	Differenzierungsstrategie Undifferenzierte Marketingstrategie Konzentrierte Marketingstrategie
Entwicklungsrichtung	Wachstumsstrategie Stabilisierungsstrategie Schrumpfungsstrategie

Abb.: Überblick von Grundstrategien im Marketing (vgl.: Weis, 1995, S. 56)

Neben der grundsätzlichen strategischen Ausrichtung der Differenzierung oder Anpassung muss entschieden werden, ob man den gesamten Markt oder nur einzelne Segmente mit der gewählten Marketingstrategie erreichen möchte. Hier unterscheidet man (vgl. Weis, 1995, S. 56 f.):

- *Undifferenzierte Marketingstrategie,*
  mit der man aus ökonomischen Gründen den Gesamtmarkt abdecken will.

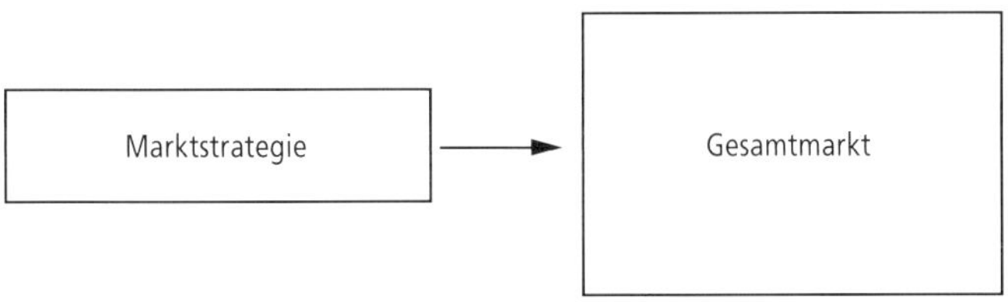

Abb.: Undifferenzierte Marketingstrategie

- *Differenzierte Marketingstrategie,*
  hier wird der Gesamtmarkt in verschiedene Segmente aufgeteilt, die jeweils mit spezifischen Marketingstrategien angesprochen werden.

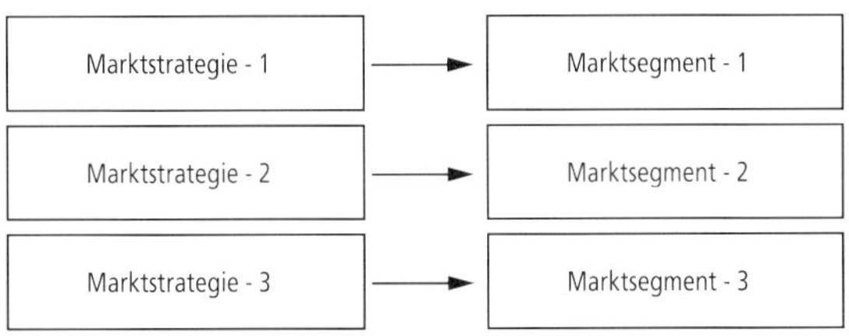

Abb.: Differenzierte Marketingstrategie

- *Konzentrierte Marketingstrategie,*
  mittels dieser Strategie beschränkt man sich auf z. B. ein, zwei oder drei Segmente eines Marktes. Für kleine und mittlere Unternehmen empfiehlt

sich eine solche Marketingstrategie, da diese zum Teil nicht über eine ausreichende Ausstattung an Personal, Kapazitäten etc. verfügen.

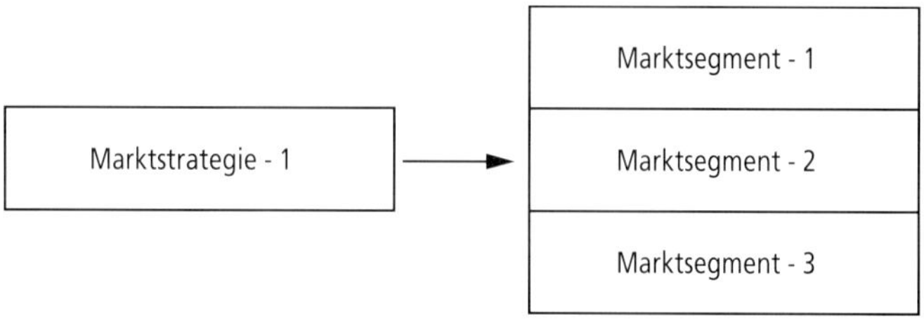

Abb.: Konzentrierte Marketingstrategie

Je nach den Zielformulierungen ist eine weitere grundlegende Entscheidung, ob eine Wachstums-, Stabilisierungs- oder Schrumpfungsstrategie (z. B. langsamer Rückzug aus einem Marktsegment) angestrebt wird.

Um in einem bestimmten Markt erfolgreich auftreten zu können, bedarf es einer Grundstrategie und verschiedener Teilstrategien. Die Auswahl der Strategie ist abhängig von Faktoren wie der Kapitalkraft und Größe der Unternehmung, vom Verhalten der Konkurrenten und der Möglichkeit, den Gesamtmarkt zu segmentieren. So sind neben der Marketingstrategie ebenfalls Teilstrategien für eine Marktsegmentierung, den Wettbewerb und die Produkte festzulegen:

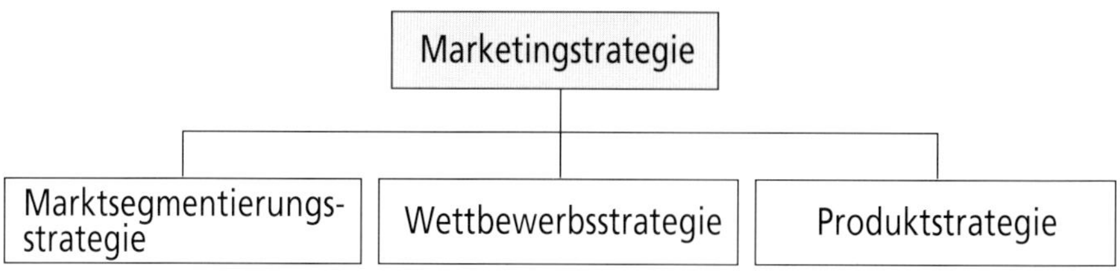

Abb.: Strategien für einen Markterfolg (vgl.: Weis, 1995, S. 58)

6.1 Marktsegmentierungsstrategien

Unter der Marktsegmentierung versteht man die Unterteilung eines Gesamtmarktes in abgrenzbare und möglichst homogene Teilmärkte. Die Zielgruppen lassen sich somit besser bestimmen und gezielt ansprechen, da sie in ihren Wünschen und Bedürfnissen relativ gleichartig sind.

Von einer psychologischen Marktsegmentierung spricht man, wenn man z. B. den Markt nach Einstellungs- und Verhaltensgewohnheiten oder nach dem Lebensstil (Lifestyle-Konzept) segmentiert.

Bei der Marktsegmentierung unterscheidet man folgende Vorgehensweisen (vgl. Weis, 1995, S. 59 ff.):

- *die geographische,*
- *die soziodemographische und*
- *die psychologische Segmentierungsform.*

Merkmale der Zielgruppenbildung

geographische Merkmale	soziodemographische Merkmale	psychologische Merkmale
Bundesland Großstädte Regierungsbezirk Kaufkraftbezirk	Geschlecht Alter Familienstand Beruf Einkommen	Persönlichkeitsmerkmale Einstellungen Verhalten Lebensstil

Abb.: Merkmale der Segmentierung (vgl. Weis, 1990, S. 43, Luger / Pflaum, 1996, S. 64 ff.)

Geographische Segmentierung
Hier wird der Gesamtmarkt z. B. nach Bundesländern unterteilt.

Soziodemographische Segmentierung
Bei dieser Segmentierung wird der Markt nach Geschlecht, Alter, Einkommen, Beruf, Ausbildung usw. abgegrenzt.

Psychologische Segmentierung
Hierbei versucht man, die Käufer mittels psychologischer Kriterien zu unterscheiden, z. B. nach Persönlichkeitsmerkmalen und den Lebensgewohnheiten.

6.2 Wettbewerbsstrategien

Parallel zur Segmentierung des Marktes ist auch eine Strategie für den Wettbewerb festzulegen. Das Unternehmen muss dabei optimal vorbereitet werden, um frühzeitig auf Veränderungen am Markt reagieren zu können. Je nach Strategietyp sind folgende Voraussetzungen nach *Porter* erforderlich:

Strategietyp	Gewöhnlich erforderliche Fähigkeiten und Mittel	Übliche organisatorische Anforderungen
Umfassende Kostenführerschaft	• Hohe Investitionen und Zugang zu Kapital • Verfahrensinnovationen und -verbesserungen • Intensive Beaufsichtigung der Arbeitskräfte • Produkte, die im Hinblick auf einfache Herstellung entworfen sind • Kostengünstiges Vertriebssystem	• Intensive Kostenkontrolle • Häufige detaillierte Kontrollberichte • Klar gegliederte Organisation und Verantwortlichkeiten • Anreizsystem, das auf der strikten Erfüllung quantitativer Ziele beruht
Differenzierung	• Gute Marketingfähigkeit • Produktengineering • Kreativität • Stärken in der Grundlagenforschung • Guter Ruf in Sachen Qualität und technologische Spitzenleistung	• Strenge Koordination von Tätigkeiten in den Bereichen Forschung, Produktentwicklung und Marketing • Subjektive Bewertungen und Anreize anstelle von quantitativen Kriterien
	• Lange Branchentradition oder einmalige Kombination von Fähigkeiten, die aus anderen Branchen stammen • Enge Kooperation mit Beschaffungs- und Vertriebskanälen	• Annehmlichkeiten, um hoch qualifizierte Arbeitskräfte, Wissenschaftler oder kreative Menschen anzuziehen
Konzentration	• Kombination der oben genannten Maßnahmen, gerichtet auf das bestimmte strategische Zielobjekt	• Kombination der oben genannten Maßnahmen, gerichtet auf das bestimmte strategische Zielobjekt

Abb.: Anforderungen der Strategietypen nach Porter (Quelle: Weis, 1999, S. 73)

Strategie der umfassenden Kostenführerschaft
Hierbei versucht man, die Kosten gegenüber der Konkurrenz geringer zu halten. Dies ist allerdings nur bei einem relativ großen Marktanteil bzw. einer entsprechend großen Stückzahlenproduktion und der damit verbundenen günstigeren Rohstoffbeschaffung möglich.

Strategie der Differenzierung
Bei dieser Strategie gestaltet man die Dienstleistung oder das Produkt in einer Form, in der es sich unverwechselbar von der Konkurrenz abhebt und letztendlich als „einmalig" erscheint.

Strategie der Konzentration
Diese Form der Wettbewerbsstrategie zielt auf nur eine ganz bestimmte Anzahl von Käufern und/oder angebotenen Leistungen, wobei auf andere mögliche Ziele, wie z. B. die Maximierung des Umsatzes, verzichtet wird.

(vgl. Weis, 1995, S. 62)

6.3 Produktstrategien

Entsprechend abgestimmt auf die Marktsegmentierungs- und Wettbewerbsstrategie muss auch die Strategie für das jeweilige Produkt sein. Die folgende Produkt-Markt-Matrix nach *Ansoff* gibt eine Entscheidungshilfe für diese Strategie.

Märkte / Produkte, Leistungen	bestehende	neue
bestehende	**Marktdurchdringung** → Marktbesetzung → Verdrängung	**Marktentwicklung** → Internationalisierung → Marktsegmentierung
neue	**Produktentwicklung** → Produktinnovation → Produktdifferenzierung	**Diversifikation** → vertikale Diversifikation → horizontale Diversifikation → laterale Diversifikation

Abb.: Produkt-Markt-Matrix nach Ansoff (Quelle: Weis, 1995, S. 64)

Nach *Ansoff* bieten sich somit die nachstehenden Produktstrategien an (vgl. Weis, 1995, S. 63 ff.):

Strategie der Marktdurchdringung
Hierbei will man den bereits vorhandenen Markt weiter durchdringen. Diese Maßnahmen sind dabei erforderlich:

- Steigerung der Verwendung der Produkte und/oder Erschließung neuer Verwendungsmöglichkeiten bei den schon vorhandenen Käufern,
- Gewinnung neuer Kunden für bestehende Produkte, z. B. durch Werbung,
- Gewinnung von Kunden, die das Produkt bislang nicht gekauft haben,
- Gewinnung von Kunden, die bislang bei der Konkurrenz gekauft haben,
- Intensivierung des persönlichen Verkaufs,
- Verstärkung der Werbemaßnahmen,
- Intensivierung der Verkaufsförderung,
- Verbesserung des Kundendienstes,
- Preissenkungen.

Strategie der Marktentwicklung
Bei dieser Strategie versucht man, für bestehende Produkte neue Märkte zu finden. Folgende Aktivitäten sind möglich:
- Absatz der Produkte auf geographisch neuen Märkten,
- Erschließung neuer Marktsegmente,
- neue Absatzwege und Erschließung neuer Kunden.

Strategie der Produktentwicklung
Bei dieser Form der Produktstrategie werden entweder neue Produkte für bereits existierende Märkte geschaffen oder einzelne Produkte differenziert, d. h. verändert (siehe hierzu auch Teil IV, 2. Produktpolitik).

Diversifikationsstrategie
Ein Unternehmen baut mit dieser Strategie systematisch sein bestehendes Produktprogramm aus. Dies kann je nach Art zu vertikaler, horizontaler und lateraler Diversifikation führen (siehe hierzu auch Teil IV, 2. Produktpolitik).

Welche Strategien oder Strategiekombinationen nun vom Unternehmen ausgewählt werden, hängt natürlich von der Gegebenheiten am Markt (wachsender, stagnierender, schrumpfender Markt, Wettbewerb) und der Position des jeweiligen Unternehmens (Marktführer, Marktanteil, Kapitalkraft etc.) ab.

7. Die Corporate Identity

Wie gelingt es einem Unternehmen, eine starke Persönlichkeit zu entwickeln, die von allen Personen und anderen Unternehmen, die mit diesem Unternehmen in Berührung kommen, anerkannt, respektiert, geachtet und geliebt wird? – Eine entscheidende Frage, denn nur das sichert langfristig das Überleben im Markt. Solche Unternehmen erhalten nämlich genau das, was sie benötigen: Geld und Zeit, z. B. Geld von den Kunden und Zeit von den Mitarbeitern.

Die Überlegungen, die hinter den Wörtern Corporate Identity (abgekürzt C.I.) stehen, zeigen auf, was zu tun ist, um einem Unternehmen eine starke Persönlichkeit zu geben. Die Corporate Identity ist mehr als nur ein Modewort. Sie umfasst sowohl den Weg zu einer unverwechselbaren Persönlichkeit als auch die Persönlichkeit selbst.

Um zu verstehen, was sich hinter Corporate Identity verbirgt, muss man sich in ein Unternehmen hineinbegeben und versuchen, das Typische dieses Unternehmens kennen zu lernen.

7.1 Unternehmenskultur (Corporate Culture)

„Die Unternehmenskultur ist die Gesamtheit der moralischen und sozialen Normen und Verhaltensregeln, die auf den Glaubensgrundsätzen, Einstellungen und Prioritäten ihrer Mitglieder beruhen." (William G. Bliss)

Die Kultur prägt die Persönlichkeit. Trotzdem versuchen nur wenige Unternehmen bewusst, ihre Kultur zu entwickeln. Sie entwickelt sich dann im Alltagsgeschäft. Das kann aber dazu führen, dass sich einzelne Elemente dieser Kultur völlig widersprechen und die Persönlichkeit des Unternehmens dann nur Verwirrung stiftet. Beispiel: Das Unternehmen verkündet, dass seine Mitarbeiter selbstständig Entscheidungen treffen dürfen. Tatsächlich werden aber Entscheidungen stets per Mehrheitsbeschluss gefällt.

Persönlichkeitsentwicklung, das Ziel jeder C.I.-Strategie, muss also bei der Kultur ansetzen. Deshalb ist es wichtig, diese Kultur zunächst zu ergründen.

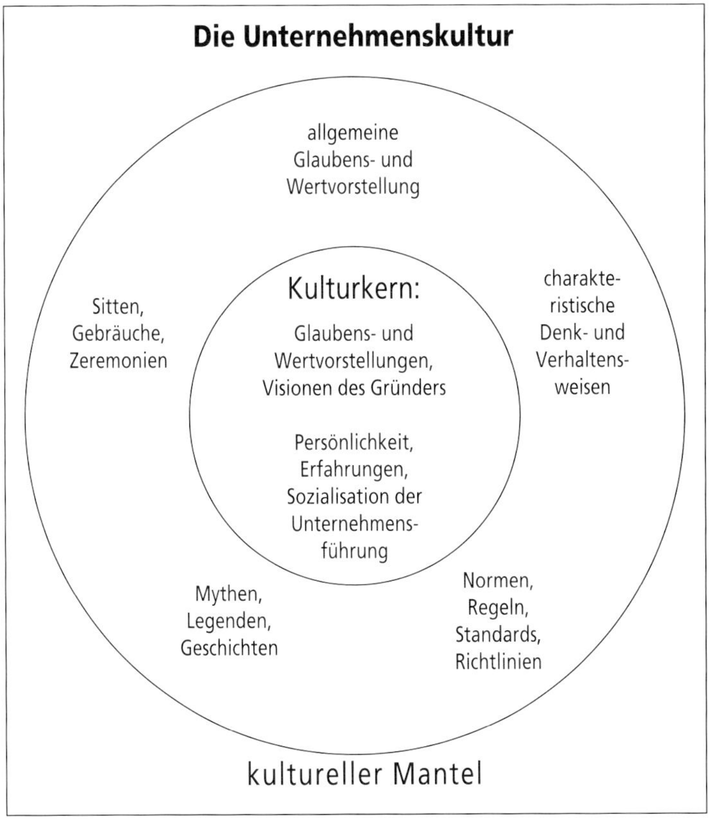

Abb.: Kulturkern und kultureller Mantel

Kulturkern

Die Ursprünge jeder Unternehmenskultur sind in den Ursprüngen des Unternehmens selbst und seiner Gründer zu finden. Hier finden wir den Kern der Kultur. Dieser Kulturkern spiegelt ursprünglich die Glaubens- und Wertvorstellungen des Gründers sowie seine Visionen wider. Jeder Gründer ist zugleich Kind seiner Zeit, seine Persönlichkeit ist geprägt von seinen Erfahrungen und den Sozialisationseinflüssen, denen er ausgesetzt war. Das gibt er weiter an seine Kinder oder auch an von ihm besonders geschätzte Mitarbeiter. Deshalb möchten viele Gründer auch ihre Kinder oder diese Mitarbeiter als Nachfolger in dem Unternehmen sehen. Denn nur so kann Kontinuität einigermaßen sicher gewahrt werden. Bei erfolgreichen Unternehmen tun die Nachfolger also gut daran, diesen Kern nur behutsam zu verändern. Ihn zu pflegen ist deshalb auch die Aufgabe des Marketing.

Kultureller Mantel

Um den Kulturkern rankt sich das tägliche Leben des Unternehmens. Dieser kulturelle Mantel besteht aus verschiedenen Elementen, die zusammen eine Einheit bilden, beeinflusst durch den Kulturkern:

- *Allgemeine Glaubens- und Wertvorstellungen der Mitarbeiter:* Hier wird deutlich, dass Mitarbeiter auch von ihren Vorstellungen zum Kulturkern passen müssen. Neue Mitarbeiter dürfen daher nicht nur nach Qualifikationsprofilen ausgewählt werden.
- *Charakteristische Denk- und Verhaltensweisen der Mitarbeiter:* Hier findet man ungeschriebene Gesetze, wie Dinge zu tun, wie Probleme zu lösen sind, entstanden aus den Erfahrungen der Mitarbeiter in dem Unternehmen.
- *Sitten, Gebräuche, Zeremonien:* Sie werden gesteuert von der Geschäftsleitung, ergeben sich aber auch aus dem täglichen Miteinander der Menschen in dem Unternehmen: Umgangsformen, Begrüßungsrituale, gemeinsame Veranstaltungen, die Einführung neuer Mitarbeiter usw.
- *Mythen, Legenden, Geschichten:* Wer kennt sie nicht? Vergangene Betriebsfeiern liefern häufig stundenlangen Gesprächsstoff. Altgediente Mitarbeiter starten das Gespräch dann mit: „Weißt du noch?" Für Außenstehende muten zumindest einige dieser Geschichten wie Seifenopern an. Sie sind aber wichtig für den Zusammenhalt unter den Mitarbeitern, denn sie verkörpern Insiderwissen und tragen so zur Abgrenzung von anderen Unternehmen bei. Vor allem „Heldengeschichten" vermitteln das Gefühl der Überlegenheit gegenüber Konkurrenten oder Konkurrenzgruppen. Eine derartige Heldengeschichte kann z. B. schildern, wie ein Team einer Agentur in scheinbar aussichtsloser Lage eine Wettbewerbspräsentation gewonnen hat. Darüber wird dann noch Jahre danach voller Stolz berichtet.
- *Normen, Regeln, Standards:* Sie sind notwendig für einen reibungslosen Ablauf der Arbeit. Die ersten sind entwickelt vom Gründer des Unternehmens. Die laufenden Erfahrungen und neuen Entwicklungen führen dann zur Veränderung der alten und zur Einführung neuer Normen, Regeln und Standards.

Nach außen sichtbar wird die Kultur durch:

Sichtbarmachen der Kultur

- *Corporate Behavior,* d. h. im Verhalten des Unternehmens gegenüber seinen Mitarbeitern und seiner Umwelt
- *Corporate Communications,* d. h. in allen kommunikativen Äußerungen
- *Corporate Design,* d. h. in den vom Unternehmen geschaffenen Artefakten, also auch im Design: Geschäftspapiere, Innenausstattung, Hausfarben, Typographie, Gestaltung der Arbeitsplätze durch die Mitarbeiter (bis hin zum (un-)aufgeräumten Schreibtisch) usw. Sogar die Art der Türbeschläge oder die Dekoration der Wände in den Büros sagt etwas über die Kultur aus.

Bei diesen drei Elementen setzen die Maßnahmen der Corporate Identity an.

Äußere Einflüsse

Der kulturelle Mantel unterliegt ständigen Veränderungen. Jedes Unternehmen ist nämlich Bestandteil seiner Umwelt und wird zwangsläufig von dieser beeinflusst, z. B. durch Veränderungen in Gesellschaft, Politik, Wirtschaft, Gesetzen, Technik, Wettbewerb und Märkten.

Auch wenn sich das tägliche Leben im Unternehmen ändert, sollte der Kulturkern, der ja die Persönlichkeit stark bestimmt, davon weitgehend unbeeinflusst bleiben. Es sei denn, der Gründer hat seiner Organisation einen Kern verpasst, der einem flüchtigen, im besten Fall schicken Zeitgeist huldigt. Oder seine Glaubens- und Wertvorstellungen stehen im Widerspruch zu neuen gesellschaftlichen Wertvorstellungen. Hält der Gründer oder sein Nachfolger dann an seinen Glaubens- und Wertvorstellungen fest, wird er mit seiner Organisation scheitern. Dieses Risiko ist vielen Unternehmenslenkern bewusst. Beispielsweise verzichten diverse Kaufhäuser darauf, Teppiche anzubieten, die von Kindern geknüpft sind, die *Steilmann-Gruppe* (Textilien) verarbeitet keine in Kinderarbeit gefertigten Stoffe oder die Chemieindustrie bekundet unermüdlich ihre Umweltverantwortung.

Unternehmen, die sich eine starke Persönlichkeit im eingangs beschriebenen Sinn schaffen wollen, müssen sich also erst einmal über ihre Kultur, d. h. über die eigenen Realitäten klar werden. Und dann können sie an die eigentliche Arbeit gehen: die Entwicklung der Corporate Identity, der unverwechselbaren Unternehmenspersönlichkeit.

7.2 Corporate-Identity-Strategie

Corporate Identity ist die Strategie, die dazu führen soll, dass das Unternehmen eine unverwechselbare, starke, von möglichst vielen anerkannte, respektierte, geachtete und vielleicht sogar geliebte Persönlichkeit erhält. Die Strategie umfasst die drei Elemente:

7.2.1 Das Ziel

Unternehmensphilosophie

In der Unternehmensphilosophie sind die Elemente des Kulturkerns in idealisierter Form niedergelegt, möglichst schriftlich. In der Philosophie müssen sich also die Visionen und die zentralen Glaubens- und Wertvorstellungen des Unternehmens wiederfinden. Sie bilden die Unternehmensgrundsätze.

Die Unternehmensphilosophie definiert die Unternehmenspersönlichkeit, und zwar unter strategischen und ideellen Aspekten.

Strategische Aspekte

Strategische Aspekte sollen das ökonomische Überleben langfristig sichern:

- *Marketingziele:* Marktstellung, Marktanteile, Absatz, Umsatz, Gewinn, Rentabilität. So will *Aventis* zu den weltweit führenden Pharmakonzernen gehören. *WalMart* will zur Nr. 1 im europäischen Lebensmitteleinzelhandel aufsteigen.
- *Leistungspotenziale:* Produkte, Qualitätsstandards, Innovationswille und -fähigkeit usw. *Sony* dokumentiert seinen Innovationswillen im Claim: „Never follow others".
- *Prioritäre Ausrichtung:* Service, Befriedigung von Kundenwünschen, Umweltorientierung usw. Der US-Computerhersteller *Gateway* verkauft seine PCs direkt an die Privatanwender mit einem für die Branche unüblich großzügigen Serviceversprechen, das er auch tatsächlich bisher einhält. Der Textilversender *Lands' End* arbeitet ebenfalls mit einem konsequent eingehaltenen Serviceversprechen.

Ideelle Aspekte

Ideelle Aspekte sollen das Verhältnis zur Organisationsumwelt regeln:

- *Gesellschaftliche Funktion und Verantwortung:* Der *Axel Springer Verlag* hat die Verantwortung der Unternehmen für die Berufsausbildung junger Menschen zu einer seiner Leitlinien gemacht.
- *Verantwortung gegenüber Mitarbeitern:* Sie spiegelt sich z. B. in der Gewinnbeteiligung der Mitarbeiter oder in Pensionszusagen wider.
- *Verhalten gegenüber den Wettbewerbern:* Fairness war für das Handelshaus Buddenbrook aus dem gleichnamigen Roman von Thomas Mann ein ungeschriebenes Gesetz.

Die Unternehmensphilosophie ist dabei so zu formulieren, dass sie realisierbar und widerspruchsfrei ist. Außerdem muss sie für alle – Mitarbeiter und Außenstehende – anschaulich sein und Identifikationsmöglichkeiten bieten. Denn nur so können sich die gewünschten Bindungen zur Persönlichkeit des Unternehmens entwickeln.

Letzten Endes soll die Unternehmensphilosophie Antworten auf folgende Fragen liefern:

- Warum existiere ich, das Unternehmen?
- Was will ich erreichen?
- Warum sollen meine Kunden und Lieferanten ausgerechnet zu mir kommen und nicht zur Konkurrenz?

7.2.2 Die Zielgruppen

Die folgende Grafik zeigt die Menschen und Organisationen, mit denen das Unternehmen möglicherweise in Berührung tritt.

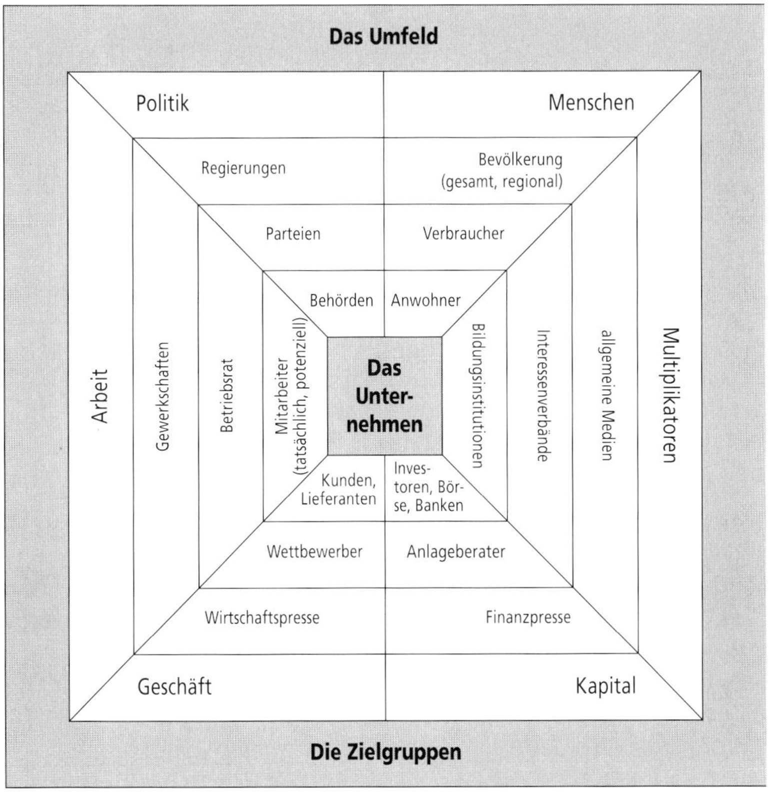

7.2.3 Methoden

Alle Methoden kommunizieren letzten Endes die gewünschte Persönlichkeit. Sie lassen sich wie folgt aufschlüsseln:

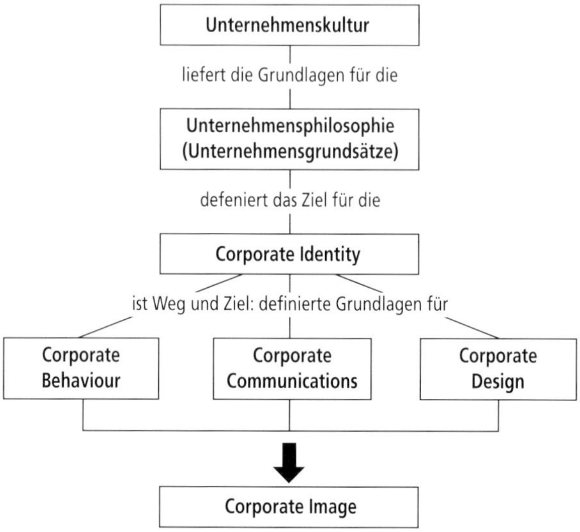

Corporate Communications (Unternehmenskommunikation)

Ziel ist ein einheitlicher, unverwechselbarer Auftritt in sämtlichen kommunikativen Äußerungen gegenüber allen Zielgruppen. Das fängt an bei der Begrüßung am Telefon oder persönlich von Angesicht zu Angesicht, umfasst die Kommunikation unter den Mitarbeitern sowie zwischen Geschäftsführung und Mitarbeitern und hört auf bei den Kommunikationsmethoden.
So müssen Rituale für die Begrüßung am Telefon oder beim Empfang von Gästen entwickelt werden. Genauso wichtig ist es, Leitlinien für den kommunikativen Umgang der Mitarbeiter untereinander und zwischen Geschäftsleitung und Mitarbeitern festzulegen. Auch regelmäßige Mitarbeiterbesprechungen gehören hierher.

Alle Kommunikationsmethoden müssen aus einem Guss sein. Wenn Werbeagenturen beauftragt werden, empfiehlt es sich daher, entweder eine Leitagentur auszuwählen, die für das Gesamtkonzept verantwortlich ist und dieses Konzept bei von ihr ausgewählten Spezialagenturen, z. B. für Direktmarketing oder für Messenbeteiligung, durchsetzt und überwacht. Oder jede vom Unternehmen beauftragte Agentur muss von dem Unternehmen selbst auf die C.I., insbesondere die Unternehmenskommunikation, eingeschworen und entsprechend kontrolliert werden.

Corporate Behaviour (Unternehmensverhalten bzw. -interaktion)

Ziel ist das einheitliche, unverwechselbare Verhalten gegenüber allen Zielgruppen: Auftreten der Mitarbeiter untereinander und gegenüber Betriebsfremden, Geschäftsgebaren, Verhalten gegenüber der Konkurrenz, Führungsstile, Managementsysteme.
Konkret kann das z. B. heißen, dass Türen zu den Arbeitsräumen stets offen sind, gemeinsame Veranstaltungen wie Betriebsausflüge durchgeführt werden, den Geschäftspartnern Verlässlichkeit geboten wird und im Wettbewerb nur faire Mittel angewendet werden. So galt für die Kaufmannsfamilie Buddenbrook der Leitspruch: „Mein Sohn, sey mit Lust bey den Geschäften am Tage, aber mache nur solche, dass wir bey Nacht ruhig schlafen können." (Thomas Mann, Buddenbrooks)

Corporate Design (visuelles Erscheinungsbild)

Ziel ist die einheitliche, unverwechselbare Gestaltung aller Artefakte: Logo, Geschäftspapiere, Hausfarben, Typographie, Gebäude, Geschäftsräume, Fahrzeuge, Mitarbeiterkleidung, Kantine usw. So gibt es in einer Werbeagentur den Grundsatz: Keine Bilder an der Wand, die Wände haben weiß zu sein.

Abb.: Beispiele für Logos als Bestandteil des Corporate Design

Der Freiraum um das Wappen beträgt mindestens eine halbe Wappenbreite (b) zu jeder Seite oder eine halbe Wappenhöhe (a) nach oben und unten.
Ausnahme: Verwendung des Wappens in Verbindung mit Namenszeichen.

Abb.: Element des Corporate Design mit genauer Festlegung der Platzierung (Quelle: Porsche AG)

Diese Methoden sollen also die tatsächlich existierende Kultur eines Unternehmens zur gewünschten Kultur hin verändern.

7.3 Zusammenfassung

C.I. ist also Weg und Ziel zugleich. Im Alltag ist stets zu überprüfen, inwieweit das Ziel erreicht ist. Dazu muss ständig das Unternehmensimage, d. h. das Bild, das sich andere vom Unternehmen machen, untersucht werden. Erst wenn sich das Image mit der in der Philosophie definierten Persönlichkeit deckt, ist das Ziel erreicht. Leider wird das aber stets ein Wunschtraum bleiben.

Die Unternehmenswirklichkeit, vor allem der kulturelle Mantel, wird in der Realität auch stets eine Eigendynamik entwickeln, und zwar umso stärker, je mehr Mitarbeiter in dem Unternehmen beschäftigt sind. Hierin kann viel Sprengstoff für die C.I. liegen. Deshalb darf dieser Mantel nie sich selbst überlassen bleiben. Es ist Aufgabe der Unternehmensleitung, ständig steuernd in die Elemente des kulturellen Mantels einzugreifen, und zwar im Sinne der Corporate Identity.

Wird das Unternehmen von seinen Zielgruppen geschätzt, geliebt, geachtet, schlägt sich das auch in unmittelbaren, letzten Endes betriebswirtschaftlichen
Vorteile Vorteilen nieder:

- *Kostenvorteile:* Starke Visionen und Werte können Mitarbeiter mitreißen. Insofern können Visionen und Werte auch Führungsinstrumente sein. Sie führen zu einer hohen Arbeitsmotivation, was sich schließlich in sinkenden Fehlzeiten und geringerer Fluktuation äußert – beides führt zu sinkenden Kosten. Auch höhere Lieferantenbindungen, ein besserer Ruf bei Banken und einheitliche Gestaltungslinien (Corporate Design) ziehen sinkende Kosten nach sich.
- *Ertragsvorteile:* Höhere Kundenbindung und höhere Produktivität führen zu steigenden Erträgen. So können allseits geschätzte Unternehmen mit starken Marken in der Regel auch höhere Preise im Markt durchsetzen.
- *Wettbewerbsvorteile:* Eine starke Corporate Identity führt damit zu einer verbesserten Marktstellung. Das hat dann auch langfristig eine verbesserten Stellung gegenüber Banken und Investoren zur Folge. Aktiengesellschaften können so ihr Shareholder Value steigern.

7.4 Fallstudien

7.4.1 Bayer AG

Der internationale Konzern *Bayer AG*, ein Unternehmen der chemisch-pharmazeutischen Industrie, hat seine Unternehmensgrundsätze sehr ausführlich entwickelt. Sie lassen sich eindeutig den strategischen und den ideellen Aspekten der Unternehmensphilosophie zuordnen. Im Folgenden sind wesentliche Grundsätze exemplarisch aufgeführt. Dazu finden sich dann jeweils konkrete Verhaltensanweisungen (Corporate Behaviour).

Die Unternehmensgrundsätze fußen auf folgendem Leitspruch: „Bayer, das bedeutet: Erfolg durch Kompetenz und Verantwortung."

1. Strategische Ausrichtung des Konzerns

Marketingziele
- „Wir wollen den Unternehmenswert nachhaltig steigern und eine überdurchschnittliche Kapitalverzinsung erzielen."
- „Wir wollen das führende integrierte chemisch-pharmazeutische Unternehmen der Welt sein, mit unseren Kernkompetenzen auf den Gebieten Gesundheit, Ernährung, Kunststoffe sowie Spezialprodukte in der Chemie."

Leistungspotenziale
- „Wir wollen in Forschung und Technik führend sein und unsere Kompetenzen kontinuierlich ausbauen. Dabei ist unser Ziel, erstklassige und umweltgerechte Produkte mit hoher Wertschöpfung herzustellen, die wir erfolgreich weltweit vermarkten."

Prioritäre Ausrichtung

- „Wir wollen beim Kunden erste Wahl sein. Kundennutzen und -zufriedenheit stehen im Vordergrund. Unser Handeln richten wir danach aus."
- „Für Bayer ist es grundlegende Verpflichtung, schonend mit den natürlichen Ressourcen umzugehen, sicher zu produzieren und die Umwelt so wenig wie möglich zu belasten. Umfassender Umweltschutz, größtmögliche Sicherheit, hohe Qualität der Produkte und optimale Wirtschaftlichkeit sind gleichrangige Erfolgsfaktoren zum Erreichen der Unternehmensziele."

2. Leitlinien für verantwortliches Handeln

Gesellschaftliche Funktion und Verantwortung

- „Leitlinien für Produktverantwortung
  Alle Mitarbeiter des Unternehmens sollen in ihren Bereichen darauf achten, dass Bayer-Produkte bei richtiger Anwendung ungefährlich für Mensch und Umwelt sind, nach Gebrauch sicher verwertet, entsorgt oder in der Umwelt schadlos abgebaut werden können."
- „Leitlinien für Umweltschutz
  Alle Mitarbeiter tragen Verantwortung für das Erreichen der Umweltschutz ziele des Unternehmens. Umweltschutz erschöpft sich nicht allein in der Erfüllung gesetzlicher oder behördlicher Auflagen. Deshalb sind alle Mitarbeiter aufgefordert, aus eigener Initiative zusätzliche Maßnahmen zu ergreifen. Produktionsanlagen sind so zu betreiben, dass die sichere Handhabung von Produkten und Abfällen gewährleistet ist."
- „Gentechnik
  Verantwortlicher Umgang und Achtung ethischer Grenzen. Die Gentechnik ist für Bayer eine unverzichtbare Methode zur Entwicklung neuer Produkte und Problemlösungen in den Bereichen Gesundheit und Landwirtschaft. Der Einsatz der Gentechnik muss im Bewusstsein unserer Verantwortung für die Sicherheit der Menschen und den Schutz der Umwelt unter Beachtung aller einschlägigen Rechtsvorschriften erfolgen. Für unsere Arbeit mit der Gentechnik bestehen auch Grenzen, die sich aus unseren ethisch geprägten Wertvorstellungen, insbesondere dem Respekt vor dem Leben und der Würde des Menschen, ergeben."
- „Leitlinien für gesetzmäßiges und verantwortungsvolles Handeln
  Das Unternehmen respektiert das geltende Recht und verlangt das Gleiche von seinen Mitarbeitern und Geschäftspartnern. Die nachstehenden Grundsätze gelten im Umgang mit Kollegen, Kunden, Lieferanten, anderen Unternehmen und Behörden. Sie sollen helfen, Verhaltensanforderungen in ausgewählten Bereichen auf die tägliche Arbeit zu übertragen."

Verantwortung gegenüber Mitarbeitern

- „Leitlinien für den Dialog
  Die Besorgnisse von Mitarbeitern und Öffentlichkeit sind ernst zu nehmen

und bei der Erarbeitung unternehmerischer Zielsetzungen zu berücksichtigen. Mitarbeiter und Öffentlichkeit sind regelmäßig über aktuelle und laufende Vorgänge und Entwicklungen bei Bayer zu informieren."

- „Trennung von Privat- und Unternehmenssphäre
  Interessenkonflikte müssen vermieden werden. Jeder Mitarbeiter muss seine privaten Interessen und die des Unternehmens trennen. Auch Personalentscheidungen dürfen nicht von privaten Interessen und Beziehungen geprägt sein."
- „Das Verhalten untereinander
  Fairness und Respekt sind gefragt. Jeder Mitarbeiter muss wissen, dass auch sein Verhalten dem Unternehmen zugerechnet wird und damit dessen Ruf nach außen wie nach innen prägt. Das Unternehmen erwartet daher von jedem Mitarbeiter einen freundlichen, sachbetonten und fairen Umgang mit Kolleginnen, Kollegen und Dritten."

Verhalten gegenüber Wettbewerbern

- „Fairer Wettbewerb – keine verbotenen Kartellabsprachen
  Das Unternehmen bekennt sich ohne jede Einschränkung zum fairen Wettbewerb und zur fairen Vertragsgestaltung gegenüber seinen Geschäftspartnern. Das gleiche erwarten wir auch von anderen. Kartelle, abgestimmtes Verhalten informelle Gespräche oder formlose Gentlemen Agreements, die den Wettbewerb einschränken, sind tabu."

7.4.2 Porsche AG

Die *Dr. Ing. h. c. F. Porsche AG* formuliert eine Mission:

„Porsche ist der Inbegriff und Maßstab sportlicher Mobilität, lebendiger Tradition sowie Ausdruck einer dynamischen, individuellen und sympathischen Erlebniswelt – Porsche versteht sich demnach als 'Excitement Company'. Dies wird verkörpert durch innovative und zeitgemäße Technik auf höchstem Qualitätsniveau und flankiert durch attraktive Zusatzangebote, die im Sinne langfristig angelegter Kundenbeziehungen einer anspruchsvollen, kaufkräftigen und lebensbejahenden Klientel angeboten werden."

„Porsche heißt: Lust auf Bewegung, Spaß am Leben, Verantwortung für Mensch und Umwelt."

In seinen Corporate Communication Guidelines widmet sich die *Porsche AG* vor allem dem Corporate Design: Es gibt Grundsätze unter anderem zum Markenzeichen, zu Schriften und Farben, zu den Identifikationselementen für den Porsche-Händler (Gestaltung der Gebäude), zur Gestaltung interner und externer Drucksachen.

Abb.: Schriftzug und Wappen als Bestandteil des Corporate Design (Quelle: Porsche AG)

Weitere Grundsätze befassen sich mit der strategischen Planung der Kommunikationsaktivitäten, der klassischen Werbung, dem Einsatz elektronischer Medien, dem Direktmarketing und mit Kooperationen, z. B. im Rahmen von Events.

Ziel aller Kommunikationsaktivitäten ist es, „ein sympathisches, sozial akzeptiertes und gegenüber dem Wettbewerb differenzierungsfähiges Markenbild zu etablieren. Außerdem soll die Kommunikation durch Schaffung positiver und nachvollziehbarer Identifikationsmöglichkeiten innerhalb emotionaler Erlebniswelten einen psychischen Zusatznutzen generieren". (Porsche AG, Corporate Communication Guidelines, Part 5, S. 1)

8. Kontrollfragen zu Teil II

1. Definieren Sie den Begriff Marketing.
2. Nennen und beschreiben Sie neue Ausprägungen des Marketing.
3. Welche verschiedenen Marketingkonzepte gibt es?
4. Nennen Sie die drei in der EG festgestellten hauptsächlichen Konsumentengruppen mit ihren Typologiemerkmalen.
5. Was versteht man unter Global Marketing?
6. Was versteht man unter dem Begriff „Euro-Branding"?
7. Erläutern Sie den Begriff Sozio-Marketing und gehen Sie auf die Problematik von Sozio-Marketingkampagnen ein.
8. Erläutern Sie Marktsegmentierungs-, Wettbewerbs- und Produktstrategien.
9. Nennen und erläutern Sie die Mittel einer Corporate Identity Strategie.
10. Welche Ziele hat eine Corporate Identity Strategie?

9. Literaturverzeichnis zu Teil II

Bayer AG: http://www.bayer.de (November 1999).

Berekoven, L.: Europafernsehen – ein Kommunikationsinstrument des internationalen Marketing, in: Markenartikel, Nr. 1.

Berg, H. / Meissner, H. G. / Schünemann, W. B.: Märkte in Europa – Strategien für das Marketing, Stuttgart 1990.

Bickmann, in: http://www.bickmann.net (November 1999):
- Corporate Identity
- Unternehmenskultur und Diversifizierung
- Corporate Ethics

Birkigt / Stadler / Funk: Corporate Identity, 9. Auflage, Landsberg/Lech 1998.

Bliss, W. G.: Organizational Culture in Dollars & Sense (http://www.healthyworkplace.com; November 1999)

Deal, J.: Corporate culture: a case study (http://www.jyanet.com; November 1999)

Dyllick, T.: Ökologisch bewußtes Management, in: Die Orientierung, Schweizer Volksbank, Nr. 96/1990.

Heller, S.: Handbuch der Unternehmenskommunikation, München 1998.

Höfner, K. / Tescher, P. M.: Brauchen Sie eine europaweite Zielgruppenpolitik?, in: Marketing Journal, Nr. 5 /1988.

Hopfenbeck, W.: Allgemeine Betriebswirtschafts- und Managementlehre, Landsberg am Lech 1989.

Hopfenbeck, W.: Umweltorientiertes Management und Marketing, Landsberg am Lech 1989.

Howley, M.: Reflections on Corporate Culture, 1996 (http://cbpa.louisville.edu; November 1999)

Hummel, T.R.: Internationales Marketing, München 1994.

Jenner, Th.: Internationale Marktbearbeitung, Wiesbaden 1994.

Körner, M.: Das Konzept der Unternehmenskultur, in: Wirtschaftsspiegel Nr. 9/89.

Kotler, P. / Bliemel, F.: Marketingmanagement, Stuttgart 1999.

Kreutzer, R. T.: Markenstrategien im länderübergreifenden Marketing, in: Markenartikel, Nr. 11.

Logo-FCA: Lebensmittelwerbung in Europa – Nationale Kampagnen werben für internationale Markennamen, in: Dragoco-Bericht, Nr. 2/1990, Holzminden.

Luger, A. / Pflaum, D.: Marketing. Strategie und Realisierung, München 1996.

Mann, Th.: Die Buddenbrooks.

Meffert, H.: Euro-Marketing im Spannungsfeld zwischen nationalen Bedürfnissen und globalem Wettbewerb, in: Meffert, H. / Kirchgeorg, M., Hrsg.: Marktorientierte Unternehmensführung im europäischen Binnenmarkt, Stuttgart 1990.

Meffert, H. / Bolz, J.: Internationales Marketingmanagement, Stuttgart 1998.

Meffert, H. / Kirchgeorg, N.: Marktorientiertes Umweltmanagement, Stuttgart 1992.

N. N., a: Innovationsmanagement, in: absatzwirtschaft, Nr. 8 /1990.

N. N., b: Mafo-Instrumente für das Euro-Marketing, in: absatzwirtschaft, Nr. 5/1989.

N.N., c: Sinus Sociovision erfasst europäische Milieus, in: Horizont vom 16. 09.1999.

Nickel, V.: 1. Januar 1993 – Über die Zukunft der Medien und der Werbegestaltung, Vortrag zum 1. Europäischen Medientag, Frankfurt am Main.

Nieschlag, R. / Dichtl, I. / Hörschgen, H.: Marketing, 17. Auflage, Berlin 1994.

NZZ, Bund Betriebswirtschaft, 11.11.1997, Nr. 262: Organisationskultur als entscheidender Erfolgsfaktor.

Pflaum, D. / Linxweiler, R.: Public Relations der Unternehmung, Landsberg am Lech 1998.

Porsche AG: Corporate Communication Guidelines; andere, teils unveröffentlichte Papiere, die die Porsche AG dankenswerterweise zur Verfügung gestellt hat.

Rohleder, P. J. / Gratzer, W.: Euro-Marketing-Strategien für den EG-Binnenmarkt in: Markenartikel, Nr. 10 /1990.

Stutzer, D.: Europa 92 – Planungsgrundlagen für den Binnenmarkt, Stuttgart 1992.

Tietz, B.: Euro-Marketing – Unternehmensstrategien für den Binnenmarkt, Landsberg am Lech 1990.

Weis, H. C.: Marketing, 9. Auflage, Ludwigshafen 1995.

Weis, H. C.: Marketing, 10. Auflage, Ludwigshafen 1997.

Wenner, W. / Koester, J.: Das europäische Unternehmen: Konzepte – Strategien – Maßnahmen für das mittelständische Unternehmen im Binnenmarkt, Bonn 1989.

West, Auxilium: Corporate Culture (http://www.auxilium.com; November 1999)

Hier erfahren Sie mehr – Porsche Online: Telefon/Fax 01805 - 356 911 (DM 0,24/min) oder www.porsche.com.

Wir hören nicht auf zu spielen,
weil wir alt werden.
Wir werden alt, weil wir aufhören
zu spielen.

Der Boxster S.

PORSCHE

Teil III Marketingforschung

1. Begriffliche Grundlagen

In einer Zeit sich verschärfender Dynamik und Komplexität der Unternehmensumwelt werden verlässliche Informationen als Grundlage für marketingpolitische Entscheidungen immer bedeutender. In Zahlen gefasst zeigt der Markt zur Gewinnung von Informationen weltweit das Bild eines Wachstumsmarktes. Der Weltumsatz ist von 1987 bis 1989 um 20 % gestiegen und umfasst in seiner absoluten Größe eine Summe von 6 Mrd. Dollar. Europa investiert heute ebenso viel in die Gewinnung von Informationen wie die USA. Deutschland und Großbritannien haben europaweit die höchsten Aufwendungen mit ca. 900 Mio. DM. Mit diesen Marketingforschungs-Budgets der Unternehmen, Verbände und Parteien in der Bundesrepublik werden Marktaktivitäten und Investitionen in Höhe von vielen Hundert Milliarden Mark gesteuert. Beispielsweise wird ein Großteil der Werbeinvestitionen in der Bundesrepublik auf der Basis von Marktforschungs-Resultaten getätigt. (vgl. GfK, 1992, S. 6)

Aufwendungen für die Marketingforschung

Definition Marketingforschung

Der Vorgang zur Gewinnung und Analyse von Informationen, die zur Erkennung und Lösung von Marketing-Problemen dienen, wird in der Literatur als Marketingforschung bezeichnet (vgl. Nieschlag, Dichtl, Hörschgen, 1991, S. 1012).

In der deutschsprachigen Literatur werden aber auch die Begriffe Markt- und Absatzforschung synonym verwandt, obwohl deren Erkenntnisbereiche nicht deckungsgleich sind, wie folgendes Schaubild verdeutlicht.

Abb.: Begriffliche Abgrenzung (Quelle: Nieschlag, Dichtl, Hörschgen,1991, S. 607)

Während man unter dem Begriff Marktforschung die zielbewusste Untersuchung eines konkreten Marktes, d. h. die Erlangung von Informationen sowohl über den Absatz- als auch über den Beschaffungsmarkt, versteht, beschäftigt sich die Absatzforschung, wie der Name schon sagt, mit dem Absatz. Dies bedeutet, dass hier sowohl der Absatzmarkt als auch das Unternehmen selbst, welches die Waren absetzt, zum Erkenntnisgegenstand werden. (vgl. Nieschlag, Dichtl, Hörschgen, 1991, S. 607)

Marktforschung/ Absatzforschung

Unabhängig von der Tatsache, ob die dem Marketing-Manager vorliegenden Informationen von einer betriebsinternen (z. B. der Abteilung Rechnungswesen) oder betriebsexternen Institution (z. B. Marktforschungsberater, Verbände, Behörden, Werbeagenturen etc.) stammen, unterscheidet man quantitatives und qualitatives Datenmaterial und differenziert damit in quantitative und qualitative Marketingforschung.

Ziel der quantitativen Marketingforschung ist es, Entwicklungen am Markt und im Unternehmen möglichst objektiv, exakt und zahlenmäßig zu erfassen. Beispielsweise liefert die Kommunikationsforschung als Teilgebiet der Marketingforschung Daten über die Leistungsfähigkeit von Werbeträgern (Reichweiten von Medien etc.), die Marktforschung hingegen vermittelt quantitativ auswertbare Daten, z. B. über Marktanteile und Umsätze, aber auch Entwicklungstendenzen etc. (vgl. Weis, 1990, S. 57).

Quantitative Marketingforschung

Die qualitative Marketingforschung versucht indessen, Verhaltensweisen von Verbrauchern am Markt aufzuzeigen oder deren Erwartungen und Einstellungen zu ermitteln. Sie unterscheidet sich von der quantitativen Marketingforschung auch durch den Einsatz eines speziellen technischen Instrumentariums zur Datengewinnung (vgl. Weis, 1990, S. 57).
Diese moderne Art der Marketingforschung bedient sich der Erkenntnisse anderer Forschungsdisziplinen, allen voran der Psychologie und Soziologie. Als bedeutendstes qualitatives Marketingforschungsgebiet ist die Motiv- und Meinungsforschung zu nennen. Sie versucht, Anhaltspunkte über tiefer liegende Ursachen des Verbraucherverhaltens zu gewinnen.

Qualitative Marketingforschung

2. Aufgabenbereiche der Marketingforschung

2.1 Marktforschung

Die Aufgabe der Marktforschung ist es, Marketing-Manager in der Planungs-, Entscheidungs- und Kontrollphase mit den relevanten Informationen zu unterstützen:

Aufgabe der Marktforschung

- Erkennung und Analyse von Marktproblemen und Marktbegrenzungen.
- Entwicklung von alternativen Marketing-Maßnahmen und Abwägen des Nutzens einzelner marketingpolitischer Möglichkeiten bis hin zur Auswahl der günstigsten Maßnahme.
- Erkennung der Wirkung von auf den Markt gerichteten Maßnahmen und Analysen von Soll- und Ist-Werten bzw. Feststellung der Abweichungen (vgl. BVM, 1992, S. 1 und Weis, 1990, S. 75)
- Herausfinden künftiger Trends und Erfolgsfaktoren (visionäre Marktforschung) (vgl. Weissmann / Weßner, 1994, S. 38).

Innerhalb der Marktforschung unterscheidet man:

Marktanalyse	Marktbeobachtung	Marktprognose
Ermittlung von marktkennzeichnenden Faktoren (einmalig oder in bestimmten Intervallen)	Beobachtung des Marktes im Zeitablauf	Ermittlung der Marktsituation in Zukunft, aufbauend auf Marktanalyse/Marktbeobachtungsdaten

(Vgl. Weis, 1999, S. 107)

2.2 Motiv- und Meinungsforschung

Definition

Motiv- und Meinungsforschung ist der Oberbegriff für all jene Mittel zur Informationsgewinnung bei direkter Kommunikation zwischen Antwortenden und Interviewern (Hill, 1977, S. 181).

Aufgaben der Motiv- und Meinungsforschung

Es wird versucht, mittels indirekter oder verhüllter Fragen:
- Informationen vom Probanden (Testperson) zu erhalten, die er bei direkter Fragestellung nicht preisgeben würde, und
- Informationen vom Probanden über Tatbestände zu erhalten, über dessen wahren Sachverhalt sich dieser nicht bewusst ist.

Das Grundprinzip zur Erlangung dieser unverzerrten Informationen ist die Projektion. Hierbei werden die Versuchspersonen zu Situationen befragt, die sie auch interpretieren sollen. Von diesen Interpretationen werden Rückschlüsse auf die antwortenden Personen gezogen, da sie ihre Motive und Einstellungen in die Situationsdeutung eingebracht haben.

Zu den bekanntesten Verfahren, die innerhalb der Motivforschung zur Anwendung kommen, zählen (vgl. Unger, 1989, S. 44 ff., und Weis, 1999, S. 109 ff.):

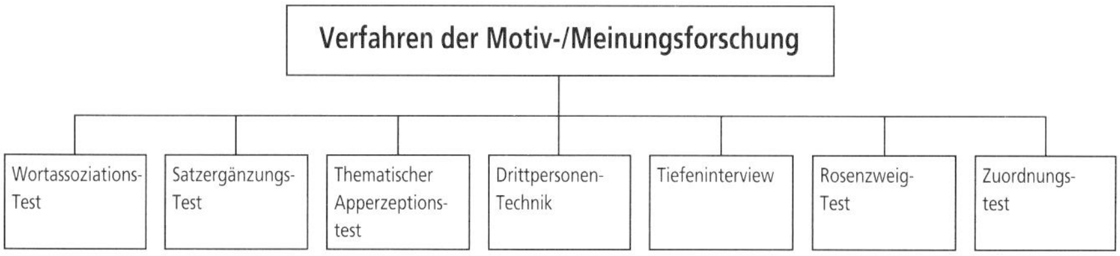

Wortassoziations-Test

Beim Wortassoziations-Test wird die Testperson vom Interviewer aufgefordert, auf vorgesprochene Wörter sogleich das nächste ihr einfallende Wort zu nennen. Aus der Analyse der Antworten und Gesten ergeben sich z. B. Rückschlüsse zum Image von Markennamen, Hinweise auf einstellungsrelevante Eigenschaften von Produkten, Beurteilung von Werbeslogans etc. (vgl. Böhler, 1992, S. 82, und Weis, 1999, S. 111).

Satzergänzungs-Test

Der Satzergänzungs-Test arbeitet so, dass die Testperson den Anfang eines Satzes vorgelegt bekommt. Zu jedem Satzanfang soll dann möglichst ohne lange Überlegung ein Schluss genannt werden, der der Testperson spontan einfällt. Da die Antwortfreiheit im Vergleich zum Wortassoziations-Test eingeengt ist, kann man gezieltere Rückschlüsse auf Einstellungen und Motive ziehen (vgl. Böhler, 1992, S. 82).

Thematischer Apperzeptionstest

Beim von Murray entwickelten thematischen Apperzeptionstest (TAT) wird der Testperson eine Reihe von mehr oder weniger verschwommenen Bildern, die typische Kauf- oder Konsumsituationen darstellen, vorgelegt. Die Testperson wird nun aufgefordert, jeweils zu erzählen, was auf den Bildern geschieht, wie es zu dieser angedeuteten Situation gekommen ist, wie sie sich fortentwickeln wird usw. In diese Bilder projiziert die Auskunftsperson ihr eigenes Konsumverhalten, ihre Einstellungen zu Marken, Werbeaussagen, Unternehmen etc. hinein.

Der TAT ist aufgrund seiner großen Anwendungsbreite das am häufigsten verwendete Verfahren (vgl. Böhler, 1992, S. 82, und Weis, 1999, S. 109 f.)

Drittpersonen-Technik

Bei der Drittpersonen-Technik projiziert die Testperson ihre eigenen Motive in eine andere Person hinein und legt damit die eigenen Antworten bzw. Motive in „Verkleidung" offen.

Ein klassisches Beispiel hierfür ist das Einkaufslistenverfahren von Haire (vgl. Haire, 1950, S. 649 ff.). Haire untersuchte die Einstellung von Hausfrauen zum Produkt *Nescafé*.

In einer direkten Befragung gaben Hausfrauen an, dass *Nescafé* nicht so gut schmecken würde wie Bohnenkaffee. Man vermutete aber eine vorgeschobene Antwort. Deshalb wurden zwei Einkaufslisten mit Produkten, wie Brot, Karotten, Kartoffeln etc., erstellt. Die Listen unterschieden sich lediglich beim Produkt Kaffee. Eine Liste enthielt Bohnenkaffee, die andere *Nescafé*. Jeweils eine wurde

einer Gruppe vorgelegt. Die Befragten wurden gebeten, die Hausfrau zu beschreiben, die diese Produkte eingekauft hat.
Das Ergebnis fiel wie folgt aus: Jene Hausfrau, die *Nescafé* einkauft, wurde als faul, unfähig zu planen, verschwenderisch und insgesamt schlechte Hausfrau beurteilt. Hausfrauen, die Bohnenkaffee einkauften, wurden als fleißig, sparsam und gut planend bezeichnet.
Wie gezeigt, sind mit diesem Verfahren Rückschlüsse auf das Markenimage möglich, die im Zuge einer direkten Befragung unter Umständen verborgen geblieben wären.

Tiefeninterview

Tiefeninterviews werden in der Regel von geschulten Psychologen durchgeführt, um Informationen ohne Verzerrung zu gewinnen. Zur Erforschung der Motive einer Testperson werden indirekte Fragen gestellt. Wichtig ist es dabei, dass die Befragung in einer gelösten Atmosphäre zwischen Interviewer und Testperson abläuft, deshalb wird die Befragung in der Regel nie mittels eines strukturierten Fragebogens durchgeführt. (vgl. hierzu Abschnitt 6.1)

Rosenzweig-Test

Der Rosenzweig-Test, auch „Comic-Strip-Test", „Cartoon-Test" oder „Ballon-Test" genannt, besteht aus 24 Zeichnungen, die unterschiedliche und miteinander nicht zusammenhängende Konfliktsituationen darstellen. Die Versuchsperson wird gebeten, sich in die Situation der abgebildeten Gegenspieler zu versetzen. Die Versuchsperson trägt die Dialoge in die vorgezeichneten Sprechblasen ein (vgl. Weis, 1999, S. 110).

Zuordnungstest

Beim Zuordnungstest sollen beispielsweise Versuchspersonen bestimmte Produkte bestimmten Packungsentwürfen zuordnen oder bestimmte Eigenschaften speziellen Produkten zuordnen. So soll festgestellt werden, welche Personen mit welcher Persönlichkeitsstruktur sich in welcher Weise verhalten (vgl. Weis, 1999, S. 111).

Abschließend sei in diesem Zusammenhang erwähnt, dass die qualitative Informationsgewinnung auf der Grundlage der hier vorgestellten Methoden sehr teuer und zeitintensiv ist. Aufgrund des relativ kleinen Stichprobenumfangs derartiger Studien können keine repräsentativen Ergebnisse erzielt werden. Dennoch werden sie häufig zum Vorabtesten, z. B. von Markennamen, Werbeslogans etc., herangezogen, um so beispielsweise zu einer Optimierung der Werbeaussagen zu gelangen.

2.3 Kommunikationsforschung

Erkenntnisobjekte

Die Kommunikationsforschung umfasst ein weites Forschungsgebiet, dessen Erkenntnisobjekte sich von den Werbeträgern (Medien) über die Werbemittel (z. B. ein Fernsehspot, eine Anzeige) bis hin zur Werbewirkung erstreckt (vgl. Nieschlag, Dichtl, Hörschgen, 1991, S. 520).

Die Analyse der Werbeträger sieht ihre Aufgabe darin, dem Entscheidungsträger gesicherte Informationen über die vielfältigen Werbeträger für eine moderne, erfolgsorientierte Medienauswahl zur Verfügung zu stellen. Analyse von Werbeträgern

Auswertbare Datenquellen für die Planung				
Datenquelle	**Absender**	**Erscheinen**	**Basis der Erhebung**	**Untersuchungs-gegenstand**
MA Mediea-Analyse	AG.MA (Medien, Agenturen Werbungtreibende)	2 x im Jahr Jan./Juli	Gesamt ab 14 Jahre Print: 26.000 Fälle Funk: 5.000 Fälle	Demographie Freizeitverhalten Medianutzung
VA Verbraucher Analyse	Axel Springer + Heinrich Bauer Verlag	2 x im Jahr Febr../Aug.	Gesamt ab 14 Jahre 29.000 Fälle	Produkte + Marken Konsumverhalten Freizeitverhalten Medianutzung
KVA Kids Verbraucher Analyse	Bastei Verlag Axel Springer + Heinrich Bauer Verlag	jährlich	Kinder/Jugendliche 6–17 Jahre 2.300 Fälle	Produkte + Marken Konsumverhalten Freizeitverhalten Medianutzung
AWA Allensbacher Werbeträger Analyse	IfD Allensbacher	jährlich	Gesamt ab 14 Jahre 20.000 Fälle	Produkte + Marken Konsumverhalten Einstellungen Medianutzung
TDW Typologie der Wünsche	Burda Verlag	jährlich	Gesamt ab 14 Jahre 21.000 Fälle	Produkte + Marken Konsumverhalten Freizeitverhalten Medianutzung
KA Kommunikations-analyse	Brigitte Gruner + Jahr	ca. 2 x jährlich	Frauen 14–64 Jahre 5.000 Fälle	Markendreiklang Frauen-Typologie Medianutzung
Gehobene Zielgruppen	Stern Gruner + Jahr	1998	Gehobene Berufe 18–64 Jahre 4.000 Fälle	Kompetenzen Konsum Kommunikation
Marktprofile	Stern Gruner + Jahr	ca. 2 x jährlich	Gesamt 14–64 Jahre 10.000 Fälle	Markendreiklang Konsum Medianutzung
Outfit Kleidung Accessoires Duftwasser	Spiegel Verlag	ca. 4 x jährlich	Gesamt 14–64 Jahre 8.000 Fälle	Einstellungen Markenorientierung Kaufverhalten Medianutzung
LAE Leseranalyse Entscheidungsträger	GWA-Service Gesellschaft	ca. 2–3 x jährlich	1997 Entscheidungsträger 11.000 Fälle	Wirtschaftszweige Ausrüstung Kompetenzen Medianutzung

Abb.: Markt- und Mediastudien (Quelle: Media-Planung für Märkte, 1999, S. 114)

In Deutschland gibt es eine Reihe von mehr oder weniger bekannten Markt- und Media-Studien, die die Reichweiten diverser Werbeträger ermitteln, aber auch Informationen über Werbemittelkontaktchancen liefern. (vgl. dazu Abb. Markt- und Mediastudien)

Werbemittel-forschung

Die Werbemittelforschung hat es sich zur Aufgabe gestellt, die Gesamtwirkung einer Werbemaßnahme bereits in der Planung durch so genannte Pre-, Copy- oder Post-Tests zu erforschen.

Pre-Test

Vorabtests (Pre-Tests) sollen Anhaltspunkte zur Verbesserung von Entwürfen bzw. Gründe für das Versagen von Werbemitteln erfassen. Darüber hinaus dienen diese Verfahren der Prüfung des Werbemittelerfolges vor seinem effektiven Einsatz, um so letztendlich das Risiko eines Misserfolgs zu reduzieren. (vgl. dazu Nieschlag, Dichtl, Hörschgen, 1991, S. 558)

Post-Test

Mittels so genannter Post-Tests will man ex post, das heißt nach dem Einsatz des Werbemittels, die Wirkung feststellen.

Recognition-Test
Wiedererkennung

Die Werbewirkungsforschung arbeitet seit über 50 Jahren mit so genannten Recognition-Tests. Dies ist eine Methode zur Messung der Gedächtniswirkung von Werbemitteln, bei der die Wiedererkennung, z. B. bestimmter Anzeigen innerhalb einer Zeitschrift oder eines Spots nach mehrmaliger Ausstrahlung, untersucht und analysiert wird (vgl. hierzu Nieschlag, Dichtl, Hörschgen, 1991, S. 1023 und Unger, 1988, S. 204 ff.). Bei diesem Verfahren blättert beispielsweise ein Interviewer mit Auskunftspersonen die zu testende Ausgabe einer Zeitschrift durch und stellt fest, welche Anzeigen die Probanden gesehen/gelesen haben und an welche sie sich erinnern können. Bei Spots werden die Testpersonen gefragt, ob sie den betreffenden Spot gesehen haben. (vgl. Unger, 1989, S. 204)
So einleuchtend die Ergebnisse derartiger Studien auch erscheinen, so muss doch auf die Unzulänglichkeit dieser Methode hingewiesen werden. Zum einen schränken die folgenden Gegebenheiten die Güte der Ergebnisse ein:

- Kategorisierungsmängel (gesehen, global betrachtet, gelesen),
- so genannte Spill-over-Effekte (Ausstrahlungseffekte) anderer Medien,
- Platzierung des Werbemittels innerhalb des Werbeträgers und
- das Umfeld des Werbemittels.

Zum anderen ist die Richtigkeit der Angaben in einer Befragungssituation anzuzweifeln, da die Auskunftspersonen unter Umständen sozial erwünscht antworten (vgl. Nieschlag, Dichtl, Hörschgen, 1991, S. 579).

Recall-Test
Erinnerung

Neben Recognition-Tests werden in der Werbewirkungsforschung auch so genannte Recall-Tests eingesetzt. Bei diesem Verfahren handelt es sich ebenfalls um eine Methode, die auf die Messung der Gedächtniswirkung von Werbemitteln abzielt. Man unterscheidet dabei Verfahren, die auf die Bereitstellung von Erinnerungshilfen verzichten („unaided recall"), und solche, bei denen Gedächtnisstützen (z. B. eine Markennamen-Liste) vorgelegt werden („aided recall"). In Deutschland arbeitet beispielsweise das EMNID Institut (Bielefeld) mit letztgenannter Methode. (vgl. Nieschlag, Dichtl, Hörschgen, 1991, S. 580)

Dennoch ist die Erinnerung an eine Werbebotschaft nicht nur ein Verdienst der Werbung, sondern hängt auch vom Interesse des Probanden ab, das er einem Produkt entgegenbringt.
(vgl. Schweiger, Schrattenecker, 1992, S. 187)

3. Gegenstand der Marketingforschung

Realistische Ziel- und Mittelentscheidungen im Marketing setzen voraus, dass dem Entscheider Erkenntnisse/Informationen vom Unternehmen selbst (intern) als auch Daten/Informationen von der Unternehmensumwelt (extern) vorliegen. Beim Unternehmensumfeld wird in ein näheres bzw. weiteres Unternehmensumfeld unterschieden.
Mit dem näheren Unternehmensumfeld muss die Unternehmung mittel- oder unmittelbar interagieren, um eigenen Ziele zu verfolgen, während das weitere Unternehmensumfeld den Rahmen für die Entscheidungen/das Agieren bildet.

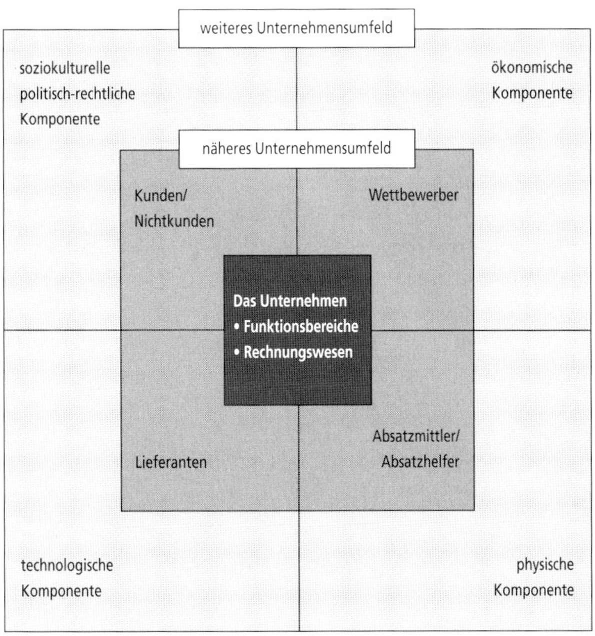

Abb.: Das Unternehmen und sein Umfeld

3.1 Das Unternehmen

Betrachtet man ein Unternehmen unter funktionalen Gesichtspunkten, so lassen sich modellhaft sechs wechselweise voneinander abhängige Bereiche aufzeigen:

- Beschaffungs-, Produktions- und Absatzwirtschaft,
- Finanz-, Informations- und Personalwirtschaft.

Da alle genannten Bereiche Einflüsse auf das Marketing ausüben können, sind sie alle im Rahmen der Marketingforschung von Interesse. Ein Beispiel verdeutlicht den Tatbestand. Sind keine oder nur noch geringe finanzielle Ressourcen vorhanden, wird unter Umständen der Werbeetat gekürzt bzw. völlig gestrichen. (vgl. Nieschlag, Dichtl, Hörschgen, 1991, S. 627)

In der Regel müssen zur Gewinnung von Informationen aus dem Unternehmen selbst keine Erhebungen durchgeführt, sondern kann auf das Informationsmaterial der betrieblichen Teilbereiche zurückgegriffen werden.
Vor allem das Rechnungswesen kann interessantes Datenmaterial zur Bildung von Kennzahlen (z. B. Umsatz pro Mitarbeiter etc.) liefern.

3.2 Das nähere Unternehmensumfeld

Das nähere Umfeld einer Unternehmung umfasst die Gesamtheit aller Institutionen und Organisationen, mit denen sie bei der Erfüllung ihrer Aufgaben direkt oder indirekt interagiert (Nieschlag, Dichtl, Hörschgen, 1991, S. 1015). Hierzu zählen (vgl. Nieschlag, Dichtl, Hörschgen, 1991, S. 618–625):

Kunden und Nicht-Kunden
Die angewandte Marketingforschung richtet dabei ihr Augenmerk auf demographische Merkmale wie Alter, Geschlecht, Familienstand, Einkommens- und Besitzverhältnisse etc. und auf verhaltensbestimmende Faktoren beim Kauf direkt sowie auf äußere Umstände des Konsums (z. B. Sitten).

Wettbewerber
Bei der Analyse des Wettbewerberfeldes geht es vor allem um die Beantwortung folgender Fragen:

- *Wer sind die Konkurrenten?*
  Hierbei geht es vordringlich um die Abgrenzung des relevanten Marktes. Zählt man beispielsweise zu den Herstellern von Kaffeeservicen nur jene Produzenten, die Porzellan als Rohstoff verwenden, oder auch Steinguthersteller?
- *Wie verhalten sich die Konkurrenten?*
  Diese Frage beschäftigt sich z. B. damit, welche Absatzkanäle von der Konkurrenz belegt werden und welche Werbestrategie verfolgt wird.

Absatzmittler und Absatzhelfer

Damit ein reibungsloser Durchfluss der Waren im Absatzkanal gesichert ist, werden so genannte Absatzhelfer (z. B. Handelsvertreter, Kommissionäre, Spediteure, Werbeagenturen etc.) eingesetzt. Darüber hinaus bedienen sich Unternehmen zur Verteilung ihrer Waren auch so genannter Absatzmittler (Großhändler, Einzelhändler etc.). Die Analyse und Kontaktpflege dieser Glieder in der Absatzkette sind heute mehr denn je für Unternehmen überlebenswichtig, da weniger die Produktion als vielmehr der Absatz der Waren auf gesättigten Märkten ein Problem für die Unternehmen darstellt.

Lieferanten

Lieferanten sind in der Lage, das Produkt einer Unternehmung positiv oder negativ zu beeinflussen. Beispielsweise konnte ein Porzellanhersteller aus der ehemaligen DDR niemals hochwertiges Porzellan produzieren, da er stets minderwertiges Kaolin als Rohstoff zugeteilt bekam.

Gerade auf gesättigten Märkten mit hohem Qualitätsniveau der Produkte ist die Erforschung günstiger und guter Bezugsquellen äußerst wichtig.

3.3 Das weitere Unternehmensumfeld

Im Gegensatz zum näheren kann das weitere Unternehmensumfeld durch marketingpolitische Aktionen einer Unternehmung in der Regel nicht beeinflusst werden. Die Unternehmensumwelt stellt somit ein Fixum dar, von dem unter Umständen gewichtige Beeinträchtigungen auf den Aktionsspielraum des Unternehmens ausgehen können.

Zu diesen Umweltfaktoren werden in der Marketing-Literatur folgende Faktoren gezählt (vgl. Nieschlag, Dichtl, Hörschgen, 1991, S. 614 ff.):

Ökonomische Komponenten

Wie das Bruttosozialprodukt, das frei verfügbare Einkommen, Entwicklungen der Unternehmensbranche sowie der vor- und nachgelagerten Branchen.

Soziokulturelle Komponenten

Die Marktchancen und Entwicklungen lassen sich nicht nur anhand von ökonomischen Größen prognostizieren (siehe oben). Beispielsweise kann die Analyse der Bevölkerungsstruktur oder die in einer Gesellschaft herrschenden Normen und Werte interessante Anhaltspunkte über den potenziellen Bedarf jetzt und in der Zukunft liefern. Weiter ist in diesem Zusammenhang das Beziehungsgeflecht zwischen gesellschaftlichen Institutionen von Interesse.

Technologische Komponenten

Wie Entwicklungen in der Vergangenheit gezeigt haben, können Verfahrens-,

Material- und Produktinnovationen bestehende Industriezweige völlig vernichten (z. B. die deutsche Uhrenindustrie) und neue entstehen lassen (z. B. die Computerindustrie).

Politisch-rechtliche Komponenten

Vieles, was ein Unternehmen tun möchte und könnte, ist durch gesetzliche Bestimmungen eingeschränkt (z. B. keine vergleichende Werbung erlaubt).

Physische Komponenten

Hierunter versteht man sowohl die klimatischen und geographischen Bedingungen als auch die Infrastruktur.
Welche Folgen eine Nichtbeachtung z. B. klimatischer Bedingungen haben kann, verdeutlicht folgendes Beispiel: Ein Elektrowerkzeughersteller exportierte seine Werkzeuge in ein Land mit hoher Luftfeuchtigkeit. Die Produkte waren innerhalb kürzester Zeit von Flugrost bedeckt, was sich beim Verkauf erheblich wertmindernd auswirkte.

4. Erhebungsarten

Bei der Beschaffung von Informationen zur Lösung von Marketing-Problemen stehen den Entscheidungsträgern prinzipiell zwei Möglichkeiten zur Verfügung:

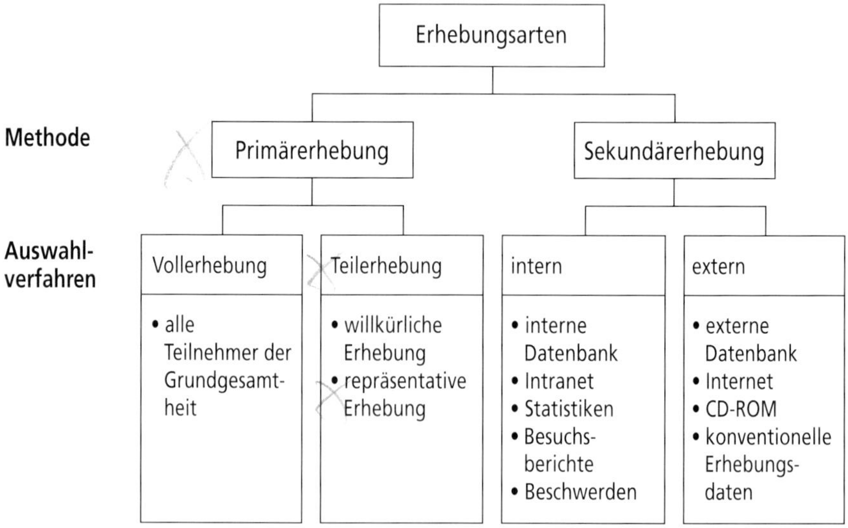

Abb.: Ausprägungen der Marktforschung (vgl. Weis, 1999, S. 112)

4.1 Sekundärerhebung

Im Rahmen der Sekundärerhebung werden bereits vorhandene und nicht speziell für die Lösung eines bestimmten Marketing-Problems erhobene Daten gesammelt, analysiert und ausgewertet. Bei diesem Informationsmaterial kann es sich um betriebsinterne und externe Daten handeln (s.o).

Betriebsinterne Informationsquellen:

Zum betriebsinternen Informationsmaterial zählen z. B. (vgl. Nieschlag, Dichtl, Hörschgen, 1991, S. 636 ff., und Weis, 1999, S. 113 ff.):

Betriebsinternes Informationsmaterial

a) Daten aus der Marketing-Statistik

- Umsatz-, Absatz- und Verkaufszahlen,
- Angebots- und Anfragenstatistiken,
- Auftragseingangsstatistiken,
- Außendienstberichte und Statistiken über Außendiensttätigkeit und
- Reklamationsstatistiken.

b) Daten aus der Marketing-Kostenrechnung

Auf der Grundlage von Umsätzen und Daten aus der betrieblichen Kostenrechnung lassen sich folgende Informationen und Kennzahlen ermitteln:

- Deckungsbeitrag pro Produkt oder Produktgruppe,
- Abweichung von Soll- und Ist-Werten,
- Marketing-Kosten insgesamt und unterteilt nach bestimmten Marketing-Funktionen,
- Marketing-Kosten absolut oder prozentual und
- Marketing-Kosten für Produktgruppen, Kundengruppen, Gebiete etc.

c) Kundendateien

d) Interessentendateien

e) Lagerbestandslisten

f) Kapazitätsangaben

g) Rohstoffpreislisten (z. B. zur Preiskalkulation)

Betriebsinterne Daten sollten auf Nachfrage von Marketingdatenbahnen bereitgestellt werden und z.B. über das Intranet eines Unternehmens abrufbar sein.

Betriebsexterne Informationsquellen:

Dazu kommt auch eine Fülle von betriebsexternen Informationsquellen z. B. (vgl. Nieschlag, Dichtl, Hörschgen, 1991, S. 636 ff., und Weis, 1999, S. 115 f.):

Betriebsexterne Informationsquellen

- amtliche Statistiken, z. B. das Statistische Jahrbuch der Bundesrepublik Deutschland,
- Informationen von Wirtschaftsverbänden, z. B. Branchenstatistiken,

- Informationen von wirtschaftswissenschaftlichen Institutionen, z. B. IfO-Institut, Institut für Weltwirtschaft,
- Informationen aus der Fach- und Allgemeinliteratur, z. B. Pressemeldungen von Konkurrenzunternehmen in der Tagespresse,
- Medien der Konkurrenz, z. B. Preislisten, Kataloge, Prospekte,
- Informationen von Absatzhelfern und Werbeträgern, z. B. Mediadaten von Zeitungen, Veröffentlichungen von Verlagen wie MARIA (Gruner + Jahr) und Typologie der Wünsche TDW (Burda),
- Informationen von internationalen Organisationen (z. B. Statistisches Amt der Europäischen Gemeinschaft, EFTA, OECD, GATT) und
- Informationen aus amtlichen und nichtamtlichen Statistiken bzw. Veröffentlichungen des Auslandes.

Betriebsexterne Daten können heutzutage leicht über das Internet beschafft werden. Die genannten Informationsquellen können relativ kostengünstig und zeitsparend Informationen liefern, aus denen sich durch entsprechende Auswertung nützliche Hinweise ergeben (vgl. dazu auch Abschnitt 4.2).

Stellt man die Vor- und Nachteile der Sekundärforschung gegenüber, so erhält man folgende Beurteilung:

Sekundärforschung	
Vorteile	Nachteile
• schnelle Informationsbeschaffung • kostengünstige Informationsbeschaffung • kann Primärforschung unterstützen • weist oft die genauen Werte aus (z.B. gesetzliche Grundlagen) • gibt schnell einen Einblick in die Untersuchungsgebiete	• Informationen sind nicht immer genau für das Problem geeignet • dauert lange Zeit bis zur Verfügbarkeit • auch Konkurrenz hat Zugriff darauf • Daten sind oft veraltet

Abb.: Vor- und Nachteile der Sekundärforschung (Quelle: Weis, 1999, S. 116)

4.2 Primärerhebung

Das Anliegen der Primärforschung ist die Gewinnung bzw. Erhebung von Daten zur Lösung eines bestehenden Marketing-Problems. Primärerhebungen können als Befragung oder Beobachtung durchgeführt werden und dabei auf unterschiedliche Erkenntnisobjekte (Hersteller, Händler, Verbraucher etc.) gerichtet sein. Der Vorteil der Erlangung spezieller Daten muss jedoch mit einem erheblich höheren finanziellen Aufwand bei der Datengewinnung erkauft werden.

Welche Datengrundlage im Einzelnen zu Rate gezogen werden sollte, lässt sich nicht pauschal beantworten. Kosten- und Nutzenüberlegungen sollten bei der Entscheidung für oder gegen Primär- und Sekundärforschung immer im Auge behalten werden.
Oft kann schon mittels sekundärstatistischem Material das Problem gelöst werden, sodass eine teure primärstatistische Erhebung überflüssig wird. Auch wenn Sekundärmaterial diese Aufgabe nicht immer zu leisten vermag, so kann es oft im Vorfeld einer Primärerhebung zur Problemdefinition, Planung einer Erhebung und Stichprobenauswahl beitragen. (vgl. Nieschlag, Dichtl, Hörschgen, 1991, S. 638, und Weis, 1999, S. 116 ff.)

Bei der Gewinnung von originärem Datenmaterial gibt es zwei wichtige Fragen, die es zu beantworten gilt:
- *Wie viele Untersuchungseinheiten bezieht man in die Betrachtung ein?*
- *Wie wählt man die Untersuchungseinheiten aus?*

5. Auswahl von Probanden bei Primärerhebungen

Hier stehen dem Marktforscher zwei alternative Möglichkeiten offen, um Untersuchungseinheiten in die Forschung mit einzubeziehen (vgl. Weis, 1990, S. 82). Entweder werden alle Elemente einer klar definierten Grundgesamtheit mit einbezogen oder nur ein Teil. Bei letztgenannter Alternative handelt es sich um eine so genannte Teilerhebung, bei erstgenannter um eine Vollerhebung.

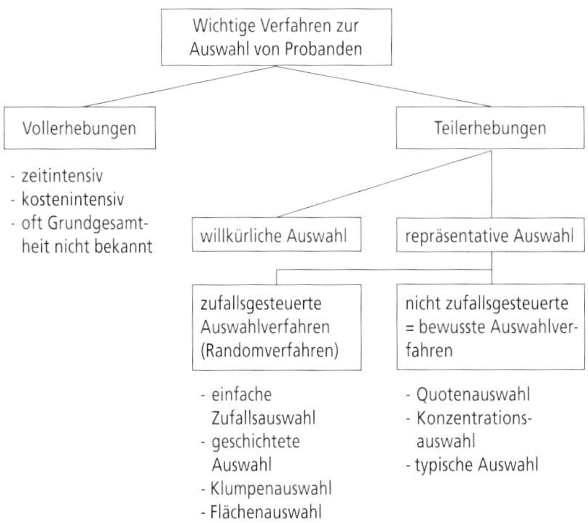

Abb.: Verfahren zur Probandenauswahl

5.1 Vollerhebungen

Voll- oder Totalerhebungen kommen in der Praxis dann zum Einsatz, wenn die Grundgesamtheit nur wenige Elemente umfasst (z. B. im Investitionsgüterbereich).
Beispielsweise ist es relativ schnell möglich, eine Totalerhebung in Form einer Befragung bei Elektrowerkzeugherstellern in Deutschland durchzuführen, da es nur wenige Produzenten für diese Erzeugnisse gibt und diese in einem Umkreis von ca. 80 km verteilt sind.

Probleme beim Einsatz von Vollerhebungen

Oft ist jedoch die Grundgesamtheit zu groß, und so müsste die Genauigkeit der Ergebnisse mit einem zu hohen finanziellen Aufwand erkauft werden. Zudem sprengt eine Vollerhebung in der Regel den zeitlichen Rahmen einer Untersuchung (vgl. Weis, 1999, S. 118). Deshalb und aufgrund der Tatsache, dass oft die Größe und die Elemente der Grundgesamtheit (z. B. alle Raucher) nicht bekannt sind, findet dieses Verfahren in der Praxis kaum Anwendung (vgl. dazu auch Hill, 1977, S. 175 f.).

Vollerhebungen können, im Gegensatz zu Teilerhebungen, nicht eingesetzt werden, wenn mit der Erhebung die Zerstörung der Untersuchungseinheit einhergeht (z. B. Crash-Test von PKWs) oder wenn durch die Erhebung mit einem Testeffekt zu rechnen ist (z. B. wiederholte Erhebung zur Erinnerung von Anzeigen sollte bei verschiedenen Personen getestet werden).

(vgl. Nieschlag, Dichtl, Hörschgen, 1991, S. 683 ff.; Weis, 1990, S. 83, und Böhler, 1992, S. 126 f.)

5.2 Teilerhebungen

In der Praxis beschränkt man sich in der Regel auf eine bestimmte Auswahl aus der Grundgesamtheit. Die ausgewählten Elemente müssen jedoch im Hinblick auf die zu untersuchenden Merkmale repräsentativ für die Grundgesamtheit sein, d. h. ein verkleinertes Abbild der Grundgesamtheit darstellen, wenn die gewonnenen Erkenntnisse für die Grundgesamtheit gelten sollen (vgl. Weis, 1999, S. 119, vgl. Theis, 1999, S. 223). Die dort vorgefundenen Ergebnisse werden dann auf die Grundgesamtheit übertragen.

Vorteile

Generell weisen Teilerhebungen gegenüber Vollerhebungen folgende Vorteile auf:
- sie sind billiger,
- sie sind weniger zeitaufwendig,
- sie können genauer sein, da Fehler bei der Erhebung (z. B. bei der Kodierung) eliminiert werden können. Bei einer Vollerhebung müssen zwingend

alle Fragebogen (auch schlecht bzw. falsch ausgefüllte) in die Betrachtung mit einbezogen werden.

5.2.1 Willkürliche Auswahl

Das Kennzeichen einer willkürlichen Teilerhebung ist, dass dieser kein ausgearbeiteter Erhebungsplan zugrunde liegt. Die Auswahl der Probanden erfolgt bei diesem Verfahren „aufs Geratewohl".
Ein Beispiel dafür wäre die Befragung von Personen, die sich zu einer bestimmten Uhrzeit in einem Freibad aufhalten. Je nach Tageszeit und Wochentag werden z. B. mehr Schüler oder mehr Arbeitnehmer anzutreffen sein. Die auf diese Weise gewonnenen Meinungen repräsentieren sicherlich nicht das Meinungsbild aller Freibadbesucher.
Dieses Beispiel macht deutlich, dass die willkürlich getroffene Auswahl von Probanden nur einseitige bzw. verzerrte Ergebnisse liefert und damit für die Marktforschung relativ wertlos ist.

5.2.2 Repräsentative Auswahl

1. Zufallsgesteuerte Auswahlverfahren (Randomverfahren)

Bei auf dem Zufallsprinzip beruhenden Auswahlverfahren werden die Erhebungseinheiten durch einen Zufallsmechanismus bestimmt, wobei hier jedes Element der Grundgesamtheit eine berechenbare und von null verschiedene Wahrscheinlichkeit hat, um in die Stichprobe mit einbezogen zu werden (vgl. Theis, 1999, S. 225)

Einfache Zufallsauswahl
Bei der einfachen (reinen, uneingeschränkten) Zufallsauswahl (= random sampling) müssen alle Elemente der Grundgesamtheit bekannt sein. Die Elemente werden bei der Auswahl so durchgemischt, dass jedes Element die gleiche Auswahlchance hat (vgl. Weis, 1999, S. 120 ff., Theis, 1999, S. 225 ff.).

Nachfolgend einige Techniken, die eine reine oder einfache Zufallsauswahl gewährleisten:

1. Auswahl mit Zufallszahlentabellen bzw. Zufallsgenerator
Die auf Listen/Karteien o. Ä. vorliegenden Elemente der Grundgesamtheit werden durchnummeriert. Die zu ziehenden Nummern werden über eine Zufallszahlentabelle bzw. über einen Zufallsgenerator ermittelt.

2. Systematische Zufallsauswahl
Hier wird per Zufallswahl ein Startpunkt ausgewählt. Hiervon ausgehend wird dann (entsprechend dem definierten Auswahlsatz) jedes n-te Element aus der Grundgesamtheit ausgewählt.

Beispiel: Sollen aus 10.000 Karteiadressen 500 ausgewählt werden, so kommt jede 20. Karte in die Stichprobe. Ist beispielsweise die 4. Karte als Zufallsstart gewählt worden so werden die Karten 4, 24, 44, 64, 84, ... in der Stickprobe berücksichtigt.

3. Schlussziffernverfahren
Aus der durchnummerierten Kartei werden alle Elemente mit einer bestimmten Endziffer ausgewählt.

4. Buchstabenauswahl
Es werden alle Karten mit einem bestimmten Anfangsbuchstaben ausgewählt.

Nachteil dieses Verfahrens ist, dass die Grundgesamtheit vollständig bekannt sein muss (was in vielen Fällen nicht der Fall ist, s.o.) und ausgewählte Elemente, falls sie nicht verwendbar sind, nicht ersetzt werden dürfen, da sonst die Berechnung des Zufallsfehlers nicht mehr möglich ist.
Im Groß- und Einzelhandel findet diese Zufallsauswahl insbesondere bei der Befragung von Stammkunden eine Rolle.

Geschichtete Zufallsauswahl
Das geschichtete zufallsgesteuerte Auswahlverfahren (stratified sampling) wird vor allem dann eingesetzt, wenn die Grundgesamtheit sehr heterogen ist. Hierzu wird die Grundgesamtheit in Untergruppen (Schichten) aufgeteilt. Aus den einzelnen homogenen Schichten werden dann mittels einfachem/reinem Zufallsauswahlverfahren (s.o.) Elemente für die Gesamtstichprobe gewonnen (vgl. Weis, 1999,S. 124 f., Theis, 1999, S. 228–230).

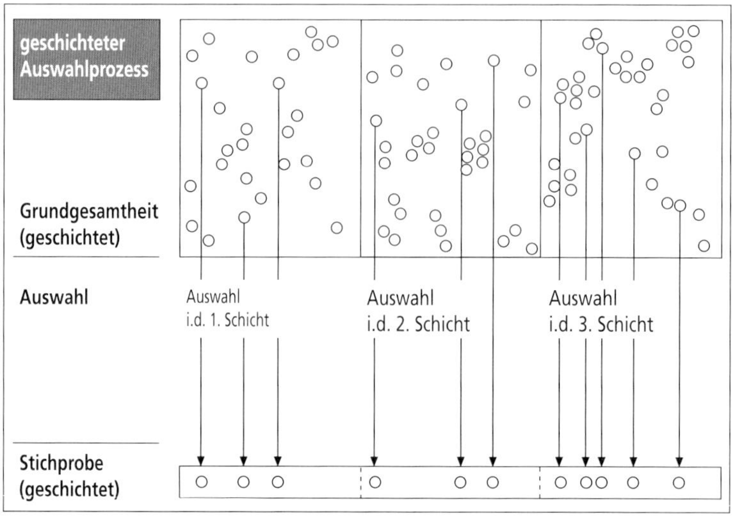

Abb.: Geschichtetes Zufallsauswahlverfahren (Quelle: Weis, 1999, S. 125)

Hinsichtlich der Formen der Schichtung wird unterschieden in:

Proportional geschichtete Stichproben
Jede Schicht ist in der Stichprobe im gleichen Verhältnis wie in der Grundgesamtheit vertreten. Bei der Ermittlung des Endergebnisses werden die Ergebnisse der einzelnen Schichten nach dem Verhältnis der Schichten innerhalb der Grundgesamtheit gewichtet (vgl. Theis, 1999, S. 228 f., Weis, 1999, S. 124).

Beispiel: Die Bevölkerung eines bestimmten Gebietes teilt sich wie folgt auf:
30% sind unter 30 Jahre,
22% sind zwischen 30 und 44 Jahre,
28% sind zwischen 45 und 59 Jahre,
20% sind über 60 Jahre alt.

Bei der Befragung von 800 Personen wären dann aus der Schicht:
unter 30 Jahre: 240 Personen,
zwischen 30 und 44 Jahre: 176 Personen,
zwischen 45 und 59 Jahre: 224 Personen,
über 60 Jahre: 160 Personen
zu befragen.

Disproportional geschichtete Stichproben
Hier besteht die Möglichkeit, den einzelnen Schichten in der Stichprobe einen von den Verhältnissen in der Grundgesamtheit abweichenden Anteil einzuräumen. Beispielsweise gehen bei Untersuchungen der GfK und von Nielsen im deutschen Lebensmitteleinzelhandel umsatzstärkere Betriebe, obwohl zahlenmäßig geringer, mit einem größeren Anteil in die Stichprobe ein als die vielen kleineren, umsatzschwächeren Unternehmen.

Grundgesamtheit					**Stichprobe**	
Betriebstyp bzw. -größe	Umsatz Mrd. DM	Umsatz in %	Anzahl absolut	Anzahl in %	Anzahl absolut	Anzahl in %
Supermärkte						
bis 199 m²	17,5	8,9	36.176	55,4	250	28,4
200–399 m²	14,3	7,3	7.117	10,9	80	9,1
400–799 m²	30,0	15,3	5.289	8,1	120	13,6
Discounter	38,8	19,8	9.664	14,8	140	15,9
Verbrauchermärkte	95,4	48,6	7.118	10,9	290	33,4
Gesamt	196,2	100,0	65.300	100,0	880	100,0

Abb.: Disproportionale Schichtung im deutschen Lebensmittelhandel (Quelle: Theis, 1999, S. 231)

Klumpenauswahl

Cluster Beim Klumpenstichprobenverfahren (Klumpen = Cluster) wird die Grundgesamtheit in genau definierte Cluster (z.B. Häuserblocks, Zählflächen, Klassenzimmer u.Ä.) zerlegt. Die Cluster, die nicht notwendigerweise den gleichen Umfang haben müssen, sollten jedoch (im Gegensatz zur Methode der Schichtenbildung) möglichst heterogen sein. Aus dieser Menge wird dann nach dem Zufallsprinzip eine Klumpenstichprobe gezogen. Alle in der Auswahleinheit (Cluster) enthaltenen Erhebungseinheiten sind in die Untersuchung mit einzubeziehen.

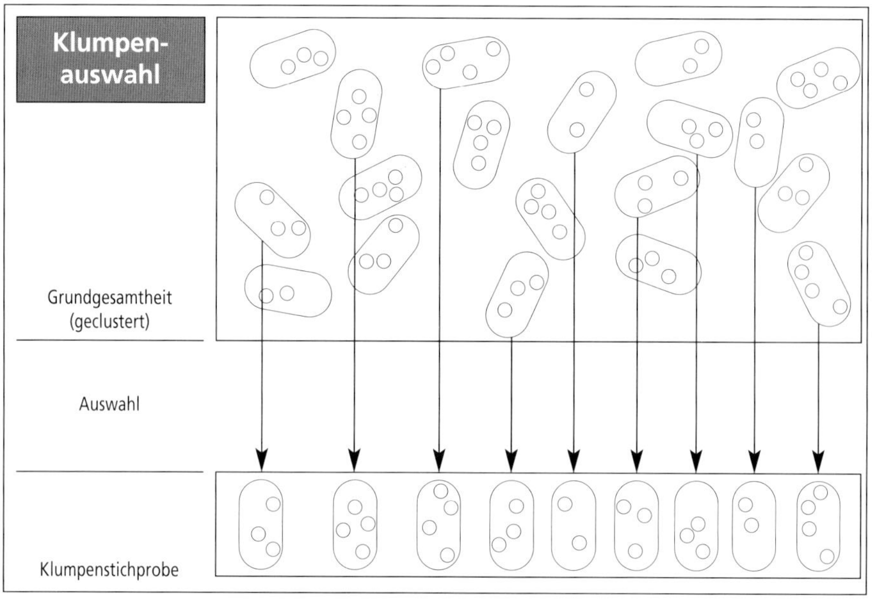

Abb.: Klumpenauswahl (Quelle: Theis, 1999, S. 232)

Sind die Untersuchungseinheiten innerhalb der untersuchten Cluster zu homogen, so kann dies zu einer Verfälschung der Stichprobenergebnisse führen (keine repräsentativen und auf die Grundgesamtheit übertragbaren Untersuchungsergebnisse). Man spricht hier von einem so genannten Klumpeneffekt. Oft enthalten auch die einzelnen Klumpen (Cluster) zu viele Untersuchungseinheiten. Werden dann nach dem Grundsatz der Gleichmöglichkeit einzelne Elemente aus den jeweiligen Klumpen ausgewählt, so spricht man von einem zweistufigen Auswahlverfahren.
Mehrstufige Auswahlverfahren sind immer dann sinnvoll, wenn die Grundgesamtheit hierarchisch gegliedert ist, z.B. beim Flächenstichprobenverfahren: BRD, Länder, Regierungsbezirke, Kreise, Gemeinden, Einzelpersonen.

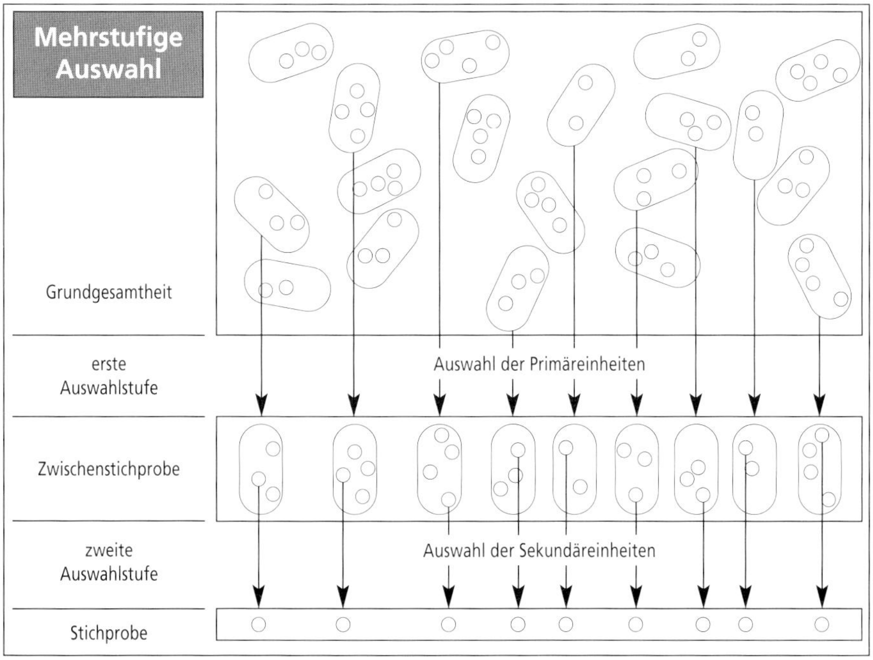

Abb.: Mehrstufige Auswahl (Quelle: Theis, 1999, S. 233)

Flächenauswahl

Die so genannte Flächenauswahl oder Flächenstichprobe ist ein Sonderfall der Klumpenauswahl.

In Flächenauswahl wird der Markt anhand einer Landkarte in kleine zahlreiche durchnummerierte Gebiete (Teilflächen) eingeteilt. Zufallsgesteuert können nun Teilflächen für die Stichprobe ausgewählt werden (Auswahl der Primäreinheiten). In einem zweiten Schritt können dann Vollerhebungen in den einzelnen Teilflächen durchgeführt oder aber erneut Stichproben gezogen werden (Sekundäreinheiten) (vgl. Weis, 1999, S. 125, Theis, 1999, S. 233).

2. Nicht zufallsgesteuerte Auswahlverfahren (bewusste Auswahl)

Im Gegensatz zu den auf dem Zufallsprinzip (Zufallsmechanismen) beruhenden Auswahlverfahren (s.o.) werden die Erhebungseinheiten bei den bewussten Auswahlverfahren nach dem subjektiven Ermessen des Forschers/Interviewers bestimmt. Daraus ergibt sich auch der Nachteil dieses Auswahlprinzips. Die Genauigkeit der Ergebnisse kann nicht geschätzt werden, da die Wahrscheinlichkeit, mit der ein Element der Grundgesamtheit in die Auswahl gelangt, nicht berechenbar ist (vgl. Theis, 1999, S. 234 f.)

Die am häufigsten in der Praxis angewandten Verfahren sind:
- die Quotenauswahl
- das Konzentrationsverfahren
- die typische Auswahl

Quotenauswahl
Bei diesem Verfahren wird die Teilauswahl der Untersuchungseinheiten analog zur Verteilung der befragungsrelevanten Merkmale der Grundgesamtheit aufgebaut. Gemäß einem so genannten Quotierungsplan werden die einzelnen Elemente aus der Grundgesamtheit ausgewählt, wobei die Auswahl beispielsweise bei einer Befragung dem jeweiligen Interviewer überlassen wird (vgl. Weis 1999, S. 126 ff., Theis, 1999, S. 235 ff.).

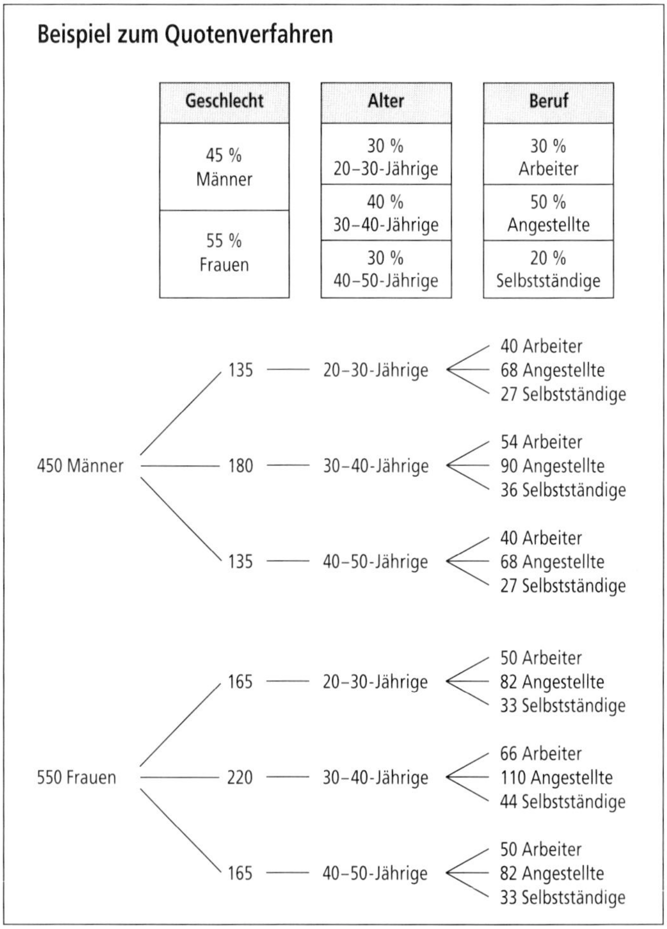

Abb.: Beispiel zum Quotenverfahren (Quelle: Theis, 1999, S. 236)

Problematisch ist bei der Quotenauswahl,
- dass zur Erstellung des Quotierungsplans die Verteilung der zu untersuchenden Merkmale innerhalb der Grundgesamtheit bekannt sein muss,
- dass die Auswahl der Untersuchungseinheiten (Auskunftspersonen) willkürlich durch den Forscher (Interviewer) erfolgt,
- dass mit zunehmender Anzahl der Interviews die Suche nach einer Person, die auskunftsbereit ist und in die Quote passt, immer schwieriger wird,
- dass das mathematische Fundament fehlt (keine Zufallsauswahl, s. o.).

Das Vorgehen bei der Quotenauswahl kann anhand des gezeigten Beispiels verdeutlicht werden. Befragungsrelevante Unterscheidungsmerkmale der Grundgesamtheit sind hier Geschlecht, Alter und Beruf.

Konzentrationsauswahlverfahren
Bei diesem Verfahren werden alle unwichtigen Elemente der Grundgesamtheit nicht berücksichtigt (werden sozusagen "abgeschnitten"). Daher nennt man das Konzentrationsauswahlverfahren auch cut-off-technique. Cut-off-technique
Die Zielsetzung besteht darin, durch Reduktion der Untersuchungseinheiten Kosten zu sparen – ohne wesentliche Informationsdefizite.
Das Verfahren wird v.a. dann sinnvoll eingesetzt, wenn relativ wenige Elemente der Grundgesamtheit einen hohen Erklärungsbeitrag im Hinblick auf den Untersuchungssachverhalt liefern und die Elemente in der Grundgesamtheit durch ein starkes Ungleichgewicht gekennzeichnet sind.
Das Verfahren wird z.B. in der Handelsmarktforschung dann eingesetzt, wenn beispielsweise wenige große Handelsbetriebe den Hauptteil des Umsatzes auf sich vereinigen (vgl. Weis 1999, S. 128, Theis, 1999, S. 237 f.).

Typische Auswahl
Wenn nach freiem Ermessen Elemente aus der Grundgesamtheit ausgewählt werden, von denen angenommen wird, dass sie besonders typisch/charakteristisch für die Grundgesamtheit sind, spricht man von einer typischen Auswahl (purposive sampling).
Die Entscheidung, dass ein Element besonders typisch und daher repräsentativ für die Grundgesamtheit ist, unterliegt jedoch dem subjektiven Ermessen des Forschers. Daher sind die Ergebnisse dieses Auswahlverfahrens in der Regel wenig repräsentativ (vgl. Theis, 1999, S. 238).

6. Erhebungsmethoden

Im Rahmen der Gewinnung originärer Informationen (Primärerhebungen) unterscheiden viele Autoren in:
- Befragung
- Beobachtung

- Experiment
- Panel (Sonderform)

Anderen Autoren erscheint es nicht sinnvoll, das Experiment als Erhebungsmethode zu bezeichnen, da es ihrer Auffassung nach lediglich einen spezifischen Untersuchungsplan beschreibt (vgl. Nieschlag, Dichtl, Hörschgen, 1991, S. 698). Auf dieses Problem sei hier nicht näher eingegangen, da die Weiterführung der Diskussion zum Verständnis des Weiteren keine Erkenntnisse liefert.

6.1 Befragung

In der Marketing-Praxis ist die Befragung heute die wichtigste Methode der Informationsgewinnung.

Definition *Unter Befragung wird ein systematisches Vorgehen verstanden, bei dem Personen durch gezielte Fragen zur Abgabe verbaler Informationen (Aussagen) veranlasst werden sollen. Die Informationsgewinnung kann dabei in schriftlicher oder mündlicher Form mittels offener oder geschlossener Fragen erfolgen (vgl. Weis, 1990, S. 93).*

Antwortregistrierung bei Befragungen

(Vgl. Theiss, 1999, S. 152 ff
Vgl. Weis, 1999, S. 133)

Offene Fragen

- enthalten keine festen Antwortkategorien
- erfassen die freien Formulierungen der Auskunftsperson
- eignen sich, wenn
  - nicht alle Merkmalsausprägungen bekannt sind
  - Auskunftspersonen durch Antwortkategorien beeinflusst würden
  - detaillierte Auskünfte erwünscht sind

Bsp. "Was gefällt Ihnen an unserem Einzelhandelsgeschäft am besten?"

Nachteil:
- Auswertung ist zeitintensiv, schwierig im Hinblick auf Kategorisierung der Antworten

Geschlossene Fragen

- enthalten vorgegebene Antwortkategorien
- man unterscheidet

a. Alternativfragen (Beispiele)
- Ja☐ Nein☐ ⟶ Ja/Nein-Frage
- Ja☐ Nein☐ Weiß nicht ☐
  ⟶ Ja/Nein-Frage mit Indifferenzform
- Ja, sehe ich mir regelmäßig an
  Ja, habe ich schon einmal gesehen
  Nein, ist mir noch nicht aufgefallen
  ⟶ Ja/Nein-Frage mit Differenzierung

b. Selektivfragen (Mehrfachauswahlfragen)
("In welchem Laden würden Sie sonntags Brötchen kaufen?")
☐ Bäckerei Müller
☐ Konditorei Maier
☐ Tankstellenshop
☐ Kauf keine Brötchen sonntags

c. Skalafragen (Abfragen von Zustimmung/Ablehnung)
("Für wie wichtig halten Sie Beratung im Fachgeschäft DOB-Waren?"
⟶ Skala Schulnoten
1 (sehr wichtig) ... 6 (völlig unwichtig)
☐ .... ☐

- Nachteile:
  - Wahre Einstellung des Befragten wird zurückgedrängt
  - Meinung des Probanden nicht in Antwortkategorien enthalten ⟶ nicht erfasst
  - Alle Merkmalsausprägungen/Antwortmöglichkeiten müssen bekannt sein
- Vorteile:
  - Abwicklung der Befragung ist relativ einfach/schnell
  - Auswertung ist relativ einfach/billig

a) Die mündliche Befragung

Eine Sonderform der mündlichen Befragung stellt die telefonische Befragung dar. Die telefonische hat im Vergleich zur persönlichen Befragung folgende Vorteile aufzuweisen:

Telefonische Befragung

- kostengünstiger (persönliche Befragung ca. 100,- DM pro Auskunftsperson),
- weniger zeitintensiv,
- schneller durchführbar,
- keine Beeinflussungsmöglichkeit der Probanden durch Gesten oder durch das Erscheinungsbild des Interviewers.

Telefonische Befragungen eignen sich nur zum Stellen einfacher Fragen und führen nur bei Zielgruppen (Stichprobenkreisen) mit hoher Telefondichte zu repräsentativen Ergebnissen.

Beide, sowohl die persönliche als auch die telefonische Variante, bezeichnet man als Interview.
Liegt dem Interview ein Katalog mit festgelegter Reihenfolge standardisierter Fragen und gegebenenfalls auch Antworten (geschlossene Fragen) zugrunde, so wird von einem standardisierten Interview gesprochen. Hierbei wird die Befragungstaktik allein durch die Gestaltung des Fragebogens bestimmt. Zuerst wird mittels so genannter Kontakt- oder Eisbrecherfragen versucht, gewissermaßen das „Eis" zu brechen, d. h. den Kontakt zwischen Interviewer und Auskunftsperson herzustellen und das Interesse und die Auskunftsbereitschaft zu wecken. Diese Fragen sollten einfach und neutral gehalten werden. Nach Herstellung des Kontaktes folgen die Sachfragen, die sich auf den eigentlichen Untersuchungsgegenstand richten. In der Regel werden diese Fragen mit so genannten Kontroll- und Plausibilitätsfragen vermengt, um die gegebenen Antworten der Sachfragen hinsichtlich der Richtigkeit prüfen zu können. (vgl. Nieschlag, Dichtl, Hörschgen, 1991, S. 701 und Weis, 1990, S. 94)

Standardisiertes Interview

Eisbrecherfragen

Kontrollfragen

Beispielsweise können Antworten bei Fragen nach dem Besitz von Gütern, die man z. B. aus gesellschaftlichen oder Prestigegründen besitzen sollte, verzerrt sein, z. B.: „Besitzen Sie eine eigene Zahnbürste?" (vgl. Grünwald, 1974, S. 49) Oft können Verzerrungen durch den Einsatz indirekter Fragen vermieden werden, z. B.: „Wie viele Zahnbürsten gibt es in Ihrem Haushalt? Wie viele Personen leben in Ihrem Haushalt?"
Mit Fragen zur Person (Geschlecht, Alter, Einkommen etc.) sollten Befragungen abgeschlossen werden, da am Ende die Auskunftsbereitschaft der Probanden, z. B. wegen Ermüdung, höher ist. In der Regel werden diese personenbezogenen Daten auf einem Merkmalsblatt im Anhang des Fragebogens aufgenommen, um eine spätere Zuordnung der Personen zu einer auswertungsrelevanten Stichprobe zu ermöglichen.

Strukturiertes Interview, freies Gespräch

Im Gegensatz zu anderen Varianten, wo nur Kernfragen, nicht aber die Reihenfolge der Fragen, bestimmt sind (strukturiertes Interview), und dem freien Gespräch, bei dem nur das Gesprächsthema festgelegt ist, bietet das standardisierte Interview Vorteile. Die Antworten sind besser vergleichbar sowie statistisch leicht auszuwerten, was vor allem bei großen Stichproben unbedingt erforderlich ist.

Dieser Vorteil ist aber im Vergleich zum strukturierten Interview insofern mit einem Nachteil verbunden, da hier nicht, z. B. durch den Tausch von Fragen, auf die individuelle Befragungssituation eingegangen werden kann. Durch die Standardisierung wird jedoch die Gefahr der Verzerrung der Ergebnisse durch Interviewereinflüsse (Interviewer-Bias) gemildert.

Interviewer-Bias

Um zu repräsentativen Ergebnissen zu gelangen, ist nicht nur auf die Vermeidung von Interviewereinflüssen zu achten, wichtig ist auch, dass Verweigerungsquoten bei Auskunftspersonen gering gehalten werden. Deshalb werden Befrager bei professionellen Erhebungen vor ihrem Einsatz geschult. Darüber hinaus wird ein Interviewer im Rahmen einer Befragung in der Regel nur sieben bis zehn Interviews durchführen.

Einsatzgebiete

Das standardisierte Interview findet vor allem in der Konsumgüter-Marktforschung und auch in der Meinungsforschung Anwendung, während das freie Gespräch vorwiegend zur Expertenbefragung, z. B. in der Investitionsgüterbranche, eingesetzt wird.

Spezialbefragung/ Omnibusbefragung

Ist die Gewinnung von Informationen auf einen Gegenstand gerichtet (z. B. ein Produkt), so spricht man von einer Einthemen- oder Spezialbefragung. Bezieht sich die Befragung auf mehrere Fragenkomplexe, so handelt es sich um eine Mehrthemen- oder Omnibusbefragung. Diese Befragungsart erfreut sich in der Praxis großer Beliebtheit, da sie den beteiligten Unternehmen nur anteilig Kosten, nach Maßgabe der Anzahl gestellter Fragen, verursacht und bei den Marktforschungsinstituten zu einer günstigen Auslastung der Kapazitäten führt. (vgl. Nieschlag, Dichtl, Hörschgen, 1991, S. 698)

Beispielsweise führt die A. C. Nielsen GmbH, Frankfurt am Main, regelmäßig Mehrthemenbefragungen im Lebensmitteleinzelhandel durch. Hierbei werden die Beurteilung von POS-Maßnahmen (Point-of-Sale = Maßnahmen direkt am Verkaufsort) und Images sowie die Produktkenntnisse von Marktleitern erforscht.

b) Die schriftliche Befragung
(vgl. Nieschlag, Dichtl, Hörschgen, 1991, S. 699 und Weis, 1990, S. 94)

Bei der schriftlichen Befragung erhalten Auskunftspersonen per Post bzw. persönlich oder durch Medien, Internet oder E-Mail einen Fragebogen, der ausgefüllt zurückgeschickt bzw. zurückgemailt werden soll. In der Regel werden auch hier Fragen mit vorgegebenen Antwortkategorien (geschlossene Fragen) verwendet, um die Antworten leichter auswerten und vergleichen zu können. Der Fragebogen enthält neben Sachfragen so genannte Merkmalsfragen (Fragen zur Person).

Vorteile

Im Vergleich zur persönlichen Befragung weist die schriftliche Befragung folgende Vorteile auf:
- vergleichsweise geringe Kosten,
- der Proband kann dann antworten, wenn er Zeit hat,
- Beeinflussungseffekte durch Befrager entfallen,
- schnelle, großzahlige Erhebungen sind möglich.

Nachteile

Diesen Vorteilen steht aber auch eine Reihe von Nachteilen gegenüber:
- geringe Rücklaufquote,
- unter Umständen füllen nur jene Personen den Fragebogen aus, die überdurchschnittlich Zeit haben (z. B. Schüler und Rentner),
- unter Umständen füllen Personen, die gar nicht zur Zielgruppe gehören, den Fragebogen aus und
- mangelnde Spontaneität beim Auswerten.

Die genannten Nachteile können sich negativ auf die Repräsentanz der Ergebnisse auswirken. Teilweise kann diesen Nachteilen, z. B. einer geringen Rücklaufquote, durch Erinnerungsschreiben an die Adressaten oder Auslobung von Preisen begegnet werden. Heute werden in der Konsumgüter- und Investitionsgüter-Marktforschung teilweise schon Rücklaufquoten bis zu 80% und mehr erreicht.

Computergestützte Befragungssysteme

Durch neue Entwicklungen im EDV-Bereich können heute Befragungen schneller und kostengünstiger durch computergestützte Befragungssysteme und Bildschirmbefragungen durchgeführt werden.
Bei computergestützten Befragungssystemen erfolgt die Befragung durch den Interviewer, die Antwort wird von der Auskunftsperson (Proband) direkt in den Computer eingegeben. Haben mehrere Probanden jeweils ein Eingabegerät zur Verfügung, so können Masseninterviews in kürzester Zeit durchgeführt und ausgewertet werden. Teilweise erscheinen die Fragen auch auf einer Leinwand. (vgl. Unger, 1989, S. 87 f. und Böhler, 1992, S. 83 ff.)

Computergesteuerte Befragungssysteme

Bei computergesteuerten Befragungen dient der Computer nicht nur der elektronischen Speicherung und Wiedergabe der Antworten, sondern übernimmt durch ein Interviewprogramm auch die komplette Steuerung der Befragung (vgl. Böhler, 1992, S. 83).

Bildschirmbefragung

Ein weiteres System ist die Bildschirmbefragung. Hierbei handelt es sich um eine Kombination aus Bildschirm (Fernseher) und Telefon (ermöglicht die Datenübertragung). Der Proband erhält seine Fragen über den Bildschirm und gibt seine Antwort per Fernbedienung ein. Aufgrund dieser Vorgehensweise sind

Einflüsse des Interviewers auf die Auskunftsperson ausgeschaltet (Vorteil gilt auch für die computergesteuerte Befragung). Ein weiterer Vorteil liegt darin, dass Mehrpersonenbefragungen unabhängig voneinander durchgeführt werden können, da jede Auskunftsperson einen eigenen Bildschirm bedienen kann. Antwortfehler können unter Umständen während des Interviews berichtigt werden. Darüber hinaus kann die Reihenfolge der Fragen zufallsgesteuert sein, sodass keine Reihenfolge-Effekte auftreten können. Außerdem ist die Antwortzeit durch die EDV-Unterstützung mess- und auswertbar. (vgl. dazu Unger, 1989, S. 87 und Böhler, 1992, S. 83 ff.)
Alle hier vorgestellten Befragungssysteme lassen eine simultane (gleichzeitige) elektronische Auswertung aller eingehenden Antworten der Auskunftspersonen zu.
Befragungen via Internet (Homepage / E-Mail) liefern derzeit aufgrund der noch nicht flächendeckenden Verbreitung noch keine repräsentativen Ergebnisse.
Im Folgenden eine Übersicht mit Kriterien, die die Auswahl der geeigneten Befragungsart im konkreten Fall erleichtern.

	Befragungsart				
Kriterien	**schriftlich**	**telefonisch**	**persönlich**	**computerintegriert**	**E-Mail**
1. Rücklaufquote	unterschiedlich	hoch	hoch	hoch	hoch
2. Beeinflussung durch Dritte	möglich	nicht möglich	kaum möglich	nicht möglich	möglich
3. Umfang der Befragung	mittelgroß	klein	groß	mittelgroß	mittelgroß
4. Interviewereinfluss	nicht möglich	relativ groß	groß	nicht möglich	nicht möglich
5. Genauigkeit	gering	unterschiedlich	hoch	unterschiedlich	unterschiedlich
6. Zuverlässigkeit	unterschiedlich	relativ hoch	hoch	relativ hoch	relativ hoch
7. Geschwindigkeit der Durchführung	relativ gering	hoch	niedrig	relativ hoch	sehr hoch
8. Kosten	niedrig	relativ niedrig	hoch	unterschiedlich	gering
9. Repräsentanz	relativ niedrig	gering	relativ hoch	unterschiedlich	gering

Abb.: Befragungsarten (vgl. Weis, 1999, S. 131)

6.2 Beobachtung

Weit geringer als die Befragung kommt in der angewandten Marketingforschung die Beobachtung zum Einsatz.

Definition *Unter Beobachtung versteht man die planmäßige, direkte Erfassung von Gegebenheiten und Verhaltensweisen durch andere Personen, Aufzeichnungsgeräte*

(Videokamera), Selbstaufzeichnung der Probanden, die nicht auf Fragen und Antworten beruht (vgl. Weis, 1990, S. 101 und Nieschlag, Dichtl, Hörschgen, 1991, S. 706).

Grundsätzlich können folgende Beobachtungsarten nach teilweise überlappenden Kriterien gegliedert werden:

- *Labor- und Feldbeobachtung,*
- *teilnehmende und nicht teilnehmende Beobachtung.*

a) Labor- und Feldbeobachtung

Feldbeobachtung

Bei einer Feldbeobachtung wird das Verhalten des Probanden in seiner natürlichen und gewohnten Umgebung erfasst. Ein Beispiel hierfür sind Kundenlaufstudien. Bei diesen wird ein Käufer bei seinem Gang durch die Geschäftsräume beobachtet. Auf einem Grundriss der Verkaufsräume wird dann der Weg des Kunden registriert. So können mitunter Rückschlüsse für die Platzierung von Displays gezogen werden.

Laborbeobachtung

Laborbeobachtungen werden, im Gegensatz zu Feldbeobachtungen, in einer künstlich geschaffenen Situation und Umgebung vorgenommen. Die Vorteile dieser Beobachtungsmethode lassen sich wie folgt zusammenfassen:

- störende, ungewollte und zufällige Einflüsse auf die Beobachtungssituation werden weitgehend ausgeschaltet,
- die Rahmenbedingungen für Beobachtungen sind weitgehend gleich bleibend,
- die Wirklichkeit kann auf für die Beobachtung relevanten Umweltbedingungen reduziert werden.

Dennoch steht den genannten Vorteilen auch ein nicht unwesentlicher Nachteil im Vergleich zur Feldbeobachtung gegenüber. Die künstlich geschaffenen Bedingungen und das Bewusstsein des Probanden, dass er sich in einer Testsituation befindet, können dazu führen, dass sich die Testperson nicht natürlich, sondern atypisch verhält. Dieser Effekt kann durch Verschleierung der Testsituation gemildert werden.
Bei den Laborbeobachtungen werden häufig technische Hilfsmittel eingesetzt, die vor allem zum Vorabtesten von Verpackungen und Werbemitteln in Pre-Tests dienen. Beispielhaft werden nachfolgend kurz drei der bekanntesten Hilfsmittel vorgestellt:

Schnellgreifbühne

Die Schnellgreifbühne ist ein größerer Kasten, in dem z. B. mehrere Produkte nebeneinander drapiert werden können, wobei sich die Öffnung in Augenhöhe befindet. Diese wird dem Probanden nur für kurze Zeit so weit geöffnet, dass er Zugriff auf die Produkte hat. Die Testperson muss sich dann in dieser Zeit für ein Produkt entscheiden. Mittels dieser apparativ gestützten Beobachtung sollen die Anmutungsqualität von Verpackungen, die Beurteilung von Preisen oder das Leistungsverhältnis getestet werden.

Tachistoskop

Mittels eines Tachistoskops wird dem Probanden visuelles Material in beliebig kurzen bzw. längeren Zeitintervallen (Millisekunden bis zu mehreren Sekunden) dargeboten, um die spontane Anmutung eines Objektes oder Werbemittels zu Beginn des Wahrnehmungsprozesses zu testen.

Blickaufzeichnung

Mittels halbdurchlässiger Spiegel (biotische Methode) oder Messung der Reflexion von Licht- oder Infrarotstrahlen vom menschlichen Auge (Cornea-Reflex-Methode) werden die Augenbewegungen bei der Betrachtung einer Vorlage (z. B. einer Anzeige) festgehalten. Bei der Auswertung wird auf zwei Komponenten des Betrachtens geachtet. Zum einen auf Fixationen (Punkte einer Vorlage), auf denen das Auge zwischen 200 bis 400 Millisekunden verweilt, und auf Saccaden (Sprünge zwischen einzelnen Fixationspunkten).

Die Blickaufzeichnungsmethode beruht auf der Hypothese, dass nur während der Fixationen Informationen vom Betrachter aufgenommen werden. Mit dieser Methode wird festgehalten, welche Reize visuell fixiert werden, um so folgende Fragen zu beantworten (vgl. Becker, 1974, S. 39–46):

- Wird ein Vorlagenelement (z. B. ein Element einer Anzeige) bemerkt?
- Welche Vorlagenelemente werden vernachlässigt?
- Wie schweift der Blick zwischen einzelnen Elementen einer Vorlage hin und her?
- Wie lange wird ein Vorlagenelement durchschnittlich betrachtet?
- Verläuft die Abfolge der Fixationen auf der Vorlage nach der Intention der Werbungtreibenden?

(vgl. Nieschlag, Dichtl, Hörschgen, 1991, S. 707–716 und Weis, 1990, 101 f.)

b) Teilnehmende und nicht teilnehmende Beobachtung

Teilnehmende/ nicht teilnehmende Beobachtung

Bei der teilnehmenden Beobachtung bewegen sich Beobachter und Proband auf „gleicher Ebene". Der Beobachter kann hier unter Umständen sogar das Verhalten, die Aktion, des Probanden provozieren, während sich die Aufgabe des Beobachters bei der nicht teilnehmenden Beobachtung auf die bloße Registrierung der Verhaltens der Testperson beschränkt. Diese Art der Beobachtung kann wiederum apparativ unterstützt sein (z. B. mittels Videokamera). (vgl. dazu Nieschlag, Dichtl, Hörschgen, 1991, S. 707–714)

6.3 Experiment

Mittels Experiment versucht man in der Marketingforschung, wahrscheinliche Abhängigkeiten zwischen einer unabhängigen Variablen (z. B. Verpackungs-

entwürfe, unterschiedliche Preise) und einer oder mehreren abhängigen Variablen (z. B. Einstellungen, Umsatz, Marktanteile) festzustellen.
Grundsätzlich können Experimente zum Test aller marketingpolitischen Instrumente herangezogen werden, wie folgende Beispiele verdeutlichen:

- Plakat-Tests (Kommunikationspolitik)
- Namens-Tests (Produktpolitik)
- Verpackungs-Tests (Produktpolitik)
- Werbemittel-Tests (Kommunikationspolitik)
- Preis-Tests (Preispolitik) etc.

Auch hier lassen sich verschiedene Arten von Experimenten unterscheiden:

1. *nach Art der Ermittlung der Ergebnisse*
   - Befragungsexperiment
   - Beobachtungsexperiment
2. *nach Art der Bedingungen, unter denen die Ergebnisse gewonnen wurden*
   - Laborexperiment (künstlich geschaffene Testbedingungen)
   - Feldexperiment (natürliche Testbedingungen)
3. *nach Art der zeitlichen Abfolge der Informationsgewinnung*
   - Sukzessivexperiment (Vergleich von zeitlich aufeinander folgenden Messungen)
   - Simultanexperiment (Vergleich von parallel laufenden Messungen)

In der Marketing-Literatur werden außerdem verschiedene Forschungsdesigns von Experimenten unterschieden, die sowohl eine sukzessive als auch simultane Durchführung gestatten. Im Folgenden seien im Überblick einige vorgestellt:

Erklärungen:
E = „experimental group" (Versuchsgruppe)
C = „control group" (Versuchsgruppe)
B = Messung vor Einsatz der unabhängigen Variablen „measurement before exposure"
A = Messung nach Einsatz der unabhängigen Variablen „measurement after exposure"

EBA-Typ
Hierbei handelt es sich um ein Sukzessivexperiment mit einer Versuchsgruppe. Auf das Untersuchungsergebnis wirken sich unter Umständen so genannte Entwicklungs- und Lerneffekte (carry-over-Effekte) negativ aus (Praxisbeispiel: Store-Test). Carry-over-Effekt

CB-EA-Typ

Bei diesem Sukzessivexperiment mit einer Vorabmessung bei der Kontrollgruppe und einer späteren Messung der Versuchsgruppe können lediglich Entwicklungseffekte, aber logischerweise keine Lerneffekte auftreten.

EA-CA-Typ

Dieses Simultanexperiment wird in der Marktforschung sehr häufig angewandt. Die Kontrollgruppe liefert den Bezugswert, die Versuchsgruppe den Endwert. Da die Werte simultan, d. h. gleichzeitig, gewonnen wurden, können Entwicklungseffekte vernachlässigt werden. Lerneffekte treten aufgrund der Einmaligkeit der Untersuchung nicht auf.

EBA-CBA-Typ

Hier spricht man von einem simultanen Sukzessivexperiment. Es können zwar Entwicklungs- und carry-over-Effekte auftreten, diese machen sich aber aufgrund der Versuchsanordnung nicht störend bemerkbar. Diese Form findet häufig in der Handelsforschung, z. B. zur Messung von Verkaufsförderungsaktionen auf Umsätze oder Kundenfrequenzen, Anwendung.

Vor- und Nachteile des Experimentes

Die Stärke des Experimentes liegt darin, dass nur durch das Experiment Kausalzusammenhänge aufgezeigt werden können. Dieser Vorteil muß allerdings mit hohem finanziellem Einsatz erkauft werden. Oft genügt es aber in der Marketingforschung, gewisse funktionale Zusammenhänge aufzuzeigen. Damit werden komplexe Forschungsdesigns überflüssig.
(vgl. Nieschlag, Dichtl, Hörschgen, 1988, S. 633 f.; Weis, 1990, S. 103 f. und Berekhoven, Eckert, Ellenrieder 1991, S. 156)

7. Formen der Datenerhebung

7.1 Produkt- und Warentest

Definition

Bei einem Produkttest handelt es sich um ein Experiment, bei dem ausgewählte Konsumenten um die Beurteilung marktreifer Produkte in ihrer Gesamtheit oder einzelner Produktattribute gebeten werden. Die Beurteilung erfolgt aufgrund bloßer Betrachtung, nach Gebrauch/Verbrauch des Testobjektes.

Entwicklungen im Bereich Multimedia bieten neue Möglichkeiten, um Produkte zu testen. Mit einem leistungsfähigen Rechner kann ein Produkt verblüffend realitätsnah präsentiert werden, um beispielsweise Einstellungen und Präferenzen von Probanden bereits im Entwurfsstadium des Produktes zu testen. (vgl. Silberer, 1994, S. 209)

In der Marketing-Literatur werden folgende Arten unterschieden: Arten von Produkttests

hinsichtlich der Anzahl der dem Test unterzogenen Produkte

- *Einzeltest*
  Bei diesem Verfahren wird nur ein Produkt der Prüfung unterzogen. Dieses Verfahren birgt die Gefahr in sich, dass das Produkt unter Umständen von den Probanden aufgrund ihres Bewusstseins der Testsituation besser beurteilt wird, als dies in der Realität der Fall wäre.
- *Mehrfachtest*
  Hier wird das Untersuchungsobjekt, z. B. in einem parallelen Vergleichstest, mit ähnlichen Produkten konfrontiert. Auf diese Art und Weise kann dem Nachteil beim Einzeltest begegnet werden.

hinsichtlich des Untersuchungsumfanges

- *Volltest*
  Hier wird die Akzeptanz des gesamten Produktes getestet.
- *Partialtest*
  Dieser Test beschränkt sich auf die Erforschung einzelner Produktattribute (z. B. Preis, Verpackung, Namensgebung, Form).

Labor-Testmarkt

Wird im Rahmen eines Produkttests ein so genannter Labor-Testmarkt veranstaltet, werden zunächst mit den Probanden Vorinterviews durchgeführt. Bei diesen mündlichen Befragungen werden Angaben zu Person, Einkommen, Lebens- und Konsumstil etc. erfasst. Im Anschluss daran werden die Testpersonen einer Werbedarbietung für das zu testende Produkt, aber auch Konkurrenzprodukten ausgesetzt. Letztendlich werden die Probanden mit einem gewissen Geldbetrag, der aber nicht zum Kauf verpflichtet, in den Labor-Supermarkt entlassen.
Personen, die das Testprodukt gekauft haben, erhalten zusätzlich noch ein Konkurrenzprodukt. Probanden, die ein Konkurrenzprodukt erworben haben, erhalten das Testprodukt. Nach Ablauf einer gewissen Zeit (nutzungsdauerabhängig) werden die Probanden erneut befragt. Hierbei ist vor allem von Interesse, ob Testproduktkäufer das Produkt wieder kaufen würden bzw. ob Nicht-Testproduktkäufer jetzt das Produkt kaufen würden. Ist die Wiederkaufs- bzw. Neukaufrate gering, sollten Verbesserungen des Produktes vor der Markteinführung in Erwägung gezogen werden. Darüber hinaus wird auch die subjektive Beurteilung der Produktqualität erfasst.

Warentest

Im Gegensatz zum Produkttest wird der Warentest nicht von einer Unternehmung oder von einer beauftragten Marktforschungsinstitution durchgeführt, sondern von einer neutralen Einrichtung, beispielsweise der Stiftung Warentest e. V. Der Warentest verfolgt im Vergleich zum Produkttest die Zielsetzung der Erfassung objektiv erkennbarer Eigenschaften, wie Gebrauchseigenschaften, Grundnutzen, Preiswürdigkeit etc. Der Produkttest zielt hingegen, wie bereits beschrieben, vor allem auf die subjektiv wahrgenommenen Eigenschaften der Produkte ab.

Waren- und Produkttest unterscheiden sich auch hinsichtlich ihrer Zweckbestimmung. Die Ergebnisse von Warentests werden in speziellen Zeitschriften und auszugsweise auch in Tageszeitungen veröffentlicht. Damit soll dem Verbraucher zu einer höheren Markttransparenz verholfen und sollen Kaufentscheidungen durch sachliche Information gestützt werden. Resultate von Produkttests hingegen sind unternehmensorientiert, dienen der Entscheidungsfindung im Unternehmen und bleiben geheim.
(vgl. Nieschlag, Dichtl, Hörschgen, 1991, S. 726 ff. und Weis, 1990, S. 104)

7.2 Markttest

Der Markttest ist ein sehr weit entwickeltes Feldexperiment. Mittels probeweisem Verkauf von neuen oder veränderten Produkten auf einem räumlich abgegrenzten Markt (lokale oder regionale Testmärkte) wird versucht, Informationen über die mutmaßliche Marktgängigkeit eines Produktes und über die Wirksamkeit einzelner Marketing-Maßnahmen zu gewinnen.
Mittels Markttests soll das gesamte Marktverhalten ergründet werden. Deshalb muss, um zu repräsentativen Ergebnissen zu gelangen, der Testmarkt ein verkleinertes Abbild der Grundgesamtheit eines Landes darstellen. Die nachfolgend genannten Kriterien müssen dabei berücksichtigt werden:

- Bevölkerungs-,
- Handels-,
- Wettbewerbs- und
- Infrastruktur.

Gerade große Markenartikelhersteller scheuen die hohen Kosten nicht, ihre Produkte im Sinne einer letzten Kontrolle vor der nationalen Einführung zu testen. Der große finanzielle Aufwand scheint gerechtfertigt, wenn man die hohe Quote an Flops bei neu eingeführten Produkten betrachtet. Im Konsumgüterbereich fallen nahezu 85% der neuen Produkte beim Verbraucher durch (vgl. GfK, 1992, S. 16).

Flop-Rate

Durch derartige Härtetests unter realen Marktbedingungen sparen die Unternehmen unter Umständen viel Geld und vermeiden Imageverluste bei eventuellen Misserfolgen.

Markttests werden von den Herstellern nicht alleine durchgeführt, sondern sie machen sich das Know-how spezieller Marktforschungsinstitutionen zunutze, die über

- das erforderliche Instrumentarium,
- entsprechende personelle Ressourcen und
- langjährige Erfahrungen verfügen.

Ein großer lokaler Testmarkt befindet sich in der Pfalz. Die GfK führt dort in einem Testort mit 19.000 Einwohnern, dessen demographische Struktur und Einkaufsgelegenheiten dem bundesdeutschen Durchschnitt sehr nahe kommen, ein Panel, das GfK-Behavior-Scan, durch. 3.000 repräsentativ ausgewählte Haushalte kaufen unter GfK-Beobachtung ein. Diese Haushalte lesen nicht nur 150 „getürkte" Zeitschriften, in denen sich Testanzeigen befinden, sondern kommen auch mit Werbespots in Berührung, die der Normalverbraucher nicht zu sehen bekommt. Auf diese Art und Weise kann neben dem Produkt auch der Einfluss von TV- und Printwerbung auf das Kaufverhalten getestet werden. GfK-Behavior-Scan

Auch A. C. Nielsen bietet seinen Kunden kontrollierte lokale Markttests an. Ein Beispiel hierfür ist das Nielsen-Telerim-Testmarketingsystem. In Bad Kreuznach und Buxtehude stehen zum Test des gesamten Marketing-Instrumentariums 20 Testgeschäfte zur Verfügung. 3.000 Panelhaushalte können sowohl mittels TV als auch über Print-Titel erreicht werden. Damit kann auch eine zielgruppenadäquate Mediakonzeption getestet werden. Nielsen-Telerim

Darüber hinaus besteht für Unternehmen die Möglichkeit, ihre Produkte in so genannten Mikro-Testmärkten zu testen. Beispielsweise erfasst das GfK-Erim-Panel das Einkaufsverhalten von Haushalten in Verbrauchermärkten in Hannover, Haßloch, Nürnberg und München. Zudem wird die Werbewirkung von Print-Werbung in besonderen Zeitschriftenexemplaren bei Panelteilnehmerhaushalten gemessen. Die individuelle Ansteuerung der Haushalte durch das Werbefernsehen fehlt allerdings. GfK-Erim-Panel

Die Vorteile derartiger Markttests liegen vor allem in der guten Kontrollierbarkeit von Störfaktoren (z. B. Promotionaktion eines Konkurrenten), den relativ geringen Kosten im Vergleich zu einem gesamten Markttest, in der schnellen Abwicklung sowie in der besseren Geheimhaltung des Experiments vor der Konkurrenz. Vorteile

Schwierigkeiten, die bei der Durchführung von Markttests auftreten, resultieren daraus, dass für dieses Feldexperiment der Handel zur Mitarbeit gewonnen werden muss. Die ständige, lang angelegte Erfolgs- und Absatzkontrolle erfordert unter Umständen organisatorische Veränderungen und gegebenenfalls Eingriffe in die Sortiments- und Preispolitik der beteiligten Handelsunternehmen. Außerdem ist es wichtig, dass die eingesetzten Massenmedien und ihre Verbreitungsgebiete mit denen des Testgebietes übereinstimmen, um Streuverluste bei Werbemaßnahmen zu vermeiden. Überregionale Zeitungen kommen diesen Forderungen entgegen, indem sie Teilbelegungen ermöglichen. Auch die Veränderung der Rundfunklandschaft (Radio und TV) und neue Technologien lassen heute eine gezielte Streuung von Werbemitteln auch bei audiovisuellen Medien zu. Schwierigkeiten

(vgl. Nieschlag, Dichtl, Hörschgen, 1991, S. 727 ff.; Böhler, 1992, S. 50 ff. und Nielsen, 1992, S. 2)

7.3 Panelerhebung

Oft genügt es nicht, nur einmalige Erhebungen durchzuführen, um:
- Marketingaktionen zu planen bzw. zu kontrollieren,
- Aussagen über die Entwicklung von Daten (Absätze, Umsätze etc.) machen zu können und
- Präferenzänderungen der Verbraucher festzustellen.

Hierfür sind kontinuierlich erhobene Daten notwendig. Vor allem große Markenartikelhersteller lassen von Marktforschungsinstituten so genannte Panelerhebungen durchführen, z. B.:
- *G & I (GfK + Infratest) Forschungsgemeinschaft für Marketing GmbH & Co. KG, Nürnberg,*
- *GfK-Nürnberg, Gesellschaft für Konsum-, Markt- und Absatzforschung e. V., Nürnberg,*
- *GfM, Gesellschaft für Marktforschung mbH, Hamburg und*
- *A. C. Nielsen Company GmbH, Frankfurt am Main.*

Definition Panelerhebung

Unter einem Panel versteht man eine repräsentative Stichprobe von Einzelpersonen, Haushalten oder Unternehmen, die über einen längeren Zeitraum hinweg regelmäßig und über im Prinzip den gleichen Erhebungsgegenstand befragt bzw. mit identischer Zielsetzung beobachtet wird (vgl. Nieschlag, Dichtl, Hörschgen, 1991, S. 1017).

Hinsichtlich der Art der untersuchten Stichprobe lassen sich die folgenden Panelarten unterscheiden:

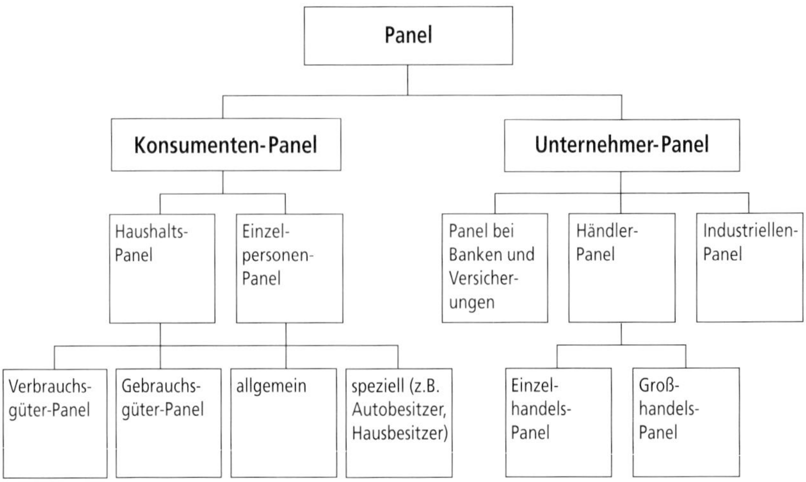

Abb.: Panelarten (Quelle: Weis, 1999, S. 148)

Einen weit reichenden Überblick über die Vielfalt der Panels in der Praxis zeigt folgende Tabelle:

• GfK-Fernsehpanel	• GFK-Dentalpanel
• GfK-Altenheimpanel	• GFK-Finanzmarktpanel
• GfK-Textil-Haushaltspanel	• GfK-Veterinärpanel
• GOI-Ärztepanel	• GPI-Apothekerpanel
• G & I Haushaltspanels	• G & I Frischepanel
• G & I Jugendpanel	• G & I Spielwarenpanel
• G & I Bücherpanel	• G & I Babypanel
• G & I Tonträgerpanel	• G & I Autofahrerpanel
• G & I Sport- und Freizeitpanel	• G & I Regionalpanels
• G & I Befragungspanels	• GFM Haushaltspanel
• GFM Individualpanel	• GFM Autolackepanel
• GFM Heizkessel/Wasseraufbereitung	• GFM Panel Baufarben
• GFM Panel Heizöl	• IfD Pkw-Besitzerpanel
• IfD Allensbach Hausfrauenpanel	• IfD Fotoamteur-Panel
• Infratest Krankenhauspanel	• BBF-Haushaltsreport

Abb.: Haushalts- und Verbraucherpanels (Quelle: Weis, 1999, S. 148)

Coverage

Welche Art von Panel im konkreten Fall bevorzugt werden sollte, kann nicht generell beantwortet werden. Entscheidend für die Wahl ist vor allem die Anteilsgröße des Panels am Gesamtmarkt (coverage).

Probleme bei Panelerhebungen

Beispielsweise werden bei Haushaltspanels Personen, die in Anstalts- und Ausländerhaushalten leben, oder jene, die häufig auf Reisen sind, nicht in die Betrachtung mit einbezogen. Daher repräsentieren die Ergebnisse der erfassten Einkäufe bei verschiedenen Produkten, beispielsweise bei Waschmittel und Kaffee, nur 90%, bei Erfrischungsgetränken und Joghurt lediglich 60% der gesamten Haushalte (vgl. Broder, 1980, S. 42).
Ähnliche Schwierigkeiten bestehen auch bei den Handelspanels. Hier werden z. B. Lebensmittelabteilungen von Warenhäusern oder *ALDI*-Verkaufsstätten wegen Geheimhaltungsinteressen der Großbetriebe nicht erfasst. Darüber hinaus finden Kleinbetriebe aus Wirtschaftlichkeitsgründen ebenso keine Berücksichtigung.

Noch schwerer als bei einmaligen Erhebungen ist die Bildung eines repräsentativen Querschnittes von Verbrauchern, Herstellern oder Händlern, die über einen längeren Zeitraum auskunftsbereit sind. Oft treten Phänomene wie
- *Panelsterblichkeit und*
- *Paneleffekte*

auf, die zu Lasten der Repräsentanz der Ergebnisse gehen.

Definition Panelsterblichkeit

Unter Panelsterblichkeit versteht man die Erscheinung, dass während des Erhebungszeitraumes die Zahl der Panelteilnehmer abnimmt. Für das Abbröckeln der Stichprobe können zum einen natürliche Prozesse, wie Geschäftsaufgabe (z. B. bei Handelspanels), Standortwechsel, Krankheit, Sterbefälle (z. B. bei Verbraucherpanels), zum anderen auch subjektive Vorgänge, wie Interessenlosigkeit, Zeitmangel etc., verantwortlich sein.

Diesem Effekt versucht man durch folgende Maßnahmen zu begegnen:
- Anreize, z. B. geringe finanzielle Zuwendungen,
- Auslosung von wertvollen Produkten, Geldprämien und
- regelmäßiger Austausch eines Teiles der Probanden.

Paneleffekt

Im Gegensatz zur Panelsterblichkeit tritt der Paneleffekt nur bei Verbraucherpanels auf. Unter diesem Begriff werden mehrere Aspekte, die zur Verzerrung der Panelinformationen führen, zusammengefasst. Zum einen ändern Panelteilnehmer aufgrund der ständigen Kontrolle ihres Konsums bewusst oder unbewusst ihr Verhalten, was die Allgemeingültigkeit der gewonnenen Informationen beeinträchtigt. Außerdem neigen Panelteilnehmer (Personen, Haushalte) nicht selten dazu, z. B. aus Prestigegründen den Kauf von bestimmten Warenarten anzugeben bzw. überhöht anzugeben (overreporting).
Auch Ermüdungserscheinungen und Vergesslichkeit reduzieren die Genauigkeit der Aufzeichnungen von Panelteilnehmern (underreporting) und verringern so die Repräsentanz der Informationen.

Stärken von Panelerhebungen

Die Stärken von Panelerhebungen liegen zum einen darin, dass es nur einmal der Aufstellung einer repräsentativen Stichprobe (Single-Source-Ansatz) bedarf, was sich günstig auf die anfallenden Gesamtkosten auswirkt. Zum anderen ist die Vergleichbarkeit der Ergebnisse größer als bei ständig neu erstellten Querschnitten. Es können auch relativ schnell Informationen bei wechselnden Marktsituationen gewonnen werden, da die Zeit zur Stichprobenziehung entfällt.
(vgl. Weis, 1990, S. 107 ff.; Nieschlag, Dichtl, Hörschgen, 1991, S. 730 ff. und Böhler, 1992, S. 60 ff.)

7.4 Ausgewählte Panels

Aus der Fülle der Marktforschungsinstitutionen mit ihren unterschiedlichen Forschungsschwerpunkten werden exemplarisch einige Panels näher beleuchtet:

7.4.1 Konsumentenpanel

Haushaltspanel

Die bedeutendsten nationalen Haushaltspanels führen die GfK (Gesellschaft für Konsum-, Markt- und Absatzforschung e.V.), die G & I Forschungsgemeinschaft für Marketing, Nürnberg, und die GfM, Gesellschaft für Marktforschung, Hamburg, eine Tochtergesellschaft der G & I, durch. Seit 1990 werden repräsentative Daten sowohl für West- als auch für Ostdeutschland ermittelt. Die Panel-Teilnehmer (Hausfrauen) tragen täglich ihre Einkäufe hinsichtlich:

- Produkt,
- Marke,
- Gewicht oder Menge und
- Preis

in einen Berichtsbogen oder Einkaufskalender ein und senden diesen wöchentlich an die Marktforschungsinstitution zur Auswertung.

G & I-Haushaltspanel

Das G & I-Haushaltspanel umfasst 5.000 Haushalte und liefert Daten über das Einkaufsverhalten der Verbraucher bei Nahrungsmitteln, Getränken, Wasch- und Reinigungsmitteln, Körperpflegeprodukten etc.

GfM-Haushaltspanel

Beim GfM-Haushaltspanel hingegen sind 4.500 Haushalte beteiligt. Dieses Panel liefert Daten über Frischeprodukte und stellt somit eine Ergänzung zum Panel von G & I dar.

GfK-Haushaltspanel

Das GfK-Haushaltspanel umfasst 14.000 Haushalte. Die Panelteilnehmer müssen bei diesem Panel heute ihren Einkauf nicht mehr in einen Haushaltsbogen eintragen. Vielmehr werden die gekauften Waren mittels EAN-Code (Europäische Artikelnummer) erfasst. Dieses Panel gibt schnell und unkompliziert Auskunft darüber

- was gekauft wurde
- von wem im Haushalt gekauft wurde
- wie viele Packungen / Einheiten gekauft wurden
- wo gekauft wurde
- zu welchem Preis.

PSF-Report

Die aus der GfK-Handelsforschung und der G & I-Forschung hervorgegangene Arbeitsgemeinschaft „Panel System Forschung" (PSF) verbindet Daten aus der Verbraucher- und Handelsforschung. Durch diese Verbindung werden die aufgezeigten Lücken der beiden vorgestellten Panels weitgehend geschlossen (Ausländerhaushalte und *ALDI*-Märkte werden in die Betrachtung eingeschlossen). Es wird so eine um 30% höhere Marktabdeckung erreicht, wodurch eine genauere Beurteilung der Marktstellung eines Produktes möglich wird. (vgl. GfK, 1992, S. 26)

Nielsen Single-Source-Service

Der Nielsen Single-Source-Service ist ein System aus Haushalts- und Handelsdaten. Seit April 1992 führt die A. C. Nielsen Company ein Panel durch. Im Nielsen Single-Source-Service werden, im Gegensatz zu den zuvor genannten Verbraucherpanels, auch Ausländerhaushalte in die Betrachtung mit einbezogen. Zurzeit (1999) umfasst die Stichprobe eine Anzahl von 8.400 Haushalten. Die Stichprobe wurde mittels einer zweistufigen Zufallsauswahl von Haushalten aus dem gesamten Bundesgebiet gebildet.

Die Shopreporter (Panelhaushalte) werden mit Handscannern ausgestattet. Mittels dieser kleinen Computer werden alle gekauften Produkte über EAN-Codes und andere Strichcodes nach Einkaufsstätte erfasst. Güter ohne Codes werden manuell mit Preis und Einkaufsstätte in den Computer eingegeben. Der Vorteil dieses Panels ist, dass Käufe von verschiedenen Einzelhandelstypen, z. B. auch *ALDI,* mit in die Betrachtung einbezogen werden.
Die Daten werden bundesweit einmal pro Woche per Telefon vom Nielsen-Rechenzentrum von den Haushalten abgerufen.
Außerden wird im Rahmen dieses Panels zusätzlich das Fernsehzuschauerverhalten der Panelhaushalte mittels TV-Meter erfasst.

(vgl. Knoblich, Hampe, 1992, S. 96 ff. und Nielsen,1992, S. 2)

GfK-Info-Scan

Beim Info-Scan-Panel der GfK werden Handelsdaten mit Verbraucherdaten verknüpft. 10.000 repräsentativ ausgewählte Haushalte in Deutschland (z. B. in Berlin, Haßloch, München) sind daran beteiligt. Die Haushalte sind mit so genannten ID-Karten ausgerüstet, auf denen alle in den mit der GfK kooperierenden Geschäften eingekauften Güter direkt am Point-of-Sale gespeichert werden. Diese Tatsache wirkt sich negativ auf die Repräsentativität der Ergebnisse aus, da eben nur die Käufe in den mit der GfK verbundenen Einkaufsstätten erfasst werden. Darüber hinaus bleibt, im Vergleich zu Nielsens Single-Source-Service, das Fernsehverhalten unberücksichtigt. Dennoch ist die Erfassung der Daten (ID-Karten) für den Panelteilnehmer im Gegensatz zum Verfahren von Nielsen weitaus unproblematischer. (vgl. Knoblich, Hampe, 1992, S. 96 ff.)

Mit Konsumentenpanels ist es möglich, Informationen über folgende Erkenntnisobjekte zu gewinnen:

über den Gesamtmarkt

- Anzahl der durchschnittlich einkaufenden Haushalte,
- Mengen, die von der entsprechenden Artikelgruppe im Durchschnitt pro Haushalt in einer Periode eingekauft werden,
- Höhe des finanziellen Aufwandes pro kaufendem Haushalt in einer bestimmten Periode,
- Marken und Sorten, die auf dem Gesamtmarkt bzw. auf den Teilmärkten nachgefragt werden,
- Markenanteile der Hauptmarken,
- Einzelheiten über Verpackungsarten, Packungseinheiten, Preis, bevorzugte Geschmacksrichtungen,
- Geschäftsarten, in denen die Einkäufe getätigt werden, z. B. ob bestimmte Produkte nur im Selbstbedienungsgeschäft oder nur im Fachgeschäft erworben werden.

über das Kaufverhalten der Haushalte nach

- Bundesländern,
- Verkaufsgebieten,
- Ortsgrößen,
- soziologischen Gruppen,
- Altersgruppen der einkaufenden Personen,
- Haushaltsgrößen.

über produktspezifisches Kaufverhalten, wie z. B.

- Käuferwanderungen,
- Markentreue,
- Einkaufshäufigkeit,
- gekaufte Menge pro Einkauf,
- Mehrfachkäufe,
- Einkaufstage,
- Wirkungen bestimmter Werbemaßnahmen.

Trotz der vielen Aussagen, die mittels Verbraucherpanels gemacht werden können, geben sie dennoch keine Auskunft über die Frage „Warum wurde gekauft?".

Kosten

Die Kosten zur Gewinnung dieser Daten belaufen sich auf ca. 20.000 bis 100.000,- DM pro Jahr und Warengruppe. Genauere Angaben sind nicht möglich, da sich die Preiskalkulation der Erhebung aus Warengruppenumfang, Berichtsumfang und Berichtsrhythmus ergibt.

Negative Effekte

Negative Effekte auf die Qualität der Informationen ergeben sich bei Haushaltspanels aus:

- der hohen Panelsterblichkeit,
- den starken Paneleffekten, die sich jedoch bei langfristiger Mitarbeit der Panelteilnehmer reduzieren und
- der Tatsache, dass Einkäufe während der Berufsausübung und auf Reisen sowie der Kauf von tabuisierten Produkten durch das Haushaltspanel nicht erfasst werden. In diesen Fällen gibt das Individualpanel Auskunft.

Individualpanel

Auch im Bereich des Individualpanels (Einzelpersonenpanel) ist die G & I Forschungsgemeinschaft für Marketing tätig. Das G & I Individualpanel umfasst 4.000 Personen. In einem kombinierten Random-Quota-Verfahren werden 2.500 Frauen und 1.500 Männer zu einer Stichprobe zusammengefasst. Diese Personen nehmen tägliche Eintragungen in einem Berichtsbogen vor und senden diesen wie beim Haushaltspanel den Marktforschungsinstitutionen wöchentlich zu.

Problematisch ist auch bei den vorgestellten Konsumentenpanels, dass nur deutschsprachige Verbraucher bei der Datengewinnung berücksichtigt werden.

Ausländer werden nicht in die Betrachtung mit einbezogen. Aufgrund dieser Tatsache spiegeln die gewonnenen Daten aber nicht den gesamten Verbrauch in Deutschland wider (coverage).

Coverage

(vgl. Nieschlag, Dichtl, Hörschgen, 1991, S. 730 f.; Weis, 1990, S. 116 ff.; GfK, 1992, S. 24 f. und Grünwald, 1989, S. 53)

7.4.2 Handelspanel (Unternehmerpanel)

Nielsen Einzelhandelspanel

Neben dem Einzelhandelspanel der GfK-Handelsforschung GmbH & Co. KG, Nürnberg, führt seit 1954 die amerikanische Firma A. C. Nielsen Company auch in Deutschland ein Einzelhandelspanel im Verbrauchs- und Gebrauchsgüterbereich durch.
In einer geschichteten Stichprobe von mehr als 1.000 Einzelhandelsgeschäften, verteilt über ganz Deutschland, werden von ca. 300 Nielsen-Mitarbeitern folgende Daten im Abstand von vier oder acht Wochen mittels Inventurverfahren festgestellt (vgl. Nielsen, 1992, S. 4):

- Waren- und Lagerbestände
- Einkäufe
- Endverbraucherpreise
- Produktplatzierungen (Stamm- und Sonderplatzierungen).

Die Datenerfassung in den Geschäften erfolgt EDV-gestützt mittels Handterminals (vgl. Nielsen, 1992, S. 4).
Der Verbraucherabsatz wird bei dieser Art der Beobachtung folgendermaßen ermittelt:

	Bestände	**Einkäufe**	**Endverbraucherpreis**
Warenbestand am 31. Januar	172 Packg.		
+ Einkäufe zwischen 1. Februar und 31. März		240 Packg.	
./. Warenbestand am 31. März	120 Packg.		DM 2,49

Abb.: Verbraucherabsatz

Der Endverbraucherumsatz wird durch Multiplikation des Absatzes in der Periode mit einem Durchschnittspreis des Produktes ermittelt.

	Verkäufe	Preis	Verkaufswert
= Verkäufe im Februar und März	292 Packg.	DM 2,49	DM 727,08

Abb.: Endverbraucherumsatz (Quelle: Nielsen, 1992, S. 4)

Mittels statistischer Verfahren werden die erhobenen Daten der Stichprobengeschäfte hochgerechnet. Die folgende Auflistung zeigt in einem Überblick, welche Information durch das Nielsen Einzelhandelspanel gewonnen werden können (Nielsen, 1963, S. 56):

1. *Trend des gesamten Einzelhandelsumsatzes*
2. *Absatzentwicklungen ausgewählter Warengruppen*
   - Endverbraucherabsatz nach Menge und Wert (Durchschnittspreise)
   - Einkäufe des Einzelhandels
   - Lagerbestand im Einzelhandel
   - Umschlagsgeschwindigkeit
   - durchschnittlicher Monatsabsatz je Geschäft, das den Artikel führt
   - durchschnittlicher Lagerbestand je Geschäft, das den Artikel lagert
   - durchschnittliche Einkäufe je Geschäft und Monat
   - Bezugsquelle(n)
   - Zahl der Läden, die den Artikel führen (bezogen auf die Gesamtzahl der in Frage kommenden Läden ergibt sich daraus dann als Prozentsatz die Distributionsquote)
   - Zahl der Läden, die den Artikel vorrätig haben
   - Zahl der Läden, die den Artikel einkaufen
   - Zahl der Läden, die den Artikel absetzten
3. *Auswertung mittels EDV*
   - Gesamtmarkt
   - Marken
   - Arten
   - Packungsgrößen
   - Gebiete
   - Ortsgrößenklassen
   - Geschäftstypen
4. *Spezialanalysen*
   - Ladenwerbung
   - Händlerwerbung

Die Gliederung der gewonnenen Daten erfolgt nach:

- Nielsen-Gebieten (siehe folgendes Schaubild)
- Organisationsformen
- Einzelhandelstypen
- auf Wunsch nach Verkaufsgebieten

Nielsen-Gebiete Deutschland

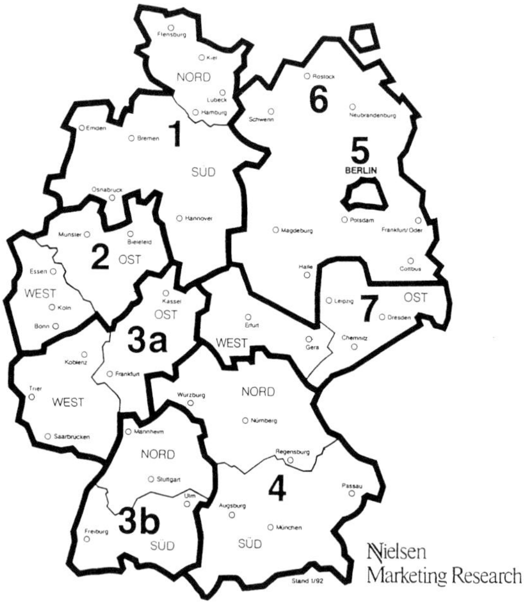

Nielsen-Gebiete		Nielsen-Standard-Regionen	
1:	Schleswig-Holstein, Hamburg, Niedersachsen, Bremen	Nord: Süd:	Schleswig-Holstein, Hamburg Niedersachsen, Bremen
2:	Nordrhein-Westfalen	West: Ost:	Nordrhein Westfalen
3a:	Hessen, Rheinland-Pfalz, Saarland	West: Ost:	Rheinland-Pfalz, Saarland Hessen
3b:	Baden-Württemberg	Nord: Süd:	Regierungsbezirke Karlsruhe und Stuttgart Regierungsbezirke Freiburg und Tübingen
4:	Bayern	Nord: Süd:	Ober-, Mittel-, Unterfranken, Oberpfalz Ober-, Niederbayern, Schwaben
5:	Berlin		
6:	Mecklenburg-Vorpommern, Brandenburg, Sachsen-Anhalt		
7:	Thüringen, Sachsen	West: Ost:	Thüringen Sachsen

Abb.: Nielsen-Gebiete in Deutschland (Quelle: Nielsen, 1992)

Bezieher von Daten aus der Einzelhandels-Marktforschung müssen mit Kosten in Höhe von 80.000 bis 120.000,- DM pro Jahr und Warengruppe rechnen. Kosten

Bei Einzelhandelspanels treten zwar keine Paneleffekte, jedoch unter Umständen das Phänomen der Panelsterblichkeit auf. Das kann die Repräsentanz der Ergebnisse erheblich reduzieren; wenn beispielsweise ein sehr bedeutendes Handelsunternehmen die Teilnahme verweigert, ist die Übertragbarkeit der Ergebnisse gefährdet. Panelsterblichkeit

Darüber hinaus weist das Nielsen Einzelhandelspanel hinsichtlich der Übertragbarkeit der Ergebnisse auf den gesamten Einzelhandel gewisse Schwächen auf, da folgende Absatzmittler z. B. nicht einbezogen werden:

- Warenhäuser
- Verbrauchermärkte
- Versandhandel
- Hotels
- Bäckereien
- Fleischereien

Das bedeutet, die Coverage beträgt nicht 100 %. Außerdem liefert das A. C. Nielsen Einzelhandelspanel, im Gegensatz zum Verbraucherpanel, keine Informationen darüber, *wer* als Käufer auftritt und *wie* die Absatzschwankungen während der Erhebungsperioden (4–8 Wochen) aussehen.

Auch das älteste deutsche Institut für Marktforschung, die GfK in Nürnberg, betreibt ein Handelspanel, bei dem sowohl Konsum- als auch Gebrauchsgüter (Food und Non-Food) im Mittelpunkt der Betrachtung stehen. GfK-Handelsforschung

Rund 200 Außendienstmitarbeiter erheben Daten in regelmäßigen Abständen im Inventurverfahren. Sie besuchen im Laufe eines Jahres mehrere Tausend Einzelhandelsgeschäfte und registrieren ca. 15 Mio. Artikel. Die Bestände im Lager und Regal werden ebenso wie die Zulieferungen anhand von Rechnungen ermittelt.

Problematisch ist wie beim Nielsen Einzelhandelspanel, dass nicht alle Handelsformen bei der Erfassung der Daten Berücksichtigung finden. Beispielsweise werden hier keine Daten von Supermärkten (z. B. *ALDI*) in die Auswertung mit einbezogen.

(vgl. Nieschlag, Dichtl, Hörschgen, 1991, S. 733; Grünwald, 1989, S. 55 f. und GfK, 1992, S. 22)

Die A.C. Nielsen GmbH hat im Bereich der FMCG (Fast Moving Consumer Goods), d.h. Produkten des täglichen Bedarfs aus der Food- und Nonfood-Sparte, Daten über Käufe bei *ALDI* und zwei weiteren großen Discountern (A, B)

durch Haushaltspanels ermittelt (Nielsen Singel-Source-Haushaltspanel). Die Daten wurden in Gesamtdeutschland im Zeitraum Januar bis Juli 1993 erhoben und von der A.C. Nielsen GmbH, Frankfurt am Main, unter dem Titel „Was jeder über Aldi wissen möchte" veröffentlicht.
Dieses Panel gibt beispielsweise Auskunft

- über die durchschnittlichen Ausgaben der Haushalte im 1. Halbjahr 1993 bei *ALDI*: 362,– DM pro Haushalt,
- welche Waren bei *ALDI* gekauft wurden:
  64,5% Lebensmittel
  17,3% Getränke
  8,1% Kosmetika, Körperpflege, Wasch-, Putz- und Reinigungsmittel
- über Promotionaktivitäten. Hier konnte festgestellt werden, dass insgesamt über alle Produkte im Vergleich zu anderen Lebensmittel- und Drogeriemärkten ein deutlich niedrigeres Niveau erreicht wurde.

(vgl. Rominski, 1994, S. 102 ff.)

8. Kontrollfragen zu Teil III

1. Grenzen Sie die Begriffe Absatz-/Markt- und Marketingforschung voneinander ab.
2. Nennen Sie kurz die Aufgabenbereiche der Markt-/Motiv- und Meinungsforschung sowie der Kommunikationsforschung.
3. Erläutern Sie systematisch verschiedene Erkenntnisobjekte der Marketingforschung.
4. Welche Informationsquellen stehen Praktikern in der Marketingforschung zur Verfügung? Beschreiben Sie diese kurz.
5. Welche Möglichkeiten kennen Sie, um Untersuchungseinheiten für eine Primärforschungsarbeit auszuwählen? Zeigen Sie Vor- und Nachteile bzw. Unterschiede dieser Alternativen auf.
6. Nennen Sie Auswahlverfahren bei repräsentativen Teilerhebungen und beschreiben Sie mögliche Vorgehensweisen.
7. Welche Erhebungsmethoden sind Ihnen bekannt?
8. Welche verschiedenen Fragearten sind Ihnen bekannt? Nennen Sie ggf. Beispiele, Vor- und Nachteile.
9. Welche Befragungsarten kennen Sie? Nennen Sie Vor- und Nachteile.
10. Grenzen Sie die Begriffe Produkt- und Warentest voneinander ab.
11. Erläutern Sie den Begriff Markttest und bewerten Sie diese Form der institutionalisierten Datenerhebung.

12. Was versteht man unter dem Begriff Panel?
13. Nennen Sie wichtige Panelarten und grenzen Sie diese gegebenenfalls voneinander ab.
14. Welche Probleme können bei der Durchführung von Panels auftreten?
15. Nennen Sie wichtige Marktforschungsinstitutionen, die Panels durchführen, und beschreiben Sie drei verschiedene Panels Ihrer Wahl.

9. Literaturverzeichnis zu Teil III

A. C. Nielsen, Hrsg.: Marketing Research, Frankfurt am Main 1992.

A. C. Nielsen Gesellschaften in Europa, Hrsg.: So arbeiten wir, Luzern 1963.

AG.MA, Arbeitsgemeinschaft Media-Analyse e. V. und MEDIA-MICRO-CENSUS GmbH, Hrsg.: Textausgabe, Hamburg 1991.

Becker, W.: Zum Einsatz von Blickaufzeichnungsverfahren in der Werbeforschung, in: GFM – Mitteilungen zur Markt- und Absatzforschung, 2–3/1974.

Berekhoven, L. / Eckert, W. / Ellenrieder, P.: Marktforschung, Methodische Grundlagen und praktische Anwendung, 5. Auflage, Wiesbaden 1991.

Böhler, H.: Marktforschung, 2. Auflage, Stuttgart 1992.

Broder, M.: Haushaltspanel, in: Poth, L., Hrsg.: Marketing, Bd. 1, Kap. 2.1.3, Neuwied 1980.

BVM, Berufsverband Deutscher Markt- und Sozialforscher e. V., Hrsg.: Was bewirkt und leistet der BVM für seine Mitglieder?, Offenbach 1992.

GfK, Hrsg.: Full Service in Marktforschung, In Europa zu Hause – weltweit präsentiert, Nürnberg 1992.

Grünwald, H.: Marketing, Kunden finden – Kunden behalten, 6. Auflage, Stuttgart 1989.

Haire, M.: Projektive Techniques in Marketing Research, in: Journal of Marketing, Vol. 141, Nr. 5/1959.

Hill, W.: Marketing 1, 4. Auflage, Stuttgart 1977.

Institut für Demoskopie Allensbach, Hrsg.: Märkte, Meinungen, Mediennutzung in Deutschland – Ost und West, Allensbach 1991.

IVW, Informationsgemeinschaft zur Feststellung der Verbreitung von Werbeträgern e. V., Hrsg.: Satzung, Bonn 1991.

Knoblich, H. / Hampe, S.: Single-Source-Systeme: wie einheitlich sind die Informationen über Produkterfolg, in: absatzwirtschaft Nr. 4/1992.

Nieschlag, R. / Dichtl, E. / Hörschgen, H.: Marketing, 16. Auflage, Berlin 1991.

Pratz, G. / Reyk-Meinhard, N. / Walter, M.: Werbeträger – Publikumszeitschriften, in: Interview und Analyse, 1982.

Rominski, R.: Aldi-Käufer, in: absatzwirtschaft Nr. 3/1994.

Schäfer-Dieterle, S.: Marketing-Entscheider für Werbewirkungsforschung, in: HORIZONT, Nr. 32/1990.

Schweiger, G. / Schrattenecker, G.: Werbung, 3. Auflage, Stuttgart 1992.

Silberer, G.: Multimedia als Marketing-Instrumentarium, in: Werbeforschung & Praxis Nr. 6/1994.

Theis, H.-J.: Handelsmarketing, Frankfurt a.M. 1999.

Unger, F.: Marktforschung, Grundlagen, Methoden und praktische Anwendungen, Heidelberg 1989.

Unger, F.: Werbemanagement, Heidelberg 1988.

Weis, H. C.: Marketing, 7. Auflage, Ludwigshafen 1990.

Weis, H. C.: Marketing, 11. Auflage, Ludwigshafen 1999.

Weismann, A. / Weßner, K.: Visionäre Marktforschung: Fit für die Zukunft, in: absatzwirtschaft Nr. 4/1994.

ZAW, Zentralausschuß der Werbewirtschaft, Hrsg.: Werbung in Deutschland 1991, Bonn 1991.

o. V.: Schlag nach bei ..., in: Absatzwirtschaft, Sonderausgabe 10, 1983.

Marketinginstrumente

Teil IV

1. Marketing-Mix

Vor dem Hintergrund der von den Unternehmen festgelegten Geschäftsfeld- und Marktteilnehmerstrategien ist vom Marketingmanagement eine optimale Kombination der marketingpolitischen Instrumente zu treffen. Die vier Marketing-Mix-Instrumente Produkt, Preis (Kontrahierung), Distribution und Kommunikation sollen dabei so eingesetzt werden, dass die Marketingziele bestmöglich erreicht werden.

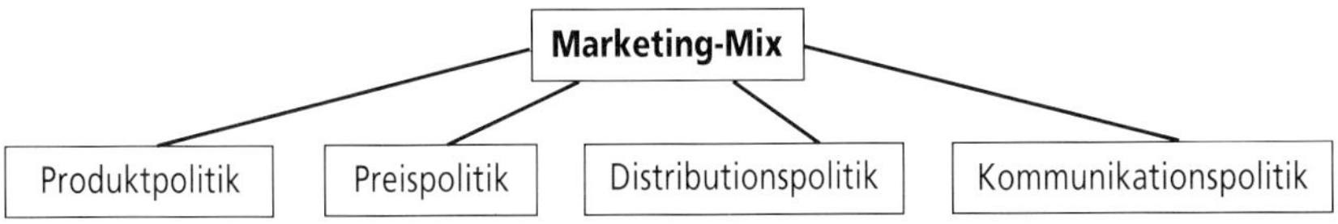

Produktpolitik

Zur Produktpolitik gehört in der klassischen Definition eine Ware in Form von „materiellen Objekten" (Kotler / Bliemel, 1999, S. 670). In der heutigen Dienstleistungsgesellschaft gehört zum Begriff der Produktpolitik untrennbar die Vermarktung nicht nur von Produkten, sondern auch von Dienstleistungen, Personen, Organisationen und Ideen dazu. Im Einzelnen zählen zur Produktpolitik die Gestaltung, die Qualität, die Marke, das Leistungsprogramm, die Verpackung und die Servicepolitik mit verschiedenen Elementen wie Kundendienst und Garantieleistungen.

Preispolitik

Die Preispolitik (auch Kontrahierungspolitik genannt) umfasst die Festlegung der Preisbildung und der Preisstrategien sowie die Liefer- und Zahlungsbedingungen, die gesetzlich erlaubte Rabattpolitik und alle Formen der Absatzfinanzierung wie Kredite, Leasing und Factoring.

Distributionspolitik

Im Rahmen der Distributionspolitik sind all die Entscheidungen zu treffen und Prozesse zu organisieren, die die Absatzwege und die Logistik betreffen. Die Waren und Dienstleistungen sollen kostengünstig, schnell und sicher am richtigen Ort zur richtigen Zeit für den Abnehmer zur Verfügung stehen.

Kommunikationspolitik

Sie beinhaltet eine Fülle von Instrumenten, die insbesondere durch die rasante Entwicklung des Internets ständig um neue Instrumente (Electronic Commerce, Bannerwerbung etc.) erweitert werden. Ziel der Kommunikationspolitik sind nicht nur die Konsumenten, sondern auch alle anderen relevanten Zielgruppen des Unternehmens wie Verbände, Institutionen, Organisationen und Mitarbeiter. Die Unternehmensziele, die Unternehmensphilosophie und das Angebots- und Leistungsprogramm sollen in einer effektiven Weise kommuniziert werden.

Marketinginstrumente			
der Produktpolitik	der Kontrahierungspolitik	der Distributionspolitik	der Kommunikationspolitik
Produktpolitik i. e. S. Produktdesign Namenspolitik Verpackung Qualitätspolitik Markenpolitik Diversifikation Differenzierungspolitik Produktvariationspolitik Programmpolitik Sortimentspolitik Kundendienst Garantiepolitik	Preispolitik i. e. S. Prämienpreispolitik Promotionspreispolitik Penetrationspolitik Abschöpfungspolitik Preisdifferenzierungspolitik Rabattpolitik Kreditpolitik Liefer- und Zahlungsbedingungen	Distributionspolitik i. e. S. Handelspolitik Absatzwegepolitik Absatzmittlerpolitik Standortpolitik Niederlassungspolitik Marketinglogistik Auslieferungspolitik Fertiglagerpolitik	Werbung Werbeträgerpolitik Werbemittelpolitik Werbebotschaft Direktwerbung Verkaufsförderung Persönlicher Verkauf Öffentlichkeitsarbeit Sponsoring Product-Placement Messe Event

Abb.: Submix-Bereiche der Marketinginstrumente (Quelle: Weis, 1999, S. 84)

Die relative Bedeutung der einzelnen Marketing-Mix-Instrumente hängt von vielfältigen Faktoren ab:

- vom Käuferverhalten,
- von der Konkurrenzsituation der Unternehmen,
- von der Bedeutung der Servicepolitik für den Kauf,
- vom Umfang der Leistungsfunktion von Produkten und Dienstleistungen,
- von der Homogenität oder Inhomogenität der Produkte und Dienstleistungen.

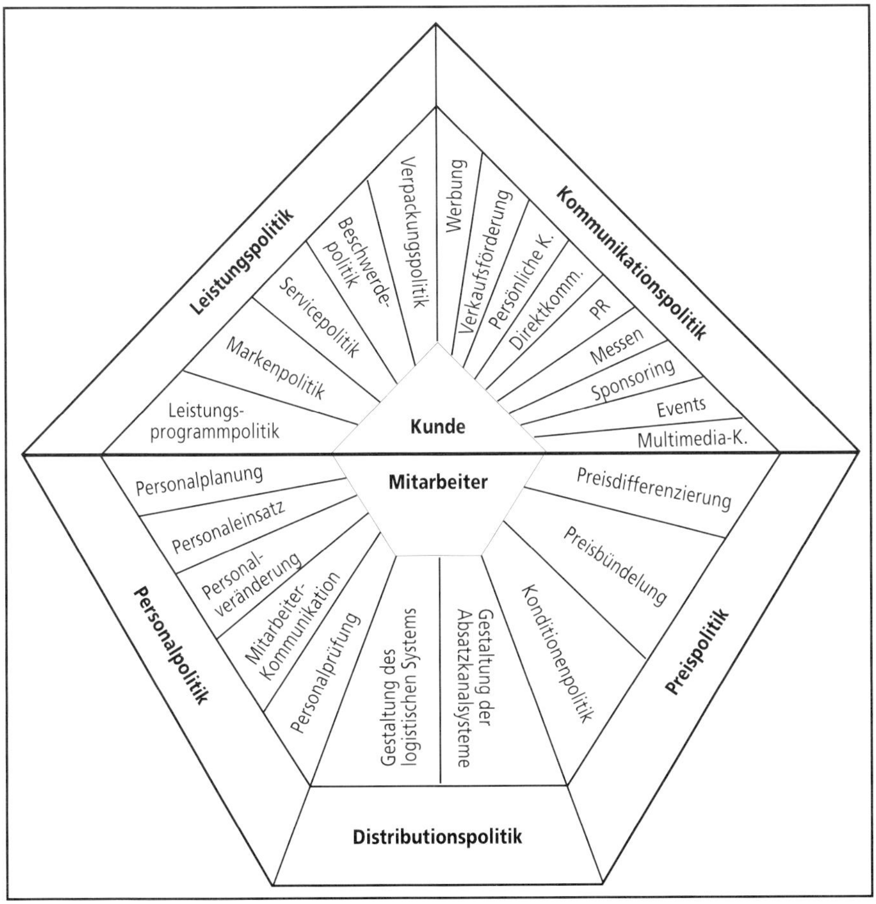

Abb.: Marketing-Mix-Elemente bei Dienstleistungsunternehmen (Quelle: Meffert / Bruhn, 1997, S. 288)

Für den Dienstleistungsbereich kommt hinzu, dass der Faktor Personalpolitik als ein weiteres (internes) Marketing-Mix-Instrument angesehen werden muss. Dienstleistungen sind sehr stark durch Immaterialität und den direkten Kontakt der Mitarbeiter mit den Kunden geprägt. Die Qualität und Leistung des Personals entscheidet unmittelbar über den Verkaufserfolg. Allgemein gültige Aussagen für die Festlegungen eines optimalen Marketing-Mix lassen sich nicht treffen. Für die Unternehmen kommt es darauf an, eine Marketingstrategie zu entwickeln, die die „richtigen" Elemente des Marketing-Mix für die spezifischen Märkte und Zielgruppen beinhaltet.

2. Produktpolitik

2.1. Grundfragen der Produktpolitik

Im Zuge der Globalisierung sind produktpolitische Entscheidungen von vornherein so angelegt, dass alle Verknüpfungen mit den anderen Marketing-Mix-Bereichen und den internationalen Besonderheiten bedacht werden müssen. Produkte und Dienstleistungen sind Kombinationen bestimmter Funktionen, die jeweils entsprechende Bedürfnisse und Wünsche von Abnehmern und Verwendern auf den nationalen und internationalen Märkten befriedigen sollen. Zu diesen Funktionen gehören u. a.:

- die Basisfunktionen wie Leistung und Haltbarkeit,
- die Metafunktionen wie Sicherheit und Bequemlichkeit,
- Erhaltungsfunktionen wie Wartung/Reparatur,
- kulturelle Funktionen,
- soziale Funktionen,
- individuelle Funktionen,
- ästhetische Funktionen,
- Wertfunktionen.

Hinzu kommen eine Reihe von weiteren Funktionen, die sich aus der Abdeckung von Ansprüchen aus Gesetzen (z. B. Umweltvorschriften, Mindestsicherheit, Klimagerecht etc.) und Verordnungen der verschiedenen Zielländer ergeben. Wie kompliziert dies in der Realität ist, zeigt die Tatsache, dass etwa die Bestellung von bestimmten Medikamenten aus den USA via Internet nach Deutschland verboten ist und eine Straftat darstellen kann.

Produktpolitik im engeren Sinn beinhaltet Entscheidungen über:

- die Produkt- und Dienstleistungsqualität,
- den Grund- und Zusatznutzen,
- die Formgebung und Farbgestaltung,
- die Verpackungsgestaltung,
- die Gestaltung der Markierung einschließlich der Etikettierung,
- die Markenbildung- und -führung.

Im Weiteren müssen Produkt- und Sortimentsanalysen durchgeführt werden, die zu Entscheidungen über die

- Produktpositionierung,
- Produktinnovation,
- Produktvariation,
- Produktelimination

führen.

2.1.1 Positionierung

Die Positionierung eines Produktes kann mit Hilfe von Positionierungskreuzen erfolgen. Die Merkmalsausprägungen der Achsen lassen sich dabei vielfältig definieren, je nachdem welche Ausprägungen für eine Produktgattung von Bedeutung sein können. In der Positionierung spiegeln sich die marketingstrategischen Entscheidungen des Managements wider. Am Beispiel der Positionierung von Zeitschriften nach Emotionalität und Vielfalt von 1995 lässt sich unschwer erkennen, dass es neben der Zeitschrift „Spiegel" Raum gab für die neue Zeitschrift „Focus".

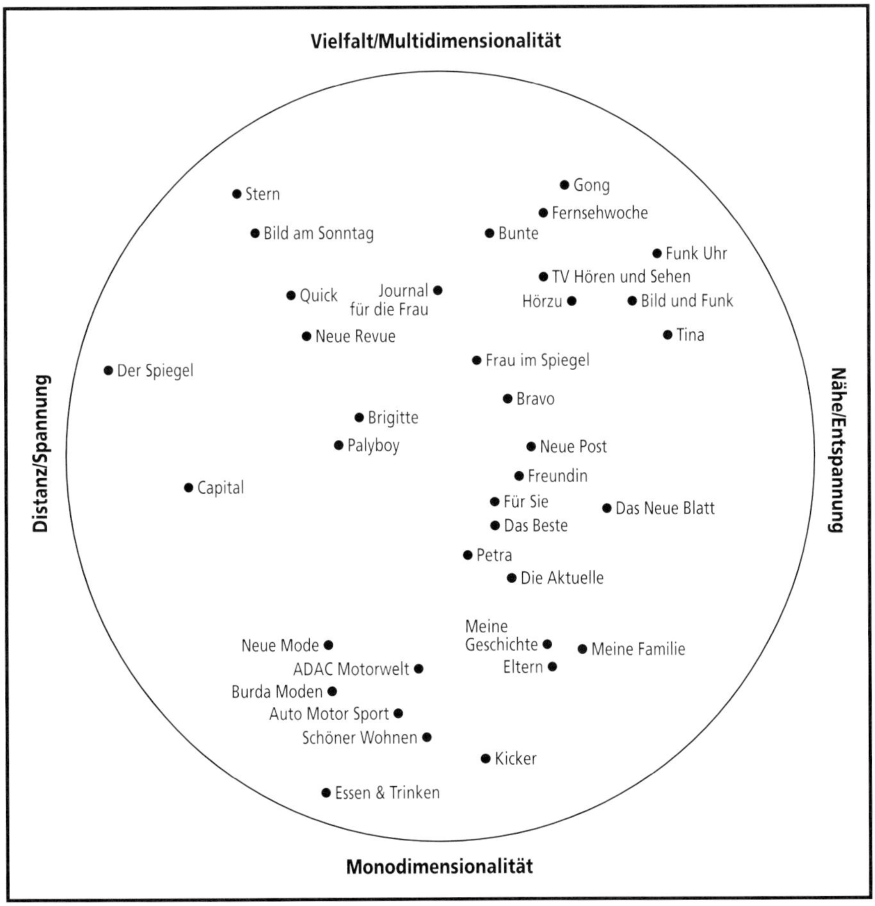

Abb.: Positionierung von Zeitschriften nach Emotionalität und Vielfalt (Quelle: Hörzu, 1995, S. 79)

2.1.2 Produktinnovation

Wenn von neuen Produkten am Markt gesprochen wird, so sind damit verschiedene Definitionsmöglichkeiten verbunden. Neue Produkte im Sinne einer echten Innovation (WAP-Handy, Bildtelefon, Directbrokerage etc.) kommen nicht so häufig auf den Markt. Neu kann auch bedeuten, durch Modifikationen (farbiges Bildtelefon, DVD-CD) ein quasineues Produkt zu schaffen. Problem ist hier die Abgrenzung, wie viel Veränderung als neuwertig zu definieren ist. Neu können auch Produkte und Dienstleistungen sein, die als so genannte Me-too-Produkte (Nachahmungsprodukte) positioniert werden. Als Beispiel hierfür können die Generika dienen.

Me-too-Produkte

Die Produktinnovation wird allgemein in Produktdifferenzierung und Produktdiversifikation eingeteilt. Bei der Produktdifferenzierung werden zusätzliche Produktvarianten auf dem Markt gebracht. Dies geschieht durch die Einführung weiterer Nutzen- und Leistungsmerkmale, durch Veränderungen im Bereich des Design oder der Verpackung.

Bei der Produktdiversifikation kommen neue Produkte bzw. Leistungen auf den Markt. Die Produkte oder Leistungen können dabei durch

- Produktentwicklung (eigene oder im Auftrag vergebene),
- Lizenzerwerb (Produktionslizenz, Vertriebslizenz),
- Unternehmenskauf,
- Kooperation (Joint Venture)

realisiert werden. Jede dieser Möglichkeiten besitzt Vor- und Nachteile und ist eng mit der Unternehmensstrategie verbunden.

Diversifikation

Diversifikation kann auch in horizontale, vertikale oder laterale Diversifikation unterschieden werden. Bei der horizontalen Diversifikation sind die Produkte den bisher vorhandenen Produkten benachbart, sodass Synergieeffekte vielfältigster Art entstehen. Bei der vertikalen Diversifikation werden Produkte der vor- oder nachgelagerten Wertschöpfungskette aufgenommen. Ein Beispiel hierfür sind die vielen neu entstehenden Filmaktiengesellschaften (Senator Film, EM.TV), die sowohl Produktionsgesellschaften als auch Verleih- und Kinobetreiber aufkaufen. Somit wird von der Produktion eines Filmes bis zum Abspielen alles aus einer Hand angeboten. Bei der lateralen Diversifikation gibt es keinen Bezug zu den bisherigen Produkten.

Am Beispiel des Internet-Marktes in Deutschland lässt sich deutlich erkennen, dass die Strategien der Wettbewerber und die strategischen Allianzen hin zu Mehrwertdiensten führen. Die Telekommunikationsunternehmen expandieren mit ihren Produkten und Dienstleistungsangeboten immer mehr in Richtung der Inhalteanbieter. Die reinen Onlinedienste expandieren in Richtung Transport und Software. Selbst die Handelsunternehmen sind gezwungen, in raschem Tempo neue Dienstleistungen anzubieten und den Bereich der Information einzubinden.

Neztinfrastruktur			Inhalt			
Ausrüstung	Transport	Internet-Zugang	Software	Handel	Information	Navigation
Switches Netze	Sprache Daten		Sicherheit Datenbanken Zahlung	Produkte Dienst-leistungen	Medien Unterhaltung Werbung	Portale
Siemens Cisco Lucent/Ascend Nortel/Bay Netw. Alcatel	Dt. Telekom Mediaways Debitel Otelo	T-online AOL/Bertelsmann Arcor Viag Interkom MobilCom Germany.net	Intershop Pixelpark Brokat Cybercash SAP	Quelle BOL Amazon Otto Shopping 24	Springer Fireball Paperball ZDF Focus	Infoseek Lycos Yahoo Altavista Excite

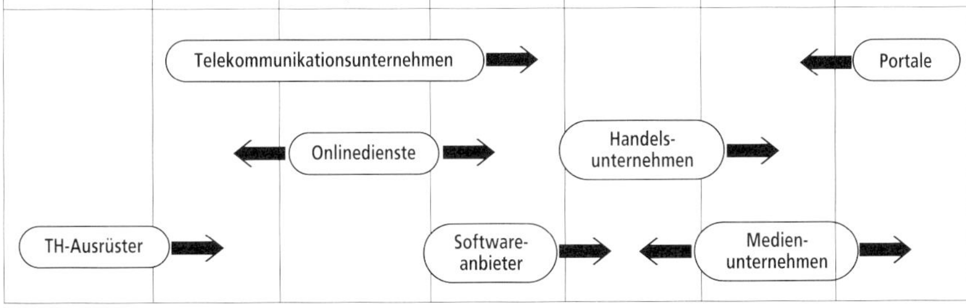

Abb. Mehrwertdienste im Internet-Markt (Quelle: com!online, 7/99)

Reine Portalanbieter werden langfristig nicht überleben. Sie müssen umfassende Informationen für die Nutzer bieten. Und die großen Medienunternehmen müssen damit leben, von viel kleineren Unternehmen geschluckt zu werden wie im Fall AOL/Time-Warner. Für den Telekommunikations- und Internetmarkt gilt nicht nur die Frage, welche Diversifikation die richtige ist, sondern vielmehr, ob sie vor dem Konkurrenten realisiert wurde. Der Schnelle frisst den Langsamen.

2.1.3 Produktvariation

Werden bereits eingeführte Produkte nur marginal verändert, spricht man von Produktvariation. Die dabei vorgenommenen Veränderungen sind auf Details beschränkt. Es lassen sich im Wesentlichen die funktionellen, physischen, Design-, Image- und Markierungsaspekte eines Produktes verändern.

2.1.4 Produktelimination

Bei der Elimination von Produkten ist darauf zu achten, warum sie eliminiert werden sollen. Reine Kostengründe sind nicht immer opportun, wenn z. B. der Verbraucher ein komplettes Sortiment einer Marke verlangt. Spielen funktionelle oder Leistungsmerkmale eine Rolle, so ist zu überlegen, ob eine Variation nicht sinnvoller wäre.

2.2 Produktlebenszyklus

Ein zentrales Element der Produktpolitik ist der Produktlebenszyklus. Er umfasst die fünf Phasen Einführung, Wachstum, Reife, Sättigung, Rückgang.

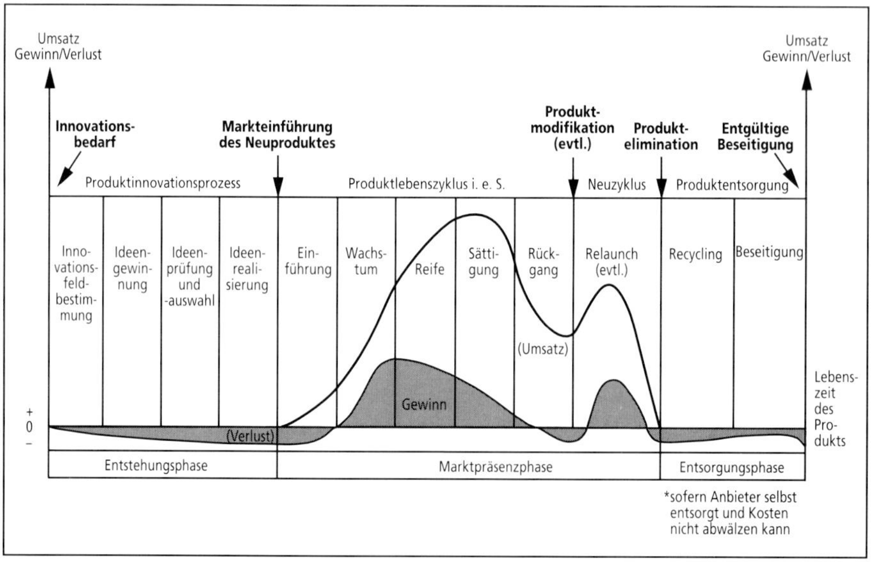

Abb.: Lebenszyklus eines Produktes (Quelle: Weis, 1999, S. 193)

Das Produktlebenszykluskonzept lässt sich für die Analyse von Produktkategorien (elektronische Geräte), einer Produktform (Tonband), einer Marke *(Nivea)* oder auch für einen ganzen Markt verwenden. Die Formen des Zyklusverlaufs sind idealtypischerweise nicht nur s-förmig und können von relativ kurzlebig

(*VW* Käfer) oder fast über ein Jahrhundert *(Nivea)* reichen. Für manche Produktkategorien kann auch gelten, dass sie aufgrund des demographischen Faktors immer in einer Phase verbleiben.
Das Produktlebenszyklusmodell lässt sich sehr gut verknüpfen mit den notwendigen Instrumenten aus allen Marketing-Mix-Bereichen, die in unterschiedlicher Intensität und zu unterschiedlichen Zeiten in den einzelnen Phasen eingesetzt werden können. Auch die oben vorgestellten produktpolitischen Aktionen (Innovation/Variation etc.) können gezielt auf die Phasen abgestimmt werden.

Einführungsphase
Hier geht es um eine schnelle oder langsame Marktabschöpfung und Marktdurchdringung. Die Umsätze sind noch gering und der Konsument muss das neue Produkt oder die neue Dienstleistung erst einmal akzeptieren. Monopolähnliche Anbieterstrukturen verändern sich durch den Markteintritt von Nachahmern. In der Regel werden in dieser Phase Verluste gemacht. Die Gewinnschwelle wird meist erst in der Wachstumsphase erreicht.

Wachstumsphase
In dieser Phase weitet sich der Umsatz aus. Es treten weitere Wettbewerber auf den Markt und neue Zielgruppen werden erschlossen. Erste Preissenkungen werden vorgenommen und im Rahmen der Produktpolitik gibt es erste Produktvariationen.

Reifephase
Hier erreicht der Umsatz sein Maximum. Die Wachstumsrate sinkt gegen null. In der Regel ist die Marktstruktur vonseiten der Anbieter polypolistisch. Die Zahl der Nachfrager ist stark angestiegen und die Anbieter differenzieren ihr Produktprogramm zwecks Abgrenzung gegenüber der Konkurrenz. Die Nachfrage reagiert sehr preiselastisch.

Sättigungsphase
In dieser Phase sinkt der Umsatz, der Gewinn nimmt ständig ab und unterschreitet am Ende die Gewinnschwelle. Die Produktvariation und -differenzierung gewinnt weiter an Bedeutung. Der Qualitätswettbewerb und Kundenbindungsmaßnahmen spielen eine immer größere Rolle. Der Preissenkungsspielraum ist in Abhängigkeit von den Kosten- und Anbieterstrukturen begrenzt.

Rückgangsphase
Hier vollzieht sich ein starker Umsatzrückgang. Gewinne lassen sich meist nicht mehr realisieren. In dieser Phase entscheidet sich, ob ein Produkt vom Markt genommen wird, ein Relaunch stattfindet oder das vorhandene Leistungsprogramm durch Straffung weitergeführt werden kann.

Der abgebildete Kurvenverlauf stellt nur eine von vielen Varianten dar. Die einzelnen Phasen können mitunter Jahrzehnte dauern. Bestandteil des Gesamtzyklus ist auch eine Entsorgungsphase, die wie im Fall von Atomkraftwerken noch lange Kapital binden kann. Deshalb ist unter den Bedingungen einer erwünschten ökologischen Zukunft unseres Planeten schon in der Entstehungsphase eines Produktes zu beachten, welche schädlichen Wirkungen bei Innovationen vermieden werden müssen.

Das Produktlebenszyklusmodell kann sehr hilfreich sein für das richtige Timing bei der Einführung von neuen Produkten. Es liefert außerdem Hinweise über die Stärken und Schwächen eines Unternehmens sowie über den Stand des Wachstumsprozesses im Vergleich mit anderen Unternehmen.

2.3 Portfolioanalyse

Innerhalb des Managements durch Controlling spielt das Produktcontrolling eine besondere Rolle. Das Produktcontrolling umfasst Aspekte wie Alter, Produktqualität und wirtschaftlichen Erfolg der Produkte. Neben der Produktlebensanalyse hat sich die Portfolioanalyse als ein weiteres Instrument etabliert.

Bei der Portfolioanalyse wird neben der reinen produktpolitischen Betrachtung die Ausgewogenheit des Geschäftsfeldes eines Unternehmens hinsichtlich Marktwachstumschancen und Wettbewerbssituation untersucht, um strategische Entscheidungen für das Unternehmen zu maximieren. Das Portfoliokonzept wurde als Theorie zur optimalen Mischung und Risikostreuung eines Wertpapierportefeuilles entwickelt. Gegenstand der Betrachtung können dabei Unternehmenseinheiten, Produktgruppen, Produkte, aber auch Regionen oder Kundengruppen sein.

Die bekanntesten Portfolios sind die Vierfelder-Boston-Matrix, entwickelt von der Boston-Consulting-Gruppe, und die Neunfelder-McKinsey-Matrix von der McKinsey-Beratungsgesellschaft.

Ausgangspunkt für die Entwicklung einer Matrix ist die Einteilung des Portfolios in möglichst unabhängige Einheiten. Dies können strategische Geschäftseinheiten sein. Die in den Studien wesentlichen Erfolgsfaktoren Marktwachstum und Marktanteil markieren zwei Achsen, die wiederum durch eine weitere einfache Unterteilung in „hoch" und „niedrig" eine Vier-Felder-Matrix ergeben.

Für eine aussichtsreiche Zukunft wäre in diesem Modell die Positionierung von Produkten und Geschäftseinheiten in den Feldern mit hohem Marktwachstum und hohem Markanteil sinnvoll. Es lassen sich mit diesem Modell in der Verknüpfung mit der Produktlebenskurve für Produkte oder Geschäftseinheiten in jedem der vier Quadranten typische Gestaltungsmaßnahmen ableiten.

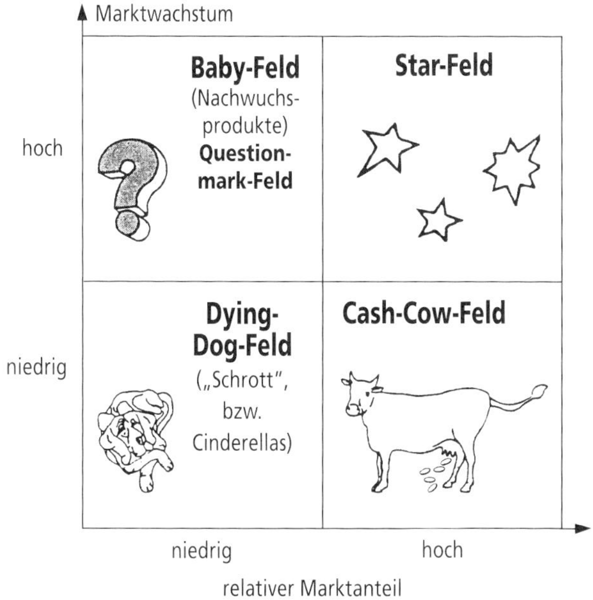

Abb.: Portfolioeinteilung nach der Vierfelder-Boston-Matrix (Quelle: Baus, 1996, S. 37)

Baby-Feld-Strategie

Beim Baby-Feld oder Question-Mark-Feld stellt sich die Frage: fördern oder aussteigen, d. h., hier müssen sinnvoll Desinvestitionsstrategien oder Neuinvestitionen erfolgen, um diese Produkte oder Geschäftsfelder in die Star-Position zu überführen.

Star-Feld-Strategie

Die Stars in der Wachstumsphase müssen erhalten und aufgebaut werden. Dies beinhaltet eine Erweiterung der Investitionen, um die Stars in eine Position zu bringen, die einen positiven Cashflow ermöglichen.

Cash-Cow-Feld-Strategie

Die Marktanteilserhaltung von Produkten erfordert verstärkte Produktvariationen und -differenzierungen sowie Ersatz- bzw. Rationalisierungsinvestitionen, um den hohen Cashflow, den dieses Feld bringt, zu erhalten.

Dying-Dog-Feld-Strategie

Die Dogs sind aufgrund ihrer schwachen Position eigentlich aus dem Programm zu eliminieren. Aus markenstrategischer Sicht und aufgrund möglicher Nachfrageverbundeffekte muss allerdings überlegt werden, ob es vielleicht zu einem Relaunch kommen kann und Dogs als Cinderellas auferstehen.

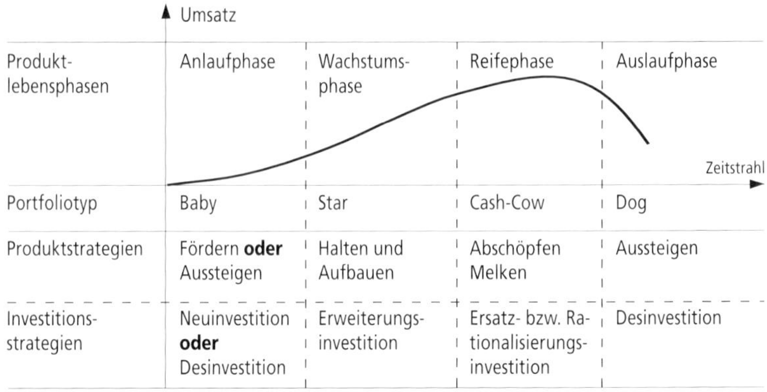

Abb.: Portfolioanalyse verknüpft mit Lebenszyklus sowie die möglichen Produkt- und Investitionsstrategien (Quelle: Baus, 1996, S. 39)

In der Praxis kann die Portfolioanalyse durch einen Soll-Ist-Vergleich hilfreich für produktpolitische und strategische Entscheidungen sein. Der Vorteil der Methode liegt in ihrer Anschaulichkeit, ihrer leichten Handhabung und in ihrem hohen Kommunikationswert. Der Nachteil ergibt sich aus der Nichtberücksichtigung anderer Schlüsselfaktoren wie Reaktion der Konkurrenten und die monokausale Betrachtung der Einflussfaktoren auf den Cashflow sowie der recht willkürlichen Abgrenzung der Felder.

2.4 Entscheidungen

2.4.1 Neuproduktentwicklung

Die Neuproduktentwicklung hängt sehr eng mit der gesamtem Marketingstrategie eines Unternehmens zusammen. Produktentwicklung kann heute für die allermeisten Produkte und Dienstleistungen im Rahmen der Globalisierung nicht mehr für einen kleinen nationalen Markt erfolgen. Zumindest müssen schon im Vorfeld Varianten zur Anpassung des Produkts oder der Dienstleistung mit angedacht werden.
Marktgewinne und Umsatzsteigerungen lassen sich in den meisten Warengruppen nur noch durch Verdrängung eines Wettbewerbers, durch Produktinnovation oder durch konkurrenzfähige Preise erzielen. Wie viel System und Aufwand hinter einer Neueinführung steckt, zeigen die Forschungsaufwendungen von *Nestle:* In 18 Forschungseinrichtungen und Entwicklungszentren in elf Ländern arbeiten 2.500 Mitarbeiter an neuen Produkten (FAZ, 12.10.97).
Hierzu gibt es Reihe von Prognoseverfahren, die sich in intuitive und systematische Verfahren einteilen lassen (vgl. Weis, 1999, S. 158).

Die Neuproduktentwicklung lässt sich als Teil des erweiterten Produktlebenszyklus definieren.

Produktfindung

Hier muss durch eine sehr eingehende Marktforschung durch unternehmensinterne Abteilungen bzw. Institutionen oder durch externe Berater und Beobachter (Verwender, Erfinder, Forschungsinstitute, Trendscouts, Lieferanten etc.) herausgefiltert werden, inwieweit das Produkt auf entsprechende Bedürfnisse vonseiten des Marktes und der Kunden trifft. Am Beispiel der zentralen Innovationsfelder für Haushaltsgeräte in den 80er- und 90er-Jahren lässt sich sehr eindeutig ablesen, dass Innovationen sehr stark durch gesetzliche Anforderungen, ökonomische Einsparungen, ökologische Erfordernisse und technologische Trends geprägt sind.

Bereich	80er-Jahre	90er-Jahre
Übergreifend	1. Verbrauchswerte (Strom, Wasser, chemische Mittel) 2. Umwelt (Schadstoffminimierung) 3. Design 4. Elektronik 5. Einbau	1. Verbrauchswerte (Strom, Wasser, chemische Mittel) 2. Umwelt (Schadstoffminimierung, Verpackung, Materialkennzeichnung, Recycling) 3. Design 4. Elektronik
Kühlen	1. Mehrere Temperaturzonen 2. No-Frost-Gefriersystem 3. Bedienergonomie (z. B. Auszugstechnik)	1. FCKW-/FKW-freie Geräte 2. Frischlagertechnik (0-Grad, Feuchte) 3. No-Frost-Gefriersystem
Spülen	1. Integriertechnik 2. Aqua-Stopp 3. 45 cm Breite 4. Geräusch	1. Auftisch-/Kompaktgeräte 2. Bürospüler
Waschen	1. Schleuderleistung, Drehzahl 2. Oberwassertechnik 3. ADS, Automatisches Dosiersystem 4. Luftkondensationstrocknung 5. Aqua-Stopp	1. Wasser sparende Technik 2. Waschprogrammdauer 3. Schleuderleistung
Kochen	1. Mikrowelle 2. Multifunktion 3. Glaskeramik 4. Halogen-Heizung	1. 45-cm-Herd 2. Automatik 3. Bedienungskomfort 4. Induktionsheizung

Abb.: Innovationen bei Haushaltsgeräten (Bruhn / Meffert / Wehrle, 1994, S. 480)

Ideengewinnung

Methoden zur kreativen Ideenfindung lassen sich nach den jeweiligen zugrunde liegenden Denkprinzipien einteilen. Die am häufigsten angewandten Methodenbereiche werden im Folgenden mit Beispielen kurz beschrieben. Dabei wird in der Darstellung der Methode darauf verzichtet, alle notwendigen Schritte bei einer kreativen Aufgabenstellung nachzuvollziehen. Diese Schritte beinhalten:

- die Problemstellung,
- die Problemklärung,

- die Neuformulierng des Problems (genaues Briefing),
- die Durchführung der Übung,
- die Findung von Lösungsansätzen,
- die Bewertung der gefundenen Lösungsansätze.

1. Assoziationsmethoden

Hierzu gehören insbesondere das *Brainstorming* und das *Brainwriting.* Bei diesen Techniken geht es darum, über die freie Assoziation zu einer Problemfrage möglichst viele mit dem Problem zusammenhängende Aspekte zu finden. Viele dieser Aspekte sind durchaus schon bekannt, aber die Assoziationen der einzelnen Gruppenmitglieder treffen aufeinander, überlagern sich und ermöglichen neue Kombinationen und Zuordnungen.

Brainwriting (Methode 6-3-5)

Wie dem Schaubild zu entnehmen ist, werden von einem Teilnehmer drei Ideen vorgegeben. Die nachfolgenden fünf Teilnehmer haben jeweils fünf Minuten Zeit, um ausgehend von den Lösungen der Vorgänger die Ideen weiterzuspinnen. Brainwriting wird deshalb auch als Methode 6-3-5 bezeichnet, weil 6 Teilnehmer in 3 vorgegebenen Lösungsfelder innerhalb von 5 Minuten die Übung durchführen.

Der Vorteil dieser Methode liegt in der einfachen Handhabung. Es werden eine Fülle von Ideen in einer kurzen Zeit entwickelt. Jeder Teilnehmer setzt sich zu jedem Zeitpunkt intensiv mit der Aufgabenstellung auseinander. Brainwriting eignet sich eher für eingegrenzte und konkrete Aufgabenstellungen wie z. B. die Entwicklung eines Namens oder eines Logos. Als Beispiel für eine Aufgabenstellung kann die Suche nach einem Veranstaltungstitel im Rahmen der Fortbildung dienen.

2. Methoden der systematischen Bedingungsvariation

Mit Hilfe dieser Methoden werden vorhandene Faktoren systematisch und konsequent verändert. Die Lösungsansätze werden auf das in ihnen vorherrschende Prinzip hin untersucht und konsequent durch andere Prinzipien ersetzt, die neue Ansichten auf das Problem zulassen. Dies kann durch dialektisches Denken oder z. B. mit Hilfe einer Liste manipulativer Verben erfolgen. Zu diesen Methoden zählen die Kopfstandtechnik, die Stopp-Technik und die Osborn- oder Checklisten-Methode.

Osborn-Methode

Die nach ihrem Begründer benannte Methode geht von der Erkenntnis aus, dass Lösungen durch Umstrukturierungen des Ausgangsproblems anhand bestimmter Fragestellungen erzeugt werden können. Dies erfolgt durch eine Liste von manipulativen Verben. Die Bearbeitung der Fragen erzeugt einen Perspektivenwechsel und zwingt zur ständigen Neubetrachtung des Problems.

Anzahl der Gruppenmitglieder: ❻	Lösungsideen		
	1	2	3
Nr. ❶ 			
Nr. ❷ 			
Nr. ❸ 			
Nr. ❹ 			
Nr. ❺ 			
Nr. ❻ 			

Osborn-Checkliste

Was ist ähnlich?
Gleiche Funktion? Ähnliches Aussehen? Ähnliches Material? Welche Parallelen lassen sich ziehen?

Welche anderen Anwendungsmöglichkeiten?
Neue Anwendungsmöglichkeiten? Für andere Personen? Andere Anwendungsmöglichkeiten durch Veränderung des Objektes?

Anpassen?
Wem ähnelt es? Welche anderen Ideen suggeriert es? Gibt es in der Vergangenheit Parallelbeispiele? Was könnte man davon übernehmen? Was könnte man zum Vorbild nehmen?

Verändern?
Ihm eine neue Form geben? Den Zweck ändern? Die Farbe, die Bewegung, den Ton, den Geruch, das Aussehen verändern? Sind andere Änderungen denkbar?

Vergrößern?
Was kann man hinzufügen? Soll man mehr Zeit darauf verwenden? Die Frequenz erhöhen? Es widerstandsfähiger machen? Größer? Länger? Schwerer? Dicker? Ihm einen zusätzlichen Wert geben? Die Anzahl der Bestandteile vergrößern? Es verdoppeln? Es vervielfachen? Es übertreiben? Teuerer machen?

Verkleinern?
Was ist daran entbehrlich? Kann man es kleiner machen? Kompakter? En miniature? Niedriger? Kürzer? Flacher? Aerodynamischer? Leichter? Kann man es in Einzelteile zerlegen?

Ersetzen?
Wen oder was könnte man an seiner Stelle setzen? Welche anderen Bestandteile sind möglich? Welche anderen Materialien, Herstellungsprozesse, Energiequellen, Standorte? Welche anderen Lösungsmöglichkeiten? Welchen anderen Ton?

Umformen?
Die Bestandteile neu gruppieren? Neue Modelle entwickeln? Die Reihenfolge verändern? Ursache und Wirkung vertauschen? Die Geschwindigkeit verändern?

Ins Gegenteil verkehren?
Das Positiv statt des Negativs nehmen? Das Gegenteil erreichen? Das Untere nach oben bringen? Die Rollen vertauschen? Die Position der Personen ändern? Die Reihenfolge des Ablaufes neu ordnen?

Kombinieren?
Mit einer Mischung versuchen? Einen Verbund machen? Eine Auswahl? Neu gruppieren? Mehrere Objekte zu einem verbinden? Mehrere Anwendungsbereiche für einen? Mehr Ziele? Wenig Ziele?

Abb.: Checkliste zur Osborn-Methode (Quelle: Sand, 1979)

3. Analogiemethoden

Im Vordergrund der Analogietechnik und der Methode der klassischen und visuellen Synektik für Erfindungen stehen hier Analogien, insbesondere auch bildhafter Art, die nicht logisch, kognitiv oder klassifizierend sind. Aus der Verknüpfung von Bildern, willkürlich oder bewusst ausgesucht, mit einer Problemsituation lassen sich neue Sichtweisen auf das Problem gewinnen. Aus den Unterschieden zwischen Problemen und Analogien ergeben sich neue Lösungsansätze. Der Ablauf dieser Methode gestaltet sich etwas anders:

- Problemstellung,
- Problemklärung,
- Spontanlösungen,
- Neuformulierung des Problems,
- Bildung einer direkten Analogie,
- Auswahl einer Analogie und ihre Analyse,
- Ich-Identifikation mit der ausgewählten Analogie,
- Kurzbeschreibungsanalogie (symbolische Analogie),
- Bildung direkter Analogien auf der Basis einer symbolischen Analogie,
- Auswahl und Analyse einer ausgewählten direkten Analogie,
- Rückkoppelung zum Problem,
- Bewertung der Lösungsideen.

Dieses Verfahren ist sehr komplex und erfordert einige Übung von den Teilnehmern, um es produktiv einzusetzen.

4. Reizwortmethoden

Ausgehend von zufällig bzw. bewusst zusammengestellten Wörtern und Begriffen werden durch Kombination oder Assoziation neue Anregungen für Lösungen gewonnen. Das Zufallsprinzip der Auswahl von Wörtern spielt hier eine große Rolle. Zu dieser Methode gehören die Superposition, die Katalogmethode, die Lexikonmethode, Force-Fit und die semantische Intuition.

Force-Fit-Methode

Diese Methode macht wegen ihres spielerischen Charakters Spaß und setzt Energien frei. Es werden zwei Mannschaften gebildet, die einen Teilnehmer zum Schiedsrichter und Protokollführer bestimmen. Eine Mannschaft benennt einen gegenständlichen Begriff, der möglichst wenig mit dem zu lösenden Problem zu tun hat. Die andere Mannschaft muss aus diesem Begriff eine Lösungsidee innerhalb von zwei Minuten entwickeln. Gelingt es ihr, bekommt sie einen Punkt und darf nun der Gegenmannschaft einen Begriff nennen, zu dem diese Lösungsvorschläge entwickeln soll. Der Schiedsrichter überwacht das Spiel und entscheidet, ob ein Lösungsvorschlag geeignet ist.

Zur Verdeutlichung hier ein Beispiel. Die Problemstellung lautet: Wie kann man das Betriebsklima in einer Werbeagentur verbessern? Wie kann das Zusammengehörigkeitsgefühl in der Werbeagentur stärker entwickelt werden?

Dazu werden folgende Lösungsideen entwickelt:

Reizwort Kaffeekanne:
- gleiche Verteilung von angenehmen/unangenehmen Aufgaben +
- gemeinsame Kaffeepausen +
- auf die richtige Mischung achten
- Aufräumarbeiten reihum erledigen +

Reizwort Flugzeug:
- gemeinsam nach New York fahren +
- Signal setzen in Richtung Zusammenarbeit
- Möglichkeit geben, gemeinsame Veranstaltungen zu besuchen
- Luft rauslassen +

Reizwort Gewitter:
- Blitzableiter einbauen
- Beschwerdemanagement einführen +
- die schlechte Laune auch mal ertragen +
- den anderen zu Wort kommen lassen und auf ihn eingehen +

Reizwort Berg:
- Bergfest +
- Berg abtragen
- eigene Einstellung ändern +

Reizwort Spiegel:
- das Verhalten des anderen widerspiegeln +
- sein eigenes Verhalten gespiegelt bekommen
- keine Nabelschau betreiben
- den anderen hospitieren +

Reizwort Taschenlampe:
- dem anderen helfen +
- ein gemeinsames Abenteuer bestehen
- die Arbeitsabläufe durchleuchten +
- dem anderen in die Karten schauen

Die Teilnehmer einigen sich auf die mit + bewerteten Lösungen und entwickeln sie weiter.

(vgl. Wack / Detlinger / Grothoff, 1993, S. 103 ff.)

Produktauswahl

Die Instrumentarien, die einen erfolgreichen Markteintritt garantieren sollen, sind zwar sehr vielfältig, aber sie schützen trotzdem nicht vor einem Flop. In den 80er-Jahren betrug die durchschnittliche Floprate von Produkten aus dem Lebensmittelhandel 85 % (Becker, 1990, S. 492). Wirklich bahnbrechende neue Produkte sind dünn gesät.

Von besonderer Bedeutung ist die Überprüfung der Positionierung und der Ansprüche aller Marktteilnehmer. Damit sind sowohl Verbraucher als auch Händler und die Produzierenden gemeint. Je mehr Ansprüchen ein Produkt oder eine Dienstleistung genügt, desto wahrscheinlicher ist seine Durchsetzung auf dem Markt:

- Verwenderansprüche (z. B. gutes Design, Haltbarkeit, Funktionalität, Zuverlässigkeit)
- Händleransprüche (z. B. Verschiedene Größen, Platz sparende Verpackung)
- Lagerungs- und Transportansprüche (Stapelung, Recyclingkosten)
- Herstelleransprüche (Produktionstechnik, ökonomische Herstellung)
- gesetzliche Ansprüche (Kennzeichnungspflicht, Inhaltsstoffe)
- Umweltansprüche (Grüner Punkt, gentechnisch manipuliert, DIN-Normgerecht)

Die Produktauswahl erfolgt dann mit Hilfe von Checklisten (Produktchecklisten, Kundenchecklisten) und quantitativen und qualitativen Bewertungsmodellen (Scoring-Modellen). Nicht zu unterschätzen sind die Wirtschaftlichkeitsanalysen, ohne die kein Produkt in den Markt geschickt werden kann. Dazu gehören insbesondere die Break-even-Analyse und Investitionsrechnungen wie die Pay-off-Rechnung oder die Kapitalwertmethode.

Produktentwicklung und -gestaltung

Wesentliche Elemente der Produktentwicklung und -gestaltung sind die technischen Parameter und die Design- und Markenanforderungen. Am Beispiel der Design- und Ausstattungslinien bei der Entwicklung der C-Klasse von *Mercedes* lässt sich sehr gut nachvollziehen, wie auf der Basis einer Lifestyle-Analyse ein Grundmodell mit Differenzierungen entwickelt wurde.

Als Ergebnis kann rückblickend festgehalten werden, dass

- eine Verjüngung der Käufer gelang,
- spezifische Zielgruppen (Frauen, Sportkäufer) angesprochen werden konnten,
- die interne Substitution zur E-Klasse sich in Grenzen bewegte,
- die Eroberungsrate bei über 35 % lag, also Käufer von anderen Marken gewonnen werden konnten.

	Klassische Version	ESPRIT	ELEGANCE	SPORT
Charakterisierung	▷ ein vollwertiger Mercedes mit deutlich besserer Austattung als Vorgänger ▷ folgt Trend zur "neuen Bescheidenheit" ▷ preisgünstiges Einstiegsangebot in die Marke	▷ ein Mercedes mit jungem, frischem Ambiente ▷ preisgünstiges Einstiegsangebot in die Marke	▷ komfortabler, eleganter, statusbetonter Mercedes ▷ folgt Trend zum "Hedonismus"	▷ ein kultiviert sportlicher Mercedes
Preisstellung (in Deutschland)	▷ ab 40.825 DM (inkl. MwSt.) auf Niveau des Vorgängers	▷ ohne Mehrpreis	▷ Mehrpreis 3.392 DM (inkl. MwSt.)	▷ Mehrpreis 3.680 DM (inkl. MwSt.)
Hauptziel	▷ Loyalitätssicherung	▷ Eroberung von Fremdmarkenfahrern ▷ Verjüngung der Baureihe/Marke	▷ Loyalitätssicherung	▷ Loyalitätssicherung/ Eroberung von Fremdmarkenfahrern
Hauptzielgruppen	▷ traditionelle Mercedes-190-Käufer ▷ Aufsteiger mit hoher Affinität zu den traditionellen Mercedes-Benz Grundwerten	▷ jung gebliebene ältere Menschen ▷ jüngere Leute (unter 45 Jahren) ▷ Frauen	▷ Käufer, die für besondere Eleganz und Statusbetonung einen höheren Preis akzeptieren ▷ Umsteiger aus der E-Klasse im Rahmen des Trends zu kleineren Fahrzeugen	▷ Mercedes-190-Sportline-Fahrer ▷ sportlich orientierte Wettbewerbskunden mit geringerer Preissensibilität

Abb.: Ausstattungsvarianten der C-Klasse für verschiedene Zielgruppen (Quelle: Bruhn / Meffert / Wehrle, 1994, S. 176)

	Klassische Version	ESPRIT	ELEGANCE	SPORT
Zielgruppen projektionen/ Fahrerimages aus Sicht von Käufern des Marktsegments [1]	▷ Männer und Frauen ▷ Alter zwischen 45 und 50 Jahren ▷ Verheiratet, mit Kindern ▷ Charaktereigenschaften - Zuverlässig - Bedächtig - Beharrlich ▷ Lebensstil - Konservativ - Bodenständig - Rustikal	▷ Eher Frauen ▷ Alter zwischen 25 und 40 Jahren ▷ Ledig, zusammenlebend mit Partner ▷ Charaktereigenschaften - Optimistisch - Spontan - Flexibel ▷ Lebensstil - Individualistisch - Jugendlich - Extravagant	▷ Männer und Frauen ▷ Alter ab 50 Jahren ▷ Verheiratet, erwachsene Kinder ▷ Charaktereigenschaften - Seriös - Erfolgsorientiert - Willensstark ▷ Lebensstil - Konservativ - Klassisch - Gehoben elegant	▷ Männer ▷ Alter zwischen 30 und 40 Jahren ▷ Ledig ▷ Charaktereigenschaften - Tempramentvoll - Selbstsicher - Karriereorientiert ▷ Lebensstil - Sportlich - Stilsicher - Leger
Anteil am Auftragseingang [2]	38%	19%	36%	7%
Eroberungsrate [2]	31%	46%	34%	45%

1) MB Marktforschungsstudie, Oktober 1993
2) Dezember 1993

Abb.: Ausstattungsvarianten der C-Klasse aus Sicht der Zielgruppen (Quelle: Bruhn / Meffert / Wehrle, 1994, S. 176)

Produktprüfung

Wenn die Idee für ein Produkt gefunden, überprüft und optimiert wurde, folgt die Produktprüfung. Diese Prüfungen dienen der Verfeinerung der Prognosen und Planungen, ermöglichen Korrekturen und Verbesserungen und geben Zeit, das gesamte Marketing-Mix für dieses Produkt zu optimieren.

Produkttest

Bei einem Produkttest wird das Produkt unter verschiedenen Aspekten getestet. Diese Aspekte können unter funktionellen, Design- und Belastungsperspektiven überprüft werden. Ebenso gehören dazu Preistests oder Einstellungstests von potenziellen Käufern zum Produkt. Diese werden vom Anbieter vor Markteinführung und geheim durchgeführt.

Markttest

Vor einer nationalen Einführung wird ein regionaler Test durchgeführt. Solch ein Minimarkttestgebiet ist in Deutschland z. B. die Gemeinde Haßloch, die einen repräsentativen Querschnitt der Konsumenten der Bundesrepublik Deutschland darstellt. Hier wird mit elektronischen Messverfahren und eigens entworfenen Werbespots, die nur in der Gemeinde ausgestrahlt werden, das Kauf- und Reaktionsverhalten getestet.

Warentest

Der Warentest erfolgt nach der Markteinführung und ist sehr verbraucherfreundlich, wenn er etwa durch ein neutrales Institut wie die Stiftung Warentest durchgeführt wird. Dass das Unternehmen mit einem dabei erzielten guten Testergebnis wirbt, versteht sich von selbst.

Produkteinführung

Erfüllt ein Produkt die technischen und konzeptionellen Tests, kann mit Hilfe von Planungstechniken wie Checklisten, Balkendiagrammen und der Netzplantechnik die Produkteinführung detailliert vorbereitet werden.

Trotz aller Sorgfalt ist es dennoch möglich, dass ein neues Produkt kein Erfolg wird. Möglich Gründe können sein:

- Falsche Wahl des Einführungszeitpunktes,
- unzureichende Distributionspolitik,
- zu frühe oder zu späte Einführungswerbung,
- unausgereiftes Produkt,
- unzureichende Planung,
- falscher Produktpreis,
- unzureichender Kundendienst.

(vgl. Weis, 1997, S. 238)

2.4.2 Programm-, Dienstleistungs- und Sortimentspolitik

Alle Überlegungen zur Produkt- und Dienstleistungspolitik basieren auf dem zu erwartenden Wettbewerb. Die Unternehmens- und Marketingstrategien sind die Basis für ein optimales Angebot von Produkten und Dienstleistungen. Am

Beispiel des Marktes für Bank-, Finanz- und Versicherungsprodukte lässt sich unschwer erkennen, wie schwierig es ist, ein optimales Angebot von Produkten und Dienstleistungen zu entwickeln, um am Markt zu überleben oder eine Alleinstellung zu erreichen. Wer heute kein vielfältiges Angebot im Internet präsentiert, wird mittelfristig nicht überleben.

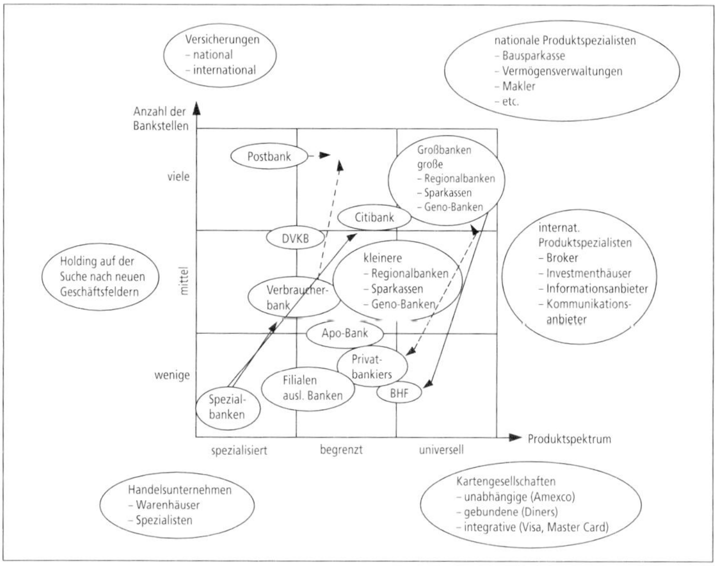

Abb.: Beispiel für einen engen Markt (Quelle: Bruhn / Meffert / Wehrle, 1994, S. 350)

Die Gestaltung des Programms muss optimal für die Zielgruppen zugeschnitten werden. Aufgabe der Programm- und Dienstleistungspolitik ist die Festlegung und Struktur des Verkaufsprogramms und des Dienstleistungsangebotes. Dabei geht es um konkret um die Festlegung der:

Sortiments- und Dienstleistungsschwerpunkte:

- eine Hauptlinie mit verschiedenen Nebenlinien

Sortiments- und Dienstleistungsstruktur:

- breites Sortiment (viele verwandte Artikelgruppen oder Dienstleistungen)
- tiefes Sortiment (eine Produktgruppe mit kompletten Angebot)
- exklusives Sortiment (Luxusmarken oder einmalige Dienstleistungen)
- gemischtes Sortiment (viele verschiedene Artikel oder Dienstleistungen)

Orientierungsschwerpunkte:

- Herkunftsorientierung (materialbestimmte Gestaltung)

- Bedarfs- oder Erlebnisorientierung (verbraucherbestimmte Orientierung)
- Orientierung an Preislagen
- Orientierung an der Verkäuflichkeit (erklärungsbedürftige Sortiments- oder Dienstleistungsgestaltung)

2.4.3 Markenpolitik

Ein wesentlicher Bestandteil der Produktpolitik ist die Markenpolitik. „Als Marke können alle Zeichen, insbesondere Wörter einschließlich Personennamen, Abbildungen, Buchstaben, Zahlen, Hörzeichen, dreidimensionale Gestaltungen einschließlich der Form einer Ware oder ihre Verpackung sowie sonstige Aufmachungen einschließlich Farben und Farbzusammenstellungen geschützt werden, die geeignet sind, Waren oder Dienstleistungen eines Unternehmen von denjenigen anderer Unternehmen zu unterscheiden" (§ 4 Abs. 1 MarkenG).

Mit der Einführung und Erhaltung von Marken sichern die Unternehmen ihre Zukunft. Unter dem Motto „Markenführung ist eine Kunst und zugleich der Eckpfeiler im Marketing" werden Marketingstrategien und Markentechniken entwickelt, die im globalen Wettbewerb zum Erfolg führen sollen.

Merkmale einer Marke:

- Markierte Fertigware,
- gleich bleibende bzw. verbesserte Qualität,
- gleich bleibende Mengen,
- gleich bleibende Aufmachung,
- Ubiquität, größerer Absatzraum, überall erhältlich,
- Verbraucherwerbung.

Vorteile einer Markierung:

- Bei einer erfolgreichen Marke reduzieren sich die Marketingaufwendungen, um Markenbekanntheit und Markentreue aufzubauen.
- Die Verhandlungsstärke gegenüber den Handelspartnern ist größer.
- Es kann in der Regel ein höherer Preis im Vergleich zu den Wettbewerbern verlangt werden, wenn der Verbraucher der Marke eine höhere Qualität zugesteht.
- Die Möglichkeiten zur differenzierten Marktbearbeitung sind größer.
- Die Marke bietet einen größeren Schutz gegen den reinen Preiswettbewerb.
- Im Rahmen der Kommunikationspolitik ergibt sich eine mögliche Alleinstellungschance.

Arten von Marken:

- Herstellermarken,
- Handelsmarken,
- Gattungsmarke (no names),
- Dienstleistungsmarken,
- Premiummarken,
- Einzelmarken,
- Gruppenmarken,
- Firmenmarken,
- regionale, nationale, internationale Marken.

Der Anteil der Handelsmarken im Lebensmittelsortiment nimmt zu. Der Druck auf die Markenartikel der Hersteller vonseiten der Handelsorganisationen wird insbesondere ausgelöst durch die geringen Gewinnspannen im Handel und durch den zunehmend stärker werdenden globalen Konzentrationsprozess durch Handelskonzerne wie Wal-Mart aus den USA, die verstärkt in die europäischen Märkte expandieren. Die Hersteller müssen darauf mit Innovation, verbessertem Service, verstärkten Werbeanstrengungen und einer Produktdifferenzierung in neue Markt-, Preis- und Qualitätssegmente reagieren.

Am Beispiel der Entwicklung der Produktwelt von *Nivea* lässt sich verdeutlichen, dass die Verbraucher in der Vergangenheit weltweit bereit waren, eine Brand-extension-Politik der Marke zu akzeptieren. Dabei gehört es zu den Grundsätzen der *Nivea*-Markenpolitik, dass für jedes Segment ein eigenständiger Markenauftritt gewählt wird, der sich in spezifischem Werbeauftritt, Promotion, PR etc. widerspiegelt. Die einzelnen Werbekampagnen sind auf ihre jeweiligen Märkte ausgerichtet. So werden Eigenheiten der unterschiedlichen Teilmärkte, besondere Verbrauchergruppen und nicht zuletzt die individuellen Ausprägungen der verschiedenen Länder berücksichtigt.

Nivea Creme	Nivea Body	Nivea Visage	Nivea Sun
cream	milk	moisturizing daily care	tanning lotion
milk	lotion	regenerating night care	tanning gel
hand cream	firming lotion	repairing anti-wrinkle care	tanning oil
	oil	triple performance care	self tan cream
	splash	firming treatment	self tan lotion
	balsam	eye perfection	sun cream
	fresh gel	tinted moisturizing care	sun block cream
	peeling gel	cleansing milk	sun lotion
	contouring cream	moisturizing toner	children lotion
	anti-strech marks	cream foaming cleansing gel	children block lotion
	anti-tired legs lotion	eye make-up remover	children cream
		purifying cream mask	senistive balm
		vital day/night care	apres sensitive lotion
		vital cleansing milk/emulsion	sun sport lotion
		vital activating concentrate	aftersun liposome cream
			aftersun vitamin lotion

Nivea for Men	Nivea Deodorant	Nivea Shower/Bath/soap	Nivea Hair Care	Nivea Beaute
after shave balm	deo spray	shower gel	shampoo	nails
after shave lotion	pump spray	shower milk	rinse	eyes
after shave cream	pump spray lotion	shampoo shower	2 in 1 formula	lips
face care emulsion	roll-on	bath liquid gel	foam balm	face
face care cream	deo stick	bath milk	intensive hair pack	
face care gel	deo cream	oil bath	restructuring hair pack	
shaving foam	antiperspirant spray	cream soap	styling spray	
shaving gel		liquid soap	styling foam	
shaving cream		milk bar	styling gel	
			volumen liquid	

Am Beispiel der erfolgreichen Einführung der Range *Nivea Beaute* 1997 lässt sich verdeutlichen, dass eine ursprünglich geplante Palette von 100 Produkten innerhalb von zwei Jahren auf 160 Produkte ausgeweitet werden musste, um sich den rasch wandelnden Bedürfnissen der Konsumentinnen anzupassen. Der wertmäßige Marktanteil von *Nivea Beaute* beträgt nach zwei Jahren der Einführung 8 %. (vgl. Beiersdorf, 1995)

Die nationale und internationale Durchsetzung einer Marke ist ein langfristig angelegter Prozess. Wie im Falle *Tempo* oder *Tesafilm* können Marken sogar als Gattungsbegriff in der Umgangssprache der Verbraucher verankert werden.

Markenführung

Die Markenführung ist eine Kunst. Marken schaffen Beziehungen, an ihnen orientiert sich der Konsument. Starke Marken sind unverwechselbar und schwer kopierbar. Sie haben Persönlichkeit, starke emotionale Bindungskräfte nach innen und außen. Starke Marken sind immer die Übereinstimmung von Versprechen und Erwartung.

Eine starke Marke ist die beste Gewähr gegen Schnäppchenmentalität. Den billigsten Preis kann grundsätzliche jeder unterbieten, die starke Marke schnell ersetzen jedoch nicht.

Keine noch so gute Markentechnik schafft es, ein schlechtes Produkt in ein Qualitätserzeugnis zu verwandeln. Gute Markenführung ist aber durchaus in der Lage, gleichwertige Waren im Genuss auf eine höhere Stufe zu heben oder einen geringeren Qualitätsabstand erheblich zu vergrößern.

Internet-Marken

Die Besonderheit der Markierung durch das Instrument Internet ist, dass viele neue Unternehmen wie *Amazon.com* oder *Yahoo* vom Start an nur im Internet aktiv sind. Das Internet hat sie zur globalen Marke gemacht. Die Erfolgsbasis des Mediums Internet ist die Interaktivität. Jeder hinterlässt seine Spur im Web. Unternehmen können sehen, woher wer kommt, wie lange er wo bleibt und wohin er geht.

Das Web bietet die fünf C: Convenience, Customization, Choice, Community, Control (Bequemlichkeit, Kundenorientierung, Auswahl, Gemeinschaft, Kontrolle). Die gewonnenen Kundenprofile bilden eine hervorragende Möglichkeit für das One-to-one-Marketing. Das Erfolgsgeheimnis der Internet-Marken ist es, für jeden global ein individuelles Produktserviceangebot zu bieten. Erfolg hat in der Zukunft im Web nur derjenige, der bequeme Nutzung, sichere Zahlung und zuverlässigen Lieferservice bietet.

2.4.4 Servicepolitik

Die Servicepolitik gewinnt im Rahmen der Produkt- und Dienstleistungsangebote eine immer größer werdende Bedeutung für den Kaufentscheidungsprozess. Sie ist als Zusatzleistung zu definieren und hat die Aufgabe, im Rahmen des Kundenbindungsmanagements die Fluktuations- und Markenwechselrate zu vermindern. Sie ist nicht nur imagefördernd, sonder spart enorme Kosten. Einen neuen Kunden gewinnen kostet etwa vier- bis sechsmal mehr, als einen vorhandenen Kunden zu halten.
Am Beispiel der Servicekette einer Flugreise lässt sich nachvollziehen, dass es heute nicht mehr genügt, ein Kernprodukt – den Flug – anzubieten. Es müssen sowohl vor dem Flug als auch nachher Zusatzdienstleistungen angeboten werden.

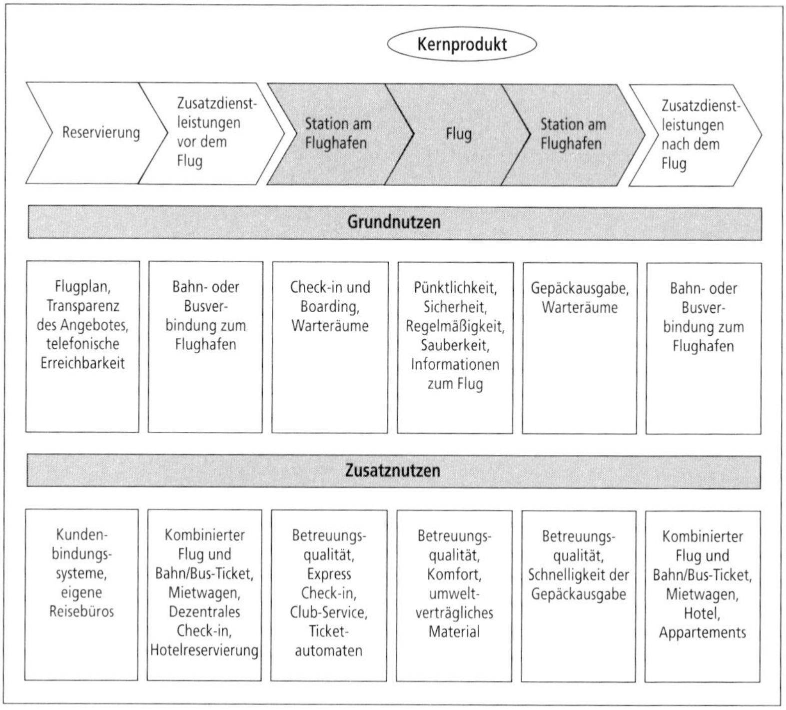

Abb.: Servicekette einer Fluglinie (Quelle: Meffert / Bruhn, 1997, S. 629)

Neben der Identifizierung des Grundnutzens aller einzelnen Ketten müssen die Anbieter weitere Zusatzdienstleistungen anbieten, mit deren Hilfe eine Differenzierung gegenüber den Wettbewerbern möglich ist. Schnelligkeit und die Kreation ständig neuer Kombinationen von Dienstleistungen, die für die Kunden von Relevanz sind, bieten die Möglichkeit, einen besseren Service anzubieten. In Zukunft wird es noch viel mehr Möglichkeiten geben, um beispielsweise Meilensammelpunkte von Fluggesellschaften durch den Kauf oder die Nutzung von Waren und Dienstleistungen anderer Anbieter zu akkumulieren.
So ist es zum Beispiel möglich, durch die Kooperation von *Lufthansa* und *D2 Mannesmann* die angesammelten Meilen- bzw. Servicepunkte gegeneinander auszutauschen. Der *D2*-Kunde kann für seine gesammelten Servicepunkte entweder aus dem Angebot von *D2* ein Produkt kaufen oder diese Punkte umtauschen in Meilengutscheine der *Lufthansa*. Das Gleiche ist auch umgekehrt möglich. Mit gesammelten Meilenpunkten der *Lufthansa* können *D2*-Produkte, die im Angebot sind, gekauft werden.

Die Servicepolitik umfasst ein weites Spektrum und ist für Konsumenten sowohl direkt von Nutzen als auch indirekt, wenn Zusatzdienstleistungen für Handelsunternehmen dazu beitragen, den Absatz zu fördern.
Eine Übersicht über die Einteilung von Zusatzdienstleistungen bietet das folgende Schaubild (Quelle: Kotler / Bliemel, 1999, S. 746).

Dienstleistungen für Konsumenten	Pflege der Kunden-beziehungen	• Spezielle Ansprechstelle(n) (z. B. 0130-Rufnummer) für Informationen über Produkte, deren Anwendungsmöglichkeiten etc. • Beschwerdemanagement
	Finanzierungsdienste	Gewährung bzw. Vermittlung von • Ratenkauf, Zielkauf, Mietkauf, Leasing • Inzahlungnahme Altgerät
	Lieferdienste	• Hauslieferung • Ersatzteilverfügbarkeit • Leihgerät während der Reparaturzeit • Entsorgung bzw. Recycling des Altgerätes
	Schulungsdienste	• Persönliche Schulung (z. B. Seminare) • Gebrauchsanweisung
	Gewährleistungsdienste	• Rückgabe-/Umtauschrecht bei Unzufriedenheit • Garantiezeitverlängerung • Kulanzleistungen
	Technischer Kundendienst	• Installation/betriebsfertige Auslieferung • Insprektion/Wartung/Reparatur • Vertragsgestaltung (z. B. Reparaturversicherung)
Dienstleistungen für Handelsunternehmen	Pflege der Kundenbeziehung	• Händlerhotline • Beschwerdemanagement • Spezielle Dialogforen (z. B. Ausschüsse)
	Finanzierungsdienste	• Ratenkauf, lange Zahlungsziele • Unterstützung der Händler bei Investitionen
	Lieferdienste	• Lagerhaltung • Warenwirtschaftssystem • Entsorgung/Recycling von Altgeräten • Ersatzteilverfügbarkeit
	Beratungs- und Schulungsdienste	• Unterstützung des Handels bei dessen Dienstleistungsangebot an Konsumenten • Unterstützung in (theoretisch allen) anderen Funktionsbereichen des Handelsunternehmens

Kein Unternehmen kann es sich heute mehr leisten, auf ein kontinuierliches Beschwerdemanagement zu verzichten. Kundenbefragungen sind Grundbestandteil der Markenpolitik und der Marketingstrategie. Nicht funktionierende Callcenter, unbeantwortete oder nicht rechtzeitig beantwortete E-Mails veranlassen die Kunden relativ schnell zum Wechseln.

3. Preispolitik

Die Entgeltpolitik umfasst die preisliche Festsetzung der Produkte oder Dienstleistungen. Da es sich um Maßnahmen innerhalb der Gesamtheit vertraglicher Vereinbarungen über das Leistungsangebot handelt, spricht man von kontrahierungspolitischen Entscheidungen. Sie beinhalten neben der eigentlichen Preisgestaltung auch die Rabattpolitik, die Festlegung der Liefer- und Zahlungsbedingungen sowie die Gewährung von Absatzkrediten.

3.1 Preispolitische Entscheidungen

Unter den preispolitischen Festlegungen versteht man Entscheidungen über Preisstellungen und Preislagen, die bei einem konkreten Vorhaben sinnvollerweise getroffen werden sollten, sowie die Preisfixierung für neue Produkte und auch die Änderungen der Preise.

3.1.1 Preisstrategien

Positionierung

Preise für Produkte und Dienstleistungen müssen sich letzlich immer am Markt ausrichten, wobei der Anbieter zu entscheiden hat, wo er sein Angebot im Markt platzieren will. Für die Positionierung gibt es verschiedene Strategien, die von den Marktgegebenheiten sowie den Zielvorstellungen und Möglichkeiten des Anbieters abhängig sind und eine optimale Kombination von Preis und Qualität eines Angebots zum Ziel haben. Die folgende Abbildung zeigt die verschiedenen Varianten auf.

Determinanten der Preisbildung

Bei den strategischen Überlegungen sind viele Faktoren (Determinanten), die die Preisbildung beeinflussen, zu berücksichtigen. Neben den wirtschaftlichen Zielsetzungen des Unternehmens sind das die unternehmensspezifischen Kosten, die Konkurrenzsituation, eventuelle gesetzliche Preisvorschriften und die Nachfragesituation.

Preis / Qualität	Hoch	Mittel	Niedrig
Hoch	1. Premium-strategie	2.	3. Vorteils-strategie
Mittel	4.	5. Mittelfeld-strategie	6.
Niedrig	7. Übervorteilungs-strategie	8.	9. Billigwaren-strategie

Abb.: Verschiedene Strategien zur Positionierung von Angeboten (Quelle: Kotler, Bliemel, 1992, S. 691)

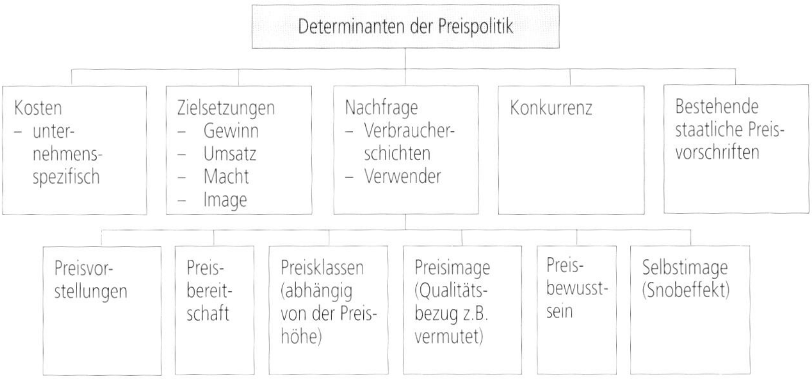

Abb.: Einflussgrößen der Preisbildung (Quelle: Weis, 1990, S. 225)

Kosten

Sie müssen in entsprechender Form mit adäquaten Methoden und mit realistischen Zielsetzungen berücksichtigt werden. Sie sind für jeden Einzelfall zu spezifizieren nach:

- Veränderlichkeit bei Beschäftigungsschwankungen in fixe und variable Kosten,
- Zurechenbarkeit zu den einzelnen Kostenträgern in Einzel- und Gemeinkosten,
- Ausgabenwirksamkeit in ausgabenwirksame und nicht ausgabenwirksame Kosten.

Zielsetzungen

Zu ihnen gehören Gewinn, Rentabilität, Sicherheit (z. B. Sicherheit der Arbeitsplätze), Wachstum, Prestige und Macht (z. B. Marktführerstreben).

Nachfrage

Hierzu gehören:

- Preisvorstellungen (Was darf das Produkt kosten?),
- Preisbereitschaft (Was wird maximal für das Produkt bezahlt?),
- Preisklassen (In welchem Preissegment kommt das Produkt am besten an, niedriges, mittleres, hohes Preisniveau?),
- Preis und Qualität (Welches Preis-Leistungs-Verhältnis kommt an?),
- Preisbewusstsein (Spanne zwischen preisbewusstem und preisindifferentem Verhalten),
- Preis und Image (Preis, der bei bestimmten Produkten akzeptiert wird).

Konkurrenz

Hierzu gehören folgende Fragen:

- Wie verhält sich meine engere Konkurrenz in der Preisbildung?
- Wie kann ich den Wettbewerbern begegnen, die über den Preis verkaufen?
- Wie verhalte ich mich gegenüber den sonstigen Wettbewerbern (z. B. in anderen Handelsformen)?

Staatliche Preisvorschriften

Beim Bestehen gesetzlicher Preisvorschriften ist der Handlungsspielraum eingeschränkt. Hier kann das Unternehmen seinen Gewinn nur auf der Kostenseite beeinflussen.

3.1.2 Berechnung der Preise

Kalkulationsverfahren

Die Grundlage hierfür sind Kalkulationsverfahren, die man wie folgt unterscheidet:

- nach dem Zeitpunkt der Kalkulation (z. B. Vor-, Zwischen- und Nachkalkulation),
- nach der Kostenbewertung (z. B. nach der Normal- und Plankostenkalkulation),
- nach Produktart oder Produktionsverfahren (z. B. Kalkulation für Einzel-, Serien- oder Sortenfertigung),
- nach Anwendungsbereichen (z. B. nach Industrie-, Handwerks-, Handels- bzw. Dienstleistungskalkulation),
- nach Kostenrechnungssystemen (Voll- und Teilkostenrechnung),
- nach der Rechentechnik (z. B. Divisions-, Äquivalenzkalkulation, Deckungsbeitragsrechnung).

Deckungsbeitragsrechnung in der Industrie, bezogen auf einzelne Kunden	DM in Tsd.
Bruttoumsatz zu Listenpreisen (ohne MWST) ./. Rabatte/Skonti/Preisdifferenzen	
= Nettoumsatz I ./. kalkulatorische Erlösschmälerungen (zeitl. Abgrenzungen, z. B. Rückvergütung, Rabattstaffeln)	
= Nettoumsatz II ./. Wareneinsatz	
= Rohertrag ./. variable Produktionskosten (Standardgrenzkosten)	
= Deckungsbeitrag I (nach Produktion) ./. proportionale (dem Kunden direkt zurechenbare) Kosten	
= Deckungsbeitrag II ./. dem Kunden direkt zurechenbare Marketingkosten (z. B. Aktionsrabatte)	
= Deckungsbeitrag III ./. dem Kunden zurechenbare Verkaufskosten	
= Deckungsbeitrag IV ./. direkt zurechenbare Service-/Logistik-Kosten	
= Deckungsbeitrag V ./. Sonderleistungen	
= Deckungsbeitrag VI	

Abb.: Auf einzelne Kunden bezogene Deckungsbeitragsrechnung

Es hängt wesentlich von der Branche ab, wie kalkuliert werden kann. Grundsätzlich werden die bekannten Kalkulationsverfahren in progressive und retrograde Methoden eingeteilt, also in Aufschlags- und Abschlagskalkulationen.

Aufschlagskalkulation

In der Regel ist dies eine einfache Methode, da die einmal errechneten Zuschläge in der Praxis meist längere Zeit aufrechterhalten werden. Positiv ist dabei, dass die Kosten relativ sicher und genau eingerechnet werden können.

Der Nachteil ist, dass es sich bei den Zuschlägen und Kosten um Werte aus der Vergangenheit handelt.

Das folgende Schaubild ist ein Beispiel für eine progressive Kalkulation, zum einen in der Industrie und zum anderen im Handel.

Beispiel einer Aufschlagskalkulation

1. In der Industrie

Fertigungsmaterial	180,00	
+ MGKZ 5%	9,00	
MATERIALKOSTEN		189,00
Fertigungslöhne	156,00	
+ FGKZ 150%	234,00	
+ Sondereinzelkosten der Fertigung	21,00	
FERTIGUNGSKOSTEN		411,00
HERSTELLKOSTEN		600,00
+ VwGKZ 11%		66,00
+ VtGKZ 9%		54,00
+ Sondereinzelkosten der Fertigung		30,00
SELBSTKOSTEN		750,00
+ Gewinnzuschlag 20%		150,00
BARVERKAUFSPREIS		900,00
+ Kundenskonto 2%		19,35
+ Vertreterprovision 5%		48,39
ZIELVERKAUFSPREIS		967,74
+ Kundenrabatt 30%		417,74
VERKAUFSPREIS (Netto)		1.385,48

2. Im Handel

Einkaufspreis	300,00
– Liefererrabatt 40%	120,00
ZIELEINKAUFSPREIS	180,00
– Liefererskonto 3%	5,40
BAREINKAUFSPREIS	174,60
+ Bezugskosten	5,40
EINSTANDSPREIS	180,00
+ HKZ 25%	45,00
SELBSTKOSTEN	225,00
+ Gewinnzuschlag 8,5%	19,13
BARVERKAUFSPREIS	244,13
+ Kundenskonto 2%	5,25
+ Vertreterprovision 5%	13,12
ZIELVERKAUFSPREIS	262,50
+ Kundenrabatt 25%	87,50
VERKAUFSPREIS (Netto)	350,00

Abb.: Aufschlags- bzw. progressive Kalkulation

Retrograde Kalkulation

Der Verkaufspreis kann in bestimmten Branchen und unter bestimmten Verhältnissen nicht durch Aufschläge (progressiv) errechnet werden, sondern ist aus den Verhältnissen am Markt abgeleitet und vorgegeben. Im Handel sieht eine solche Abschlagskalkulation in einfacher Form wie folgt aus:

Verkaufspreis	DM 350,–
./. Abschlag	
= 50 % vom VK	DM 175,–
= Einkaufspreis	DM 175,–

Abb.: Abschlagskalkulation im Handel (retrograde Kalkulation)

3.1.3 Branchenbesonderheiten der Preispolitik

Preispolitik bei Konsumgütern

In der Konsumgüterbranche muss man sich mit den spezifischen Verhältnissen vertraut machen. Behilflich sind dazu – neben den schon erwähnten Kalkulationsverfahren und Rechenmethoden – eine Reihe von möglichen Tests zu den bestehenden Preisverhältnissen: Preistests

- Preisschätzungstest (Was kostet dieses Produkt Ihrer Meinung nach?),
- Preisreaktionstest (Halten Sie diesen Preis für angemessen, zu teuer oder zu billig?),
- Preisbereitschaftstest (Was geben Sie maximal für dieses Produkt aus?),
- Preisklassentest (Inwieweit ist dieses Produkt zu teuer bzw. zu billig?).

Die Preiskalkulation bei Konsumgütern hat die Marktverhältnisse, die durch die realisierbaren Preis-Mengen-Kombinationen charakterisiert werden können, explizit zu berücksichtigen. Dabei ist die Frage zu untersuchen, wie sich eine Erhöhung oder Verminderung des Preises auf die Absatzmenge auswirkt, d. h., man muss sich mit der Preiselastizität der Nachfrage befassen. Sie wird nach folgender Formel berechnet: Preiselastizität

$$\frac{\text{Änderung der Nachfragemenge in \%}}{\text{Änderung des Preises in \%}} = \text{Preiselastizität der Nachfrage}$$

Wenn sich z. B. bei einer Preiserhöhung um 5 % die nachgefragte Menge um 15 % verringert, beträgt die Preiselastizität (–15 : +5) –3. Je höher der Minuswert der Preiselastizität ist, umso elastischer ist die Nachfrage, d. h. umso stärker reagieren die Verbraucher auf eine Preiserhöhung durch verminderte Käufe. Beim Beispiel einer Preiserhöhung von 10 % und einer Nachfrageverrin-

gerung um nur 5 % ergibt sich ein Preiselatizitätskoeffizient von (–5 : +10) –0,5, was eine unelastische Nachfrage, also eine geringe Reaktion auf eine Preiserhöhung, bedeutet. Daraus folgt, dass eine unelastische Nachfrage, ausgedrückt durch einen niedrigen Preiselatizitätskoeffizienten, für den Anbieter günstig ist, weil der höhere Preis bei wenig Rückgang der abgesetzten Menge zu einem höheren Umsatz führt.
Die Auswirkungen der Preis-Mengen-Kombinationen auf die Kalkulation werden mit der schon erwähnten Deckungsbeitragsrechnung ermittelt, die dabei aber um eine mehrperiodische Betrachtung und eine Risikoanalyse unter Einschluss zukünftiger Entwicklungen ergänzt werden muss.

Preispolitik im Einzelhandel

Im Einzelhandel ist man mit den folgenden Problemen konfrontiert:

- große, häufig sehr heterogene Sortimente,
- starke Konkurrenz durch überbesetzte Einzelhandelsstrukturen und
- eine Preispolitik, die die Hersteller immer wieder zu beeinflussen versuchen.

Preis-Image

Für den einzelnen Händler kommt es auch wesentlich auf das Preis-Image seines Betriebes an, das von den folgenden Faktoren bestimmt wird:

- der Preis-Optik (dabei wird von wenigen bekannten Preisen auf das Preisniveau insgesamt geschlossen, was oft zu der bekannten Loss-Leader-Werbung = Sonderangebots-Werbung führt),
- der Generalisation (ähnlich wie bei der Preis-Optik wird aus wenigen Preisen allgemein auf die Preisstellung geschlossen),
- der Diskrimination (hier wird von wenigen hohen Preisen auf das Niveau allgemein geschlossen).

Grundsätzlich gibt es zwei Strategien: das spezialisierte oder gehobene Fachgeschäft mit höherem Preisniveau und geringerem Absatz oder der hohe Umschlag bei niedrigem Preisniveau als Discounter, jeweils mit Zwischenformen.

Preispolitik bei Dienstleistungen

Dienstleistungsunternehmen weisen häufig die Besonderheit auf, dass sie keine materielle, sondern eine geistige Leistung erbringen, die mit hohen Lohnkosten durch den Einsatz hoch qualifizierten Personals erstellt wird. Typische Beispiele sind hier Werbeagenturen oder Unternehmensberater.
Kalkuliert wird in der Regel wie folgt:

- auf der Basis eines Stundensatzes oder
- über eine Verrechnung nach Vollkosten bzw. Teilkosten oder
- über eine Pauschale für bestimmte Leistungen.

Je nach Branche gibt es bestimmte Preisbildungsverfahren, die in den verschiedenen Berufszweigen sehr unterschiedlich sind: Preisbildung

- kostenorientierte Preisbildung (z. B. im Handwerk),
- Festpreise für definierte Leistungen (z. B. in einer Werbeagentur),
- erfolgsabhängige Preisbildung (z. B. bei Maklern),
- konkurrenzabhängige Preisbildung (z. B. bei Friseuren),
- wertorientierte Preisbildung (z. B. bei Ärzten).

Preispolitik bei Investitionsgütern

Auch hier richtet sich die Preispolitik nach den branchenspezifischen Besonderheiten:

- in der Regel wenige Anbieter und Nachfrager,
- starke Spezialisierung der Anbieter,
- direkter Absatz nach direktem Kontakt,
- individuelle Preisfestsetzungen sind zum Teil möglich,
- Kaufentscheidung ist tendenziell „rationaler".

Die Preisbildung bei Investitionsgütern richtet sich oft nach dem Ertragswert, d. h., ein Käufer will mit dem Investitionsgut ein bestimmtes Ziel erreichen. Dazu stellt er eine Wirtschaftlichkeitsberechnung auf, die auch der Anbieter nachvollziehen kann.

Nachfrager / Anbieter	viele	wenige	einer
viele	Vollständige Konkurrenz	Nachfrageoligopol	Nachfragemonopol
wenige	Anbebotsoligopol	Zweiseitiges Oligopol	Beschränktes Nachfragemonopol
einer	Angebotsmonopol	Beschränktes Angebotsmonopol	Zweiseitiges Monopol

Abb.: Schema der Marktformen

Zusammenfassung

Generell lassen sich folgende Einflussfaktoren auf die Preispolitik für ein Produkt oder eine Dienstleistung aufzählen: Einflussfaktoren

- Marktformen (z. B. polypolistische Konkurrenz, bei der vielen kleinen Anbietern entsprechend viele kleine Nachfrager gegenüberstehen, oder das Monopol, bei dem es lediglich einen Anbieter gibt, siehe auch obige Abbildung),

- „Branchengesetze",
- betriebs- und marktgerichtete Ziele sowie
- psychologische Aspekte (z. B. Preise wie 9,98 DM oder 16.995,- DM, die unter einem runden Betrag liegen).

3.2 Konditionenpolitische Entscheidungen

Zu diesen Entscheidungen gehören alle kontrahierungspolitischen Aktivitäten, die, außer dem Preis, Gegenstand vertraglicher Vereinbarungen über das Leistungsentgelt sein können. Dazu zählen Rabatte, Kredite sowie Liefer- und Zahlungsbedingungen.

1. Rabattpolitik

Ein Rabatt ist ein Preisnachlass, der dem Abnehmer für bestimmte Produkte oder Leistungen angeboten wird. Die Gewährung von Rabatten verändert den Preis, den der Kunde tatsächlich für ein Produkt bzw. für eine Dienstleistung zu entrichten hat.

Rabattarten

Sinnvoll und rechtlich zulässig sind die folgenden Rabattarten:

Auf der Wiederverkäuferebene

- Funktionsrabatte (werden dem Händler für die Übernahme bestimmter Funktionen wie z. B. Lagerhaltung, Präsentation oder Werbung gewährt)
- Mengenrabatte (als Preisnachlass oder als Naturalrabatt in Form unberechneter Ware für die Abnahme größerer Mengen)
- Zeitrabatte (dazu gehören: Einführungsrabatte zur Förderung neuer Produkte; Vordispositionsrabatte, um den Auftragsbestand des Herstellers zu erhöhen und dadurch die Fertigungsplanung zu erleichtern; Saisonrabatte zur Absatzförderung außerhalb der Saisonzeiten; Auslaufrabatte für Restbestände von Produkten, die aus der Produktion genommen werden)
- Treuerabatte (zur Förderung einer dauerhaften Geschäftsbeziehung zwischen Hersteller und Händler)

Auf der Privatverbraucher/-verwenderebene

- Verbraucherrabatte (die durch das Rabattgesetz reglementiert werden)

Gründe der Rabattgewährung

Bei folgenden Zielen können Rabatte gewährt werden:

- Umsatz- bzw. Absatzausweitung,
- Erhöhung der Kundentreue durch Kundenbindung,
- Rationalisierung der Auftragsabwicklung,
- Steuerung der zeitlichen Verteilung des Auftragseinganges,
- Image hochpreisiger Güter sichern und trotzdem preiswert anbieten.

Die Ausgestaltung der Rabattpolitik hängt natürlich von der Stellung im Markt (Hersteller, Groß- oder Einzelhändler) und den absatzpolitischen Zielen ab.
Die Gewährung von Rabatten ist nichts anderes als der Ausdruck einer zweistufigen Preisbildung. Für Abnehmer, deren Belieferung den höchsten Aufwand verursacht, stellt der Bruttopreis zugleich den Nettopreis dar. Für alle übrigen Kunden, deren Belieferung sehr rentabel ist, fungiert der Bruttopreis als Bezugsgröße für die Rabattsätze (Listenpreis abzüglich dem speziellen Kundenrabatt ergibt den Nettopreis).

2. Skonto

Der Skonto ist ein Nachlass für eine umgehende Barzahlung, eine Bezahlung innerhalb einer (vorgegebenen) kurzen Frist oder für die Vorauszahlung. Er bezieht sich somit auf die finanzielle Abwicklung des Kaufprozesses. Insofern ist auch Skontogewährung ein Instrument der Preisvariation. Der schnellere Geldeingang durch Skontogewährung verbessert die Liquidität beim Lieferanten.

3. Absatzkredite

Die Absatzkreditpolitik versucht mittels der Gewährung von Absatzkrediten, auch solche potenziellen Kunden, die zu dem Zeitpunkt nicht über die notwendigen Geldmittel verfügen, zum Kauf zu veranlassen. Absatzkredite können als Lieferantenkredit an Absatzmittler (z. B. Einzelhändler) oder, z. B. als Ratenzahlungsangebot, an Endverbraucher gegeben werden.

Absatzkreditarten

Grundsätzlich wird unterschieden zwischen:
- Absatzgeldkredit (bei dem der Kreditgeber Geld zur freien oder gebundenen Verwendung verleiht) und dem
- Absatzgüterkredit (bei dem in der Regel der Kaufpreis für Ausstattung und Ware gestundet wird, z. B. bei Geschäftsgründungen).

Nach der Finanzierung wird unterschieden zwischen:
- lang- und kurzfristigem Kredit,
- Alleinfinanzierung (Kreditgeber finanziert aus seinen eigenen Mitteln),
- Refinanzierung über die Inanspruchnahme von Bankkrediten, Bankgarantien und Bürgschaften und der
- Drittfinanzierung (der Kreditgeber ist hier lediglich Mittler).

Kredite für Absatzmittler werden je nach Branche unterschiedlich stark angeboten. Informationen kann man bei Industrie- und Handelskammern, Innungen, Kreditinstituten, beim zuständigen Verband und bei den staatlichen Förderstellen bekommen.
Gegenüber Konsumenten wird der Absatzkredit in Form von Teilzahlungsvereinbarungen, Zahlungszielen und zinsgünstigen Kreditkonditionen (z. B. Finanzierung von Neuwagen) zur Verkaufsförderung eingesetzt.

4. Liefer- und Zahlungsbedingungen

Bei beiden Bereichen sind sowohl Branchengewohnheiten als auch die allgemeinen Geschäftsbedingungen bei der Festlegung maßgebend.

Lieferbedingungen

Lieferbedingungen regeln:
- Lieferzeit und Übergabe bzw. Zustellung der Ware,
- das Umtauschrecht,
- das Rücktrittsrecht vom Vertrag,
- Konventionalstrafen bei verspäteter Ablieferung,
- Mindestmengen und Mindermengenzuschläge sowie
- die Berechnung von Porti, Frachten und Versicherungskosten.

Zahlungsbedingungen

Zahlungsbedingungen regeln:
- die Art und den Zeitpunkt der Zahlung (z. B. Vorauszahlung, Barzahlung, Nachnahme, offene Rechnung, Teilzahlung, Zahlung nach Erhalt der Ware),
- die Zahlungssicherungen (Personal- oder dingliche Sicherheit),
- Gegengeschäfte (Kompensationsgeschäfte, Countertrade- oder Barter-Geschäfte genannt),
- die Inzahlungnahme gebrauchter Ware etc.

4. Distributionspolitik

4.1 Allgemeine Grundlagen

Die Distribution umfasst alle Entscheidungen und Handlungen, die im Zusammenhang mit dem Weg eines Produktes zum Endkäufer steht (vgl. Meffert, 1986, S. 421).
Das Produkt oder die Dienstleistung muss zur richtigen Zeit in der richtigen Menge, im gewünschten Zustand, an den gewünschten Ort zu möglichst geringen Kosten an den Abnehmer bzw. Verwender gebracht werden.

Die Distributionspolitik nimmt eine Schlüsselrolle im gesamten Marketing-Mix ein. Distributionsentscheidungen eines Herstellers oder Anbieters haben langfristige Bindungen an die Distributionspartner zur Folge. Es sind immens hohe Kosten damit verbunden, eine einmal gewählte Entscheidung für ein Distributionssystem zu revidieren oder zu verändern.

Die Distribution umfasst Entscheidungen über
- Känäle und Organe (aquisitorische Distribution),

- Marketinglogistik (physische Distribution),
- Distributionsgrad (numerische und gewichtete Distribution).

Kanäle und Organe

Distributionskanäle (Absatzwege) geben die vertraglichen und die kommunikativen Beziehungen zwischen Anbieter und Distributionsorganen wieder. Organe sind Personen oder Organisationen, die bei der physischen Verteilung der Ware und der Dienstleistungen im Markt helfen.

Marketinglogistik

Die Marketinglogistik (auch als Distributions- oder Warenlogistik bezeichnet) umfasst Entscheidungen über Prognose, Planung, Durchführung und Kontrolle der physischen Bewegung von Produkten und Dienstleistungen.

Distributionsgrad

Die numerische Distribution bezeichnet den Anteil der Handelsunternehmen, die einen bestimmten Artikel vorrätig haben. Die gewichtete Distribution bezeichnet die Gewichtung der Werte der numerischen Distribution entweder mit dem Gesamtumsatz der Einzelhandelsunternehmen oder mit dem Umsatz, den diese mit allen Produkten derselben Warengruppe erzielen. (vgl. Koschnick, 1987, S. 166)

4.2. Absatzwege

Distributionskanäle können anhand der Zahl ihrer Stufen beschrieben werden, die Produkte bis zum Endabnehmer durchlaufen.

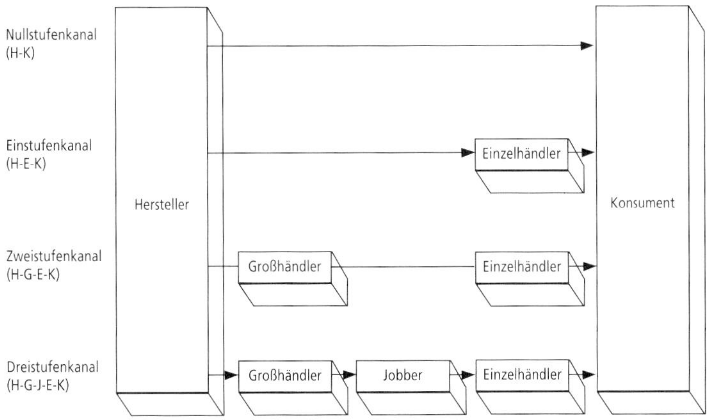

Abb.: Stufen der Distributionskanäle (Quelle: Kotler / Bliemel, 1999, S. 823)

Für die endgültige Auswahl der Absatzwege muss ein Unternehmen u. a. folgende Kriterien berücksichtigen:

- Besonderheiten der Produkte,
- Umfang und die Art des Verkaufsprogramms,
- Größe eines Unternehmens,
- Konkurrenzsituation,
- Anzahl und Struktur der Abnehmer,
- Kosten- bzw. Erlössituation.

4.2.1 Direkter Absatz

Beim direkten Absatz vom Produzenten zum Konsumenten ist zwischen absolutem und relativem Direktabsatz unterscheiden.

Absoluter Direktabsatz
Von ihm spricht man, wenn der Absatz ohne jegliche rechtlich selbstständige Zwischenstufe direkt vom Hersteller zum Nachfrager erfolgt. Verkäufer und Käufer können dabei beide Produzenten sein, z. B. Zuliefererindustrie für Handy-Hersteller, oder Hersteller und Konsument. Der Kontakt zum Käufer wird durch unternehmenseigene Absatzorgane des Produzenten hergestellt, wobei verschiedene Möglichkeiten denkbar sind:

- Reisende,
- Verkaufsniederlassungen des Herstellers,
- Factory Outlets,
- Direkt-Marketing,
- Haus-zu-Haus-Verkauf mit eigener Organisation (z. B. Zeitungsabonnements, *Tupper, Avon*-Kosmetik),
- Electronic Commerce via Internet

Relativer Direktabsatz
Beim relativen Direktabsatz wird eine Stufe als Absatzorgan zwischen Produzent und Käufer einbezogen, die zwar rechtlich selbstständig, jedoch eng an den Hersteller gebunden ist:

- Handelsvertreter, der auf Provisionsbasis für einen Produzenten Aufträge erlangt,
- Vertragshändler, die oft exklusiv für einen Hersteller tätig sind (z. B. *Benetton*),
- Franchising, bei dem der Franchisegeber Know-how, Marketingunterstützung und auch Ware teilweise zur Verfügung stellt und trotz Selbstständigkeit des Franchise-Nehmers die Kontrolle über ein Absatzsystem behält. Der

Franchise-Nehmer profitiert von einer bekannten Marke und verringert dadurch sein Risiko. Dafür muss er in der Regel eine am Umsatz bemessene Gebühr an den Geber abführen. Beispiele für das Franchising-System sind *Photo Porst, McDonald's, OBI.*

- Makler (z. B. im Versicherungsbereich).

Der Hauptvorteil des Direktabsatzes liegt in der klaren Steuerbarkeit des marketingpolitischen Instrumentariums durch den Hersteller. Der Direktabsatz ist insbesondere empfehlenswert wenn,

- es sich um beratungsintensive und technisch komplizierte Produkte handelt,
- die Abnehmer zahlenmäßig begrenzt sind,
- eine räumliche Konzentration und starke Kundenbedürftigkeit vorliegt.

Letzteres gilt generell für die konsumtiven und investiven Dienstleistungen (vlg. Bruhn / Meffert / Wehrle, 1994, S. 39).

4.2.2 Indirekter Absatz

Der Absatz unter Einschaltung des Handels wird als indirekter Absatz bezeichnet. Die große Bedeutung des Handels ergibt sich aus seinen räumlichen, zeitlichen, quantitativen und qualitativen Funktionen.

Die Handelsbetriebsformen lassen sich im Wesentlichen durch ihre Stufigkeit und die Einteilung in Groß- und Einzelhandelsbetriebe unterscheiden. Generell gilt für den Handel, dass er Gewinne anstrebt durch eine hohe Handelsspanne, einen schnellen Warenumschlag und geringe Kosten. Der hohe Imagegewinn durch die Führung eines breiten Sortiments von Herstellermarken hat sich in den 90er-Jahren relativiert durch die Tendenz, immer stärker eigene so genannte Handelsmarken in die Regale zu bringen, was Spannungen zwischen Hersteller und Handel zur Folge hat.

4.3 Handelsbetriebsformen

4.3.1 Großhandel

Zur Funktion des Großhandels gehören alle Aktivitäten des Verkaufs von Waren oder Dienstleistungen an Wiederverkäufer oder gewerbliche Verwender. Die Aufgabe des Großhandels reicht vom Verkauf an kleinere Kunden, Mengenauflösung, Lagerhaltung, Transport, Finanzierung, Sortimentszusammenstellung und Absatzförderung bis hin zur Risikoübernahme für den Hersteller durch den Erwerb des Eigentums an der Ware.

Zu den klassischen Formen des Großhandels gehören:
- Abholgroßhandel (Cash and carry),
- Spezial- und Sortimentsgroßhandel,
- Im- und Exportgroßhändler,
- Konsum- und Produktionsgroßhändler,
- Regalgroßhändler (Rackjobber),
- Versandgroßhändler,
- Großhandelsmittler (Makler, Handelsvertreter, Kommissionär).

Wie in allen anderen Wirtschaftsbereichen vollzieht sich auch im Großhandel ein Strukturwandel. Viele Großhändler schließen sich zusammen oder kaufen ihre Konkurrenten auf. Sie bereinigen oder erweitern ihr Produkt- und Angebotsprofil und expandieren in internationale Märkte. Um seine Deckungsbeitragsspannen zu erhöhen, verstärkt der Großhandel den Grad der Integration nach vorn in den Einzelhandel und rückwärts in die Produktion. Ähnlich wie im Einzelhandel erfolgt die Entwicklung von Hausmarken. Die Serviceleistungen für die Abnehmer werden erweitert. Dazu gehören Vorzugslieferungen und kundenspezifische Verpackungen. Computergestützte Informationssysteme werden dazu benutzt, Netzwerke zwischen Groß- und Einzelhandel aufzubauen. Gleichzeitig werden durch neue Logistiktechnologien die Auftragseingabe, die Lagerbestandskontrolle und die Lagerautomatisierung verbessert.

4.3.2 Einzelhandel

Die Betriebsformen des Einzelhandels gehören zu den dynamischsten und wandlungsfähigsten Teilbereichen der Wirtschaft. Der Markt verlangt nach neuen Formen und Konzepten des Einzelhandels. Die Entwicklung der Shoppingcenter, der Factory-Outlet-Center, der Tankstellenshops und des Electronic Commerce in den 90er-Jahren belegen die Dynamik des Wandels der Betriebsformen im Einzelhandel. Bestimmend für die Unterscheidungsmerkmale der einzelnen Betriebsformen sind das angebotene Sortiment (Breite und Tiefe), die Preispolitik, die Betriebsgröße, die Bedienungsform (Selbst- oder Fremdbedienung) und die Organisationsform.
Zur Einteilung und Gliederung von Betriebsformen gibt es in der Fachliteratur viele Vorschläge, z. B. folgende (Weis, 1999, S. 337):

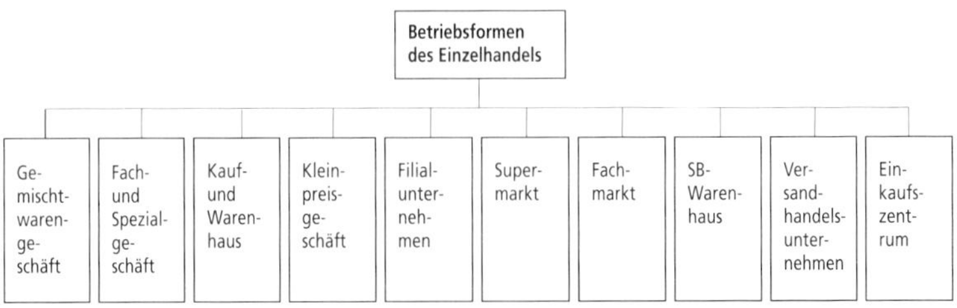

4.3.3 Entwicklung von Handelsstrukturen

Weil es in der Praxis schwierig ist, eine logisch einwandfreie Abgrenzung der Betriebsformen zu definieren, sei im Folgenden am Beispiel des Videomarktes die Struktur der Distribution in diesem Bereich vorgestellt.

Wie aus der Struktur der Wertschöpfungsstufe hervorgeht, treten zu einem bestimmten Zeitpunkt nach der Produktion und Vervielfältigung der Videos die Rechtehandelsgesellschaften mit ihrem Außendienst an die unterschiedlichen Großhandelsformen heran. In der Vergangenheit haben sich die Umsatzanteile der unterschiedlichen Groß- und Einzelhändler stark verändert, je nachdem ob die Videokassetten vom Konsumenten gekauft oder geliehen werden. Diese

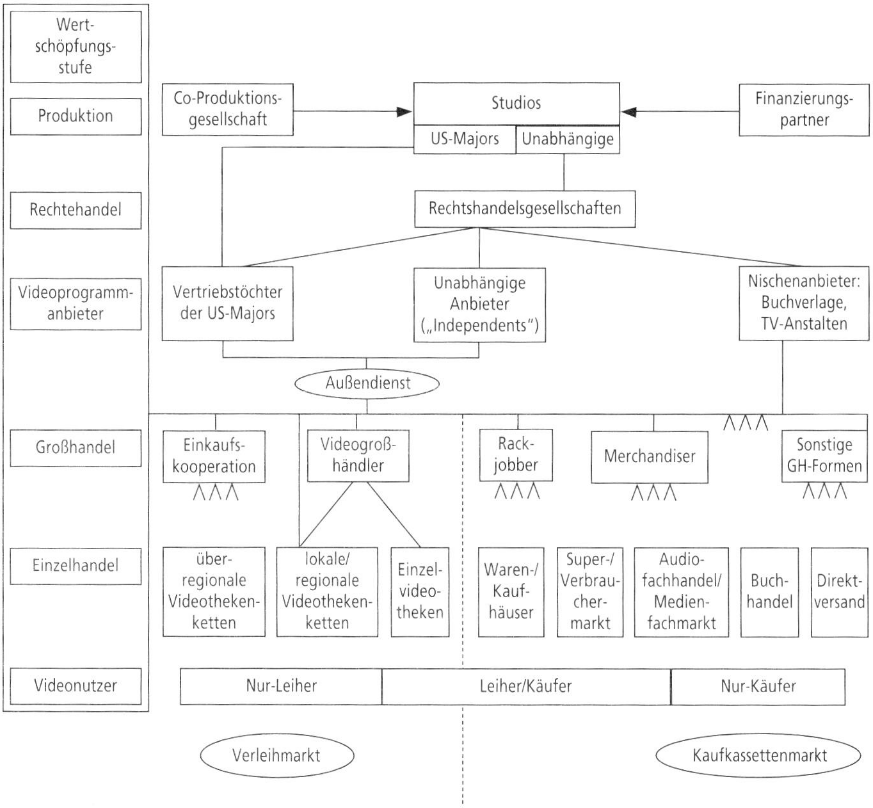

Abb.: Struktur des deutschen Videomarktes (Quelle: Stilke, M., Diplomarbeit, Universität Mannheim 1992)

Verschiebungen ergeben sich aus dem Kauf- bzw. Verleihverhalten der Konsumenten. Der Gesamtabsatz im letzten Jahrzehnt stieg jährlich leicht an, wobei der Verkauf stark zunahm, aber gleichzeitig der Umsatz durch Verleihen von Videos rückläufig war.
Damit verbunden vollzog sich eine Verschiebung des mengen- und wertmäßigen Anteils der einzelnen Verkaufsorte. Wird in Zukunft die Technik des Video on Demand via Internet vom Konsumenten entdeckt, bedeutet dies gravierende Änderungen für die Verleih- und Verkaufsstätten.

In naher Zukunft wird der Einzelhandel durch tief greifende Veränderungen geprägt sein. Die globale Expansion und die Konzentration nehmen weiter zu. Es entstehen neue Einzelhandelsformen (Factory Outlet, Tankstellenshops). Der Direktvertrieb via Internet und Electronic Commerce wird schneller wachsen als der traditionelle ladengebundene Einzelhandel. Es findet ein zunehmender betriebstypenübergreifender Wettbewerb statt, der sich u. a. in einer Polarisierung äußert, bei der das Sortiment entweder extrem verbreitert oder stark spezialisiert wird. Die vertikale Integration zwischen Industrie und Handel verdrängt kleine, unabhängige Einzelbetriebe. Insgesamt stehen alle Einzelhandelsformen vor der Aufgabe, ihr Angebot erlebnis-, qualitäts- und serviceorientiert zu konzipieren.

4.4 Marketinglogistik

4.4.1 Ziele und Aufgaben

Die physische Distribution wird im Zuge des steigenden Welthandels und der erwarteten enormen Steigerung des Verkaufs über Electronic Commerce an Bedeutung gewinnen. Ein leistungsfähiges Warenverteilungssystem hilft neue Kunden zu gewinnen und vorhandene Kunden zu binden. Außerdem lassen sich durch eine effektive Warenlogistik die Kosten effektiv senken. Sie schwanken je nach Branche in Deutschland gemessen am Umsatz zwischen 10 % für Maschinen und 31 % in der Nahrungsmittelindustrie (vgl. Weis, 1999, S. 378).

Die wesentlichen Entscheidungskomponenten im Rahmen der Warenlogistik umfassen:
- die Auftragsabwicklung,
- die Lagereinrichtung,
- die Lagerbestandshaltung,
- den Transport.

4.4.2 Komponenten der Marketinglogistik

Auftragsabwicklung

Die Entwicklung zur Just-in-time-Produktion und die Berücksichtigung individueller Kundenwünsche erfordern einen verkürzten Bestellabwicklungszyklus im Unternehmen. Dazu ein Beispiel:
„General Electric verfügt über ein computergesteuertes Auftragsabwicklungssystem, das nach Erhalt einer Kundenbestellung die Bonität des Kunden überprüft und feststellt, ob und wo die benötigten Artikel auf Lager sind. Der Computer erstellt einen Versandauftrag und die Rechnung, benachrichtigt die Lagerdatei, erteilt der Produktion Aufträge zur Lagerauffüllung und meldet dem Vertrieb, dass die Ware an den Kunden unterwegs ist – und all dies in weniger als 15 Sekunden." (Kotler, Bliemel, 1999, S. 917)

Lagereinrichtung

Da Produktions- und Verbrauchsmengen in der Regel nicht synchron verzahnt sind, ist die Einrichtung von Lagern erforderlich. Sie ermöglichen eine Überbrückung der Mengen- und Zeitdiskrepanz zwischen Angebot und Nachfrage. Zu den wesentlichen Entscheidungen gehören:

- die Lagerstandorte und die Lageranzahl,
- die Einrichtung von Eigen- oder Fremdlagern,
- die Funktion als Aufbewahrungs- oder Auslieferungslager,
- die Ausstattung und die Art der automatischen Lagerhaltung (elektronische Erfassung und Beförderung).

Lagerbestandshaltung

Die Höhe der Lagerbestandshaltung entscheidet über die Lagerbereitschaft und damit wesentlich über die Kundenzufriedenheit. Der Bestellzeitpunkt und die Bestellmenge beeinflussen die Auftragsabwicklungskosten. Sie verändern sich in Zukunft noch stärker mit der Einführung der Warenwirtschaftssysteme. Mit der Zunahme der Just-in-time-Produktion und der elektronischen Vernetzung vollzieht sich ein weiterer Wandlungsprozess in Richtung auf eine reaktionsgesteuerte Versorgungskette in der Logistik. Unternehmen produzieren nach Bestellvorgängen von Kunden. So produziert und vertreibt die Firma *Dell* ihre Computer unmittelbar nach dem Bestellvorgang.

Transport

Die Entscheidung über die Transportmittel beeinflusst den Preis, die Lieferpünktlichkeit und den Zustand der Ware bei ihrer Ankunft. Zur Entscheidung muss der Hersteller oder der Transportanbieter Kriterien wie

- Geschwindigkeit,
- Belieferungshäufigkeit,

- Zuverlässigkeit,
- Eignung und Verfügbarkeit

berücksichtigen.

Zunehmend werden die Transportmittel weltweit miteinander verzahnt, um eine Minimierung der Logistikkosten zu erzielen. Für die Logistikdienstleister verschärft sich der Wettbewerb und die Notwendigkeit, komplette Dienstleistungen anzubieten.

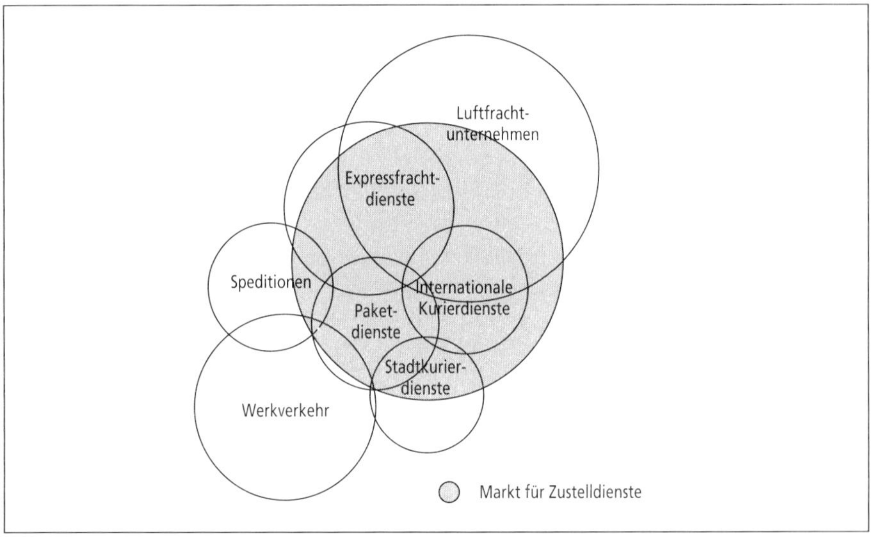

Abb.: Anbieter im Markt der privaten Zustelldienste (Quelle: Meffert / Bruhn, 1997, S. 694)

5. Kommunikationspolitik

Die Bedeutung der Kommunikationspolitik und der erfolgreiche Einsatz der dazu zur Verfügung stehenden Instrumente im Rahmen des Marketing-Mix hat im Zeitalter der Informations- und Wissenschaftsgesellschaft stark zugenommen. Dies drückt sich u. a. in den vielfältigen neuen Werbeformen aus, sei es Videotext oder Bannerwerbung, Homepage, E-Commerce oder Mobil-Commerce (Geschäftsbereiche rund um den Mobilfunk), Rabattkarten oder unternehmensübergreifende Kundenkarten.

Das Kommunikations-Mix beinhaltet eine Vielfalt von Festlegungen bezüglich des Medieneinsatzes, des Werbegebietes, der Werbeperiode, der Werbeintensität, des Werbeortes, der Mediadurchführung und der optimalen Steuerung der zur Verfügung stehenden Ressourcen.

Die wachsende Medienvielfalt und die zunehmende starke Fragmentierung der Angebote und der Zielgruppen führt notwendigerweise zu einem höheren Planungs- und Steuerungsaufwand, um eine zielgruppenadäquate und damit erfolgreiche Kommunikation zu gewährleisten. Damit steigen die Kosten und der Anspruch an die Agenturen, eine effiziente „integrierte Kommunikation" für den Auftraggeber zu konzipieren.

Die mit der weltweiten Vernetzung einhergehenden Ansprüche, auch für kleine Unternehmen eine entsprechende Kommunikationsplattform zu entwickeln, führt zu einem Global Advertising und zu einer neuen Gewichtung des Einsatzes der einzelnen Elemente der Kommunikationspolitik. Damit werden die vorhandenen klassischen Elemente jedoch nicht überflüssig, sie müssen nur in ein optimales Verhältnis zu den neuen Kommunikationsformen gesetzt werden. Dabei bestimmt der Trend zu weltweiten Community-Zielgruppen (Chatrooms etc.), wie schnell die Kommunikations- und Werbeausgaben für die neuen Formen steigen.

Die Möglichkeit der Interaktivität und des unmittelbaren Kontakts mit den Kunden und den Konsumenten durch die neuen Kommunikationsinstrumente fördert die Kundenorientierung und die schnelle Reaktion vonseiten der Anbieter. Die Abstimmung mit den „Füßen" beinhaltet aber zugleich ein höheres Risiko für den Anbieter, denn Produkte und Preise unterliegen einer stärkeren Beobachtung und Transparenz durch die Zielgruppen. Wer nicht schnell genug Produkte, Preise und Serviceleistungen anpasst, befindet sich auf der Verliererseite.

Aus Unternehmenssicht ist die Kommunikation nur ganzheitlich zu erfassen und hat verschiedene Funktionen: Kommunikation nach innen und nach außen. Nach innen für die Mitarbeiter und nach außen für die vielfältigen Zielgruppen wie Medien, Verbände, Banken, Investoren, Lieferanten, Behörden, Verbraucherverbände und Endverbraucher. Alle zusammen müssen über das Angebot und die Ziele des Unternehmens im Sinne der Unternehmensphilosophie und der Corporate Identity informiert und überzeugt werden.

Die optimale Kombination der Kommunikationsinstrumente setzt eine stimmige Marketingstrategie und ein stimmiges Marketing-Mix voraus. Kommunikation substituiert sehr oft die Sachebene, die Information über das Produkt und die Dienstleistung. „Insofern erscheint Kommunikation (Meta-Ebene) in vielen Fällen schon als viel wichtiger als die Ware selbst (Real-Ebene)" (Pepels, 1999, S. 8).

Die vielfältigen Instrumente der Kommunikationspolitik werden in den folgenden Teilen im Einzelnen vorgestellt.

6. Kontrollfragen zu Teil IV

1. Beschreiben Sie die wesentlichen Bestandteile des Marketing-Mix.
2. Von welchen Faktoren hängt die Bedeutung der einzelnen Marketing-Mix-Elemente ab?
3. Beschreiben Sie die Besonderheiten des Marketing-Mix im Dienstleistungsbereich.
4. In welcher Beziehung stehen die einzelnen Elemente des Marketing-Mix zueinander?
5. Erläutern Sie wesentliche Bestandteile der Produktpolitik.
6. Beschreiben Sie wichtige Produkt- und Sortimentsanalyseinstrumente.
7. Welche Bedeutung haben die Instrumente Produktlebenszyklus und Portfolioanalyse für die Produktentwicklung?
8. Nennen Sie je eine Kreativitätsmethode aus den vier Bereichen und erläutern Sie sie kurz.
9. Welche Vorteile bietet die Entwicklung einer weltweiten Marke?
10. Welche Besonderheiten gibt es bei der Entwicklung einer Marke über das Internet?
11. Beschreiben Sie mögliche Zusatzdienstleistungen im Rahmen der Servicepolitik für ein Produkt sowie für eine Dienstleistung.
12. Welche zwei grundsätzlichen Kalkulationsverfahren sind Ihnen bekannt? Demonstrieren Sie jeweils an einem einfachen Beispiel, wie beide funktionieren.
13. Welche Arten von Absatzkrediten gibt es? (bitte kurz erläutern)
14. Welche Bereiche umfasst das Distributions-Mix?
15. Erläutern Sie die Gründe für die enormen Wachstumsraten des Direktabsatzes über das Internet. (E-Commerce)
16. Welchen Stellenwert hat und welche Ziele verfolgt die Kommunikationspolitik?

7. Literaturverzeichnis zu Teil IV

Baus, J.: Controlling, 1. Auflage, Lengerich/Westfalen 1996.

Becker, J.: Marketing-Konzeption, 3. Auflage, München 1990.

Beiersdorf AG, Hrsg.: Nivea, Entwicklung einer Weltmarke, Hamburg 1995.

Bruhn / Meffert / Wehrle: Marktorientierte Unternehmensführung im Umbruch, Stuttgart 1994.

Hermanns, A. / Wissmeier, U. K.: Internationales Marketingmanagement, München 1995.

Hörzu: Media-Planung für Märkte, Hamburg 1995.

Koschnick, W. J.: Standard-Lexikon für Marketing, Marktkommunikation, Markt- und Mediaforschung, München 1987.

Kotler, P. / Bliemel, F.: Marketing-Management, 4. Auflage, Stuttgart 1992.

Kotler, P. / Bliemel, F.: Marketingmanagement, 9. Auflage, Stuttgart 1999.

Meffert, H.: Marketing – Grundlagen der Absatzpolitik, 7. Auflage, Wiesbaden 1986.

Meffert, H.: Marketing-Grundlagen marktorientierter Unternehmensführung, 8. Auflage, Wiesbaden 1998.

Meffert / Bruhn: Dienstleistungsmarketing, 2. Auflage, Wiesbaden 1997.

Meffert, H. / Kirchgeorg, M.: Marktorientiertes Umweltmanagement, 2. Auflage, Stuttgart 1993.

Pepels, W.: Kommunikationsmanagement, Stuttgart 1999.

Sand, H.: Neue Methoden zum kreativen Denken, Kissingen 1979.

Scheitlin, V.: Kreativität, Zürich 1993.

Scholz, J. M.: Internationales Change-Management, Stuttgart 1995.

Urban, D.: Kreativitätstechniken für Werbung und Design, Düsseldorf u.a. 1994.

Wack, O. G. / Detlinger, G. / Grothoff, H.: Kreativ sein kann jeder, Hamburg 1993.

Weis, H. C.: Marketing, 7. Auflage, Ludwigshafen 1990.

Weis, H. C.: Marketing, 10. Auflage, Ludwigshafen 1997.

Weis, H. C.: Marketing, 11. Auflage, Ludwigshafen 1999.

Teil V Marketingkommunikation

Nach der Darlegung des Kommunikationsbegriffs und der Vorstellung eines Kommunikationsmodells soll auf die strategischen und taktisch-operativen Maßnahmen bei der Entwicklung einer Kommunikationsstrategie eingegangen werden. Diesem komplexen Thema ist zunächst eine kurze Theoriebetrachtung vorangestellt.

1. Kommunikationsbegriff

Kommunikation ist nach dem allgemeinen Verständnis die Übermittlung von Botschaften und Nachrichten, ausgehend von einem Sender (Kommunikator), gerichtet an einen Empfänger (Kommunikant). Dieser zunächst einseitige Informationsfluss wird durch eine Reaktion bzw. Beantwortung zu einem zweiseitigen Informationsaustausch. Im alltäglichen Kommunikationsprozess und besonders in der Werbung stellt sich die Frage der Informationsübermittlung auf vielfältige Weise. Durch gezielte Botschaften sollen Reaktionen ausgelöst werden, die das Wissen vergrößern sowie das Verhalten, die Einstellungen, Erwartungen, Wünsche und Neigungen des Empfängers beeinflussen und letztlich sogar steuern.

Personale Kommunikation

Mediale Kommunikation

Kommunikation findet dabei einerseits persönlich (personale Kommunikation) statt: in der Familie, im Freundes- und Bekanntenkreis, am Arbeitsplatz, im Verkaufsgespräch am Ladentisch usw. Sie erfolgt andererseits über Medien (mediale Kommunikation), wie z. B. Zeitungen, Zeitschriften, Hörfunk und Fernsehen. Immer sind andere Voraussetzungen, sowohl auf der Seite des Senders als auch auf der Seite der Empfänger, gegeben. Es ist aus persönlicher Erfahrung für jeden leicht einzusehen, dass es überzeugender Argumente und sachlicher Information bedarf, wenn man Aufmerksamkeit, Interesse oder gar Verhaltensänderungen beim Kommunikationspartner erreichen will.

Der Kommunikationsbegriff ist also sehr vielschichtig und wird hier als ein spezifisches Instrument im Rahmen des Marketing-Mix dargestellt. Aufgabe dieses Instrumentes ist es, potenzielle Abnehmer auf das Produkt oder die Dienstleistung eines Unternehmens aufmerksam zu machen, ihr Interesse zu wecken, sie zu informieren, ihre Wünsche zu wecken, sie zu überzeugen und schließlich zu einer Reaktion zu bewegen und im Idealfall zum Kauf zu veranlassen.

Marketingkommunikation

Diese Aufgaben müssen in einem sich stetig wandelnden personalen, sozialen, politischen und wirtschaftlichen Umfeld erfüllt werden. Die Marketingkommunikation umfasst unter diesen Voraussetzungen alle zielgerichteten Handlungen eines Unternehmens, nach innen und nach außen, die auf einer marketingorientierten Grundlage (Ausgestaltung des Marketing-Mix) basieren. Die Anwendung dieses Begriffes in Theorie und Praxis ist allerdings äußerst komplex und soll im folgenden Schaubild auf die wesentlichsten Merkmale reduziert und im Einzelnen erläutert werden.

2. Kommunikationsmodell

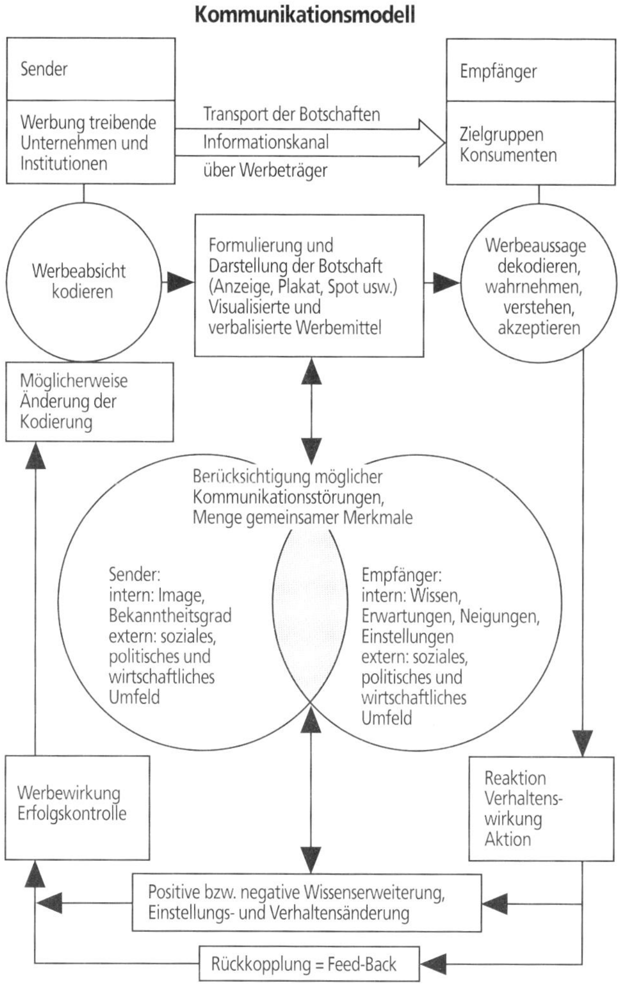

Abb.: Kommunikationsmodell

Das Schaubild stellt ein allgemein bekanntes Kommunikationsmodell (Sender – Empfänger) dar, das für die Betrachtung des ökonomischen Austauschprozesses zwischen Anbieter und Verbraucher um die Begriffe „Werbung treibendes Unternehmen oder Institution" als Kommunikator und „Zielgruppe bzw. Konsument" als Kommunikant erweitert wurde.

Die Kommunikationspartner sind in der Regel anonym und benötigen gleichartige so genannte Kommunikationsmerkmale, um sich verständigen zu können. Hinzu kommt, dass bei anonymer Kommunikation auch der Wille vorhanden sein muss, in die Kommunikation einzutreten. Der Wille bzw. Wunsch zur Kommunikation muss vor allem in der Werbung beim Kommunikanten erst einmal geweckt werden. Dieser erfahrungsgemäß schwierige Weg vom Sender einer Botschaft zum Empfänger lässt sich anhand der folgenden Formel anschaulich darstellen.

Wer?
Sagt was?
Auf welchem Weg?
Zu wem?
Mit welcher Wirkung?

Abb.: Lasswell-Formel

3. Kommunikationsstrategie

Alle bisherigen Vorüberlegungen für eine strategische Kommunikationsplanung sind darauf ausgerichtet, eine bestimmte Zielgruppe so anzusprechen, dass deren Wünsche, Erwartungen und Einstellungen erfüllt werden. Bevor auf die Entwicklung der Kommunikationsstrategie im Einzelnen eingegangen wird, soll in Bezug auf das Kommunikationsmodell zunächst noch auf die Aufmerksamkeits- und Akzeptanzproblematik hingewiesen werden.

Akzeptanz von Werbebotschaften

Werbebotschaften müssen vom Konsumenten wahrgenommen, verstanden und akzeptiert werden, bevor sie die gewünschte Reaktion bewirken bzw. herbeiführen können. Das älteste Modell der Werbewirkungsstufen ist das AIDA-Modell, das bereits 1889 von Elmo Lewis entwickelt wurde. Obwohl es viele Kritiker hat und schon über 100 Jahre alt ist, ist es wegen seiner Einfachheit auch heute noch von grundsätzlicher Bedeutung. Alle anderen Stufenmodelle der Werbewirkung bauen mehr oder weniger stark darauf auf.

AIDA

Die AIDA-Formel hilft, den Wirkungszusammenhang zwischen Werbebotschaft und Reaktion zu verdeutlichen (siehe die folgende Abbildung).
Es gilt, mit einer zielgruppenadäquaten Werbeaussage die Aufmerksamkeit des potenziellen Konsumenten zu erregen. Wegen der Informationsfülle, die uns tag-

täglich überflutet, ist es aber nicht leicht, aus der Masse von Informations- und Umweltreizen immer positiv herauszuragen. Es bedarf besonderer Reize, Blickfänge und/oder „Ohrwürmer", um überhaupt wahrgenommen zu werden.
Ist es gelungen, diese Aufmerksamkeit (Attention) zu erregen, muss in einem nächsten Schritt mit weiteren Maßnahmen das Interesse (Interest) geweckt werden, zusätzliche Informationen zu verarbeiten. Dieses Interesse muss nun in einen Wunsch bzw. einen Drang (Desire), etwas haben oder tun zu wollen, überführt werden. Man könnte von der Auflösung einer „Hemmschwelle" beim Konsumenten sprechen, dem es nun leichter fällt, eine Handlung auszuführen und/oder sein Verhalten zu ändern (Action).

A	**A**ttention	Aufmerksamkeit erregen
I	**I**nterest	Interesse wecken
D	**D**esire	Wunsch erzeugen
A	**A**ction	Reaktion bewirken

Abb.: „Werbe-Faustformel" AIDA

Eine Werbebotschaft soll – ganz im wörtlichen Sinne des Begriffs Kommunikation – eine Verbindung zwischen dem Werbungtreibenden und den Konsumenten herstellen. Dabei ist bereits im Vorfeld aufgrund der Zielsetzungen des Marketing bestimmt worden, wofür geworben werden soll, d. h., das Werbeobjekt (Produkt, Markenartikel, Dienstleistung, das Unternehmen selbst) ist genau definiert.

Marketingkommunikation wird in diesem Zusammenhang nun als Begriff zur Klärung folgender Fragestellung verwendet: „Mit welchen Maßnahmen können die bereits fixierten Marketingdaten aus den unternehmerischen Denkansätzen im Rahmen des Produkt-Mix, Kontrahierungs-Mix und Distributions-Mix (siehe Teil IV Marketinginstrumente) unter den gegebenen oder zu beeinflussenden Marktbedingungen an die jeweiligen Zielgruppen weitergegeben (kommuniziert) werden?" Marketingkommunikation

Aus dem folgenden Schaubild wird ersichtlich, dass der Marketingkommunikation im Rahmen des gesamten Marketing-Mix eine entscheidende Rolle zukommt, da sie das gesamte gesellschaftspolitische Umfeld mit zu berücksichtigen hat. Hinzu kommt, dass die klassische Werbung immer größere Akzeptanzprobleme hat und auch ihr Aufmerksamkeitswert in der täglichen Informationsflut geringer wird. Diesem dynamischen, sich stets verändernden marktpolitischen Umfeld passt sich die Marketingkommunikation mit einem erweiterten zielgruppenspezifischen Instrumentarium an. Dies führt dazu, dass sich in der Praxis ständig neue Begriffsstrukturen entwickeln, die letzlich immer nur neue oder modifizierte Instrumente zur Erreichung der wesentlichen Kommunikationsziele darstellen. Marketing-Mix

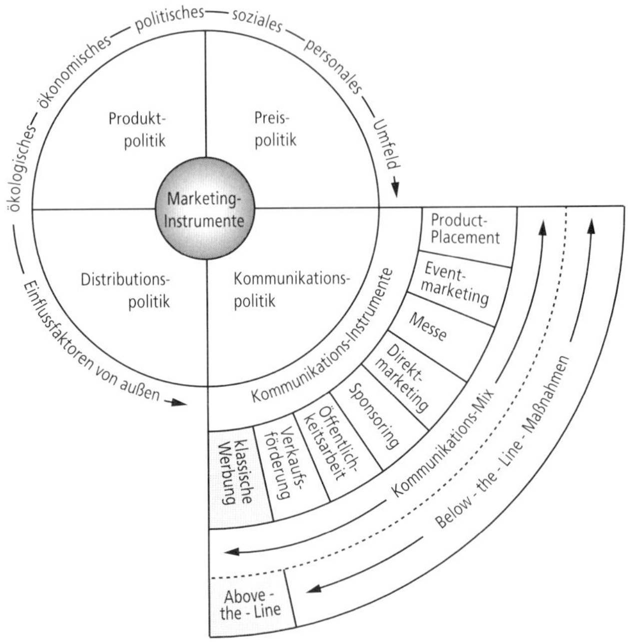

Abb: Marketingkommunikation

Eine der gegenwärtig gängigsten begrifflichen Unterscheidungen betrifft die Abgrenzung zwischen der so genannten klassischen Werbung (Print-, TV- und Funkwerbung) und den übrigen Kommunikationsmaßnahmen. Alles, was nicht unter dem Begriff „klassische Werbung" fällt, wird als „Below-the-Line"-Kommunikation bezeichnet, wobei für die klassische Werbung der Begriff „Above-the-Line" Verwendung findet.

Below-the-Line

Above-the-Line

Im Rahmen des verfeinerten Instrumentariums kommt der Zielgruppenaffinität höchste Bedeutung zu. Je genauer eine Zielgruppe definiert werden kann, desto genauer kann auf sie eingegangen werden. Diese Zielgruppenansprache sollte meist in nicht kommerzieller Umgebung erfolgen, sodass der potenzielle Konsument so persönlich wie möglich in die Kommunikation eingebunden wird. Sport-, Kultur- und Sozio-Sponsoring (siehe Teil IX) sowie Direktmarketing (Direct-Mailing, Telefonmarketing; siehe Teil XII) folgen dieser Entwicklung seit langem.

Bevor mit der Realisierung der Kommunikationsstrategie begonnen werden kann, sind vielfältige Vorüberlegungen zu tätigen. Werbung ist ein komplexer Prozess der Analyse, Planung und Realisation. „Die Entwicklung der Werbekonzeption ist eine planerische Tätigkeit, die in mehreren Phasen abläuft und schließlich in der konkreten Durchführungsmaßnahme mündet." (Rogge, 1996, S. 38)

Voraussetzung für die Erstellung einer Kommunikationsstrategie ist die Werbevorbereitung, die gewisse Rahmenbedingungen wie Marktgegebenheiten, Unternehmensvoraussetzungen und Gegebenheiten im Werbemarkt berücksichtigt. In der anschließenden Planung der Kommunikationsstrategie werden Ziele bestimmt, Produkt- und Budgetbedingungen sowie Zielgruppen mit einbezogen. Letztlich wird eine optimale Werbemittel- und -trägerauswahl angestrebt. Alle Bereiche der Werbeplanung sind strategischer Natur, während die Durchführung werblicher Maßnahmen dem taktisch-operativen Bereich zuzuordnen ist.

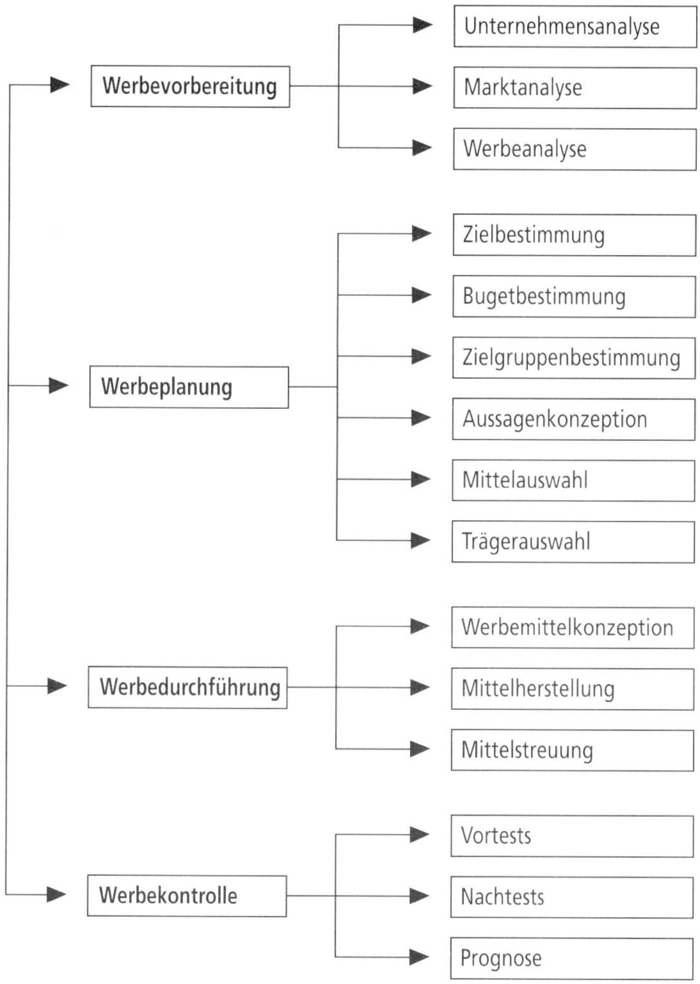

Abb: Gesamtüberblick einer Auflösung der Werbetätigkeit in Teilprozessen (Rogge, 1996, S. 43)

In dem nachfolgenden Kapital soll insbesondere auf die Bereiche Werbevorbereitung und Werbeplanung eingegangen werden.

3.1 Vorbereitung

3.1.1 Unternehmensanalyse

Die Kommunikationsleistung eines Werbung treibenden Unternehmens beginnt mit seiner Stellung am Markt und seinem Erscheinungsbild. Sie ist eingebettet in seine konkreten Zielsetzungen, seine Unternehmensgeschichte, seinen Standort, seinen Bekanntheitsgrad, seine Fachkompetenz und in sein Image. Im weitesten Sinne handelt es sich um eine „Unternehmenspersönlichkeit". Eine glaubwürdige Kommunikation muss auf der Persönlichkeit des Kommunikators aufbauen und diese für alle Zielpersonen in gleicher Weise erlebbar machen. Das gesamte Verhalten und Auftreten eines Unternehmens wird in diesem Zusammenhang als Corporate Identity bezeichnet. Es handelt sich um ein Leitbild, das ein Unternehmen nach innen (Mitarbeiter) und nach außen (Umwelt) hin abgibt, und zeigt sich u. a. in den Bereichen Corporate Design, Corporate Behavior und Corporate Communikation (siehe auch Abschnitt 5.).

Unternehmenspersönlichkeit

Corporate Identity

Neben optisch nicht in Erscheinung tretenden Wertkomponenten spielen visuelle Ausdrucksformen eine sehr große Rolle. Dieses so genannte „Gesicht" des Unternehmens wird unter dem Begriff Corporate Design zusammengefasst. Über stets gleiche Erscheinungsmerkmale, vom einheitlichen Schriftbild, Firmenlogo, Symbol und Hausfarbe über die Geschäftsausstattung bis hin zur Fahrzeugbeschriftung, soll stets das gleiche Bild von einem Unternehmen vermittelt werden.

Corporate Design

Darüber hinaus werden in vielen Unternehmen Richtlinien für das Verhalten sämtlicher Unternehmensangehöriger – beispielsweise in Form von Grundsätzen – herausgegeben. Mit dem Corporate Behavior soll erreicht werden, dass die „Soll-Persönlichkeit" des Unternehmens systematisch im individuellen Verhalten kommuniziert wird.

Corporate Behavior

Den gesamten kommunikativen Auftritt eines Unternehmens nennt man Corporate Communication. Er sollte sich durch einheitliche Unternehmenswerbung, identische Messeauftritte sowie Public-Relation-Maßnahmen, Ausstellungen usw. manifestieren.

Corporate Communication

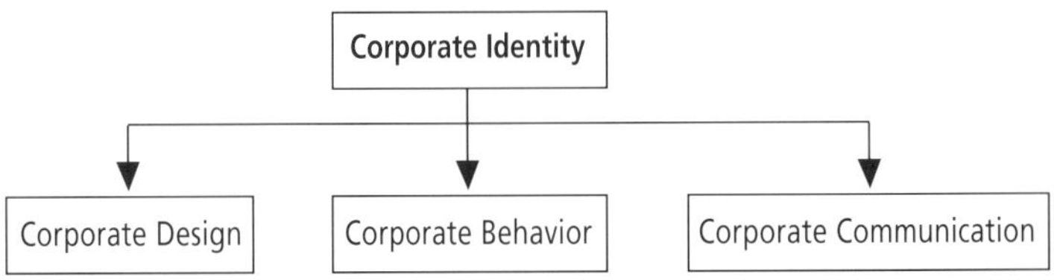

Corporate Identity und seine Teilbereiche erhöhen den Wiedererkennungswert und prägen maßgebend das Vorstellungsbild, das sich Mitarbeiter, Konsumenten und andere von einem Unternehmen machen. Aus dieser Position heraus sind die Schwerpunkte für die Umsetzung in eine Werbebotschaft zu bestimmen.

3.1.2 Marktanalyse

Marktsituation

Welche Marktsituation liegt vor? Dies ist eine der entscheidensten Fragestellungen, deren umfassende Beantwortung von großer Bedeutung für den späteren Erfolg einer Kampagne sein wird. Dabei ist zunächst eine genaue Marktdefinition zu geben. Der Markt pharmazeutischer Produkte ist z. B. zunächst in die Bereiche Human- und Tiermedizin zu unterteilen, die Humanmedizin in die Bereiche Dental-, Allgemein- und Spezialmedizin. Auf welchen Markt wird das neue Medikament gebracht? Gibt es Überschneidungen der Teilmärkte? Sind andere Marktdefinitionen denkbar oder besser, um genauere Kennzahlen zu erhalten. Das Beispiel des Pharma-Marktes soll stellvertretend für die Vielzahl der möglichen und für eine Kommunikationsstrategie bedeutungsvollen Marktdefinitionen stehen.

Produkteigenschaften

Weiterhin sind Informationen

- über die spezifischen Produkteigenschaften,
- über objektive und subjektive empfundene Produkteigenschaften (Stärken-/Schwächen-Profil),
- die regionale und zeitliche Verteilung des Produktabsatzes,
- Preisstrukturen,
- Motivstrukturen bei Verwendern und Käufern,
- Einstellungen, Images sowie Daten über Käufer- und Verkäuferverhalten usw.
- und letztlich über das prognostizierte zukünftige Handels- oder Absatzvolumen einzuholen.

Konkurrenz

Sehr wichtig ist ebenfalls die Beurteilung der Konkurrenz:

- Sollen nur gleiche Produkte und Dienstleistungen – mit gleichem Problemlösungseffekt – des Wettbewerbs verglichen werden oder auch solche, die das Produkt ersetzen können, so genannte Substitutionsgüter?
- Welche Schwächen bzw. Stärken besitzen die Konkurrenzprodukte hinsichtlich
  - Marktanteilen, Absatz, Umsatz,
  - der Stärke der Absatzorganisation,
  - der Innovationskraft, Aktivität und Preisgestaltung,
  - des Kommunikationsverhaltens, Werbeaufwands usw.

Äußere Einflüsse

Letztlich müssen noch äußere Einflüsse wie

- wirtschaftlich-konjunkturelle Entwicklungen.
- soziologische Veränderungen,
- politische Einwirkungen,
- technologische und rohstoffbedingte Entwicklungen

einbezogen werden.

Trend-entwicklungen

Diese „äußeren" Trendentwicklungen werden sich wiederum auf das Verbraucher- und Konsumverhalten auswirken, was zu folgenden Fragen führt:

- Welche Substitutionsprozesse sind vorauszusehen bzw. zu erwarten?
- Was gilt im Einzelnen als Konkurrenz?
- Wie lange gilt diese Trendbeurteilung, insbesondere in Bezug auf die Lebensdauer des Produktes und den Zeitpunkt der Einführung?

Der Umfang und Inhalt dieser Informationen wird durch das werbetreibende Unternehmen bestimmt, wobei die Beschaffung weiterer Informationen wie z. B. Konkurrenzmarkt, Trendentwicklung, Einstellungen der Zielgruppe usw. an Marktforschungsinstitute delegiert werden kann.

3.1.3 Werbeanalyse

Sie analysiert die Wirkungsweise einzelner Werbemittel, die Werbeträger und Preise, die Medienverfügbarkeit sowie deren Konditionen. Insbesondere im Wissenschaftsbereich der Werbepsychologie werden Untersuchungen durchgeführt, die sich mit der Wirkungsweise diverser Marketinginstrumente befassen. Hierauf wird detaillierter in Teil VII, 7 eingegangen. Mit Medienverfügbarkeit sowie Konditionen einzelner Medien beschäftigt sich u. a. Teil VI.

3.2 Planung

3.2.1 Zielbestimmung

Welche Ziele (Marketing-/Kommunikationsziele) sollen erreicht werden? Aus der vorherigen Situationsanalyse sind nun konkrete Zielformulierungen zu definieren, die die Schwerpunkte der Kampagne definitiv festlegen.
Während die Marketingzielsetzungen (Absatz-, Marktanteils- und/oder Umsatzsteigerung) dabei rein auf ökonomischen Erfolg ausgerichtet sind, dienen die so genannten Kommunikationsziele durch die Vermittlung von Informationen – sowohl auf der Wissens- als auch auf der emotionalen Ebene – fast nur der Verhaltensänderung bei einer zuvor genau definierten Zielgruppe. Jede Werbekonzeption hat sich im Wesentlichen an folgenden Kernzielen zu orientieren.

Kernziele der Kommunikation

Bekanntheitsgrad
Eine Zielgruppe wird sich, je nach Bekanntheitsgrad, unterschiedlich stark mit einer Werbebotschaft auseinander setzen. *McDonald's* hat z. B. einen anderen Grad von Bekanntheit als die Firma Pizza-Stube. Somit ist ein erstes Ziel, einen Bekanntheitsgrad aufzubauen und zu steigern bzw. aufrechtzuerhalten. Die EnBW-Tochter *Yello* verfolgte dieses Ziel konsequent. Als absoluter Neuling im Strommarkt hat *Yello* in den ersten drei Monaten seiner Produkteinführung fast 100 Mio. DM investiert, um gemäß einer Befragung von 1.056 Personen auf einen ungestützten Bekanntheitsgrad von stolzen 52% zu kommen (vgl. Klähn, 1999, S. 108 ff.).

Wissensinhalt
Je nach Bekanntheitsgrad ist das Wissen über ein Produkt bzw. ein Unternehmen unterschiedlich groß ausgeprägt. Eine Werbebotschaft muss diese Wissensdefizite berücksichtigen, d. h., es muss festgelegt werden, welche Inhalte einer Zielgruppe konkret vermittelt werden sollen.

Image
Rational zu verarbeitende Informationen allein reichen für eine Werbebotschaft nicht aus. Das Verhalten von Konsumenten wird in erheblichem Maße von emotionalen Faktoren bestimmt. Daher hat jede Werbebotschaft die Schaffung bzw. Erhaltung oder Erweiterung eines postitiven Vorstellungsbildes über ein Produkt oder ein Unternehmen zur Aufgabe. Hohe Zielgruppenaffinität, Aktualität, Vertrauen usw. sind wesentliche Elemente des Imageaufbaus bzw. der Imageerhaltung.

3.2.2 Budgetbestimmung

„Wer aufhört zu werben, um Geld zu sparen, kann genauso gut die Uhr anhalten, um Zeit zu sparen." (Henry Ford)

Die finanziellen Mittel bestimmen in nicht unerheblichem Maße die konzeptionelle Umsetzung einer Kommunikationsstrategie. Während bei den Großunternehmen, besonders in der Markenartikelbranche, Werbeetats in Millionenhöhe vergeben werden, spielen bei kleineren und mittleren Unternehmen ganz andere Kriterien eine Rolle. Allgemein verbindliche Aussagen über die notwendige Höhe von Etats können nicht gemacht werden. Dennoch haben sich einige Ansätze zur Bestimmung von Etatgrößen herausgebildet, die hier vorgestellt werden.

Werbeziel und Werbeetat

Generell sollte der Werbeetat in einem sinnvollen Zusammenhang zu den vorgegebenen Werbezielen und damit einem rationalen, zukunftsorientierten Handeln stehen. Wie an den folgenden Beispielen erkennbar ist, wird ein solcher Zusammenhang häufig übersehen bzw. nicht ernsthaft genug in Erwägung gezogen.

Zielorientierte Methode

Diese Methode findet bei größeren, stark absatzorientierten Unternehmen (Markenartiklern, Kaufhaus- und Handelsketten, Dienstleister) Anwendung. Nachdem die Marketing- und Kommunikationsziele fixiert worden sind, wird hieraus die Etathöhe als logische Konsequenz abgeleitet und festgesetzt. Dabei wird die finanzielle Voraussetzung ebenso berücksichtigt wie die Konkurrenzsituation. Die in der Regel für ein Jahr festgelegten Etats in zum Teil zwei- bis dreistelliger Millionenhöhe werden häufig in Teiletats zerlegt, die sich wiederum an dem schwerpunktmäßigen Einsatz der Kommunikationsinstrumente orientieren. Neben einem Werbeetat existiert also auch ein Verkaufsförderungsetat, ein Etat für Öffentlichkeitsarbeit, für Sponsoring-Aktivitäten usw.

Finanzorientierte Methode

In diesem Fall bestimmen die finanziellen Mittel die Höhe des Werbeetats. Dieses Vorgehen ist das genaue Gegenteil der zielorientierten Methode und steht im Widerspruch zu der postulierten Notwendigkeit von Marketingzielsetzungen. Hier werden ökonomische Globalgrößen wie Umsatz bzw. Gewinn als Orientierungsgrößen herangezogen. In der überwiegenden Zahl wird der Werbeetat ausgehend von Vergangenheitsdaten bestimmt. Bei dieser Methode kann Werbung nicht als Teil des Marketing-Mix gesehen werden, da kein sachlicher Zusammenhang zwischen Finanzmitteln und Werbezweck vorhanden ist. Werbemaßnahmen werden zumeist prozyklisch gefördert oder eingeschränkt, unabhängig von ihrer marketingorientierten Notwendigkeit.

Konkurrenzorientierte Methode

Die Etathöhe orientiert sich hier an den Etats der wichtigsten Konkurrenten. Bei genauer Marktbeobachtung wird versucht, die Werbeanstrengungen der Mitbewerber zu neutralisieren. Während dadurch Fehlentscheidungen bei der Festlegung der Etathöhe möglicherweise minimiert werden könnten, bleibt für die Innovationskraft eigener Konzeptionen wenig Raum, da lediglich reagiert, nicht aber agiert wird. Werbung wird zunehmend unproduktiv.

Prozentsatz-Methode

Sehr häufig ist in der Praxis zu beobachten, dass bei der Diskussion über Etatgrößen vom prozentualen Anteil am Umsatz eines Unternehmens ausgegangen wird. Innerbetrieblich wird vielfach auch ein bestimmter Anteil an den Gesamtkosten als Basis für die Etathöhe herangezogen. Während diese Prozentsatz-Methode auf den ersten Blick als logische und einfachste Möglichkeit zur Etatfestlegung erscheint, birgt sie die größten Gefahren in sich. Auch hierbei besteht kein Zusammenhang zwischen den angestrebten, notwendigen Kommunikationszielen und den verfügbaren Finanzmitteln. Werbung soll den Umsatz beeinflussen und nicht umgekehrt. Die Kontinuität von Werbemaßnahmen wird bei dieser Methode stark beeinträchtigt, sie können sich nur prozyklisch anpassen.

Die Entscheidung, nach welchen Kriterien die Etathöhe festgelegt wird, ist sicherlich von vielfältigeren Faktoren abhängig, als sie hier aufgeführt werden können. Die folgende Darstellung von Vor- und Nachteilen der einzelnen Methoden ist daher auch nur als Übersicht der wesentlichen Argumente zu verstehen.

Methode	Vorteile	Nachteile
Zielorientierte Methode	Logisches, konsequentes Verfahren, das sich an den Werbezielen orientiert.	Probleme bei der Festlegung und Beurteilung der Notwendigkeit von Kommunikationsmaßnahmen.
Finanzorientierte Methode	Einfache, schnelle Ermittlung des Etats nach finanziellen Möglichkeiten.	Kein Zusammenhang zwischen Werbezweck und Finanzmitteln. Prozyklische Anpassung.
Konkurrenzorientierte Methode	Einfaches Verfahren, das i.d.R. keine Fehlentscheidungen erwarten lässt.	Einschränkung der Innovativkraft eigener Lösungen. Lediglich Reaktionsverhalten.
Prozentsatz-Methode	Einfache, schnelle Etatermittlung.	Kein Kausalzusammenhang zwischen Werbezielen und Finanzmitteln. Starke Etatschwankungen. Prozyklische Anpassung.

3.2.3 Zielgruppenbestimmung

Menschen haben unterschiedliche Sprach- und Lebensgewohnheiten, Wünsche, Erwartungen, Neigungen, Einstellungen, Vorstellungen, Meinungen, Stimmungen, Hoffnungen, aber auch Ängste und Vorurteile. Für Marketing-Kommunikationsentscheidungen ist es wichtig, Menschen zu verstehen und zu wissen, wie Konsumenten Produkten und Dienstleistungen gegenüberstehen. Es ist wichtig, Verhaltensweisen richtig zu begreifen und einzuschätzen. Der Kommunikationserfolg hängt mehr denn je davon ab, dass Menschen überzeugend und persönlich angesprochen und erreicht werden. Um den richtigen Zugang zur Lebenswelt des einzelnen Konsumenten zu finden, spielen emotionale Angebote eine immer größere Rolle. Psychologische Elemente nehmen daher in den neueren Zielgruppenanalysen einen immer wichtigeren Raum ein. Die genaue Kenntnis der Lebenswelt der Zielgruppen bestimmt zunehmend die Kommunikationsinhalte und deren Anspracheformen.

Lebenswelt des Konsumenten

Die vielfältigen Zielgruppenbeschreibungen lassen sich nach klassischem Ansatz auf drei grundlegende Merkmalsgruppen reduzieren:

1. soziodemographische Merkmale, wie z. B.:
- Alter
- Geschlecht
- Bildung und Beruf
- Einkommen
- Wohnortgröße

2. psychologische Merkmale, wie z. B.:
- Wünsche
- Neigungen
- Einstellungen
- Vorurteile
- Ängste

3. spezifische Konsummerkmale, wie z. B.:
- Freizeitverhalten
- Kaufverhalten
- Besitzansprüche

Soziodemographische / psychologische Kriterien

Die Erfassbarkeit der soziodemographischen Merkmale ist relativ unkompliziert, jedoch erfüllen diese Daten nicht den Anspruch einer optimalen Zielgruppenbeschreibung im bereits genannten Sinne. Die Unzulänglichkeiten der rein soziodemographischen Personenmerkmale stehen dabei der schwierigen Erfassbarkeit psychologischer Personeneigenschaften gegenüber.

Lifestyle-Forschung

Menschliche Eigenschaften und Verhaltensweisen bestimmen aber insbesondere die Produkt- und Markenwahl. Aus diesem Grund hat sich innerhalb der Markt- und Sozialforschung ein Zweig der so genannten Lifestyle-Forschung herausgebildet, der sich darauf spezialisiert hat, das Verhalten von Verbrauchern transparent zu machen, indem er ausführlich deren Lebensstile untersucht und beschreibt.

Im Gegensatz zu Markt-/Mediastudien, die sich im Wesentlichen darauf konzentrieren, die Verbraucher über soziodemographische Strukturmerkmale zu erfassen und diese dann mit Produkt- und Medianutzungsdaten in Verbindung zu bringen, geht die Lifestyle-Forschung einen anderen Weg. Sie versucht zunächst, die komplexe Persönlichkeit des Verbrauchers möglichst umfassend zu untersuchen und kennen zu lernen. Mit Hilfe von typologischen Segmentierungen werden dann Verbrauchergruppen herausgebildet, die als so genannte Lifestyle-Typen dargestellt und charakterisiert werden können. Es werden Menschen beschrieben, die sich in einem „typischen Lebensstil" ähnlich sind. Schließlich werden diese Lifestyle-Typen mit Hilfe demographischer Gruppenmerkmale weiter unterteilt, sodass sich Typenbeschreibungen ergeben, die sich auch quantitativ als bestimmte Produktnutzer, Markenverwender oder Mediennutzer darstellen lassen.

Die Werbeagentur *Michael Conrad & Leo Burnett* hat zu Beginn der 90er-Jahre eine empirische Studie durchgeführt, die die Lebensstile der Deutschen (in den alten Bundesländern) illustriert. Dabei wurden insgesamt zwölf deutlich unterscheidbare Lebensstile dargestellt und charakterisiert. Diese Lebensstile unterteilen sich wiederum in vier grobe Kategorien: traditioneller, gehobener, moderner und jugendlich-moderner Lebensstil (vgl. Reader's Digest, 1991, S. 7–10).

Traditionelle Lebensstile

- *Erika,* „die aufgeschlossene Häusliche", ist die patente, konservative, aber offene Hausfrau und Mutter (10 %).
- *Erwin,* „der Bodenständige", hat durch harte Arbeit einen bescheidenen Wohlstand erreicht und ist das klare Oberhaupt der Familie (13 %).
- *Wilhelmine,* „die bescheidene Pflichtbewusste", ist die tugendhafte, anspruchslose und schicksalsergebene Rentnerin (14 %).

Gehobene Lebensstile

- *Frank und Franziska*, „die Arrivierten", sind erfolgreiche und selbstbewusste Bildungsbürger (7 %).
- *Claus und Claudia*, „die neue Familie", sucht ihren Sinn in Partnerschaft, Kind, Wohlstand, aber auch Selbstverwirklichung (7 %).
- *Stefan und Stefanie*, „die jungen Individualisten", sind Intellektuelle mit kritischem Bewusstsein und zugleich genussorientierem Lebensstil (6 %).

Moderne Lebensstile

- *Michael und Michaela*, „die Aufstiegsorientierten", sind karriere- und statusbewusst, ehrgeizig und dennoch genussfreudig (8 %)
- *Martin und Martina*, „die trendbewussten Mitmacher", sehen ihren Lebensinhalt in Freizeitaktivitäten und Konsum und Prestige (5 %).
- *Ingo und Inge*, „die Geltungsbedüftigen", haben schlechte Zukunftsaussichten und eine resignierende Lebenseinstellung, an der sie die Schuld bei anderen suchen (8 %).

Jugendlich-moderne Lebensstile

- *Tim und Tina*, „die fun-orientierten Jugendlichen", wollen alles, was Spaß macht, und jagen glücklich jedem Trend hinterher (7 %).
- *Monika,* „die Angepasste", liebt Mode, Kosmetik, Romanzen und die neuen Hits. Ihre Träume sind kleine Fluchten aus dem Alltag (8 %).
- *Eddie,* „der Coole", ist ein Macho und liebt Action und Abenteuer (7 %).

Darüber hinaus wurden in den letzten Jahren Typologien von Gruppen mit so phantasievollen Bezeichnungen wie YUPPY = Young Urban Professionals, DINKY = Double Income no Kids, YUPPY-PUPPY = Wohlstandskinder entwickelt. Diese Eingruppierungen werden ständig erneuert und um weitere Typologien erweitert. YUPPY / DINKY

In vielen Fällen einsetzbar ist auch das Sinus-Milieu-Konzept, das ein paar Jahre später vom Sinus-Institut in Heidelberg entwickelt wurde und seit 1995 in die Markt- und Media-Studie „Typologie der Wünsche" vom Burda-Verlag integriert wird. Die Sinus-Studie versucht den ganzen Menschen sowie das gesamte Bezugssystem seiner Lebenswelt zu erfassen und Gruppen zu bilden, die sich in Lebensauffassung und Lebensweise ähneln. Berücksichtigt werden neben den Dimensionen der soziale Lage auch Wertorientierungen, Lebensstile und ästethische Präferenzen wie z. B. Wohnkultur. Seit 1999/2000 werden neben den alten auch die neuen Bundesländer berücksichtigt.

Sinus-Studie

Nachfolgend eine kurze Charakterisierung der Sinus-Milieus in Westdeutschland, wobei einzelne Milieus exemplarisch detaillierter erläutert werden.

Konservativ-technokratisches Milieu (10 %)
Die erfolgsorientierte Konsum-Elite unserer Gesellschaft mit ausgeprägten Exklusivitätsansprüchen, beruflichem und materiellem Erfolg, Führungs-, Leistungs- und Gestaltungsbereitschaft, Statusdenken, Machtbewusstsein, einem hohen Lebensstandard und einem intakten Familienleben.
Die soziale Lage wird bestimmt durch ein überdurchschnittlich hohes Bildungsniveau mit hohen und höchsten Einkommensklassen. Hier siedeln sich viele leitende Angestellte, höhere Beamte sowie Selbstständige, Unternehmer und Freiberufler an.
Der Lebensstil zeichnet sich durch eine Abgrenzung nach „unten" aus, einem so genannten „entre nous" im Privatleben und einer regen Teilnahme am gesellschaftlichen und kulturellen Leben.

Liberal-intellektuelles Milieu (10 %)
Die aufgeklärte, postmateriell orientierte Werte-Avantgarde mit einer umwelt- und gesundheitsbewussten weltoffenen Lebensführung. Sie legt Wert auf soziale Gerechtigkeit, ökologische und politische Korrektheit, Teilnahme am gesellschaftlichen und kulturellen Leben, Entfaltung der Persönlichkeit mit sinnstiftender Identität sowie Erfolg im Beruf.

Postmodernes Milieu (6 %)
Die extrem individualistische „multioptionale" Lifestyle-Avantgarde, die als Lebensziel vorrangig die ungehinderte Entfaltung der eigenen Persönlichkeit mit dem „Ausleben" der eigenen Gefühle, Begabungen und Sehnsüchte sieht. Diese Gruppierung lässt sich vom Leben leiten, agiert jedoch durchaus pragmatisch und passt sich – wenn nötig – an entsprechenden Rahmenbedingungen an. Es handelt sich schwerpunktmäßig um junge Leute – meist Singles – zwischen 25 und 35 Jahren mit einem gehobenen Bildungsabschlusss. Weiterhin besteht ein starkes Bedürfnis nach Kommunikation, Unterhaltung und Bewegung.

Kleinbürgerliches Milieu (14 %)
Die sicherheits- und status-quo-orientierte Kriegsgeneration, die sich an den traditionellen Werten wie Pflicht, Ordnung sowie Disziplin festhält, es im Leben „zu etwas bringen" will und in geordneten Verhältnissen lebt.

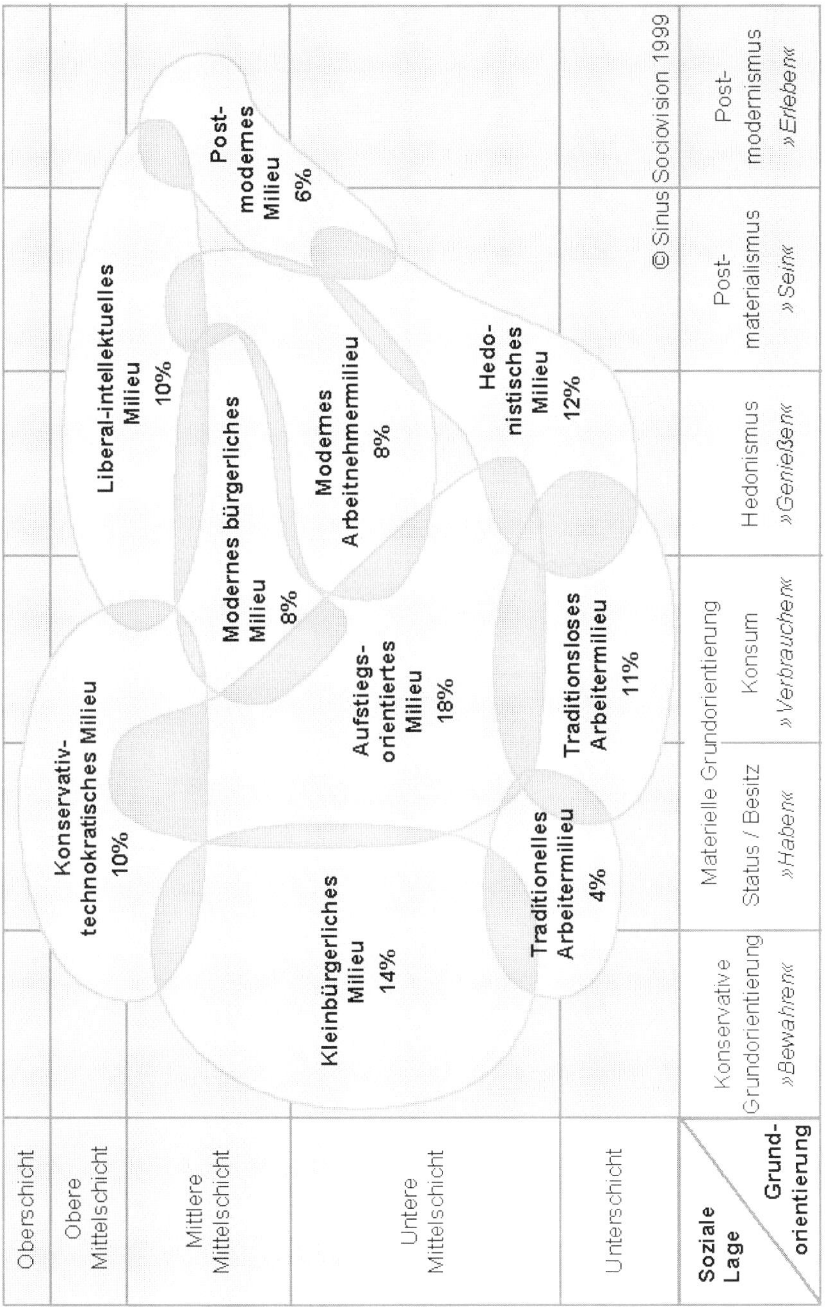

Abb.: Die Sinus-Milieus in Deutschland West 1999: Soziale Lage und Grundorientierung (Quelle: Sinus Sociovision, Heidelberg 1999)

Traditionelles Arbeitermilieu (4 %)
Die an den Notwendigkeiten des Lebens ausgerichtete traditionelle Arbeiterkultur der Eckkneipen, Kleintierzüchter- und Schützenvereine. Sicherheit am Arbeitsplatz, ein gutes Auskommen und soziale Akzeptanz stehen hier im Mittelpunkt der Lebensziele.

Aufstiegsorientiertes Milieu (18 %)
Die beruflich und sozial aufstrebende untere Mitte, die große Bedeutung in Konsumwerten wie Auto, Urlaub und exklusiven Freizeitaktivitäten sieht. Hier finden sich viele Facharbeiter, qualifizierte Angestellte, kleinere Selbstständige und Freiberufler mit mittlerem Schulabschluss bzw. Hauptschulabschluss mit abgeschlossener Berufsbildung. Das Einkommen ist eher gehoben. Es herrscht ein prestigeorientierter Konsumstil mit hoher Wertschätzung von Statussymbolen.

Modernes Arbeitnehmermilieu (8 %)
Der gut ausgebildete, aufgeschlossene, mobile und pragmatische Mainstream der jungen modernen Mitte. Hier herrscht ein Streben nach einem angenehmen Leben, in dem man sich Wünsche erfüllen kann, kreativ ist, Verantwortung übernimmt und sich ständig geistig und fachlich weiterbildet. Es finden sich hier meist mittlere bis gehobene Einkommen, häufig Doppelverdiener, die aufgeschlossen sind und Hightech als ein selbstverständliches Element im Alltag sehen.

Modernes bürgerliches Milieu (8 %)
Die konventionelle neue Mitte, die nach einem harmonischen, behüteten Leben in gesicherten Verhältnissen strebt.

Traditionsloses Arbeitermilieu (11 %)
Die stark konsum-materialistisch geprägte Unterschicht, die „dazugehören" will und von einem Leben mit Geld, Luxus und Prestige träumt. Hier häufen sich soziale Benachteiligungen, was zur Folge hat, dass die Zukunft verdrängt und häufig über die Verhältnisse gelebt wird. Es findet ein spontaner Konsumstil bei raschem Aufgreifen neuer Moden und Trends statt.

Hedonistisches Milieu (12 %)
Die unangepasste junge Unterschicht, die Spaß haben will und sich den Konventionen und Verhaltenserwartungen der Leistungsgesellschaft verweigert. Der Altersschwerpunkt liegt unter 30 Jahren. Es finden sich hier viele Schüler, Auszubildende, Arbeitslose, un- und angelernte Arbeiter und „Jobber" mit meist kleinerem bis mittlerem Einkommen. Der Lebensstil zeichnet sich durch ein Leben im Hier und Jetzt bei unkontrolliertem Umgang mit Geld, die Freude an Luxus und Komfort und demonstrative Unangepasstheit sowie Stilprotest aus (vgl. Sinus Sociovision, 1999).

Milieus

Die Grenzen zwischen den Milieus sind fließend. Lebenswelten sind nicht exakt eingrenzbar wie beispielsweise soziale Schichten. Es gibt Berühungspunkte und Übergänge. Die vorstehende Grafik veranschaulicht diese Überschneidungspotenziale sowie die Position der Milieus in der westdeutschen Gesellschaft nach sozialer Stellung und Grundorientierung. Je höher das entsprechende Milieu in dieser Grafik angesiedelt ist, desto gehobener sind Bildung, Einkommen und Berufsgruppe. Je weiter es sich nach rechts erstreckt, desto weniger traditionell ist seine Grundorientierung.

Zusammenfassend kann gesagt werden, dass in der Marketingkommunikation wie in der Mediaplanung rein quantiative Merkmale zur Beschreibung und Analyse von Zielgruppen nicht mehr als ausreichend angesehen werden. Die Schwierigkeit, den zunehmenden Individualisierungstendenzen der Gesellschaft und die damit entstehenden fragmentierten Zielgruppen erreichen zu können, erfordert eine neue Qualität in der Werbeplanung.

3.2.4 Aussagenkonzeption

Sind Marketing- und Kommunikationsziele sowie Zielgruppe klar definiert, folgen die eigentlichen konzeptionellen Arbeitsschritte. Eine Copy-Strategie wird entwickelt. Hierunter werden die grundsätzlichen Ideen, Vorüberlegungen und Aufgabenstellungen für eine visualisierte und verbalisierte Umsetzung der Werbebotschaft in die entsprechenden Werbemittel verstanden. Werbliche Aussagen, Versprechen, Begründungen, Beweise, Motivationen usw. werden in einer einheitlichen Gestaltungsstrategie festgelegt. Dem Verbraucher soll dargelegt werden, warum er unser Produkt und nicht einen möglichen Konkurrenzartikel kaufen soll. Der Inhalt der Copy-Strategie wird direkt vom Produkt- und dem Verbraucherbedürfnis, welches das Produkt erfüllt, abgeleitet. Die Gestaltungsstrategie lässt sich anhand folgender Fragestellungen gliedern:

Copy-Strategie

Wie soll die zentrale Werbeaussage lauten bzw. welches Produktversprechen soll und kann herausgestellt werden?
(Consumer Benefit / Unique Selling Proposition)

Wie kann diese Aussage bzw. dieses Versprechen stichhaltig begründet werden?
(Reason Why)

Mit welcher einheitlichen Linie (visuell und verbal) kann das Versprechen und die Begründung herausgestellt, vielleicht sogar bewiesen werden?
(Tonality)

Bewertungskriterien

Consumer Benefit

Produkt-positionierung

Die Positionierung eines Produktes oder einer Dienstleistung im Markt beinhaltet immer ein bestimmtes Nutzenversprechen, das bewusst auf die Wünsche und Bedürfnisse der Konsumenten abzielt. Dies kann das Hochgefühl sein, das die neue Zigarette vermittelt, die Geschwindigkeit, mit der ein Computer arbeitet, oder die Sicherheit, die ein Automobil suggeriert (vgl. Joliet, 1991, S. 18). Da der Produktnutzen gleichzeitig mit einer Vielzahl anderer Erwartungen konkurriert, muss ein ganz besonderer Nutzen (Consumer Benefit) herausgearbeitet werden, der das Produkt bzw. die Dienstleistung aus der Masse gleichartiger Angebote im Wettbewerb hervorhebt, d. h. positioniert.

Der Benefit ist von zentraler Bedeutung in der Werbung. Man unterscheidet im Einzelnen (vgl. Pepels, 1996, S. 275):

- Leistungsnutzen: die Leistungsfähigkeit des Produktes herausstellen, z. B. „Da weiß man, was man hat"
- Kennernutzen: Wissen über die Überlegenheit des Produktes zeigen, z. B. „Katzen würden Whiskas kaufen"
- Trendnutzen: Dabei sein ist alles, d. h. Zugehörigkeit demonstrieren, z. B. „Thommy, der beliebteste Senf"
- Geltungsnutzen: Das Profilierungs- und Prestigebedürfnis der Zielgruppe befriedigen. Qualität wird vorausgesetzt, ist aber sekundär.

Grund- / Zusatznutzen

USP

UAP

Da jedes Gut einen bestimmten Grundnutzen aufweist, kommt es somit darauf an, die Besonderheit in einem so genannten Zusatznutzen herauszustellen. Dieser kann in der Produkteigenschaft selbst gegeben sein, aber auch in der Produktästhetik, dem Design, der Funktionalität oder gar im Prestige. Die Herausstellung des Consumer Benefit allein reicht nicht aus, um die Aufmerksamkeit des Konsumenten zu wecken. Der so genannte USP (= Unique Selling Proposition) bietet eine weitere Abgrenzungsmöglichkeit von der Konkurrenz. Mit diesem Begriff soll in erster Linie eine Alleinstellung im Markt durch einen einzigartigen Verkaufsvorteil hervorgehoben werden. Dieser kann im Produkt selbst begründet liegen (natürlicher USP) oder in der Beschreibung einer Besonderheit erst geschaffen werden (künstlicher USP). Der künstliche USP wird auch UAP (Unique Advertising Proposition) genannt. Dieser werblich herausgestellte, virtuelle Produktnutzen existiert nicht real, sondern lediglich in der Vorstellungskraft der Zielgruppe.

Beispielsweise sind die meisten Benutzer der Zahncreme *Elmex* sicherlich davon überzeugt, dass ihre hochpreisige Zahncreme die Zähne besser schützt als ein günstigeres Konkurrenzprodukt. Wissenschaftlich ist dies jedoch umstritten. Ebenso werden die Freunde von *Warsteiner Pilsener* schwerlich davon abzubringen sein, dass ihre Marke besser schmeckt als vergleichbare Marken. Im Blindtest erkennt – genauso wie bei Zigarettenmarken – kaum jemand „sein Produkt" (vgl. Buchholz / Wördemann, 1998, S. 40). Somit ist in den Köpfen der

Verbraucher ein virtueller Produktnutzen genauso real und befriedigend wie ein faktisch nachweisbarer Produktnutzen, d. h. ein echter USP.

Reason Why
Ein wesentliches Ziel kommunikativer Maßnahmen in der Werbung ist die Information. Dies wird in der Bewertung durch die Konsumenten jedoch nicht allein akzeptiert. Werbebotschaften haben in der Regel den schlechten Ruf, kaum Informationen, dafür aber viele manipulierende Aussagen zu enthalten und nur überreden zu wollen. Wenn Werbebotschaften keine leeren Versprechungen sein sollen, müssen sie den Beweis bzw. die Begründung, den so genannten Reason Why, gleich mitliefern. Dieser soll den Konsumenten in seiner Entscheidung bestärken und ihm bestätigen, dass er den „richtigen" Kauf getätigt hat. Je höher der Anspruch eines Produktes, desto wichtiger ist der Reason Why.

Begründung eines Nutzenversprechens

Es lassen sich grundsätzlich drei Techniken unterscheiden:

Systemvergleich
Die eigenen Produkte werden mit Konkurrenzprodukten verglichen. Dieses kann mit Namensnennung erfolgen (z. B. Pepsi-Test in den USA). In Deutschland sind seit einiger Zeit die Rahmenbedingungen für vergleichende Werbung gelockert worden. Dennoch muss man mit dieser Konzeptionsmethode sehr sensibel umgehen. Verglichen werden dürfen nur nachweisliche Fakten, z. B. *Sixt*-Werbung: „Hurra! Avis vermietet den Smart für 99 Mark am Tag. Ha, ha! Für das Geld kriegen Sie bei Sixt einen Mercedes. A-Klasse zum Smart-Preis: 99,–/Tag" (Süddeutsche Zeitung vom 28.09.99, S. 31 ff.).
Verglichen wird deshalb auch oft anonym, z. B. wenn Leistungsunterschiede von unterschiedlichen Waschmitteln demonstriert werden.

Vergleichende Werbung

Härtetest
Produkte werden Extremforderungen unterworfen, um zu demonstrieren, dass das eigene Produkt sich nicht nur in einer „normalen" Situation bewährt. Die Werbebotschaft wird somit überhöht.
Auch diese Methode wird gerne bei Waschmitteln oder Pflegeprodukten angewandt. Im Automobilsektor hat sich das vor einigen Jahren der *Audi-Quattro*-Spot zu Nutzen gemacht, indem er den Wagen eine Skischanze hochfahren ließ.

Extremforderungen

Nutzenfacetten
Ein Produkt aus der gesamten Produktpalette – beispielsweise *Nivea* – wird exemplarisch hervorgehoben, wobei ein Induktionsschluss und Imagetransfer auf andere Produkte erfolgen soll. *Nivea* ließ den Markenkern der Traditionscreme unverändert. Durch Line Extensions (Sonnenschutz, Duschbad, Kinderpflege usw.) wurde die Kompetenz der klassischen Creme auf neuere Produkte transportiert (vgl. Pepels, 1996, S. 258).

Line Extensions

Tonality
Tonality ist – wörtlich übersetzt – der Grundton der Werbebotschaft und noch nicht die kreative, visuelle und verbale Umsetzung. Er soll mit Adjektiven wie jugendlich, sportlich, dynamisch, traditionsbewusst, heimatverbunden usw. durchgängig eingehalten werden und ist somit die Vorgabe für die weiteren Gestaltungsschritte. Tonality ist die Beschreibung einer Atmosphäre, in der das Produkt bzw. die Dienstleistung strategisch „verpackt" werden soll.
Die verschiedenen Werbemittel und -träger eignen sich unterschiedlich gut für die verschiedenen Kommunikationsstrategien mit ihren jeweiligen Produktversprechen und der angewandten Tonality. Es gilt, die richtigen Medien für die richtigen Strategien zu wählen.

3.2.5 Werbemittel- und Werbeträgerauswahl

Bei der eigentlichen kreativen Werbestrategie muss – wie bereits angesprochen – auf die richtige Werbemittelauswahl und -ausstattung sowie die korrekte Auswahl und Festlegung weiterer Kommunikationsinstrumente hinsichtlich der Konzeptionsverträglichkeit aller Maßnahmen geachtet werden. Auch bei der Auswahl der Werbeträger, die für die Übermittlung der Werbebotschaft in Frage kommen, ist auf ihre jeweilige Eignung zu achten. Jeder Werbeträger besitzt unterschiedliche Mediaeigenschaften und Möglichkeiten. Während beispielsweise das Medium Tageszeitung grundsätzlich eine hohe Glaubwürdigkeit besitzt, können jugendliche Atmosphäre und Dynamik grundsätzlich besser in Kinospots transportiert werden.

4. Briefing

Damit die Werbeagentur mit der Erstellung einer Marketingkommunikation beginnen kann, muss sie vom Kunden „gebrieft" werden. Unter Briefing versteht man die schriftliche Auftragserteilung an einen am Kommunikationsprozess beteiligten Partner. Briefings sind die Voraussetzung für die Erstellung werblicher Arbeiten. Dabei kann es sich um die Entwicklung ganzer Kampagnen handeln oder auch nur um die Ausarbeitung einzelner Aktionen, z. B. eines Messeauftritts, einer Packungsgestaltung oder einer Verkaufsförderungsaktion. Der Begriff Briefing stammt aus dem Militärwesen und ist dort bestimmten Regularien unterworfen. Der Auftraggeber hat die Pflicht, seinen Auftragnehmer über

Definition

- die Bestimmung des Auftrages und
- relevante Einflussgrößen im Umfeld des Auftrages aufzuklären.

Grundsätzlich unterscheidet man:

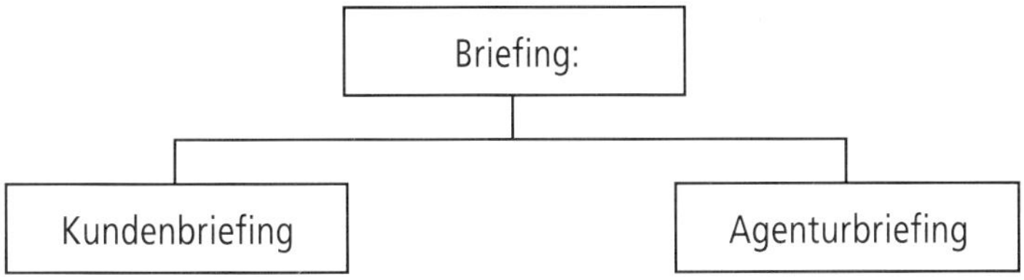

4.1 Kundenbriefing

Grundlage für die Zusammenarbeit zwischen Kunde und Werbeagentur ist eine vom Kunden schriftlich fixierte Aufgabenstellung, ein so genanntes Briefing. Die Basis bildet die Marketingstrategie, die generell festlegt, welche Produkte auf welchen Märkten mit welchen Methoden für welche Zielgruppe angeboten werden.
Je genauer der Kunde das Briefing erstellt, desto sicherer kann er sein, dass sein Auftrag wunschgemäß erfüllt wird. Allerdings sind nur wirklich relevante Fakten und Daten sinnvoll. D. h., das Briefing für eine Jahreskampagne bedarf weitgehenderer Informationen als für eine Aktion am Point-of-Sale. Neben der Art des Auftrags ist dabei auch die Beziehung zwischen Auftraggeber und Auftragnehmer von Bedeutung. Handelt es sich um einen Routineauftrag zwischen Partnern, die seit längerer Zeit zusammenarbeiten, so kann die jeweils übermittelte Informationsfülle geringer ausfallen als bei erstmaliger Zusammenarbeit zwischen fremden Partnern. Grundsätzlich geht der Trend zu möglichst knappen Briefings. Dies entspricht auch dem landläufig beklagten Zeitdefizit im Management.

Einen Anhaltspunkt für ein vollständiges Kundenbriefing soll die folgende Checkliste geben:

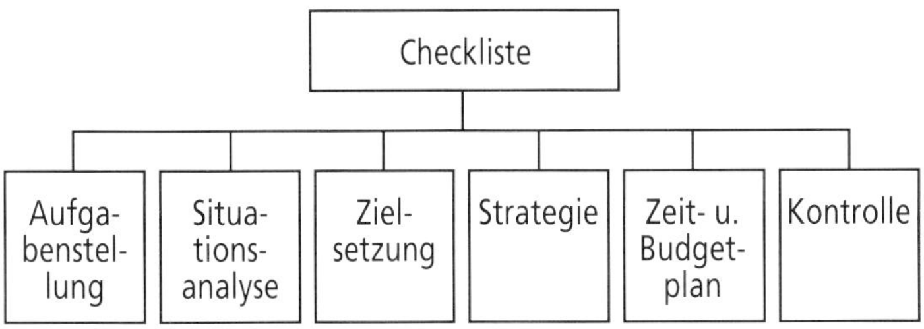

Aufgabenstellung: Wie lautet die konkrete Aufgabenstellung?

- Handelt es sich um eine komplette Jahrespräsentation?
- Oder wird die Agentur „nur" für eine Verkaufsförderungsaktion, einen Messeauftritt, einen Event, eine PR-Maßnahme usw. gebrieft?
- Ist der gesamte Full-Service-Bereich der Agentur betroffen oder wird die Aufgabe nur von einer Abteilung bewältigt (z. B. Media- oder Marktforschungsabteilung)?

Situationsanalyse: Welche Markt- bzw. Wettbewerbssituation liegt vor?

- Was ist bisher geschehen (Produktpolitik, Kommunikationsmaßnahmen)?
- Was sind die Stärken und Schwächen meines Produktes?
- Wer bildet meine Zielgruppe? Ist meine Zielgruppe qualitativ genau zu definieren oder ist nur eine quantitative Bestimmung der Zielgruppe möglich? Sind Käufer und Produktverwender überhaupt identisch? Wird sich die Zielgruppe im Laufe der Produktlebensdauer voraussichtlich verändern (quantitativ, qualitativ)?
- Was für Produkte besitzt meine Konkurrenz?
- Welche weiteren Einflussgrößen (Trends, Politik, Gesellschaft) muss ich berücksichtigen?
- Gibt es rechtliche Restriktionen oder Einflussgrößen?

Zielsetzung: Welche Kommunikations- bzw. Marketingziele sollen erreicht werden?

- Liegen die Schwerpunkte in der Absatz- oder Umsatzsteigerung? Strebt der Kunde die kurzfristige, schnelle Absatzsteigerung (ggf. Verkaufsförderungsaktionen) oder langfristige, kontinuierliche Steigerungen des Absatzes (ggf. Imageverbesserung) an?
- Liegen die Schwerpunkte eher in der Steigerung des Bekanntheitsgrades?
- Soll ggf. eine Einstellungs- oder Verhaltensänderung bewirkt werden?
- Vielleicht muss aber auch ein Wissensdefizit bei meiner Zielgruppe bereinigt werden?

Strategie: Welcher Produktvorteil soll wie herausgestellt werden?

- Handelt es sich hierbei um einen echten und eindeutigen Produktvorteil (USP)?
- Oder muss der Produktnutzen erst werblich geschaffen werden (UAP)?
- Gibt es Konkurrenzprodukte, deren Kommunikationsstrategie berücksichtigt werden muss?
- Welche Werbemittel und -träger versprechen den besten Kommunikationstransfer?

Kosten- und Zeitplan: Welche Kosten und Terminvorgaben sind zu berücksichtigen?

- Aufzuschlüsseln sind in diesem Zusammenhang alle Angaben über die

Dauer einer Kampagne (Zeitrahmen) sowie über das Budget bzw. den Etat.
- Ist der Etat aufgeteilt in Teiletats, z. B. für Werbung, Verkaufsförderung und Public Relations?
- Wie hoch sind hierbei die Einzeletats?
- Gibt es Sondervereinbarungen über Agenturvergütung, Produktions- und Streukostenaufteilung?
- Welche Realisationstermine sind zu beachten? Die Produktion eines TV-Spots nimmt erheblich mehr Zeit in Anspruch als die Entwicklung einer lokalen Verkaufsförderungsaktion. Bei der Entwicklung von Lifestyle-Motiven müssen ggf. lokale Wettbewerbsbedingungen geprüft werden. Modeaufnahmen für Sommer- und Winterkollektionen mit Outdoor-Atmosphäre sind nicht überall zu jeder Zeit im vorgegebenen Kostenrahmen realisierbar.
- Und schließlich: Wann und wo ist der Präsentationstermin mit welchen Teilnehmern?

Kontrolle: Welche Kontrolldaten sollen herangezogen werden?

- Handelt es sich um betriebsinterne Informationen (z. B. Umsätze) oder um betriebsexterne Informationen (z. B. durch Konkurrenzbeobachtung)?

4.2 Agenturbriefing

Kundenbriefings werden nach Verabschiedung durch den Auftraggeber und die Agentur meist wieder in agenturinterne Briefings – so genannte Agenturbriefings – aufgelöst. Diese enthalten detaillierte Aufgabenstellungen für die beteiligten internen Abteilungen und die betreffenden Mitarbeiter.

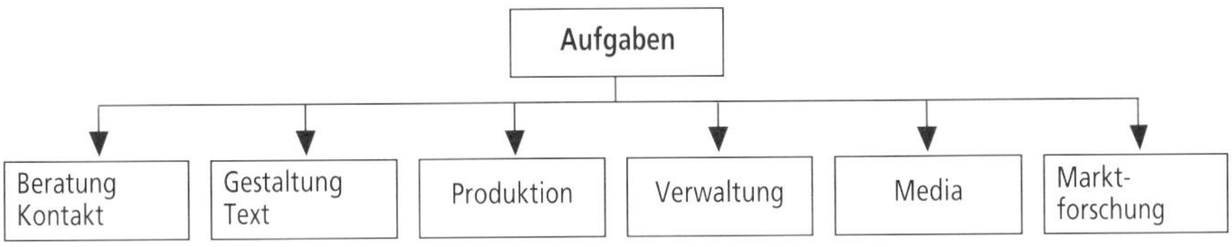

Beratung / Kontakt
Meist ist es Aufgabe des Kontakters, das Kundenbriefing in einzelne interne Agenturbriefings aufzusplitten. Die wichtigsten Grundlagen des Kundenbriefings werden für alle Abteilungen gemeinsam herausgestellt. Darüber hinaus werden entsprechende Aufgabenstellungen für die einzelnen Abteilungen abgeleitet.

Aufgabensplitting

Für den im Beratungsteam beteiligten Etatdirektor, Kontakter, Innenkontakter oder Kontaktassistent werden Timing-Angaben, Budgetvorgaben und sonstige Rahmenbedingungen vorgegeben. Aufgabe des Kontaktteams ist es nun, die nächsten Arbeitsschritte einzuleiten, ein Timing mit genauen Zuständigkeiten zu erstellen, die Koordination zu übernehmen und dem Kreativteam mit Rat und Tat zur Seite zu stehen.

Gestaltung / Text

Konzeption

Das verantwortliche Kreativteam (Art Director und Texter) erhält mögliche Vorgaben von Kundenseite und muss sich mit folgenden Fragestellungen auseinander setzen:

- Von welchem Produktnutzen kann die Zielgruppe ausgehen?
- Wie kann das werbliche Versprechen glaubhaft gemacht werden (Reason Why)?
- In welcher Sprachebene muss ich mit meiner Zielgruppe kommunizieren (Tonality)?
- Gibt es eventuell zu berücksichtigende Wörter, die genutzt oder vermieden werden (Slang oder Fremdwörter)?
- Welche grafischen Elemente müssen berücksichtigt werden?
- Wie sehen die Corporate-Design-Vorschriften aus?
- Wie und mit welchen Werbemitteln und -methoden kann ich meine Zielgruppe am besten erreichen?

Nach Klärung der theoretischen Voraussetzungen müssen Ideen entwickelt und umgesetzt werden. Vor der Kundenpräsentation sollten – zusammen mit dem Kontaktteam – Kostenvoranschläge eingeholt und Realiserungsmöglichkeiten geprüft werden.

Produktion

Die Produktionsabteilung ist für die Realisation von Werbemitteln verantwortlich und muss entsprechend gebrieft werden. Bestimmte in der Werbekonzeption vorgesehene Werbemittel müssen zu einem bestimmten Zeitpunkt innerhalb eines festgelegten Kostenrahmens einwandfrei erstellt werden.

Werbemittelerstellung

Es geht hierbei um die Erstellung von Druckunterlagen für die Zeitschriften- und Zeitungsanzeigen, die Erstellung von Displays, die Produktion von Großflächenplakaten, den Druck von Prospekten usw. Es müssen Angebote eingeholt, Realisationsmöglichkeiten recherchiert und letztendlich die Abwicklung koordiniert werden.

Verwaltung

Für die unterschiedlichen Kunden sind meist verschiedene Modalitäten zu beachten. Es liegt möglicherweise für bestimmte Kunden ein Projektvertrag vor, in dem jedes Kundenprojekt separat abgerechnet wird. Ein anderer Kunde hat mit der

Agenturvertrag

Agentur einen Pauschalvertrag abgeschlossen, der Agenturleistungen wie Kampagnenentwicklungen, Verkaufsförderungsaktionen, Erstellung von Mediaplänen etc. für das Vertragsjahr pauschal umfasst. Es muss ebenfalls berücksichtigt werden, ob es eine so genannte Reinzeichnungspauschale vorliegt, die die gesamte Werbemittelproduktion abdeckt. Ansonsten muss jede Werbemittelerstellung separat abgerechnet werden.

Media

Die Mediaabteilung muss prüfen, welche Medien unter den gegebenen Voraussetzungen (Zielgruppe, Budget, Zeitrahmen) die größtmögliche Effizienz versprechen. Leider lassen sich nicht alle kreativen Ideen realisieren. Neben technischen Voraussetzungen wie Verfügbarkeit der Medien, Budgetvoraussetzungen usw. müssen auch organisatorische Rahmenbedingungen beachtet werden. Ein TV-Spot lässt sich nicht immer in jedem Sender kurzfristig buchen und nicht jede Plakatwand lässt sich jederzeit von jedem Kunden belegen. Auch rechtliche Restriktionen müssen geprüft werden. Dieses gilt sowohl für bestimmte Branchen (z. B. Zigarettenindustrie) als auch für bestimmte kreative Realisierungswünsche (z. B. vergleichende Werbung). Letzteres wird meist von der Rechtsabteilung des Kunden geprüft. Ein gewisses Basis-Know-how wird jedoch von Kundenseite als Selbstverständlichkeit vorausgesetzt. Hier ist insbesondere das Kontaktteam der Agentur gefordert. Mediaplanung

Marktforschung

Nicht immer werden befriedigende Informationen hinsichtlich Verbrauchereinstellungen, Beurteilung von Konkurrenzmarken usw. vom Kunden bereitgestellt. Es ist somit zu prüfen, ob die Marktforschungsabteilung in die Aufgabenstellung mit einbezogen werden sollte und entsprechend beauftragt werden muss.

Marktforschungsstudien sind in vielen Stadien der Kampagnenerstellung sinnvoll:

- bei der Ideenfindung, um Wünsche und Bedürfnisse der Verbraucher zu recherchieren
- bei der Überprüfung von entwickelten Kampagnenideen, um ein realistisches Feedback von Verbraucherseite zu erhalten
- vor der Einführung nationaler Kampagnen, um auf einem Testmarkt – z. B. Haßloch / GfK-Forschung – mögliche Risiken zu minimieren

Wichtig ist bei allen Briefings eine klare Darlegung der Terminsituation sowie der agenturinternen Zuständigkeiten.

5. Präsentation

Präsentationen sind für eine Werbeagentur die wichtigste Chance, neue Kunden zu gewinnen. Denn als Dienstleistungs- und Beratungsunternehmen kann die Agentur, im Unterschied zu Produktionsbetrieben, kein Warenprogramm vorstellen. Sie muss ihre Kompetenz mit Arbeitsbeispielen, die für bestehende Kunden entwickelt wurden, beweisen. Oder sie stellt dem möglichen Neukunden eine speziell für ihn ausgearbeitete Kommunikationsstrategie in einer Präsentation vor. So ist es zu verstehen, dass Präsentationstermine für Agenturen besondere Bedeutung haben. Mehrbelastung, nicht selten Überstunden, Diskussionen unter den Kreativen, Aufregung und Spannung vor dem entscheidenden Termin kennzeichnen die Atmosphäre.

Verschiedene Präsentationsarten

Jahrespräsentation

Nicht immer richten sich Präsentationen an mögliche Neukunden. Für bestehende Kunden, die die Werbeagentur regelmäßig betreut, werden so genannte Jahrespräsentationen ausgearbeitet und vorgestellt. Die Agentur ist der Etathalter und die Präsentation gehört zur laufenden Betreuung. Jahrespräsentationen bauen natürlich auf der bestehenden Werbekampagne auf. Sie zeigen entweder, wie die Kommunikation im nächsten Jahr weitergeführt wird, oder es werden neue Lösungen und Ansätze dargestellt, weil sich beispielsweise die Marktsituation verändert hat oder ein neues Produkt eingeführt werden soll.

Agenturpräsentation (Credential)

Wenn die Werbeagentur von einem möglichen Neukunden zum Vorstellungstermin eingeladen wird, hat sie die Chance, sich zu präsentieren und ihre Arbeiten zu zeigen. Diese Präsentation wird häufig auch Credential („Empfehlung") genannt. Die Agentur empfiehlt sich dem Kunden mit Beispielen (Referenzen), die für andere Kunden entwickelt wurden. So kann sie ihre Erfahrung und ihren Arbeitsstil unter Beweis stellen. Je klangvoller die Namen auf der Kundenliste, je bekannter und erfolgreicher die Kampagnen, desto größer die Chance, dass der Kunde bereits nach einem Credential die Entscheidung für eine neue Agentur trifft. Er muss jedoch von den vorgestellten Kampagnen Rückschlüsse auf eine speziell für ihn ausgearbeitete Präsentation ziehen können.

Strategiepräsentation

Um einen neuen Auftraggeber zu überzeugen, ist die Agenturpräsentation häufig nicht ausreichend. Der nächste Schritt ist deshalb eine Strategiepräsentation, die speziell für den neuen Kunden ausgearbeitet wurde. Marktdaten, Konkurrenzbeobachtungen, Produktentwicklungen und Marketingziele münden in eine Empfehlung für die künftige Kommunikationsstrategie. Diese Empfehlung bein-

haltet keine Kreation, also keine gestaltete Ausarbeitung von Entwürfen. Sie bietet dem Kunden jedoch die Möglichkeit, die Denkansätze verschiedener Werbeagenturen im Vorfeld besser einschätzen zu können.
Soweit es sich um begrenzte Arbeiten ohne Kreativentwürfe handelt, leistet die Agentur diese Präsentation kostenlos, da sie praktisch einer Angebotsabgabe gleichkommt. Dies gilt auch für die Agenturpräsentation. Die Jahrespräsentation in der laufenden Betreuung wird innerhalb der vereinbarten Honorarregelung abgegolten.

Wettbewerbspräsentation
Diese Präsentation ist für Werbeagenturen die aufwendigste und zugleich aufregendste. Der Kunde beauftragt mehrere Agenturen mit der Ausarbeitung einer Werbekampagne, deren Ziele in einem Briefing vorab definiert wurden. Mit dieser Präsentation hat die Agentur die Möglichkeit, den Kunden mit konkreten Umsetzungen zu gewinnen. Die Kreativarbeit nimmt nun eine wichtige Stelle ein. Da die Wettbewerbspräsentation (auch Konkurrenzpräsentation oder Pitch, aus dem Englischen = schlagen, genannt) die komplette Leistung der Agentur erfordert, beziehen sich die folgenden Absätze auf diese Präsentationsart.

Ausschreibung, Zeitraum und Kosten

Zu einer Wettbewerbspräsentation lädt ein Kunde verschiedene Agenturen ein. Die Agenturauswahl kann die Marketing- oder Werbeabteilung aus verschiedenen Quellen treffen:

- Vielleicht sind mehrere Agenturen bekannt, die man „schon längst einmal" näher kennen lernen wollte.
- Jahresdarstellungen und Verbandspublikationen bieten die Möglichkeit, geeignete Agenturen auszuwählen (GWA-Jahrbuch, Jahrbuch der Werbung).
- Empfehlungen von Kollegen oder Geschäftspartnern können zu einer Vorauswahl führen.

Üblicherweise haben mehrere Agenturen die Gelegenheit, sich mit einer Agenturpräsentation zu empfehlen. Aus den Bewerbern wählt der Kunde zwischen zwei und fünf Agenturen aus, die am Wettbewerb teilnehmen. Wenn der Kunde bereits von einer Werbeagentur betreut wird, ist es ein Gebot der Fairness, diesen Partner ebenfalls zur Präsentation einzuladen. Die Agentur hat dann die Chance, den Etat zu „verteidigen", es sei denn, sie verzichtet von sich aus auf eine Teilnahme.

Briefing
Die ausgewählten Agenturen erhalten ihre Aufgabe in einem Briefing, das die Basis für die Ausarbeitung liefert. Im Interesse der Chancengleichheit sollte das Briefing zeitgleich an alle Teilnehmer gegeben werden. Dies kann durchaus auch in einer gemeinsamen Runde stattfinden, da sonst der Kunde die gleiche

Informationsveranstaltung mehrmals abhalten muss. Im Briefing sollten auch der Zeitraum, der Präsentationsablauf und das Ausfallhonorar fixiert sein.

Ausfallhonorar

Der Aufwand für eine Wettbewerbspräsentation ist für die Werbeagentur nicht unbeträchtlich. Deshalb wird vom Kunden ein Honorar für den Fall gefordert, dass man den Zuschlag nicht erhält. Der Sieger der Präsentation hat ja die Chance, über den gewonnenen Auftrag die Kosten der Präsentation zu kompensieren. Mit dieser Regelung werden Agenturen geschützt und Auftraggeber gezwungen, die Wettbewerbspräsentation wirklich zu wollen.

Es darf an dieser Stelle nicht unerwähnt bleiben, dass kostenlose Kreativpräsentationen unter Agenturen und Werbungtreibenden ein heftig diskutiertes Thema sind. Der Gesamtverband Werbeagenturen (GWA) schreibt seinen Mitgliedern in den Grundsätzen für GWA-Agenturen sogar vor: „Eine GWA-Agentur erbringt keine unentgeltlichen Vorleistungen. Damit ist auch eine so genannte kostenlose Wettbewerbspräsentation mit visualisierten Vorschlägen (Umsetzungen) ausgeschlossen."
Das Ausfallhonorar muss also vor der Präsentation vereinbart sein. Es kann je nach Arbeitsumfang zwischen 5.000 und 50.000,– DM je Agentur liegen.

Zeitraum

Die Zeitspanne, die die Werbeagenturen zur Ausarbeitung zur Verfügung haben, muss ebenfalls definiert werden. Es handelt sich selten um lange Zeiträume, da der Auftraggeber meist unter Zeitdruck steht und eine Entscheidung sucht. Bei knapp und klar umrissenen Aufgaben (Einzelprojekte) kann die Präsentation schon einmal innerhalb von acht bis zehn Tagen stattfinden. Üblicherweise rechnet man mit Zeiträumen von vier bis acht Wochen.

Vorbereitung, Ausarbeitung und Ablauf

Je nach Agenturorganisation und Arbeitsprinzip wird vor der Ausarbeitung der Präsentation das Team definiert, das die Federführung übernimmt. Dies kann eine Konzeptionsgruppe sein, die dem Kunden schon beim Briefing vorgestellt wurde und die dann auch – im Falle des Etatgewinns – die laufende Betreuung übernehmen würde. Damit hat der Kunde von Anfang an Klarheit über „seine Mannschaft".
Es kann aber auch die Aufgabe eines speziellen Präsentationsteams sein, alle Präsentationen durchzuführen und dann innerhalb der Agentur weiterzuvermitteln.

Arbeitsschritte zur Präsentation:

1. Information und Recherche

Vor der Ausarbeitung von Strategie, Konzeption und Kreation kommt die Marktinformation und die Recherche. Das Briefing des Auftraggebers wird dabei kritisch hinterfragt. Wenn die Agentur die Möglichkeit hat, wird eine Marktforschung mit eingeschaltet.

Informationen interessieren besonders im Hinblick auf folgende Fragen:
- Wie sieht der Markt aus?
- Welche Wettbewerber sind zu beachten?
- Wie ist deren Kommunikation?
- Welche Zielgruppen sind relevant?

Um alle Fragen möglichst schnell im Vorfeld beantworten zu können, muss das Präsentationsteam verschiedene Abteilungen zusammenspannen: die Mediaabteilung, die Marktforschung, die FFF-Abteilung (Film/Funk/Fernsehen), die Produktion etc.

2. Strategie und Konzeption

Auf Basis der erarbeiteten Informationen und der Briefinginhalte entsteht ein „Fahrplan" und „Wegweiser" für die kreative Umsetzung. In der Strategie wird der Weg definiert, mit dem das gewünschte Ziel erreicht werden soll. Die Konzeption schreibt fest, mit welchen Maßnahmen und in welchem Stil man auftritt.

3. Kreation und Review

Die Kreativ-Gruppe entwickelt Ideen für die konkret empfohlenen Werbemaßnahmen. Diese ersten Entwürfe werden zunächst im Team (meist unter der Leitung eines Kreativ-Chefs, des Creative-Directors) diskutiert und verfeinert. Die ersten Kreativ-Schritte werden nur angedeutet und flüchtig skizziert. Man spricht von Rough-Entwürfen oder Scribbles.
Wenn die Agentur ein internes „Review-Board" eingerichtet hat, wird sie die Kreativarbeit frühzeitig diesem Bewertungsgremium vorstellen. Aufgabe des Review-Boards ist es, in offener und konstruktiver Art die verschiedenen Ideen zu bewerten und auszuwählen.

4. Ausarbeitung und Finish-Layout

Die Optimierung und Abstimmung der kreativen Arbeit kann, je nach Zeit, in mehreren Stufen ablaufen. Nach einer Entscheidung über die zu präsentierende Kampagne erfolgt die Durcharbeitung. Aus Roughs oder Scribbles werden nun Reinlayouts oder so genannte Finish-Layouts. Je nach Möglichkeit (Zeit, Geld, Zugriff) werden Entwürfe mit Fotos, abgesetzten Texten, Reinillustrationen etc. gemacht, um dem Kunden ein möglichst präzises Bild von „seiner" neuen Werbekampagne zu geben.

5. Wer präsentiert? Wo wird präsentiert? Und das Training

Die Person des Präsenters spielt eine wesentliche Rolle für die Entscheidung über eine Kampagne. Kein Auftraggeber wird sich vom Eindruck freimachen können, den der Präsentierende hinterlässt. Sein Auftreten ist von der Kreati-

onsarbeit nicht zu trennen. Nicht immer sind die kreativen Macher auch die besten Präsenter. Erfahrung und Fingerspitzengefühl sind gefragt, um das Präsentationsteam optimal vorzubereiten.
Der Ort der Präsentation wird meist in den Räumen beim Kunden sein. Besonders bei Wettbewerbspräsentationen wird darauf geachtet, möglichst an einem Tag und an einem Ort alle Vorschläge von den verschiedenen Agenturen zu sehen. Die Präsentation kann aber auch bei der Agentur stattfinden, was für die Präsentierenden die Möglichkeit bietet, in vertrauter Atmosphäre und mit gewohnten Hilfsmitteln zu arbeiten.
Vor jeder Präsentation kommt das Training, d. h., das Präsentationsteam hält die komplette Präsentation zumindest einmal vor dem Kollegenkreis. Damit wird der Ablauf getestet und Agenturkollegen können auf Schwachpunkte hinweisen.

Technik und Hilfsmittel

Die Frage, in welcher Form man präsentieren soll, lässt sich nicht generell und allgemein gültig beantworten. Hier spielen die Wünsche des Kunden, die äußeren Bedingungen und auch die Präferenzen der Agentur eine Rolle.

Präsentation mit „Pappen"

Mit Pappen sind die Präsentationskartons gemeint, auf denen üblicherweise die Entwürfe aufgeklebt sind. Die Pappen-Präsentation ist schnell realisierbar, da im Grunde „nur" die fertigen Entwürfe aufgeklebt werden müssen.
Vorteile dieser Technik: Der Kontakt des Kunden zum Werbemittel ist direkt. Man erlebt die Entwürfe „live" und kann sie sofort in die Hand nehmen. Die Kosten sind geringer. Man spart Zeit, da keine weiteren Arbeitsschritte notwendig sind, nachdem die Reinlayouts vorliegen.
Die Nachteile: Ein größeres Entscheidungsgremium kann nicht gleichzeitig und in gleicher Qualität informiert werden. Der Blick auf die Pappen ohne Beeinträchtigungen ist nur für etwa vier bis sechs Personen gleichzeitig möglich. Die Pappen sind außerdem unhandlicher als beispielsweise ein Magazin mit Dias, auf denen die Entwürfe festgehalten sind.

Dia-Präsentation

Wenn vor einem größeren Kreis von Teilnehmern präsentiert wird, bieten Dias die Möglichkeit, alle Aussagen, Übersichten und Entwürfe großformatig vorzustellen.
Die Vorteile: Auch große Gruppen sehen die Dinge deutlich und in guter Qualität. Dias können leicht transportiert, dupliziert und archiviert werden. Die Aufmerksamkeit der Zuhörer und -seher ist nicht abgelenkt.
Die Nachteile: Es ist Zeitaufwand nötig, um die fertigen Entwürfe zu fotografieren, zu rahmen und zu ordnen. Es muss ein abdunkelbarer Raum für die Präsentation vorhanden sein. Leinwand und Projektor sind technisch zwingende Voraussetzungen (Gefahr des technischen Versagens). Die Distanz des Präsen-

tierenden zum Entscheiderkreis ist groß. Ein dunkler Raum birgt die Gefahr des „Abschaltens", wenn z. B. ein Gremium drei oder mehr Präsentationen an einem Tag durchhalten muss.

Präsentation mit Folien und Originalentwürfen

Diese Technik ist eine Art Mischung aus Pappen- und Dia-Präsentation. Folien mit konzeptionellen Grundaussagen, Grafiken, Marktforschungszahlen, Mediaplänen etc. können vom Präsenter flexibel und vielseitig eingesetzt werden. Die Kreationsentwürfe werden entweder in Originalformat oder vergrößert auf Pappen gezeigt. Idealerweise klebt man zum Beispiel die vorgeschlagenen Anzeigenentwürfe direkt in die empfohlenen Medien ein und gibt jedem Entscheider ein Heft in die Hand. Oder es werden Funk- bzw. Fernsehspots auf Kassetten und Videos vorgestellt. So entsteht eine lebendige und abwechslungsreiche Präsentation, die von Interaktion (Gegenseitigkeit) geprägt ist.
Die Vorteile: Die Entscheider werden aktiv einbezogen und sind damit nicht nur betroffen, sondern auch beteiligt. Die Folien können bei Tageslicht (Overheadprojektor) gezeigt werden. Mehrere Agenturmitarbeiter können verschiedene Aufgaben übernehmen und sorgen so für Lebendigkeit und Abwechslung.
Die Nachteile: Für große Gremien ist diese Präsentationstechnik schlecht durchführbar. Der Ablauf und das Wechselspiel zwischen Folien, Pappen und evtl. Videos muss reibungslos klappen, Übungsstunden sind daher unerlässlich.

Randbedingungen, kopierte Unterlagen

Die Informationen über Entscheidergremium, Ablauf, Zeitplan und äußere Bedingungen sind für die Agentur äußerst wichtig, so zum Beispiel, wie viele Personen auf Kundenseite an der Präsentation teilnehmen. Die Entscheider sollten möglichst auch mit ihren Namen und ihrer Funktion im Unternehmen bekannt sein. Für die Agentur sollte die goldene Regel gelten: Wer brieft, muss auch bei der Entscheidung mitsprechen bzw. sie sogar prägen können. Andernfalls besteht die Gefahr, anders gebrieft zu sein, als es der echte Entscheider, den man vorher nie kennen lernen konnte, erwartet hat.
Die Information über den Raum und die technischen Hilfsmittel, die vorhanden sind, ist zwingend notwendig, um sich für die richtige Technik entscheiden zu können.
Mit dem Auftraggeber muss ein Zeitlimit vereinbart werden, das für die Präsentation der Agentur zur Verfügung steht. Meist sind ein bis zwei Stunden ausreichend – dies zwingt zur Konzentration. In Ausnahmefällen können große Präsentationen auch drei oder vier Stunden dauern.
Die Agentur wird nach der Präsentation nicht sofort eine Entscheidung erhalten. Der Kunde möchte die Ergebnisse intern diskutieren. Es kommen eventuell auch noch konkurrierende Agenturen. So bleiben Kopien (Booklets/Handouts) mit den gesamten Präsentationsinhalten beim Kunden. Die Kopienzahl richtet sich nach der Größe des Entscheiderkreises. Wenn vom Kunden gewünscht, bleiben auch die Originalentwürfe bei ihm.

Entscheidung und Konsequenzen

Die Zeit direkt nach einer Wettbewerbspräsentation ist für die teilnehmenden Agenturen verständlicherweise spannend. Nur in Ausnahmen fällt die Entscheidung für eine Agentur bereits am Präsentationstag. Die Zusage bedeutet für den Gewinner den Einstieg in den Etat und damit entsprechend viel Arbeit. Für die Verlierer geht es nach der Absage um die Analyse und dann um die erneute Motivation nach der „Niederlage". Vom Kunden sollten die unterlegenen Agenturen eine offene Analyse und damit die Chance zur Kritik erhalten. Nur so ist es möglich, aus Niederlagen zu lernen und alle Mitarbeiter im Präsentationsteam offen an der Entscheidung teilnehmen zu lassen. Für die Agentur, die den Zuschlag erhält, also den Pitch und damit den Etat „gewinnt", kommt es darauf an, in den ersten Wochen und Monaten der Arbeit das mit der Präsentation gegebene Versprechen einzulösen. Dabei können durchaus bereits nach sechs bis zwölf Monaten kritische Phasen auftreten, die das neue Verhältnis belasten; zumal die Präsentationseuphorie nach einigen Wochen nachlässt und der Tagesarbeit wieder Platz macht.

Besonderheiten und praktische Hinweise

Rund um das Thema Werbeagenturpräsentation gibt es Punkte, die alle Beteiligten immer wieder aufs Neue beschäftigen. Über diese aus der Praxis kommenden Erfahrungen soll hier kurz berichtet werden.

Internationale Präsentationen

Im Zuge des Zusammenwachsens der Länder Europas wird auch die Werbung immer internationaler betrachtet. So werden große Etats nur noch selten für ein Land entwickelt, sondern betreffen zumindest Teile Europas (z. B. haben Nord- und Mitteleuropa und Südeuropa jeweils ihre eigene Kampagne). Das heißt für die Werbeagenturen, dass viele Präsentationen international angelegt sind. Häufig sind dann auch die Entscheidergremien beim Kunden mit Teilnehmern aus verschiedenen Ländern besetzt. Die Ausarbeitung einer internationalen Präsentation erfordert von der betreuenden Agentur Verbindungen in alle beteiligten Länder. So genannte Agentur-Networks haben die Möglichkeit, ihre Präsentation in jedem Land von dort ansässigen Network-Partnern anpassen zu lassen. Diejenige Agentur, die den Etat im Stammland des Kunden betreut oder entsprechend großen Einfluss hat, wird innerhalb des Networks zur Führungs-Agentur (Lead-Agency). Die Präsentation wird dann üblicherweise in englischer Sprache gehalten. Es kommt besonders darauf an, entsprechend ausgebildete Präsenter einzusetzen.

Wie viele Vorschläge in einer Präsentation?

Ein Thema, das die Kreativen immer wieder beschäftigt: Gehe ich mit der einen Lösung in die Präsentation oder biete ich eine oder sogar mehrere Alternativen an. Jede Agentur, eigentlich jedes Team innerhalb einer Agentur, hat eigene Prinzipien. Es kann dafür keine Regel aufgestellt werden. Eine Möglichkeit bestünde darin, dass der Auftraggeber ausdrücklich sagt, er wolle von jeder Agentur entweder nur eine Kampagne oder eben mehrere Vorschläge.

Faire Chance oder abgekartetes Spiel?
Erneut ein Thema, das sich in einer Grauzone bewegt, in der Praxis aber von großer Bedeutung sein kann. Die Frage ist: War es eine offene Präsentation oder wurden vom Kunden bereits zuvor Präferenzen für eine Agentur getroffen? Für die beteiligten Agenturen ist jede Wettbewerbspräsentation ein großes Risiko, sie sollte deshalb auch eine echte Chance haben. Wenn die aufgeforderte Agentur schon im Vorfeld (z. B. beim Briefing) merkt, dass diese Chance nicht besteht, so empfiehlt es sich, eine Teilnahme an der Präsentation abzusagen.

Copyright und Nutzungsrechte
Da bei jeder verlorenen Präsentation Kreativarbeit geleistet wird, die vom Kunden zwar abgelehnt werden kann, dort aber im Entwurf bekannt ist, muss die Agentur darauf hinweisen, dass der Kunde mit dem Ausfallhonorar kein Recht erwirbt, die Ideen einzusetzen. In der Praxis kommt es dennoch vor, dass abgelehnte Kampagnen einige Zeit später, möglicherweise leicht abgeändert, in den Medien auftauchen. Die Rechtsprechung bietet in diesen Fällen zurzeit keine klare Handhabe für Agenturen. Der Gesamtverband Werbeagenturen arbeitet daran, die Interessen seiner Mitglieder in Zukunft entsprechend zu schützen.

6. Kontrollfragen zu Teil V

1. Wie lauten die wesentlichsten Instrumente des Kommunikations-Mix?
2. Was besagt die so genannte Lasswell-Formel?
3. Was besagt die AIDA-Formel im Kommunikationsprozess für den Konsumenten?
4. Was verstehen Sie im ökonomischen Kommunikationsprozess unter Feedback und welchen Einfluss hat dieser auf den Kommunikator?
5. In der Phase der Werbevorbereitung muss zunächst der Markt analysiert werden. Was verstehen Sie darunter?
6. Wie lauten die drei wesentlichen Kommunikationsziele?
7. Nennen Sie die verschiedenen Möglichkeiten zur Festlegung eines Werbeetats.
8. Welche Methode zur Festlegung des Werbeetats ist Ihrer Meinung nach die optimale?
9. Nach welchen grundlegenden Merkmalen werden Zielgruppen selektiert?

10. Was verstehen Sie unter einer Lifestyle-Beschreibung?
11. Was verstehen Sie unter den Begriffen
    a) Consumer Benefit
    b) USP
    c) Reason Why
    d) Tonality
12. Welche wesentlichen Grundsatzfragen muss ein Kundenbriefing klären?
13. Wie unterscheidet sich ein Agenturbriefing von einem Kundenbriefing?
14. Beschreiben Sie die verschiedenen Präsentationsarten.
15. Welche Arbeitsschritte (mit kurzer Erläuterung) sind für eine Präsentation erforderlich?
16. Welche Techniken und Hilfsmittel kommen bei den verschiedenen Präsentationsarten zum Einsatz?

7. Literaturverzeichnis zu Teil V

Buchholz, A. / Wördemann, W.: Was Siegermarken anders machen, 2. Auflage, Düsseldorf 1998.

Joliet, H.: Anzeigen wirksam gestalten, texten, plazieren, 2. Auflage, Landsberg am Lech 1991.

Klähn, A. in: W & V Werben und Verkaufen, Nr. 46 vom 19.11.1999, München 1999.

Krober-Riel, W. / Weinberg, P.: Konsumentenverhalten, 7. Auflage, München 1999.

Pepels, W.: Kommunikations-Management, 2. Auflage, Stuttgart 1996.

Reader's Digest – Das Beste, Hrsg.: Life-Style – Die typischen "Das Beste"-Leser, in: Das Beste, Nr. 10/91, Stuttgart 1991.

Rogge, H.J.: Werbung, 4. Auflage, Ludwigshafen 1996.

Sinus Sociovision GmbH, Heidelberg 1999.

Süddeutsche Zeitung, Nr. 223 vom 28.09.1999, München 1999.

Media-Grundlagen Teil VI

Dieses Kapitel soll einen komprimierten Überblick über die Eigenarten wichtiger Medien ermöglichen. Aufgrund der Informationsfülle wurde auf eine textliche Ausgestaltung weitgehend verzichtet. Die Schnelllebigkeit des Mediageschäftes mit seinen sich fast täglich ändernden Preis-, Auflagen-, Titelanzahl- und Umsatzveränderungen führt dazu, dass die aufgeführten Zahlen nur als Richtwerte verstanden werden können. Die jeweils aktuellsten Werte sind den genannten Mediaquellen zu entnehmen.

1. Übersicht der Massenmedien

Statuarische Medien					
Sichtmedien		**Lesemedien**			**Elektronische Medien**
Plakat	Verkehrsmittel	Zeitungen	Zeitschriften	Sonstige	
Allgemeinstelle, Ganzstelle, Großfläche, Spezialstelle, City-Light-Poster, Abribus, Superposter	U-Bahn, Straßenbahn, Bus, Taxi	Tages-, Wochen-, Sonntags-, Abo-, Kaufzeitungen	Illustrierte, Frauen-, Mode-, Gesellschafts-, Programmzeitschriften, sonstige Special-Interest-Titel Fach-, Kundenzeitschriften, Supplements, Lesezirkel	Anzeigenblätter Adressbücher	Internet Intranet Infoscreen Elektronische Info-Systeme

Statuarische Medien: Inhalte stehen fest und können vom Verbraucher wiederholt genutzt werden

Transitorische Medien			
Auditive Medien	**Audiovisuelle Medien**		
Hörfunk	**Fernsehen**	**Kino**	**AV-Medien**
Öffentlich-rechtliche Sendeanstalten: ARD-Landesfunk Private Hörfunksender	Öffentlich-rechtliche Sendeanstalten: 11 ARD- Fernsehprogramme (1. + 3. Progr.), ZDF Ca. 37 private TV - Sender: u.a. RTL, SAT 1, Pro 7	Filmkunst-, Programm-, Auto-, Sex-, Multiplexe-, Mehrzweck-, Verzehrkinos	Tonbildschau: Multivison Video Bildplatte CD-ROM Multimedia

Transitorische Medien: Inhalte sind nicht wiederholbar und können nur für einen bestimmten Zeitraum genutzt werden (mit der Ausnahme von Videoaufzeichnungen)

Abb.: Statuarische und transitorische Medien

2. Werbeumsätze wichtiger Werbeträger

Rang	Werbeträger	Umsatz* in Mrd. DM 1997	Umsatz* in Mrd. DM 1998	Prozentuale Veränderung 1997/98
1	Tageszeitungen	10,9	11,5	+ 5,6%
2	Fernsehen	7,4	7,9	+ 6,3%
3	Direktwerbung	5,9	6,8	+ 14,9%
4	Publikumszeitschriften	3,5	3,7	+ 4,2%
5	Anzeigenblätter	3,3	3,4	+ 5,1%
6	Adress- und Fernsprechbücher	2,3	2,3	+ 1,8%
7	Fachzeitschriften	2,1	2,2	+ 2,0%
8	Hörfunk	1,1	1,2	+ 0,6%
9	Außenwerbung	1,0	1,1	+ 9,8%
10	Wochen- und Sonntagszeitungen	0,5	0,5	+ 3,2%
11	Filmtheater	0,3	0,3	+ 6,0%
12	Zeitungssupplements	0,2	0,2	- 14,7%
13	Online-Werbung	–	0,1	+ 50,0%
	Netto-Werbeeinnahmen	38,5	41,1	+ 6,4%
	+ Produktionskosten	17,5	18,2	
	= Gesamtumsatz	56,0	59,3	

*Abb.: Netto-Werbeumsätze 1997/98. *) Die Umsätze umfassen nur die Mediaschaltkosten ohne Produktionskosten.*

Rang	Werbeträger	Marktanteile in % 1996	1997	1998
1	Tageszeitungen	30	28	28
2	Fernsehen	17	19	19
3	Direktwerbung	14	15	17
4	Publikumszeitschriften	10	9	9
5	Anzeigenblätter	8	9	8
6	Adress- und Fernsprechbücher	6	6	6
7	Fachzeitschriften	6	5,4	5
8	Hörfunk	3	3	3
9	Außenwerbung	3	3	2,7
10	Wochen- und Sonntagszeitungen	1	1,3	1
11	Filmtheater	1	0,8	0,7
12	Zeitungssupplements	1	0,5	0,5
13	Online-Werbung	–	–	0,1
	Gesamtumsatz	100%	100%	100%

Abb.: Marktanteile der Werbeträger in Prozent (Quelle: ZAW, 1999)

3. Nielsen-Gebiete

Die A. C. Nielsen GmbH in Frankfurt am Main ist eines der größten weltweit tätigen Marktforschungsinstitute. Deutschland ist in sieben Gebiete aufgeteilt, über die regelmäßige und vergleichbare Strukturanalysen, wie z. B. über Bevölkerung, Einkommen, Handel und Handwerk, erhoben werden. Die regionale Standardaufgliederung erleichtert die Steuerung von Marketingmaßnahmen in der Markenartikelindustrie und bei Werbeagenturen. Die ermittelten Zahlen eignen sich für die Planung von Werbe- und Verkaufsförderungsmaßnahmen, sie werden auch in der Mediaforschung und bei Produkteinführungskampagnen berücksichtigt.
Die Nielsen-Gebiete sind im Teil III, 7.4.2 aufgeführt und in einer Deutschlandkarte eingezeichnet.

4. Media-Arten

Medien werden auch Werbeträger genannt. Sie dienen als Transportinstrument für die Werbemittel, z. B. eine Anzeige in einer Tageszeitung. Die Zeitung ist der Werbeträger und die Anzeige das Werbemittel. Zur Beurteilung ihrer „Transporteigenschaft" können Werbeträger nach ihrer Streugenauigkeit gegenüber einer Zielgruppe, ihrem geographischen Streubereich, ihrer zeitlichen Streuung (periodisch, aperiodisch), der Länge ihrer Dispositionszeit, ihrem Mediencharakter, ihrer Betriebszugehörigkeit (Eigen- oder Fremdwerbeträger) und ihrer Organisationsform (öffentlich-rechtlich oder privat) unterschieden werden. Deutschland zählt mediamäßig weltweit zu den am besten versorgten Ländern: eine Zeitung je Haushalt, vier Zeitschriften je Haushalt, mindestens ein Fernseher und ein Radio je Haushalt. Einen kleinen Einblick über die Anzahl und Auflage geprüfter Mediengruppen bietet die folgende Übersicht:

Mediengruppe	Anzahl[1)] 1993	Anzahl[1)] 1998	Veränderung in %	Auflage[2)] 1993	Auflage[2)] 1998	Veränderung in %
Tageszeitungen	423	398	- 5,9	31,5 Mio.	29,7 Mio.	- 5,7
Wochenzeitung	31	27	+ 12,9	2,2 Mio.	2,3 Mio.	+ 4,5
Anzeigenblätter	1 333	1 331	+ 0,2	76,4 Mio.	88,2 Mio.	+ 15,4
Publikumszeitschriften	658	809	+ 22,9	133,3 Mio.	142,5 Mio.	+ 6,9
Fachzeitschriften	958	1 080	+ 12,7	23,2 Mio.	26,4 Mio.	+ 13,8
Kundenzeitschriften	45	72	+ 60,0	27,3 Mio.	52,7 Mio.	+ 93,0
Branchen-Fernsprechbücher Gelbe Seiten	86	131	+ 52,3	25,7 Mio.	34,3 Mio.	+ 33,5
Massendrucksachen/Infopost	-	-	-	4,4 Mrd.	6,0 Mrd.	+ 36,4
Bundesweite und regionale TV-Programme[3)]	70	98	+ 40,0	31,9 Mio. Angemeldete Fernsehgeräte	34,0 Mio.	+ 6,6
Bundesweite, regionale und lokale Hörfunkprogramme[3)]	213	224	+ 5,2	35,7 Mio. Angemeldete Hörfunkgeräte	38,2 Mio.	+ 7,0
Plakatanschlagstelle[4)]	306 138	389 336	- 10,8	-	-	-
Kinosäle/Leinwände	3 652	4 435	+ 21,4	130,5 Mio. Kinobesucher	148,2 Mio.[5)]	+ 14,1

1) IVW-Titel
2) Tatsächlich verbreitete Auflage lt. IVW
3) deutschsprachige Programme lt. Spots 1/99, FID Verlag GmbH (Bonn)
4) Quelle: Berkenhoffs Plakat Media GmbH
5) Prognose FDW Werbung im Kino (Hamburg)

Abb.: Werbeträger in Deutschland (Quelle: ZAW, 1999)

Werbeträger	1989 Mio. Mark	1998 Mio. Mark	Werbewachstum in %
Fernsehen	2 256,8	7 904,9	+ 250
Werbung per Post	2 506,2	6 806,7	+ 172
Anzeigenblätter	1 808,0	3 446,0	+ 91
Adressbücher	1 281,7	2 343,0	+ 83
Außenwerbung	621,0	1 100,8	+ 77
Filmtheater	202,6	323,6	+ 60
Tageszeitungen	7 757,4	11 477,4	+ 48
Wochen-/Sonntagszeitungen	339,6	487,6	+ 44
Hörfunk	844,8	1 182,7	+ 40
Fachzeitschriften	1 772,1	2 205,0	+ 24
Puplikumszeitschriften	2 955,5	3 655,4	+ 24
Zeitungssupplemente	208,9	180,5	- 14

Abb.: Dynamik des Werbewachstums (Quelle: ZAW, 1999)

4.1 Printmedien

4.1.1 Zeitungen

Innerhalb der klassischen Medien liegen Tageszeitungen bei den Netto-Werbeumsätzen nach wie vor unangefochten an erster Stelle. Wenn auch die jährlichen Zuwachsraten deutlich geringer als z. B. bei audiovisuellen Medien (= AV-Medien) ausfallen, wird sich die starke Marktposition in absehbarer Zeit nicht ändern. Der wachsende Trend zu den AV-Medien wird jedoch das Zeitungsanzeigengeschäft nicht unberührt lassen. Das Internet entwickelt sich zu einem Konkurrenten im Bereich der Rubrikanzeigen. Marktposition

1. Grunddaten

	Anzahl	verkaufte Auflage (in Mio.)
lokale und regionale Abonnementenzeitungen	349	17,3
überregionale Zeitungen	10	1,6
Straßenverkaufszeitungen	8	6,1
Tageszeitungen gesamt	367	25,0
Wochenzeitungen	25	2,0
Sonntagszeitungen	7	4,5
redaktionelle Ausgaben insgesamt	1 578	31,6
Anzeigenbelegungseinheiten insgesamt	2 057	31,6

Abb.: Titelzahl und Auflage der Zeitungen in Deutschland 1998 (Quelle: ZMG, 1999)

2. Klassifikation von Zeitungen

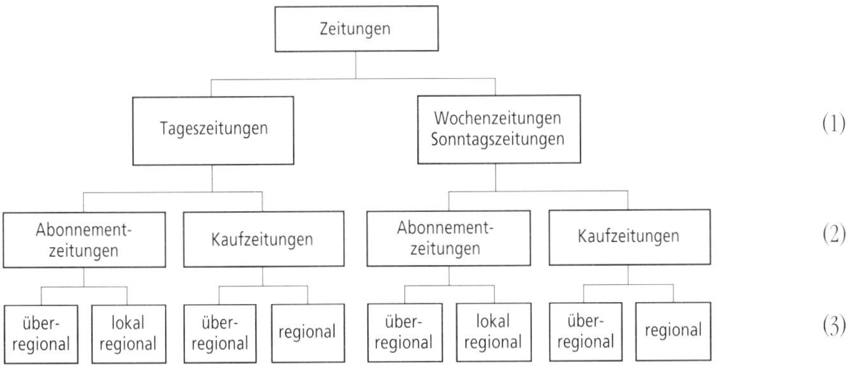

Abb.: Klassifikation von Zeitungen; Aufgliederung nach: (1) Erscheinungsweise, (2) Vertriebsart und (3) Verbreitungsgebiet

Beispiele zu den Tageszeitungen

Überregionale Abonnementzeitung: Die Welt, FAZ (Frankfurter Allgemeine Zeitung), Handelsblatt, SZ (Süddeutsche Zeitung).
Lokale/regionale Abonnementzeitung: WAZ (Westdeutsche Allgemeine Zeitung), Münchner Merkur, Hannoversche Allgemeine, Sächsische Zeitung.
Überregionale Kaufzeitung: Bild-Zeitung.
Regionale Kaufzeitung: AZ (Abendzeitung), Hamburger Morgenpost.

Beispiele zu den Wochen- und Sonntagszeitungen

Überregionale Abonnementzeitung: FAZ am Sonntag, Welt am Sonntag.
Lokale/regionale Abonnementzeitung: Sonntag aktuell, Morgenpost.
Überregionale Kaufzeitung: Bild am Sonntag.
Regionale Kaufzeitung: Sonntag aktuell.

Sonderformen der Zeitungen

Konfessionelle Zeitungen: Informationen über kirchliche und gesellschaftliche Themen, hohe Leseridentifikation, ca. 40 wöchentlich erscheinende Titel, von denen ca. 30 Titel zu der Konpress-Anzeigen e. G. gehören.

Heimatzeitungen: Etwa 300 Heimatzeitungen erscheinen in kleinen Auflagen wöchentlich oder monatlich. Viele Verlage sind in regional orientierten Institutionen, z. B. Heimatblattring Hessen, zusammengeschlossen.

Kommunale Wochenzeitungen: Sie dienen kleinen Kommunen und Gemeinden als Mitteilungsblatt, ca. 650 Titel, wöchentliche Erscheinungsweise, z. B. Deutscher Gemeindebote, Kommunale Wochenzeitung.

Gastarbeiterzeitungen: Zeitungen für ausländische Bürger werden entweder komplett aus dem jeweiligen Heimatland importiert oder in Deutschland um redaktionelle Beiträge und Anzeigen ergänzt und vor Ort gedruckt.

3. Zusammensetzung der Leserschaft

Die Leser der verschiedenen Gattungen unterscheiden sich in ihrer soziodemographischen Struktur deutlich voneinander (Anteil der Männer überwiegt):

Regionale Tageszeitungen: Die Leser regionaler Tageszeitungen stimmen in den wichtigsten Merkmalen weitgehend mit denen der Gesamtbevölkerung überein, sieben von zehn Haushalten bevorzugen dieses Medium.

Überregionale Tageszeitungen: Die Leser der überregionalen Tageszeitungen liegen in vielen Merkmalen (z. B. Schulbildung, Beruf, Einkommen, Wohnortgröße) deutlich über dem Bevölkerungsdurchschnitt.

Kaufzeitungen (Boulevardzeitungen): Diese Leser sind stärker im unteren Einkommensbereich vertreten, verfügen über geringere Schulbildung und der Facharbeiteranteil ist deutlich höher. Der Hauptumsatz erfolgt über den Straßenverkauf und nicht über das Abonnement.

4. Aktuelle Reichweiten der Zeitungen

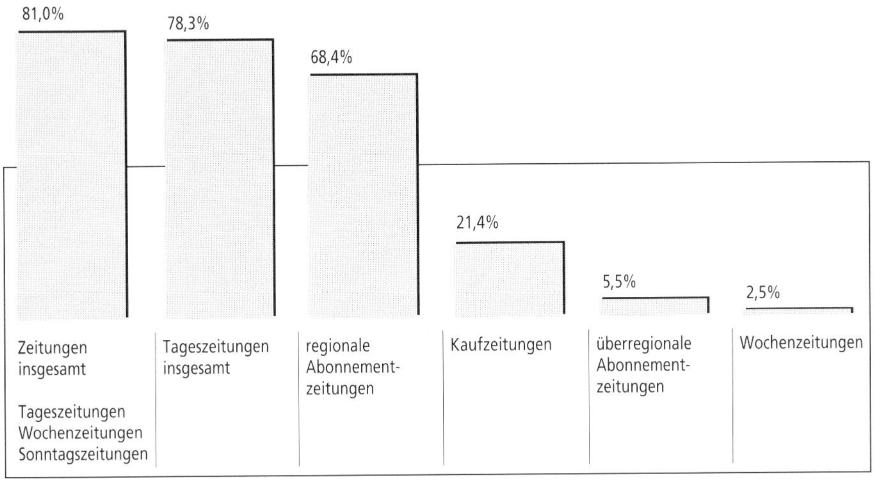

Abb.: Leser pro Ausgabe (LpA) bei Zeitungen in Deutschland 1998, Basis: Bevölkerung ab 14 Jahre (Quelle: ZMG, 1999)

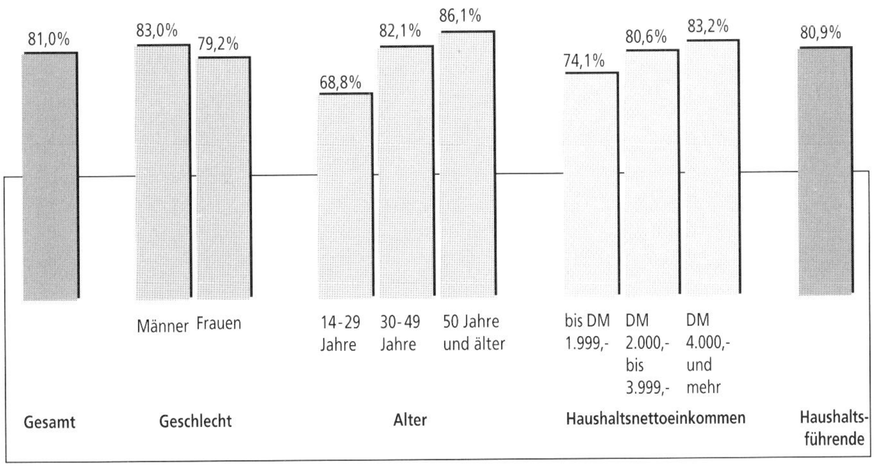

Abb.: Leser pro Ausgabe (LpA) in der Gruppe Tages-, Wochen- und Sonntagszeitungen in Deutschland 1998 nach soziodemographischen Merkmalen (Quelle: ZMG, 1999)

5. Mediadaten von Tageszeitungen

Kosten-Leistungs-Verhältnis: Tageszeitungen erzielen hohe Reichweiten. So können bei einem bundesweit flächendeckenden, jeweils regionalen Abo-Zeitungseinsatz insgesamt 72% aller Haushalte erreicht werden, allein die Belegung von sechs Kaufzeitungen deckt ca. 26 % aller Haushalte ab. Die Tausend-Kontakt-Preise liegen bei Abozeitungen bei ca. 60,– DM, während Kaufzeitungen ca. 30,– DM verlangen. Zeitungswerbung ist im Vergleich zu anderen Medien teuer, sie bietet dafür aber eine hohe Haushaltsabdeckung.

TKP

Charakteristische Merkmale: Tageszeitungen bieten täglich eine aktuelle Berichterstattung für eine breite Zielgruppe an. Die Werbemittelkontaktchance ist relativ hoch, da 9/10 des Seitenumfangs bewusst, d. h. ohne Nebenbeschäftigung, kontaktiert werden. Die durchschnittliche Lesedauer beträgt bei Tageszeitungen ca. 40, bei Kaufzeitungen ca. 20 Minuten. Tageszeitungen können je nach Verbreitungsgebiet für örtliche, regionale oder überregionale Werbemaßnahmen eingesetzt werden.

Werbeträgereigenschaften: Zeitungen haben bei ihren Lesern eine hohe Glaubwürdigkeit und stimulieren das tägliche Einkaufsverhalten. Bis 12.00 Uhr haben 75% der Leser ihre Zeitung gelesen, 71% lesen vor dem Einkaufen.
Das Vertrauen in die Zeitung wirkt sich positiv auf die Werbemaßnahmen aus.

Bedeutung im Mediaplan: Zeitungsanzeigen haben von allen Printwerbeträgern die höchste Aktualität, sie werden besonders bei Neueinführungen, in Testmärkten und für die aktuelle Kundeninformation eingesetzt. Zeitungsanzeigen dienen als regionales Ergänzungsmedium und selten als reines Basisinstrument.

6. Zeitungsformate

Berliner Format (Satzspiegel 430 x 278 mm, sechs Anzeigenspalten)
Rheinisches Format (Satzspiegel 478 x 325 mm, sieben Anzeigenspalten)
Nordisches Format (Satzspiegel 528 x 371 mm, acht Anzeigenspalten)
Sonderformate zwischen Berliner- und Nordischem Format

7. Anzeigenberechnung

Grundformel: Millimeter-Preis x Spaltenanzahl x Höhe. Der Millimeter-Grundpreis bezieht sich auf eine Spaltenbreite und einen Millimeter Höhe im Anzeigenteil.

Textteiltarif: wie Millimeter-Grundpreis, Anzeige ist jedoch von mindestens drei Seiten redaktionellem Text umgeben, wesentlich teurer (ca. 500% mehr).

Umrechnungsfaktor: Verhältnis der Spalten im Anzeigenteil zu denen im Textteil (z. B. acht Spalten im Anzeigenteil dividiert durch sechs Spalten im Textteil ergibt den Umrechnungsfaktor 1,33). Diese Anwendung ist je nach Verlag verschieden.

Gesamtumfang: Spaltenanzahl x Millimeter-Höhe und eventuell x Umrechnungsfaktor.

Malstaffel: Sie ist ein gestaffelter Wiederholungsrabatt bei mehrmaliger Einschaltung innerhalb eines Abschlussjahres (ca. 5 bis 20%). Rabatte

Mengenstaffel: Rabattstaffel, die auf dem Gesamtumfang (z. B. Gesamtmillimeter) der innerhalb eines Jahres geschalteten Anzeigen basiert. Der Verlag verrechnet dem Kunden jeweils die günstigere Alternative.

Bonus: Der Bonus ist ein nachträglich zum Abschlussjahr gewährter Rabatt.

8. Insertionsformen

Standardanzeigen: schwarzweiß oder 2-, 3- und 4-farbig bzw. weitere Zusatz- oder Schmuckfarben.

Platzierung: im Text- oder Anzeigenteil.

Grundformen: 1/1, 1/3, 1/4 Seite sowie alle übrigen Anzeigengrößen durch Anwendung der Grundformel.

Anzeigenstrecke: mindestens drei ganzseitige Anzeigen auf hintereinander folgenden Seiten. Sonderformen von Anzeigen

Blattbreite Anzeigen: laufen über maximale Breite, Maximalformat 420 mm hoch.

Blatthohe Anzeigen: laufen über maximale Höhe, Breite maximal vier, fünf oder sechs Spalten, je nach Zeitungsgrundformat.

Chiffre-Anzeige (= Kennzifferanzeige): Der Auftraggeber bleibt anonym, Kontaktaufnahme nur über bestimmte Nummer.

Eckfeldanzeige: im Textteil von zwei Seiten redaktionellem Text umgeben, steht oft als einzige Anzeige auf der Seite, verlagsabhängige Vorschriften über Mindest- und Höchstformate und den Umrechnungsfaktor.

Farbanzeige: Beim Einsatz von Schmuckfarben (Zusatzfarbe) können alle Farbnuancen gedruckt werden, im Mehrfarbendruck wird die Europa-Skala eingesetzt. Kosten je Zusatzfarbe ca. 10 bis 20% Aufpreis.

Grifffeldanzeige: von drei Seiten redaktionellem Text umgeben, dort platziert, wo der Daumen beim Umblättern angreift.

Inselanzeige: Sie ist von vier Seiten redaktionellem Text umgeben, verlagsabhängige Vorschriften über die Höhe einer Spaltenbreite, teurer Textteiltarif.

Kuponanzeige: Anzeige mit einem Gutschein, mit dem der Leser Informationsmaterial anfordern kann.

Abb.: Anzeigenformate

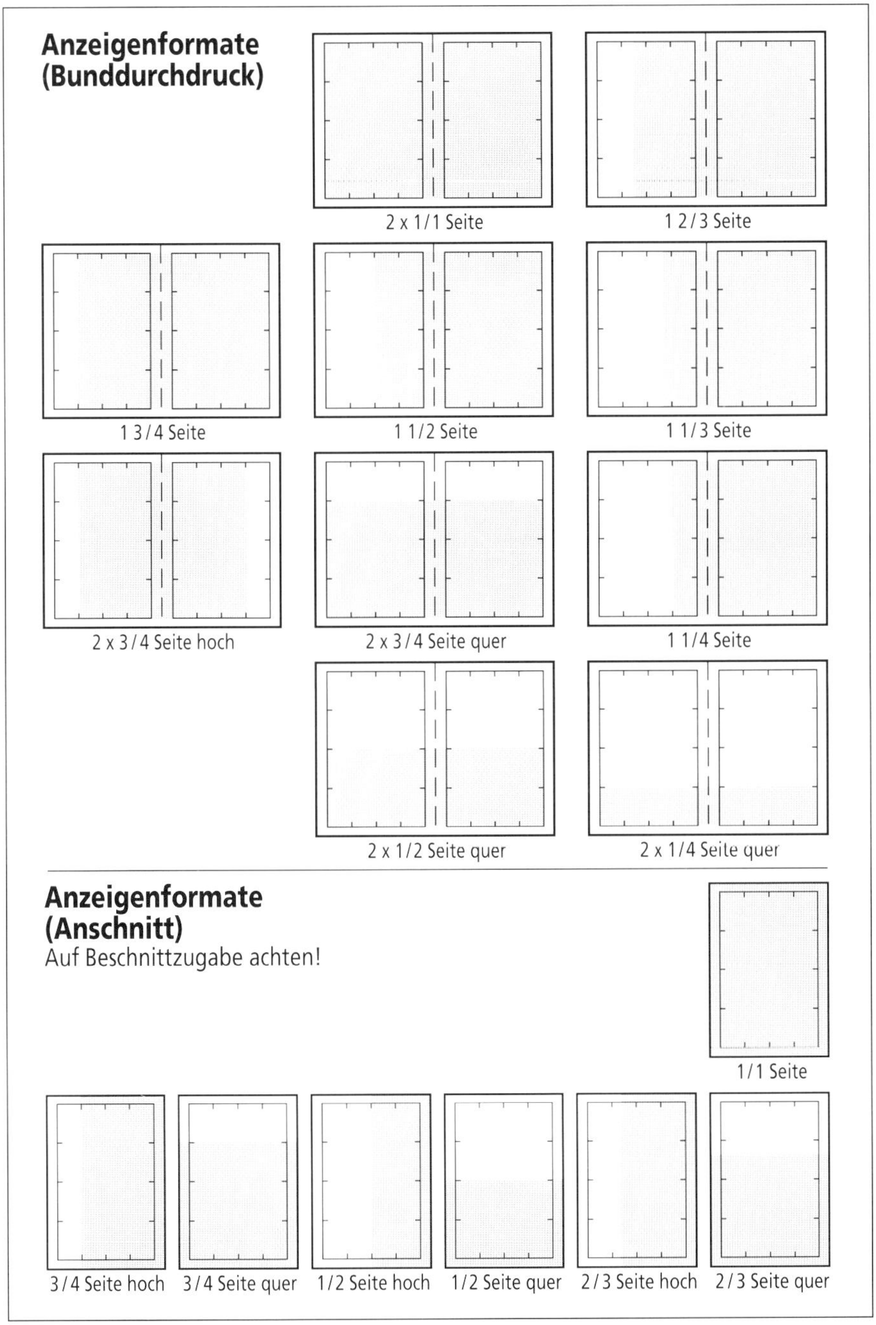

Abb.: Anzeigenformate mit Bunddurchdruck bzw. Anschnitt

L-Anzeige: im Anzeigen- oder Textteil, verlagsabhängig.

Panoramaanzeige (= Bunddurchdruckanzeige): läuft auf 2/1 Seiten über den Bund, oft angeschnitten, Spaltenzahl plus eine Zusatzspalte für Bund.

Prospektanzeige: eine zweiseitige Anzeige im Nordischen Format auf einem herausnehmbaren Zeitungsbogen.

Rubrizierte Anzeigen: Kleinanzeigen, die bestimmten Rubriken zugeordnet werden, z. B. Stellenanzeigen.

Satellitenanzeige: drei bis fünf Tageszeitungsanzeigen über zwei bis drei Anzeigenspalten, die kreisförmig in etwa gleichem Abstand zueinander auf einer Seite mit Fließsatzanzeigen verteilt sind.

Schattenanzeige (= Shadowanzeige): Ein Motiv wird aufgerastert und als Fond (Hintergrund) auf die entsprechende Zeitungsseite gedruckt. Der redaktionelle Text wird über den Fond gedruckt.

Streifenanzeige: steht neben oder unter dem redaktionellen Text, läuft über gesamte Höhe bzw. Breite.

Textteilanzeige: Sie ist von mindestens drei Seiten redaktionellem Text umgeben, verlagsabhängige Vorschriften über Höhe, eine Spaltenbreite, teurer Textteiltarif.

Titelkopfanzeige: auf der ersten Seite, Höhe: 35 bis 50 mm, Breite einer Sondertextspalte.

Tunnelanzeige (Säulenanzeige): Sie steht auf zwei Spalten in Blattmitte, ist bis 150 mm hoch und von drei Seiten redaktionellem Text umgeben. Unten stößt sie an den unteren Satzspiegelrand an.

Ufoanzeige: Umfeldorientierte Anzeige an „Schwerpunkttagen" der Anzeigenmärkte, z. B. Kfz-Markt.

9. Vor- und Nachteile der Werbung in Tageszeitungen

Vorteile

- Unbegrenzt verfügbar,
- kann kurzfristig eingesetzt werden,
- erzielt bereits mit einer Schaltung eine hohe Reichweite, jedoch primär bei Lesern ab 40 Jahren,
- baut schnell viele Kontakte auf,
- ist regional und lokal sehr gut steuerbar,
- ermöglicht einen zeitlich gezielten Einsatz,
- bietet optimale Werbemittelkontaktchancen,

- verfügt über eine hohe Akzeptanz und Glaubwürdigkeit,
- hat zentrale Funktion als Informationsquelle für den Einkauf,
- hohe Kontaktpreise werden durch eine wirksame Reichweite (Kontaktdichte) relativiert.

Nachteile
- Kurze Lebensdauer,
- hohe Insertionskosten,
- hoher Tausend-Kontakt-Preis,
- begrenzte Druckqualität,
- begrenzte zielgruppenspezifische Selektion,
- Reichweiten und regelmäßige Nutzung bei jugendlichen Zielgruppen unbefriedigend,
- uneinheitliche Tarifgestaltung und Abrechnung,
- zu den drei Standardformaten erschweren zusätzliche Sonderformate die Anzeigengestaltung.

Gesamttendenz: sinkende Akzeptanz bei jüngeren Zielgruppen mit der jetzigen Konzeption, Auflagenrückgang, sinkende Haushaltsabdeckung.

4.1.2 Supplements

Supplements dienen als beigelegtes redaktionelles Ergänzungsmedium für Tages- und Wochenzeitungen sowie einige Zeitschriften. Programm-Supplements werden von wenigen Verlagen regelmäßig produziert und den Regionalzeitungen anderer Verleger wöchentlich einmal beigelegt.

1. Grunddaten (ungefähre Angaben)

Überregionale Magazine (z. B. Reise Bild, SZ Magazin):
- Anzahl der Titel: 22 (IVW-geprüft)
- Gesamtauflage: 19 Mio. (wöchentlich)

Programm-Supplements (z. B. iwz, rtv, Stern tv-magazin, prisma):
- Anzahl der Titel: 9 (IVW-geprüft)
- Gesamtauflage: 16 Mio. (wöchentlich)
- Netto-Werbeumsatz 1998: 0,2 Mrd. DM

2. Besonderheiten

Anzeigeformen sind eher vergleichbar mit Zeitschriftenanzeigen, teilweise bessere Druck- und Papierqualität, kleinere Formate, teilweise werbewirksameres redaktionelles Umfeld.

4.1.3 Anzeigenblätter

Der Hauptzweck von Anzeigenblättern ist die Verbreitung von Anzeigen in örtlich abgegrenzten Gebieten.

1. Grunddaten (in Klammern: ADA auflagenkontrolliert)

Anzahl der Titel:	ca. 1.300	(756)
Gesamtauflage:	84 Mio.	(51 Mio.)
durchschnittliche Druckauflage:	40.000	
Netto-Werbeumsatz (1998):	3,4 Mrd. DM	

(Quelle: ZAW, 1999)

2. Besonderheiten

- Kostenlose Verteilung,
- Finanzierung ausschließlich durch Werbung,
- lokale/regionale/stadtteilmäßige Streuung,
- Verteilung durch Boten,
- in der Regel wöchentliche Erscheinungsweise,
- bei gebietsdeckender Verteilung weisen sie eine besonders starke Durchdringung des Verbreitungsgebietes auf,
- Anzeigenblätter bestehen durchschnittlich zu 2/3 aus Anzeigen,
- jährlicher Verbreitungsatlas.

Kauf-Anzeigenblätter (Offertenblätter): Ihr Inhalt besteht aus kostenlosen Privat- und kostenpflichtigen Gewerbeanzeigen. Sie finanzieren sich überwiegend aus dem Vertriebserlös. Es existieren ca. 19 Titel mit 1 Mio. Gesamtauflage.

4.1.4 Publikumszeitschriften

Die redaktionelle Ausrichtung reicht von allgemeinen Informationen bis zu zielgruppenspezifischen Inhalten. Die Mediadaten werden exakt erfasst und kontrolliert. Die Zielgruppen können durch eine breite Auswahl an Special-Interest-Titeln genau erreicht werden.

1. Grunddaten (ungefähre Angaben)

Anzahl der Titel (IVW-geprüft):	778
Verkaufte Gesamtauflage:	127 Mio.
Netto-Werbeumsatz 1998:	3,7 Mrd. DM

(Quelle: ZAW, 1999)

2. Klassifikation von Zeitschriften

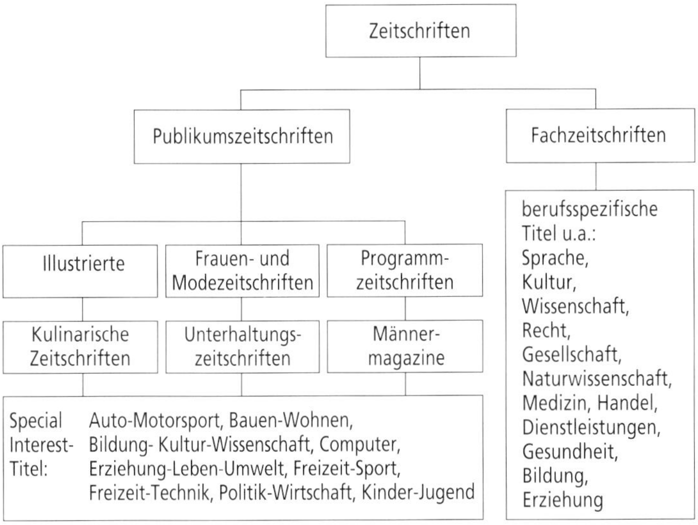

3. Zusammensetzung der Leserschaft

Publikumszeitschriften wenden sich an ein sehr breites Publikum, das Angebot ist breit gestreut, aber bei Special-Interest-Titeln auch zielgruppenspezifisch differenziert.

4. Mediadaten

Kosten-Leistungs-Verhältnis: Nach zwölf Ausgaben werden pro Leser durchschnittlich vier bis neun Kontakte hergestellt. Der durchschnittliche Tausend- TKP
Kontakt-Preis (TKP) liegt bei einer 1/1 Seite, 4c (= 4-farbig) bei ca. 19,– DM. Zeitschriftenwerbung ist somit wesentlich günstiger als Zeitungswerbung.

Charakteristische Merkmale: Zeitschriften können auch in ihrem kürzesten Erscheinungsintervall von einer Woche nicht die Aktualität einer Tageszeitung bieten. Beim Themenumfang gibt es keine Einschränkungen. Die Anzeigenschlusstermine liegen vier bis acht Wochen vor dem Erscheinungstermin.

Nutzungskriterien: Zeitschriften weisen aufgrund ihrer wiederholten Nutzung hohe Seiten-Mehrfachkontakte auf. Die Leser(innen) wenden sich in der Regel diesem Medium konzentriert und ohne Nebenbeschäftigung zu. Die Zielgruppe ist mit Ausnahme einiger Special-Interest-Titel breit gestreut.

Werbeträgereigenschaften: Zeitschriften dienen der Unterhaltung und Information, sie bieten Lebenshilfe und unter Umständen einen Expertenstatus. Die

Leser-Blatt-Bindung variiert, z. B. bei Frauentiteln geringe Titelbindung. Der Anzeigenanteil liegt bei 30 bis 50% des Heftumfanges und ermöglicht einen relativ günstigen Verkaufspreis. Die Redaktionen bemühen sich um ein überwiegend positives redaktionelles Umfeld gegenüber ihren Anzeigenkunden.

Bedeutung im Mediaplan: Zeitschriften gelten als Basismedium. Bekanntheitsgrad und Image können gesteigert und neu einzuführende Produkte teilweise auch in regionalen Gebieten umworben werden.

5. Anzeigenberechnung

Basispreis: 1/1 Seite s/w bzw. 2c, 3c, 4c bzw. Sonderfarben auf Wunsch. Die Seitenanteile entsprechen entweder genau dem jeweiligen Bruchteil des 1/1 Seitenpreises oder sind teurer (verlagsabhängig). *Beispiel:* 1/1 Seite 4c kostet 24.000,- DM, 1/8 Seite 4c kostet 3.000,- DM. Bei Sonderinsertionsformen sind entsprechende Gewichts- und Formatangaben der Verlage sowie eventuelle Postvertriebsgebühren zu beachten. Neben der Mengen- und Malstaffel gibt es bei Zeitschriften noch weitere Rabattformen: Kombinationsrabatte bei paralleler Belegung einer Anzeige in verschiedenen Verlagstiteln, Mehr-Seiten-Rabatt, Globalrabatte bei internationaler Belegung innerhalb eines Verlages.

Rabattformen

6. Insertionsformen

Ad-Specials: Anzeigen in redaktionsgebundenen Themen, z. B. im TV-Programm oder Inhaltsverzeichnis.

Add-a-Card-Anzeige: am Rand perforierte, im Endlosdruck auf eine Anzeige (mindestens 1/1 Seite) mechanisch aufgeklebte Postkarte (Anwendung für Preisausschreiben, Prospektanforderung, Warenbestellung).

Angeschnittene Anzeigen: laufen über den Satzspiegel hinaus bis zum Papierrand (Aufpreis bis zu ca. 20 %).

Basisanzeigen: 1/1 Seite bzw. entsprechende Bruchteile, z. B. 3/4 Seite, 1/2 Seite, 1/4 Seite, 3/8 Seite, 1/8 Seite, 1/16 Seite, 1/32 Seite, 1/64 Seite, teilweise in Quer- und Hochformaten, im Satzspiegel oder im Anschnitt, über Bund oder als Anzeigenstrecke (siehe Abbildung auf S. 273 f.).

Beihefter: Prospekte werden fertig angeliefert und in die Heftmitte integriert, Umfang 4 bis 16 Seiten, maximale Größe ist das Heftformat.

Beikleber: Postkarte, Prospekt oder Warenprobe werden im vorderen Heftteil auf einer rechten Seite platziert, nur in Verbindung mit einer Anzeige möglich.

Beilagen: Blätter, Karten oder Prospekte, die lose eingelegt werden.

Duftproben: Duftkomponenten werden auf einer Anzeige versiegelt.

Gate-Folder: Dies sind nach links oder rechts oder in beide Richtungen (Altarfalz) aufschlagbare Seiten, die über das Heftformat seitlich hinausreichen.

Geographischer Anzeigensplit: Mehrere Anzeigenmotive gleicher Größe werden innerhalb einer Ausgabe nach Verbreitungsgebieten (z. B. Nielsen) aufgeteilt.

Mechanischer Anzeigensplit: Mehrere Anzeigenmotive gleicher Größe werden innerhalb einer Ausgabe der Zeitschrift nach bestimmten Auflagenzahlen aufgeteilt, z. B. Motiv A und Motiv B abwechselnd in jeder zweiten Ausgabe. Das Verfahren ist in der Praxis relativ selten.

Postkartenbeihefter: Sie werden im vorderen bzw. hinteren Heftteil in Verbindung mit einer Anzeige mitgeheftet.

Prospektanzeige: Ein mehrseitiger Prospekt wird in Verbindung mit einer doppelseitigen Trägeranzeige beigeheftet.

See and write: Siehe Add-a-Card, die Postkarte wird jedoch mechanisch oder manuell ohne Perforation auf die Anzeige aufgeklebt.

Warenproben: Verschweißte Produktproben werden auf eine Trägeranzeige geklebt, Belastbarkeit der Verpackung mindestens 1.000 kp.

7. Vor- und Nachteile der Werbung in Publikumszeitschriften

Vorteile

- Hoher Impact,
- Mehrfachkontakte pro Leser,
- relativ niedriger Tausend-Kontakt-Preis,
- hohe kumulierte Reichweiten und Kontaktdichten,
- zielgruppengenaue Ansprache durch informelle Botschaften,
- relativ geringe Kosten für Gestaltung und Produktion,
- vielfältige Sonderinsertionsformen, teilweise hohe Druck- und Papierqualität.

Nachteile

- Begrenzte Darstellungsmöglichkeit bei komplexen Sachverhalten,
- Überangebot an Titeln,
- vielfach Titelüberschneidungen innerhalb einer Leserkategorie (Doppelleser),
- langsamer Reichweitenaufbau (Ausnahme Programmtitel).

Gesamttendenz: Das Verhältnis von redaktionellen zu werblichen Inhalten liegt im Durchschnitt bei 69 zu 31 %. Die Marktanteile von Zeitschriften liegen bei 10 % (1998). Zwischen 1989 und 1998 wurde ein bescheidenes Wachstum von 24 % erzielt. (durchschnittlich 2,4 % jährlich).

4.1.5 Lesezirkel

Verschiedene Publikumszeitschriften werden von etwa 200 selbstständigen Lesezirkelunternehmen mit Schutzumschlägen versehen und als so genannte Lesezirkelmappen wochenweise vermietet. Die Zustellung und Abholung erfolgt durch das Lesezirkelunternehmen.

1. Grunddaten

Anzahl der Mappen: jede Woche ca. 200.000 Lesemappen.

Lesemappenumfang: fünf bis elf verschiedene Publikumszeitschriften.

Gesamtangebot: bis zu 180 verschiedene Zeitschriftentitel.

Vermietdauer: durchschnittlich viermal für jeweils eine Woche.

Verteilung: 65% an Privathaushalte, 35% in Dienstleistungsbereiche.

Leseorte: 19% Privathaushalte, 22% Friseure, 41% Arztpraxen, 11% Gastronomie.

Erstmappen: Hefte, die erstmalig verteilt werden.

Anzahl der Leser: 11 Mio., ca. 54 Leser je Ausgabe.

Reichweite: 122 Mio. Leser.

(Quellen: Werbekalender 1999)

2. Zusammensetzung der Leserschaft

Zielgruppe: breites Publikum. Die Lesezirkel-Leser sind in ihrer soziodemographischen Schichtung weitgehend mit der Gesamtbevölkerung identisch.

3. Mediadaten und Insertionsformen

Siehe Publikumszeitschriften. Streuung: im gesamten Bundesgebiet, Teilgebieten und Orten. Bedeutung im Media-Mix: Werbungtreibende nutzen dieses Medium zur Abrundung bundesweiter Kampagnen und zum lokalen Einsatz. Insertionsformen: Aufkleber, Beihefter, Katalog als Sonderheft, lose Beilagen.

4. Platzierung und Preise

Die Platzierung kann nicht auf eine bestimmte Zeitschrift beschränkt werden. Wünsche auf Platzierung in bestimmten Zeitschriftengruppen werden nach Möglichkeit berücksichtigt. Konkurrenzausschluss besteht nur für das mit Werbung belegte Heft, nicht für die ganze Mappe.

Die Lesezirkelwerbung erfolgt im gesamten alten Bundesgebiet zu einheitlichen Preisen, Lesezirkelwerbung ist preiswert (z. B. Aufkleber ca. 290,– DM pro 1.000 Stück, Beihefter 4 Seiten 200,– DM pro 1.000 Stück, Beilagen bis 10 g 100,– DM pro 1.000 Stück).

5. Vor- und Nachteile der Werbung mit Lesezirkeln

Vorteile

- Hohe Reichweiten- und Kontaktkumulation nach wenigen Ausgaben,
- gegenüber Publikumszeitschriften bessere regionale und örtliche Streuungsmöglichkeiten,
- breites Sortiment an verschiedenen Titeln.

Nachteile

- Platzierung kann nicht auf eine bestimmte Zeitschrift beschränkt werden,
- Konkurrenzausschluss wird nur für ein Heft, aber nicht für die Mappe gewährt.

4.1.6 Fachzeitschriften

Fachzeitschriften sind periodisch erscheinende, berufsbezogene Zeitschriften mit fachspezifischen redaktionellen Themen und Anzeigeninhalten. Sie werden überwiegend beruflich genutzt.

1. Grunddaten

Anzahl der Fachzeitschriften:	ca. 3.700	Titel
– davon IVW-geprüft:	1.080	Titel
Netto-Werbeumsatz 1998:	2,2	Mrd. DM
Verkaufte Auflage (IVW geprüft):	17	Mio.

(Quelle: ZAW, 1999)

2. Klassifikation von Fachzeitschriften

Siehe Abschnitt 4.1.4 Publikumszeitschriften, Abbildung Klassifikation von Zeitschriften. Die fünf umsatzstärksten Branchen sind: Dienstleistungen, Industrie und Handwerk, Medizin und Ingenieurwissenschaften.

3. Zusammensetzung der Leserschaft

Der fachlich interessierte Leser findet spezifische Inhalte zur beruflichen Aus- und Weiterbildung. Fachzeitschriften bieten im jeweiligen Segment auch eine gewisse Transparenz über Marktverhältnisse, Anbieter und Wettbewerber.

4. Mediadaten

Kosten-Leistungs-Vergleich: Die Nettoreichweiten von Fachzeitschriften variieren sehr stark, nur 30 % aller Titel sind IVW-geprüft. Auflagenzahlen werden oft nicht über die verkaufte Auflage, sondern über Frei- und Belegexemplare erzielt. Viele Titel erreichen nur sehr kleine Auflagenzahlen. Die spezifische Werbeträgerleistung soll neben der IVW-Auflagenkontrolle durch eine Prüfung von Daten der Empfängerstruktur verdeutlicht werden. Die Zielgruppensegmentation ist von allen Printmedien am höchsten, die Produktionskosten von Anzeigen sind niedrig. Die Mediaplanung steht bei Fachzeitschriften vor dem Problem eines Überangebotes an Titeln.

Charakteristische Merkmale: Fachzeitschriften sind relativ aktuell, ihre Inhalte sind fachspezifisch und berufsbezogen, ihre Erscheinungsweise liegt in der Regel zwischen einer Woche und einem Quartal.

Nutzungskriterien: Die Werbemittelkontaktchancen liegen unter den übrigen Zeitschriften, es besteht ein hoher Abo-Anteil mit relativ geringer Kontaktkumulation, wodurch sich eine Werbepenetration nur langsam entwickelt.

Bedeutung im Mediaplan: Fachzeitschriften dienen als Basis- und Ergänzungsmedium.

5. Anzeigenberechnung und Insertionsformen

Siehe Abschnitt 4.1.4 Publikumszeitschriften. Bei den Insertionsformen besteht teilweise ein eingeschränktes Angebot.

6. Vor- und Nachteile der Werbung in Fachzeitschriften

Vorteile

- Geringe Streuverluste,
- hoher Abo-Anteil,
- teilweise akzeptable Reichweiten,
- verbesserte Zielgruppentransparenz durch verlagsinterne Empfängerstrukturanalysen.

Nachteile

- Je nach Branche besteht ein Überangebot an Fachtiteln,
- Optimierungsprogramme für die Mediaplanung liegen kaum vor,
- hoher Anteil an Frei- und Belegexemplaren,
- hoher Anteil an nicht IVW-geprüften Titeln.

4.1.7 Adress- und Fernsprechbücher

Werbliche Maßnahmen in Adress- und Fernsprechbüchern dienen primär der Herausstellung des eigenen Namens gegenüber den Konkurrenten. Als häufig benutzte Nachschlagewerke verfügen sie über eine geringe Aktualität bei einer gleichzeitig hohen Wirtschaftlichkeit.

1. Grunddaten

Netto-Werbeumsatz 1998: 2,3 Mrd. DM
Werbeträgerauswahl: Einwohneradressbücher (auf Kreis-, Landes- und Bundesebene), Wirtschaftsadressbücher (Fach-, internationale Exportadressbücher)
Branchentelefonbücher: 30 Mio. Auflage.

(Quelle: Werbekalender 1999)

2. Zusammensetzung der Leserschaft und Nutzung

Geschäftliche und private Nutzer, wobei Letztere eher den höheren sozialen Schichten angehören. Suche nach konkreter Sachinformation, hohe Aufmerksamkeit, zielgerichtete Aufnahme redaktioneller und werblicher Inhalte.

3. Mediaeigenschaften

Streuung: bundesweit, regional, lokal.
Reichweiten und Kontakte: hoch, Langzeitwirkung in der Regel ein Jahr.
Glaubwürdigkeit: hoch, trotz Verschmelzung redaktioneller und werblicher Inhalte.

4. Insertionsformen

Hervorgehobene Eintragungen (z. B. fett), erweiterte Eintragungen als Ergänzung zum redaktionellen Mindestumfang, Zusatzanzeigen, Beilagen, Beihefter, Vorzugsplatzierungen, z. B. an Kopf- und Fußleisten, Zusatzfarben möglich.

5. Vor- und Nachteile der Werbung in Adress- und Fernsprechbüchern

Vorteile
- Hohe Kontaktzahlen und Reichweiten,
- ständiges Nachschlagewerk mit langer Lebensdauer,
- günstige Tausend-Kontakt-Preise,
- preiswerte Form der Eigenwerbung.

Nachteile
- Anzeigengrößen in der Regel beschränkt,
- keine aktuellen Angebote, unflexibel gegenüber werblichen Änderungswünschen.

4.1.8 Kundenzeitschriften

Sie werden ähnlich wie Anzeigenblätter kostenlos abgegeben. Die Distribution erfolgt jedoch am Verkaufsort (Point of Sale). Klassische Kundenzeitschriften werden von unabhängigen Zeitschriftenverlagen produziert und den Einzelhändlern verschiedener Branchen gegen Entgelt zur Verfügung gestellt.

1. Grunddaten

Verbreitete Gesamtauflage: 52,7 Mio. IVW-geprüft = 72 Titel, ca. 1.800 Titel insgesamt.
Hauptbranchen: Apotheken, Bäckereien, Drogerien, Friseure, Metzgereien.

2. Besonderheiten

Kundenzeitschriften nehmen eine Sonderstellung ein:

- Markenartikelhersteller können den Einzelhändler umwerben,
- der Händler ist bemüht, die umworbenen Produkte in sein Sortiment aufzunehmen,
- Anzeigen besitzen eine hohe Glaubwürdigkeit,
- ca. 70% aller Leser sind Stammkunden,
- Produktempfehlungen werden direkt am POS (Point of Sale) wirksam.

Vorteile
- Der redaktionellen Berichterstattung wird Beratungs- und Fachkompetenz zuerkannt,
- die Überschneidungen bei einzelnen Titeln wie auch die Streuverluste sind gering,
- sehr starker Auflagenzuwachs,
- Zunahme zielgruppenspezifischer Titel.

Nachteil
- Mangelnde Titeltransparenz.

4.2 Auditive und audiovisuelle Medien

4.2.1 Hörfunk

Das Wachstum im Radiomarkt führte in den letzten Jahren zu einer breiten Angebotsvielfalt. Gleichzeitig verschärfte sich der Kampf um Hörerquoten. Die Erzeugung und Nutzung optimaler Affinitäten wird aufgrund vielfach gleichartiger Programmstrukturen immer schwieriger.
Zielgruppenspezialisierte, insbesondere lokale Sender dagegen bieten dem Werbungtreibenden einen effizienten Medieneinsatz.

Die höchsten Reichweiten werden zwischen 6.00–10.00 Uhr erzielt, das Frühstückfernsehen hat sich reichweitenmäßig bisher nicht etablieren können.

1. Grunddaten

ARD-Rundfunkanstalten: elf im gesamten Bundesgebiet
Hörfunkprogramme insgesamt: 246, davon 45 ARD-Programme
Angemeldete Rundfunkgeräte: ca. 38 Mio.
Haushaltsabdeckung: 100%
Netto-Werbeumsatz (1998): 1,2 Mrd. DM

(Quellen: ZAW, 1999, Werbekalender 1999)

2. Klassifikation von Hörfunksendern

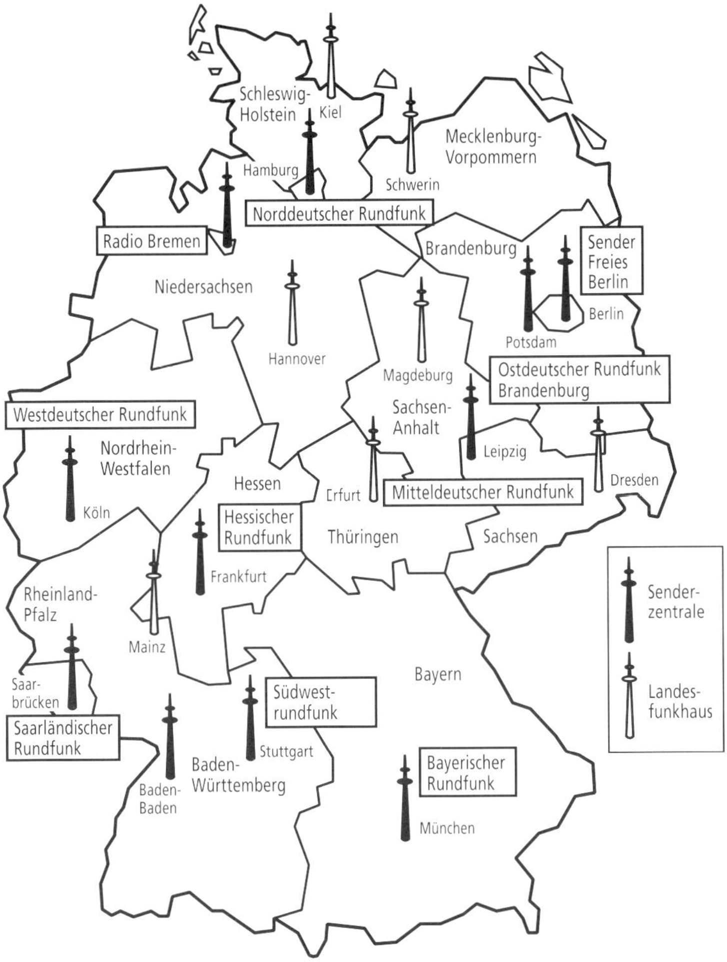

Abb.: Sendegebiete der ARD (Quelle: Spiegel-Grafik, 1992)

ARD-Rundfunkanstalten (öffentlich-rechtlich): elf im gesamten Bundesgebiet, Ausstrahlung im jeweiligen Bundesland bei hoher Sendeleistung. Umsatz 1998: 420 Mio. DM.

Private Sender: überwiegend lokale Sender mit geringer technischer Reichweite, teilweise landesweite Ausstrahlung. Umsatz 1998: 780 Mio. DM.

3. Mediadaten

Die öffentlichen-rechtlichen Radiosender strahlen Werbespots nur an Wochentagen (Montag–Samstag) in der Zeit von 06.00–18.00 Uhr aus. Die Privaten dagegen bringen Montag bis Sonntag bundesweit und teilweise regional Werbung rund um die Uhr – in weiteren Regional- oder Lokalbereichen gibt es unterschiedliche Zeitintervalle für Werbung. Die klassische Funkwerbung beansprucht in der Regel sechs Minuten pro Stunde. Die Länge eines Funkspots bewegt sich meist zwischen 10 und 60 Sekunden. Der Sekundepreis ist die Basis der Preisgestaltung – der Spotpreis ergibt sich durch Multiplikation mit der Länge der Ausstrahlung.

Bei fast allen Sendern ist es üblich, für verschiedene Tageszeiten oder Wochentage unterschiedliche Grundpreise zu berechnen, weil die Hörerschaften zum Teil beträchtlich variieren.

Viele private Regionalsender können über Vermarktungsgesellschaften wie RMS oder IPA gebucht werden. Diese Zentralisierung der Buchungsgeschäfte hat vor allem auch einen interessanten ökonomischen Aspekt: Es kann über Tarifkombinationen eine größere Anzahl von Sendern verschiedener Regionen als überregionale Auftragseinheit belegt werden. Die Zusammenstellung solcher Paketangebote ist laufendem Wandel unterworfen, weil die Vermarkter der Sender diese Flexibilität als Marketinginstrument nutzen.

Die Werbemittelkontaktchancen hängen von der Spotpenetration und dem Anteil der bewusst zuhörenden Teilnehmer ab. Den Penetrationsmöglichkeiten werden durch „Zapping" (Senderwechsel) und die übrige Hörerfluktuation Grenzen gesetzt. Die Zielgruppenselektionsmöglichkeiten variieren nach Senderstruktur und Zeitablauf. Die Leistung des Werbefunks wird von der AG.MA (Arbeitsgemeinschaft Media Analyse) im Tagesablauf nach weitestem Hörerkreis, Hörer pro Tag, Hörer pro durchschnittlicher Stunde und Hörer pro Stunde einer Station festgehalten. Die Mediengesetze beschränken die Werbung im Hörfunk auf 20% des redaktionellen Anteils (zwölf Minuten) pro Stunde.

Wirkung des Werbemittels: Die Wirkung der Spots wird durch die Blockbildung im öffentlich-rechtlichen Hörfunk und einer maximalen Spotpenetration (zwölf Minuten pro Stunde bei Privatsendern) gemindert.

Bedeutung im Media-Mix: Hörfunkspots können eine rasche Bekanntmachung von Produkten und Firmennamen, aber auch eine Relaunch-Unterstützung bewirken. Sie werden in der Regel kurzfristig penetriert. Der Hörfunk ist im Mediaplan ein regionales Ergänzungsmedium.

4. Werbemöglichkeiten

Im öffentlich-rechtlichen Hörfunk: an Werktagen (Montag bis Samstag) in festen Werbeblöcken (drei bis sieben Minuten) zur vollen und/oder halben Stunde, keine Werbung an Sonn- und Feiertagen, Spotlängen 10 und 60 Sekunden. Teilweise werden verschiedene Spotvarianten der privaten Sender auch im öffentlich-rechtlichen Hörfunk angeboten.

Im privaten Hörfunk: Doppelspot, d. h. Mehrfachgestaltung im Block, Vor- und Hauptspot getrennt durch Musik, anmoderierter Spot (Moderator gibt einen Hinweis auf den Spot), Live-Durchsagen, Sponsor- und Patronatssendungen, Zeitansage, Wetterbericht, Salespromotion-Spot, Action-Dialog-Spot, aktueller Einkaufsbummel, An- und Absagen, Testimonial-Spot. Anteil der Werbespots am Gesamtprogramm pro Stunde max. 20% (zwölf Minuten).

5. Hörfunkformate

Format	**Charakterisierung**
Adult Contemporary (AC)	Leicht hörbare, melodisch geprägte Musikfarbe, überproportional von Hörerinnen bevorzugt.
Middle of the Road (MOR)	Internationale, harmonische und melodiöse Musikfarbe, Kernzielgruppe zwischen 35 und 55 Jahre, relativ hoher Wortanteil.
Album oriented Rock (AOR)	Unbekannte, längere Titel, Kombination verschiedener Musikrichtungen, geringer redaktioneller Anteil, Zielgruppe zwischen 18 und 36 Jahren.
Oldie-Format	Jüngere Zielgruppe, Musikangebot besteht aus nationalen und internationalen Oldies und Evergreens.
Klassik-Format	Konzerte, Symphonien u. a., richtet sich an einkommensstarke Zielgruppen.

(Quelle: Werbekalender 1999)

6. Spotberechnung

Grundformel: Sekundenpreis x Sekunden der Einschaltlänge.

Tarife: Sie variieren sehr stark und sind abhängig von Senderstruktur, Reichweite und Tageszeit.

7. Vor- und Nachteile der Werbung im Hörfunk

Vorteile

- Penetration von einfachen Botschaften,
- starke emotionale Hörerbindung bei bestimmten Sendern,
- durchschnittliche Hördauer täglich ca. 200 Minuten,
- regionale Steuerungsmöglichkeit,
- relativ geringes Zapping,
- niedriger TKP,
- geringe Produktionskosten,
- hohe Kumulation nach mehreren Einschaltungen.

Nachteile

- Oft unerträgliche Penetration durch Spotwiederholungen,
- zu lange Werbeblöcke bzw. bis zu zwölf Minuten Werbung je Stunde,
- begrenzte Zielgruppenselektion und Zielgruppenansprache,
- transitorisches Medium mit nur einmaligem Kontakt,
- oft geringe Reichweiten bei Privatsendern,
- der Impact steigt nur über die Spothäufigkeit,
- begrenzte Darstellungsmöglichkeit bei komplexen Botschaften.

Gesamttendenz: Positive Entwicklung durch vermehrte Nutzung nebenbei. Die Konsolidierungsphase der privaten Sender ist weitgehend abgeschlossen. Verbraucher akzeptieren digitalisierte Programme aus Kostengründen erst selten.

4.2.2 Filmtheater

1. Grunddaten

In Deutschland exisitieren 4.435 Filmtheater. Etwa 80 % davon sind durch die Kontrolle verkaufter Eintrittskarten IVW-geprüft. Etwa 4,0 % der Bevölkerung ab 14 Jahre besuchen einmal wöchentlich ein Kino, wobei 59 % der Besucher zwischen 14 und 29 Jahre alt sind. Netto-Werbeumsatz für 1998: 0,3 Mrd. DM.

(Weitere Quellen: FDW Fachverband Film- und Diapositivwerbung, IVW Besucherfrequenz der Filmtheater, Werbekalender 1999)

2. Klassifikation von Filmtheatern

Programmkinos: täglich wechselndes Programm, mit einer Vorschau für einen Monat, Zielgruppe: Studenten, Personen über 30 Jahre.

Struktur der Kino-Besucher

	Kino-Bes. in Mio.	Reichweite in %	Zusammensetzung in % Kino-Besucher	Ges.-Bev.
Kino-Besucher insgesamt	2,68	4,2	100	100
Männer	1,41	4,7	53	48
Frauen	1,26	3,8	47	52
Nach Altersgruppen				
14 - 19 Jahre	0,71	15,1	26	7
20 - 29 Jahre	1,08	11,7	40	15
30 - 39 Jahre	0,51	4,3	19	19
40 - 49 Jahre	0,21	2,1	8	16
50 - 59 Jahre	0,12	1,2	5	17
60 - 69 Jahre	0,04	0,4	1	14
70 u. älter	0,01	0,1	0	13
Haushaltseinkommen (netto)				
bis unter 2000 DM	0,31	4,1	12	12
2000 bis unter 2500 DM	0,18	2,8	7	10
2500 bis unter 3000 DM	0,24	3,0	9	13
3000 bis unter 4000 DM	0,51	3,4	19	24
4000 bis unter 5000 DM	0,63	5,1	24	19
5000 u. mehr	0,80	5,7	30	22
Haushaltsführende	1,07	3,1	40	54
Beruf d. HV/Haupt-einkommensbeziehers				
Selbst. groß/Freiberuf	0,06	7,1	2	1
Selbst. mittel u. klein/Landwirte	0,19	3,6	7	8
Leitende Angest. u. Beamte	1,28	5,5	11	8
Sonstige Angest. u. Beamte	1,33	5,0	50	42
Facharbeiter	0,57	3,3	21	28
Sonstige Arbeiter	0,25	3,0	9	13

Abb.: Struktur der Kinobesucher (Quelle: Werbekalender 1999)

Normalkinos: breites Spielfilmprogramm einschließlich Erstaufführungen.

Filmkunst-Kinos: anspruchsvolle Filme, viele gehören der Gilde deutscher Filmkunsttheater an.

Truppen-Kinos: gewerbliche Kinos in der Nähe von Truppenstandorten, Zielgruppe: Männer 18 bis 25 Jahre.

Auto-Kinos: aktuelle Filme für breites Publikum, Zielgruppe: Autofahrer.

Porno-Kinos: breites Angebot einschlägiger Filme, Zielgruppe: vorwiegend Männer.

Mehrzweck-Kinos: außer Spielfilmvorführungen kann das Kino noch anderweitig genutzt werden.

Multiplex-Kinos: mindestens 1.500 Plätze, mindestens acht Leinwände, gastronomische Einrichtungen und freizeitbetonte Angebote.

3. Mediadaten

Kosten: Die Preisbildung für Werbefilme in einem einzelnen Kino erfolgt nach der Formel:

Grundpreis x Filmmeter x Anzahl der IVW-Stufen

Die IVW-Stufen sind ein Maß für die Anzahl der Besucher in einer Woche. Die Daten werden folgendermaßen ermittelt: Jedes Kino meldet seine Besucherzahlen der Filmförderungsanstalt, die sie zur Prüfung an die IVW weiterleitet. Dort werden die Stufen festgelegt und jährlich veröffentlicht. Dabei entspricht eine Stufe jeweils 500 Besuchern pro Woche.

Nutzungskriterien: Die Werbemittelkontaktchance ist zwar flüchtig und besteht bis zum nächsten Kinobesuch lediglich aus einem kurzen Kontakt, die Hinwendung ist aber sehr bewusst, da sich der Besucher dem Bild nicht entziehen kann (Sehzwang). Eine Werbewirkung, die auf andauernder Werbepenetration beruht, lässt sich nur für junge Zielgruppen realisieren. Die regionalen und örtlichen Selektionsmöglichkeiten sind gut. Die Auswahl der Filmtheater sollte unter Beachtung von IVW-Mitgliedschaft, Einschaltpreis, Tausend-Kontakt-Preis, Theaterkategorie, Ortsgrößenklasse und Region erfolgen.

Wirkung der Werbemittel: durch multisensorische Ansprache hohe emotionale Wirkung beim Werbefilm, statische Gestaltung bei Dias.

Bedeutung im Mediaplan: Kinowerbung wird als unterstützendes Medium zur Demonstration von Produktnutzen und Imagekampagnen eingesetzt. Die Wirkung ist in der Regel intensiv, aber nur kurzfristig.

4. Werbung in Filmtheatern

Sie wird fast ausschließlich von Spezialmittlern (Werbeverwaltungen) durchgeführt, die über entsprechende Unterlagen, z. B. Besucherzahlen, Kinoqualität und Dispositionsfachkräfte, verfügen. Die Spezialmittler erhalten ihre Auftrag von den Werbungtreibenden bzw. von der Werbeagentur.

Werbeformen

Diapositiv (= Stumm-Dia): Stand-Diapositive, verglaste Rahmen, Dauer: zehn Sekunden, Mindestschaltzeit ein Monat.

Ton-Dias: siehe Diapositiv, mit Ton ca. 100% Aufschlag, Dauer: 20 Sekunden.

Dia auf Film (= DaF): Text und Ton werden auf einen 35-mm-Film kopiert, Dauer bis 20 Sekunden.

Kinospot: Kurzfilme mit einer Länge von 6 bis 12 m, Vorführzeit 13 bis 26 Sekunden. Die Herstellung ist einfach und relativ preiswert, kann aber bei einem Einsatz von Realszenen mit Schauspielern bzw. Trickaufnahmen teuer werden. Mindestlaufzeit zwölf Monate, ein monatlicher Motivwechsel ist möglich.

Werbefilm: Er ist das bevorzugte Werbemittel im Kino. Alle Möglichkeiten des Spielfilms stehen in technischer und gestalterischer Hinsicht zur Verfügung. 35-mm-Filme, Mindestlänge 14 m, Dauer 44 Sekunden bei 20 m, Mindestschaltzeit eine Woche, Abrechnung nach Metern.

Sonderwerbeformen: z.B. Promotionveranstaltungen im Foyer, Cine-Light-Poster (4/1-Format) in Vitrinen mit maximal sieben rotierenden Motiven, interaktive Spiel-Shows, Presenting (5-m-Werbefilme unmittelbar vor dem Hauptprogramm).

Werbung auf Eintrittskarten: Das eingeschränkte Format einer Kinokarte lässt meist nur Platz für einen Slogan oder ein Logo.

5. Schaltkosten

Die Preise richten sich nach Ortsgröße, Art, Lage und Besucherfrequenz:
Ton-Dias: 125,– DM bis 1.000,– DM/monatlich.
Kinospots: 20 Sekunden kosten durchschnittlich 260,– DM in Erstaufführungstheatern.
Eine Belegung aller IVW-geprüften Kinos in Deutschland kostet ca. 27.000,– DM pro Meter Werbefilm je Woche.
(Quelle: Werbekalender 1999)

6. Vor- und Nachteile der Werbung in Filmtheatern

Vorteile

- Hoher Impact,
- hohe Kontaktzahlen bei den Zielgruppen unter 30 Jahren,
- zunehmende Beachtung von Werbung,
- geringste Streuverluste bei jugendlichen Zielgruppen,
- gute örtliche und regionale Selektionsmöglichkeiten,
- relativ konstante Besucherzahlen (kein Sommerloch),
- Besucher verfügen in der Regel über ein höheres Bildungsniveau und ein gutes Haushaltseinkommen.

Nachteile

- Relativ geringe Reichweiten,
- ältere Zielgruppen werden kaum erreicht,
- hohe Schalt-, Kontakt- und Produktionskosten.

Gesamttendenz: Das Kinosterben im Zeitalter des Fernsehbooms konnte gestoppt werden. In den letzten Jahren wuchs aber die Anzahl der Multiplex-Kinos auf 77 Stück – eine Entwicklung, die zu Lasten kleinerer mittelständischer Unternehmen geht.

Der Strukturwandel, verbunden mit hohen Investitionen, Konzentrationsprozessen und zunehmender Internationalisierung, ist noch nicht abgeschlossen.

4.2.3 Fernsehen

Das Fernsehen entwickelte sich im Laufe der Zeit zum bedeutendsten Kultur- und Medieninstrument mit der Folge, dass das Freizeitverhalten der Bevölkerung in erheblichem Umfang vom Fernsehkonsum beeinflusst wird. Das Angebot reicht von internationalen über nationale, regionale und lokale Programmanbieter. Eine Vielzahl von Nischenanbietern haben eine respektable Zielgruppenaffinität erreicht.
Die Angebotsausweitung führt zu einem Kampf um Zuschauerquoten, die Qualität des Programmangebots leidet unter dieser Entwicklung. Das Nutzungsverhalten der TV-Zuschauer wird auch gegenüber ständig steigenden Werbeunterbrechungen zunehmend kritischer.
Die Übertragung der Programme erfolgt terrestrisch (Antenne), über Kabel oder Satellit.

1. Grunddaten

ARD-Rundfunkanstalten: elf im Bundesgebiet.
Privatsender: 37 über Kabel, terrestrisch oder über Satellit zu empfangen.
Angemeldete Fernsehgeräte: etwa 34 Mio.

2. Aufteilung der Netto-Werbeumsätze

Netto-Umsätze des Werbefernsehens 1994–1998
in Mio. Mark, ohne Produktionskosten

Sender	1994	1995	1996	1997	1998
ARD	255,9	301,8	300,4	308,1	352,3
DSF	60,0	70,0	100,0	125,0	146,0
Kabel 1	61,6	151,0	207,0	263,0	316,0
Pro Sieben	1121,8	1333,9	1459,4	1580,0	1619,0
RTL	1881,8	1960,1	2051,0	2238,0	2340,0
RTL 2	240,3	326,5	403,9	407,0	417,0
SAT 1	1564,6	1623,8	1654,9	1661,0	1778,0
Super RTL	-	-	54,5	102,9	124,0
Viva/Viva 2	-	-	-	-	81,0
ZDF	333,1	345,1	348,0	308,0	311,9
Sonstige private Fernsehveranstalter	111,5	229,8	317,8	445,2	419,7
Gesamt	5630,4	6342,0	6896,9	7438,2	7904,9
Veränderungen gegenüber Vorjahr in %	+ 16,6	+ 12,6	+ 8,7	+ 7,8	+ 6,3

Abb.: Verteilung der Netto-Umsätze auf die Sender (Quelle: ZAW Jahrbuch 1999)

3. Mediadaten

Fernsehnutzung	Insgesamt %	Insgesamt Mio.	Männer %	Männer Mio.	Prozent %	Prozent Mio.
Bevölkerung ab 14 Jahren	100	63,73	100	30,31	100	33,42
Seher pro Tag						
ARD	56,1	35,73	56,0	16,98	56,1	18,75
ZDF	45,4	28,91	45,5	13,80	45,2	15,11
Pro Sieben	21,5	13,69	23,9	7,25	19,3	6,44
RTL Television	40,5	25,79	40,7	12,34	40,3	13,45
SAT 1	34,7	22,12	36,1	10,95	33,4	11,16
Seherschaft 18.00–20.00 Uhr						
ARD	22,0	14,03	20,4	6,18	23,5	7,85
ZDF	22,2	14,14	22,1	6,70	22,3	7,45
Pro Sieben	7,0	4,46	8,2	2,5	5,9	1,96
RTL Television	16,5	10,53	16,2	4,91	16,8	5,62
SAT 1	13,2	8,43	13,3	4,02	13,2	4,41
Seherschaft 20.00–23.00 Uhr						
ARD	35,5	22,61	37,1	11,24	34,0	11,37
ZDF	24,3	15,52	24,5	7,41	24,2	8,10
Pro Sieben	12,9	8,22	14,6	4,42	11,4	3,80
RTL Television	21,5	13,68	23,2	7,04	19,9	6,65
SAT 1	18,5	11,81	20,0	6,07	17,2	5,74
Seherschaft nach 23.00 Uhr						
ARD	2,1	1,36	2,7	0,83	1,6	0,54
ZDF	1,8	1,15	2,1	0,64	1,5	0,51
Pro Sieben	2,7	1,71	4,0	1,20	1,5	0,51
RTL Television	3,4	2,14	4,4	1,32	2,4	0,82
SAT 1	3,2	2,02	4,3	1,29	2,2	0,72
Weitere TV-Sender (Seher pro Tag)						
DSF	6,8	4,35	11,8	3,58	2,3	0,77
Kabel 1	6,6	4,18	8,0	2,42	5,3	1,76
MTV	4,2	2,70	4,8	1,45	3,7	1,25
NBC	0,6	0,41	1,0	0,29	0,4	0,12
n-tv	5,4	3,45	7,5	2,29	3,5	1,16
RTL 2	10,9	6,96	12,7	3,85	9,3	3,11
VIVA	6,1	3,86	7,0	2,11	5,2	1,75

Abb.: Reichweite des Fernsehens (Quelle: AWA 1998)

Nutzungskriterien von Werbung im Fernsehen: öffentlich-rechtliche Sender von Montag bis Samstag in festen Werbeblöcken, maximal 20 Minuten pro Werk-

tag, Werbeblöcke zwischen 17.30 und 20.00 Uhr, Sponsoring nach 20.00 Uhr. Private Sender: Die maximale Werbezeit ergibt 20 % des redaktionellen Programms an allen Tagen, vielseitige Sonderwerbeformen.
Die ARD-Anstalten bieten entweder regionale oder nationale Belegungsmöglichkeiten, das ZDF kann nur bundesweit gebucht werden. Einige private Sendeanstalten bieten regionale Schaufensterprogramme. Das Zappingverhalten (Kanalwechsel) wird von den zunehmenden Werbeunterbrechungen gefördert.

Bedeutung im Mediaplan: Als Basismedium mit ausreichenden Kontaktwerten können die privaten Sender betrachtet werden.
TV-Spots werden zur Schaffung eines schnellen Bekanntheitsgrades eingesetzt, wobei die Werbekontakte eher zufällig zustande kommen. Die Kontaktkumulation des Fernsehens ist im Vergleich zu anderen Medien am höchsten.

Rechtliche Grundlagen: Die Weiterentwicklung der Werbung in elektronischen Medien basiert auf folgenden rechtlichen Grundlagen:

- Rundfunkstaatsvertrag und Landesmediengesetze unter Berücksichtigung der EU-Fernseh-Richtlinien,
- Werberichtlinien von ARD, ZDF und den Landesmedienanstalten,
- Verhaltensregeln des Deutschen Werberates.

4. Sonderwerbeformen des Fernsehens

Screen-splitting: Mischung aus redaktionellen und werblichen Inhalten in Form von Laufbandwerbung oder Werbespots auf 2/3 der Bildschirmfläche.

Batering: Der Werbungtreibende stellt kostenlos ein Programm zur Verfügung und erhält als Gegenleistung Spots zum Nulltarif.

Teleshopping: eigenständiger Kanal mit fortlaufendem TV-Direktmarketing.

Infomercials: 25- bis 30-minütige DRTV-Spots (Direct-response-TV), die im Stil von Informations- bzw. Dokumentationssendungen aufbereitet werden, besonders geeignet für erklärungsbedürftige Produkte/Dienstleistungen.

5. Digitales Fernsehen

Seit 1999 Zusammenschluss von Premiere World und DF1 (Kirch-Gruppe) mit finanzieller Beteiligung durch den Medienmogul Murdoch. Zurzeit ca. 2 Mio. Abonnenten, milliardenschwere Anlaufkosten, in absehbarer Zeit keine Kostendeckung.

Das digitale Fernsehen ermöglicht zuvor unbekannte Formen der Nutzung und der Werbung:

- *Pay per view:* Nutzung einzelner Sendungen gegen Bezahlung.

- *Pay radio:* verschlüsselte Programme, für die vollständig gezahlt werden muss.
- *Videogames:* individuell abrufbare Software für Videospiele.
- *Service on demand:* individuell abrufbare Produktinformation.

6. Spotberechnung

Grundformel: Sekunden-Preis x Sekunden-Einschaltlänge.
Tarife: starke Unterschiede nach Senderreichweite, Sendezeit und Monat.
Rabatt: je nach Sekunden-Gesamteinschaltdauer.

7. Vor- und Nachteile der Werbung im Fernsehen

Vorteile

- Erklärung komplexer Sachverhalte,
- vereinfachte Buchungsmöglichkeiten,
- schneller Reichweitenaufbau,
- höchste Kontaktkumulation aller Medien,
- hoher Impact (Wirkungsgrad).

Nachteile

- Hohe Schalt- und Produktionskosten,
- hoher Zappinganteil,
- eher zufällige Spotkontakte,
- hohe Mindestetatanforderungen,
- teurer Reichweitenaufbau,
- begrenzte Möglichkeiten einer präzisen Zielgruppenansprache,
- starke Zuwachsraten von Product-Placement (bewusste Platzierung eines Markenartikels in einer Spielfilmhandlung),
- weitere Entwicklung zum Nebenher-Medium.

Gesamttendenz:
Öffentlich-rechtliche Sender: abnehmende Reichweiten zugunsten der Privatanbieter, starker Anstieg der Tausend-Kontakt-Preise, stagnierende Anteile am Gesamtwerbevolumen.
Private Sender: Konsolidierungsphase erreicht, Werbeeinsatz nur im Media-Mix sinnvoll, hohe Tausend-Kontakt-Preise, Entwicklung neuer Spartenkanäle.

4.3 Außenwerbung

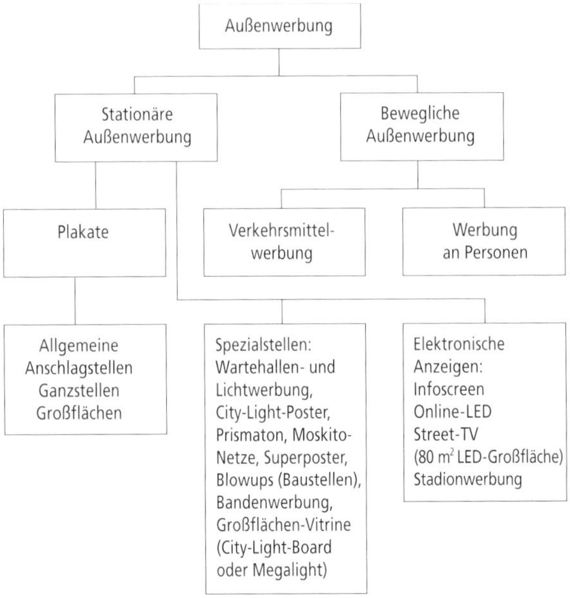

Abb.: Erscheinungsformen der Außenwerbung

4.3.1 Plakat

Bereits 1855 wurde von dem Berliner Drucker E. Litfaß eine Normierung der bis dahin wilden Plakatierung nach Londoner Vorbild eingeführt. Heute existieren ca. 390.000 Plakatanschlagstellen in Deutschland. Netto-Werbeumsatz 1998: 1,1 Mrd. DM für Außenwerbung (ZAW 1999).

1. Grunddaten

(ZAW 1999, MVA Tarifdatenbank, FAW 1999):

Allgemeine Anschlagstellen:	55.387
Ganzstellen:	16.908
Großflächen:	229.780
City-Poster, City-Light-Poster:	87.145
Super-Poster:	1.325
Insgesamt:	390.545

2. Klassifikation der Plakatanschlagstellen

Allgemeinstellen: Säulen oder Tafeln, die mehreren Werbungtreibenden dienen und auf öffentlichem Grund stehen. Allgemeinstellen sind flächendeckend gleichmäßig über einzelne Orte gestreut. In größeren Orten können Teilnetze, in Großstädten einzelne Wohnbezirke belegt werden. Formate: 1/2 bis 6/1 Bogen.

Ganzstellen: Säulen oder Tafeln für nur einen Werbungtreibenden, sie stehen auf öffentlichem Grund. Begrenzte Verfügbarkeit, günstiges Preis-Leistungs-Verhältnis. Formate: zwei 6/1 und drei 8/1 Formate pro Säule.

Großflächen: Tafeln für nur einen Werbungtreibenden, sie stehen auf privatem Grund. Das Format von 3,56 m Breite auf 2,52 m Höhe ist genormt. Anschlagunternehmen bieten verschiedene Standortanalysen ihrer Großflächen an. Breite Verteilung, gute Verfügbarkeit und Möglichkeit der Einzelbuchung. Bei flächendeckender Planung ist eine Belegung einer Großfläche auf 3.000 Einwohner üblich. Formate: 18/1 Bogen im Hochformat, 16/1 Bogen im Querformat.

Großflächen-Vitrine (= City-Light-Board = Megalight): eine von hinten beleuchtete Großfläche. Format: 18/1 Bogen.

Kleintafeln: Tafeln in der Nähe von Einkaufsstätten mit Platz für 4/1 bzw. 6/1 Bogen.

Prismaton: im zentralen Eingangsbereich von Märkten aufgestellte stationäre oder mobile Hinterglasvitrine.

City-Light-Poster (CLP): beleuchtete Vitrinen insbesondere an Haltestellen und Bahnhöfen. Frühe Buchung notwendig. Format: 4/1 Bogen.

Superposter: vielfach beleuchtete und an frequentierten Plätzen vorzufindende Anschlagstellen im Superformat von 5,26 m auf 3,72 m, entsprechend 40/1 Bogen.

Riesenposter (= Blowup): besonders im Baustellenbereich eingesetztes Werbemittel. Teuere Herstellungskosten. Format: bis 1.000 m^2 Fläche.

3. Plakatformate

Den Plakatformaten liegt die DIN-Reihe zugrunde. Ausgangspunkt für alle Formate und für die Berechnung der allgemeinen Anschlagstellen ist der 1/1 Bogen (DIN A1). Die Plakate müssen diesem Format oder einem Vielfachen davon entsprechen oder darin teilbar sein. Siehe dazu das folgende Schaubild diverser Plakatformate.

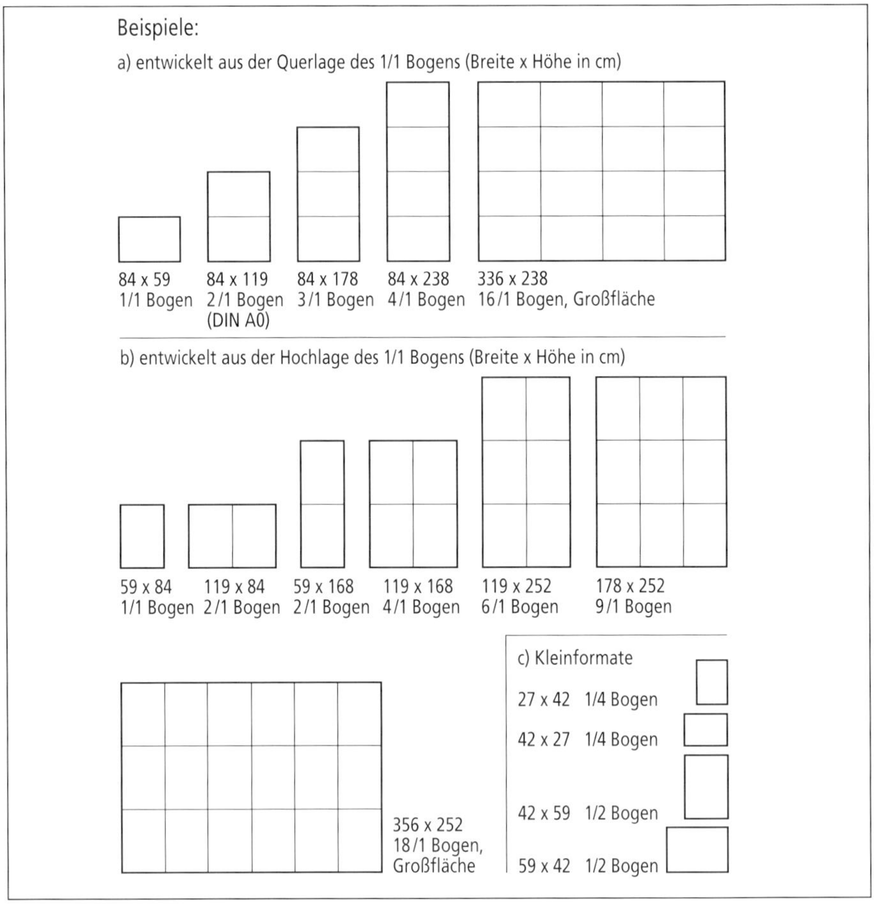

Abb.: Beispiele für Plakatformate (Quelle: Werbekalender, 1992)

4. Mediadaten

Leistung/Kosten: Die Wirksamkeit einer Plakataktion ist von der Stellenart und der Standortqualität, die Nettoreichweite direkt von der Anzahl belegter Stellen abhängig. Die Plakat-Media-Analyse (PMA) nimmt eine Plakatabfrage anhand erinnerter Werte in den Bereichen:

- Reichweite
- Durchschnittskontakte, Kontaktverteilung (OTS)
- Gross-rating-points (GRP)
- Tausend-Kontakt-Preis (TKP)

vor.

Eine Bewertung der Kontaktleistung von Großflächen durch die GfK erfolgt mit Hilfe des so genannten G-Wertes (Gesamtpassage). Alle an einem Plakat Vorbeigehende oder -fahrende werden nach ihrem Erinnerungsvermögen an ein durchschnittlich aufmerksamkeitsstarkes Plakat befragt. Ca. 75 % des Großflächenbestandes wurden bereits bewertet.
Die Schalt- und Produktionskosten liegen bei flächendeckenden Kampagnen hoch. Die folgende Übersicht zeigt beispielhaft die Schaltkosten:

Großflächen 1999
Orte ab 20.000 Einwohner / Quote 1 : 3.000

Nielsen-Gebiet	Bundesland	Anzahl Orte	Einwohner in Tsd.	Abdeckung pro Land (%)	Anzahl Stellen	Ø-Preis DM pro Tag	Brutto-Ø-Preis DM pro Dekade	Reichweite in %*	GRP*
Nielsen 1	Schleswig-Holstein	20	1.122	41	369	13,76	53.298	49,5	768
	Hamburg	1	1.708	100	569	18,26	109.094	52,3	952
	Niederlande	86	4.253	55	1.403	13,91	204.954	40,0	697
	Bremen	2	678	100	226	15,93	37.808	48,2	729
	Nielsen 1 Gesamt	109	7.760	60	2.567	15,03	405.155	44,7	763
Nielsen 2	Nordrhein-Westfalen	205	15.531	87	5.141	14,57	786.252	57,3	1.262
Nielsen 3a	Hessen	56	3.051	51	1.018	14,34	153.317	38,5	528
	Rheinland-Pfalz	21	1.309	33	437	14,15	64.911	-	-
	Saarland	13	578	53	193	14,04	28.455	-	-
	Nielsen 3a Gesamt	90	4.938	45	1.648	14,26	246.683	40,0	576
Nielsen 3b	Baden-Württemberg	92	5.024	49	1.676	14,75	259.529	44,9	687
Nielsen 4	Bayern	62	4.420	37	1.473	15,90	245.905	44,4	802
Nielsen 5a	Berlin-West	1	2.162	100	721	18,92	143.234	67,2	1.600
Nielsen 5b	Ost-Berlin	1	1.297	100	432	18,61	84.415	65,1	1.298
Nielsen 6	Brandenburg	25	1.024	40	343	14,56	52.436	43,3	603
	Mecklenburg-Vorpommern	10	686	38	228	14,54	34.814	39,6	530
	Sachsen-Anhalt	23	1.275	47	427	14,51	65.044	52,1	850
	Nielsen 6 Gesamt	58	2.985	42	998	14,53	152.294	46,7	710
Nielsen 7	Sachsen	30	2.143	47	714	15,54	116.529	45,9	645
	Thüringen	21	1.060	42	354	14,45	53.693	39,6	519
	Nielsen 7 Gesamt	51	3.203	45	1.0668	15,18	170.222	43,8	604
Deutschland Gesamt		**669**	**47.318**	**58**	**15.724**	**15,10**	**2.493.689**	**49,9**	**937**

* Quelle: PMA 98. Zielgruppe: Gesamt ab Jahre in der o.g. Ortsgrößenklasse

Abb.: Kosten für Großflächenbelegung (Quelle: Media-Planung für Märkte, 1999)

Nutzungskriterien: Die normale Nutzungsdauer liegt bei zehn Tagen, wobei es auch Dekaden von elf Tagen und zum Anfang beziehungsweise Ende des Jahres von 14 Tagen gibt. Um eine durchgehende Plakatierung zu gewährleisten, ist der Plakatanschlag in die drei A-, B- und C-Blöcke eingeteilt (siehe folgendes Schaubild).

Terminplan für Plakatanschlag 1999

Dekade	Block A	Tage	Block B	Tage	Block C	Tage
01	29.12.-11.01.	14	01.01.-14.01.	14	05.01.-18.01.	14
02	12.01.-21.01.	10	15.01.-25.01.	11	19.01.-28.01.	10
03	22.01.-01.02.	11	26.01.-04.02.	10	29.01.-08.02.	11
04	02.02.-11.02.	10	05.02.-15.02.	11	09.02.-18.02.	10
05	12.02.-21.02.	11	16.02.-25.02.	10	19.02.-01.03.	11
06	23.02.-04.03.	10	26.02.-08.03.	11	02.03.-11.03.	10
07	05.03.-15.03.	11	09.03.-18.03.	10	12.03.-22.03.	11
08	16.03.-25.03.	10	19.03.-29.03.	11	23.03.-01.04.	10
09	26.03.-05.04.	11	30.03.-08.04.	10	02.04.-12.04.	11
10	06.04.-15.04.	10	09.04.-19.04.	11	13.04.-22.04.	10
11	16.04.-26.04.	11	20.04.-29.04.	10	23.04.-03.05.	11
12	27.04.-06.05.	10	30.04.-10.05.	11	04.05.-13.05.	10
13	07.05.-17.05.	11	11.05.-20.05.	10	14.05.-24.05.	11
14	18.05.-27.05.	10	21.05.-31.05.	11	25.05.-03.06.	10
15	28.05.-07.06.	11	01.06.-10.06.	10	04.06.-14.06.	11
16	08.06.-17.06.	10	11.06.-21.06.	11	15.06.-24.06.	10
17	18.06.-28.06.	11	22.06.-01.07.	10	25.06.-05.07.	11
18	29.06.-08.07.	10	02.07.-12.07.	11	06.07.-15.07.	10
19	09.07.-19.07.	11	13.07.-22.07.	10	16.07.-26.07.	11
20	20.07.-29.07.	10	23.07.-02.08.	11	27.07.-05.08.	10
21	30.07.-09.08.	11	03.08.-12.08.	10	06.08.-16.08.	11
22	10.08.-19.08.	10	13.08.-23.08.	11	17.08.-26.08.	10
23	20.08.-30.08.	11	24.08.-02.09.	10	27.08.-06.09.	11
24	31.09.-09.09.	10	02.09.-13.09.	11	07.09.-16.09.	10
25	10.09.-20.09.	11	14.09.-23.09.	10	17.09.-27.09.	11
26	21.09.-30.09.	10	24.09.-04.10.	11	28.09.-07.10.	10
27	01.10.-11.10.	11	05.10.-14.10.	10	08.10.-18.10.	11
28	12.10.-21.10.	10	16.10.-25.10.	11	19.10.-28.10.	10
29	22.10.-01.11.	11	26.10.-04.11.	10	29.10.-08.11.	11
30	02.11.-11.11.	10	05.11.-15.11.	11	09.11.-18.11.	10
31	12.11.-22.11.	11	16.11.-25.11.	10	19.11.-29.11.	11
32	23.11.-02.12.	10	26.11.-06.12.	11	30.11.-09.12.	10
33	03.12.-13.12.	11	07.12.-16.12.	10	10.12.-20.12.	11
34	14.12.-27.12.	14	17.12.-30.12.	14	21.12.-03.12.	14

Abb.: Terminplan für Plakatanschlag (alle vorstehenden Grundtermine unterliegen aus technischen Gründen zum Teil geringfügigen Veränderungen, die Plakatierungen können jeweils einen Tag früher oder später beginnen und enden) (Quelle: Werbekalender, 1999)

Die Werbemittelkontaktchance ist zufällig, unbewusst und selten intensiv. Die Penetrationsmöglichkeit liegt theoretisch bei 90% innerhalb einer Dekade und die Selektionsmöglichkeiten sind regional und örtlich gut.

Werbeträgerkomponenten: Das Plakat beschränkt sich in der Regel bei einer Konzentration von Wort und Bild auf das Wesentliche. Die Werbemittelwirkung ist unterschwellig.

Einsatz im Media-Mix: Plakatwerbung wird zur Vermittlung von Kurzinformationen, für Testmarkt-Neueinführungen und zur Erinnerungswerbung als Ergänzungsmedium eingesetzt.

5. Berechnung der Schaltkosten

Allgemeine Anschlagstellen: Bogen-Tage-Preis (1/1) x Anzahl der Bögen x Anzahl der belegten Stellen x Tage, Bogen-Tage-Preis: durchschnittlich 1,10 DM.
Ganzstellen und Großflächen: Preis für komplette Stelle x Anzahl der belegten Stellen x Tage, Preis für eine Großfläche durchschnittlich 28,– DM.

6. Vor- und Nachteile der Außenwerbung

Vorteile
- Etwa 85 % der Bevölkerung werden täglich mit Außenwerbung kontaktiert,
- gute Selektionsmöglichkeiten für landesweite, regionale oder örtliche Kampagnen,
- hohe Aufmerksamkeit bei werbewirksamer Gestaltung,
- hohe regionale Reichweite,
- geringer TKP.

Nachteile
- In der Regel nur flüchtige Kontaktaufnahme,
- hohe Produktions- und Schaltkosten bei flächendeckenden Aktionen,
- Konkurrenzausschluss nicht gewährleistet,
- oft lange Schaltzeiten,
- eingeschränkte Zielgruppenselektion.

Gesamttendenz: insgesamt positiv, Ausbau elektronisch gesteuerter Werbeflächen, Bereinigung unattraktiver Standorte.

4.3.2 Verkehrsmittelwerbung

1. Grunddaten

Anzahl der öffentlichen Fahrzeuge:
Busse: ca. 21.000
Straßen- und U-Bahn: ca. 7.000
Postfahrzeuge u. a.: ca. 35.000

2. Klassifikation der Verkehrsmittelwerbung

- Taxis
- Nah- und Fern-LKW
- Luftwerbung
- Deutsche Bahn AG
- Deutsche Post AG

Beispiel für mobile Verkehrsmittelwerbung bei der Deutschen Post AG: Werbung an Post-LKW, Spezialagenturen bieten im Full-Service-Paket folgende Leistungen an: Beratung über das Einsatzgebiet, Fahrzeugauswahl, Layout, Beschaffung der Fahrzeuge, Drucküberwachung, Fahrzeugbeklebung auf speziellen 3M-Folien, Neutralisieren der Fahrzeuge nach dem Mietablauf.

Anzahl der gemieteten LKW	Kosten/Mietdauer 1 Jahr		Kosten/Mietdauer 3 Jahre	
	4c/Raster	2c/Strich	4c/Raster	2c/Strich
11	7.500,–	6.130,–	4.600,–	4.050,–
100	4.650,–	4.570,–	3.200,–	3.100,–
500	4.500,–	3.950,–	2.750,–	2.700,–

Abb.: Preisbeispiele eines Anbieters, Stand 1999 (die Preise umfassen den Full-Service und den Siebdruck, Format der Werbefläche 4,20 m auf 1,30 m, zuzüglich Mehrwertsteuer)

4.4 Intermedia-Vergleich

Siehe hierzu die nächste Doppelseite, auf der alle Werbeträger mit ihren Eigenschaften und Funktionen sowie Kriterien zu ihrer Bewertung übersichtlich dargestellt sind.

Rumpfflächenwerbung	Miete je Monat je Wagen/ Einheit	Folie* je Wagen/ Einheit	Ganzbemalung**	Miete je Monat je Wagen/ Einheit	Postfahrzeuge	Miete je Monat je Wagen/ Einheit	Folie* je Wagen/ Einheit
Normalbus	400,- DM bis 650,- DM	Anbringung ca. 350,- DM Entfernung ca. 350,- DM	Normalbus	800,- DM bis 1.200,- DM	Post-PKW	90,- DM bis 160,- DM	Anbringung ca. 50,- DM Entfernung ca. 50,- DM
Gelenkbus	500,- DM bis 800,- DM	Anbringung ca. 500,- DM Entfernung ca. 400,- DM	Gelenkbus	1.000,- DM bis 1.600,- DM	Post-VW-Transporter	90,- DM bis 160,- DM	Anbringung ca. 50,- DM Entfernung ca. 50,- DM
Straßenbahn 6-Achser	750,- DM bis 800,- DM	Anbringung ca. 700,- DM Entfernung ca. 500,- DM	Straßenbahn 6-Achser	1.800,- DM bis 2.000,- DM	Post-Mercedes-LKW	140,- DM bis 180,- DM	Anbringung ca. 70,- DM Entfernung ca. 60,- DM
Straßen- u. Stadtbahn 8-Achser	900,- DM bis 1.300,- DM	Anbringung ca. 800,- DM Entfernung ca. 700,- DM	Straßen- u. Stadtbahn 8-Achser	2.000,- DM bis 2.200,- DM	Post-Magirus- und MAN-LKW	150,- DM bis 200,- DM	Anbringung ca. 70,- DM Entfernung ca. 60,- DM
S-Bahn- u. U-Bahnzüge mit 3 Wagen	900,- DM bis 1.200,- DM	Anbringung ca. 650,- DM Entfernung ca. 650,- DM	S-Bahn- u. U-Bahnzüge mit 3 Wagen	ca. 2.200,- DM			

* Die Werbung kann neben Folien auch durch Direktbemalung angebracht werden. Hierbei sind die Preise individuell nach Motiv zu kalkulieren. Die Produktionskosten für Folien sind in der Tabelle nicht enthalten.

** Auch die Ganzbemalung kann durch Folien und/oder Lackierung angebracht werden. Hierbei schwanken die Preise je nach Motiv in etwa zwischen DM 8.000,- und DM 30.000,-.

Abb.: Kostenübersicht Fahrzeugwerbung (Quelle: FAW)

Intermedia-Vergleich-Checkliste

▲ Vorteil ▼ Nachteil ▶ neutral	Tageszeitungen	Zeitschriften	Hörfunk
Verfügbarkeit/ Flexibilität	▲ kurzfristige Belegung jederzeit möglich	▲ Belegung jederzeit möglich ▼ z.T. lange Schlusstermine	▼ begrenzte Werbezeiten im öffentlich-rechtlichem Hörfunk ▶ im Lokalfunk Belegung relativ kurzfristig
Reichweite/ Regionalität	▲ hohe Reichweite ▲ regional/lokal steuerbar	▲ hohe Reichweite ▼ kaum regionale Splittung möglich	▼ geringe Reichweite bei Privatsendern ▲ lokaler Einsatz möglich
Zielgruppenselektion	▶ Splittung nach Bildung/Einkommen ▼ keine Feinsplittung möglich	▲ zielgruppenorientierte Ansprache insbesondere Special Interest	▶ abhängig von Senderstruktur und Zeitablauf
Nutzungssituation/ Kontaktqualität	▲ Freizeit/Business ▲ regelmäßige Nutzung ▲ intensiver Kontakt im Textteil	▲ Freizeit, entspannte Atmosphäre ▶ flüchtiger - intensiver Kontakt	▼ „Nebenbei-Medium" ▼ geringer Kontakt ▲ gute Erreichbarkeit von Autofahrern
Kommunikations-dimensionen	▲ visuelle Darstellung ▼ Minderung in der Papier-/Farbqualität	▲ visuelle Darstellung ▲ gute Farb-/Papierqualität	▼ geringer Impact durch akustische Wahrnehmung
Wirkungsdauer	▶ in der Regel 1 Tag statuarisches Medium	▲ von 1 Woche bis 1 Jahr ▲ wiederholter Kontakt statuarisches Medium	▼ max. 60 sec. transitorisches Medium
Verstärkung der Werbewirkung	▲ durch entspr. Platzierung und Mehrfarbigkeit	▲ durch entspr. Platzierung ▼ starker Heftumfang verringert Beachtung ▲ Sonderinsertionsformen	▼ keine Verstärkung d. klass. Spots ▶ bedingt durch Sonderwerbeformen: Tandem-Spot/Live-Durchsagen/Sponsoring
Werbedruck der Konkurrenz	▲ gering im Textteil ▼ hoch in den Einzelrubriken	▼ hohes Anzeigenvolumen	▲ pro Block meist gering
Funktion im Media-Mix	▲ als Basismedium geeignet bei konkreten Angeboten ▶ bedingt bei Imageanzeigen	▲ gute Eignung als Basismedium	▶ je nach Werbeziel nur bedingt als Ergänzungsmedium
Wirtschaftlichkeit	▶ starke Kostenunterschiede bei regionaler/überregionaler Belegung ▼ TKP + Insertionskosten hoch	▲ relativ niedriger Tausend-Kontakt-Preis	▶ relativ geringe Schalt- und Produktionskosten

Abb.: Intermedia-Vergleich (Quelle: Heller & Partner, München)

Intermedia-Vergleich-Checkliste			
▲ Vorteil ▼ Nachteil ▶ neutral	**Kino**	**TV**	**Plakat**
Verfügbarkeit/ Flexibilität	▲ Belegung jederzeit möglich ▼ begrenzter Werberaum ▼ langfristige Buchung	▼ begrenzte Werbezeiten, besonders in der Primetime ▼ längerfristige Planung	▼ begrenztes Flächenangebot ▼ regionale und standortqualitätsmäßige Einschränkung
Reichweite/ Regionalität	▼ geringe Reichweite innerhalb einer Woche ▼ langsamer Reichweitenaufbau ▲ lokal/regional belegbar	▲ sehr hohe Reichweiten ▶ lokaler Einsatz bedingt möglich	▲ hohe, regionale Reichweite ▲ Kontaktchancen in der Nähe des Verkaufsortes
Zielgruppenselektion	▲ gute Erreichbarkeit einer jüngeren, aktiven Zielgruppe ▼ ansonsten hoher Streuverlust	▼ nur bedingt über Alter/Art der Sendung ▶ teilweise Feinsplittung	▼ keine Selektion möglich
Nutzungssituation/ Kontaktqualität	▲ Freizeit ▲ stärkste Aufmerksamkeit	▲ Freizeit, entspannte Atmosphäre ▲ starker Kontakt	▼ im Vorbeigehen/-fahren ▼ flüchtiger Kontakt
Kommunikations-dimensionen	▲ hoher Impact durch Bild/Ton/Farbe/Bewegung	▲ hoher Impact durch Bild/Ton/Farbe/Bewegung	▲ visuelle Darstellung ▲ gute Farbqualität ▼ begrenzte Werbeaussagen
Wirkungsdauer	▼ max. 60 sec. transitorisches Medium	▼ max. 60 sec. transitorisches Medium	▲ mind. 10 Tage ▲ wiederholter Kontakt statuarisches Medium
Verstärkung der Werbewirkung	▼ keine Möglichkeit der Verstärkung	▲ durch Platzierung in der Primetime ▶ Sonderwerbe-formen	▼ keine Verstärkung möglich
Werbedruck der Konkurrenz	▼ kein garantierter Konkurrenzausschluss	▼ meist kein garantierter Ausschluss der Konkurrenz	▲ in unmittelbarer Nähe Konkurrenzausschluss
Funktion im Media-Mix	▼ nur als Zusatzmedium für eine begrenzte Zielgruppe	▲ als Basismedium für Werbung in Privatsendern	▶ nur als Ergänzungsmedium geeignet
Wirtschaftlichkeit	▶ Kosten variieren stark bei lokalem/regionalem Einsatz ▼ hoher Tausend-Kontakt-Preis ▼ hohe Produktionskosten	▼ hohe Schalt- und Produktionskosten	▶ relativ gering, variiert nach Belegungsumfang ▲ geringer Tausend-Kontakt-Preis

5. Direktwerbung

Die Direktwerbung weist in den letzten Jahren, neben dem Fernsehen, die höchsten Zuwachsraten bei den Netto-Werbeumsätzen auf. Umsatz 1998: 6,8 Mrd. DM (ZAW, 1999).

5.1 Begriffsbestimmung und Aufgaben

Definition

Unter Direktwerbung wird eine unmittelbare, meist personalisierte Werbebotschaft verstanden, die individuell und zielgruppenspezifisch gestreut wird. „Direktwerbung wendet sich nicht an jedermann. Für jeden Produktnutzen ein eigenes Publikum zu finden – und dann in diesem Publikum jeden Menschen einzeln anzusprechen – das ist die Chance des direkten Werbens!" (Meffert, 1988).

Gründe für Direktwerbung

Gründe für einen vermehrten Einsatz des Direktmarketing sind vor allem in den Veränderungen der Gesellschaft zu suchen, die neue Werbestrategien erfordern:

- Individualisierung des Marktes,
- Veränderung zum individualisierten Konsumverhalten,
- schwindende Markentreue,
- neue Zahlungs- und Einkaufsgewohnheiten.

Bewertungskriterien

Im Vergleich zu anderen klassischen Werbeträgern ist die Direktwerbung nach folgenden Kriterien bzw. Zielgenauigkeiten zu bewerten:

- Branchen- und Berufsgruppen,
- Kaufkraft und Einkommensklassen,
- geographische Gegebenheiten.

Je genauer eine Zielgruppe definiert ist, desto exakter ist sie bei minimalen Streuverlusten zu erreichen.

Kommunikationsform: individuelle Einzelansprache (= personifizierte Direktwerbung), Feed-back durch Reaktionsbelege, z. B. Antwortkarte, Dialogmöglichkeit.

Kontrolle: unmittelbare und exakte Ermittlung der Effizienz, Rücklaufquote/Retouren, Umsatzmessung.

Kosten/Leistung: Das Verhältnis erscheint auf den ersten Blick im Gegensatz zu klassischen Medien kosten- und arbeitsintensiv, zur Beurteilung können folgende Größen herangezogen werden: Kosten pro Auftrag (costs per order = cpo), Kosten vom erzielten Umsatz, Rücklaufquote, Rentabilität als Quotient zwischen Rücklaufquote und Ertragsspanne.

Neben vielen Einsatzmöglichkeiten der Direktwerbung, z. B. als flankierende Maßnahme zur klassischen Werbung, für Einladungen zu Veranstaltungen (Messen etc.), zur Gewinnung von Marketinginformationen, zur Informationsvermittlung und Imagepflege, sind die drei folgenden Punkte die wichtigsten Aufgabengebiete. Aufgaben

Direktverkauf
Klassisches Einsatzgebiet des Versandhandels, der durch Geschwindigkeitsprämien, Preisausschreiben, Gratisverlosungen und Incentives (Zugabeartikel) eine erhöhte Bestellquote erreichen möchte.

Außendienstunterstützung
Informationsvermittlung vor dem Vertreterbesuch. Erfolgt oft durch Telefon-Marketing-Aktionen. Der Kunde ist unter Umständen interessierter und leichter ansprechbar und ein Vertreterbesuch wird unter Umständen erfolgreich.

Nachkauf-Werbung
Die Entscheidung für den Kauf hochwertiger Güter soll im Denken des Verbrauchers rationalisiert werden. Aufbau einer Stammkundschaft durch Kundenpflege. Es ist leichter, einen Kunden zu halten, als einen neuen Kunden zu werben.

5.2 Medien

1. Adressierte Werbung

Das klassische Package (Mail-Order-Package) besteht aus:

a) *Versandhülle,*
zu beachten ist hierbei:
- portogünstiger Standard,
- maschinelle Verarbeitung,
- werbliche Nutzung innen und außen (Postvorschriften),
- hohe Wegwerfquote ist zu vermeiden.

b) *Werbebrief* („Seele" des Mailing)

c) *Prospekt*

d) *Antwortkarte* (auch Fax, Telefon, E-Mail)

Sonderformen: Gründung eines Klubs. Mit eigener Klubkarte gehören Kunden zu einem privilegierten Kreis. Neben regelmäßiger Kundenzeitschrift können auch besondere Dienstleistungen eine Mitgliedschaft attraktiv machen.

2. Unadressierte Werbung

Postwurfsendungen, die von der Deutschen Post AG an alle Haushalte in einem festgelegten Bezirk verteilt werden. Haushaltswerbung: Die Verteilung erfolgt durch private Verteilerorganisationen. Formen: Briefkasteneinwurf, ring and leave, persönliche Übergabe.

3. Telefon-Marketing

Wendet sich direkt an ausgewählte Zielpersonen.

Formen

Aktives Telefon-Marketing: Die Kontaktaufnahme geht vom Werbungtreibenden aus, wichtig ist hier die Einhaltung wettbewerbsrechtlicher Vorschriften.

Passives Telefon-Marketing: Die Kontaktaufnahme erfolgt durch den Kunden, z. B. durch Gewinnspiele. Der Service 130 der Telekom ermöglicht dem Kunden, zum Ortstarif jeden beliebigen Standort der Bundesrepublik zu erreichen.

Externes Telefon-Marketing: Ein professioneller Anbieter übernimmt die Telefonaktionen.

Internes Telefon-Marketing: Der Werbungtreibende führt seine Telefonaktionen selbst durch.

4. Callcenter

Die klassischen Einsatzfelder von Callcentern sind:

- Bestellannahme
- Beratung im Versandhandel
- Kundenbetreuung bei Direktbanken
- technischer Support, z. B. im EDV-Bereich

5. Klassische Medien

Der Coupon in einer Anzeige, die Add-a-card- bzw. See-and-write-Antwortkarte, die Anzeige bzw. der Spot mit direkter telefonischer Rückrufmöglichkeit sind klassische Response-Möglichkeiten, dazu kommt seit jüngerer Zeit das Internet, das die elektronische Übermittlung einer Bestellung erlaubt.

5.3 Adressquellen

1. Eigene Kundenlisten

Die Pflege und permanente Aktualisierung von Kunden- und Interessentendateien spielen eine große Rolle für die Zielgruppenbestimmung, die nach den bekannten soziodemographischen und psychologischen Merkmalen erfolgen muss. Die Datenbank (Database) sollte über die Adresse hinaus noch möglichst viele Daten enthalten, die zur Bewertung des Kunden und zur Zielgruppenauswahl dienen (siehe Teil XII, 3.1).

2. Beispiele für Adresskollektionen spezialisierter Adressverlage

Eine Adressenkollektion ist eine überschneidungsfreie Zusammenfassung aller verfügbaren Adressen einer Zielgruppe aus den verschiedensten Unterlagen. Definition

Beispiele für Selektionsmöglichkeiten:

- Branchen- oder Berufsgruppen,
- nach Personengruppen, die dem Postkauf gegenüber aufgeschlossen sind (Broker-Adressen),
- nach Größenklassen, z. B. Beschäftigtenzahl, Bettenzahl (Hotels), Umsatz, Kapital, Verkaufsfläche, Fuhrparkgröße,
- nach Dienststellung und Funktion, z. B. selbstständig, angestellt, beamtet, Entscheider, Leiter, Ingenieure, Kaufleute,
- nach Alter,
- nach Geschlecht,
- nach geographischen Merkmalen,
- nach Kaufkraft.

Wichtige Punkte zur Handhabung der Adresskollektionen:

Die gemieteten Adressen dürfen, soweit nicht anders vereinbart, nur einmal benützt werden. Als Kontrollmöglichkeit werden hierzu Deckadressen verwendet (Briefkastenfirmen, die in jeder Adresskollektion enthalten sind, melden die Eingänge an Direktwerbematerial an die Adressverlage weiter). Eine Speicherung der gemieteten Adressen oder ihre Weitergabe an Dritte ist unzulässig. Von der einmaligen Verwendung ausgenommen sind Rückläufer. In der Regel werden Vertragsstrafen bis zum Zehnfachen des Bestellpreises verhängt.

Kosten der Adresskollektionen:

Die Kosten sind je nach Qualität und Quantität der Adressen unterschiedlich. Sie werden zu 1.000 Stück berechnet. Unzustellbare Retouren (ca. 3% pro Aussendung) werden vom Adressverlag bei Rückmeldung in der Regel mit 15 bis 30 Pfennig pro Adresse vergütet.

3. Erlaubt und verboten in der Direktwerbung

Direktwerbung ist in Deutschland ...

erlaubt, wenn ...	verboten, wenn ...
Telefon	
■ **gegenüber Privatpersonen** vorab ausdrückliches oder stillschweigendes Einverständnis ■ **gegenüber Gewerbetreibenden** vorab ausdrückliches oder stillschweigendes Einverständnis oder Geschäftsbeziehung bestand oder „eigentlicher Geschäftsbereich" betroffen ist oder „Hilfsgeschäft" und konkrete Anhaltspunkte für Interesse vorliegen	unverlangte - sogenannte kalte - und unerwünschte Anrufe
Telefax	
ein Interesse des Umworbenen an dieser Werbung per Telefax zu vermuten und objektive Eilbedürftigkeit gegeben ist	unverlangte und unerwünschte Zusendung
E-Mail	
vorab ausdrückliches oder stillschweigendes Einverständnis oder Interesse des Umworbenen an dieser Werbung per E-Mail zu vermuten ist	unverlangte und unerwünschte Zusendung
Brief	
	die Werbung als Privatpost getarnt ist und der Werbecharakter erst nach näherem Befassen mit dem Briefinhalt erkennbar wird oder ein Widerspruch (Briefkastenaufkleber) des Adressaten vorliegt

(Quelle: ZAW 1999)

4. Vor- und Nachteile der Direktwerbung

Vorteile

- Bei zunehmend differenzierten Märkten können Zielpersonen direkt angesprochen werden,
- Streuverluste können vermieden werden,
- im Vergleich zur klassischen Werbung sind Kosteneinsparungen möglich,
- bequeme Bestellmöglichkeit mit Rückgaberecht für den Verbraucher,
- Alleinstellung des Angebots beim Empfänger,
- Preisgarantie innerhalb festgelegter Zeiträume für den Verbraucher.

Nachteile
- Geringe Rücklaufquoten (ca. 2%),
- Übersättigung der Verbraucher führt zu Desinteresse,
- viele Mailings landen ungeöffnet im Papierkorb.

(siehe auch Teil XII)

6. Mediaplanung

6.1 Media-Grundlagen

Die Mediaplanung beschäftigt sich mit der zentralen Frage, wie häufig welche Werbeträger belegt werden sollen, um innerhalb einer Budgetvorgabe zielgruppengenau eine optimale Wirkung zu erreichen. Zur Realisierung einer Mediaplanung werden Medien transparent gemacht, d. h., die Leistungsfähigkeit verschiedener Werbeträger wird analysiert und miteinander verglichen. Beurteilungskriterien können quantitiv als auch qualitiv ausgerichtet sein.

Quantitative Kriterien sind u. a.:
- Auflagenzahlen,
- Anzahl von Plakatstellen,
- Anzahl von Filmtheatern,
- Anzahl von Hörfunk- und Fernsehgeräten.

Qualitative Kriterien sind u. a.:
- Affinität,
- Nettoreichweite,
- Kontakte,
- Gross-rating-points.

Wichtige Media-Grundbegriffe in alphabetischer Reihenfolge:

Bruttoreichweite
Summe der Leser, die durch Belegung von zwei oder mehr unterschiedlichen Titeln erreicht werden. Doppelleser werden nicht herausgerechnet.

Beispiel: Zeitung A: 100.000 Leser 80.000 Leser, die Zeitung A + B lesen
Zeitung B: 300.000 Leser
Bruttoreichweite: Zeitung A + B = 400.00 Leser

Vgl. Überschneidung externe!

Gross-rating-points

Sie sind eine Messgröße zur Bestimmung des relativen Werbedrucks, der bei einem bestimmten Medieneinsatz zu erwarten ist:

GRP = Durchschnittlicher Kontaktwert x Reichweite in %

Beispiel: Zeitung A: wird im Durchschnitt 2,5-mal kontaktiert (vgl. Kontakt)
Zeitung A: Reichweite in %: 0,25 (vgl. Reichweite in %)
GRP Zeitung A: durchschnittlicher Kontakt x Reichweite in %
2,5 x 0,25 = 0,625 Gross-rating-points

Kontakt

Werbeträgerkontakt: Jeder Kontakt zwischen einer Person und einem Werbeträger, z. B. auch das flüchtige Durchblättern einer Zeitung. Bei der Berechnung von Kontaktzahlen werden meist Werbeträgerkontakte herangezogen.
Werbemittelkontakt: Jeder Kontakt zwischen einer Person und einem Werbemittel, z.B. einer Anzeige.

Bespiel: Ein Inserent, der seine Anzeigen in den Zeitungen A + B gleichzeitig schaltet, erreicht folgende Werbeträgerkontakte:

Zeitung A + B = 400.000 Erstkontakte, wobei 80.000 Leser je einen Kontakt zu Zeitung A + B haben, also insgesamt 2 Kontakte.

Durch wiederholtes Durchblättern bzw. Lesen eines Werbeträgers können die Kontaktzahlen weiter zunehmen.

Beispiel: Zeitung A wird im Durchschnitt 2,5-mal kontaktiert
Zeitung B wird im Durchschnitt 3,2-mal kontaktiert

Zeitung A: 100.000 Leser x 2,5 Kontakte	=	250.000 Kontakte
Zeitung B: 300.000 Leser x 3,2 Kontakte	=	960.000 Kontakte
Zeitung A + B Kontaktsumme	=	1.210.000 Kontakte

Medientransparenz

Ein Medium besitzt eine hohe Transparenz, wenn viele soziodemographische Daten und Untersuchungen über die Verhaltensweisen der Mediennutzer vorliegen. Fehlen solche Planungsdaten oder sind nur unvollständig vorhanden, wird von einer niedrigen Medientransparenz gesprochen.

Nettoreichweite

Anzahl der Personen, die von einer Werbträgerkombination mindestens einmal erreicht werden, Doppelleser werden abgezogen.

Beispiel: Zeitung A: 100.000 Leser 80.000 Leser, die Zeitung A + B lesen
Zeitung B: 300.000 Leser
Nettoreichweite: Zeitung A + B = 400.000 Leser minus 80.000 Doppelleser = 320.000 Leser

Reichweite in %

Die Reichweite in Prozent drückt das prozentuale Verhältnis der gesamten Zielgruppe zur zielgruppenrelevanten Leserschaft eines Mediums aus.

Beispiel: Mit einer Anzeigenschaltung in der Zeitung A erreiche ich 100.000 Leser, die zur Zielgruppe der Autofahrer gehören. Die Zielgruppe aller Autofahrer in der Bundesrepublik beträgt insgesamt 400 Mio. Autofahrer.

Reichweite in %: 40.000.000 = 100,00 %
100.000 = 0,25 %

Reichweite kumultativ

Die kumultative Reichweite drückt aus, wie stark die Reichweite eines Titels nach Schaltung zweier oder mehrerer Anzeigen ansteigt. Die Leser eines Titels können diesen regelmäßig, unregelmäßig oder nur gelegentlich lesen, sodass bei Publikation mehrerer aufeinander folgenden Anzeigen in verschiedenen Ausgaben auch die Leser erreicht werden, die diesen Titel nur selten nutzen.
Je höher der Anteil regelmäßiger Leser, desto weniger stark kumuliert die Reichweite eines Titels; je höher der Anteil unregelmäßiger Leser, desto stärker kumuliert die Reichweite. Vgl. internen Überschneidung.

Reichweite quantitativ

Die quantitative Reichweite drückt das Verhältnis der Leserschaft je Ausgabe zur Gesamtbevölkerung im Verbreitungsgebiet aus.

Beispiel: Gesamtbevölkerung im Verbreitungsgebiet 1.500.000 Personen, Leserschaft je Ausgabe 30 %.

30 % von 1.500.000 = 450.000 Leser (quantitative Reichweite)

Reichweite qualitativ, Affinität

Die qualitative Nettoreichweite zeigt den Anteil der Personen, die zur Zielgruppe gehören. Ausgangsbasis für die Berechnung ist die quantitative Reichweite.

Beispiel 1: Der Anteil der Personen, die zur Zielgruppe gehören, beträgt 40 % der quantitativen Reichweite.

40 % von 450.000 = 180.000 Leser (qualitative Reichweite)

Das Verhältnis von qualitativer zu quantitativer Reichweite wird auch als Affinität bezeichnet.

Beispiel 2: Zeitung A hat 100.000 Leser, davon sind 80.000 aktive Autofahrer. Eine Autofirma schaltet eine Anzeige, wie hoch ist die Affinität der Zeitung?

100.000 Leser = 100 %
80.000 Leser = 80 % = Affinität

D. h. 20 % bzw. 20.000 Leser gehören nicht zur Zielgruppe der Autofahrer und bedeuten somit Streuverlust.

Streuverluste

Ein Medium erreicht Personen, die nicht zur eigentlichen Zielgruppe gehören. Vgl. Überdeckung.

Tausend-Auflagen-Preis = TAP

Der Tausend-Auflagen-Preis bezieht den Preis einer Anzeige auf 1.000 Exemplare eines Werbeträgers.

1. $\frac{\text{Insertionskosten x 1.000}}{\text{verkaufte Auflage}}$ $\frac{\text{40.000,– x 1.000}}{\text{480.000}}$ = 83,33 DM

2. $\frac{\text{Insertionskosten x 1.000}}{\text{verbreitete Auflage}}$ $\frac{\text{55.000,– x 1.000}}{\text{500.000}}$ = 110,00 DM

Die Berechnung nach Variante 1 oder 2 erfolgt verlagsabhängig.

1. Beispiel: Zeitung A: Anzeigenpreis 40.000,– DM, verkaufte Auflage 480.000 Stück
2. Beispiel: Zeitung B: Anzeigenpreis 55.000,– DM, verbreitete Aufl. 500.000 Stück

Tausend-Leser-Preis = TLP

Der Tausend-Leser-Preis bezieht den Preis einer Anzeige auf 1.000 Leser eines Werbeträgers. Er kann auch entsprechend für andere Medien als Tausend-Hörer-Preis oder Tausend-Seher-Preis errechnet werden.

Formel: $\frac{\text{Insertionskosten x 1.000}}{\text{Summe der Leser}}$ $\frac{\text{40.000 x 1.000}}{\text{100.000}}$ = 400,– DM

Beispiel: Zeitung A: Anzeigenpreis 40.000,– DM, Summe der Leser 100.000

Tausend-Kontakt-Preis = TKP

Der Tausend-Kontakt-Preis bezieht den Preis einer Anzeige auf 1.000 Kontakte eines Werbeträgers.

$\frac{\text{Insertionskosten x 1.000}}{\text{Summe der Kontakte}}$ $\frac{\text{40.000 x 1.000}}{\text{250.000}}$ = 160,– DM

Beispiel: Zeitung A: Anzeigenpreis 40.000,– DM, Summe der Kontakte 250.000

Totalabdeckung

Ein oder mehrere Medien decken die gesamte Zielgruppe ab. Vgl. Affinität.

Überdeckung

Von Überdeckung spricht man, wenn die Affinität eines oder mehrerer gewählter Medien sehr gering ist, d. h., nur ein Bruchteil der Leser gehört zur Zielgruppe. Vgl. Streuverlust.

Überschneidung interne

Unter einer internen Überschneidung wird, bei Schaltung mehrerer Anzeigen, die Überschneidung zwischen den Nutzern verschiedener Ausgaben desselben Mediums verstanden.

Beispiel: Eine Anzeige wird von Montag bis Freitag in der Süddeutschen Zeitung geschaltet. Regelmäßige Leser werden fünfmal mit der Anzeige konfrontiert. Vgl. Reichweite kumultativ.

Überschneidung externe – Doppel-, Exclusivleser

Unter einer externen Überschneidung wird die Überschneidung zwischen den Nutzern mehrerer Medien verstanden.

Beispiel: Eine Anzeige wird im gleichen Zeitraum sowohl im Spiegel als auch in Focus geschaltet. Die Zahl der Leser, die beide Titel lesen, gilt als externe Überschneidung. Vgl. Bruttoreichweite.

Leser, die zusätzlich zu einer Zeitung oder Zeitschrift der gleichen Kategorie einen zweiten oder mehr Titel lesen, werden auch *Doppelleser* genannt im Gegensatz zum *Exclusivleser,* der nur einen Titel innerhalb einer Kategorie liest.

Unterdeckung

Ein oder mehrere Medien erreichen nicht alle Leser, die zur Zielgruppe gehören.

Qualitative Werte beruhen in der Regel auf Befragungsaktionen bei den jeweiligen Nutzergruppen. Mit Hilfe unterschiedlicher Marktforschungsverfahren (Random- oder Quotaverfahren) wird versucht, aus einer Grundgesamtheit (z. B. Bevölkerung zwischen 14 und 64 Jahren) eine repräsentative Stichprobe zu ziehen (in der Regel 2.000 bis 18.000 Fälle), um diese Ergebnisse wiederum für eine Grundgesamtheit hochzurechnen.

Bei den einzelnen Begriffsdefinitionen gibt es in der Praxis leider keine einheitliche Regelung, sodass mit unterschiedlichen Bezeichnungen sehr oft der gleiche Sachverhalt gemeint ist. Je nach Problemlage sind zur Beurteilung eines Mediaplans unterschiedliche Bewertungskriterien heranzuziehen.

Im Computer-Media-Service verschiedener Großverlage können innerhalb kurzer Zeit Rangreihenprogramme für den optimalen Medieneinsatz zu detaillierten Aufgabenstellungen abgerufen werden. Dabei kann eine optimale Reihenfolge, z. B. der verschiedenen Hefttitel bei der Zeitschriftenplanung, u. a. nach den Reichweiten, Kontakten, Affinitätswerten oder Tausend-Kontakt-Preisen berechnet werden.

Leistungsvergleich der Plan-Alternativen

Basis: Tageszeitungen

		Plan 1	Plan 2	Plan 3
Zielgruppe **Facharbeiter/Meister**				
Reichweite	%	79,40	86,90	88,40
	Mio.	16,82	18,41	18,73
Kontakte	Mio.	**60,57**	**76,81**	**115,21**
	ø pro Person	3,6	4,2	6,2
GRP		**286**	**362**	**544**
Zielgruppe **Männer** gesamt				
Reichweite	%	77,10	85,60	87,20
	Mio.	22,83	25,22	25,0
Kontakte	Mio.	**81,32**	**105,55**	**158,32**
	ø pro Person	3,6	4,2	6,1
GRP		**275**	**356**	**535**

Alternativen: Bild plus Zeitschriften

		Plan 1	Plan 2 *) (Funk)	Plan 3 *) (Farbe u. Funk)
Zielgruppe **Facharbeiter/Meister**				
Reichweite	%	83,50	82,90	80,70
	Mio.	17,70	17,57	17,09
Kontakte	Mio.	**206,31**	**210,37**	**185,00**
	ø pro Person	11,7	12,0	10,8
GRP		**973**	**992**	**873**
Zielgruppe **Männer** gesamt				
Reichweite	%	87,70	84,10	80,80
	Mio.	25,97	24,88	23,0
Kontakte	Mio.	**326,07**	**307,07**	**260,37**
	ø pro Person	12,6	12,4	10,9
GRP		**1.102**	**1.038**	**880**

*) Die Leistungswerte des Werbefunks konnten nur sehr pauschal berücksichtigt werden.
Alle Daten sollten nicht bis auf die Kommastelle verbindlich gesehen werden, da Mediagattungen verglichen werden.

Abb.: Beispiele zu Reichweiten, Kontakten und Gross-rating-points (GRP)

6.1.1 *IVW (Informationsgemeinschaft zur Feststellung der Verbreitung von Werbeträgern e. V.)*

Durch die exakte Aufgliederung in die Teilauflagen liefert die IVW-Auflagenliste wichtige Planungsdaten für den Medieneinsatz. Von den Verlagen gemeldete Auflagenzahlen für wichtige Printmedien werden auf Antrag überprüft. Alle genannten Teilauflagen werden also von neutraler Stelle kontrolliert und berechtigen zur Führung des Zeichens „IVW-geprüft". Die IVW-Auflagenliste erscheint vierteljährlich.
Folgende Printmedien werden in der IVW-Auflagenliste für alle Bundesländer nach alphabetischer Reihenfolge des Erscheinungsortes geführt:

- Tageszeitungen,
- Wochenzeitungen,
- Supplements,
- Publikumszeitschriften,
- Kundenzeitschriften,
- Fachzeitschriften (inklusive Analyseprüfung),
- Kalender,
- Offertenblätter,
- Handbücher,
- Wirtschaftsadressbücher,
- Branchen-Telefonbücher, Gelbe Seiten.

Zusätzlich werden erhoben:
- Verbreitungsstruktur Tageszeitungen,
- Verkehrsmittelwerbung,
- Plakatanschlag,
- Besucherfrequenzen in Filmtheatern,
- Verbreitung von Offline-Medien (z. B. CD-ROMs).

Online-Dienst:
- heftbezogene Auflagenmeldung für ca. 150 Titel

Auflagetypen bei Printmedien:

Einzelverkauf (E-Auflage)
\+ Abo-Auflage (A-Auflage)
\+ sonstige verkaufte Auflage (LZ-Auflage = Lesezirkel)
= verkaufte Auflage (voll bezahlte Exemplare)
\+ Frei- und Belegexemplare
= verbreitete Auflage
\+ Remittenden (unverkaufte Exemplare zurück an den Verlag)
= Druckauflage (Anzahl hergestellter Exemplare)

Einzelverkaufslieferung = alle an Einzelverkaufsstellen gelieferte Exemplare
Einzelverkaufsauflage = Einzelverkaufslieferung minus Remittenden

Multimedia-Marktstudien

Über Medien und ihre Nutzer informieren Media-Analysen. Um eine gewisse Vergleichbarkeit zu erreichen, wurde ein Rahmenschema für Werbeträgeranalysen entwickelt.
Von besonderem Nutzen für die Mediaplanung sind die:
- AWA (Allensbacher Werbeträger-Analyse)
- MA (Media-Analyse)
- VA (Verbraucher Analyse)

Die auf die Gesamtbevölkerung ab 14 Jahren hochgerechneten Ergebnisse lassen erkennen, welche Bevölkerungsgruppen in welchem Maße von welchen Medien erreicht wurden. So lassen sich für beliebige Zielgruppen optimale Mediakombinationen bestimmen.

6.1.2 AWA (Allensbacher Werbeträger-Analyse)

Bedeutung

Die Allensbacher Werbeträger-Analyse, kurz AWA genannt, erscheint jährlich im Institut für Demoskopie und enthält Ergebnisse von Untersuchungen über die Reichweite und Zusammensetzung aller klassischen Medien sowie Verbrauchsdaten und Einstellungs- bzw. Verhaltensformen. Die Daten werden im Rahmen von Mehr-Themen-Umfragen nach dem Quotaverfahren erhoben (vgl. Media-Planung für Märkte, 1999, S. 294).
Die AWA bietet ein vielfältiges Angebot an Merkmalen, mit denen gerade die kommunikationsstrategisch besonders interessanten Marktsegmente ermittelt werden können: die Experten, Meinungsbildner und persönlichkeitsstarken Zielgruppen in bestimmten Produkt- und Dienstleistungsbereichen sowie Personen mit einem aktiven Kommunikationsinteresse in den einzelnen Märkten. Dazu Sport- und Freizeitaktivitäten, Einstellungen, Meinungen und weitere Informationen, die für eine kreative Verknüpfung von Merkmalen sinnvoll genutzt werden können.
Die Allensbacher Werbeträger-Analyse ist die einzige Markt-Media-Analyse, deren Daten im Rahmen einer Single-Source-Studie ermittelt wurden (vgl. Werbekalender, 1999, S. 174).

Grunddaten der Allensbacher Werbeträger-Analyse

Herausgeber: Institut für Demoskopie, Allensbach.
Erscheinungsweise: jährlich.
Auswahlverfahren: Quotaverfahren.
Interviewform: mündlich.

Grundgesamtheit: etwa 63,5 Mio. Bundesbürger ab 14 Jahre.
Stichprobe: 20.000 Fälle, davon 15.500 West-, 4.500 Ost-Deutsche.

Den Ergebnissen aus allen Fragenkomplexen liegen die Aussagen derselben Befragten zugrunde. Eine Fusion, eine Anpassung oder eine so genannte Injizierung von Ergebnissen anderer Untersuchungen erfolgt nicht. Damit bietet die AWA ein besonderes Maß an Datensicherheit.

Untersuchte Medien (AWA 98):
Die AWA 98 stellt Leistungsdaten für Medien aus folgenden Gattungen zur Verfügung:
- Publikumszeitschriften, Wochen- und Monatszeitungen, Magazin- und Programmsupplements
- Stadtillustrierte
- konfessionelle Presse
- ausgewählte Kundenzeitschriften
- überregionale und regionale Abonnementszeitungen und Kaufzeitungen
- regionale Abonnements- und Kaufzeitungen
- Anzeigenblätter
- Fernsehnutzung für zwölf Fernsehsender
- öffentlich-rechtlicher und privater Hörfunk
- Kinobesuch
- Plakat/Anschlagsäulen und -tafeln

Die intermedialen Zählungen sind auch 1998 sowohl auf Werbeträger- als auch auf Werbemittel-Kontaktebene möglich. Hinzu kommen Informationen über Kontaktchancen mit Telefonbüchern, Telefonkarten, öffentlichen Verkehrsmitteln, den Besuch von Sportveranstaltungen, die Beachtung von Sportübertragungen im Fernsehen sowie Hinweise auf die Häufigkeit der Internet-Nutzung.

Berichterstattung (AWA 98):
Zur Berichterstattung gehören:
- Code-Buch
- Berichtsband I: Marktstrukturen
- Berichtsband II: Reichweiten der Medien
- Berichtsband IIIa: Märkte und Medien (Einstellungen, Freizeitaktivitäten, Produkt- und Themeninteressen)
- Berichtsband IIIb: Märkte und Medien (Produkte und Dienstleistungen)
- Berichtsband IV: Dokumentation (Methode, Fragebogen)
- Sonderband Medien: Zusatzinformationen Medien, Dokumentation

(vgl. Werbekalender, 1999, S. 175)

6.1.3 MA (Media-Analyse)

Bedeutung

Die AG.MA ist ein Zusammenschluss von Unternehmen der deutschen Werbewirtschaft zur Erforschung der Massenkommunikation. Die Arbeitsgemeinschaft Media-Analyse und die Tochtergesellschaft Media-Micro-Census GmbH sind mit der Durchführung der Media-Analyse (MA) im Auftrag der Mitglieder dieses Vereins befasst. Die Aufgabe der AG.MA besteht darin, mit der MA ein geeignetes und akzeptiertes Maß von hohem fachlichem Standard zum Mediakonsum zu liefern, sodass damit Mediaplanung vorgenommen werden kann, und zwar mit Daten, die für möglichst viele Medien vergleichbar sind.

Die Hauptaufgabe der Media-Analyse ist es, Daten für die Mediaplanung zur Verfügung zu stellen. Das heißt, die Bemühungen sind auf die Zukunft gerichtet. Es gilt dabei, den Weg herauszufinden, der es erlaubt, die entsprechende Situation für morgen vorherzusagen. Dazu wurde mit der MA ein Modell entwickelt, das die wesentlichen Züge des Mediakonsums für einen gewissen Zeitraum, in der Regel ein Jahr, erfasst. Das MA-Modell ist also ein Simulationsmodell, um die Wirklichkeit in bestimmten Aspekten nachzuspielen.
Das Maß zur Berechnung von Kontakt-Verteilungen, die eine Kampagne, einen Mediaplan repräsentieren, ist in der MA die Nutzungswahrscheinlichkeit, kurz p-Wert genannt, wobei das p für Probability steht. Mediaplanungsrechnungen werden auf der Basis von Nutzungswahrscheinlichkeiten durchgeführt.

Medieninformationen in der MA
Das Kernstück der MA ist die Erforschung des Medienverhaltens, dazu gibt es unter anderem die folgenden Informationen für die unterschiedlichen Medien:

Bei den *Pressemedien* werden die Zeitschriften in ihrer Leserschaft pro Ausgabe einzeln, ebenso die Supplements, die Titel der konfessionellen Presse, der Lesezirkel, die Stadtillustrierten und die Tageszeitungen ausgewiesen.
Für das *Kino* gibt es Informationen über die Kinobesucher in der Woche.
Beim *Fernsehen* handelt es sich um die einzelnen und durchschnittlichen halben Stunden Werbefernsehzeit der jeweiligen Sender und um die durchschnittliche halbe Stunde Werbefernsehzeiten gesamt.
Der *Hörfunk* wird in einzelnen und durchschnittlichen Stunden der Werbezeiten der einzelnen Sender ausgewiesen und dazu noch die durchschnittliche Stunde aller Sender.
Ferner wird das Reichweitenwachstum bei Belegung verschiedener Ausgaben bzw. Einschaltungen dargestellt. Auch wird festgestellt, wie viel Prozent der Personen, die ein Medium nutzen, auch ein anderes nutzen.

Zielgruppeninformationen in der MA
Neben den Nutzungswahrscheinlichkeiten für die Medien wird in der MA eine Vielzahl soziodemographischer Merkmale für die deutsche Wohnbevölkerung ab 14 Jahren veröffentlicht. Auch Indikatormerkmale, mit denen sich Verhaltens-

komplexe beschreiben lassen, z. B. Haushaltsausstattung, Einkaufsverhalten, Reisen, Freizeittätigkeiten etc., werden in der MA erhoben und veröffentlicht. Die soziodemographischen und verhaltensbeschreibenden Informationen können zur Zielgruppenbeschreibung und zur Bestimmung von Märkten genutzt werden. Das Datensystem MA enthält somit über die Mediainformationen hinaus auf der Basis von ca. 40.000 Fällen aktuelle Daten, die an anderer Stelle in diesem Umfang nicht vorhanden sind. Technisch gesehen gibt es in der MA drei verschiedene Arten von Informationen über Zielgruppen:

- Personeninformationen (soziodemographische Daten)
- Haushaltsinformationen (Personen, Nettoeinkommen, Besitz)
- Regionalinformationen (Wahlbezirk, Gemeinde, Ort)

(Quelle: Media-Micro-Census GmbH)

Das Partnerschaftsmodell
Seit 1987 bildet das Partnerschaftsmodell die Basis für die Ermittlung der Mediennutzungsdaten. Notwendig wurde diese Modelländerung mit der Explosion des Medienangebotes auf dem Markt.
Presse- und elektronische Medien werden im Rahmen dieses Modells in zwei getrennten Tranchen erhoben, um den Befragten im Interview nicht über Gebühr zu belasten.
Mittels Fusionsverfahren wird am Ende der Erhebung ein künstlicher Single-Source-Datensatz hergestellt. Das Prinzip der Fusion lautet: 1 + 1 = 1.
Die Daten aus dem GfK-Meter-Panel werden in die Elektronische Medientranche hineinfusioniert, welche im Anschluss in die Pressemedientranche übertragen wird.

Grunddaten der Media-Analyse

Herausgeber: AG.MA Arbeitsgemeinschaft Media-Analyse. Sie besteht aus: Medienanbietern, wie Zeitschriftenverlage, Rundfunk- und Fernsehanstalten, Tageszeitungen, Lesezirkel, Filmtheater; Mediennachfragenden: Werbeagenturen, Werbungtreibenden; Marktforschungsinstituten: Basis Research, GfM-Getas, Ifak, Infratest.
Erscheinungsweise: jährlich.
Auswahlverfahren: dreistufige Random-Stichprobe.
Interviewform/Grundgesamtheit: mündlich, etwa 63,5 Mio. Bundesbürger ab 14 Jahre in 32,8 Mio. Haushalten. Größe der Stichproben
Pressemedientranche: etwa 26.000 Fälle.
Elektronische Medientranche: etwa 51.000 Fälle.
Tageszeitungstranche: etwa 154.000 Fälle.
GfK-Fernsehpanel: etwa 12.000 Personen (5.200 Haushalte).

Berichterstattung

Berichterstattung:
- Fünf Medienberichtstände
- Zwei Dokumentationsbände
- Magnetbänder für Zählungen

6.1.4 VA (Verbraucher Analyse)

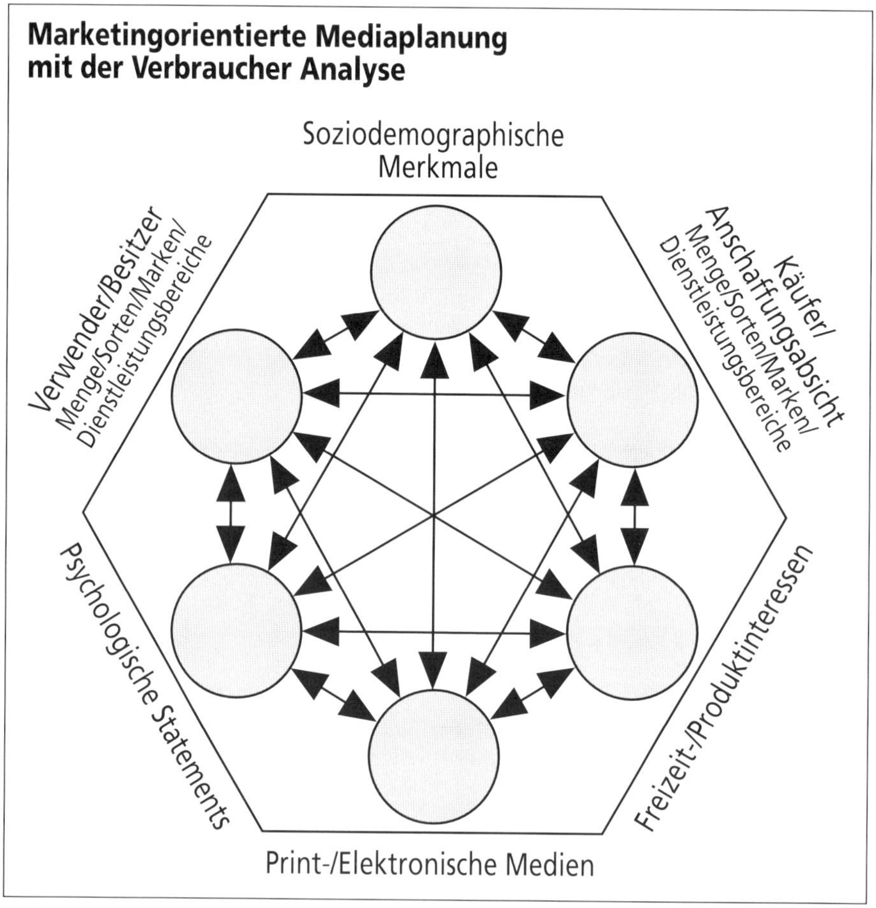

Abb.: Systematik der Verbraucher Analyse

Bedeutung

Die VA ist eine Markt-Media-Studie, die die MA um weitere Informationen über Kauf und Verwendung von Produkten und Marken ergänzt. Die Bestimmung von Zielgruppen in Verbindung mit ihrer Mediennutzung ist eine notwendige Voraussetzung für eine erfolgreiche Planungspraxis.

Die Medienauswahl wird jährlich der MA angepasst und die Produkt/Markendatenbank insbesondere für Märkte mit starker werblicher Präsenz ständig aktualisiert. Die VA versucht, möglichst viele Produktfelder mit einem Mindestmaß an Tiefe zu erfassen, anstatt wenige Produktfelder sehr detailliert zu untersuchen, und geht in Kombination mit demographischen, psychographischen und produktnutzungsbezogenen Merkmalen vom Produktfeld bis zur Markenebene. Die VA liefert realistische Daten zur Bestimmung des Marktpotenzials, zur Zielgruppenselektion in Verbindung mit Mediennutzerschaften bis zur Streuplanevaluierung.
Seit 1990 werden Heft- und Seitenkontakte nach dem MA-Modell im Rahmen einer Single-Source-Untersuchung durchgeführt, andere Verlage und Werbungtreibende können durch einen Lizenzerwerb direkten Zugang zur VA-Datenbank (Medialog-Programmsystem) erhalten.

Die Werbeträgerreichweiten sind den in der Media-Analyse ermittelten Daten angepasst.

Grunddaten der Verbraucher Analyse

Herausgeber: Axel Springer Verlag, Heinrich Bauer Verlag, 33 beteiligte Medienunternehmen, 149 Werbeagenturen, 15 Experten zur Inhaltssteuerung.

Erscheinungsweise: jährlich.

Auswahlverfahren: Adressen-Random.

Interviewform: mündlich/schriftliche Kombination.

Grundgesamtheit: 63,5 Mio. Bundesbürger.

Stichprobe: etwa 30.000 Fälle.

Zählservice: Zählungen werden nur für VA-Verlagsmitglieder und Lizenzinhaber durchgeführt.

Untersuchte Medien:
- ca. 150 Printmedien
- ca. 3.000 TV- und Radiosender/Zeitsegmente

Zielgruppenmerkmale zu:
- 650 Produktbereichen
- 1.760 Marken
- 36 Freizeitbereichen
- 70 Einstellungsstatements

im *Multimedia-Ausbau* erweitert um:
- Supplements
- Lesezirkel
- Videotext

- City-Light-Poster
- Telefonbücher/Gelbe Seiten
- TV-Genres

6.1.5 TV-Panel

Seit 1985 wird die Fernsehnutzung durch die GfK Nürnberg gemessen. Das GfK-Meter kontrolliert zurzeit die Sehbeteiligung von ca. 12.000 Personen in knapp 5.000 Haushalten. Bis zu acht Personen eines Haushaltes können per Fernbedienung ihre individuelle TV-Nutzung melden. Dabei werden die Ein-, Aus- und Umschaltvorgänge (Zapping) bei bis zu 98 Kanälen erfasst. Die so ermittelte Dateninformation bietet der Planung die Zahl der Haushalte und Personen, die eine bestimmte Fernsehsendung während eines bestimmten Zeitraumes gesehen haben, sowie die wichtigsten soziodemographischen Merkmale dieser TV-Nutzer.
Wegen ihrer Aktualität werden vorzugsweise die GfK-Daten für die Planung von TV-Kampagnen eingesetzt. Für die strategische Planung bieten sich dagegen zum einigermaßen realistischen Intermedia-Vergleich nur die großen Media-Analysen (MA, VA) an, die neben den erhobenen Daten für Printmedien und Radio durch Fusion auch die GfK-TV-Reichweiten integriert haben.
Verlässliche Informationen für die Planungspraxis kann ein solcher Vergleich dann liefern, wenn allgemeine Erkenntnisse der Werbewirkungsforschung mit den entsprechenden Gewichtungsfaktoren in die Auswertungen einbezogen werden.
Neben der GfK führt auch die Medien Company TV-Panels durch.

6.2 Mediaplan

Der Mediaplan enthält die Festlegung der Medien und deren Belegungsfrequenzen innerhalb eines Kampagnenzeitraums sowie die dafür anfallenden Kosten unter Berücksichtigung von Rabatten, AE-Provisionen und eventuellen Boni. Dieser eigentliche Belegungsplan ist Voraussetzung für den Streuplan, der die zeitliche Dimension der Planung einbezieht.

Mediapläne Bild / Zeitschriften / Funk

	Anzeigen schwarz / weiß				mit blau	
Medium	Frequenz	Plan 1 in DM	Frequenz	Plan 2 in DM	Frequenz	Plan 3 in DM
Bild-Zeitung / Gesamt Auflage: 4.292.978** Format: 250 / 180 1 Durchlauf: DM 75.088,-*	12	901.056,-	12	901.056,-	12	1.110.672,-
Bild am Sonntag **Auto Bild** **Sport Bild** Gesamt-Auflage: 3.995.000** Format: 1/1 Seite 1 Durchlauf: DM 98.355,20*	9 9 9	885.196,80	9 9 9	885.196,80	9 9 9	1.106.557,20
Kicker Auflage: 312.085** Format: 1/1 Seite 1 Durchlauf: DM 16.275,80*	9	146.482,20	9	146.482,20	-	———
Auto Motor Sport Auflage: 503.400** Format: 1/1 Seite 1 Durchlauf: DM 25.141,51*	6	150.849,06	6	150.849,06	-	———
TV-Spielfilm Auflage: 2.210.130** Format: 1/1 Seite 1 Durchlauf: DM 46.800,-*	6	280.800,-	6	280.800,-	-	———
Stern Auflage: 1.235.871** Format: 1/1 Seite 1 Durchlauf: DM 55.267,20*	9	497.404,80	-	———	-	———
HÖRZU Auflage: 2.513.246** Format: 1/1 Seite 1 Durchlauf: DM 63.021,87*	6	378.131,22	-	———	-	———
TV Hören + Sehen Auflage: 2.201.401** Format: 1/1 Seite 1 Durchlauf: DM 48.230,08*	6	289.380,48	-	———	-	———
Handwerksblätter Auflage: 734.000** Format: ca. 250/200 1 Durchlauf: DM 36.129,50*	6	216.777,-	6	216.777,-	6	293.650,-
Werbefunk 3 – 4 Wochen à 15 Spots (30 sec.) 1 Durchlauf: 30 – 50 Spots je Sender (ARD + private)		———		1.200.000,-.		1.200.000,-
Gesamtkosten		3.746.077,40		3.781.161,-		3.710.879,20
Kosten incl. MwSt.		**4.307.989,-**		**4.348.335,10**		**4.267.511,-**

* Anzeigenpreis in s/w incl. Schaltrabatte ** verkaufte Auflage 1. Quartal 1995 lt. IVW

Abb.: Beispiele für Mediapläne

6.3 Mediastreuplan

Im Streuplan ist festgelegt, wann während einer Werbekampagne welche Medien wie oft eingeschaltet werden sollen. Dabei ist beispielsweise zu berücksichtigen, dass das Medium Zeitschrift nicht nur in der Einschaltwoche Kontakte realisiert, sondern den letzten Leser teilweise erst nach Wochen erreicht.

6.4 Mediaabwicklung

Der nun beschriebene Ablauf zeigt eine Mediaabwicklung zwischen Werbungtreibendem (Kunde), Agentur und Verlag am Beispiel einer Printanzeige aus der Sichtweise der Werbeagentur:

1. Der Kunde bzw. die Agentur erteilen die Buchungsfreigabe für festgelegte Schalttermine an den Verlag.
2. Der Verlag nimmt den Anzeigenauftrag unter Berücksichtigung von Rabatt, Boni und AE-Provision entgegen. Unter der Annoncen-Expeditions-Provision (AE-Provision) wird ein bestimmter Prozentsatz der Nettoschaltkosten an die Agentur vergütet. Er liegt je nach Umfang des Schaltvolumens bzw. einer individuellen Vereinbarung von Agentur und Kunden zwischen 0,8 und 15% der Nettoschaltkosten.
3. Der Verlag schickt die Auftragsbestätigung an die Agentur zurück.
4. Die Agentur überprüft die Auftragsbestätigung. Die Agentur ist für den termingerechten Versand der Druckunterlagen an den Verlag bzw. die Druckerei verantwortlich.
5. Der Verlag schickt der Agentur bzw. dem Kunden ein oder mehrere Belegexemplare sowie die Rechnung über die Schaltkosten. Je nach Zahlungsmoral des Kunden wird unter Umständen vom Verlag eine Vorauszahlung verlangt.
6. Die Agentur überprüft die Rechnung, die Anzeigenplatzierung und die Druckqualität. Die Agentur begleicht die Rechnung oder sie reklamiert.
7. Die Agentur rechnet mit ihrem Kunden unter Berücksichtigung der AE-Provision ab.

7. Kontrollfragen zu Teil VI

Fragen zu Media-Arten

1. Warum werden Anzeigen bevorzugt in Tageszeitungen platziert?
2. Worin unterscheiden sich Anzeigen- von Offertenblättern?
3. In welchen Fällen würden Sie Ihrem Kunden eine Anzeige in einem Anzeigenblatt empfehlen?
4. Worin unterscheiden sich Special-Interest-Titel von Fachzeitschriften?
5. Warum ist eine exakte Mediaplanung für die Werbung in Fachzeitschriften besonders schwierig?
6. Zeigen Sie fünf Insertionsformen auf, die es nur im Zeitschriftenbereich gibt!
7. In welchen Fällen würden Sie Ihrem Kunden Werbung in Lesezirkelmappen empfehlen?
8. In welchen Fällen würden Sie Ihrem Kunden die Schaltung eines Hörfunkspots empfehlen?
9. Was wird unter dem Begriff Product-Placement verstanden?
10. Warum ist die Berechnung von Reichweiten bei Anschlagstellen in der Praxis problematisch?

Fragen zu Direktwerbung

1. Wie setzt sich ein klassisches Mailing-Package zusammen?
2. Welche Selektionsmöglichkeiten bieten private Adressverlage ihren Kunden?

Fragen zu Mediaplanung

1. Aus welchen Teilauflagen setzt sich die Druckauflage eines Printmediums zusammen?
2. Welche wichtigen Informationen liefert die MA dem Mediaplaner?
3. Welche zusätzlichen Informationen liefert die Verbraucher Analyse gegenüber der Media-Analyse?
4. Welche Besonderheiten weist die AWA gegenüber der MA (Media-Analyse) und VA (Verbraucher Analyse) auf?

8. Literaturverzeichnis zu Teil VI

Deutscher Werbekalender: Taschenbuch für Marketing und Werbung, Düsseldorf 1999.

Koschnick, W. J.: Standard-Lexikon für Mediaplanung und Mediaforschung, München 1988.

Media-Analyse 99, Media-Micro-Census, Frankfurt, 1999.

Media-Planung für Märkte, AS-Verlag, Hamburg 1999.

VA 99, AS-Verlag, Hamburg 1999.

Zeitungsqualitäten 1999, ZMG (Zeitungs-Marketing-Gesellschaft), Frankfurt 1999.

Zentralausschuß der Werbewirtschaft (ZAW), Hrsg.: Werbung in Deutschland 1999, Bonn 1999.

Teil VII Werbung

Die Werbung ist ein Instrument der Kommunikation zwischen einem Unternehmen und seinem Markt bzw. den Marktteilnehmern. Dem Unternehmen dient sie objektiv zur Information der potenziellen Konsumenten über das Angebot. Die Werbung soll dem Anbieter subjektiv aber auch helfen, die Nachfrage nach seinem Leistungsangebot zu schaffen, zu erhalten und zu fördern. Werbung als Instrument der Informationsübermittlung dient schließlich sowohl dem Anbieter als auch dem Verbraucher zur Schaffung von Markttransparenz, d. h. der besseren Überschaubarkeit des Marktes. Die Werbung übernimmt damit als Motor der Wirtschaft also auch betriebs- und volkswirtschaftliche Steuerungsfunktionen.

1. Begriff der Werbung

Beim Begriff „Werbung" werden vielfältige Assoziation geäußert. Sie steht laut einer 1998 von der GfK (Gesellschaft für Konsumforschung, Nürnberg) durchgeführten Befragung einerseits für den großen Verführer und die gezielte Meinungsbeeinflussung, andererseits aber auch für die Möglichkeit von Markttransparenz und für den Zwang der Unternehmen zu Produktverbesserung. Trotz vielfältiger Erscheinungsformen und der Komplexität des Begriffes gibt es heute grundsätzlich zwar Einigkeit über das Wesen der Werbung, jedoch konnten sich Wissenschaft und Praxis noch nicht auf eine eindeutige Definition einigen. Hier einige Definitionsansätze:

Definitionen von Werbung

Werbung ist ein Begriff für die *„öffentliche, gezielte und geplante Kommunikation der Information, der Motivation, der Überzeugung und der Manipulation eines definierten Kreises von Umworbenen zugunsten der Marktchancen eines Produktes oder des Images eines Unternehmens." (Haseloff)*

„Absatzwerbung ist ein Marketinginstrument, das durch absichtlichen und zwangfreien Einsatz spezieller Kommunikationsmittel die Zielpersonen zu einem Verhalten veranlassen will, das zur Erfüllung der Werbeziele des Unternehmens beiträgt." (Behrens)

„Werbung ist eine Kommunikationsform, die unpersönlich und in räumlicher Distanz zum Verkaufsort durchgeführt wird und sich auf ein Produkt oder auf eine Gruppe von Bedürfnissen oder Produkten bezieht." (Marr/Picot)

Diese Definitionen beziehen sich einheitlich auf den Begriff der Absatzwerbung. Obwohl auch Werbung auf Beschaffungsmärkten denkbar ist, wird bei der folgenden Darstellung der Aufgaben und Arten der Werbung ausschließlich eine absatzpolitische Betrachtungsweise zugrunde gelegt. Zu klären bleibt allerdings noch die Unterscheidung und Abgrenzung des Begriffs Werbung von der Reklame und der Propaganda. Werbung und Reklame werden fälschlicherweise auch heute noch von einigen „Fachleuten" in der Werbewirtschaft synonym verwendet. Dabei dürfte es sich bei dem Begriff Reklame um einen antiquierten Begriff handeln, der die Werbung eher im abwertenden Sinne umschreibt. Wie die bisher geführte Auseinandersetzung mit den Ansätzen einer modernen Kommunikationstheorie mit dem wissenschaftlich integrierten Begriff Werbung zeigt, ist für den Begriff Reklame kein Platz mehr. Reklame kann allenfalls noch als marktschreierisches Anpreisen ohne Rücksicht auf vorgegebene Marktverhältnisse angesehen werden und steht somit lediglich für „schlechte und aufdringliche Werbung" (vgl. Gabler Wirtschaftslexikon, 1993, S. 2812).

Werbung, Reklame, Propaganda

2. Ziele der Werbung

Werbung will die Bekanntheit von Produkten erhöhen, Images ändern und Informationen übermitteln. Bedürfnisse sollen geweckt und Bedarf erzeugt werden. Werbung soll somit beim potenziellen Kunden ein Mangelgefühl erzeugen und gleichzeitig Lösungen anbieten, um diesen Mangel zu beseitigen. Um diese Aufgaben erfüllen zu können, bedient sich die Werbung in der Regel einer einfachen Methode, der so genannten Penetration. Durch ständige Wiederholungen und erhöhten Werbedruck wird dabei versucht, eine nachhaltige Wirkung zu erzielen.

Penetration

Letztlich muss Werbung dem globalen Marketingziel der Umsatz- bzw. Absatzsteigerung dienen. Die Zielsetzung einer Werbekonzeption wird dabei von den unterschiedlichen Lebensphasen eines Produktes (siehe auch Teil IV Marketinginstrumente) geprägt. Produkte durchlaufen die Lebensphasen Einführung, Wachstum, Reife und Degeneration. Demzufolge sind in den einzelnen Lebenszyklen unterschiedliche Werbemaßnahmen sinnvoll. Darüber hinaus werden Werbemaßnahmen von den Aktivitäten der Konkurrenz sowie veränderten Konsumgewohnheiten der Zielgruppe stark beeinflusst. Grundsätzlich kann man u. a. folgende Zielrichtungen unterscheiden:

Lebensphasen eines Produktes

Einführungswerbung

Positionierung

Die primäre Aufgabenstellung ist hier die Bekanntmachung des Produktes bzw. des Leistungsangebotes. Neue Produkte werden bei der Einführung in den Markt beworben, um sich erstmals im Markt zu positionieren und ggf. neue Nischen aufzuspüren. In dieser Phase werden oft überproportionale Werbeausgaben getätigt. Beispielsweise hat der Stromanbieter *Yello* als absoluter Neuling im Strommarkt in den ersten drei Monaten seiner Produkteinführung fast 100 Mio. DM investiert (vgl. Teil V, 3.2.1). Diese Werbeausgaben standen in keiner Weise zu den damaligen Umsatzzahlen und waren als Investition in die Zukunft zu interpretieren.

Stabilisierungs- und Erhaltungswerbung

Marktpotenziale

In dieser Phase wird Werbung hauptsächlich als Gegenmaßnahme zur Konkurrenz gesehen. Marktpotenziale sollen gesichert und ausgeweitet werden. Die meisten etablierten Markenartikler verfolgen diese Zielrichtung und „kämpfen" um ihre Marktanteile. Neben Imagewerbung wird in Verkaufsförderungsmaßnahmen investiert, um auch am Point-of-Sale Kunden zu gewinnen, die bislang bei der Konkurrenz gekauft oder derartige Produkte noch nie erworben haben.

Expansionswerbung

Neue Märkte

Bei stagnierenden Märkten dienen Werbemaßnahmen der Ausweitung der Absatzgebiete. Das vorhandene Produkt soll auf geographisch neuen Märkten abgesetzt werden oder durch neue Nutzenfacetten für neue Kunden interessant werden. Beispielsweise wurde Managern vor Jahren suggeriert, dass ein Pilotenkoffer nicht nur für Piloten (wie der Name sagt), sondern auch für Geschäftsreisende ein nützliches Gepäckstück wäre. Die *Kinderschokolade* von *Ferrero* sollte nicht nur für Kinder bestimmt sein und das Traditionsunternehmen *Märklin* positionierte seine Eisenbahnen nicht mehr ausschließlich als Kinderspielzeug, sondern als Vater-und-Sohn-Spielgegenstand, wodurch von 1989 bis 1994 ein Wachstum von 45 % erreicht werden konnte (vgl. Buchholz/Wördemann, 1998, S. 112).

Mediadruck

Im Zusammenhang mit den Zielsetzungen stellt sich auch immer wieder die Frage der Medianutzung. Wie soll der Mediadruck dosiert und das vorhandene Medienbudget aufgeteilt werden? Welcher zeitliche Abstand soll zwischen verschiedenen Einschaltungen eingehalten werden? Hierzu sollen Erkenntnisse aus der Werbepsychologie (siehe auch Abschnitt 7) herangezogen werden. Eine klassische Untersuchung wurde von Zielske 1959 an zwei Gruppen von Hausfrauen in Chicago durchgeführt. Diesen bekamen eine identische Anzeige in unterschiedlichen Intervallen zu sehen. Die erste Gruppe erhielt die Anzeige 13-mal in einem Intervall von jeweils einer Woche, der zweiten Gruppe wurde die Anzeige alle vier Woche dargeboten. Gruppe 1 wurde somit ca. drei Monate lang und Gruppe 2 ein Jahr lang damit konfrontiert (vgl. Rosenstiel/

Neumann 1991, S. 104). Wie die nachfolgende Grafik darstellt, zeigen sich sehr unterschiedliche Ergebnisse:

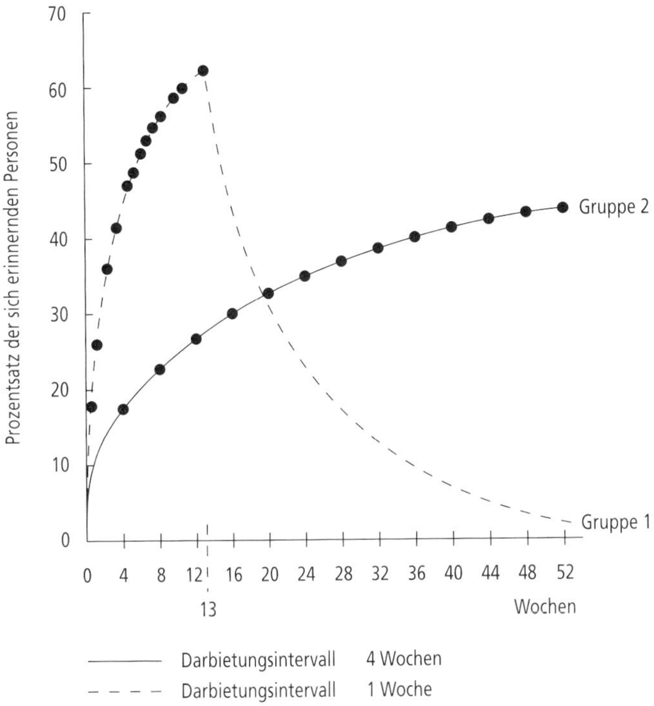

Abb.: Erinnerungswerte bei unterschiedlichen Darbietungsintervallen (Quelle: Rosenstiel/Neumann, 1991, S. 104)

Bei gleichmäßiger Verteilung auf einen längeren Zeitraum (Gruppe 2) lässt sich langfristig ein höheres Wirkungsniveau erreichen als bei einem konzentrierten Einsatz. Im Fall der zeitlich intensiven Werbung (Gruppe 1) wird zwar kurzfristig das höchste Wirkungsniveau erreicht, wegen der danach zwangsläufig erfolgenden „Untätigkeitsphase" ergibt sich jedoch ein rapider Wirkungsverfall. Welche Methode letztlich richtig ist, ist abhängig vom Werbeziel. Wenn das Werbeziel darin besteht, kurzfristig eine maximale Zahl von Werbeerinnerungen zu erreichten (z. B. bei der Expansionswerbung), empfiehlt sich die Konzentration der Werbeimpulse. Werden dagegen hohe durchschnittliche Erinnerungswerte während des ganzen Jahres angestrebt (Stabilisierungs- und Erhaltungswerbung), empfiehlt sich eine gleichmäßige Verteilung der Wiederholungen über den gesamten Zeitraum.

3. Arten der Werbung

Steuerungsinstrument

Nachfolgend soll eine Unterscheidung in die einzelnen Arten der Werbung vorgenommen werden. Bei dieser Vorgehensweise ist zu beachten, dass die Werbung immer als wirtschaftliches Steuerungsinstrument wirkt, wobei sie jeweils aus einer anderen Sichtweise beurteilt wird. Aus der klassischen Terminologie heraus ergeben sich folgende Unterscheidungskriterien:

- nach Werbetreibenden
- nach Werbeobjekten
- nach Werbesubjekten
- nach Werbemitteln
- nach Werbeträgern
- nach zeitlichen Kriterien

Umfangreiche Unterscheidungsmerkmale kristallisieren sich bei der Betrachtung einzelner Werbearten nach Werbungtreibenden heraus. Grundsätzlich kann zwischen Erkennbarkeit und Anzahl der Werbungtreibenden unterschieden werden.

Erkennbarkeit der Werbungtreibenden

Anonyme Werbung

Unter diesem Aspekt handelt es sich entweder um namentliche oder anonyme Werbung. Der Absender der Werbebotschaft gibt sich zu erkennen (dies dürfte die Regel sein) oder er spielt mit der Anonymität, indem er sich durch geschickte „Verpackung seiner Botschaft in Raten" nur nach und nach zu erkennen gibt. Diese Vorgehensweise soll einen gewissen Spannungsaufbau verursachen und wird manchmal bei der Einführung neuer Produkte angewandt.

Bei der so genannten Gemeinschaftswerbung (horizontale oder vertikale) gibt sich der Werbungstreibende gar nicht zu erkennen und bleibt gänzlich unerkannt.

Anzahl der Werbungtreibenden

Einzel- oder Kollektivwerbung

In diesem Zusammenhang wird von der so genannten Einzel- oder Kollektivwerbung gesprochen. Unter dem Oberbegriff Kollektivwerbung werden in der Praxis eine Reihe von Werbearten verstanden, die sich in Kombination mit der Erkennbarkeit des Werbungtreibenden wiederum folgendermaßen unterteilen lassen.

Kooperative Werbung	Gemeinschaftswerbung	Gruppenwerbung	Sammelwerbung	Verbundwerbung

Art	Kennzeichen	Beispiel
Kooperative Werbung	Zwei oder mehrere Unternehmen werben gemeinsam: Unterschiedliche Wirtschaftsstufe, gleiche Branche, mit Namensnennung	Herstelleranzeige mit Händlereindruck
Horizontale Gemeinschaftswerbung	Mehrere Unternehmen gleicher Wirtschaftsstufe, gleicher Branche werben ohne Namensnennung	„Käse aus Bayern", „Die Milch macht's"
Vertikale Gemeinschaftswerbung	Mehrere Unternehmen unterschiedlicher Wirtschaftsstufe, gleicher Branche werben ohne Namensnennung	Textilindustrie und -handel für „Wollsiegel"
Gruppenwerbung	Einzelne Unternehmen gleicher Wirtschaftsstufe, gleicher Branche stellen ihre gleichwertigen Erzeugnisse gemeinsam mit Namensnennung heraus	VW und Seat, Fiat/Lancia, Siemens und Nixdorf
Sammelwerbung	Einzelne Unternehmen gleicher Wirtschaftsstufe einer oder mehrerer Branchen werben unter Namensnennung zeitlich begrenzt zusammen	Bautafeln oder Anzeige von Arbeitsgemeinschaften an einem Projekt
Verbundwerbung	Unternehmen gleicher Wirtschaftsstufe, unterschiedlicher Branche mit ergänzenden oder bedarfsverwandten Erzeugnissen werben mit Namensnennung zusammen	Waschmaschinen und Waschpulver, Auto und Mineralöl

Nach den Werbeobjekten unterscheidet man weiter zwischen Sachleistungs-, Dienstleistungs-, Konsumgüter- und Investitionsgüterwerbung. Diese wiederum lassen sich im Einzelnen wie folgt unterteilen:

Art	Kennzeichen	Beispiel
Sachleistungs-werbung	Produktwerbung	Nikon Kamera
	Produktgruppenwerbung	alle Nikon Kameras
	Leistungsprogrammwerbung	alle Nikon Produkte
Dienstleistungs-werbung	Einzelleistung	Lebens-versicherung
	Leistungsgruppe	Lebens-, Haft-pflicht- und sonstige Ver-sicherungen
	Dienstleistungsunternehmen	Großbank als Anbieter von Finanz- und Versicherungs-geschäften
Konsumgüter-werbung	Gebrauchsgüterwerbung	Automobil, Waschmaschine, Stereoanlage
	Verbrauchsgüterwerbung	Nahrungs- und Genussmittel
Investitions-güterwerbung	Anlagegüterwerbung	Güter, mit denen nicht direkt pro-duziert wird, Büromaschinen
	Produktionsgüterwerbung	Maschinen zur direkten Produktion, Roboter

Eine Unterscheidung nach Werbesubjekten kann nach folgenden Kriterien erfolgen (einzelne, unvollständig ausgewählte Beispiele sollen dabei verdeutlichen, wie die Umworbenen angesprochen werden).

Unterscheidung nach	Art der Werbung	Beispiele
Zahl der Werbesubjekte	Einzelwerbung	Direct Mailings
	Mehrheitswerbung	Massenmedien wie Print, FFF
Stellung des Werbesubjekts im Wirtschaftsprozess	Unternehmensumwerbung (business to business)	Messen, Fachzeitschriften
	Haushaltsumwerbung	Anzeigenblätter, Wurfsendungen
Wirkung auf das Bewusstsein der Werbesubjekte	Informative Werbung	Erklärende, beschreibende, sachliche Werbung
	Suggestivwerbung	Beschönigende, verführerisch beeinflussende Werbung
Psychologische Beeinflussung der Umworbenen	Überschwellige Werbung	Bewusste Aufnahme der Werbung
	Unterschwellige Werbung	Unbewusste Aufnahme der Werbung, Schleichwerbung, Product-Placement
Beziehung zwischen Umworbenen und Käufern	Mittelbare Werbung	Kinder beeinflussen Eltern bei Kaufentscheidungen
	Unmittelbare Werbung	Umworbener entscheidet selbst

Auch nach den eingesetzten Werbemitteln lässt sich eine Unterteilung vornehmen. Dabei handelt es sich um:

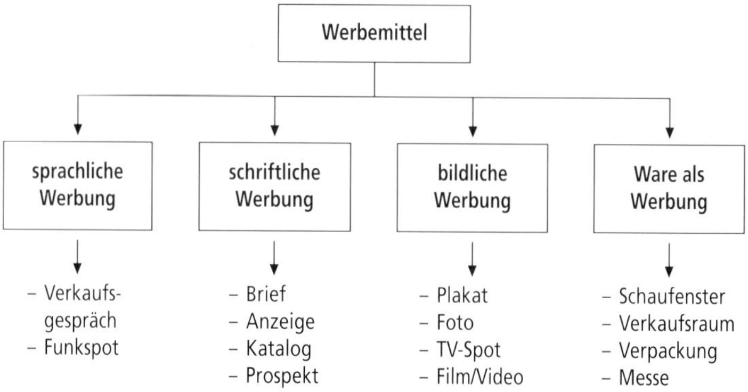

Schließlich bleibt eine Unterscheidung nach zeitlichen Gesichtspunkten. Sie bezieht sich auf die Einführungs- bzw. Fortführungswerbung. Bei der Fortführungs- oder auch Erinnerungswerbung kann zwischen der prozyklischen und antizyklischen Werbung unterschieden werden.

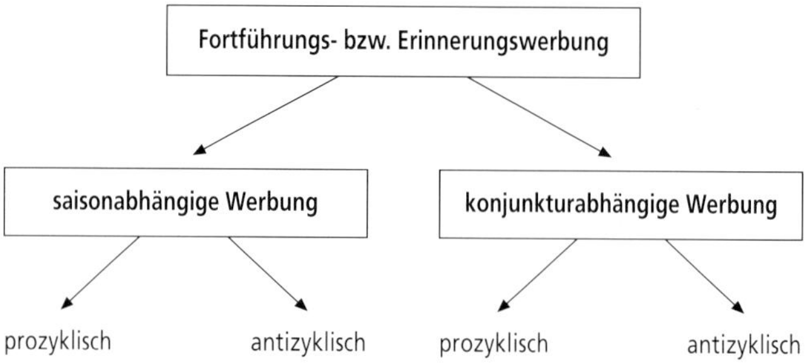

Saisonwerbung

Ein klassisches Beispiel prozyklisch-saisonaler Werbung liefert regelmäßig der Süßwarenhersteller *Ferrero* unter anderem mit seinem Produkt *Mon Cheri*, das aus Frischegründen in den warmen Sommermonaten aus dem Markt genommen wird, um dann im frühen Herbst verstärkt wieder beworben zu werden. Auch *McDonald's*, der Fastfood-Marktführer, liefert ab und zu ein Beispiel einer – allerdings künstlich erzeugten – saisonal wirksamen Werbung, indem z. B. der *Hamburger Royal TS* mit viel Werbeaufwand vom Markt genommen wird, um kurz darauf mit ebensolchem Aufwand wegen „so großer Nachfrage" wieder zu erscheinen.

Beispiele antizyklisch-saisonaler Werbung liefern z. B. Sportartikelhersteller und -händler, die ihre Ski- und Snowboard-Modelle im Sommer zu besonders günstigen Konditionen anbieten, oder die Pelzbranche mit den Sommerangeboten.

Konjunktur

Unter konjunkturellen Gesichtspunkten spricht man von einer konjunkturabhängig-prozyklischen Werbung, wenn ein Wirtschaftszweig bei positiver Wirtschaftslage (gut gefüllte Auftragsbücher, hohe Kapazitätsauslastung, positive Wachstumsaussichten usw.) gleich bleibend hohe oder gar gesteigerte Werbe-

aufwendungen tätigt. Im Konsumgüterbereich, vor allem bei Markenartikeln, ist dies häufig der Fall, ansonsten immer dort, wo stark wettbewerbsorientierte Werbung betrieben wird.
Antizyklisch-konjunkturabhängig wird häufig in der Investitionsgüterbranche geworben, wenn sich die Anzeichen einer abflauenden Konjunktur durch sinkende Absatzzahlen und mangelnde Auftragseingänge bemerkbar machen.

Wird eine Werbung für einen bestimmten Zweck in einem zeitlich eingeschränkten Rahmen durchgeführt, spricht man auch von einer so genannten Aktionswerbung. Schlussverkäufe sind ein typisches Beispiel hierfür. Wenn aus Wettbewerbsgründen erhöhte Werbeaufwendungen getätigt werden, um sich von Konkurrenten abzugrenzen bzw. gegen sie durchzusetzen, wird auch von Abwehrwerbung gesprochen. In diesen Fällen betritt die Werbung immer juristisch problematische Grenzgebiete, wobei jeweils wettbewerbsrechtliche Voraussetzungen zu prüfen sind (siehe Teil XX).

Aktionswerbung

Abwehrwerbung

Die zuvor dargestellten Arten der Werbung sind nicht absolut und voneinander unabhängig zu sehen. Sie sollen lediglich Ansatzpunkte bieten, um Einsatz- und Anwendungsbereiche der Werbung zu erkennen, zu beurteilen und anzuwenden.

4. Unterschwellige Werbung

Die unterschwellige Werbung muss noch einer näheren Betrachtung unterzogen werden. Während es sich bei den bereits genannten Arten der Werbung um offen erkennbare Werbung handelt, haben wir es hier mit einer besonderen Art der Werbung zu tun. In unserer heutigen Informationsgesellschaft herrscht eine Reiz- und Informationsüberflutung, die jährlich steigt und somit auch die Gestaltung von Werbemaßnahmen stark beeinflusst. Aus diesem Grund gewinnen Werbemaßnahmen, die sozusagen „unterschwellig" wirken, an Bedeutung.

Informations-überflutung

Der Begriff „unterschwellige Werbung" erscheint zunächst paradox, da unterschwellig bedeutet, dass man den Reizgegenstand gar nicht wahrnehmen konnte. Hierbei ist jedoch lediglich die bewusste Wahrnehmung gemeint. Von einer unterschwelligen Wahrnehmung spricht man demzufolge, wenn eine Person sagt, sie hätte einen Reiz nicht erkannt, aber andererseits Reaktionen feststellbar sind, die ohne Wahrnehmung des Reizes nicht zu erklären wären. Hier könnte man sich beispielsweise das rasche Vorbeifahren an einer Plakatfläche, das schnelle Durchblättern einer Zeitschrift, die leise Hintergrundmusik und kaum wahrnehmbare Düfte in Supermärkten sowie die nebensächliche Darbietung eines Produktes in einem Spielfilm vorstellen. In all diesen Fällen scheint die Beeinflussung durch unterschwellige, d. h. unbewusst wahrgenommene Reize möglich.

Vicary-Studie

Die Thematik „unterschwelliger Werbung" gewann durch die berüchtigte Vicary-Studie aus dem Jahre 1957 an Bedeutung: In einem Kinofilm wurde angeblich alle fünf Sekunden der Werbeappell „Drink *Coca Cola*" bzw. „Eat popcorn" für nur 1/3.000 Sekunde eingeblendet. Der Umsatz von *Coca Cola* ist daraufhin um ca. 18 % und der Umsatz von Popcorn um ca. 58 % gestiegen (vgl. Rosenstiel, 1991, S. 63). Diese Studie – an deren Wahrhaftigkeit berechtigte Zweifel bestehen – hat dazu geführt, dass man in der Werbung oft den „geheimen Verführer" sah. Wiederholte Untersuchungen zeigten, dass man zwar kein spezifisches Bedürfnis nach einem konkreten Produkt wie *Coca Cola* wecken kann, jedoch sehr wohl ein allgemeines Durstgefühl erzeugen könnte.

Duftmarketing

Unterschwellige Einblendungen in Kinofilmen sind natürlich nicht erlaubt, aber wie sieht eine unbewusste Beeinflussung in unserer heutigen Werbelandschaft aus? Die oben genannten Erkenntnisse finden heute große Bedeutung im Bereich des Duftmarketings. Vorstellbar wäre folgende Situation: *Man befindet sich in der Obstabteilung eines Supermarktes. Es riecht herrlich nach Erdbeeren und man bekommt große Lust, ein Schälchen mitzunehmen. Doch seltsam, die Früchte sind in der Plastikfolie eingeschweißt und können unmöglich so intensiv duften. Richtig, der Geruch entstammt einer unscheinbaren Säule in der Obstabteilung, in der ein Duftöl verdampft, welches von einer Elektronik exakt dosiert wird.* (Blum, 1999, S. 38)

MediaScenter

Duftsäulen sorgen – je nach Saison – für den passenden Geruch: Weihnachtsduft in den Schokoladenbereichen der Kaufhäuser im Dezember, Meeres- und Palmendüfte in den Reisebüros, Kaffee- und Brötchenaroma in den Tankstellen und sogar landestypische Gerüche der Toskana in italienischen Reisekatalogen. Es werden nicht nur die bereits erwähnten Duftsäulen für diese neue Dimension der Werbewirkung eingesetzt. Von einem deutsch-amerikanischen Jungunternehmen wurde ein trichterförmiges Stehpult entwickelt – ein so genanntes MediaScenter –, das mit einem Touchscreen-Monitor ausgestattet ist. Auf Fingerdruck riecht es für einen Bruchteil von Sekunden nach *Calvin Klein*, wenn Model Kate Moss im Werbespot zu sehen ist. Beim Spot von *Coca Cola* sieht man Bilder von brauner Flüssigkeit, die mit leisem Gluckern über Eiswürfel gleitet, während dem Betrachter das süßliche Aroma der Limonade aus den Düsen in die Nase steigt (vgl. Ruzas, 1998, S. 225). Per Knopfdruck können somit die Sinne Hören, Sehen, Riechen parallel vereint werden.

Beduftete Verkaufsräume

Die Wirksamkeit von Düften wurde von der Universität Paderborn untersucht. Ihr zufolge verweilen Kunden in bedufteten Verkaufsräumen durchschnittlich 16 % länger, die Kaufbereitschaft steigt um 15 % und der Umsatz um 6 % (vgl. Blum, 1999, S. 38). Noch erfolgversprechendere Zahlen veröffentlichte der Kaufhauskonzern *Kaufhof*. Er stellte in einer internen Studie bei seiner Parfümeriekette *Fabiani* fest, dass 53,9 % derjenigen, die das MediaScenter-Terminal nutzten, später auch Parfüm einkauften. Die befragten Personen hatten diesen Kauf jedoch ursprünglich nicht geplant (vgl. Ruzas, 1998, S. 226).

Unterschwellige Werbung findet jedoch nicht nur im Bereich des Duftmarketings große Beachtung. Während die klassischen Kommunikationsmittel aufgrund der ständig steigenden Reizvielfalt immer schlechtere Wahrnehmungswerte erhalten, sind bildliche „Schnellschüsse" wie Spielfilme, Sportereignisse oder Unterhaltungssendungen sehr aufmerksamkeitsstark und -wirksam. Sie werden vom Verbraucher in einem entspannten Umfeld wahrgenommen und nicht automatisch mit einer Werbemaßnahme gleichgesetzt.

Schleichwerbung

Vor diesem Hintergrund hat es schon immer den Begriff Schleichwerbung gegeben. Hierunter wurden alle Aktivitäten zusammengefasst, die geeignet waren, werbewirksamen Merkmalen wie Produkt- und Firmennamen oder einprägsamen Slogans im redaktionellen Umfeld der Medien – meist des Fernsehens – kostenlos zu einer hohen Reichweite zu verhelfen. Als typisches Beispiel diente die ursprünglich für die anwesenden Besucher gedachte Bandenwerbung im Stadion, die im Fernsehzeitalter an ein millionenstarkes Publikum weitergegeben wurde – heute eine längst gängige Praxis.

Product-Placement

In einer verfeinerten Form von „bezahlter Schleichwerbung" hat sich in kürzester Zeit das Product-Placement als „neue Kunst der geheimen Verführung" (vgl. Auer, 1988, S. 11) durchgesetzt. Voraussetzung hierfür sind ein hoher Bekanntheitsgrad und ein positives Image des Produkts bzw. Firmennamens. Obwohl Product-Placement durchaus auch im Hörfunk und in Printmedien vorkommt, wird dieser Begriff in den meisten Fällen nur an seinen hauptsächlichen Einsatzgebieten, dem Kino- und Fernsehfilm, festgemacht.
Product-Placement versteht sich als die kreative Einbindung eines Markenartikels im Sinne einer notwendigen Requisite in eine Spielfilmhandlung, Fernsehsendung oder -serie sowie eines Videoclips (vgl. Auer, 1988, S. 11). Häufig eingesetzte Produkte sind vor allem Autos, Uhren, Getränke, Computer, Funktelefone sowie Sonnenbrillen und Anzüge.

Hintergrund dieser Produktpositionierung im Film sind häufig ausgeklügelte Vertragswerke zwischen dem Filmsponsor und dem Filmproduzenten. Die atemberaubende Verfolgungsjagd im James-Bond-Film *Tomorrow Never Dies* über die Dächer einer südostasiatischen Metropole mit einem *BMW*-Motorrad war dem Sponsor die geschätzte Summe von mehreren Millionen Franken wert (vgl. www.wiso-schoch.ch/fr_dt/pplacement.htm).
Insgesamt sollen rund 50 Mio. des 160 Mio. Franken teueren 007-Films von Sponsoren getragen worden sein. Der Einsatz von *BMW* wird hierbei mit 40 Mio. Franken geschätzt. Jedoch sei der *BMW Z3* – gemäß Pressemeldung aus dem Hause *BMW* – dank des Filmeinsatzes zum bekanntesten *BMW* aller Zeiten avanciert.
Damit die Produkte im rechten Licht stehen, können Sponsoren, laut Hautdarsteller Pierce Brosnan, den Inhalt einer Filmproduktion von Anfang entscheidend mitbestimmen (vgl. www.wiso-schoch.ch/fr_dt/mundk.htm). Auch der

Audi vom *Schwarzwaldklinik*-Star Dr. Brinkmann durfte nicht in einen Unfall verwickelt werden oder in der Werkstatt stehen. Er wurde stets sauber, gepflegt und von seiner optisch schönsten Seite in die Filmszene eingebaut.

Zulässigkeit

Die Zulässigkeit von Product-Placement ist aus juristischer Sicht umstritten. Aufgrund der hohen Aufmerksamkeitswerte hat dieses Instrumentarium jedoch im Rahmen der Kommunikationspolitik einen festen Platz eingenommen. Diese nicht klassische Werbeform ist einer besonderen Kritik von der Verbraucherseite ausgesetzt. Sie tangiert den Grenzbereich der Wahrnehmung, der als unterschwellig (= subliminal) und damit als verboten betrachtet wird. Andererseits bietet Product-Placement aus Sicht der Werbungtreibenden eine neue Form der Kommunikation, um aus der Masse der Werbebotschaften herauszuragen.

5. Aspekte der Werbung

5.1 Werbung aus betriebs- und volkswirtschaftlicher Sicht

Dass Werbung große volkswirtschaftliche Bedeutung hat, ist unumstritten. Während im Gründungsjahr der Bundesrepublik lediglich 430 Mio. DM in Werbung investiert wurden (Honorare, Werbemittelproduktion und Medien), waren es im Jahr 1999 ca. 62 Mrd. DM. Selbst kritische Instanzen wie die katholische Kirche haben in einem Positionspapier des Vatikans zur Ethik in der Werbung dokumentiert, dass Werbung zur Leistungsfähigkeit und Preissenkung der Produkte beitrage und den wirtschaftlichen Fortschritt ankurbele (vgl. Zentralverband der Werbewirtschaft, 1999, S. 71). Die große Bedeutung lässt sich auch aus den Beschäftigungszahlen herleiten: 1999 wurden 363.000 Beschäftigte in der Werbewirtschaft gezählt. Dies entspricht einem Anteil von gut 1 % aller Erwerbstätigen in Deutschland. Der überwiegende Teil arbeitet in den Zulieferbetrieben, z. B. in Papierwirtschaft und Druckindustrie, sowie in der Werbegestaltung, z. B. in Werbeagenturen, Grafikateliers etc. (Zentralverband der Werbewirtschaft, 1999, S. 101). Die Perspektiven sind nach wie vor positiv, die Nachfrage nach Werbefachkräften steigt seit 20 Jahren ständig.

Beschäftigte

Bemerkenswert ist ebenfalls, dass Produkt- und Kommunikationsdesign in der Lage ist, den Massengeschmack zu beeinflussen. Während beispielsweise im Autodesign neue Formen zunächst oftmals kritisch bewertet werden, sind sie nach einer flächendeckenden Einführung aus dem Automarkt meist nicht mehr wegzudenken.

Prinzipien der Werbung

Aus betriebswirtschaftlicher Sicht muss Werbung den primären ökonomischen Unternehmenszielen der Umsatz- und Absatzsteigerung dienen. Daraus lassen sich drei Hauptprinzipien der Werbung ableiten:

Wirksamkeit
Werbung soll beim Umworbenen Reaktionen hervorrufen, Veränderungen bewirken und ihn dazu bewegen, eine Entscheidung (möglichst zum Kauf) zu treffen.

Wahrheit
Übertriebene Versprechungen, unbeweisbare und willentlich falsche Behauptungen verstoßen zuweilen gegen gesetzliche Beschränkungen, internationale Richtlinien und Verbandsresolutionen (Zentralverband der deutschen Werbewirtschaft ZAW e.V.) und können entsprechend geahndet werden. Das werbetreibende Unternehmen muss sich immer vor Augen führen, dass aufgedeckte Falschmeldungen zu einem Imageverlust führen können, der oftmals irreparabel ist oder nur mit immensen Werbeaufwendungen behoben werden kann.

Wirtschaftlichkeit
Werbeausgaben richten sich nach dem ökonomischen Prinzip und werden aus Unternehmersicht dafür aufgewandt, Marktanteile zu sichern sowie den Umsatz und die Ertragslage zu verbessern. Absatzsteigerungen führen ferner zu Massenproduktion und Kostendegression mit der möglichen Folge, dass sich die Preise reduzieren lassen.

5.2 Werbung aus Verbraucher- und Unternehmenssicht

Werbung aus Verbrauchersicht

Die Einstellung der Verbraucher zur Werbung ist unterschiedlich. Laut einer Studie der Gesellschaft für Konsumforschung (GfK), Nürnberg, ist Werbung aus Sicht der Konsumenten Verführer und Produktverbesserer zugleich. Bei dieser Befragung – Mehrfachnennungen waren möglich – glaubten knapp 86 % der deutschen Bevölkerung, dass Werbung dazu verführt, Produkte zu kaufen, die nicht benötigt werden. Andererseits waren 79 % von ihnen der Meinung, dass als Folge der Werbung die Hersteller zu Produktverbesserungen gezwungen werden, und 60 % sehen mit Werbung eine höhere Produkttransparenz gewährleistet. Dies geht laut 76 % der Konsumenten jedoch mit einer Verteuerung der Produkte einher.
Grundsätzlich gibt es viele Argumente für und gegen Werbung. Einige davon sind in der nachfolgenden Tabelle gegenübergestellt. Weil eine solche Beurteilung nur subjektiv vorgenommen werden kann, sind diese Argumente als Denkanstöße und argumentative Bandbreite, nicht aber als dogmatische Urteile zu verstehen.

Werbung aus Verbrauchersicht:	
Pro	Contra
1. Erhöhung von Markttransparenz	1. Verschleierung von Markttransparenz
2. Erhöhung der Auswahlmöglichkeit	2. Senkung der Auswahlmöglichkeit
3. Zeitersparnis bei der Wareninformation	3. Versicherung durch Informationsüberflutung
4. Preissenkung	4. Preiserhöhung
5. Erschließung neuer Einkaufsquellen	5. Stabilisierung etablierter Einkaufsquellen
6. Kostenbewusster Einkauf	6. Verführung zu überflüssigen Ausgaben
7. Sachliche, zuverlässige Information	7. Manipulation durch Fehlinformation

Werbung aus Unternehmenssicht

Aus Unternehmenssicht lassen sich ebenfalls vielfältige Argumente pro und contra Werbung herauskristallisieren. Unbestreitbar ist jedoch heutzutage die Notwendigkeit einer grundsätzlichen Werbetätigkeit. Leider ist Markenwerbung – nach wie vor – eine der risikoreichsten Investitionen der modernen Betriebswirtschaft. Nicht nur Henry Ford und der wohl bekannteste Werber der Welt, David Ogilvy, gaben zu, dass ein Großteil der Werbung beschämend unwirksam ist. Auch viele internationale Studien belegten, dass oftmals mehr als die Hälfte der Werbeausgaben unwirksam blieb (Buchholz/Wördemann, 1999, S. 13 f.). Viele Werbeagenturen bemühen sich um allgemein gültige Erfolgsrezepte und viele Veröffentlichungen widmen sich diesem schwer lösbaren Problem. Nachfolgend sollen lediglich einige Aspekte, die beliebig erweitert werden könnten, aufgeführt werden.

Werbung aus Unternehmenssicht:	
Pro	Contra
1. Kostensenkung durch Massenproduktion	1. Kostensteigerung durch Werbeausgaben
2. Erhöhung der Präferenzen	2. Erhöhung der Konkurrenz
3. Preisstabilisierung	3. Einschränkung der Preisflexibilität
4. Marktsegmentierung Zielgruppenorientierung	4. Hypersegmentierung
5. Qualitätsverbesserung	5. Höhere Produktrisiken
6. Kontaktmöglichkeit Hersteller/Kunde	6. Kontrollaufwand für Distributionskanäle

6. Institutionelle Werbung

Bisher wurde bei dem Begriff Werbung immer zugrunde gelegt, dass es sich um Kommunikation für Produkte, Dienstleistungen und den Sender der Botschaft selbst handelt. Zweck dieser Werbung ist stets das Umsatz- oder Absatzziel. Wie aber ist es um jene Werbung bestellt, die in erster Linie soziales Verständnis, Verhaltensänderung im politischen und gesellschaftlichen Umfeld und soziales Engagement wecken soll?

Soziale, gesellschaftliche und politische Aufgaben der Werbung

Wenn das Umsatzziel fehlt, taucht automatisch die Frage auf, wer solche Werbung bezahlt. Da dies in der Vergangenheit hauptsächlich öffentliche Behörden und staatliche Einrichtungen, sozialpolitische und karitative Verbände, kirchliche Institutionen und Sportverbände sowie Umwelt- und Tierschutzvereine usw. waren, hat sich der Begriff der institutionellen Werbung durchgesetzt.

Gemessen an den Gesamtwerbeaufwendungen der deutschen Wirtschaft nehmen sich die Etats für diesen Bereich äußerst bescheiden aus. Neben den wirtschaftlichen Problemen auf nationaler und internationaler Ebene, wie verbrauchte Ressourcen, Energieprobleme, Umweltschäden, Klimakatastrophen und Ozonloch, um nur einige Stichworte zu nennen, tauchen gesellschaftliche und politische Probleme, wie Arbeitslosigkeit und Freizeitverhalten, Zivilisationskrankheiten und Drogensucht, Ausländerproblematik und politischer Extremismus usw., vermehrt auf. Politische Parteien rücken in ihren Grundsätzen immer näher zusammen, politische Propaganda verhallt als unglaubwürdig in den Ohren der Bevölkerung.

Dies alles sind Gründe für eine systematisierte Kommunikationsstrategie im so genannten sozioökonomischen Bereich. Von den immer wieder geforderten „mündigen Bürgern" wird Sachkenntnis verlangt, wenn sie zu politischen Entscheidungen (Wahlen) aufgerufen werden. Meist entscheidet allerdings mangels Sachkenntnis nur das jeweilige Gefühl jedes Einzelnen. Die gesellschaftlichen Verhältnisse moderner Industriestaaten sind mittlerweile so komplex und unüberschaubar geworden, dass es nach gängiger Meinung einer Informationsinstanz bedarf, die diese Komplexität auflöst, Sachinformationen liefert und damit das Problem der Emotionalisierung und der gefährlichen Vereinfachung von Problemen nach „Stammtischart" verringert.

Der Begriff „institutionelle Werbung" ist für viele Kommunikationsinsider für dieses komplexe Gebiet zu wenig umfassend. Deshalb hat sich der Terminus „Social-Marketing" für die Lösungsansätze in diesen Problembereichen durchgesetzt.

Social-Marketing

7. Werbepsychologie

Der Mensch steht im Mittelpunkt des „werblichen Geschehens“. Er ist geprägt von vielfältigen Persönlichkeitsmerkmalen, denen die Werbung Rechnung tragen muss. Dies ist allerdings von vielschichtigen Bedingungen abhängig. Zur Erklärung dieser Bedingungsfelder und Abhängigkeiten wird die Psychologie – insbesondere die Werbepsychologie – zu Rate gezogen. In der Werbepsychologie untersucht man, mit welchen Werbekonzeptionen und -effekten man bei welchen Personen welche Wirkung erzielen kann. Damit eine Werbekampagne jedoch überhaupt wirken kann, muss sie zunächst wahrgenommen werden. Nur ein kleiner Teil aller werblichen Reize gelangt vom Ultrakurzzeitspeicher eines Menschen in den Langzeitspeicher, d.h. in das Gedächtnis. Unter welcher Voraussetzung kann somit die Wahrnehmung von Werbung gefördert werden?

7.1 Wahrnehmung

Schlägt man in einem Lexikon die Seite mit den internationalen Staatsflaggen auf, so wird den meisten Betrachtern die japanische Flagge auffallen. Ein Deutscher wird auch sehr schnell die deutsche Flagge entdecken. Dieses Beispiel macht auf zwei Prinzipien der Wahrnehmungstheorie aufmerksam: ein formales (japanische Flagge) und ein inhaltliches (deutsche Flagge). Die japanische Flagge wird den meisten Menschen auffallen, weil sie besonders prägnant ist. Sie ist sehr klar, einfach und dennoch auffällig strukturiert und unterscheidet sich – mit ihrem roten Punkt auf weißem Untergrund – gravierend von anderen Flaggen. Die deutsche Flagge ist mit ihren Streifen sehr austauschbar, hat jedoch für viele Deutsche eine hohe Bedeutung, die sich aus der Sozialisation ergibt. Andere Flaggen, die für den Betrachter ebenfalls eine besondere Bedeutung haben, werden genauso schnell erkannt.

Wahrnehmungstheorie

Aus dieser Erkenntnis wird erklärbar, dass prägnant und auffällig gestaltete Anzeigen einen überdurchschnittlichen Wahrnehmungseffekt (formales Prinzip) besitzen. Anzeigen, deren Text oder Bilder einen Interessen- oder Problembereich des Betrachters ansprechen, werden ebenfalls schnell wahrgenommen (inhaltliches Prinzip). Schwangere Frauen entdecken rasch Babyangebote, Computerfreaks erkennen auch viel versprechende Anzeigen im Kleinanzeigenteil einer Tageszeitung und ein potenzieller Käufer eines bestimmten Autotyps wird diesen Wagen plötzlich viel häufiger im Stadtverkehr fahren sehen. Die Wahrnehmung ist somit eine Funktion aus einem objektiven Reiz und der eigenen subjektiven Wahrnehmung. Ein identischer Reiz führt demzufolge bei unterschiedlichen Personen zu unterschiedlichen Wahrnehmungsprozessen, wobei

Formales Prinzip

Inhaltliches Prinzip

der Konsument vorzugsweise solche Reize wahrnimmt, die seinen Bedürfnissen und Wünschen entsprechen (vgl. Kroeber-Riel/Weinberg, 1999, S. 270).

Der Zeitraum des Wahrnehmungsprozesses ist sehr kurz. Eine Vierfarbseite wird durchschnittlich weniger als zwei Sekunden betrachtet, d. h., in dieser kurzen Zeit muss die Werbeaussage vom Betrachters registriert werden. Unterstützend werden vielfältige Multiplikatoren genutzt: Signalfarben, die die Aufmerksamkeit erhöhen sollen, emotionale Reize wie die Einbindung des von Konrad Lorenz entdeckten „Kindchenschemas", erotische Reize sowie außergewöhnliche und „schräge" Abbildungen oder Wortspielereien. Der Einsatz dieser Mittel soll aktivierende Prozesse auslösen (siehe Abschnitt 7.3) und die Wahrnehmungs- und Lernaktivität fördern.

Kindchenschema

Doch nicht nur was, sondern auch wie wir etwas wahrnehmen, ist von entscheidender Bedeutung. Handys sollen möglichst klein und leicht wirken, der Eisgenuss soll groß erscheinen und das Fertiggericht einen gesunden, natürlichen Eindruck erwecken. Um diese Wahrnehmungsempfindungen zu erreichen, bedient man sich der Irradiation. Hierunter versteht man das Phänomen, dass Teilqualitäten eines Produktes auf das Gesamtempfinden ausstrahlen (vgl. Gabler-Wirtschaftslexikon, 1993, S. 1728). Die bläuliche Innenwand eines Kühlschranks überzeugt eher von einer hohen Kühlleistung als eine weiße, ein Wein aus einer Kronkorkenflasche schmeckt „billiger" als aus einer Flasche mit Korken und eine teure Tagescreme assoziiert eine höhere Wirksamkeit als eine günstige Creme. Der Verbraucher kann Qualitätsunterschiede oft nicht beurteilen und schließt somit von Teilmerkmalen auf die Gesamtheit. Wichtig erscheint nun die Darbietung der „richtigen" Farben und die Darstellung der richtigen Perspektive. *Motorola* hat vor einiger Zeit sein Handy *Star Tac* hinter dem Rücken einer Frau fotografiert, um die Winzigkeit dieses Handys zu demonstrieren. Beim Foto-Shooting war es wichtig, ein Fotomodell mit einem schlanken, aber großen Körper auszuwählen, um genau diesen Effekt zu erreichen.

Irradiation

Letztlich sollen die Werbemaßnahmen nicht nur wahrgenommen werden, sondern es sollten auch Lernprozesse in Gang gesetzt werden.

7.2 Lernprozesse

Verhaltens- und Einstellungsänderung

Werbung will Verhaltensweisen und Einstellungen der Zielgruppe verändern und Images bilden. Werbung findet nicht nur – wie z. B. Verkaufsförderung – am Point-of-Sale statt, d. h., der Zeitpunkt der werblichen Darbietung und der des eventuellen Kaufs fallen auseinander. Daher muss die Werbeaussage zunächst gelernt werden. In der Werbepsychologie wird nun geprüft, unter welchen Bedingungen Werbung im Gedächtnis haften bleibt und Lernprozesse

begünstigt. Mit Hilfe dieser Lernprozesse sollen Produkte positiver bewertet und Images prägnanter werden, um sich deutlich von der Konkurrenz abzuheben. Entsprechend gilt es, zu überprüfen, unter welchen Bedingungen dieses optimiert wird.
Grundsätzlich sind hierzu drei Lernprozesse darzustellen:

Lernen von Wissen
Informationen über das Produkt wie z. B. Produktvorteile, Anwendungsgebiete und Argumente gegenüber konkurrierenden Produkten müssen gelernt werden. Der Lernerfolg kann grundsätzlich erhöht werden, wenn es sich beim Produktnutzen um bedeutsame Benefits handelt, die den Betrachtenden involvieren und berühren (siehe Abschnitt 7.1). Weiterhin darf der Umfang des Lernmaterials nicht zu groß sein. Eine Information, die aus sechs Einzelelementen besteht, wird normalerweise schon mit dem ersten Kontakt gelernt. Hingegen benötigt man für eine Information aus zwölf Einzelelementen bereits durchschnittlich 16 (!) Wiederholungen. Bei der ersten Konfrontation können von den 16 Elementen nur etwa drei bis vier Elemente reproduziert werden (Neumann, 1993, S. 25).

Bedeutsame Benefits

Gliederung

Sehr wichtig ist eine formale und inhaltlich gut gegliederte Darstellung sowie eine zielgruppenadäquate Ansprache. Aufgrund des durchschnittlich sehr kurzen Betrachtungszeitraums muss gewährleistet sein, dass die Werbebotschaft schnell und richtig beim Kunden ankommt. Die zahlenmäßige und zeitliche Verteilung der Wiederholungen ist wiederum abhängig von der Zielsetzung (siehe Abschnitt 2: Untersuchung von Zielske 1959). Während die Erreichung eines hohen Bekanntheitsgrades durch geballte Werbung zu erzielen ist, wird man einen dauerhaften Werbeerfolg eher durch kontinuierliche Werbeimpulse erreichen.

Der Lernerfolg ist noch von vielen anderen Faktoren abhängig: von der Schwierigkeit des Lernmaterials, der Reihenfolge der einzelnen Informationselemente, der momentanen Verfassung des Angesprochenen, der Tageszeit, des Lernumfelds, der Tätigkeit vor und nach der Lernphase, dem durch die Werbebotschaft ausgelösten Gefühlszustand usw. (vgl. Neumann, 1993, S. 25 ff.).

Lernen von Gefühlen
Emotional bedeutungslose, neutrale Marken- oder Firmennamen können durch Werbung positiv verändert werden. Beim Rauchen einer Zigarette soll der Raucher beispielsweise an „Freiheit und Abenteuer" denken. Die angesprochene Marke *Marlboro* ist ein prominentes Beispiel für den Einfluss von Emotionen. Sie soll den Lebensstil des nordamerikanischen Cowboys repräsentieren und möchte das große Freiheitsgefühl transportieren. Die Marke wurde bereits 1855 eingeführt und war zunächst relativ unbedeutend. Erst als sie die Lebenswelt des Cowboys für sich besetzte, gewann die Zigarette an Popularität. Während *Marlboro* 1971 in Deutschland lediglich 1,2 % Markanteil besaß, stieg der Anteil

Einfluss von Emotionen

1985 bereits auf 15 % und ist heute mit schätzungsweise 30 % Weltmarktführer – ein sagenhafter Erfolg im heiß umkämpften Markt der Zigarettenindustrie (vgl. Buchholz/Wördemann, 1998, S. 152).
Wissenschaftlich wurde dieses Phänomen von Kroeber-Riel untersucht. Er wählte für sein Experiment den unbekannten Markennamen *HOBA,* der keine emotionale Reaktion bei Testpersonen auslöste. Das Image dieses Namens ging in Richtung Kernseife. Dann zeigte er einer Gruppe von Personen diesen neutralen Markennamen zusammen mit emotionalen Bildern, d. h. mit Bildern junger, attraktiver Frauen. Nach einer Anzahl von mehreren Darbietungen überprüfte er das Image der *HOBA*-Seife erneut. Wie erwartet kam es zu einem positiven Imagetransfer. Die *HOBA*-Seife erschien nun aufregender, zärtlicher, erlebnisreicher und fröhlicher. Aus der Kernseife wurde eine Toilettenseife (vgl. Kroeber-Riel/Weinberg, 1999, S. 133 ff.).

HOBA-Seife

Die Einstellung zu einer Marke lässt sich somit durch emotionale Werbung verändern bzw. verbessern. Ein Erfolgsgarant ist sie jedoch nicht. Um wirken zu können, muss der Reiz stark genug sein und oft wiederholt werden. Weiterhin müssen die Emotionen authentisch sein und glaubhaft dargeboten werden.

Lernen am Erfolg
Jedes Verhalten hat Konsequenzen. Wenn eine Person ein Produkt kauft bzw. nutzt und die damit verbundenen Konsequenzen als positiv erlebt, wird sie dieses Produkt zukünftig häufiger kaufen und nutzten. Diese Theorie des sozialen Lernens wurde von Albert Bandura entwickelt. Er ging davon aus, dass Menschen weder durch angeborene Kräfte getrieben noch hilflose Marionetten von Umwelteinflüssen sind. Die erlernbaren Verhaltensweisen resultieren einerseits aus eigenem Verhalten und andererseits aus der Beobachtung anderer Personen. Diese Modellpersonen demonstrieren stellvertretend für die Zielgruppe den gewünschten Erfolg (Zimbardo, 1992, S. 422). In der Werbung werden hierfür Testimonials genutzt, die beispielsweise die „normale" Hausfrau zeigen, die erfolgreich einen bestimmten Haushaltsreiniger genutzt hat, für ihre Familie den richtigen Weichspüler gebraucht und die Zuneigung ihrer Kinder erlangt, weil sie einen ganz bestimmten Schokoladenriegel mitbringt.

Theorie des sozialen Lernens

Modellperson

Testimonial

Lernen über eine Modellperson ist umso wahrscheinlicher,
- je besser sich die Zielgruppe mit dem Modell identifizieren kann,
- je erstrebenswerter der Erfolg erscheint,
- je größer der Erfolg ist,
- je eindeutiger der Zusammenhang zwischen Verhalten und Erfolg erscheint,
- je besser der Erfolg nachgeahmt werden kann,
- je öfter die Zielperson mit der Werbung konfrontiert wird (vgl. Neumann, 1993, S. 32).

Ein Beispiel für eine erfolgreiche Werbung ist die Kampagne der Herrenserie *AXE*. Mit dem Slogan „Der Duft, der Frauen provoziert" wurden in TV-Spots jahrelang junge, selbstbewusste Frauen gezeigt, die von einem *AXE*-Benutzer betört wurden und – entgegen den allgemeinen Moralvorstellungen – den ersten Annäherungsversuch wagten. 1997 entwickelte das Unternehmen das Konzept weiter und zeigte diesmal junge Frauen, die sich ebenfalls mit *AXE* einparfümieren und wie ein Magnet die lüsternen Blicke ihrer Geschlechtsgenossinnen anziehen. Somit konnte deutlich demonstriert werden, dass der erotische Erfolg eindeutig an *AXE* lag. Dieser unmissverständlich dargestellte Zusammenhang zwischen Verhalten und Erfolg verhalf *AXE* 1997 zu einem sprunghaften Wachstum: ein Plus von 50 % im ersten Halbjahr, 100 % nach 18 Monaten und 200 % nach drei Jahren (vgl. Buchholz/Wördemann, 1998, S. 57).

7.3 Aktivierungsprozesse

„Aktivierung ist eine Grunddimension aller Antriebsprozesse." (Kroeber-Riel/Weinberg, 1999, S. 58). Sind Personen aktiv, setzen sie sich mit ihrer Umwelt intensiver auseinander und nehmen Prozesse entsprechend intensiver wahr. Dieses Phänomen gilt auch für werbliche Prozesse. Werbemittel, die allgemein aktivieren, werden häufiger und länger betrachtet und somit besser behalten. In unserer heutigen Informationsgesellschaft werden weniger als 2 % der durch Massenmedien dargebotenen Informationen aufgenommen. In der Werbung kann man davon ausgehen, dass maximal 5 % aller Werbebotschaften ihre Zielgruppe erreichen (vgl. Kroeber-Riel/Weinberg, 1999, S. 90). In Anbetracht dieses sehr geringen Prozentsatzes ist es ein wichtiges Ziel der Werbung, den Konsumenten zu aktivieren und Aufmerksamkeit zu erzeugen. Nachstehend sollen hierzu einige Möglichkeiten betrachtet werden.

Bilder

Die Informationsüberflutung verändert unser Informationsverhalten. Informationen werden flüchtiger und selektiver aufgenommen. Da Bildinformationen eine schnelle Aufnahme sowie Verarbeitung versprechen und demzufolge geringe gedankliche Anstrengung verursachen, stieg der Bildanteil in Printmedien seit den 60er-Jahren stetig. Gerade Personenabbildungen, insbesondere Gesichter, versprechen einen hohen Aufmerksamkeitsgrad. Jede zweite Anzeigenwerbung nutzt diese emotionale Technik, um die Betrachter zu fesseln (Kroeber-Riel/Weinberg, 1999, S. 72).

Personen

Ein weiterer Anstieg ist im Bereich erotischer Motive zu verzeichnen. Sie werden in der Werbung oft als Blickfang eingesetzt und erhöhen erwartungsgemäß die Aktivierung und Aufmerksamkeit. Die Aktivierungswirkung bei Frauen und Männern ist jedoch verschieden. Gegenüber Nacktmodellen bringen Frauen tendenziell dem vollständig bekleideten Mann und Männer der nur teilweise bekleideten Frau ein stärkeres Interesse entgegen (vgl. Moser, 1997, S. 58 ff.). Männer werden somit durch den Einsatz von Sexappeal stärker aktiviert als

Sexappeal

Frauen. Grundsätzlich besteht immer die Gefahr, dass das Augenmerk zu sehr auf die Erotik und weniger auf das Produkt gerichtet ist. Dieser Effekt wird auch Vampir-Effekt genannt. Es gibt zahlreiche Untersuchungen, die belegen, dass Erinnerungswerte mit der Intensität von Sexappeal abnehmen (vgl. Moser, 1997, S. 90 f.). Ein unangemessener Einsatz von Sexappeal ist demzufolge uneffektiv, die richtige Intensität ist von entscheidender Bedeutung.

Vampir-Effekt

Farbe

Farben beleben die visuelle Botschaft und können die Wahrnehmungsfähigkeit steigern und Emotionen verursachen. Farbige Anzeigen werden zwar nicht länger betrachtet als Schwarzweißanzeigen, sie erzeugen jedoch deutlich höhere Erinnerungswerte (Kroeber-Riel, 1993, S. 104). Farbassoziationen unterstützen, verändern oder schwächen eine beabsichtigte Informationswirkung und tragen entscheidend zum Bildeindruck bei. Ein blaues Duschgel wirkt frisch, eine grüne Tiefkühlpackung natürlich und dünne schräge Streifen auf einer weißen Joghurtpackung signalisieren „leichte Kost". Auch bei der Kleiderwahl vermögen Farben sehr unterschiedliche Eindrücke zu vermitteln. So wirkt eine Frau nachweislich unschuldiger, zärtlicher und ruhiger, wenn sie ein weißes statt ein rotes Kleid anhat. Weiß vermittelt den Eindruck von Reinheit und Leichtigkeit, wie zahlreiche Anzeigen veranschaulichen, in denen junge Frauen in weißen Kleidern Riegel essen, Wasser oder Kaffee trinken (vgl. Kroeber-Riel, 1993, S. 144).

Farbassoziationen

Größe

Gegenstände werden umso größer wahrgenommen, je wertvoller und begehrenswerter sie uns erscheinen. Dieser Effekt wurde bereits 1947 durch Bruner und Goodmann nachgewiesen. Sie konnten belegen, dass Kinder aus ärmeren Verhältnissen gleiche Geldmünzen wesentlich größer einschätzten als Kinder aus reicheren Verhältnissen (vgl. Felser, 1997, S. 350). In der Werbung werden aus diesem Grund manche Produkte unverhältnismäßig groß bzw. klein dargestellt. Diesen Effekt kann man durch geschickte Kameraführung oder durch extra hergestellte Produktattrappen, so genannte Dummys, erreichen.

Auch die Größe einer Anzeige hat Auswirkungen auf die Wahrnehmung. Allerdings besteht keine lineare Beziehung zwischen Größe und Aufmerksamkeitssteigerung. Für Anzeigen in Publikumszeitschriften gelten folgende Betrachtungszeiten (Kroeber-Riel/Weinberg, 1999, S. 76):

Anzeigengröße

2/1 Seite	2,8 Sekunden
3/4 bis 1/1 Seite	1,9 Sekunden
1/2 Seite und kleiner	0,6 Sekunden

Grundsätzlich stellt sich natürlich immer das Problem der Kosten-Nutzen-Abwägung, wobei jedoch manche Printkonzeption nur bestimmte Gestaltungsrahmen zulässt.

Werbeumfeld
Letztlich scheint das Werbeumfeld einen Einfluss auf die Werbewirkung zu haben. Kommunikationspsychologen gehen davon aus, dass stark emotionalisierte Programme so viel Verarbeitungskapazität für die Bewältigung des Gesehenen binden, dass unmittelbar folgende Werbespots wenig Beachtung finden. Diese These wurde 1991 in den USA bestätigt. In einem Laborexperiment wurde Testpersonen ein inszenierter Magazinbeitrag über den Selbstmord eines Politikers vor laufender Kamera vorgeführt. Der anschließende Werbeblock wurde kaum wahrgenommen. Erst vier Minuten später erreichten Aufmerksamkeit und Erinnerungsleistung wieder Normalwerte (vgl. Feldmeier, 1998, S. 185). Aus diesem Ergebnis kann man schließen, dass ein TV-Spot, der unmittelbar nach einer aufregenden Szene eines Spielfilmes folgt, weniger gut behalten wird als ein vergleichbarer Spot, der in ein ruhigeres Umfeld integriert wurde. Um diese Gefahr abzuwenden, werden von den Fernsehsendern Pausenzeichen zwischengeschaltet.

Programmformat

In diesem Zusammenhang stellt sich grundsätzlich die Frage der Werbewirksamkeit von unterschiedlichen Sendeformaten. Wissenschaftliche Ergebnisse lassen bislang wenig allgemein gültige Schlussfolgerungen zu. Tendenziell scheinen Werbespots jedoch bessere Erinnerungswerte aufzuweisen, wenn sich Programmformat und Spotgestaltung deutlich unterscheiden. Wenn beispielsweise Bruce Lees Prügelorgien von den drolligen *Toyota*-Affen unterbrochen werden, erinnert sich der Kung-Fu-Fan tendenziell eher an den heiteren Autospot als an einen hektischen Action-Clip. Weiterhin gibt es Untersuchungen, dass Spots, die Erlebniswelten vermitteln, z. B. der Wüstenspot von *Renault,* in Sitcom-Umfeldern besonders gut wirken (vgl. Feldmeier, 1998, S. 184).

7.4 Soziales Umfeld des Beeinflussungsprozesses

Meinungsführer

Das Verhalten von Menschen wird von zahlreichen Gruppen beeinflusst: Familie, Freunde, Bekannten, Arbeitskollegen usw. Diese Bezugsgruppen üben einen direkten, persönlichen oder indirekten Einfluss auf die Einstellungen und Verhaltensweisen von Personen aus. In diesem Zusammenhang ist die große Bedeutung von Meinungsführern im Kommunikationsprozess unbestritten. Das menschliche Sozialisationsverhalten ist gekennzeichnet von derartigen Führungsrollen. Meinungsführer (= Opinionleader) im Sinne des werblichen Kommunikationsprozesses sind als unternehmensunabhängige Personen zu verstehen. Sie üben einen starken persönlichen Einfluss in einer kleinen sozialen Gruppe aus und tragen zur Meinungsbildung und Meinungsveränderung bei. Es können ganz durchschnittliche Personen sein, die allerdings sehr kommunikativ, informiert und gesellig sind, ein hohes Selbstbewusstsein besitzen und auf einem bestimmten Gebiet kompetent sind. Beispiele hierfür sind der Zahnarzt, der die Zahnpasta seiner Familie empfiehlt, der Architekt, der eine bestimmte Isolierung beim Bau bevorzugt, aber auch die normale Hausfrau, die ohne ein bestimmtes Waschmittel ihre Familie nicht mehr glücklich machen kann. Diese Beispiele stellen bestätigte Aussagen von „zufriedenen" Kunden dar. Derartige Leitbildaussagen werden auch als Testimonials bezeichnet. Testimonials

Ist ein Testimonial eine Berühmtheit, wird er auch als Celebrity bezeichnet. Ein derartiger Celebrity wäre beispielsweise Boris Becker, der sehr erfolgreich für *AOL* wirbt und glaubwürdig das Image eines interessierten, aber dennoch technisch unerfahrenen Internetbenutzers darstellt. Celebrity

8. Kontrollfragen zu Kapitel VII

1. Wie unterscheiden sich die Begriffe Werbung, Reklame und Propaganda?
2. Grenzen Sie die Einführungs-, Stabilisierungs- und Erhaltungswerbung sowie Expansionswerbung voneinander ab. Nennen Sie jeweils ein Beispiel.
3. Nennen Sie Kennzeichen und Beispiele für
   a) horizontale Werbung
   b) Sammelwerbung
   c) Verbundwerbung
4. Welche Werbemaßnahmen fallen in den Bereich der so genannten unterschwelligen Werbung?
5. Was verstehen Sie unter dem Begriff Product-Placement?
6. Unterscheiden Sie Product-Placement und Schleichwerbung.
7. Wie lauten die drei Hauptprinzipien der Werbung unter dem Anspruch, informativ, glaubwürdig und überzeugend zu sein?
8. Nennen Sie jeweils einige Vor- und Nachteile der Werbung aus Verbraucher- und Unternehmenssicht.
9. Erläutern Sie den Ausdruck „institutionelle Werbung".
10. Wie können Wahrnehmungsprozesse grundsätzlich unterstützt werden?
11. Erklären Sie die Theorie des sozialen Lernens.
12. Unterscheiden Sie Testimonial und Celebrity.

9. Literaturverzeichnis zu Teil VII

Auer, M.: Product placement – Die neue Kunst der geheimen Verführer, Düsseldorf 1988.

Behrens, K. C.: Absatzwerbung, 2. Auflage, Wiesbaden 1976.

Blum, W. in: Die Zeit, Nr. 28 vom 08.07.1999, S. 38.

Buchholz, A. / Wördemann, W.: Was Siegermarken anders machen, 2. Auflage, Düsseldorf 1998.

Felser, G.: Werbe- und Konsumentenpsychologie, Heidelberg 1997.

Gabler-Wirtschaftlexikon, 13. Auflage, Wiesbaden 1993.

Haseloff, O. W.: Konsumententheoretische Probleme der Werbung, in: Behrens, K. C., Hrsg.: Handbuch der Werbung, Wiesbaden 1970.

Kotler / Blimel: Marketing-Management, 7. Auflage, Stuttgart 1992.

Kroeber-Riel, W.: Bild-Kommunikation, Imagerystrategien für die Werbung, München 1993.

Kroeber-Riel, W / Weinberg, P.: Konsumentenverhalten, 7. Auflage, München 1999.

Marr / Picot zitiert in: Weis, H. C., Hrsg.: Marketing, Ludwigshafen 1987.

Moser, K.: Sex-Appeal in der Werbung, Göttingen 1997.

Neumann. P.: Marktpsychologisches Proseminar II: Anwendung, 7. Auflage 1993.

Pflaum, D., Hrsg.: Lexikon der Werbung, Landsberg/Lech 1991.

Rosenstiel, L. v. / Neumann, P.: Einführung in die Markt- und Werbepsychologie, 2. Auflage, Darmstadt 1991.

Ruzas, S. in: Focus, Nr. 52 vom 28.12.1998.

Zentralverband der Werbewirtschaft, Bonn, 1999.

Zimbardo, P.: Psychologie, 5. Auflage, Heidelberg 1992.

be a part
look@: www.i-clue.de
mailto: contact@i-clue.de

Teil VIII Öffentlichkeitsarbeit

1. Begriff und Ziele

In den folgenden Ausführungen ist zwar überwiegend von Unternehmen die Rede, die wesentlichen Aussagen über Öffentlichkeitsarbeit lassen sich aber genauso auf Verbände, Behörden, Parteien, Kirchen usw. übertragen.

Ziele

Ein Schwerpunkt der Öffentlichkeitsarbeit (Public Relations, abgekürzt PR) ist es, die Präsenz, Identifizierbarkeit und die Unterscheidbarkeit auf dem „Markt der Informationen" zu erhöhen, also in der Öffentlichkeit gegenwärtig zu sein. Dies gilt sowohl für die lokale als auch für die nationale Öffentlichkeit. Die Schaffung von gegenseitigem Vertrauen und Verständnis ist ein weiteres wichtiges Ziel von Öffentlichkeitsarbeit. Eine erfolgreiche PR-Arbeit muss bereits im eigenen Unternehmen, bei den Mitarbeitern und ihren Angehörigen, beginnen und sich über die Kunden, die Geschäftspartner, die Geldgeber usw. fortsetzen. Letztendlich sind auch die Medien in diesen Prozess der Vertrauensgewinnung und -herstellung einzubinden.

Definition

Public Relations sind ein Teilbereich der Kommunikationspolitik, der die systematische Gestaltung und Pflege der Beziehungen eines Unternehmens bzw. einer Organisation zur Öffentlichkeit umschließt. Das Ziel besteht darin, Lieferanten, Abnehmern, Mitarbeitern, Aktionären, Gläubigern usw. ein positives Bild des Unternehmens bzw. der Institution zu vermitteln und eine Atmosphäre des Verständnisses und des Vertrauens zu schaffen. (Nieschlag / Dichtl / Hörschgen, 1991, S. 1022)

Bessere Problembewältigung

Viele Probleme, z. B. die Gewinnung von Nachwuchskräften oder negative Schlagzeilen in der Presse, lassen sich bei einem guten Firmenimage wesentlich besser bewältigen als bei einem gestörten Vertrauensverhältnis gegenüber der Öffentlichkeit. Ein positives Vertrauen kann nur über viele Jahre hinweg mit den entsprechenden Anstrengungen im Unternehmen aufgebaut und erhalten werden.

Das Vertrauen zwischen Unternehmen und Öffentlichkeit kann nicht ausschließlich mittels Informationspolitik geschaffen werden, sondern muss auch die Produktionsweise und ihre Auswirkungen auf Umwelt und Gesellschaft mit einbeziehen. Die rasante Entwicklung unseres technologischen Know-hows mit ihren teilweise negativen Auswirkungen und eine demgegenüber immer sensibler und kritischer werdende Öffentlichkeit haben sicherlich dazu beigetragen, dass sich Unternehmen heutzutage über die Aus- und Nebenwirkungen ihrer Herstellungsweisen und Produktion verstärkt Gedanken machen müssen (vgl. Rota, 1994, S. 49 ff.).

Abgrenzung zur Werbung

Die Öffentlichkeitsarbeit lässt sich von den werblichen Aktivitäten eines Unternehmens abgrenzen. Die Werbung konzentriert sich direkt auf die Bekanntmachung von Produkten, Produktgruppen und Dienstleistungen und deren Absatz. Ihre Aufgabe besteht darin, die potenziellen Kunden zum Kauf zu aktivieren. Hierbei kommen überwiegend unternehmenseigene Medien oder gekaufte Informationsräume (Prospekte, Kataloge, Produktinformationen, TV-Spots, Anzeigen) zum Einsatz.
Die PR-Arbeit verfolgt andere Ziele. Sie will das Unternehmen als Ganzes in Kontakt mit der Öffentlichkeit bringen und nicht einzelne Produkte bekannt machen. Hier kommen deshalb überwiegend fremde Medien (z. B. redaktionelle Berichte in Presse, Fernsehen und Hörfunk), die nicht in direkter Abhängigkeit zum Unternehmen stehen, zum Einsatz. Deshalb ist hier Sachlichkeit und wirkliche Information besonders geboten. Auch selbst produzierte Medien und Informationsmittel (Mitarbeiterzeitung, Imagebroschüre, Unternehmensdarstellung als Film) dienen der sachlichen Information über das ganze Unternehmen und sind nicht ausschließlich dazu da, um die Produkte oder Dienstleistungen bekannt zu machen (vgl. Rota, 1994, S. 51 f.).

Externe Unterstützung: PR-Agenturen und PR-Berater

Viele Unternehmen legen ihre PR-Aktivitäten ganz oder teilweise in die Hände einer externen PR-Agentur oder eines PR-Beraters. Oft sind es gerade die althergebrachten Vorgehensweisen und eine gewisse Bertriebsblindheit in den Firmen, die ein Hindernis für eine erfolgreiche und kreative PR-Arbeit darstellen. Neue Sichtweisen von außen und eine kritische Bestandsaufnahme der bisherigen Öffentlichkeitsarbeit eröffnen neue Möglichkeiten für die interne und externe Kommunikation. Eine PR-Agentur kann u. a. folgende Dienstleistungen anbieten (vgl. Reichardt, 1997, S. 43):

- kontinuierliche Beratung in allen PR-Bereichen,
- Konzeption und Planung langfristiger PR-Kampagnen,
- Gestaltung und Streuung von PR-Printmedien (z. B. Geschäftsbericht, Unternehmensdarstellung),
- Aufstellung eines firmenspezifischen Presseverteilers,
- Organisation und Durchführung von Pressekonferenzen und Veranstaltungen für die Presse (z. B. Pressebesichtigung, Pressefahrten),
- Planung und Durchführung von PR-Aktionen und PR-Veranstaltungen (z. B. Tag der offenen Tür),
- redaktionelle Betreuung von Haus-, Kunden- und Mitarbeiterzeitschriften,
- Gestaltung und Schaltung von PR-Anzeigen,
- Ghostwriting (das Schreiben von Texten und Reden),
- Dokumentation,
- Mitwirkung bei Markt- und Meinungsforschung.

Bestandteile der PR-Arbeit

Folgende Bedingungen sollten bei der PR-Arbeit besonders beachtet werden. Sie können als die vier Bestandteile des Prozesses der Öffentlichkeitsarbeit bezeichnet werden (vgl. Nitsch, 1975, S. 33 ff., und Rota, 1994, S. 53 f.):

Verständigung
Sie ist Kommunikation im weitesten Sinne und beginnt im Betrieb selbst, der eine offene Informationspolitik anstreben will. Kontakte zu den Medien und deren Information sowie das Erwecken von Interesse und Beachtung in der Öffentlichkeit gehören ebenso zur Verständigung wie die interne und externe Kommunikation, die Kritik zulässt und auch berücksichtigt.

Verstehen
Diese Bedingung bezieht sich auf die Inhalte der Öffentlichkeitsarbeit. Tatsachen, Umstände und Zusammenhänge müssen realistisch dargestellt und erklärt werden, ohne die Gegebenheiten zu beschönigen. Intern und extern werden somit Einsichten vermittelt, die die Aktivitäten und Vorgehensweisen eines Unternehmens und seiner Personen begreifbar machen.

Verständnis
Wenn die beiden ersten Bedingungen erfüllt sind, entsteht ein gegenseitiges Verständnis: einerseits von den Medien für die Belange des Unternehmens, andererseits vom Unternehmen für die Belange und Interessen der Öffentlichkeit.

Vertrauen
Das Ziel des Vertrauens wird durch die ständige Anwendung und Schaffung der drei zuvor genannten Punkte erreicht: Unternehmen, Medien und Öffentlichkeit haben gegenseitiges Misstrauen, Vorurteile und Unverständnis abgebaut und kooperieren bei der Informationsverteilung. Das Unternehmen nimmt am Wissensaustausch der Gesellschaft teil und produziert und verarbeitet Inhalte und Informationen.

Ethische Richtlinien

Ein offizieller Verhaltenskodex für die in der Öffentlichkeitsarbeit tätigen Agenturen und ihre Mitarbeiter, der auch für die PR-Arbeit von Unternehmen Orientierung sein sollte, besteht seit den 60er-Jahren. Einige dieser internationalen Richtlinien, die von der DPRG (Deutsche Public Relations Gesellschaft) übernommen wurden, werden nachfolgend zitiert. Der Öffentlichkeitsarbeiter sollte folgende Grundsätze beachten:

- Die Schaffung und Förderung von Kommunikationsformen und -mitteln, die es durch Ermöglichung des freien Informationsflusses dem Einzelnen erlauben, sich unterrichtet, angesprochen und mitverantwortlich zu fühlen;
- sich unter den jeweils gegebenen Umständen so zu verhalten, dass er das Vertrauen all derer erwirbt, mit denen er in Kontakt kommt;
- sich der Tatsache bewusst sein, dass die enge Verbindung zur Öffentlich-

keit in diesem Beruf es mit sich bringt, dass nach seinem Verhalten auf den ganzen Berufsstand geschlossen wird;
- in der Ausübung des Berufes die allgemeine „Erklärung der Menschenrechte" (UN-Charta) respektiert wird und damit die individuelle Würde der Person und das Recht der eigenständigen Meinungsbildung geachtet wird;
- die geistigen und psychologischen Voraussetzungen für einen echten Meinungsaustausch zu schaffen und den Partnern die Möglichkeit zu geben, ihren Standpunkt zu vertreten;
- in jedem Fall so zu handeln, dass den Interessen beider Seiten, des Auftraggebers und der angesprochenen Öffentlichkeit, Rechnung getragen wird.

2. Zielgruppen

Ein Grundsatz amerikanischer Public Relations ist: „First know your public" – auf Deutsch: „Lerne zuerst deine Öffentlichkeit kennen."

Jedes Unternehmen hat seine spezifischen Beziehungsgruppen und muss diese gezielt ansprechen. Die Eigenheiten und Interessen dieser Zielgruppen müssen erkannt und berücksichtigt werden, um eine effiziente Öffentlichkeitsarbeit gestalten zu können.

Zielgruppenbestimmung

Die Öffentlichkeit wird dazu in Segmente aufgeteilt, die je nach betriebsindividuellen und räumlich-funktionalen Gegebenheiten, wie Standort und Wirkungsbereich des Unternehmens, variieren. Spezielle Kriterien zur Bildung der Segmente können zum Beispiel räumliche Merkmale, Zugehörigkeit zu bestimmten Berufsgruppen, aber auch Grundmerkmale wie Geschlecht und Alter sein.

Interne/externe Öffentlichkeiten

Ein Grundschema ist die Unterteilung in interne Öffentlichkeiten, das Aktionsfeld der Human Relations, auf die im nächsten Abschnitt gesondert eingegangen wird, und externe Öffentlichkeiten, das Aktionsfeld der Public Relations (vgl. Nitsch, 1975, S. 44–47).

In der Öffentlichkeitsarbeit muss das gesamte Spektrum der meinungsbildenden Faktoren (z. B. die Presse und die Geschäftspartner) berücksichtigt werden. Es lassen sich dabei fünf allgemeine Zielgruppen für die Public Relations unterscheiden (vgl. Bürger, 1985, S. 46 f.):

Das Wirtschaftsleben:
- Kunden
- Lieferanten
- Geschäftspartner

	– Wirtschaftspresse – Wettbewerber
Die Finanzwelt:	– Banken – Investoren – Leasing-Gesellschaften – Gläubiger – Händler – Finanzpresse – Berater
Meinungsbildner:	– Medien – Interessengruppen (z. B. Gewerkschaften) – Verbraucherorganisationen – Fachverbände – Unternehmerverbände
Politik und Verwaltung:	– Behörden – politische Verwaltung – Politiker in den Städten und Gemeinden – Länder und Bund
Die öffentliche Meinung:	– regional und national, einschließlich der Presse – Kirchen und soziale Institutionen

Kammern, Verbände

PR als ständiger Dialog zwischen Unternehmen und Verband können zu besserem gegenseitigem Verständnis und zu einer vernünftigen Arbeitsteilung zur Realisierung des PR-Ziels beitragen. Auf der einen Seite das Unternehmen, das durch seine offene Selbstdarstellung in der Öffentlichkeit zu einem positiven Unternehmerbild beitragen kann. Auf der anderen Seite der Verband, der die gesellschaftliche Rolle von Unternehmen verdeutlicht und aktiv an wirtschaftlichen und gesellschaftlichen Veränderungen mitarbeitet.

Bürgerinitiativen, Umweltschutzorganisationen

Bürgerinitiativen und Umweltschutzorganisationen sind wichtige Dialogpartner für ein Unternehmen. Frühzeitig sollten sie über unternehmerische Vorhaben informiert werden und ihre berechtigten Interessen in den Entscheidungsprozessen mit einbringen können. Falsch wäre es, diese Gruppen zu übergehen. Die Erfahrung zeigt, dass das zu hohem ideellem, aber auch wirtschaftlichem Schaden für das Unternehmen führen kann.

Welche Zielgruppen für die PR-Arbeit wichtig sind, hängt im Wesentlichen von der Größe und der Art des Unternehmens ab. So sind für kleine Unternehmen vor allem die Mitarbeiter, Lieferanten, Kunden, Anwohner und lokale Bevölkerung, Verbraucher, Berufsorganisationen und gegebenenfalls noch Bürgerinitiativen und Umweltschutzorganisationen wichtig. Großunternehmen müssen dagegen die Zielgruppen aus allen Feldern berücksichtigen und in die PR-

Arbeit mit einbeziehen. Für ein Unternehmen wie *Hoechst* sind hier z. B. besonders die großen Umweltschutzorganisationen und staatliche Umweltinstitutionen zu nennen.

Die Zielgruppen und Ziele der Human Relations

Interne Öffentlichkeiten

Die internen Öffentlichkeiten einer Unternehmung sind die Zielgruppen der Human Relations. Dazu gehören die derzeitigen und zukünftigen Mitarbeiter, Pensionäre, Arbeitnehmerorganisationen, die Familienangehörigen der Mitarbeiter, Berater des Unternehmens und die Nachbarn der Firma. Die Human Relations (auch Internal Relations genannt) kümmern sich um die Verbesserung der Kommunikationsprozesse innerhalb des Unternehmens und um die Pflege des Betriebsklimas.

Ziele

Die Ziele der Human Relations lassen sich wie folgt zusammenfassen (vgl. Bürger, 1985, S. 144):

Aufbau einer positiven Einstellung

Die Mitarbeiter sollen zu ihrem Beruf, ihrer Tätigkeit, zu ihren Kollegen und zur Firma insgesamt eine positive Einstellung entwickeln und langfristig beibehalten.

Bindung guter Mitarbeiter

Die interne Informationspolitik muss erreichen, dass die Fluktuation in der Firma geringer wird. Der Wechsel der Mitarbeiter und die damit verbundenen wenig effizienten Einarbeitungszeiten könnten so auf ein Minimum reduziert werden, was die Rentabilität steigert.

Förderung des Engagements

Durch Motivation werden die Mitarbeiter aktiviert, denken mit und beteiligen sich konstruktiv im kollegialen Dialog und bringen Verbesserungsvorschläge ein.

Loyalität zum Unternehmen

Wenn ein Mitarbeiter zufrieden mit seiner Arbeit und motiviert ist, wird er sich weniger krank melden, kein Betriebseigentum stehlen und seine Pausen nicht überziehen, es seiner Firma also mit einem hohen Maß an Loyalität danken.

Werbung um Verständnis und Vertrauen

Für jegliche unternehmerischen Entscheidungen muss um Verständnis in der Belegschaft geworben werden. Eine intensive interne Kommunikation ist die Grundlage für vertrauensbildende Maßnahmen. Befürchtungen und Ängste werden so im Vorfeld bereits eingedämmt und die Mitarbeiter stehen den Veränderungen in der Arbeits- und Berufswelt sachlich gegenüber. Die Mitarbeiter müssen Vertrauen in die Leitung des Unternehmens haben, nur so sind sie gewillt, gemeinsam die Kontinuität des Betriebsablaufs zu sichern und die Firma voranzubringen.

Abwehr von Negativstimmungen
Durch eine schnelle und offene interne Informationspolitik werden Gerüchte und Vorurteile schon im Keim erstickt, was für ein besseres Betriebsklima sorgen kann.

3. Methoden

3.1 Medien und Mittel der Public Relations

Die Medien der Öffentlichkeitsarbeit lassen sich in zwei Bereiche unterteilen: einerseits in die Massenmedien und andererseits in die Schaffung von Ereignissen, Kontakten und Begegnungen für die Zielgruppen, wie z. B. Betriebsbesichtigungen und Diskussionsveranstaltungen.

1. Massenmedien

Direkte/indirekte Informationsvermittlung

Bei der Kommunikation über die Massenmedien spricht man zum einen von einer direkten und zum anderen von einer indirekten Informationsvermittlung. Zur direkten Informationsvermittlung gehören zum Beispiel bezahlte PR-Spots in Rundfunk und Fernsehen oder PR-Anzeigen in Tageszeitungen und der Fachpresse. Diese Informationsmittel werden zur unmittelbaren Kommunikation mit der Öffentlichkeit eingesetzt, wobei die Form und Gestaltung vom jeweiligen Unternehmen selbst bestimmt wird.
Von der indirekten Informationsvermittlung spricht man, wenn Journalisten und Redakteure bei Presse, Rundfunk und Fernsehen „dazwischengeschaltet" sind. Sie erhalten, z. B. mittels Presseinformationen, Veranstaltungen und speziellen Einladungen, Informationen, die im redaktionellen Teil ihres jeweiligen Mediums veröffentlicht werden sollen. Das Unternehmen hat letztendlich keinen Einfluss auf Umfang und Art der Berichterstattung.

Nachrichtenagenturen

Die Redaktionen können Informationen auch über internationale Nachrichtenagenturen, z. B. Associated Press (ap) oder Deutsche Presse-Agentur (dpa), abrufen. Diese Agenturen sammeln, recherchieren und verbreiten Nachrichten an Presse, Funk und Fernsehen.

Für ein Unternehmen hat die Weitergabe von Informationen an eine Nachrichtenagentur Vor- und Nachteile. Einerseits besteht die Chance, dass die Informationen an eine große Anzahl von Redaktionen verbreitet werden, andererseits aber wählen die Agenturen natürlich aus einer Flut von Nachrichten aus und verbreiten nur das Wichtigste. Diese Agenturinformationen werden von den Redaktionen, gegenüber einem direkten Pressetext eines Unternehmens, bevorzugt.

Tages- und Wochenzeitungen, allen voran die Wirtschaftspresse und Tageszeitungen mit einem kompetenten Wirtschaftsteil, sind für die Öffentlichkeitsarbeit sehr wichtig. Zeitungen transportieren aktuelle Nachrichten und besitzen eine insgesamt hohe Glaubwürdigkeit. Wichtig ist der direkte, persönliche Kontakt zu den Redaktionen. Bei der lokalen Presse ist dies meist problemlos möglich, bei überregionalen, entsprechend größeren Redaktionen wird es jedoch schon schwieriger. Zeitungen

Auch die öffentlich-rechtlichen Fernseh- und Hörfunkredaktionen sind für die PR-Arbeit wichtig. Da die privaten TV- und Hörfunksender sich durch Werbeeinnahmen und Sponsoring finanzieren müssen, also von der Wirtschaft abhängig sind, ist eine Zusammenarbeit mit ihnen im Bereich der PR-Arbeit leichter als mit den öffentlich-rechtlichen Sendern. Hörfunk/Fernsehen

Nicht zuletzt können auch die Außenwerbung mit Plakatanschlag und Verkehrsmittelwerbung, das Kino sowie neue Medien wie z. B. das Internet (World Wide Web) für eine PR-Kampagne eines Unternehmens eingesetzt werden. Außenwerbung/Kino/neue Medien

2. Ereignisse, Kontakte und Begegnungen schaffen

Mit diesem Bereich will man Erlebnisse für die verschiedenen Zielgruppen und Ereignisse für die Presse schaffen, Beziehungen pflegen, Kontakte und Begegnungen ermöglichen, tiefer in Interessengruppen eindringen und sich Kompetenzen aneignen.

Darunter fallen die folgenden Bereiche:

Begegnungen:	– „Tag der offenen Tür" – Betriebsbesichtigungen – Pressekonferenzen – Journalistenreisen – Diskussionsveranstaltungen – Informationsgespräche etc.
Ausstellungen:	– Messebeteiligung – Ausstellungsbeteiligung – Beteiligung an Veranstaltungen etc.
Ehrungen:	– Journalistenpreise – Auszeichnung „Sportler des Jahres" – „Jugend forscht"-Preis etc.
Einweihungen:	– Betriebserweiterungen – Neue Technologien – Umweltschutzmaßnahmen etc.
Jubiläen:	– jeglicher Art

Einrichtungen:	– Museen – Bibliotheken – Kommunikationszentren etc.
Lobbyismus:	– Gründung einer Stiftung – Übernahme von Patenschaften – Mitgliedschaften in Verbänden – Vereinsmitgliedschaften – Förderung von Vereinen – Spenden etc.
Kompetenzen aneignen:	– Gütezeichen – Werbegemeinschaften etc.
Fachliche Anleitungen:	– Beratungszentrum – Ausbildungseinrichtungen – Fachliche Printmedien – Fachperiodika etc.

Ausgewählte Medien und Mittel der Public Relations

Die Pressearbeit

Für die Öffentlichkeitsarbeit hat die Presse eine zentrale Bedeutung. Von der Öffentlichkeit werden die Pressemedien als neutrale und objektive Instanz verstanden und genießen eine hohe Glaubwürdigkeit. Da der jeweilige Journalist letztendlich darüber entscheidet, welche Nachrichten und Informationen veröffentlicht werden und welche nicht, hat das Unternehmen hierbei keinen Einfluss mehr.

Aufgaben der Pressearbeit

Die Aufgaben der Pressearbeit im Unternehmen lassen sich in den folgenden Punkten zusammenfassen:

- Informationsbeschaffung: Der PR-Mitarbeiter muss selbst über alle relevanten Fragen unterrichtet und in ständigem Kontakt mit der Geschäftsleitung und den einzelnen Abteilungen im Unternehmen sein. Ihm müssen alle wichtigen Informationen sofort zugänglich gemacht werden. Zur kontinuierlichen Pressearbeit gehört auch die Suche nach Neuigkeiten und interessanten Themen im Betrieb, die für Journalisten von Interesse sein könnten.
- Informationsbearbeitung: Das gesammelte Informationsmaterial muss gesichtet, selektiert und pressegerecht bearbeitet werden. Eine saubere Archivierung des Materials gehört natürlich ebenso dazu wie das Sammeln der veröffentlichten Nachrichten.
- Informationen nach innen: Die Vermittlung von Informationen aus der

Presse im eigenen Haus ist ebenfalls eine Aufgabe des PR-Mitarbeiters, wobei nicht nur die Veröffentlichungen der eigenen Presseinformationen gemeint sind.

- Kontaktpflege zur Presse: Persönliche Kontakte sind immer Gold wert, so auch im Falle der Pressearbeit. Unpersönliche Zusendungen von Informationen wandern überwiegend in den Papierkorb. Die Pflege dieser Kontakte, vor allem zu den Journalisten, die in unmittelbarer Nähe zum Unternehmen tätig sind, darf nicht vernachlässigt werden. Einladungen zu Betriebsbesichtigungen und Betriebsveranstaltungen sind Möglichkeiten, um diese Kontakte aufzubauen und zu erhalten.

Pressekonferenz

Ein Mittel der Pressearbeit sind Pressekonferenzen, die leider oftmals missbraucht werden. Sinnvoll und zweckmäßig sind sie nur, wenn das Unternehmen wirklich etwas Wichtiges zu sagen hat. Journalisten sind immer unter Zeitdruck und sehr verärgert, wenn sich die Teilnahme an einer Pressekonferenz nicht gelohnt hat. Letztendlich fällt der negative Eindruck dann auf das Unternehmen zurück.

Presseinformation

Ein weiteres Mittel der Pressearbeit sind Presseinformationen. In ihnen sollten interessante Firmeninformationen bzw. Informationen über neue Produkte oder Dienstleistungen für die Presse aufbereitet sein. Die Redaktionen werden tagtäglich mit Presseinformationen, die sehr schnell in den Abfall wandern, überschwemmt. Deshalb zählen hier nur wirkliche Neuigkeiten, die aktuell oder besonders interessant sind. Die Nachrichten müssen auch für den Leser von Interesse sein, denn nur solche Informationen wird ein Journalist veröffentlichen. Die Presseinformation sollte sich auf Tatsachen stützen und wirklich wahr sein. Exakte Informationen mit Substanz erhöhen die Glaubwürdigkeit der Pressearbeit entscheidend (vgl. Nitsch, 1975, S. 89–103).

Die Pressenotiz ist so zu gestalten, dass der Redakteur sie eventuell unverändert übernehmen, aber auch kürzen kann. Deshalb sollten alle wichtigen Informationen am Anfang des Textes stehen.

Grundsätze für Pressetexte

Bevor man einen Pressetext verfasst, sollten die folgenden Punkte unbedingt beachtet werden (vgl. Rota, 1994, S. 86 ff.):

- *Aktualitätsprinzip:* Der Pressetext muss weitgehend aktuell und auf dem jüngsten Stand der Information sein.
- *Verständlichkeitsprinzip:* Die Informationen müssen klar und verständlich verfasst sein.
- *Wahrheitsprinzip:* Die Inhalte sind wahrheitsgetreu und nicht verfälschend darzustellen.
- *Zuverlässigkeitsprinzip:* Die Presseinformation muss neutral und sachlich im Umgang mit Zahlenmaterial sein.

Wenn diese vier Elemente bei der Erstellung von Presseinformationen berücksichtigt werden, ist bereits die erste Stufe der Vetrauensbildung gegenüber den Medien und der Öffentlichkeit erreicht.

Inhalt einer Pressemitteilung

Der Inhalt von Presse- und Medienmitteilungen sollte nach den so genannten W-Fragen ermittelt bzw. überprüft werden. Durch die Anwendung dieser Fragen ergibt sich bereits eine gewisse Struktur der Inhalte, die an die Medien als Mindestinformation gegeben werden können.
Die wichtigsten W-Fragen, die sich der Öffentlichkeitsarbeiter bei der Erstellung eines Pressetextes für eine PR-Veranstaltung stellen muss, sind (vgl. von LaRoche, 1988, S. 86 ff.):

- *Wer* ist der Veranstalter (z. B. die Geschäftsleitung der Organisation)?
- *Was* veranstalten wir (z. B. eine Pressekonferenz)?
- *Warum* veranstalten wir die Pressekonferenz (z. B. Geschäftsbericht)?
- *Wo* findet diese Pressekonferenz statt (z. B. im Unternehmen)?
- *Wann* beginnt unsere Pressekonferenz?
- *Wie* soll unsere Pressekonferenz ablaufen (z. B. mit Diskussion)?

Mit Hilfe dieser Fragestellungen ist das Gerüst für eine Presseeinladung vorstrukturiert und sie kann entsprechend ausformuliert werden. Sämtliche anderen Presseinformationen können nach diesem Muster aufgebaut und weitergegeben werden. Grundsätzlich gilt es, darauf zu achten, dass die Texte nie zu lang werden.

„Tag der offenen Tür" und Betriebsbesichtigungen

Die PR-Veranstaltung „Tag der offenen Tür" in den Unternehmen ist fast immer ein großer Erfolg. Die Vielzahl dieser Aktivitäten in den unterschiedlichsten Unternehmen, darunter auch viele kleine Handwerksbetriebe und Dienstleistungsunternehmen, bestätigen dies. Ein „Tag der offenen Tür" richtet sich in erster Linie an die Bevölkerung der Stadt und der näheren Umgebung, in der sich das Unternehmen befindet. Bestimmte Gruppen, wie z. B. Schulklassen, die Angehörigen der eigenen Mitarbeiter, leitende Mitarbeiter von Betrieben, mit denen man zusammenarbeitet, Mitglieder von Verbänden und Vereinigungen und natürlich die Presse, sollten gesondert zu einer jeweiligen Betriebsbesichtigung eingeladen werden.

Zielgruppen

Der „Tag der offenen Tür" ist eine besondere Gelegenheit, um mit Endverbrauchern, Kunden, Händlern und der gesamten interessierten Öffentlichkeit in direkten Kontakt zu treten. Für die meisten Besucher ist es die einzige Möglichkeit, ein Unternehmen und seine Produktionsweisen richtig kennen zu lernen. Die Führungen durch den Betrieb sollten durch AV-Medien (sofern vorhanden) und Informationsmaterial unterstützt werden.
Der „Tag der offenen Tür" muss gründlich und präzise geplant und vorbereitet werden. Die Bekanntmachung durch Anzeigen in der örtlichen Tages-

zeitung, Wurfzettel an alle Haushalte und eventuell Plakate gehören ebenso dazu wie eine Mitarbeiterschulung für die Führungen durch das Haus, eine Bereitstellung von Erfrischungen und einem kleinen Imbiss sowie eine ausreichende Beschilderung inner- und außerhalb des Hauses.

Jubiläumsveranstaltungen

Jubiläen sollten nur dann gefeiert werden, wenn es wirklich einen wichtigen Anlass dazu gibt. Also nur bei runden Zahlen: 5, 10, 15, 20 usw. Jahre. Gut organisierte und geplante Jubiläumsveranstaltungen beinhalten natürlich Presseinformationen, Informationen für die Öffentlichkeit (Anzeigen, Broschüren) und eine Festschrift, die eine kurze Darstellung des Anlasses und die Entwicklung des Unternehmens aufzeigt. Ein Jubiläumsball oder eine Festveranstaltung, begleitet von einer Pressekonferenz, kann die Feier zu einem gesellschaftlichen Ereignis werden lassen.

Firmenpublikationen

Die Eigenveröffentlichungen des Unternehmens bieten die Möglichkeit der gezielten Ansprache von bestimmten Zielgruppen. Die Einsatzmöglichkeiten dieser Publikationen sind vielfältig. Sie können zum einen der reinen Sachinformation, zum anderen auch der Kontaktpflege dienen.
Zu den Firmenpublikationen gehören die Selbstdarstellung des Betriebes in Form einer Broschüre, der Jahresbericht, Kundenzeitschriften, veröffentlichte Fachaufsätze und Forschungsergebnisse sowie Fachbücher.

PR-Anzeigen in der Fach- und Publikumspresse

Anzeigen des Unternehmens in den branchenspezifischen Fachzeitschriften können ein positives Image und einen bestimmten Kompetenzanspruch im jeweiligen Bereich aufbauen und erhalten helfen. Diese Anzeigen dienen unter anderem auch der Imagepflege gegenüber Wettbewerbern. Mit der Publikumspresse wird in der gesamten Öffentlichkeit um Vertrauen geworben.

Video, Dia-AV, CD-i, CD-ROM, Computerpräsentationen

Die Non-Print-Medien sind in ihrer Wirkung unerreicht, denn was man gesehen und gehört hat, bleibt am besten in der Erinnerung. Der Einsatz dieser Medien auf Messen, Ausstellungen, Veranstaltungen, beim „Tag der offenen Tür" und hausintern, z. B. für neue Mitarbeiter, ist besonders vielfältig. Das Unternehmen kann sich mit den Non-Print-Medien bei den genannten PR-Aktivitäten Aufmerksamkeit und Interesse verschaffen und einer positiven Wirkung bei den Zielgruppen sicher sein.

Internet (World Wide Web)

Das Internet besteht aus einem unabhängigen, dezentralen und weltweiten Verbund von Computer- und Datennetzen, der den Informations- bzw. Datenaustausch und den Zugriff auf die einzelnen Rechner ermöglicht. Das World Wide Web ist der erfolgreichste Kommunikationsdienst im Internet. Ein Unternehmen kann sich hier umfassend präsentieren, Datenbanken und aktuelle Informationen für die Presse und/oder die Allgemeinheit zur Verfügung stellen und mit Kunden und Geschäftspartnern kommunizieren.

Extranet

Ein Extranet ist ein firmeninternes Computernetz, das im Prinzip wie das Internet bzw. das World Wide Web funktioniert. Per Computer lassen sich die vom Unternehmen in diesem Informationsdienst zur Verfügung gestellten Informationen wie Bilder, Grafiken, Rundschreiben, Telefonverzeichnisse, Mitarbeiterzeitschriften usw. abrufen. Die Kommunikation zwischen den einzelnen Mitarbeitern wird per E-Mail ebenso ermöglicht. Im Gegensatz zum Intranet sind an ein Extranet zusätzlich auch beispielsweise Niederlassungen, Außenstellen, Geschäftspartner und Kunden an das Netz angeschlossen.

3.2 Medien und Mittel der Human Relations

Für die innerbetriebliche Kommunikation haben sich aus den Medien der Public Relations heraus gewisse Sonderformen entwickelt, die im Folgenden aufgeführt sind:

Institutionelle Einrichtungen

- Betriebliches Vorschlagswesen
- Kulturelle Einrichtungen
- Soziale Einrichtungen
- Einrichtung einer Fachbibliothek
- Sport- und Freizeitgruppen
- Auszeichnungsweisen etc.

Hauseigene Medien

- Betriebsmitteilungen
- Jahresberichte
- Jährliche Sozialbilanz
- Mitarbeiterzeitschrift
- Mitarbeiterbriefe
- „Schwarzes Brett"
- Intranet
- Business-TV
- Betriebsinternes Ausstellungswesen
- Firmendokumentation für neue Mitarbeiter etc.

Personelle Kommunikation

- Betriebsversammlungen
- Betriebsfeste
- Veranstaltungen des Betriebes
- Weiterbildungsprogramme
- Sprechstunden etc.

Sonstige Mittel
- Geburtstagsgeschenke
- Präsente für langjährige Betriebszugehörigkeit
- Mitarbeiter-Ehrungen etc.

Ausgewählte Medien und Mittel der Human Relations

Die Hauszeitschrift / Mitarbeiterzeitung

Neben der organisationsbedingten Transparenz und dem Zugang zu Informationen ist die Hauszeitschrift eine gute Möglichkeit, firmenintern zu motivieren und den Dialog unter den Mitarbeitern zu fördern.
Je nach Umfang kann die Hauszeitschrift alle Themenbereiche der „Unternehmenswelt" umfassen: sachliche Informationen aus dem Betrieb und den einzelnen Abteilungen, aber auch aus der jeweiligen Branche insgesamt (Geschäftsverlauf, neue Technologien und Produkte, Marktentwicklungen), allgemeine Informationen, die im Interesse der Mitarbeiter liegen, wie z. B. Steuer- und Versicherungsfragen, Nachrichten über die Sicherheit im Betrieb und auch ein Unterhaltungsteil mit Rätseln, Kurzgeschichten und Witzen zur Auflockerung. Auf keinen Fall sollte eine Rubrik fehlen, in der die Mitarbeiter selbst zu Wort kommen, um z. B. ihre Erfahrungen weiterzugeben oder Probleme anzusprechen und den internen Dialog zu fördern. Konstruktive Kritik kann dem Unternehmen Ideen und Innovationen bringen.
Die direkte Informationspolitik durch die Mitarbeiterzeitung verbessert nicht nur die Motivation und die Transparenz im Unternehmen, sondern steigert durch einen lebendigen internen Dialog auch das Ansehen des Unternehmens nach außen in den Medien und in der Öffentlichkeit.
In vielen Unternehmen wird die Mitarbeiterzeitung auch in digitaler Form verbreitet (siehe Intranet).

Das schwarze Brett

Wie die Hauszeitschrift hat auch das schwarze Brett die Funktion der Informationsübermittlung an die eigenen Mitarbeiter. Mit sehr geringem Aufwand lässt sich so eine Informationswand installieren und regelmäßig mit Informationen versehen. Das schwarze Brett kann, als Ergänzung zur Hauszeitschrift, die Mitarbeiter mit besonders aktuellen Informationen versorgen (siehe auch Intranet).

Hausmitteilungen

Hausmitteilungen sind eine persönliche Form der Informationsübermittlung. Sie dienen der Vertrauenswerbung beim jeweiligen Mitarbeiter und sind für die Kontakt- und Beziehungspflege sehr geeignet. Es ist auch möglich, Mitteilungen in die Gehaltsabrechnung mit einzulegen. In vielen Unternehmen werden interne Mitteilungen mittlerweile über EDV-gestützte Kommunikationssysteme per E-Mail direkt übermittelt (siehe Intranet).

Intranet

Ein firmeninternes und in sich geschlossenes Computernetz, das im Prinzip wie das Internet bzw. das World Wide Web funktioniert. Per Computer lassen sich von jedem Arbeitsplatz aus die vom Unternehmen im Intranet zur Verfügung gestellten Informationen wie Bilder, Grafiken, Rundschreiben, Telefon- und Adressverzeichnisse, Mitarbeiterzeitschriften, Geschäftsberichte usw. abrufen. Die Kommunikation zwischen den einzelnen Mitarbeitern wird über das Intranet per E-Mail ebenso ermöglicht. Das Intranet ist damit ein ideales Medium zur schnellen internen Unternehmenskommunikation bzw. der internen Öffentlichkeitsarbeit.

Die Hauszeitschrift/Mitarbeiterzeitung, das schwarze Brett sowie die Hausmitteilungen werden in den Unternehmen durch ein Intranet ganz oder zumindest teilweise ersetzt.

Business-TV

Ein firmeninternes Fernsehprogramm, das für das Unternehmen, seine Niederlassungen und Tochtergesellschaften selbst produziert und ausgestrahlt wird. Business-TV ist ein neueres Kommunikationsinstrument der internen Öffentlichkeitsarbeit und sorgt für die Information und Motivation der eigenen Mitarbeiter. Wie das Intranet dient auch das Firmenfernsehen zur schnellen und anschaulichen Vermittlung von Informationen und der gesamten Kommunikation in einem Unternehmen.

Firmenbroschüre für neue Mitarbeiter

Um den neuen Mitarbeitern den Einstieg in das Unternehmen zu erleichtern, kann eine Broschüre mit Informationen sehr nützlich sein. In diese gehören z. B. Informationen über die Struktur und die Beteiligungen des Betriebes, seine sozialen Leistungen und ganz einfach Informationen über Pausen, Kantine, Postverteilung usw., die die schnelle Eingewöhnung des Mitarbeiters unterstützen können.

Betriebliches Vorschlagswesen

Das betriebliche Vorschlagswesen ist ein ausgezeichnetes Mittel, um die eigenen Mitarbeiter zu motivieren. Neue, unkonventionelle Anregungen und Ideen, die von der Belegschaft kommen, können für das Unternehmen von großem Nutzen sein. Ein gut organisiertes Vorschlagswesen spornt nicht nur die Mitarbeiter an, sondern fördert letztendlich auch ein positives Betriebsklima.

Sport- und Freizeitgruppen

Musik-, Gesangs- und Sportgruppen im Unternehmen verbessern die Kontakte der Mitarbeiter untereinander und sorgen damit wiederum für ein besseres Betriebsklima. In der Wirkung nach außen können öffentliche Auftritte und Teilnahme an Sportveranstaltungen das Ansehen des Betriebes steigern.

Betriebsfeste und Betriebsveranstaltungen
Betriebsfeste, z. B. Weihnachtsfeiern, oder Betriebsveranstaltungen, wie z. B. Betriebsausflüge, sind beliebte Mittel zur Pflege der innerbetrieblichen Kontakte. Auch hiermit wird eine Verbesserung des Betriebsklimas erreicht.

Weiterbildungsprogramme
Die Fort- und Weiterbildung im Betrieb darf nicht vernachlässigt werden. Den Mitarbeitern muss die Möglichkeit gegeben werden, sich in Kursen und Seminaren weiterzubilden, um im Berufsleben weiterzukommen bzw. in der Firma bessere Aufstiegschancen zu erlangen. Das Engagement und die Motivation der Mitarbeiter wird durch solche Angebote wiederum angeregt.

4. Bedeutung und Integration in das Kommunikations-Mix

Die Öffentlichkeitsarbeit ist Teil der Kommunikationspolitik bzw. des Kommunikations-Mix und damit wiederum in das Marketing-Mix integriert. Im Mittelpunkt der PR-Arbeit stehen die gesellschaftlichen und die ethischen Dimensionen des unternehmerischen Handelns. Entsprechend ist die Öffentlichkeitsarbeit nicht mehr nur Element des Kommunikations-Mix, sondern übergeordnet. Sie ist das Kommunikationsinstrument, mit dem das ganze Unternehmen in einen ständigen Dialog mit der Öffentlichkeit tritt. Primäres Ziel ist es nicht, Produkte oder Dienstleistungen bekannt zu machen, sondern das Unternehmen in der Gesellschaft zu integrieren und auf die öffentliche Meinung entsprechend zu reagieren.
Die interne Öffentlichkeitsarbeit (Human Relations) bezieht sich vor allem auf den Dialog bzw. die Kommunikation mit den eigenen Mitarbeitern und ist um die Verbesserung der Kommunikationsprozesse innerhalb des Unternehmens und um die Pflege des Betriebsklimas bemüht.
Selbstverständlich sind alle PR-Aktivitäten auf die übrigen Kommunikationsmaßnahmen abzustimmen und insgesamt gesehen die Leitlinien aus der Unternehmensphilosophie und der Corporate Identity Strategie zu beachten.

5. Kontrollfragen zu Teil VIII

1. Definieren Sie den Begriff Öffentlichkeitsarbeit bzw. PR.
2. Was ist das vorrangige Ziel der Öffentlichkeitsarbeit?
3. Welche Bedingungen sind bei jeder PR-Arbeit zu beachten?
4. Erläutern Sie kurz einige Verhaltensregeln bzw. ethische Richtlinien, denen sich jeder Öffentlichkeitsarbeiter verpflichtet fühlen sollte.
5. Welche Zielgruppen werden mit den Public Relations angesprochen und welche Medien und Mittel werden in diesem Bereich eingesetzt?
6. Welches sind die Zielgruppen der Human Relations und welche Medien und Mittel werden hier eingesetzt?
7. Welche Aufgaben hat die Pressearbeit?
8. Welche Grundsätze sind bei der Erstellung von Pressetexten und sonstigen Informationen für die Öffentlichkeit zu beachten?
9. Welche „W-Fragen" sollte man sich, z. B. bei der Formulierung einer Presseeinladung, vorab stellen?

6. Literaturverzeichnis zu Teil VIII

Bürger, H. J.: Arbeitshandbuch Presse und PR, 2. Auflage, Essen 1985.

Koschnick, W. J., Hrsg.: Standard-Lexikon für Marketing, Marktkommunikation, Markt- und Mediaforschung, München 1987.

Kronhuber, H.: Public Relations – Einführung in die Öffentlichkeitsarbeit, Graz 1972.

LaRoche, Walther von: Einführung in den praktischen Journalismus, München 1988.

Nieschlag, R. / Dichtl, E. / Hörschgen, H.: Marketing, 16. Auflage, Berlin 1991.

Nitsch, H.: Dynamische Public Relations, Stuttgart 1975.

Reichardt, I.: Das praktische 1x1 der PR, Wiesbaden 1997.

Rota, Franco P.: PR- und Medienarbeit im Unternehmen – Instrumente und Wege effizienter Öffentlichkeitsarbeit, 2. Auflage, München 1994.

Teil IX Sponsoring

1. Begriff und Zielsetzung

Maecenas, ein Vertrauter von Kaiser Augustus und Gönner der Dichter Vergil und Horaz, wird heute vielfach als Urvater aller Sponsoren angesehen. Echte Mäzene würden sich jedoch die Gleichsetzung mit Sponsoren verbitten, denn zwischen beiden gibt es einen fundamentalen Unterschied: Der Mäzen gibt stets aus altruistischen Motiven, der Sponsor verlangt eine Gegenleistung vom Gesponserten.

Mäzen

Auch in den letzten Jahren hielt der Trend in der Entwicklung des Sponsoring an. Von 1997 auf 1998 wuchsen die Sponsoring-Ausgaben von 3,5 Mrd. DM auf 4 Mrd. DM. Das entspricht einem Anstieg von 14 %. Für die Unternehmen bilden vor allem Steuervergünstigungen einen wichtigen Anreiz, sich für ein Sponsoring-Engagement zu entscheiden.

Definition

Beim Sponsoring handelt es sich um die geplante und marktgerechte Bereitstellung von finanziellen Ressourcen, Sachleistungen und/oder Know-how mit dem Zweck, im Austausch gegen Imagetransfer kommunikative Ziele von Sponsoren und breit gestreute Ziele von Gesponserten zu erreichen (Bortoluzzi Dubach / Frey, 1997, S. 14).

Manfred Bruhn definiert Sponsoring folgendermaßen: „Sponsoring bedeutet die Planung, Organisation, Durchführung und Kontrolle sämtlicher Aktivitäten, die mit der Bereitstellung von Geld, Sachmitteln oder Dienstleistungen durch Unternehmen zur Förderung von Personen und/oder Organisationen im sportlichen, kulturellen oder sozialen Bereich verbunden sind, um damit gleichzeitig Ziele der Unternehmenskommunikation zu erreichen." (Zitiert aus: Bortoluzzi Dubach / Frey, 1997, S. 15)
Sponsoring ist aus der Sicht der Unternehmen eine Werbeform und somit Betriebsausgabe. Für die Gesponserten sind Sponsoring-Gelder Einkünfte aus Gewerbetätigkeit (vgl. Strahlendorf, 1994, S. 35).
Es muss im Einzelfall geprüft werden, ob es sich tatsächlich um eine Betriebsausgabe handelt, denn sonst läuft man Gefahr, dass das Finanzamt die Aufwendungen als Spenden oder gar als steuerlich nicht abzugsfähige Kosten der Lebensführung behandelt. Aufwendungen sind dann als Betriebsausgaben anzuerkennen, wenn sie in einem tatsächlichen oder wirtschaftlichen Zusammenhang mit dem Betrieb stehen. Für die Anerkennung der Sponsoring-Aufwendungen als Betriebsausgaben ist entscheidend, ob sie mit dem Ziel bereitgestellt werden, eine kommunikative unternehmerische Gegenleistung zu erhalten (NWB Nr. 36 v. 31.8.98).

Für gemeinnützige Organisationen sind die Sponsoring-Einnahmen dann steuerfrei, wenn sie dem Sponsor ohne besondere werbliche Hervorhebung öffentlich auf Plakaten, in Katalogen etc. danken, also keinen Beitrag leisten zur Mitwirkung an den Werbemaßnahmen des Sponsors. Wird eine wirtschaftliche Aktivität der ansonsten steuerbefreiten Körperschaft unterstellt, sind die Einnahmen steuerpflichtig, wenn bei der Körperschaft die Freigrenze von 60.000,00 DM überschritten wird.
Leistungen und Gegenleistungen werden stets vertraglich fixiert. In jedem Fall wird vom Gesponserten erwartet, dass er alles unterlässt, was in irgendeiner Form rufschädigend für den Sponsor sein kann.

Was macht Sponsoring nun für die Unternehmen interessant? Sponsoring weist gegenüber anderen Kommunikationsinstrumenten einige spezifische Vorteile auf. Dies gilt vor allem für das attraktive Umfeld des Sponsoring (erlebnisorientierte und positiv anmutende Ereignisse). Das Unterstützen „förderungswürdiger" Institutionen und Aktionen verdeutlicht das gesellschaftliche Engagement des Unternehmens. Dies gilt besonders für das Kultur-, Sozial- und Umwelt-Sponsoring.

Ziele des Sponsoring

Als typische Ziele des Sponsoring gelten:

- die Steigerung der Unternehmens- und Markenbekanntheit,
- die Verbesserung des Images durch einen Imagetransfer auf das Unternehmen und seine Produkte,
- die Demonstration der Leistungsfähigkeit des Unternehmens,
- die Demonstration gesellschaftlicher Verantwortung,
- die Motivation der Mitarbeiter des Unternehmens.

Die folgende Abbildung veranschaulicht das Prinzip des Sponsoring.

2. Bereiche des Sponsoring

Sponsoring hat sich in einer Zeit der zunehmenden Skepsis der Konsumenten gegenüber den traditionellen Formen von Werbung als Kommunikationsinstrument überall dort bewährt, wo ganz bestimmte Zielgruppen mit den herkömmlichen Mitteln des klassischen Kommunikations-Mix nur noch sehr schwer oder mit steigendem Aufwand zu erreichen sind. Allgemein werden folgende Formen des Sponsoring unterschieden:

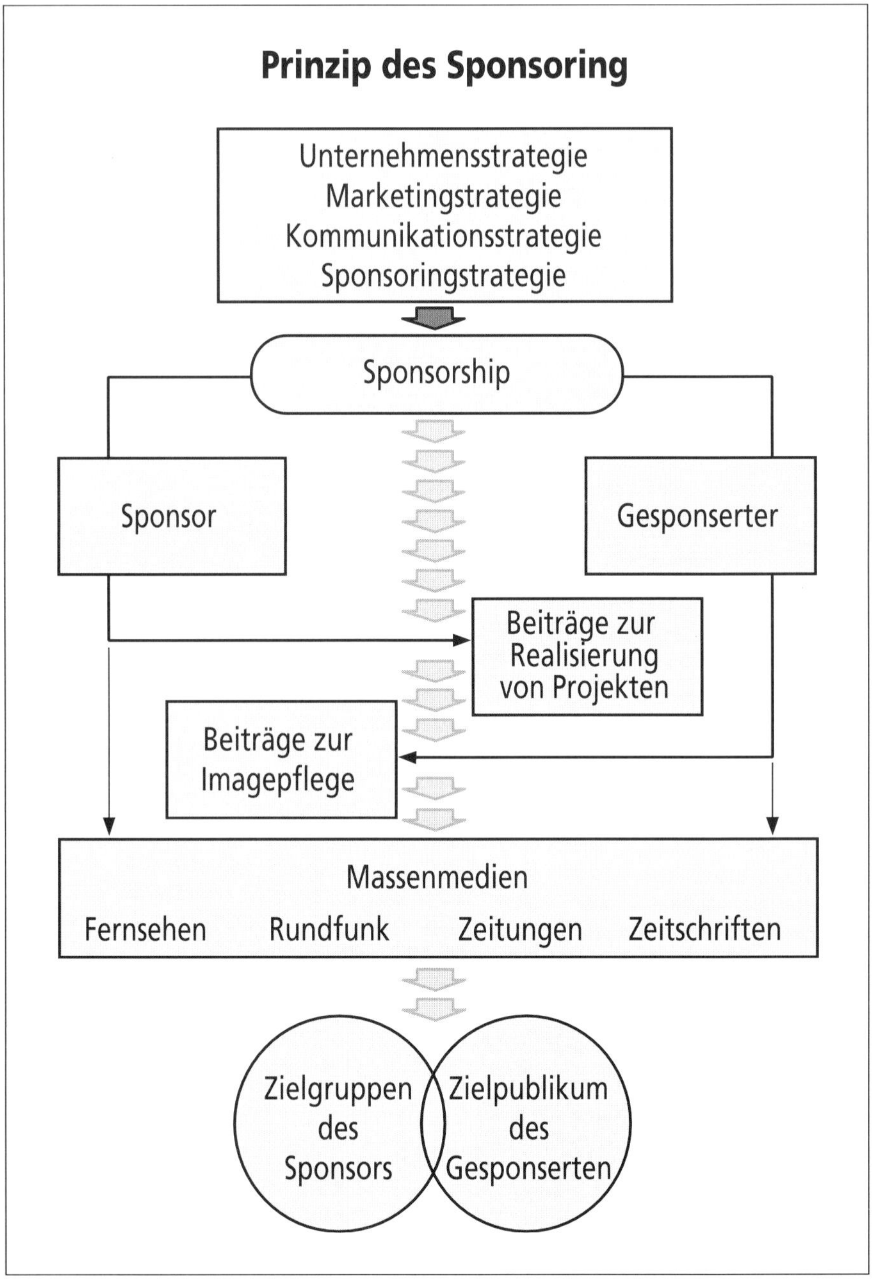

Abb.: Prinzip des Sponsoring

1. Sport-Sponsoring
2. Kultur-Sponsoring
3. Öko-Sponsoring
4. Sozio-Sponsoring
5. Medien-Sponsoring

1998 verteilten sich die Sponsoringausgaben wie folgt:

- Sport-Sponsoring 64 %
- Kultur-, Sozio- und Öko-Sponsoring 22 %
- Medien-Sponsoring 11 %
- sonstige Sponsoring-Aktivitäten 3 %

Für die einzelnen Bereiche ergibt sich folgendes Bild:

	1997	**1998**	**2002**
Gesamtvolumen	3,5	4	5,1
Sport-Sponsoring	2,3	2,5	3,1
Medien- inkl. TV-Sponsoring	0,4	0,5	0,8
Kultur-Sponsoring	0,5	0,5	0,7
Sozio-Sponsoring	0,2	0,2	0,3
Öko-Sponsoring	0,2	0,2	0,3

Durchschnittswerte in Mrd. DM

Abb.: Sponsoring-Volumen 1997–2002 (Quelle: ISPR Sponsoring-Klima-Studie 1998)

2.1 Sport-Sponsoring

Mit Abstand ist Sport-Sponsoring der Bereich mit dem höchsten Sponsoring-Volumen. Sport interessiert, fasziniert und begeistert Menschen aller Schichten und jeden Alters. Gerade Sport-Sponsoring entpuppt sich für alle Seiten – Sender, Zuschauer und werbetreibende Unternehmen – als ideales Instrument. Während die Sender z.B. ihre Einnahmesituation verbessern können, ist Sponsoring bei den Zuschauern akzeptiert und wird weniger störend empfunden als Unterbrecherwerbung.

Betätigungsfelder bieten fast alle Sportarten. In Deutschland ist Fußball mit einem Anteil von 40 % unangefochten an der Spitze. Beispielsweise engagiert sich *Daimler Benz* mit 8 Mio. DM beim DFB für das Logo auf den Trainingsjacken der Fußball-Nationalmannschaft (Strahlendorf, 1999, S. 13).

Marke	Hauptsportart	Mio. DM
Sparkassen + Giroverband	Fußball	80
Reemtsma	Formel 1	70
Mercedes-Benz	Tennis	55
Warsteiner	Wintersport	50
Krombacher	Fußball	45
Bayer	Leichtathletik	40
Opel	Fußball	35
Hasseröder	Boxen	30
Telekom	Radsort	28
Bitburger	Fußball	26

Abb.: Die größten Sport-Sponsoren 1997 (Quelle: Sports 03/1998)

Ein weiteres begehrtes Feld des Sport-Sponsoring bildet der Motorsport. Sponsoren wie *Goodyear*, *Shell* und *Philip Morris* sind allgemein bekannt. So unterstützt z. B. *Shell* das Ferrari-Team mit 60 Mio. DM pro Saison. Aber auch das Segment Wintersport bietet ein attraktives Betätigungsfeld. Rund 24 Mio. DM investierte *Milka* in den Ski-Weltcup und steigerte den Umsatz europaweit um 6% (Strahlendorf, 1999, S. 19).

Gesponserte

Allgemein können Verbände, Vereine, Teams, Veranstaltungen, einzelne Persönlichkeiten oder jugendliche Talente gesponsert werden. Von diesen kann der Sponsor unter anderem folgende Gegenleistungen erwarten:

Gegenleistung

- namentliche Erwähnung des Sponsors, z. B. auf Pressekonferenzen oder auf Eintrittskarten für Veranstaltungen,
- das Recht auf werbliche Ausnutzung von Veranstaltungen („offizieller Sponsor der ..."),
- Anbringen von Namen und Logo des Sponsors auf der Sportbekleidung und dem Sportgerät,
- Beteiligung an Aktionen des Sponsors, wie z. B. Autogrammstunden in Sportgeschäften.

Wenn der Markt für Sponsoring auch noch ausbaufähig ist, muss doch kritisch angemerkt werden, dass die damit einhergehende Kommunikationsleistung die Gefahr in sich birgt, nicht mehr ausreichend individuell wahrgenommen zu werden. Dieser Gefahr kann man nur durch eine konsequente und umfassende Integration des Sport-Sponsorings in die Gesamtkommunikation des Unternehmens entgehen.

2.2 Kultur-Sponsoring

Der Kulturbetrieb leidet fast immer unter Geldknappheit und ist somit ein ideales Betätigungsfeld für Sponsoren. Sponsorships im kulturellen Bereich, bei denen Unternehmen Projekte der darstellenden und bildenden Künste, der Musik, des Theaters, des Kinos oder der Literatur fördern, erhalten im Gegenzug einen Imagetransfer von Museen, Künstlern, Musikern, Filmschaffenden etc.

Neben Klassikkonzerten und Kunstausstellungen haben in den letzten Jahren Rock-/Popkonzerte die Bewährungsprobe bestanden und gehören zu den Kultur-Sponsoring-Favoriten der Unternehmen. Aber auch Musik-Sponsoring benötigt – wenn es erfolgreich sein soll – eine mittel- bis langfristige strategische Planung und Einbettung in die Gesamtkommunikation des Unternehmens. Das Engagement von *Volkswagen* ist ein besonders erfolgreiches Beispiel für gelungenes Musik-Sponsoring. Was 1992 mit der Förderung der „Genesis"-Tournee angefangen hat, ist inzwischen zu einer festen Größe im Marketing-Konzept von *VW* geworden (Strahlendorf, 1999, S. 66).

Ein weiteres Beispiel für ein erfolgreiches Kultur-Sponsoring kommt von dem mittelständischen Unternehmen *Dornbracht* (Hersteller von Armaturen). Das Ausstellungsprojekt mit dem Guggenheim-Museum in New York war gekennzeichnet durch ein solides Kommunikationskonzept mit genauer Definition von Leistung und Gegenleistung.

Auch beim Kultur-Sponsoring erwartet der Sponsor als Mindestleistung die Nennung seines Namens. Das kann in Programmheften, auf Eintrittskarten oder auf Werbemitteln geschehen, die die Veranstaltungen ankündigen. Darüber hinaus kann er auch vereinbaren, dass er selbst seine Sponsoring-Arbeit kommuniziert, zum Beispiel im Rahmen seiner Pressearbeit oder in der klassischen Werbung.

2.3 Öko-Sponsoring

Erfolgreiche Unternehmer und Manager haben den Umweltschutz nicht erst seit kurzer Zeit in ihre Unternehmensphilosophie übernommen, weil es „Mode" ist, sondern haben ihn strategisch schon seit Jahren fest in ihren Konzepten verankert. Das Öko-Sponsoring bietet hier die Möglichkeit, das besondere Engagement und die gesellschaftliche Verantwortung des Unternehmens in der Öffentlichkeit deutlich zu machen. Der Sponsor fördert hier eine Umwelt-, Natur- oder Tierschutzorganisation – entweder die Organisation selbst oder einzelne ihrer Projekte. Damit ein Unternehmen aber überhaupt Organisationen als Empfänger der Sponsor-Leistungen findet, muss es eine glaubhafte und umfassend ökologisch ausgeprägte Unternehmensstrategie besitzen, die nicht nur das ökologisch ausgerichtete Marketing, sondern auch das umweltgerechte Leistungsangebot und das umweltbewusste Verhalten der Mitarbeiter zum Inhalt hat.

Leistung/ Gegenleistung

Die Gesponserten erhalten die dringend benötigten Geldmittel, um zum Beispiel Grundstücke für Biotope zu erwerben, zerstörte Landschaften wieder zu regenerieren oder um Maßnahmen zur Erhaltung und Pflege von bestimmten Tier- oder Pflanzenarten durchzuführen. Der Sponsor kann im Gegenzug mit einer sehr hohen Wertschätzung in der Öffentlichkeit rechnen.

2.4 Sozio-Sponsoring

Gegenstand des Sozio- oder Social-Sponsoring ist die Unterstützung sozialer Aufgaben und Projekte durch Unternehmen. Jeder zweite Unternehmer erwartet vom Social-Sponsoring, dass es in Zukunft weiter an Bedeutung gewinnen wird. Damit ist das Instrument, mit dem man den Grundsatz „Tue Gutes und rede darüber" wohl am ehesten umsetzen kann, wahrscheinlich auf dem Vormarsch.

Spezielle Ausprägungen dieses Sponsoring-Bereiches liegen in der Unterstützung von Jugendprojekten, der Förderung von Rettungs- und Präventionseinrichtungen und vor allem der Wissenschaft und des Bereichs der Aus- und Weiterbildung. So erhalten begabte junge Menschen Stipendien und Universitäten bekommen Geldmittel für Forschungen oder Anschaffungen. Das Sponsorship gegenüber Universitäten oder einzelnen Forschungsvorhaben ist aber nicht ganz unproblematisch, denn durch diese Unterstützung könnten Forschung und Lehre von den Interessen des Geldgebers abhängig werden. Dies widerspräche dem Grundsatz „Freiheit für Forschung und Lehre", der unter anderem eine einseitige Ausrichtung der Wissenschaft an den Interessen der Wirtschaft verhindern soll.

Universitäten

Schulen

Auch der Bereich Schulsponsoring ist von dieser ambivalenten Situation geprägt. Einerseits macht die finanzielle Lage der Schulen eine Unterstützung durch die Wirtschaft geradezu notwendig – andererseits ist Werbung in Schulen nicht gestattet. Diese heikle Ausgangslage erfordert ein Umdenken bei Schulpolitikern und ein behutsames und verantwortungsvolles Vorgehen. Eine Möglichkeit ist die Übernahme einer „Patenschaft" durch ein Unternehmen. Dabei ist zu beachten, dass die Unternehmung und die geförderten Produkte pädagogisch und ethisch höchsten Ansprüchen genügen.

Sozio-Sponsoring hat eine große Kontaktqualität und kann mit entsprechender Kommunikation hohe öffentliche Resonanz erzielen.

2.5 Medien-Sponsoring

Mit zu den jüngeren Erscheinungen des Sponsoring zählen die Aktivitäten, die Unternehmen oder Organisationen mit den Medien zusammen realisieren.

Der Sport – ob als Live-Format, Magazin oder Reportage – bestimmt auch die TV-Sponsoring-Präferenzen der Unternehmen. Darüber hinaus wird das Angebot der Fernsehsender genutzt, Sonderwerbeformen im Umfeld von Spielfilmen und Serien zu platzieren. Medien-Sponsoring bedeutet 1998 für die Unternehmen in erster Linie Presenting- und Gewinnspielmaßnahmen (Strahlendorf, 1999, S. 34).

3. Einzelne Ziele, Zielgruppen und Methoden

Die Bereiche des Sponsoring zeigen, dass der Sponsor verschiedene Möglichkeiten hat, seine gesellschaftliche Verantwortung zu demonstrieren. Anders als bei der PR-Arbeit wählt der Sponsor in der Regel ein eingeschränktes Tätigkeitsfeld aus und versucht durch sein Engagement, dort Vertrauen zu gewinnen, sein Ansehen zu verbessern und dadurch einen Imagetransfer auf sein Leistungsangebot zu realisieren.

Ziele

Die von Prof. A. Hermanns in einer Langzeitstudie, dem „Sponsoring-Barometer", ermittelten Ziele zeigen die folgenden Grafiken (Quelle: Drees, 1991, S. 17 f.). Das Image als Zielgröße dominiert in allen Sponsoring-Feldern. Bei den übrigen Zielen sind deutliche Differenzierungen festzustellen.

Eine untergeordnete Rolle spielen bei den meisten Sponsoren die mitarbeiterbezogenen Ziele. Die Möglichkeiten, die das Sponsoring bietet, um wichtige innerbetriebliche Ziele zu erreichen, werden offenbar noch nicht überall erkannt, so zum Beispiel die Motivation und Identifikation der Mitarbeiter zu erhöhen und insgesamt auf die Unternehmenskultur positiv einzuwirken.

Mitarbeitermotivation

Beispiele aus der Wirtschaft zeigen, dass Motivation und Zufriedenheit im Unternehmen durch Sponsoring deutlich positiv zu beeinflussen sind. So verfolgt *Philip Morris* mit seinem Engagement im kulturellen Bereich ausdrücklich auch innerbetriebliche Ziele, die – wie Untersuchungen belegen – auch erreicht werden (Drees, 1991, S. 18).

Als typische Zielgruppen des Sponsoring gelten Konsumenten, Lieferanten, Mitarbeiter und sonstige Gruppen wie z. B. Kapitalgeber eines Unternehmens.

Zielgruppen

Bei der Zielgruppen-Planung ist zu beachten, dass zwischen unmittelbaren

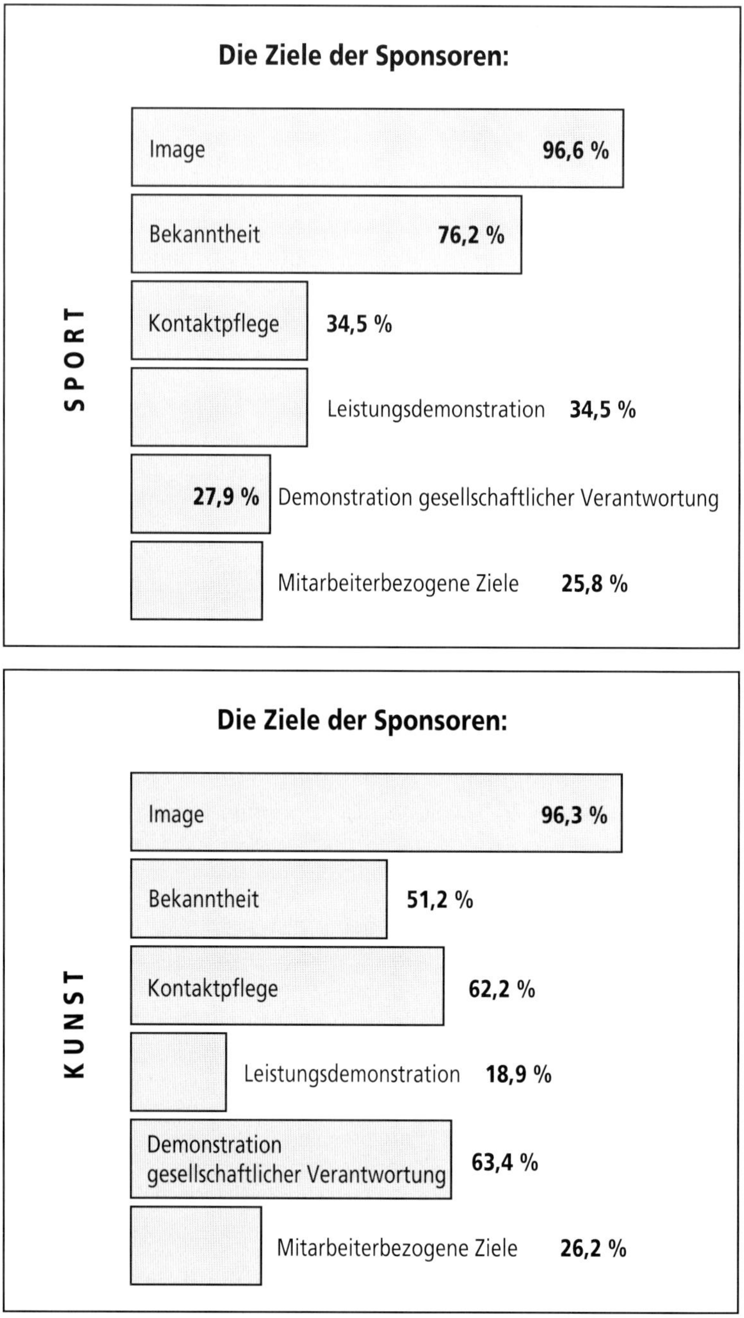

Abb.: Sponsoring-Ziele (Quelle: Drees, 1991, S. 17 f.)

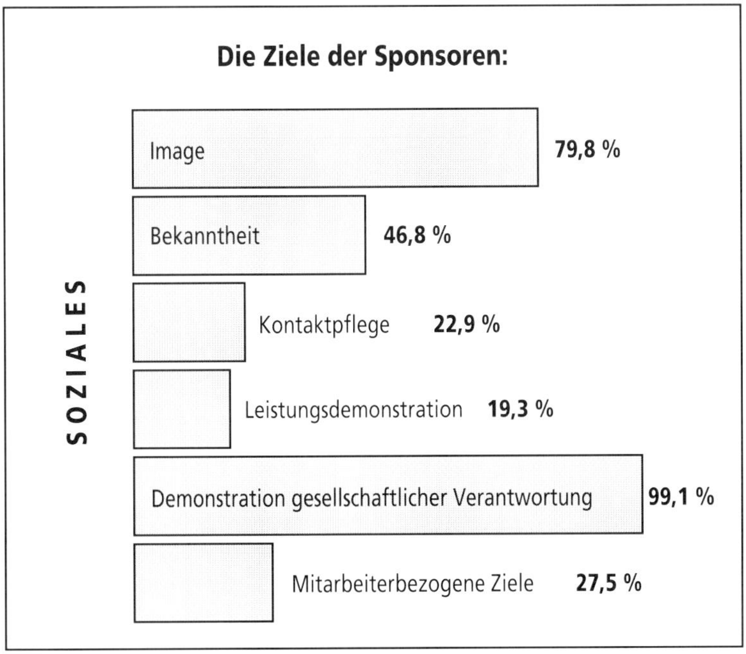
Die Ziele der Sponsoren:
SOZIALES
Image 79,8 %
Bekanntheit 46,8 %
Kontaktpflege 22,9 %
Leistungsdemonstration 19,3 %
Demonstration gesellschaftlicher Verantwortung 99,1 %
Mitarbeiterbezogene Ziele 27,5 %

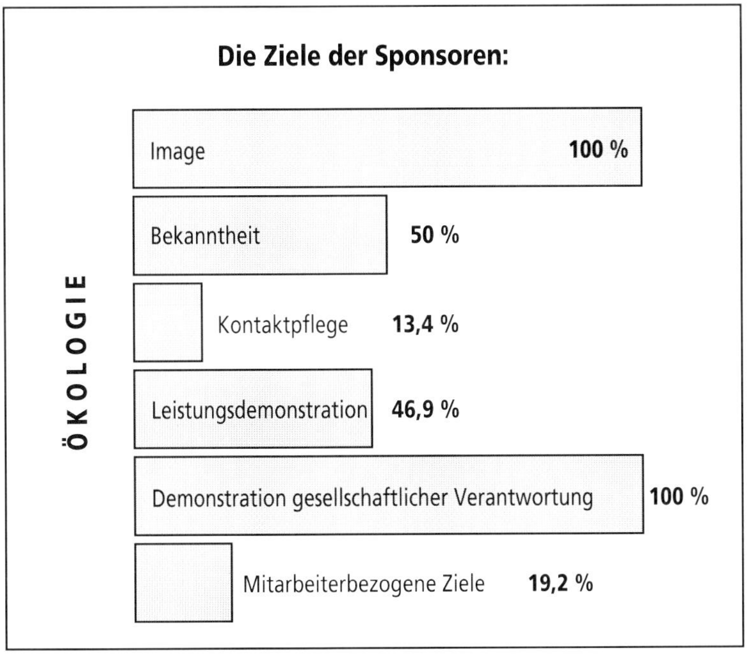
Die Ziele der Sponsoren:
ÖKOLOGIE
Image 100 %
Bekanntheit 50 %
Kontaktpflege 13,4 %
Leistungsdemonstration 46,9 %
Demonstration gesellschaftlicher Verantwortung 100 %
Mitarbeiterbezogene Ziele 19,2 %

Teilnehmern einer Veranstaltung und mittelbaren Teilnehmern, die über die Massenmedien erreicht werden, zu unterscheiden ist (Multiplikatoreffekt). Das ergibt insbesondere bei Massenveranstaltungen des Sports hohe Reichweiten. Dadurch können günstige Tausend-Kontakt-Preise erzielt werden.

Kosten/Nutzen

Im Kultur-Sponsoring ist es anders. Hier liegen die Tausend-Kontakt-Preise eher hoch. Die Positionen in der Diskussion um den Reichweitenbegriff gehen weit auseinander. Einige Fachleute sind gar der Meinung, dass der Begriff der Reichweite mit Sponsoring gar nichts zu tun hat. Die Chancen liegen vielmehr in einer partnerschaftlichen Beziehung zwischen Sponsor und Gesponserten, in der die Kosten-Leistungs-Relation eine zweitrangige Rolle spielt.

Methoden

Wie bereits dargestellt, kann sich der Sponsor verschiedener Methoden bedienen, um seine Leistung zu kommunizieren. Dazu zählt allgemein die Pressearbeit. So ist es üblich geworden, dass gesponserte Sportler regelmäßig auf Pressekonferenzen oder bei Interviews auftreten. Trikotwerbung, Werbung auf Sportgeräten und Transportfahrzeugen weisen dabei auf das Sponsorship hin. Aber auch beim Kultur- und Sozial-Sponsoring gibt es neben der kommunikativen Nutzung in der klassischen Werbung die Möglichkeit, im Umfeld von Veranstaltungen präsent zu sein (z. B. Benennung einzelner Projekte oder der ganzen Veranstaltungen nach dem Sponsor).

4. Bedeutung und Integration in das Kommunikations-Mix

Aufgrund der abnehmenden Werbewirkung der klassischen Werbeträger kommt dem Sponsoring auch in Zukunft eine große Bedeutung zu. Die Planwerte, die man aus vielen Studien und Fachbeiträgen entnehmen kann, belegen dies.

Der Erfolg eines Sponsorships basiert im Wesentlichen auf zwei Pfeilern:

1. der Planung der Sponsoring-Strategie und
2. der Integration in das Kommunikations-Mix

Die nachfolgende Abbildung veranschaulicht die einzelnen Schritte für die Erarbeitung einer Sponsoring-Strategie.

Da Sponsoring nicht geeignet ist, kurzfristige Kommunikationsziele zu erreichen, muss die Sponsoring-Strategie in die Kommunikationsstrategie eingebunden werden. Wobei zu beachten ist, dass die ideale Relation von Sponsoring-Summe zu den erforderlichen Kommunikationsausgaben mindestens 1:3

betragen sollte. Nur mit einem langfristigen strategischen Vernetzen aller Kommunikationsinstrumente lassen sich Synergieeffekte erzielen.

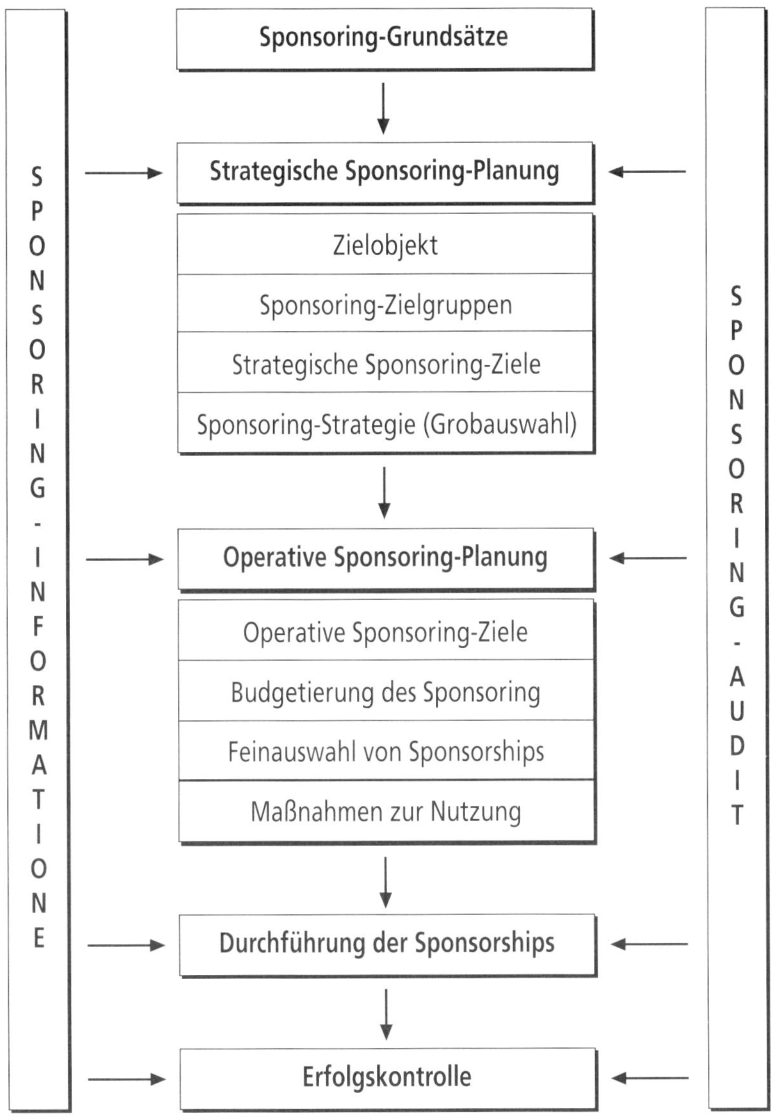

Abb.: Phasenschema des Sponsoring-Managements (Quelle: Hermanns 1996, S. 19)

5. Kontrollfragen zu Teil IX

1. Welche Ziele verfolgen Sponsoren?
2. Skizieren Sie geeignete Betätigungsfelder im Rahmen eines Kultur-Sponsorships.
3. Warum sind Kultur-, Sozial- und Umwelt-Sponsoring aus der Sicht des Sponsors besonders vorsichtig zu handhaben?
4. Wodurch unterscheidet sich Sponsoring von PR?

6. Literaturverzeichnis zu Teil IX

Berndt, R.: Einführung in das Sponsoring, in: Werbeforschung und Praxis Nr. 1/1991, Bonn/Wien 1991.

Bortoluzzi Dubach, E. / Frey, H.: Sponsoring, Stuttgart 1997.

Bruhn, M.: Sponsoring. Unternehmen und Sponsoren, 2. Auflage 1991.

Drees, N.: Das Sponsoring-Barometer – Ergebnisse einer Unternehmensbefragung, in: Werbeforschung und Praxis Nr. 1/1991, Bonn/Wien 1991.

Hermanns, A.: Die Bedeutung der Eigenschaftsprofile von Sportarten für Sponsoring-Konzeptionen, Köln 1996.

Neue Wirtschafts-Briefe (NWB), Zeitschrift für Steuer- und Wirtschaftsrecht, Herne / Berlin, Nr. 36, 1998.

Strahlendorf, P. (Hrsg.): Jahrbuch Sponsoring 99, Hamburg 1999.

Weis, H. C.: Marketing, 10. Auflage, Ludwigshafen 1997.

Aus „Blade Runner“ von Philip K. Dick

„Eines Morgens war es der Fuchs, am folgenden der Dachs, bis die Leute aufhörten, die Tiernachrufe zu lesen.“

Aus: Philip K. Dick, „Blade Runner“, erschienen im Haffmanns Verlag AG, Zürich, 1993

Javatiger, ausgestorben zwischen 1980 und 1990.

Dieser Text ist nicht so fiktiv, wie es scheint. Denn jeden Tag sterben etwa 70 Tier- und Pflanzenarten aus. Deshalb hat der WWF ein weltweites Aktionsprogramm ins Leben gerufen, um wenigstens einen Teil der Vielfalt auf unserer Erde für unsere Enkelkinder zu erhalten: die „Living Planet Campaign“. Wir haben dafür 200 Ökoregionen ausgewählt, die „Global 200“, die wir unter besonderen Schutz stellen wollen, darunter das Wattenmeer, Kamtschatka und Tropenwälder auf Madagaskar und Borneo. Zusammen Heimat für 20 % der heute noch lebenden Pflanzenarten. Helfen Sie mit Ihrer Spende, zu retten, was zu retten ist. Umweltstiftung WWF-Deutschland, Rebstöcker Str. 55, 60326 Frankfurt, Tel. 069/79 14 41 42 oder im Internet: www.wwf.de

WWF

THE LIVING PLANET CAMPAIGN

LET'S LEAVE OUR CHILDREN A LIVING PLANET

Teil X Verkaufsförderung

1. Begriffliche Grundlagen und Ziele

Um auf gesättigten Märkten die unternehmenseigenen Marketingziele (z. B. ein bestimmtes Umsatzziel) zu erreichen, genügt es nicht mehr, nur auf die klassische (Massenum-)Werbung zu vertrauen. Deshalb kommen zunehmend neue Instrumente im Marketing zum Einsatz, die schwerpunktmäßig der Kommunikationspolitik, also der klassischen Werbung, der Öffentlichkeitsarbeit Sales Promotion etc., zugeordnet werden und unter dem Begriff Sales Promotion bzw. Absatz- oder Verkaufsförderung subsumiert werden.
(vgl. Nieschlag, Dichtl, Hörschgen, 1991, S. 487 f.)

Bei zunehmender Sättigung vieler Märkte ist es daher nicht verwunderlich, wenn heute z. B. Markenartikelhersteller aus dem Konsumgüterbereich mehr als 50% (Tendenz steigend) ihres Kommunikationsetats für Verkaufsförderungsmaßnahmen aufwenden.

Weder in der amerikanischen noch in der deutschen Marketing-Literatur gibt es eine einheitliche Auffassung über den Begriff Sales Promotion bzw. Absatz- und Verkaufsförderung (vgl. Döppner, 1977, S. 32). Einigkeit besteht jedoch bei allen Autoren in der Auffassung, dass Verkaufsförderung einen Teil des Absatzgeschehens darstellt, der mit Werbung und Verkauf immer in Verbindung gebracht werden muss.
Im Rahmen der Instrumente der Kommunikationspolitik hat die Verkaufsförderung jedoch spezielle Aufgaben zu erfüllen (vgl. hierzu Birkigt, 1968 und Aufgaben 1970, S. 14). Deshalb sei hier Verkaufsförderung als ein Sammelbegriff für Aktionen zu sehen, die den Absatz kurzfristig und unmittelbar stimulieren und den Kontakt zwischen Hersteller und seinen (Markt-)Partnern pflegen und intensivieren. Diese Aktionen können, neben den kommunikationspolitischen, auch distributions-, preis- oder auch produktpolitische Dimensionen beinhalten.
(vgl. Nieschlag, Dichtl, Hörschgen, 1991, S. 488)

Verkaufsförderung ist ein zeitlich gezielt und marktsegmentspezifisch einsetzbares Instrument des Marketing-Mix von Investitionsgüter-, Konsumgüter-, Handels- und sonstigen Dienstleistungsunternehmen.

Mittels dieser Aktionsparameter wird versucht:

Zielsetzung
- die Verkaufsorganisation der Hersteller, z. B. Verkaufsmitarbeiter im Innendienst, Verkaufsmitarbeiter im Außendienst (Reisende), rechtlich selbstständige Verkäufer (Handelsvertreter),

- die Absatzmittler, z. B. Großhandel, Einzelhandel bzw. eigene Verkaufsniederlassungen, aber auch
- die Verbraucher/Verwender

zu informieren und zu beeinflussen.

So definiert auch der Bund Deutscher Verkaufsförderer und Trainer e. V. (BDVT) in seinem Berufsbild den Begriff Verkaufsförderung folgendermaßen:

Unter Verkausfsförderung sind alle Ideen, Maßnahmen und Methoden zu verstehen, die der Unterstützung des Verkäufers, der Förderung des Hinein- und Hinausverkaufs im Handel und der sofortigen Auslösung des Kaufentscheids am Einkaufs-/Verkaufsort dienen. (s. Pflaum, 1993, S. 3) Definition

Während z. B. PR als planmäßige Gewinnung und Erhaltung der Sympathie und des Vertrauens der Öffentlichkeit (im weiteren Sinne auch Teilöffentlichkeiten) verstanden wird, bezieht sich Verkaufsförderung auf die Gewinnung und Erhaltung von Vertrauen bei klar definierten Teilöffentlichkeiten:

- *der Herstellerverkaufsorganisation,*
- *dem Handel,*
- *dem Abnehmer/Verbraucher.*

Im Gegensatz zur klassischen Werbung und zu PR hat Verkaufsförderung den unmittelbaren Verkauf der angebotenen Leistung zum Ziel. Alle Maßnahmen, die diesem Ziel dienen, können also grundsätzlich der Verkaufsförderung zugerechnet werden. Ziele

Beim mehrstufigen Absatz bedeutet das, dass zunächst die Ware an den Handel als Absatzmittler verkauft (Hineinverkauf, selling in), aber auch vom Absatzmittler weiterverkauft werden muss (Hinausverkauf, selling out). Das Hinausverkaufen ist dabei vom Anbieter ebenso wie der Hineinverkauf zu betreuen, damit er seine Marketing-Strategie durchgängig bis zum Endabnehmer realisieren kann. Selling in Selling out

Die Verkaufsförderung darf sich jedoch nicht in einzelnen Aktionen erschöpfen, sodass neben das Ziel des Verkaufens ein weiteres Ziel tritt: die ständige Pflege der Beziehungen zwischen Anbieter, Handel und Verbraucher/Verwender.
Eine neue Definition kann also lauten:

Verkaufsförderung erfasst alle erweiterten Leistungen zum Angebot, die den Dialog und die Beziehungen zwischen Hersteller, Handel und Verbraucher bzw. Verwender aufbauen, pflegen und intensivieren. Definition

Aus den Definitionen und den Begriffsabgrenzungen ergibt sich, dass Verkaufsförderung in das Submix der Kommunikationspolitik zu integrieren ist. Damit sollten sich die Ziele der Verkaufsförderung aus den verschiedenen kommunikationspolitischen Zielsetzungen eines Unternehmens ableiten.

Synergieeffekte

Leider finden Verkaufsförderungsmaßnahmen heute in der Praxis immer noch unkoordiniert und punktuell statt, sodass mögliche Synergieeffekte, d. h. eine Wirkungsverstärkung der einzelnen Aktionen durch gezielten und abgestimmten Einsatz, verschenkt werden.

Im Folgenden werden nun die einzelnen Zielgruppen, auf die sich verkaufsfördernde Maßnahmen beziehen können, näher beleuchtet.

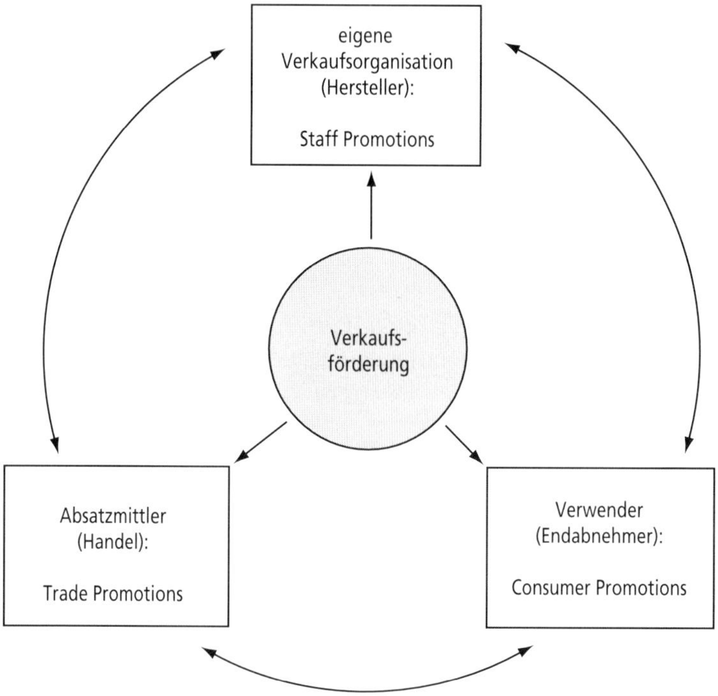

Abb.: Die Zielgruppen der Verkaufsförderung

2. Zielgruppen

In der Reihenfolge ihres Auftretens sind drei Zielgruppen zu beachten:

- die eigene Verkaufsorganisation,
- die Absatzmittler (in der Regel der Handel) und
- die Verwender (Endabnehmer).

Die folgenden Abschnitte beschränken sich auf Konsumgüter und beziehen als Absatzmittler nur den Einzelhandel ein. Die dort getroffenene Aussagen lassen sich aber auf andere Bereiche übertragen.

Damit diese Zielgruppen im Sinne des Anbieters tätig werden, ist es notwendig, ihre Interessen zu kennen und in die eigenen strategischen Überlegungen einzubeziehen.

3. Methoden

3.1 Die Verkaufsorganisation des Herstellers (Staff Promotions)

Die Methoden der Verkaufsförderung, die sich an die eigene Verkausforganisation wenden, werden häufig auch mit Staff Promotions bezeichnet. Im Vordergrund steht dabei immer noch die Ansicht, dass die Mitarbeiter – Außendienst und Innendienst – einer externen Motivation bedürfen. Entsprechend wurden folgende Instrumente entwickelt:

Mitarbeiter-Motivation

Externe Motivation

- Leistungsabhängige Entlohnung, d. h., neben einem Grundgehalt wird eine Provision in Abhängigkeit von Verkaufszahlen gewährt.
- Incentives, d. h. Belohnungen für besondere Leistungen in Form von Geldprämien, Reisen, Geschenken
- Verkäuferwettbewerbe mit der Aussicht auf z. B. öffentliche Belobigung, Aufnahme in besondere Mitarbeiterklubs

Diese Instrumente bleiben aber letztlich nur Notbehelfe. Viel wichtiger ist es, den Mitgliedern der Verkaufsorganisation – wie allen anderen Mitarbeitern – die Vision des Unternehmens zu vermitteln. Wenn sie sich diese Vision zu Eigen gemacht haben, bedarf es kaum noch solcher Maßnahmen, denn alle arbeiten dann aus innerer Überzeugung für eine gemeinsame Sache.

Hilfsmittel

Unabhängig von dieser Überlegung benötigen die Mitarbeiter der Verkaufsorganisation vielfältige Hilfen:

- Schulung und Training, und zwar regelmäßig. Ziel sollte dabei nicht mehr nur das klassische Verkaufsgenie sein, sondern ein Verkäufer, der in der Lage ist, Beziehungen aufzubauen und dauerhaft zu sichern. Derartige Verkäufer sind dann zugleich Verkaufsberater – besser: Kaufberater! Sie besitzen fundierte Kenntnisse über den gesamten Markt und die dort agierenden Handelspartner.
- Verkaufshandbücher enthalten das wichtigste Fachwissen für den Verkäufer, sei er nun im Innen- oder Außendienst. In diesem Handbuch können z. B. die wichtigsten Kundenfragen mit den im Sinne des Anbieters ausgefeilten Antworten stehen.
- Sales Folder enthalten auf wenigen Seiten Produktfotos, Produktbeschreibung, Beschreibung der Benefits des Produkts und für den Handel, verkaufsunterstützende Markt- und Konsumforschungsergebnisse. Zusätzlich werden die begleitende Mediakampagne sowie, falls vorgesehen, ergänzende Kommunikationsmaßnahmen vorgestellt. Testergebnisse können bei Bedarf eingearbeitet oder extra genannt werden.
- weitere Sachmittel wie Firmenbroschüren, Prospekte über die Produkte, Sammelmappen zur Aufbewahrung von Prospekten, Preislisten usw., Visitenkarten, Kundendateien, Produktmuster, Videos.

Sondermaßnahmen

Neben den eigenen können auch betriebsfremde Mitarbeiter eingesetzt werden. Das sollte vor allem bei größeren Aktionen, Relaunches (Wiedereinführung) oder Einführungskampagnen geschehen. So können von Spezialunternehmen Verkäufer, Propagandistinnen bzw. Propagandisten, Werbedamen oder Werbeherren sowie Dekorateure gemietet werden. Diese Personen müssen in jedem Fall geschult und im Sinne einer ganzheitlichen Unternehmenskommunikation mit der Philosophie und den Visionen des Unternehmens vertraut gemacht werden. Darüber hinaus ist bei diesen freien Mitarbeitern eine möglichst weitgehende Identifikation mit dem Unternehmen anzustreben, denn nur so wird das Ziel der Beziehungspflege auch glaubhaft verwirklicht.

Zur Vorbereitung und Ankündigung von Besuchen des Außendienstes können Briefe versandt werden.

3.2 Der Handel (Trade Promotions)

Ein weiterer Aufgabenbereich der Verkaufsförderung besteht in der Motivation und Beeinflussung des Handels (Groß- und Einzelhandel bzw. herstellereigene Verkaufsniederlassungen), der die Aufgabe hat, die zwischen Hersteller und Verbraucher auftretenden räumlichen, zeitlichen, quantitativen und qualitativen Spannungen zu überbrücken und die Bedarfsdeckung der Verbraucher sicherzustellen.

Diese Aufgabe der Motivation und der Gewinnung von Vertrauen beim Handel ist vor allem im Hinblick auf einen langfristigen Erfolg der Hersteller am Markt (Käufermarkt) sehr bedeutend. Aufgabe

Deshalb ist zu beachten, dass die Auswirkungen der Maßnahmen sowohl im Interesse des Handels als auch im Interesse der Unternehmung sind und nicht nur die Produkte des Herstellers, sondern auch das Gesamtsortiment des Handels fördern. Darüber hinaus müssen sich die Maßnahmen an den Verhältnissen der Handelsunternehmen orientieren (z. B. sollten die Hersteller kleineren Handelsunternehmen keine überdimensionalen Displays zur Verfügung stellen, da dafür in der Regel in den Verkaufsräumen kein Platz ist). Die Maßnahmen sollten außerdem auf das Personal und die Kunden des Handelsunternehmens abgestimmt sein und rechtzeitig angekündigt werden. Überdies wird der Einsatz von konkreten Maßnahmen auch von der Art der im Distributionsprozess eingeschalteten Absatzmittler bestimmt (einstufiger Vertrieb: hier werden nur Einzelhändler eingesetzt; zweistufiger Vertrieb: hier gelangt die Ware über Großhändler zu Einzelhändlern an den Verbraucher).

Ferner bestimmt auch die Anzahl und Größe der in den Vertrieb eingebundenen Absatzmittler den Einsatz von Maßnahmen der Verkaufsförderung (intensiver Vertrieb, d. h., alle Händler auf einer Handelsstufe, z. B. alle Großhändler, werden genutzt, oder ein selektiver Vertrieb, bei dem z. B. nur die Einzelhändler ab einer bestimmten Verkaufsfläche etc. bei der physischen Distribution der Herstellerprodukte eingebunden sind).

Die Absatzmittler können durch Beratungs- und Entlastungsmaßnahmen, durch Überlassung von bestimmten Materialien sowie durch Schulungen der Händler und der Verkaufsmitarbeiter in Handelsbetrieben und bestimmte Sondermaßnahmen motiviert und beeinflusst werden.

(vgl. Döppner, 1977, S. 119–168)

1. Beratungsmaßnahmen

Merchandiser *Einsatz von Merchandisern,* die Handelsunternehmen vor Ort beraten (z. B. Sortimentsberatung, Lagerdisposition/-haltung sowie Beratung bei abwicklungstechnischen Fragen). Sie sind ebenso für die Regalpflege verantwortlich, d. h., sie sorgen dafür, dass die Warenregale mit den Produkten des Herstellers stets gefüllt und in einem ordnungsgemäßen Zustand sind. Darüber hinaus können sie auch Marktforschungsaufgaben für Hersteller und Handel erfüllen, indem sie den Verkauf vor Ort beobachten und gravierende Absatzveränderungen sofort mitteilen.

Spezialberater *Einsatz von speziellen Beratern,* die vor allem kleinere und mittlere Handelsunternehmen weit über die eben genannten Bereiche (siehe Merchandiser) hinaus beraten. Beispielsweise unterstützen sie diese Handelsunternehmen bei der Buchhaltung, Absatzplanung und Betriebsorganisation bis hin zur Personalbeschaffung/-auswahl. Ferner werden die Handelsunternehmen auch bei der Warenpräsentation in den Verkaufsräumen unterstützt.
Diese Maßnahmen sind für die Hersteller sehr kostenintensiv und erfordern auf beiden Seiten ein großes Vertrauensverhältnis. Deshalb werden in der Regel nur sehr wichtige Absatzmittler bzw. nur werksgebundene Handelsunternehmen damit bedacht.

2. Entlastungsmaßnahmen

Die für den Hersteller wichtigen Handelsunternehmen werden entlastet durch:

- die Übernahme von betrieblichen Teilfunktionen (z. B. Werbe- und Transportfunktionen),
- die Unterstützung der Händler bei der Einrichtung neuer Verkaufsräume,
- den Einsatz von Dekorateuren und der
- Gewährung von Werbekostenzuschüssen (WKZ).

Die Höhe der Werbekostenzuschüsse hängt in der Regel vom erwarteten Umsatz ab und wird vertraglich fixiert.

3. Ausstattung der Händler

Verkaufshilfen *Die Überlassung von Displaymaterial,* das an die jeweilige Situation im Handel angepasst ist, wie Schaufensterplakate, Türschilder, Schaupackungen, Deckenhänger, Regalschilder, Thekenaufsteller usw. (vgl. Christofolini, Thies, 1978, S. 99). Diese Maßnahme gehört heute zum Standard dessen, was die Hersteller ihren Händlern bieten, und wird vorwiegend im Einzelhandel eingesetzt.

Dispenser, d. h. „stumme" Verkäufer wie z. B. Verkaufsgondeln, Körbe, Schütten etc.

Einrichtung von Sonderregalen, die dauerhaft nur von dem Hersteller genutzt werden.

Produktion von handelsgerechter Umverpackung der Ware, die nicht nur dem Schutz dient, sondern auch für die Einlagerung der Ware eine optimale Größe aufweist. Außerdem sollte die Umverpackung so ansprechend gestaltet sein, dass sie eine absatzsteigernde Wirkung hat. Das gestiegene Umweltbewusstsein der Verbraucher (Müllvermeidung) sowie die gesetzlichen Veränderungen (der Handel muss die Umverpackungen, die der Verbraucher im Laden zurücklässt, entsorgen) stellen auch in diesem Bereich neue Herausforderungen für die Hersteller dar. Umverpackung

Anzeigen und Beilagen zur Verfügung zu stellen ist heute ein Muss und wird vom Handel erwartet. Diese Werbemittel müssen Informationen kompakt, optisch attraktiv, inhaltlich glaubwürdig und händlerspezifisch transportieren (albrecht verlag, 1976, S. 26). Werbemittel

4. Schulung von Verkaufspersonal durch die Hersteller

Die Schulung des Verkaufspersonals ist heute mehr denn je wichtig, in der Regel führen aber nur noch sehr große Händler eigene Schulungen durch. Eine besondere Problematik bei der Anwendung dieser Maßnahme besteht darin, dass der Handel oft nicht gewillt ist, seine Mitarbeiter für derartige Schulungsveranstaltungen abzustellen, da er den Personalausfall zu verkraften hat. Deshalb sollten die Schulungen langfristig geplant, mit dem Handel abgestimmt und vor allem in Zeiten saisonaler Tiefs bzw. an Tagen mit geringer Kundenfrequenz durchgeführt werden. Problematik

Neben der persönlichen Schulung durch herstellereigene Trainer besteht die Möglichkeit, Schulungen unpersönlich mittels Videos, Schallplatten, CDs, Broschüren oder besonderen Schulungsschreiben etc. zu organisieren.

Wissenschaftliche Untersuchungen haben gezeigt, dass derartige Veranstaltungen eine umsatzfördernde Wirkung besitzen und die Bindung zum Hersteller stärken.

5. Sondermaßnahmen

Durchführung von Händlerwettbewerben (Gewinnziehungs-, Rätsel- und Leistungswettbewerbe) zur Mobilisierung von Leistungsreserven und Steigerung des Leistungswillens im Hinblick auf die Ziele des Herstellers. Händlerwettbewerbe

Diese Maßnahmen werden heute zunehmend in der Praxis eingesetzt, deshalb ist neben der Originalität des Wettbewerbs auch der ausgelobte Preis (Geld, Warenprämien, Reisen, Urkunden, Plaketten etc.) für den Erfolg wichtig.

Trotz der häufigen Nutzung dieser Aktionen muss hier darauf hingewiesen werden, dass in Deutschland der Einsatz nur sehr eingeschränkt möglich ist

(z. B. § 12 UWG: Bestechungsverbot). Deshalb sollte vor der Durchführung von Händlerwettbewerben eine wettbewerbsrechtliche Prüfung durch einen Fachmann erfolgen.
Wichtig ist auch eine zeitliche Begrenzung, da sonst die verkaufsfördernde Wirkung unter Umständen verloren geht. In der Praxis hat sich ein Zeitraum von nicht mehr als acht Wochen bewährt.

Erfahrungsaustausch

Durchführung von Händlerkonferenzen/-tagungen zur Vermittlung von Informationen und gegenseitigem Erfahrungsaustausch zwischen Händler und Hersteller. Als Anlass für derartige Veranstaltungen können Produkteinführungen, Preisänderungen und der Beginn von Werbe- und Verkaufsförderungsmaßnahmen etc. dienen. Diese Veranstaltungen können in eigener Regie vom Hersteller durchgeführt werden. Eine weitere Möglichkeit zur Vermittlung von Informationen besteht in der aktiven Beteiligung von Herstellern an Handelsverbandstagen, z. B. durch Referate mit anschließender Diskussion. Um einen intensiven Erfahrungsaustausch zu gewährleisten, hat sich in der Praxis eine Teilnehmerzahl von 15 bis 20 Personen als optimal erwiesen.

Messen

Beteiligungen an Fachmessen zur Pflege und Intensivierung der Beziehungen bzw. zum Aufbau neuer Kontakte gegenüber Einkaufsentscheidern. Außerdem bietet sich hier die Möglichkeit für den Hersteller, sein gesamtes Produktprogramm in einem repräsentativen Rahmen vorzustellen.

Konditionen

Gewährung von Einführungs- und Sonderkonditionen zur Erhöhung der Absatzzahlen im Handel.

Warenplatzierung

Sonder- und Zweitplatzierungen von Herstellerprodukten können zu einem erhöhten Umschlag der Waren führen. Zweitplatzierungen bedeuten, dass die Produkte neben ihrem normalen Regalplatz noch zusätzlich an einem Ort im Verkaufsraum platziert sind. Bei einer Sonderplatzierung handelt es sich um einen Standort der Ware an einer besonders exponierten Stelle in den Verkaufsräumen des Einzelhandels (Präsentation der Waren auf so genannten Aktionsflächen, z. B. vor Weihnachten oder Ostern).

Zugaben sind in Deutschland grundsätzlich verboten (siehe Teil XVIII, 3.3). Dennoch gibt es Möglichkeiten, sich auch auf diesem Feld zu betätigen. Beispielsweise kann ein Fahrradhersteller einem Händler ein Fahrrad leihweise für Dekorationszwecke zur Verfügung stellen. Nach Ablauf der Aktion ist der Hersteller nicht verpflichtet, das Fahrrad sofort zurückzufordern.

3.3 Der Verbraucher (Consumer Promotions)

Die Vielzahl nahezu gleichartiger und somit austauschbarer Güter, vor allem im Lebens- und Genussmittelbereich sowie bei nicht erklärungsbedürftigen Non-Food-Artikeln, stellt die Verkaufsförderung vor neue Aufgaben. Durch den Einsatz verkaufsfördernder Maßnahmen soll das Produkt aus seiner Anonymität herausgehoben, eine gewisse Aktualität des Produktes erzielt und der Verbraucher letztendlich zum Kauf bewegt werden. Informationen über die Abnehmer können hier gute Anhaltspunkte für die Konzeption von Promotionsmaßnahmen geben: Ziele

- gestiegenes Qualitätsbewusstsein der Verbraucher,
- gestiegenes Preisbewusstsein,
- höheres Verantwortungsbewusstsein gegenüber der Umwelt,
- zunehmender Wunsch zur Individualisierung.

Maßnahmen

Auch hier gibt es eine Reihe von Maßnahmen, die verkaufsfördernde Wirkung besitzen (vgl. Döpper, 1977, S. 45 ff., S. 76 ff. und S. 161 ff.):

Sonderangebote

Sonderangebote sind nur zeitlich vorübergehend zulässig und an besondere Ereignisse zu koppeln (z. B. Jubiläum, Geschäftseröffnungen, Umbau, Partneraktionen). Für Markenartikelhersteller kann es zu Problemen führen, wenn ihre Waren stets zu Sonderpreisen im Handel angeboten werden, da damit unter Umständen ein Imageverlust der Ware verbunden ist oder Markenbindungen verloren gehen (Problem: keine Preisbindung der „zweiten Hand“, d. h., der Handel setzt heute in der Regel die Endverbraucherpreise fest, Hersteller können lediglich unverbindliche Preisempfehlungen geben).

Proben

Warenproben und Muster, die durch Propagandistinnen angeboten werden, können zu Spontaneinkäufen führen. Diese Methode empfiehlt sich vor allem bei Produkteinführungen bzw. bei Relaunches. Die Warenproben können unmittelbar oder gegen Gutscheine vergeben werden, welche zuvor an Haushalte verteilt wurden oder z. B. als Coupon auf Anzeigen erschienen sind. Wichtig ist auch hier der wettbewerbsrechtliche Aspekt dieser Maßnahme. Die Warenproben dürfen laut Gesetz eine angemessene Menge nicht überschreiten, d. h. den Bedarf nicht übermäßig lange decken, da sonst der Markt nach wettbewerbsrechtlichen Vorstellungen als „verstopft“ angesehen wird.

Zugaben

Zugaben sollen den Verkauf der Hauptware unterstützen und steigern. Sie dürfen jedoch, im Vergleich zum Hauptprodukt, nur geringwertig sein, damit kein psychologischer Kaufzwang ausgeübt wird.

Zusatznutzen *Produkte mit Zusatznutzen* (Überraschungseier) oder Verpackungen mit Zweitnutzen (Senfglas als Trinkglas) können den Verkauf positiv stimulieren.

Service *Besondere Serviceleistungen,* z. B. ein kostenloser Fahrradcheck vier Wochen nach dem Kauf, erhöhen den Wert der gekauften Ware für den Verbraucher.

Kundenzeitschriften *Konsum- und Anwendungsideen sowie Einkaufstips* in Kundenzeitschriften werden oft als wichtige Hilfe verstanden und schaffen damit Vertrauen beim Verbraucher, wenn sie nicht nur vordergründig dem Verkauf dienen.

Bedienungsanleitungen *Bedienungs- und Gebrauchsanleitungen* wird in der Industrie nach wie vor nur eine geringe Bedeutung beigemessen, obwohl eine schlechte Anleitung die Freude am Produkt erheblich mindern kann. Deshalb sollten Kommunikationsfachleute, in Abstimmung mit Technikern, diese Anleitungen abfassen.

Messen *Beteiligungen an Verbrauchermessen*, wie z. B. „Du und Deine Welt" in Hamburg, Abhalten von Seminaren und Lehrveranstaltungen bzw. Einladungen zu Betriebsbesichtigungen bieten nicht nur die Möglichkeit der Informationsvermittlung, sondern auch die Chance, den direkten Kundenkontakt zu pflegen und zu intensivieren bzw. neue Kontakte aufzubauen.

Wettbewerbe *Verbraucherwettbewerbe* (z. B.. Gewinnziehungs-, Rätsel- und Leistungswettbewerbe) verfolgen das Ziel, das Produkt bekannt zu machen, Interesse zu wecken und die Interessenten dazu zu bewegen, sich mit dem Produkt intensiv auseinander zu setzen.

Die dargestellten Maßnahmen werden von Konsumgüterherstellern eingesetzt und zielen daher auf den Endverbraucher. Dennoch lässt sich mit etwas Phantasie und Einfallsreichtum die eine oder andere Maßnahme auch im Bereich der Investitionsgüter anwenden.
Die insgesamt hohe Beteiligungszahl bei solchen Aktionen darf aber nicht über den zunehmenden Wettbewerbsdruck bei der Anwendung dieser Maßnahmen hinwegtäuschen (nahezu 1/4 der in der Bundesrepublik lebenden Personen beteiligen sich in einem Jahr an derartigen Wettbewerben). Der Erfolg hängt nicht zuletzt von der Originalität und dem ausgelobten Preis ab. Auch bei diesem Verkaufsförderungsinstrument gibt es rechtliche Beschränkungen, die es zu beachten gilt, z. B. darf kein psychologischer Kaufzwang ausgeübt und die Teilnahme weder direkt noch indirekt erwirkt werden. Deshalb auch hier der Hinweis auf die wettbewerbsrechtliche Überprüfung vor dem Einsatz dieser Maßnahme (dazu siehe im Einzelnen Teil XX, 3.2 bis 3.5).

(vgl. Döppner, 1977, S. 161 ff. und Christofolini, Thies, 1978, S. 109 ff.)

4. Bedeutung und Integration in das Kommunikations-Mix

Die hier dargestellten Methoden erheben nicht den Anspruch auf Vollständigkeit. Sie sollten auch nie isoliert eingesetzt werden: Verkaufsförderung ist in das Marketing und in die Kommunikationspolitik zu integrieren. Abstimmung der Instrumente ist also gefragt, wobei die Marketingziele die generelle Richtung angeben. Nur so lassen sich die durch einen integrierten Einsatz aller Methoden möglichen Synergieeffekte auch realisieren.
Leider werden in der Praxis von allen Anbietern nahezu dieselben Maßnahmen in ähnlicher Weise angewandt. Dadurch verfehlt die Verkaufsförderung häufig ihre Zielsetzung, z. B. das Produkt aus seiner Anonymität herauszuheben, seine Aktualität zu erhöhen und letztendlich die Zielgruppe zum Kauf zu animieren. Deshalb wird in Zukunft die Originalität und Konzeption derartiger Maßnahmen weiter an Bedeutung gewinnen.

5. Kontrollfragen zu Teil X

1. Was versteht man unter dem Begriff Verkaufsförderung und welche Zielsetzung wird mit diesem Aktionsparameter verfolgt?
2. Nennen Sie Gründe für die zunehmende Bedeutung der Verkaufsförderung im modernen Marketing.
3. Grenzen Sie die Verkaufsförderung gegenüber zwei wichtigen Instrumenten der Kommunikationspolitik ab.
4. Würden Sie Verkaufsförderung eher der Distributionspolitik oder der Kommunikationspolitik im Marketing-Mix zuordnen? Begründen Sie Ihre Antwort und schildern Sie die Konsequenzen im Hinblick auf die Zielsetzungen der Verkaufsförderung.
5. Nennen Sie die Zielgruppen von Verkaufsförderungsmaßnahmen und schildern Sie konkrete Umsetzungsmöglichkeiten.

6. Literaturverzeichnis zu Teil X

albrecht verlag, Hrsg.: Gestaltungshinweise für Anzeigen in der Lebensmittel-Fachpresse – Ergebnisse von Copy-Tests, Gräfeling 1976.

Birkigt, K.: Verkaufsförderung – Analyse eines absatzwirtschaftlichen Phänomens, dargestellt am Beispiel der Konsumgüterindustrie, Dissertation, Mannheim 1968 und Verlag des Marketing Journal, Hamburg 1970.

Christofolini, P. M. / Thies, G.: Verkaufsförderung, Band 7, Strategien und Taktik, Berlin 1978.

Döppner, H. W.: Verkaufsförderung eine Marketing-Funktion: dargestellt am Beispiel der Konsumgüterindustrie, Berlin 1977.

Nieschlag, R. / Dichtl, E. / Hörschgen, H.: Marketing, 16. Auflage, Berlin 1991.

Pflaum, D.: Verkaufsförderung, Landsberg/Lech 1993.

Event-Marketing Teil XI

Die gesellschaftlichen Veränderungen der 90er-Jahre haben eine grundlegende Änderung in der Kommunikationspolitik gebracht. Ebenso wie Sponsoring und Direktmarketing hat sich auch das Event-Marketing zu einem eigenständigen, gewichtigen Instrument im Kommunikationsmix entwickelt.

Event-Marketing hat sich aus der Verkaufsförderung gelöst und wird zusammen mit Dialog-Marketing, Sponsoring, PR und den entsprechenden Erlebnisstrategien die Kommunikationslandschaft der nächsten Jahre prägen.

Die bisherige Betrachtungsweise ordnet Event-Marketing den Below-the-Line-Maßnahmen zu. Ob die Trennung zur klassischen Werbung (Above-the-Line) noch sinnvoll ist, erscheint fraglich. Vor dem Hintergund des integrierten Marketing muss diese starre Sichtweise und Anordnung durchbrochen werden.

1. Marketing braucht neue Impulse

Die letzten Jahre haben gezeigt wie wichtig es ist, mit den Veränderungen in unserer Gesellschaft Schritt zu halten. Es war schon immer Aufgabe des Marketings, neue Trends rechtzeitig zu erkennen und sich frühzeitig darauf einzustellen. Philip Kotler spricht von Turbo-Marketing und meint damit die Forderung nach dem Just-in-Time-Vorgehen, um in fließende Marktprozesse eintauchen zu können.

Turbo-Marketing

Die Media-Daten belegen es: Immer mehr Kommunikation erfolgt über immer mehr Medien in immer kleineren Zeitabständen. Dies führt zwangsläufig zu einer Veränderung der Gesellschaft. Trendforscher sprechen auch von der „beschleunigten" Gesellschaft.

Trends

Der Zeitfaktor in dieser „beschleunigten" Gesellschaft ist überlebenswichtig, da neue Märkte, kaum dass sie erschlossen sind, sofort gesättigt werden. Damit ist das Hauptproblem des heutigen Marketings angesprochen: sich blitzschnell und kaleidoskopisch ändernde Märkte. (vgl. Bolz / Bosshart, 1995)

Das bedeutet eine Abkehr vom bisherigen Massen-Marketing mit fest formulierten Zielgruppen und mehr oder weniger fixierten Strategien. Der Konsument als Individuum im Rahmen einer Lifestyle-Gruppierung, der von einem Trend zum nächsten gleitet, steht im Vordergrund. In die entstehenden Szenarien muss sich Marketing involvieren. (Kinnebrock, 1993, S. 29)

2. Szenen-Management

Dialog-Marketing

Eine Aufgabe der Marketing-Strategen wird sein, Szenen zu erkennen und eventuell vorhandene Nischen auszumachen. Das Szenen- oder Markt-Management ist die logische Konsequenz. Erkennen von Gruppierungen, Trends und Strömungen im Markt, Lebenseinstellungen und Lifestyle-Elementen. Daraus werden Bedürfnisse abgeleitet, auf die mit neuen Produkten, Dienstleistungen oder Kommunikationsbereichen eingegangen werden muss. Eine Folge dieser neuen Strategie ist, dass die Szenen- oder Markt-Manager aus den jeweiligen Gruppierungen rekrutiert werden und diese auch aktiv mitgestalten. Um diesem Marketing gerecht zu werden, muss auch eine neue Form der Kommunikation erschlossen werden: weg vom Monolog – hin zum Dialog.

3. Erlebnis-Marketing

Wahrnehmung von Werbung

Die Werbeverdrossenheit der TV-Zuschauer ist vielerorts spürbar. Obwohl sich das Werbeangebot innerhalb von vier Jahren mehr als verdreifachte, sehen die Zuschauer unverändert nur 6–7 Minuten hin. Die Wahrnehmungschance sank in diesem Zeitraum von 12 auf 4%. Um eine höhere Aufmerksamkeit und intensivere Wahrnehmung zu erreichen, müssen neue Schwerpunkte gesetzt werden.

Eine der wesentlichen Voraussetzungen für erfolgreiche Kommunikation ist die Herstellung eines Dialoges. Ein (innerer) Dialog entsteht bereits, wenn der Umworbene die Botschaft nachvollziehen kann oder wenn sie direkt sein Interesse anspricht. Eine Verstärkung wird erreicht, wenn das Produkt sich „erleben" lässt. Hier beginnt der Ansatz des Erlebnis-Marketing oder Event-Marketing.

Die Komponenten des Erlebnis-Marketing lassen sich auf drei Bereiche konzentrieren (vgl. Kinnebrock, 1993, S. 46 ff.):

1. Dialog: Zunächst ist die dialogfähige Kommunikation gemeint; aber auch der innere Dialog, d. h. die Identifikation mit der Werbebotschaft, ist von Bedeutung.

2. Service: Von besonderer Wichtigkeit wird künftig der produktbegleitende Service sein. Mit umfangreichen Serviceprogrammen wird auf die besonderen Wünsche der Kunden eingegangen.

3. Entertainment: Der Marketingerfolg ist in hohem Maß abhängig von der Kreativität und dem Unterhaltungswert.

Die Gewichtung dieser drei Komponenten kann dem Produkt oder der Dienstleistung entsprechend sehr unterschiedlich sein. Zwei Beispiele sollen dies verdeutlichen.

Beispiel 1:

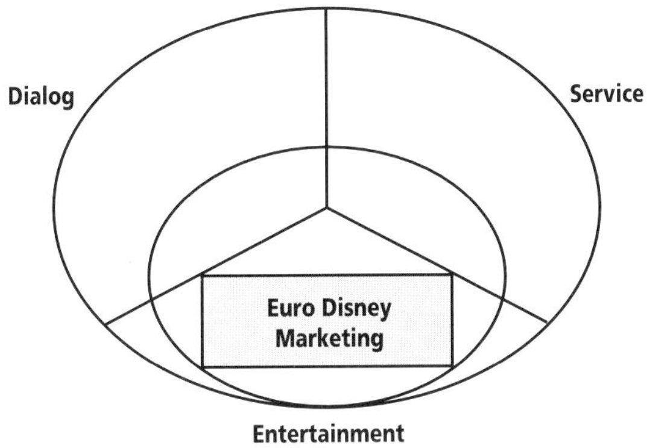

Abb: Das Konzept zur Eröffnung des Euro-Disney-Parks bei Paris.(Quelle: Kinnebrock, 1993, S. 47)

Beispiel 2:
Marketingauftritt von BMW mit einem Paket von Maßnahmen, das sich die Kundenpflege zum Ziel setzt.

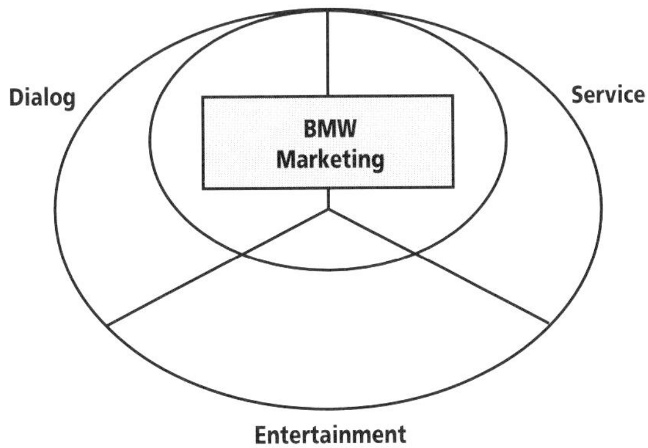

Abb: Gewichtung der drei Komponenten bei BMW (Quelle: Kinnebrock,1993, S. 48)

Es zeigt sich, dass die Rolle des Erlebnis-Marketing entweder als übergreifendes Kommunikationskonzept oder als begleitendes Teilkonzept in zunehmendem Maße wichtiger wird.

3.1. Begriff und Ziele des Event-Marketing

Zunächst sind die Begriffe „Event-Marketing" und „Special Events" streng zu trennen. Während Special Events Veranstaltungen darstellen, die im Umfeld des Kommunikationsprozesses wirken sollen, geht der Begriff Event-Marketing wesentlich weiter.

Events

Events werden allgemein als Erlebnis verstanden, das durch emotionale, kognitive und physische Reize starke Aktivierung auslöst. Die Erlebnisinszenierung hat das Ziel, Präferenzen bei den Zielgruppen aufzubauen.

Folgende Event-Typen lassen sich unterscheiden:
Außendienstkonferenzen, Präsentationen, Jubiläen/Festakte, Galaveranstaltungen, Road-Shows, Messen/Ausstellungen, Sport-/Kulturveranstaltungen, Workshops und Kongresse.

Besondere Bedeutung erlangen Events durch den direkten und persönlichen Kontakt von Unternehmen/Produkt und Zielgruppen. Durch die unmittelbare Aktivierung Teilnahme am Event wird ein höherer Aktivierungsgrad erreicht. Sowohl die Aktivierung als auch der Grad der Aktivierung sind Voraussetzung für die Bereitschaft zur Informationsaufnahme (innerer Dialog). Events erfüllen also einen sinnvollen Zweck. Mit dem Zusatz „Marketing" sind sie aber hoffnungslos überfordert.

Event-Marketing

Der Begriff Event-Marketing ist umfassender. Events dürfen nicht isoliert betrachtet werden, sondern müssen in die Unternehmenskommunikation integriert werden. Die Zersplitterung der einzelnen Maßnahmen bringen nicht den Synergieeffekt gewünschten Synergieeffekt und wirken sich darüber hinaus auch negativ auf die Kommunikationsetats aus. Sponsoring und PR bleiben oft als eigenständige Maßnahme im luftleeren Raum hängen.

Szenarien Um in Zeitströmen mitzufließen, muss man Szenarien aufbauen und alle Instrumente des Marketing-Mix konzentriert auf diese Szenarien hin ausrichten. Dabei kann nicht auf die tragenden Elemente der Kommunikation (klassische Werbung und Verkaufsförderung) verzichtet werden. Sie müssen jedoch erweitert werden, wenn man die Zielgruppen eines Szenarios erreichen will. Dabei dürfen die Maßnahmen der Erweiterung kein Eigenleben führen, sondern müssen Bestandteil der Gesamtstrategie sein.

Integriertes Event-Marketing umfasst alle Bestandteile moderner Kommunikation, die dazu beitragen, ein szenariobezogenes Erlebnis aufzubauen oder zu vermitteln

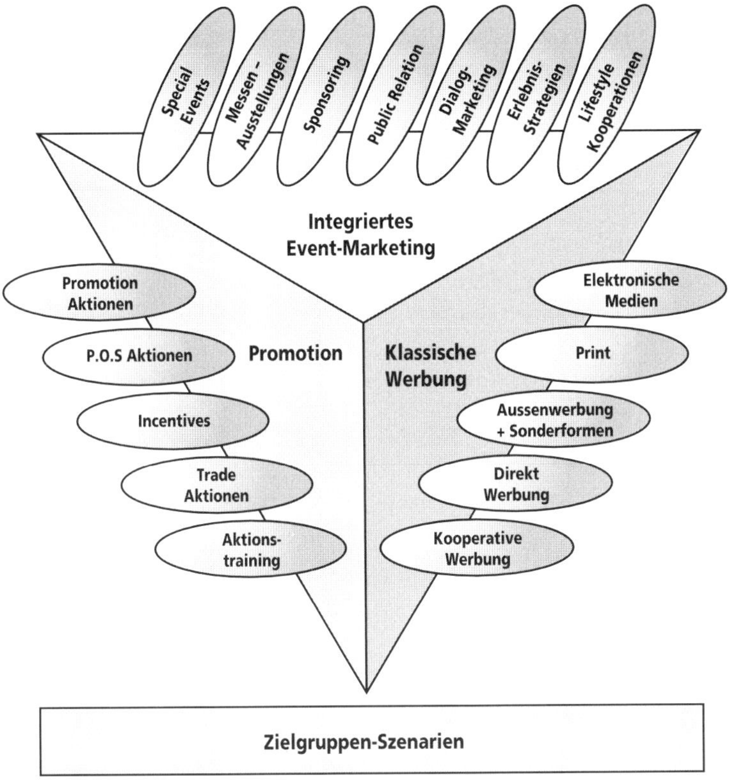

Abb.: Komponenten des integrierten Event-Marketing-Konzeptes (Quelle: Kinnebrock, 1993, S. 70)

Das Schaubild verdeutlicht, wie wichtig die Vernetzung der bisherigen Nebenschauplätze wie Sponsoring, Special Events und Dialog-Marketing mit anderen Kommunikationsgebieten ist.

„Integriertes Event-Marketing beinhaltet Maßnahmen, die vom passiven Marketing-Erleben zum aktiven Erlebnis-Marketing und vom Werbemonolog zum Kundendialog führen." (Kinnebrock, 1993)

3.2. Elemente einer Event-Konzeption

Eine erfolgreiche Event-Konzeption macht vor allem einen systematischen Planungsprozess notwendig. Als besondere Erfolgsbedingung wird die Verbindung der marketingpoltitischen Derterminanten betont. Typische Inhalte einer Konzeption sind die Festlegung einer Leitlinie, Planung der konkreten Event-Maßnahmen und -Mittel, die Fixierung von Event-Zielen sowie verbindliche Maßstäbe zur Erfolgskontrolle.

Ziele

Instrumentelle Ziele müssen entweder nach ökonomischen oder außerökonomischen Gesichtspunkten formuliert werden. Im Allgemeinen stehen bei Events außerökonomische Ziele im Vordergrund. Dabei kann es sich zum Beispiel handeln um:

- Bekanntmachung von Produkten und Unternehmen, z. B. durch Präsentationen und Eröffnungsveranstaltungen
- Vermittlung von Informationen über Produkte/Unternehmen, z. B. durch Info-Tourneen
- Imagebildende Maßnahmen, z. B. Kultur- oder Galaveranstaltungen
- Motivation der Mitarbeiter, z. B. durch Außendiensttagungen
- Unterstützung der Absatzchancen, z. B. durch Seminare

Veranstaltungsformen

Unterschiedliche Ziele richten sich an differenzierte Zielgruppen und erfordern eigenständige Veranstaltungstypen, die im Folgenden umrissen werden.

Außendiensttagung: Informationen über Produktinnovationen oder allgemeine Sachverhalte des Unternehmens werden an den Außendienst weitergegeben. Dabei dürfen Aspekte der Motivation und Gruppenkohäsion nicht außer Acht gelassen werden.

Kick-off-Veranstaltungen: Dabei handelt es sich um Eröffnungs- oder Einführungsveranstaltungen – nach der englischen Bedeutung: Anstoß beim Fußballspiel. Sie erfüllen neben der Vermittlung von Imagewerten in erster Linie Bekanntmachungsziele.

Präsentation: Präsentationen richten sich an Zielgruppen, die entscheidend zum Markterfolg eines Produktes oder einer Dienstleistung beitragen können, z. B. der Handel, die Meinungsführer der Branche, Mitarbeiter sowie Entscheidungsträger der Wirtschaft.

Jubiläen, Festakte, Galaeinladungen: Im Vordergrund der Veranstaltungen steht dabei die Identität des Unternehmens, das sowohl die interne als auch die externe Zielgruppen erreichen möchte.

Road-Shows und Wanderpräsentationen: Dabei wird über Produkte bzw. das Unternehmen in Einzelveranstaltungen informiert, wobei die Veranstaltung in zeitlich und räumlich versetzter Reihenfolge stattfinden. So führte die *Telekom* mit sieben Trucks eine Informationstournee in den neuen Bundesländern durch. Dabei wurde der Ausbau der Telekommunikation in Ostdeutschland vorgestellt.

Sport- und Kulturveranstaltungen: Bei Mitarbeiterveranstaltungen werden häufig Sportveranstaltungen eingesetzt. Neben Motivationszielen wird mit ihnen auch die Ausbildung des Zusammengehörigkeitsgefühls und die Förderung des Teamgeistes verbunden (Gruppenkohäsion).
Kulturveranstaltungen bieten vielfältige Möglichkeiten, mit der Öffentlichkeit zu kommunizieren. Die Bereiche Musik, Theater und darstellende Kunst sind eine gute Plattform, um das Unternehmen zu profilieren.

Kongresse: Fachkongresse oder Tagungen kombinieren fachliche Vorträge mit unterhaltenden Elementen (Talks, Vorführungen). Im Rahmenprogramm könnte auch eine begleitende Ausstellung oder eine Präsentation durchgeführt werden.

Seminare/Workshops: Das sind Veranstaltungen, bei denen die Teilnehmer Themen unter fachlicher Anleitung bearbeiten bzw. Problemlösungen entwickeln. Die Event-Konzeption muss hierbei das ausgeprägte Fachwissen der Zielgruppe berücksichtigen.

Messen und Ausstellungen: Hier bieten sich Events im Rahmenprogramm an, da Messen als eigenständiges Kommunikationsinstrument betrachtet werden. (vgl. Teil XIII)

Jugendevents: Mit besonderer Aufmerksamkeit widmen sich Marketingstrategen dem Jugendmarketing. Eine große Palette Special Events ermöglicht die Transformation von Botschaften in die jeweiligen Szenen. Sowohl der Zuspruch bei den Veranstaltungen als auch Umfagen beweisen, dass dieses Aktionsfeld auf Erfolgskurs ist.
So sponsern verschiedene Markenartikler Techno-Events und Raves. Die Love-Parade in Berlin ist ein Musterbeispiel für ein Jugendevent. Über 600.000 Jugendliche haben daran teilgenommen und miterlebt, wie die Sektkellerei *Henkel* einen neuen Energydrink vorgestellt hat oder wie die Firma *Reynolds* eine limitierte Camel-Love-Parade-Edition unter den Techno-Fans verteilte. Andere Firmen (z. B. *Mustang*) organisieren Rockkonzerte und ähnliche auf die Jugend abgestimmte Events.
Ein weiteres Feld innerhalb der Jugendevents nehmen die Fun- und Trendsportarten ein. *Adidas* hatte mit dem Streetball-Challenge Erfolg auf der ganzen Linie. Die Marke *Rollerblade* wurde ohne klassische Werbung und ausschließlich über Events im deutschen Markt eingeführt. Es wurden authentische Erlebnisse für die Zielgruppen geschaffen – z. B. durch Stunt-Skate-Shows.

3.3. Durchführung eines Events

In der Regel werden spezialisierte Agenturen beauftragt, da zu einer erfolgreichen Event-Konzeption nicht nur ein systematischer Planungsprozess gehört, sondern auch entsprechende Erfahrungen aus dem Bereich des Event-Marketing. Zunächst müssen die Ziele des Event-Projektes festgelegt werden. Dann folgt das Herausarbeiten der ausschlaggebenden Determinanten des Unternehmens und seines Umfeldes. Als nächstes sind die Zielgruppen und der Event-Etat festzulegen. Anhand der in der Analysephase gewonnenen Daten kann die Event-Botschaft formuliert werden. Danach erfolgt die Auswahl der möglichen Veranstaltungsformen. Dabei ist darauf zu achten, dass die Verbindungslinien bestimmt werden, die durch unterschiedliche Schwerpunkte das Unternehmen und den Event verknüpfen. Damit ist die Festlegung der Kriterien gemeint, die ein Event in einen inhaltlichen Zusammenhang mit dem Unternehmen bringen. Das Motto weist auf den Schwerpunkt hin: Steht das Produkt im Vordergrund, spricht man von „Product-Link"; beruht die Ausrichtung an der CI des Unternehmens, spricht man von „Corporate-Image-Link". Je nach Wahl der Verbindungslinie über die Ausrichtung der Gestaltungsparameter Location, Inszenierung und Kommunikations-Mix erfolgt dann die Gestaltung von Events.

Product-Link/ Corporate-Image-Link

Dazu ein Beispiel für eine gelungene Event-Marketingstrategie der *Coca-Cola GmbH* in Essen für die Marke *Fanta*.

Fanta-Inline-Skate Connection 1996 (FISC '96)

Das Ziel für 1996:
- Positionierung von *Fanta* als Getränk für Teenager mit Fokus auf die Altersgruppe 12–19 Jahre,
- Schaffen einer Erlebniswelt rund um die Marke *Fanta,*
- Besetzung eines aktuellen Themas – Inline-Skating –, um Glaubwürdigkeit und Akzeptanz in der Zielgruppe zu erreichen,
- hohe Aufmerksamkeit mit vielen direkten Kontakten durch eine große Zahl von *Fanta*-Events herstellen.

Die Aufgabe für die Agentur:
Kreation eines realisierbaren Event-Konzeptes, das die oben genannte Zielgruppe anspricht und durch die Verbindung mit *Fanta* die Imagekomponenten in die gewünschte Richtung beeinflusst.

Die Vorgehensweise:
- Briefing durch *Fanta* Brand Management und Presence Marketing
- Konzept „Event" mit Integration in POS-Maßnahmen und klassische Werbung
- Entwicklung eines Key Visuals (Erscheinungsbildes) für den kommunikativen Auftritt und das Event-Setup
- Abstimmung mit allen Beteiligten
- Recherche, Produktion, Organisation, Umsetzung

Der Event-Aufbau:
Durch die Belegung der Trendsportart Inline-Skating konnte bereits 1995 in einer ersten Veranstaltungsreihe das Thema für *Fanta* besetzt werden. Die Event-Reihe1996 stand ganz im Zeichen der Lieblingsbeschäftigung der Jugendlichen.

Die Event-Bausteine waren: Skate-Parcour mit Hindernissen, Contests und Verlosungen, kostenloser Inline-Skate-Verleih, Anfänger- und Fortgeschrittenenkurse, Stunt Shows mit dem Rollerblade European Team, Musik und Moderation, Streethockey und Come Together, viele Gewinnspielpreise und natürlich eiskalte *Fanta* im Travel Cup.

Die Kommunikation zur Fanta Inline-Skate Connection:
Die Kommunikationsarbeit war vernetzt über alle Maßnahmen, die für die Marke *Fanta* im Rahmen der Fanta Inline-Skate Connection 1996 umgesetzt wurden:

Begleitende PR
- Medienkooperation mit Fit For Fun – ein nationaler Fanta Skate Guide
- nationale Pressearbeit
- regionale Pressearbeit pro Event
- Pressemappen

Klassische Werbung
- TV-Spots in RTL, RTL2, Sat 1, Pro 7, Viva, Kabel 1
- Anzeigen

Event-Bewerbung
- Bauzaunplakatierung
- Plakate und Handzettel pro Event-Ort

POS-Maßnahmen
- FISC-Logo auf Dosen/Flaschen
- Aufsteller in den Getränkeregalen

Zahlen zur Fanta Inline-Skate Connection 1996:
- 116 Event-Tage in der gesamten Bundesrepublik
- 1.508.400 direkte Ziergruppenkontakte
- 45.071 ausgegebene Cups mit 22.148 Litern *Fanta*
- 41.139 Teilnehmer bei den Event-Gewinnspielen
- 26.804 Paar verliehene Inline-Skates

Das FISC-Team:
- Coca-Cola GmbH, Essen
- Coca-Cola Konzessionen in Deutschland
- Lowe und Partner, Düsseldorf, Klassische Agentur
- Roth Lohre Lorenz GmbH, Stuttgart, Agentur für Sponsorship und Event-Marketing

(Text Ingo Hilbert, Roth Lohre Lorenz GmbH, Stuttgart)

4. Bedeutung und Integration in das Kommunikations-Mix

Event-Marketing ist ein innovatives Kommunikationsinstrument, das sich auf der Basis veränderter Kommunikationsbedürfnisse der Zielpersonen herausgebildet hat. Events sind erlebnisortientierte, unternehmens- und produktbezogen inszenierte Ereignisse. Von besonderer Bedeutung sind dabei der praktizierte Dialog und die aktive Teilnahme der Zielgruppe an der Unternehmenskommunikation. Damit entsteht eine Verbindung zwischen Kommunikationspolitik des Unternehmens und dem Freizeiterleben der Zielgruppe. Die Welt des neuen Verbrauchers ist heute angefüllt mit Freizeitwerten, die sich als erlebnis- und genussorientiert bezeichnen lassen.

Der Integration von Events in das Kommunkations-Mix und das Kommunikations-Management des Unternehmens kommt daher eine entscheidende Bedeutung zu, um einen einheitlichen Unternehmensauftritt und synergetische Effekte für die Kommunikation zu sichern. Event-Marketing ist, sofern man die gesamt definierte Bandbreite der Möglichkeiten nutzt, eine wirkungsvolle Ergänzung des bestehenden Kommunikations-Mixes. Dabei ist darauf zu achten, dass Event-Marketing mit den anderen Kommunikationsmaßnahmen stärker vernetzt wird.

5. Kontrollfragen zu Teil XI

1. Grenzen Sie die Begriffe Event-Marketing und Special-Events voneinander ab.
2. Beschreiben Sie die Komponenten des Erlebnis-Marketing.
3. Erläutern Sie die wichtigsten Ziele des Event-Marketing.
4. Nennen Sie die wichtigsten Veranstaltungsformen des Event-Marketing.

6. Literaturverzeichnis zu Teil XI

Bolz, N. / Bosshart, D.: Kult-Marketing, Düsseldorf 1995.
Kinnebrock, W.: Integriertes Eventmarketing, Wiesbaden 1993.
Kroeber-Riel, W.: Strategie und Technik der Werbung, Stuttgart 1994.
Rapp, S.: Die große Marketing-Wende, Landsberg/Lech 1991.
Weinberg, P.: Erlebnismarketing, München 1992.

Direkt-Marketing

Teil XII

Ursprünglich war Direkt-Marketing die Domäne der Versandhäuser. Ihre Zielgruppen waren relativ überschaubar, wurden direkt beliefert und direkt betreut. Die ersten Direkt-Marketing-Agenturen waren deshalb auch primär Service-Unternehmen der Versandhäuser. Diese Ausgangslage hat sich inzwischen jedoch grundlegend geändert.

Im Zuge immer kleiner werdender Zielgruppen, bedingt durch wachsende Marktsegmentierung bzw. eher sogar Marktzersplitterung, wird es heute immer wichtiger, Kommunikationsmethoden zu finden, die gezielt und ohne große Streuverluste einsetzbar sind. Hinzu kommt, dass es für Unternehmen immer entscheidender ist, Beziehungen zu ihren Zielgruppen aufzubauen und zu pflegen, mit ihnen also in einen Dialog zu treten. Die klassische Werbung kann das nicht leisten und die traditionelle Verkaufsförderung will es offenbar noch nicht so recht.

Gezielte Kommunikation

1. Begriff und Ziele

Direkt-Marketing setzt genau hier an: Es will den Dialog mit dem angesprochenen Menschen.
Dazu werden alle Marketing-Instrumente genutzt, sodass man Direkt-Marketing folgendermaßen definieren kann:

Definition

Direkt-Marketing umfasst den Einsatz von Maßnahmen der direkten Kommunikationspolitik mit dem Ziel des Aufbaus einer individuellen und langfristig dauerhaften Beziehung mit dem Abnehmer in Verbindung mit dem Einsatz aller übrigen Marketing-Instrumente in direkter oder in indirekter Ausgestaltung. (Franzen, 1990)

Weil die direkte Kommunikation das entscheidende Merkmal ist, wird statt Direkt-Marketing häufig auch der Begriff Dialog-Marketing vorgeschlagen. Dialog darf dabei jedoch nicht als wohlklingende Worthülse missbraucht werden, sondern setzt ein bestimmtes Denken in den Köpfen der Verantwortlichen voraus (vgl. Klemm, o.J.):

Dialog-Marketing

Voraussetzungen

- Im Unternehmen muss vom Käufer her gedacht werden: Der Käufer kauft keine Produkte, sondern Problemlösungen. Deshalb interessiert ihn auch nicht irgendein USP.

- Käufer wollen in zunehmendem Maße individuell behandelt werden; sie wollen individuelle Problemlösungen und keine Massenabfertigung wie in der klassischen Werbung.
- Also muss das Unternehmen seine potenziellen Kunden direkt und individuell ansprechen und ihnen dabei auch die Chance geben zu antworten. Aber Vorsicht: Wenn der Kunde merkt, dass es dem Unternehmen nur um den Verkauf und nicht um einen echten Dialog geht, wird er sich verärgert anderen Anbietern zuwenden. Hier werden in der Praxis noch viele Fehler gemacht.

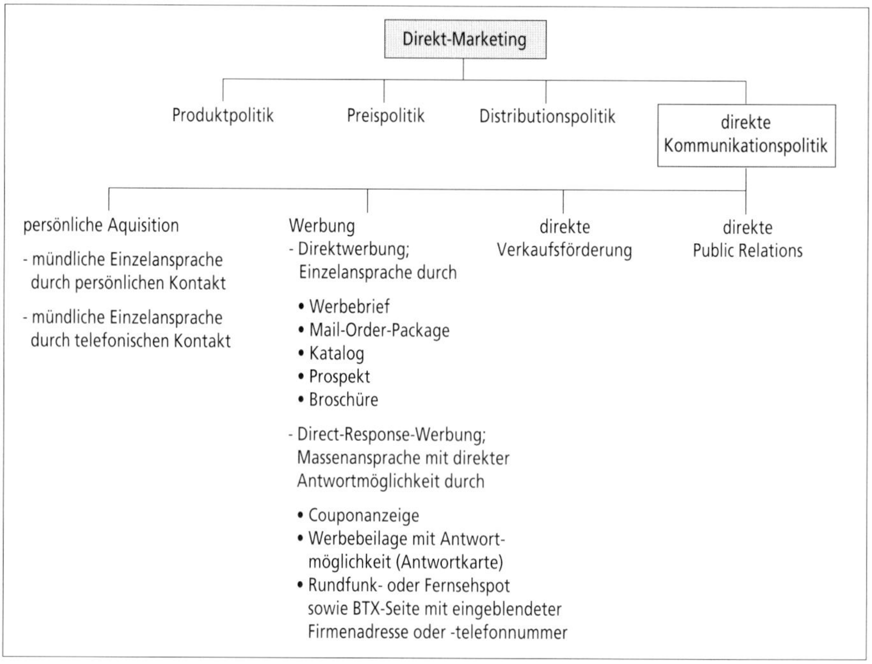

Abb.: Möglichkeiten der Kommunikation im Direkt-Marketing (Quelle: Franzen, 1990, S. 196)

Ziele

Aus diesen Überlegungen lassen sich folgende allgemeine Ziele des Direkt- oder Dialog-Marketing ableiten:

- *Response*, d.h. die Antwort der angesprochenen Person. Der Response kann z.B. aus einem Informationswunsch, einer Bestellung oder der Teilnahme an einem Spiel bestehen. Aus einem einmaligen Interessenten sollte dabei ein treuer Kunde werden.
- *Aufbau einer eigenen Database*, d.h. einer Interessenten- und Kundendatei.

- *Test von Werbemitteln,* insbesondere von Anzeigen. Beispielsweise können mit codierten Couponanzeigen verschiedene Motive bzw. Texte mit Hilfe des technischen oder regionalen Splits bundesweit geschaltet und anhand des unterschiedlichen Rücklaufs der Coupons bewertet werden.

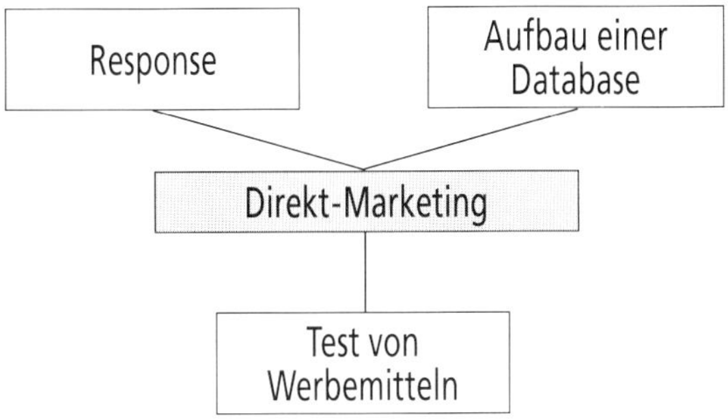

Abb.: Ziele des Direkt-Marketing

Durch eine Direkt-Marketing-Kampagne sollen hauptsächlich:

- neue Kunden akquiriert,
- ehemalige Kunden reaktiviert,
- bestehende Kunden gehalten und zu erneuten Käufen animiert werden.

Außerdem besteht die Möglichkeit, neue Produkte vorzustellen und den Außendienst zu unterstützen.

Die verschiedenen Ziele zeigen, dass Direkt-Marketing wesentlich mehr ist als die direkte Kundenwerbung. Entsprechend deckt der Begriff Direktwerbung nur einen kleinen Teilbereich des Direkt-Marketing ab.

2. Vor- und Nachteile des Direkt-Marketing

Vorteile für den Werbungtreibenden:

- Werbemittel enthalten eine Response-Möglichkeit, damit die Zielperson leicht, direkt und sofort anworten kann.
- Die Reaktion (Anfrage, Bestellung, Informationsanforderung) kann in der Datenbank gespeichert werden, was deren Ausbau und Qualität erheblich verbessert.

- Persönliche Ansprache der Zielperson sowohl im Consumer- als auch im Business-to-Business-Bereich.
- Geringe Streuverluste durch individuell auf das Produkt des Anbieters abgestimmte Zielgruppenauswahl.
- Im Gegensatz zu anderen Medien bietet das Mailing ausreichend Platz für Informationen über das Produkt.
- Ausschluss von Konkurrenz und Öffentlichkeit (Mailing), somit ungeteilte Aufmerksamkeit der Zielperson auf das Angebot.
- Der Erfolg einer Direkt-Marketing-Maßnahme ist direkt mess-, sicht- und speicherbar.

· *Vorteile für den Verbraucher:*

- Persönliche und direkte Ansprache.
- Das Angebot wird ausführlich beschreiben und kann in aller Ruhe studiert und verglichen werden.
- Das gewünschte Produkt kann per Post einfach und bequem bestellt werden.

Nachteile:

- Geringe Rücklaufquoten,
- Übersättigung der Verbraucher führt zu Desinteresse,
- viele Mailings landen ungeöffnet im Papierkorb.

3. Methoden

Abhängig vom verfolgten Ziel werden unterschiedliche Methoden eingesetzt. An erster Stelle steht dabei der Aufbau und die Pflege einer Database.

3.1 Database-Marketing

Einer der wesentlichen Vorteile des Direkt-Marketing gegenüber der klassischen medialen Werbung ist die genaue Zielgruppenansprache. Das setzt aber eine exakte Zielgruppendefinition voraus. So hängt der Erfolg einer Mailingaktion zu mehr als 50% von der Zielgruppenauswahl ab, von der Konzeption des Mailings zu 20–30% und vom Zeitpunkt der Aussendung zu 10–20% (Schober Direktmarketing, 9/1994).

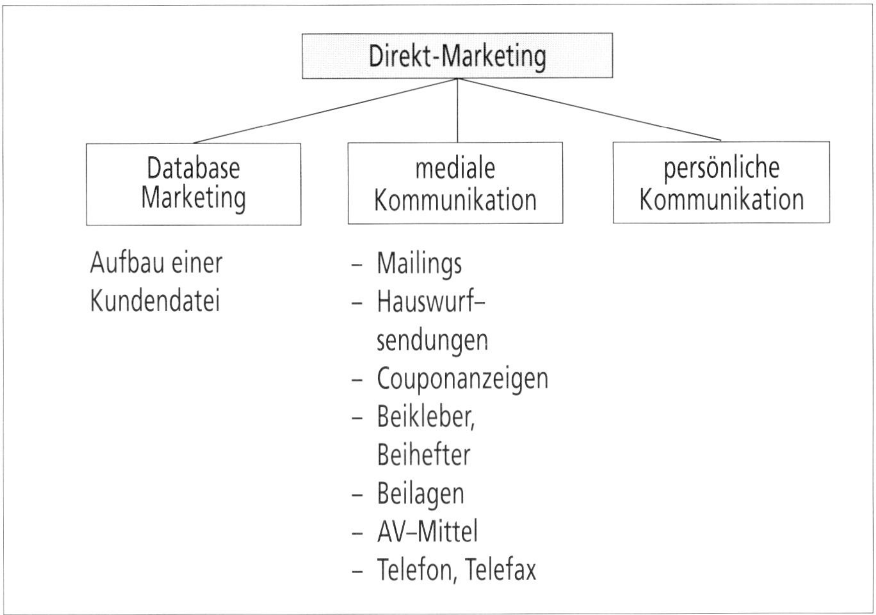

Abb.: Methoden des Direkt-Marketing

Die Database ist das Herz jedes Direkt-Marketing, denn ohne hinreichende Daten gelingt der angestrebte Dialog mit Anprechpartnern nicht. Mit Hilfe moderner Datenbanksoftware ist es heute möglich, aussagefähige Dateien aufzubauen und Dateien miteinander zu verknüpfen, um so den Dialog zu beginnen und aufrechtzuerhalten. Die Database geht also über eine reine Adressdatei weit hinaus und sollte folgende Daten enthalten:

Elemente der Database

- Kundendaten wie Name, Adresse, Alter, Geschlecht usw. Laut Datenschutzgesetz dürfen schutzwürdige Daten nur gespeichert werden, wenn ein Einverständnis vorliegt. Das wird immer dann vermutet, wenn die betreffende Person diese Daten freiwillig zur Verfügung gestellt hat, z. B. auf einem Bestellschein oder einem Coupon.
- Daten des Kaufverhaltens wie Anzahl der Bestellungen und Rücksendungen, zuletzt erfolgte Bestellungen, Bestellwerte, Kredite, Zahlungsverhalten.
- Vertriebsdaten wie Kundenbetreuer, Tourenplanung, Postleitzahl usw.
- Produktdaten wie Art und Typ der bestellten Produkte, z. B. Damenhose Modell „Karina"; außerdem können vom Kunden bevorzugte Produkte oder Sortimente gespeichert werden.
- Betriebswirtschaftliche Daten wie Einstandspreise, Retouren, Auslieferungskosten, Provisionen, Zinsen, Erträge.

Nutzen der Database

Mit einer derartigen Database ist es möglich, folgende Aufgaben zu bewältigen:

- Entwicklung des Neugeschäfts,
- Aktivierung und Weiterentwicklung des bestehenden Geschäfts,
- Kundenpflege durch Stärkung und Intensivierung bestehender Beziehungen,
- Reaktivierung „schlummernder" Kunden,
- Bestimmung von Zielgruppen für neue Angebote; hier spielt auch das Cross Selling (Zusatzgeschäfte) eine Rolle,
- Analyse bestehender Kunden und damit Bestimmung eines Zielgruppenprofils zur Neukundengewinnung.

Interne Datenquellen

Wenn dauerhafte Kundenbeziehungen angestrebt werden, sollte die Database immer aus eigenen Daten bestehen. Der erste Schritt dazu ist dann die Sammlung von Kundendaten. Dabei sollte zunächst intern auf Kunden- und Interessentenlisten, Listen von Veranstaltungs- und Messebesuchern, Rechnungen oder Aufzeichnungen des Außendienstes zurückgegrifffen werden. Weiterhin kann man Adressen mit Hilfe von Couponanzeigen, Beiklebern, Beiheftern, Beilagen mit Antwortmöglichkeit oder durch direkte Ansprache am Telefon, auf der Straße und am Arbeitsplatz erhalten.

Externe Datenquellen

Externe Quellen sind z. B. Telefon- und Adressbücher, Kammerverzeichnisse, Messekataloge oder fremde Datenbanken.
Derartige Datenbanken werden u. a. von Adressverlagen, z. B. von Schober Direktmarketing, angeboten. Dort kann man Adressen entweder kaufen oder mieten. Privatadressen aus dem Bestand von Adressverlagen sind nach demographischen Merkmalen wie Geschlecht, Alter, Wohnsituation und Kaufkraft sowie nach Ortsgröße und Region (Postleitzahl) selektierbar. Firmenadressen können nach Branchen, Region, Betriebsgröße, Mitarbeiterzahl, Umsatz, Fuhrpark, Telefon, Telefax, Rechtsform oder Gründungsjahr ausgewählt werden, um nur die wichtigsten Merkmale zu nennen. Außerdem sind die Namen der Führungskräfte gespeichert.

Listbroking

Neben eigenen Adressen bieten die Adressverlage das Listbroking an: Hier können Kunden- und Interessentenlisten anderer Unternehmen angemietet werden. Es handelt sich dabei um „Postkäuferadressen", d. h. Anschriften von Personen, die per Post bei Unternehmen bestimmte Produkte bestellt haben. Aus den bereits getätigten Käufen kann man schließen, ob das eigene Angebot für die Zielgruppe interessant ist, z. B. kann vermutet werden, dass Käufer hochpreisiger Weine auch für andere Luxusartikel aufgeschlossen sind.

Grundsätzlich müssen alle Adressen danach bewertet werden, ob ein Interesse am Dialog und eine Kaufwahrscheinlichkeit erkennbar sind. Dazu werden alle Merkmale gesammelt, die in diese Richtung zielen. So weiß man z. B., dass viele Produkte eher von Frauen gekauft werden oder Kinder bei bestimmten Produkten den Kaufentscheidungsprozess in der Familie maßgeblich bestimmen.

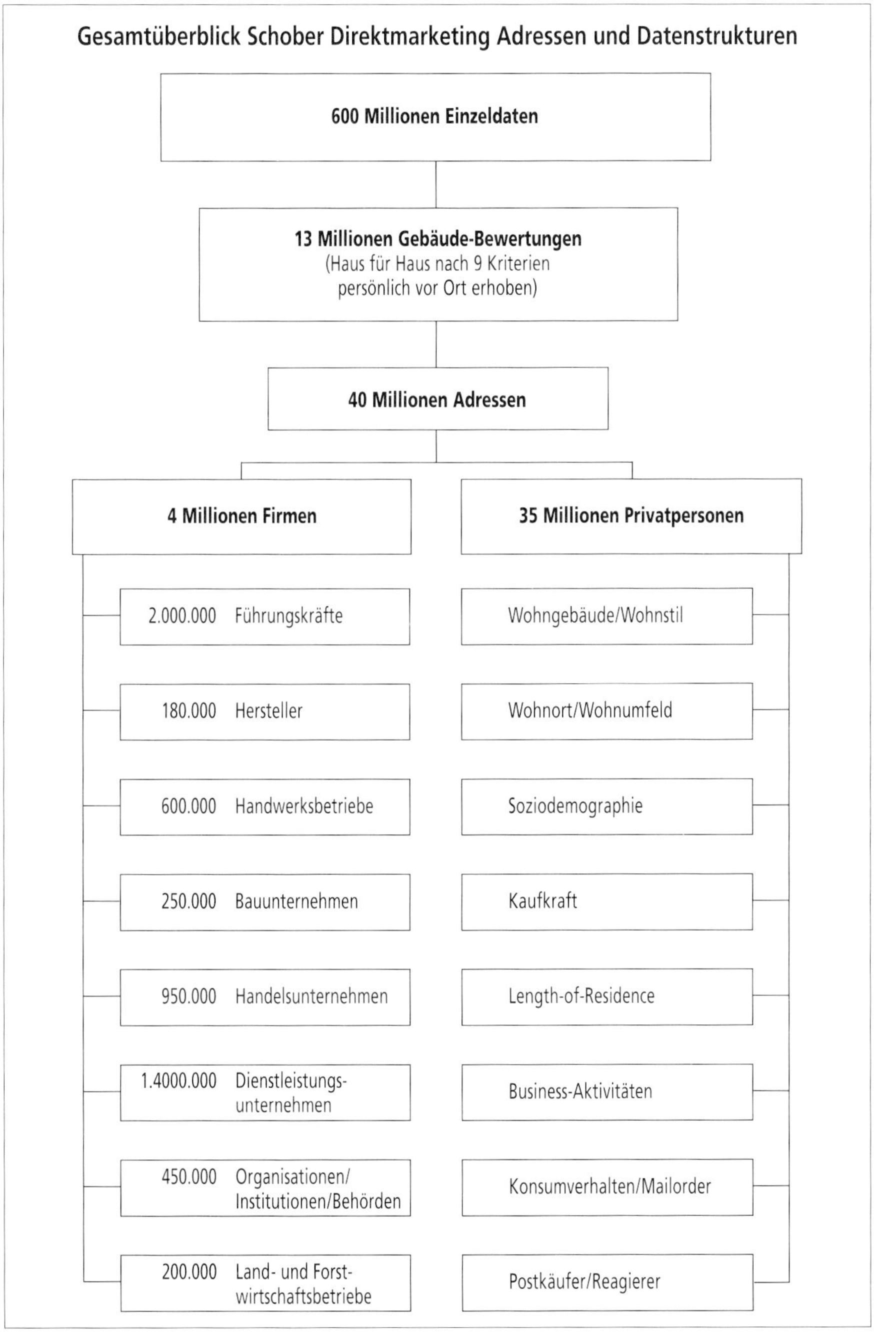

Abb.: Adressbestände von Schober Direktmarketing

3.2 Mediale Kommunikation

Am weitesten verbreitet im Direkt-Marketing sind Mittel der medialen Kommunikation und hier besonders die Mailings. Deshalb wird Direkt-Marketing noch vielfach mit Direct Mailing oder Direktwerbung gleichgesetzt, obwohl diese Einschränkung falsch ist.

1. Mailings

Mailings sind personalisierte, d. h. mindestens mit einer Empfängeradresse versehene, per Post zugestellte Werbesendungen. Dabei sind zu unterscheiden:

- Solo-Mailings, d. h. von einem Werbungtreibenden aufgegebene Sendungen
- Verbund-Mailings, d. h. von mehreren Anbietern gemeinsam versandte Mailings, z. B. mit sich gegenseitig ergänzenden Angeboten

Bestandteile des Mailings

Ein Mailing sollte wenigstens aus vier Teilen bestehen: der Versandhülle, dem Verkaufsbrief, dem Response-Element (Antwortkarte oder -schein) und dem Katalog oder Prospekt. Jedes Element hat dabei ganz spezielle Funktionen, die für den Erfolg wichtig sind und daher bei der Konzeption berücksichtigt werden müssen.

Versandhülle

Den ersten Kontakt zwischen Mailing und Adressat stellt die Versandhülle her. Schon jetzt entscheidet sich häufig, ob das Mailing Interesse findet und geöffnet wird oder ungelesen in den Paierkorb wandert. Die Versandhülle ist deshalb so zu gestalten, dass der Empfänger neugierig auf den Inhalt der Sendung wird. Am weitesten verbreitet sind hier Hinweise auf einmalige Gelegenheiten, Gewinne und Geschenke; ein Blickfang auf der Umschlagvorderseite, auch „Teaser" genannt, mit Bezug auf den Inhalt soll beim Betrachter erstes Interesse wecken. Andererseits kann es bei sehr seriösen Produkten, wie z. B. einer Abonnementzeitung, sinnvoll sein, auf jegliche Gestaltung des Umschlags zu verzichten.

Teaser

Häufig nutzen Versandhäuser die Innenseiten der Versandhülle, um zusätzliche, oft saisonal oder preislich besonders attraktive Produkte anzubieten.

Verkaufsbrief

Ist die erste Hürde genommen und das Mailing geöffnet, hat der Verkaufsbrief die Aufgabe, sowohl den Anbieter als auch das beworbene Produkt vorzustellen. Zu seiner Form gilt generell: Ein Verkaufsbrief soll auch wie ein Brief aussehen. Deshalb sind folgende Punkte unbedingt zu beachten:

- Der Brief sollte möglichst personalisiert, d. h. mit einer persönlichen Anrede versehen sein.
- Eine normale Schreibmaschinenschrift verstärkt den Eindruck des perönlichen Schreibens.

- Der Briefbogen sollte das Firmensignet enthalten, um dem geschäftlichen Aspekt mehr Ausdruck zu geben. Ein Foto der Person, die als Verfasser des Briefs gilt, trägt ebenfalls zum Charakter der persönlichen Ansprache bei.
- Das Auge des Lesers fixiert bestimmte Punkte, die sich durch Gestaltungshilfen wie Kursivschrift, Unterstreichung, Fettdruck oder besondere Absätze hervorheben.
- Die persönliche Unterschrift sollte möglichst leserlich in einer anderen Farbe als der übrige Text geschrieben sein (durch die moderne Lasertechnik täuschend echt realisierbar), darunter Vor- und Zuname in Schreibmaschinenschrift. Die Angabe der Funktion im Unternehmen (z. B. Verkaufsleiter, Chefredakteur, Kundendienstleiterin usw.) gibt dem Empfänger weitere Informationen und baut Vertrauen auf.
- Da das PS (Postskriptum) häufig zuerst gelesen wird, sollten hier die Besonderheiten des Angebots zusammengefasst werden.
- Das Verkaufsgespräch wird im Mailing durch den Brief ersetzt, der deshalb leicht verständlich, klar und deutlich informieren muss.

Blickverlauf im Verkaufsbrief

Untersuchungen haben gezeigt, dass es beim Empfänger eines Briefes einen typischen Blickverlauf gibt (nach Siegfried Vögele; siehe folgende Abbildung):

1. Zuerst erkennt und prüft der Empfänger seine Anschrift.
2. Der nächste Blick gilt dem Foto und/oder Firmenlogo.
3. Die folgende Station ist das Datum, das alleine steht und somit auffällt.
4. Die Headline weckt Interesse; ihr Inhalt ist besonders wichtig, da hier oft über Weiterlesen oder Wegwerfen entschieden wird.
5. Die persönliche Anrede ist wirkungsvoller als die allgemeine Anredeformel „Sehr geehrte Damen und Herren".

6.–8. Hervorhebungen werden vom Auge des Lesers im Schnellverfahren herausgepickt.

9. Die andersfarbige, leserliche Unterschrift mit in Schreibmaschinenschrift wiederholtem Vor- und Zunamen verstärkt den Eindruck des persönlichen Briefes.
10. Im Postskriptum, das oft als Erstes gelesen wird, werden die Angebotsvorteile zusammengefasst.

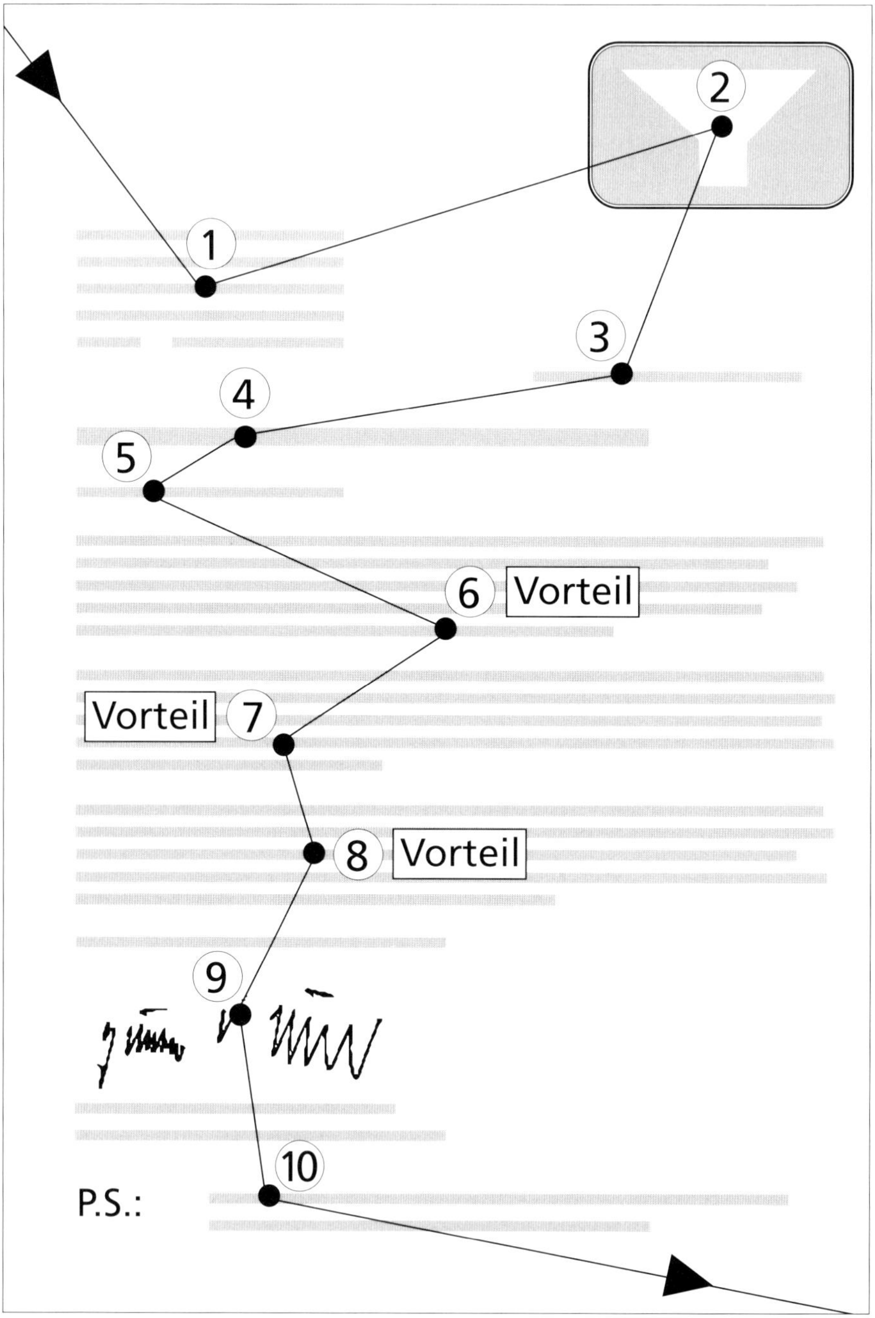

Abb.: Blickverlauf im Verkaufsbrief

Im Prospekt oder Katalog wird das Angebot näher beschrieben und gezeigt. Wie bei allen Bestandteilen eines Mailings sind auch bei der Gestaltung dieses Werbemittels Format und Gewicht zu bedenken, die für das Porto entscheidend sind.

Prospekt/Katalog

Als Response-Element dient die Antwortkarte oder der Antwortschein mit bereits adressiertem Rückumschlag. Für beide gilt, dass sie möglichst einfach zu handhaben sein sollten, z. B. mit bereits eingedruckter Absenderangabe des Bestellers, Ankreuzmöglichkeiten für die Bestellung, klarer Formulierung der Liefer- und Zahlungsbedingungen. Ein Portovermerk wie „Gebühr zahlt Empfänger" oder „80 Pf, die sich lohnen" fördert die Reaktionsquote.

Antwortkarte/ -schein

Im Durchschnitt kann auf ein personalisiertes Mailing eine Rücklaufquote (Response) von ca. 1% erwartet werden. Hier setzt die Kritik der Umweltschützer an. So weist Jo Leinen darauf hin, dass in Europa 1989 etwa 11,3 Mrd. Werbebriefe verschickt wurden. Unterstellt man, dass es sich um 20-g-Mailings (unrealistisch, weil zu niedrig) gehandelt hat, so erhält man ein Gesamtgewicht von 226.000 t verbrauchtem Papier, von dem 99% (bei einer Reaktion von 1%) verschwendet wurden. Aus Umweltgründen und um Ressourcen zu schonen, sind also Alternativen zum Mailing notwendig (vgl. Leinen, 1991, S. 420 ff.).

Kritik des Umweltschutzes

2. Hauswurfsendungen

Das klassische Mittel des Händlers oder Gewerbetreibenden „um die Ecke", aber auch vieler Institutionen ist die Hauswurfsendung. Sie wird von Verteilerorganisationen oder selbst angeheuerten Hilfskräften in die Briefkästen bestimmter Stadtteile oder Straßen verteilt. Dabei kann es sich um einfache Zettel mit den aktuellen Sonderangeboten, aber auch um aufwendige Broschüren handeln. So hat einer der größten Immobilienmakler Hamburgs eine sehr exklusiv anmutende Kundenzeitschrift an ausgewählte Haushalte verteilt, um Eigentümer- und Mieteradressen zu akquirieren.

3. Couponanzeigen

Anzeigen mit einem Antwortcoupon, der ausgefüllt, ausgeschnitten und zurückgeschickt werden soll, dienen primär der Adressgewinnung. Daneben kann mit ihnen aber auch die Wirkung unterschiedlicher Texte oder Motive beurteilt werden, wenn man den von vielen Zeitschriftenverlagen angebotenen regionalen oder technischen Split nutzt und die Rückläufe auswertet.

4. Beikleber, Beihefter, Beilagen mit Antwortmöglichkeit

Diese Mittel haben hauptsächlich die Aufgabe, den Interessenten zu einer Bestellung zu veranlassen. Dialog ist hier also eher klein geschrieben.

5. Audiovisuelle Mittel

Information auf Datenträgern

Ein direkter Kontakt mit den Zielgruppenmitgliedern lässt sich herstellen, wenn z. B. Produktinformationen elektronisch über das Internet oder körperlich als Videos, CDs und Disketten oder CD-ROMs versandt werden. Voraussetzung ist natürlich die entsprechende Hardware beim Empfänger.

Teleshopping

Ausgehend von den USA erfreut sich das Teleshopping zunehmender Beliebtheit. Dieses Angebot liefern inzwischen diverse europäische Kabelkanäle (z. B. MTV), aber auch andere Fernsehsender wie RTL und SAT1 im Rahmen von Game Shows. Hierzu können auch Fernsehspots mit eingeblendeter Telefonnummer gezählt werden, sofern diese der Bestellung dient.

Telefon

Über bestimmte Telefonnummern können Interessenten kostenlos (Vorwahl 0130) oder zu Sondertarifen (Vorwahlen 0180 und 0190) Informationen abrufen oder Bestellungen aufgeben. Die 0190-Nummer ist ein Service der Deutschen Postreklame, unter dem verschiedene private Anbieter ihre Leistungen (Informationen, Unterhaltung, Produkte) vermarkten können. Die Gebühren, die der Anrufer zu tragen hat, sind unterschiedlich und richten sich nach der Folgeziffer, bei 01901 sind es z. B. zurzeit 1,20 DM pro Minute.

6. Telefon-Marketing

Telefon-Marketing ist teilweise höchst umstritten. Das liegt aber nicht an der Methode, sondern an ihrer Handhabung durch Telefonverkäufer oder einzelne Agenturen. Zum Beispiel ist ein Empfänger über meterlange, bei Nacht unangefordert übermittelte Telefaxangebote sicherlich nicht erfreut.

Rechtliche Rahmenbedingungen

Privatpersonen, Unternehmen und andere Organisationen sind jedoch durch Gerichtsurteile und Gesetze geschützt. So dürfen Privatpersonen für werbliche Zwecke nur angerufen oder angefaxt werden, wenn sie dazu eine Genehmigung erteilt haben. Das wird in der Regel vermutet, wenn sie auf ein Mailing oder eine Couponanzeige mit einem Informationswunsch, einer Bestellung oder durch die Teilnahme an einem Spiel reagiert haben.
Bei Unternehmen und sonstigen Organisationen sieht die Rechtslage etwas großzügiger aus. Zu ihnen darf auch unaufgefordert per Telefon oder Telefax Kontakt aufgenommen werden, wenn ein Interesse vermutet werden kann. Dieses Interesse muss jedoch objektiv bestehen und darf nicht subjektiv vom Anrufer angenommen werden.

Werden diese Regeln eingehalten, so kann Telefon- bzw. Telefax-Marketing eine sehr gute Methode sein, um mit dem Ansprechpartner in den direkten und unmittelbaren Dialog einzutreten oder ihn zu pflegen und zu intensivieren. Dabei ist gerade das Telefonieren nicht einfach, da sich die Gesprächspartner nicht sehen, also nur auf sprachlich-rhetorische Mittel wie Modulation der Stimme, Pausen, Art der Fragestellung usw. zurückgreifen können.

Telefon- und Telefax-Marketing können eingesetzt werden, um Adressen und Informationen für die Database zu gewinnen, Produkte und Dienstleistungen zu verkaufen und Kunden zu betreuen.

3.3 Persönliche Kommunikation

Zufällige Ansprache

Im Rahmen der persönlichen Kommunikation können Zielpersonen zufällig angesprochen werden. Das kann auf der Straße, in Diskotheken, bei Veranstaltungen usw. geschehen. Bei der zufällige Ansprache ist allerdings nur eine grobe Zielgruppendefinition nach soziodemographischen Merkmalen möglich: nach Alter und Geschlecht. Dazu können noch einzelne Konsumverhaltensweisen kommen, z. B. Diskothekengänger.

Ansprache am Arbeitsplatz

Eine gezieltere Methode ist die Ansprache der Zielpersonen am Arbeitsplatz. Das ist besonders dann zu empfehlen, wenn es sich um Personen handelt, die über den Kauf oder die Verwendung von Produkten oder Dienstleistungen entscheiden.
Die Ansprache am Arbeitsplatz muss gründlich vorbereitet werden. Auf jeden Fall müssen die Probleme, die es zu lösen gilt, genauestens bekannt sein. In einem personalisierten Mailing sollten dann erste Lösungsangebote skizziert werden. Der Adressat muss im Mailing die Möglichkeit erhalten, selbst einen Gesprächstermin zu arrangieren; darüber hinaus muss aber auch ein Telefonat im Mailing angekündigt werden. Wenn sich der Angeschriebene nicht von selbst meldet, ist dann während des Telefongesprächs auf einen Besuchstermin hinzuarbeiten.

Voraussetzungen für den erfolgreichen Dialog

Voraussetzung der persönlichen Kommunikation ist stets die Dialogfähigkeit und die Dialogbereitschaft auf beiden Seiten. Merkt der Angesprochene, dass sein Gegenüber nur etwas verkaufen will, ohne dabei auf die konkreten Probleme einzugehen, die das Angebot lösen soll, wird er sich überrumpelt fühlen und den Kontakt abbrechen.
Selbst wenn kurzfristige Verkaufserfolge durch ausgebuffte Verkäufer erzielt werden sollten, ohne dass die eigentlichen Probleme des Käufers gelöst werden, schadet das dem anbietenden Unternehmen auf lange Sicht, denn es setzt seinen guten Ruf aufs Spiel. Bestes Beispiel ist hier der Rufschaden, den die westdeutsche Versicherungsbranche in den neuen Bundesländern durch rücksichtslose Verkäufer erlitten hat.

4. Konzeption einer Kampage

1. Definition der Ziele (z. B. Neukundengewinnung)
2. Definition der Zielgruppe und Bestimmung des Adressmaterials (eigenes, fremdes)
3. Definition der Methoden
4. Kreatives Konzept: Inhalte, Tonality, Umsetzung der Inhalte in Abhängigkeit von den Methoden
5. Realisation: Produktion, Aufnahme des Dialogs mit der Zielgruppe; Abrechnung
6. Kontrolle: Auswertung des Response, Bestimmung der Kosten pro Auftrag und bezogen auf dem Umsatz

Wichtig ist, dass eine Direkt-Marketing-Kampage in das gesamte Marketing-Mix eines Unternehmens intergriert ist und die Leitlinien der Corporate Identity berücksichtigt.

5. Kosten

Kostenvergleiche

Um die Wirtschaftlichkeit von Kommunikationsmaßnahmen zu vergleichen, werden üblicherweise die Kosten pro 1.000 Kontakte herangezogen. Dabei ist aber zu beachten, dass dieser Vergleich hinkt, da die Kommunikationswirkungen je nach gewählter Methode sehr verschieden sein können. Das liegt auch daran, dass mit den einzelnen Methoden unterschiedliche Ziele verfolgt werden. Unter diesem Vorbehalt steht auch der folgende Kostenvergleich.

Methode	Kosten pro 1.000 Kontakte (DM)	Response (%)
Mailing	1.500	2–3
Telefon	17.000	15
Couponanzeige	50 –150	0,3
TV	15	0,05
Außendienst	250.000	Abschlussquote 25 %

Abb.: Kostenvergleich verschiedener Direkt-Marketing-Methoden (nach Gottschling, 1994, S. 159)

Für ein 20-g-Mailing bei einer Auflage von 5.000 Stück ist mit den folgenden Kosten zu rechnen. Das Mailing besteht aus einem zweifarbigen, nicht personalisierten Brief, einem zweiseitigen, zweifarbigen Prospekt DIN A4, einer zweiseitigen, zweifarbigen Antwortkarte DIN A6 und einer einfarbigen Versandhülle.

Leistungen von Agentur, Satz, Repro:		
Kontakt-Layout	4.100 DM	
Konzeption-Text	3.000 DM	
Reinzeichnung-Montage	1.900 DM	
Fotosatz	1.000 DM	
Offsetreproduktion	2.300 DM	
Summe		**12.300 DM**
Druckkosten	**2.900 DM**	**15.200 DM**
Adresskosten (Preis 115 DM/‰)		
Adressen 575 DM		
+ Selektion und Lieferung 220 DM		**15.995 DM**
Leistungen des Lettershop		
Adressierung	13 DM/‰	
Falzen Brief + Prospekt auf lang DIN	22 DM/‰	
Kuvertieren, 3 Teile	26 DM/‰	
Frankieren	15 DM/‰	
Postaufliefern	24 DM/‰	
Gesamt	**100 DM/‰**	**16.495 DM**
Porto (Infopost Standard à 0,45 DM)		
für 5.000 Stück	2.250 DM	**18.745 DM**

Abb.: Kosten für ein 20-g-Mailing (Quelle: Gottschling, 1994, S. 160 f.)

Der Stückpreis des Mailings liegt demnach bei 3,75 DM. Bei einer Gesamtauflage von 50.000 Stück würden die Stückkosten auf 1,11 DM sinken, da Druck-, Adress- und Lettershopkosten pro Stück mit steigender Auflage zurückgehen (vgl. Gottschling, 1994, S. 160 f.).

6. Bedeutung und Integration in das Kommunikations-Mix

Direkt-Marketing hat in den letzten Jahren immer mehr Gewicht bekommen. Das liegt an den ständig kleiner werdenden Zeilgruppen. Mit Hilfe des Direkt-Marketing ist nämlich eine zielgruppengenaue und zielgruppengerechte Ansprache möglich. Letzteres setzt allerdings voraus, dass auf die Probleme der Zielperson eingegangen wird. Durch die geringen Streuverluste ist Direkt-Marketing bei kleinen, klar abgegrenzeten Zielgruppen sehr wirtschaftlich.

Geringe Streuverluste

Weiterhin ist der Wunsch der Werbungtreibenden nach einer klaren Messung des Return on Investment auch bei Kommunikationsausgaben gestiegen. Auch das kann Direkt-Marketing leisten, denn Response und damit verknüpfte Verkaufserfolge lassen sich eindeutig messen. Dagegen führt die Erfüllung der Ziele der klassischen Werbung, insbesondere Bekanntheit, Einstellungsänderung und Imagegewinn, nicht zwingend auch zu ökonomischen Erfolgen.

Erfolgsmessung

Schließlich ist Direkt-Marketing in der Lage, einen Dialog zwischen Unternehmen und Zielpersonen aufzubauen und zu pflegen.

Dialog

Aus diesen Gründen verzeichnen Direkt-Marketing-Agenturen immer noch hohe Zuwachsraten, sodass inzwischen fast alle großen klassischen Werbeagenturen eigene Direkt-Marketing-Agenturen oder zumindest entsprechende Abteilungen besitzen.

Zuordnung des Direkt-Marketing

Direkt-Marketing kann als Methode des Marketing aufgefasst werden. Dann sind hier auch produkt- und distributionspolitische Überlegungen einzubeziehen. Das geschieht z. B. bei Versandhäusern und Buchklubs.
In der Regel wird Direkt-Marketing aber der Kommunikationspolitik eines Unternehmens zugeordnet. Dann allerdings ist der Begriff irreführend. Es wäre dann besser, von Response-Kommunikation zu sprechen.

Integration in die gesamte Kommunikationspolitik

Genauso wenig wie irgendeine andere Kommunikationsmethode darf auch die Response-Kommunikation (Direkt-Marketing) nicht isoliert betrachtet und eingesetzt werden, sondern ist in die gesamte Kommunikation des Unternehmens zu integrieren. Das zeigt sich besonders bei den Überschneidungen des Direkt-

Marketing mit anderen Kommunikationsmethoden: Couponanzeigen müssen die Gestaltungslinien der klassischen Werbung berücksichtigen. Public Relations und Verkaufsförderung sollten letztlich das gleiche Ziel verfolgen: die Herstellung eines Dialogs, allerdings zum Teil mit unterschiedlichen Zielgruppen. Verkaufsförderung, besonders die Händlerpromotion, kommt ohne Direkt-Marketing nicht aus. Deshalb geht die Werbeagentur Wilkens Ayer Direkt sogar so weit, Verkaufsförderung als Element des Direkt-Marketing zu betrachten. Auch die Kombination von Verkaufsförderung und Direkt-Marketing unter einem Agenturdach findet man immer häufiger.

7. Kontrollfragen zu Teil XII

1. Was ist das Wesentliche des Direkt-Marketing?
2. Welche Grundsätze sind beim Direkt-Marketing zu beachten?
3. Welches sind die Ziele des Direkt-Marketing?
4. Welche Methoden können beim Direkt-Marketing eingesetzt werden?
5. Inwiefern hängen PR und Verkaufsförderung eng mit Direkt-Marketing zusammen?

8. Literaturverzeichnis zu Teil XII

Franzen, O.: Überlegungen zum Begriff des Direktmarketing, in: Werbeforschung & Praxis Folge 5/1990.

Gottschling, S.: Direktmarketing: Kunden finden – Kunden binden, München 1994.

Klemm, H.T.: Zehn Grundsätze des Direktmarketing-Erfolgs, Hrsg.: Wilkens Ayer Direkt, Hamburg o. J.

Koschnik, W.J.: Standardlexikon für Marketing, Marktkommunikation, Markt- und Mediaforschung, München 1987.

Kotler, Ph. / Bliemel, F.: Marketing-Management, 7. Auflage, Stuttgart 1992.

Leinen, J.: Die Kommunikationspolitik zur ökologischen Visitenkarte des Unternehmens machen, in: Marketing Journal 5/1991.

Rentrop, N.: Der Werbeberater, Bonn.

Teil XIII Messen und Ausstellungen

1. Bedeutung und Ziele

1.1 Informationsquellen für Führungskräfte

Aus Sicht der deutschen Unternehmen eignen sich Messen unter allen Instrumenten, die im Kommunikations-Mix eingesetzt werden, am besten oder zweitbesten zur Erreichung nahezu aller Absatzziele. Dies geht aus einer Untersuchung des Emnid-Instituts im Auftrag des Ausstellungs- und Messeausschusses der Deutschen Wirtschaft (AUMA) hervor. Für die Aussteller liegen die besonderen Stärken der Messen darin, die Unternehmensziele am Anfang des Verkaufsprozesses zu stärken. Sie steigern den Bekanntheitsgrad des Unternehmens, dienen der Imagepflege, demonstrieren Marktpräsenz und helfen bei der Informationsbeschaffung.

Stärken der Messen

Das Kommunikationsinstrument „Messe" wird bei drei von vier Unternehmen regelmäßig oder zumindest gelegentlich eingesetzt. Nur dem persönlichen Verkauf, also dem Einsatz von Außendienst und Vertretern, wird eine noch größere Bedeutung innerhalb des Kommunikations-Mix zugesprochen.

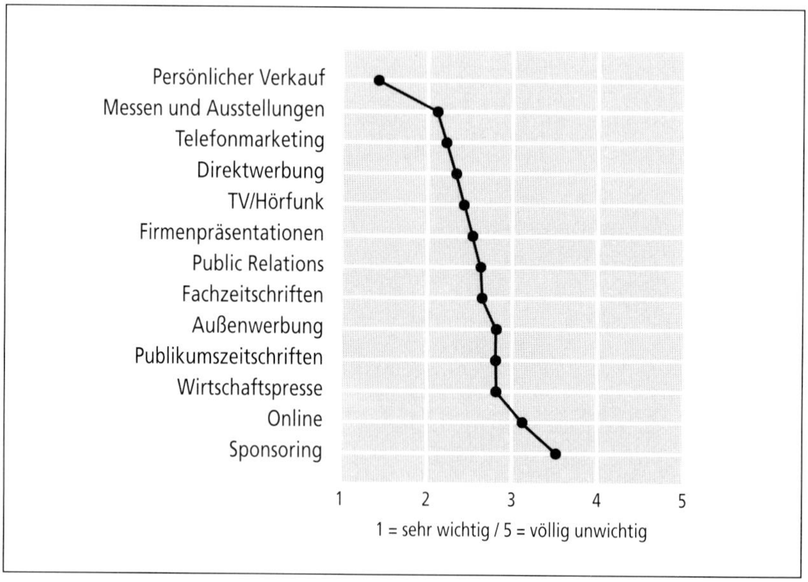

Abb.: Bedeutung der Kommunikationsinstrumente aus Sicht der Unternehmen (Quelle: Messefunktions- und Potentialanalyse, AUMA 1999)

Die regelmäßige Nutzung von Messen und Ausstellungen variiert stark nach den Branchen. Besonders messeaktiv sind die Branchen Industrieelektrik/-elektronik, EDV und Kommunikation sowie Gebrauchs- und Konsumgüter. Es zeigt sich, dass größere Unternehmen häufiger auf Messen ausstellen als kleine oder junge Unternehmen, die noch am Anfang ihres Öffentlichkeitsauftritts stehen.

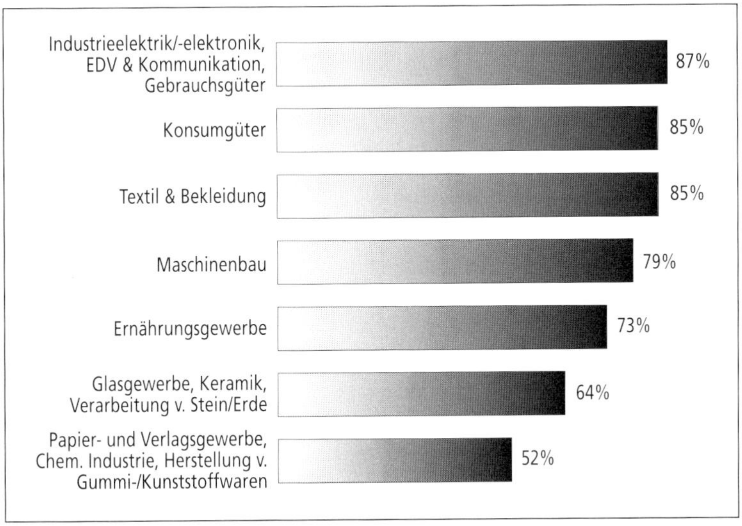

Abb.: Messebeteiligung nach Branchen (Quelle: Messefunktions- und Potentialanalyse, AUMA 1999)

Internationale Fachmessen

Messen sind auch eine Antwort auf die Internationalisierung der Märkte. Bei internationalen Fachmessen können einheimische Unternehmen den Heimvorteil für die Erschließung neuer Märkte ausnutzen. Natürlich bedeutet eine Nationalisierung auf der Seite der Aussteller auch immer eine zunehmende Konkurrenz auf dem Inlandsmarkt. Aber wo Risiken sind, gibt es auch Chancen. So wird ein hoher Anteil ausländischer Besucher die Messe immer dann besuchen, wenn die Bedeutung innovativer Systemtechnologien der einheimischen Anbieter in einer Branche besonders ausgeprägt ist.

1.2 Messeziele der ausstellenden Unternehmen

Messen als Imagefaktor

Auf einer renommierten Fachmesse dabei zu sein ist für viele Unternehmen schon ein Imagefaktor. Hier findet ein repräsentativer Auftritt Beachtung und multipliziert seine Image bildene Werbung. Andererseits wäre ein Verzicht auf die Messeteilnahme ein Signal, das von Wettbewerbern und Kunden falsch interpretiert werden könnte.

Image allein kann nicht der einzige Grund für die Teilnahme an Messeveranstaltungen sein. Weitere Vorteile von Messebeteiligungen liegen im Informationsaustausch, bei der Informationssammlung, aber auch beim Erkennen von Kundenwünschen und beim Auffrischen von Kundenkontakten.

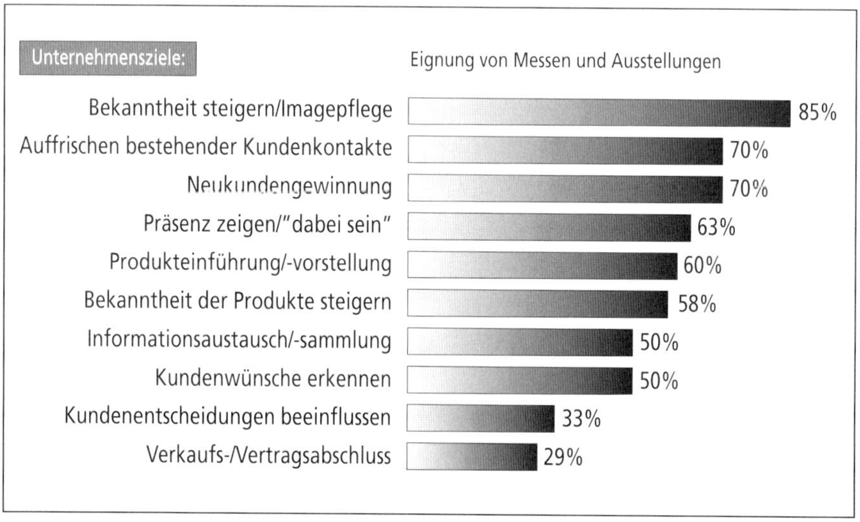

Abb.: Ziele der ausstellenden Unternehmen (Quelle: Messefunktions- und Potentialanalyse, AUMA 1999)

Strategische Ziele

Die wesentliche Aufgabe der Unternehmensführung muss es sein, die Strategien der Messepolitik an die strategischen Ziele der Marktpositionierung des Unternehmens und seiner Produkte anzupassen. Der Zweck einer Messe muss dem Unternehmenszweck entsprechen. Die Entscheidung über Zielgruppen, Marktsegment, Strategie etc. ist Grundlage für die Teilnahme oder Nichtpräsenz auf bestimmten Messen.

Erfolgskontrolle

Die Praxis in den Firmen sieht leider so aus, dass nur 76% der Aussteller überhaupt Messeziele definieren. Davon begnügen sich 64% mit allgemeinen Zielen – und lediglich 64% aller Aussteller führen eine Erfolgskontrolle durch.
Die Erfolgskontrolle beschränkt sich vorwiegend auf quantitative Werte wie Umsatz, Anzahl der Kontakte, Besucherzahlen und Neukundenzählung.
Viele Aussteller könnten den Messerfolg steigern, wenn sie sich intensiver mit der Kundenbefragung und der Auswertung von Messeberichten auseinander setzen würden.

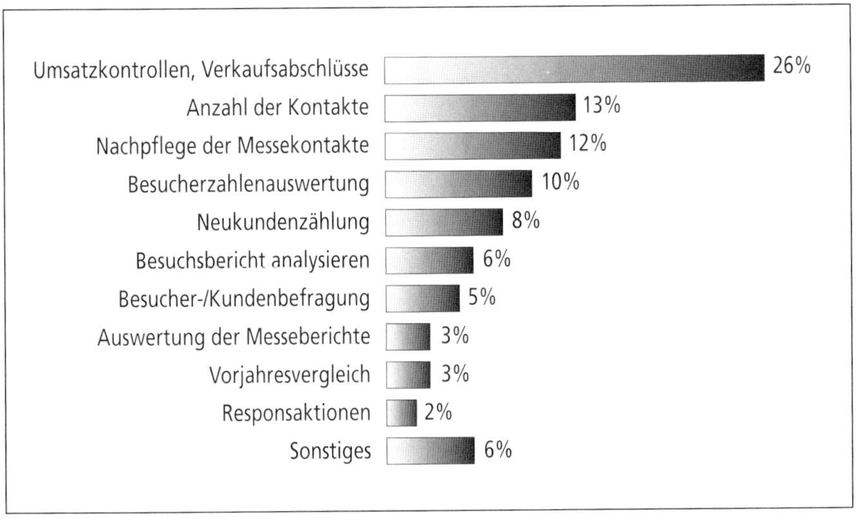

Abb.: Erfolgskontrolle (Quelle: Messefunktions- und Potentialanalyse, AUMA 1999)

2. Begriffliche Grundlagen

Typologie von Messen und Austellungen

Im Mai 1996 verabschiedete der Ausstellungs- und Messeausschuß der Deutschen Wirtschaft (AUMA) neue Leitsätze zur Typologie von Messen und Ausstellungen. Der AUMA will damit erreichen, dass Messeveranstalter mit realitätsnahen, brancheneinheitlichen Begriffen arbeiten, damit der betroffenen Wirtschaft eine einheitliche Basis für die Entscheidung über eine Messebeteiligung zur Verfügung steht.

Folgende Definitionen sind darin festgelegt:

Messen sind demnach zeitlich begrenzte, wiederkehrende Marktveranstaltungen, auf denen – bei vorrangiger Ansprache von Fachbesuchern – eine Vielzahl von Unternehmen das wesentliche Angebot eines oder mehrerer Wirtschaftszweige ausstellt und überwiegend nach Muster an gewerbliche Anbieter vertreibt.

Ausstellungen sind zeitlich begrenzte Marktveranstaltungen, auf denen eine Vielzahl von Unternehmen – bei vorrangiger Ansprache des allgemeinen Publikums – das repräsentative Angebot eines oder mehrerer Wirtschaftszweige ausstellt oder über dieses Angebot zum Zwecke der Absatzförderung informiert.

Überregionale Messen und Ausstellungen weisen auf der Besucherseite ein Einzugsgebiet auf, das über die jeweilige Region deutlich hinausgeht.

Regionale Messen und Ausstellungen weisen auf der Besucherseite ein überwiegend regionales Einzugsgebiet auf.

Internationale Messen und Ausstellungen weisen einen nennenswerten Anteil sowohl an ausländischen Ausstellern (regelmäßig mindestens 10%) als auch einen nicht unwesentlichen Auslands-Fachbesucheranteil (regelmäßig mindestens 5%) auf und zeigen das wesentliche Angebot eines oder mehrerer Wirtschaftszweige.

Ausstellerbefragung

Der AUMA kann nach der Durchführung einer Messe beim Veranstalter das Ergebnis der Ausstellerbefragung anfordern. Wird ihm diese verweigert, kann der AUMA hilfsweise selbst eine schriftliche Befragung durchführen lassen. Die AUMA-Daten sind deshalb eine wichtige Unterlage und Hilfe für den Aussteller, wenn es um die Entscheidung für eine Teilnahme an einer Veranstaltung geht.

3. Informationen über Messeinhalte

Die Anzahl der Veranstaltungen steigt jedes Jahr. Zusätzlich steigen auch die Kosten für eine Messebeteiligung ständig an. Für die Unternehmen ist es oft schwierig, im Voraus die Übereinstimmung einer bestimmten Veranstaltung mit den eigenen Marketingzielen richtig einzuschätzen. Es empfiehlt sich in jedem Fall, eine Kosten-Nutzen-Analyse für Veranstaltungen aufzustellen. Hilfe, Tips und Hintergrundinformationen können die Aussteller von unabhängigen Wirtschaftsvereinigungen erhalten:

Informationsquellen

AUMA (Ausstellungs- und Messeausschuß der Deutschen Wirtschaft, Köln)
- Verfügt über Daten wichtiger nationaler, internationaler und regionaler Ausstellungen und Messen.
- Gibt entsprechende Info-Dienste heraus und unterhält einen Auskunftdienst.

Folgende Handbücher werden jedes Jahr aktualisiert und können kostenlos angefordert werden: „Messeplatz Deutschland", „Regionale Ausstellungen", „International". Die Handbücher enthalten Informationen über Termine, Angebotsschwerpunkte, Ausstellerflächen, Besucherzahlen, Besucherstrukturen, Eintritts- und Katalogpreise, Öffnungszeiten, Standmieten etc.

FKM (Gesellschaft zur freiwilligen Kontrolle von Messe- und Ausstellungszahlen, Köln)
- Untersucht die strukturelle Zusammensetzung der Besucher bei einzelnen

Ausstellungen, z. B. regionale Herkunft, Wirtschaftszweig, berufliche Stellung, Betriebsgröße etc. Der FKM gehören 55 Veranstalter an. Die Daten werden nach einheitlichen Regeln ermittelt.

Weitere Informationen sind erhältlich bei:

IDFA (Interessengemeinschaft Deutscher Fachmessen und Ausstellungsstädte)
Der IDFA sind folgende Ausstellungsstädte angeschlossen: Dortmund, Essen, Friedrichshafen, Hamburg, Karlsruhe, Offenbach, Pirmasens, Saarbrücken, Stuttgart.

FAMA (Fachverband Messen und Ausstellungen e.V.)
FAMA ist ein Zusammenschluss von 36 privaten und kommunalen Veranstaltern von Messen und Ausstellungen.

4. Planung von Messeveranstaltungen

Je nach Größe der Messebeteiligung empfiehlt es sich, die einzelnen Maßnahmen, die bis zum Zeitpunkt der Veranstaltung zu treffen sind, in Checklisten und Netzplänen festzuhalten und Punkt für Punkt zu realisieren und umzusetzen. Der Umfang dieser Checkliste kann je nach Branche und Standgröße sehr unterschiedlich sein. Checklisten

Folgende Schwerpunkte sind zu planen:

1. Messebeteiligungskonzept
Für jeden in der folgenden Tabelle aufgeführten Punkt des Beteiligungskonzepts sollte ein eigener Zeitplan erstellt und abgeglichen werden.

Thema / Schwerpunkte / Werbeziel / Zielgruppe / Argumente / Etat					
Standgestaltung	**Standbau**	**Exponate**	**Messe-Team**	**Werbekonzept**	**Pressekonzept**
– Platzierung – Architektur – Grafik/ Design – Technische Einrichtung – Kostenkalkulation	– Transport – Stanbetrieb – Gerätemontage – Quartiere – Ausweise	– Auswahl – Größe – Platzierung – Aktionen	– Auswahl – Einsatz – Training – Einweisung	– Werbemittel für Exponate – Einladung/ Standwerbung	– Pressemappe – Pressekonferenz – Pressebetreuung

Abb.: Checkliste für Messebeteiligungskonzept

2. Etatplanung

Für die Planung des Messeetats sind folgende Kostenpositionen zu berücksichtigen:

Flächen - und Raumkosten
Standmiete
Beitrag an Veranstalter
Miete für Tagungsräume

Standbaukosten
Standentwurf
Standmodell
Messebau mit Teppichboden, Wänden, Beleuchtung und Dekoration

Standausstattung
Möblierung
Küche
Pflanzen
Bürogeräte
Transportkosten

Standversorgung
Strom
Wasser
Telefon
Reinigung
Bewachung
Versicherung etc.

Exponatskosten
Herstellung
Modellkosten
Transportkosten
Montage
Demontage
Fracht / Zoll

Personalkosten
Standbesetzung
Hotel
Spesen / Verpflegung
Reisekosten
Dolmetscher
Hostessen
Aussteller- und Parkausweise
Schulungen

Kommunikationskosten
a) Werbung
Einladungsaktionen
Eintrittskartengutscheine
Insertionen
Katalogeintrag
Online-Auftritt während der Messe
Sonderdrucksachen
Give-Aways etc.
b) Presse
Presseinfos
Pressekonferenz / Empfang
Pressemappen
Pressegeschenke
Bewirtung
c) Aktionen am Stand
Gewinnspiel
Darbietungen

Abb: Checkliste für die Etatplanung

4.1 Standgestaltung

Messestände gehören zum Erscheinungsbild des Unternehmens. Da sie eine hohe Beachtung im Umfeld der Wettbewerber finden, ist die Atmosphäre, die sie vermitteln, besonders wichtig. Auch ein kleiner Messestand, ja sogar ein Platz als Unteraussteller an einem Gemeinschaftsstand, sollte sorgfältig gestaltet und dem CI, dem Erscheinungsbild des Unternehmens, gerecht werden. Um dies zu erreichen, stehen dem Unternehmen mehrere Möglichkeiten des Standbaus zur Verfügung.

Formen des Standbaus

Individualstand
Plant der Aussteller nur eine oder jedenfalls sehr wenige Messebeteiligungen in einem absehbaren Zeitraum, kann er sich überlegen, seinen Messestand für diese Veranstaltung individuell anfertigen zu lassen. Gestaltung sowie Auf- und Abbaumaterialien müssen beim Individualstand nicht wieder verwendet werden.

Systemstand
Sobald sich abzeichnet, dass Veranstaltungen regelmäßig, womöglich mehrmals im Jahr besucht werden, empfiehlt sich der Einsatz eines Systemstandes. Der Grad der Systematisierung richtet sich nach Anzahl und Größenordnung der geplanten Beteiligungen.

Normstand
Manchmal ist es sinnvoll, den Normstand einzusetzen, der von den meisten Messegesellschaften angeboten wird. Hier handelt es sich überwiegend um kleinere Stände mit genormten Ausstattungen (x m Blende + Besprechungstisch mit x Stühlen, alles in einer genormten Größe ...).
Je nach Messestandort (Transportkosten!) kann es wirtschaftlich günstig sein, auf diese Normstände zurückzugreifen. Insbesondere dann, wenn der Normstand aus dem gleichen Messebausystem gebaut wird wie das firmeneigene System und man so vorhandene Teile wie z. B. Großfotos mitverwenden kann.

Normstand – Systemstand – Individualstand: Die ideale Kombination ergibt sich erst nach einem genauen Kostenvergleich.

5. Messeplatz Deutschland

Auf deutschen Messen wurden 1996 ca. 143.000 Aussteller gezählt, davon kamen 63.500 aus dem Ausland. Das entspricht in etwa den Werten von 1995. Allerdings zählte man 1996 – bedingt durch das schwächere Messejahr – mit rund 9 Mio. Besuchern ungefähr 1,4 Mio Besucher weniger als 1995 (10,4 Mio).
Da aber weniger Veranstaltungen stattfanden, stieg die Besucherzahl auf den einzelnen Messen im Durchschnitt an. Der Anteil der ausländischen Aussteller erhöhte sich dabei von 1985 bis 1995 um 76%, die vermietete Fläche im gleichen Zeitraum um 31,6%.
Die Zahl der Veranstaltungen schwankt turnungsgemäß von Jahr zu Jahr.

Die folgende Abbildung zeigt die einzelnen Werte und ihre Entwicklung.

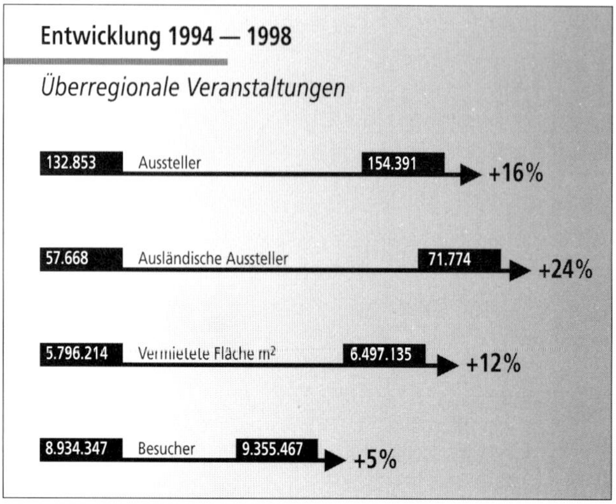

Abb.: Überregionale Messen in Deutschland (Quelle: Messefunktions- und Potentialanalyse, AUMA 1999)

6. Werbung rund um die Messe

An einer erfolgreichen Veranstaltung sind Messeveranstalter und ausstellende Firmen gleichermaßen interessiert. Die Messegesellschaften bereiten deshalb im Vorfeld der Veranstaltungen mit Pressenotizen, Pressekonferenzen, Anzeigen und Direktmailings die Kommunikation rund um die Veranstaltung vor und stellen den Ausstellern zur Unterstützung ein vielfältiges Angebot an Werbemitteln zur Verfügung.

Dazu gehören Plakate, Briefklebemarken und Messeprospekte, die die Aussteller größtenteils kostenlos anfordern können.

Gutscheine für Eintrittskarten

Ein beliebtes Instrument der Aussteller-Einladungsaktionen sind auch die Eintrittskartengutscheine. Die Aussteller können diese Gutscheine in unbegrenzter Menge von den Messegesellschaften anfordern und damit ihre Kunden zu der jeweiligen Veranstaltung einladen. Berechnet werden von den Messegesellschaften nur die später tatsächlich eingelösten Gutscheine, und das meistens zu einem Preis, der weit unter dem regulären Eintrittspreis liegt.

Vorteil für den Aussteller: Seine Kunden sehen, dass sie „geschätzt" werden, und kommen, wenn sie die Veranstaltung besuchen, sicherlich auch am Stand vorbei.

Vorteil für die Messegesellschaft (und für die gesamte Veranstaltung): Durch den Multiplikatoreneffekt (viele Aussteller laden viele Besucher direkt ein) wird schon ein großer Teil der Besucher auf die Veransteltung aufmerksam gemacht. Außerdem können so die richtigen Fachbesucher für die jeweilige Veranstaltung gezielt erreicht werden. Natürlich profitieren alle Aussteller auch von den Einladungen und Werbemaßnahmen der anderen Aussteller – nur dadurch ergibt sich eine gemeinsam gute Veranstaltung.

Werbung der Messegesellschaft

Die Messegesellschaften ihrerseits sorgen dafür, dass die Messe in den Fachmedien – oder bei regionalen Ausstellungen in der Region – durch Pressearbeit, Anzeigen, Mailings, Internet-Auftritt, Rundfunk, Plakatierung, Fahnen usw. rechtzeitig bekannt gemacht wird.

7. Bedeutung im Kommunikations-Mix

Neben klassischer Werbung, Verkaufsförderung, Öffentlichkeitsarbeit, Sponsoring, Direktmarketing und Event-Marketing nimmt die Messe als Kommunikationsinstrument einen wichtigen Teil im Kommunikations-Mix der Unternehmen ein. Immerhin geben die Werbung treibenden Unternehmen für die Teilnahme an Messen und Ausstellungen im Durchschnitt 30% ihrer Werbekosten aus.

Viele Firmen nutzen die Synergien, die sich im Kommunikations-Mix anbieten:

- persönlicher Verkauf/Außendienst und Messen
- Werbung in Fachzeitschriften und Messen
- Internet-Auftritt und Messen
- Direktwerbung und Messen

Besonders die Synergie von Internet-Auftritt und Messen hat sich sowohl für die Aussteller als auch für die Messegesellschaften als gute Kombination zur Vorbereitung für den Messebesuch herauskristallisiert.

Die Messe ist eines der ältesten Instrumente der Marktinformation. Bei aller Dynamik der vielen neuen Informations- und Kommunikationstechniken hat sie bis heute nichts an Bedeutung und Anziehungskraft verloren. Im Gegenteil: Gerade Fachmessen, deren Aussteller und Besucher längst durch weltweite, leistungsfähige Kommunikationsnetze miteinander verbunden sind, verzeichnen seit Jahren wachsende Aussteller- und Besucherzahlen. Das Medium Messe ist ein multifunktionales Medium mit vielfältigen Chancen für den Aussteller einerseits und den Fachbesucher andererseits. Eine Messe ist ein Unikat, das wesentlich mehr kann als andere, zumeist eindimensionale Medien wie beispielsweise Prospekte oder Anzeigen.

Das Gespräch von Mensch zu Mensch, der persönliche Dialog, ein Handschlag nach getroffener Vereinbarung – dies alles ist durch andere Medien nicht zu ersetzen. Der Messeauftritt gibt Unternehmen die vielfach einzige Möglichkeit, ihre Leistungen und Stärken durch dreidimensionale Proofs erlebbar zu machen: ganz unmittelbar – zum Anfassen. Von Bedeutung ist dabei auch die Möglichkeit, die oft in aller Welt wirkenden Mitarbeiter des eigenen Unternehmens und die Geschäftspartner zum Dialog zusammenzuführen.
Messen sind somit die direkteste, konkreteste und zugleich am intensivsten erlebbare Umsetzung der Marketingkommunikations-Strategien. Also ein absoluter Schwerpunkt im Kommunikations-Mix.
Das Medium Messe ist zwar auf den ersten Blick wesentlich teurer als andere Medien, nicht jedoch, wenn ein Effizienzvergleich angestellt wird.
Nach einer Studie der Universität Münster wird die zukünftige Position der Messen im Marketing-Mix als deutlich stabil mit leicht steigender Tendenz eingeschätzt.
Die Messe-Nutzen-Studie vergleicht Messen sowohl mit Werbemedien als auch mit anderen konkurrierenden, unmittelbar absatzorientierten Marketinginstrumenten. Da Dialoginstrumente nach den Ergebnissen der Studie auch in Zukunft eine starke Position haben werden, wird das Medium Messe von seiner Struktur her unverändert akzeptiert bleiben. Nach dem Motto „all business is local" gehen viele Firmen zunehmend dazu über, die Auslandbeteiligungen zu erhöhen, um ergänzend auch auf den internationalen Märkten vor Ort präsent zu sein.

8. Kontrollfragen zu Teil XIII

1. Welche Kommunikationsinstrumente haben für die Industrie die größte Bedeutung?
2. Wie lauten die wichtigsten Messeziele ausstellender Unternehmen?
3. Definieren Sie den Unterschied zwischen einer Messe und einer Ausstellung.
4. Welche unabhängigen Wirtschaftvereinigungen geben Tips und Hintergrundinformationen für Aussteller?
5. Nennen Sie einige Schwerpunkte, die bei einer Messebeteiligung zu berücksichtigen sind.
6. Welche Werbemittel bieten die Messegesellschaften den Ausstellern größtenteils kostenlos?
7. Welche Möglichkeiten der Erfolgskontrolle bei Messen kennen Sie?

9. Literaturverzeichnis zu Teil XIII

Ausstellungs- und Messeausschuß der Deutschen Wirtschaft e. V. (AUMA), Hrsg.: Erfolg auf Auslandsmessen, Köln 1996.

Ausstellungs- und Messeausschuß der Deutschen Wirtschaft e. V. (AUMA), Hrsg.: Erfolgreiche Messebeteiligungen Made in Germany, Köln 1996.

Ausstellungs- und Messeausschuß der Deutschen Wirtschaft e. V. (AUMA), Hrsg.: Ziele und Nutzen von Messebeteiligungen, Köln 1996.

Ausstellungs- und Messeausschuß der Deutschen Wirtschaft e. V. (AUMA), Hrsg.: Messeplatz Deutschland 2000, Köln 1999.

Becker, H., Hrsg.: Industriewerbung, Würzburg 1989.

Know How 11/1996, Münster 1996.

Küttner, G. / Mortsiefer, J.: Messeplatz Europa, in: Blick durch die Wirtschaft, Fraqnkfurt am Main 1994.

Scheffler, H.: Messefunktions- und Potentialanalyse, Zusammenfassung der empirischen Untersuchung zur Relevanz der Messen im Kommunikationsmix. Durchführung: Emnid-Institut GmbH, Bielefeld, im Auftrag des AUMA, Köln 1999.

Strothmann / Busche, Hrsg.: Handbuch Messemarketing, Wiesbaden 1992.

Zentralausschuß der Werbewirtschaft (ZAW), Hrsg.: Werbung in Deutschland 1996, Bonn 1996.

Teil XIV Product-Placement

Schätzungsweise 25 bis 300 Mio. Mark werden jährlich mit Product-Placement in Deutschland umgesetzt. Die konkrete Größenordnung lässt sich kaum genauer eingrenzen, denn selten liegen schriftliche Verträge der beteiligten Partner des Product-Placement vor – der Grund: In Deutschland befindet sich dieser Markt in einer rechtlichen Grauzone (vgl. Meyerhoff, 1995).

Nicht nur die Rechtsunsicherheit hinsichtlich der Thematik, sondern auch andere im Folgenden noch zu konkretisierende Gründe mögen für eine gewisse Zurückhaltung der Branche ausschlaggebend sein. Dennoch kann man von einer zunehmenden Etablierung von Product-Placement mit eigenem Etat bei Herstellern von Markenartikeln und großen Dienstleistungsunternehmen ausgehen.

1. Begriff und Abgrenzung

Definition

Wenn man die in der Literatur vorgefundenen Charakterisierungen von Product-Placement zusammenfasst, ergibt sich folgende Definition: Product-Placement ist die gezielte, im Bereich Kino-, Video- und Fernsehfilm gegen Geld- oder Sachwerte durchgeführte Platzierung von Produkten, Marken, Dienstleistungen in visueller und/oder verbaler Form, wobei für deren Einsatz eine dramaturgische Notwendigkeit besteht.

Rundfunkstaatsvertrag

Nach dem am 01.12.1987 in Kraft getretenen Rundfunkstaatsvertrag (Ausweitung des Geltungsbereichs auf öffentlich-rechtliche und private Rundfunk- und TV-Sender) ist Schleichwerbung unzulässig. „Schleichwerbung ist die Erwähnung oder Darstellung von Waren ... in Programmen, wenn sie zu Werbezwecken vorgesehen ist und die Allgemeinheit hinsichtlich des eigentlichen Zwecks ... irreführen kann." (Hegner, 1997)

Trennungsgebot

Kennzeichnungspflicht

Außerdem gelten das so genannte Trennungsgebot (Werbung ist vom übrigen Programm zu trennen) und die Kennzeichnungspflicht (Werbung ist als solche zu kennzeichnen). Das Trennungsgebot dient sowohl zum Schutz der ausstrahlenden Sender vor der Beeinflussung der werbetreibenden Wirtschaft als auch dem Ziel, den Hörer/Seher vor der Täuschung durch Werbung im redaktionellen und damit für ihn unerwarteten Umfeld zu bewahren. Die generelle Kennzeichnungspflicht unterstützt zusätzlich die auf den Zuschauer bezogene Schutzfunktion, keine Irreführung bezüglich des realen Absenders von Programminhalten zu betreiben (vgl. Schmid, 1999).

Die verbotene Schleichwerbung lässt folglich zwei Interpretationsansätze zu:

- erschlichene und damit unbezahlte Werbung, die aus Sicht der Film- und Fernsehbetreiber zu Einnahmeverlusten führt
- schleichende, getarnte Werbung, deren werbliche Intention vom Umworbenen nicht eindeutig erkennbar ist

Befürworter von Product-Placement betonen den Unterschied zur verbotenen Schleichwerbung, der in der dramaturgischen Notwendigkeit der Einbeziehung der Requisiten in die Handlung des Films besteht. Unter besonderen Einschränkungen (platziertes Produkt/Dienstleistung darf nicht zu häufig, zu lange oder mit sonstigen überzogenen werblichen Effekten erwähnt oder eingeblendet werden) ist diese Abgrenzung möglich. Der Rundfunkstaatsvertrag erlaubt die Einbindung ausnahmsweise, „wenn es aus überwiegend programmlich-dramaturgischen Gründen sowie zur Wahrnehmung von Informationspflichten erfolgt". Dramaturgische Notwendigkeit

Es bleibt ein Problem: Sobald Entgelt oder geldwerte Vorteile für den Einsatz gefordert oder angenommen werden (dies gilt für alle Produktionsbeteiligten, nicht nur für die ausstrahlenden Sender), handelt es sich im Sinne des Vertrages um ein unzulässiges Handeln; ausnahmsweise erlaubt ist die unentgeltliche Entgegennahme von Requisiten oder sonstigen Leistungen, wenn damit keine Einschränkung der künstlerischen Darstellungsfreiheit verbunden ist und keine einseitige Bevorzugung von Produkten erfolgt (vgl. Auer, 1991, und Bork, 1989). Problem des Entgelts

2. Formen

Product-Placement lässt sich nach folgenden Kriterien in unterschiedliche Formen und Ausprägungen kategorisieren:

Nach dem Grad der Integration in die Filmhandlung

- *On Set Placement:* Bei dieser Form werden die Produkte/Marken als Ausgestaltung des Umfeldes der Filmhandlung eingesetzt. Sie sind austauschbar, es wird kein direkter Bezug zur Handlung hergestellt. Die Gefahr bei einer erfolgreichen Umsetzung von On Set Placement besteht darin, ein Gleichgewicht zu finden in der Dauer und Häufigkeit der Einblendungen der platzierten Produkte. Wird eine akzeptable Frequenz (dem Zuschauer fällt die Platzierung nicht bewusst auf) überschritten, kann ein für das platzierte Produkt gegenteiliger Effekt eintreten: Der Zuschauer reagiert mit Ablehnung (Reaktanz), was einen Imageschaden zur Folge haben kann. Bekanntestes (Nega- Reaktanz tiv-)Beispiel für ein zu auffälliges On Set Placement war die *Nesquick*-Dose auf dem Frühstückstisch in der Serie „Lindenstraße" – der Begriff Lindenstraßen-Effekt für misslungenes On Set Placement hat sich daraufhin geprägt und zu einem vorsichtigeren Umgang bei Platzierungen geführt (vgl. Auer, 1991).

- *Creative Placement* beschreibt im Gegensatz zu On Set Placement die Einbeziehung des platzierten Produktes in die Spielhandlung. Im Idealfall steht das Produkt zusammen mit dem Hauptdarsteller eine Sequenz lang gleichwertig im Mittelpunkt und trägt zur Spannung der Aktion aktiv bei. Als eines der besten Beispiele für gelungenes Creative Placement gilt der Einsatz des amerikanischen Schokoladenherstellers *Hershey* in dem Spielberg-Film „E.T. – Der Außerirdische". Die positiv besetzte Anbahnung einer Freundschaft zwischen dem jungen Hauptdarsteller und dem Wesen vom anderen Stern wurde durch den Einsatz des Marke *Reese's Pieces* in Szene gesetzt. Bereits einen Monat nach Erstaufführung hat sich der Absatz des vorher wenig bekannten Produktes um 70 % erhöht (vgl. Auer, 1991).
- *Drama Placement* verkörpert die höchstdenkbare Form der möglichen Einflussnahme und Integration eines Produktes in eine Filmhandlung – der Werbetreibende tritt selbst als Filmproduzent auf und lässt eine Handlung schreiben, in der seine Produkte und Marken zwangsläufig eine dramaturgisch notwendige Rolle spielen. Diese Form des Placements versteht sich als eine Form des Tauschgeschäfts: Das selbst produzierte Programm wird den an redaktionellen Beiträgen interessierten Sendern gegen freie Werbezeiten kostenlos zur Verfügung gestellt. Vorreiter auf diesem Gebiet ist *Procter & Gamble* als Waschmittelhersteller, was in den USA zur Prägung des Begriffs Soap Opera für eigenproduzierte Serien führte. Als Beispiele hierzulande können die „Springfield Story" (*Procter & Gamble* für RTL), die „Kino News" (*McDonald's* für Sat 1) und das „Alpen-Internat" (*Jakobs-Suchard* für das ZDF) genannt werden.

Nach der Kategorie des platzierten Produktes

- *Generic Placement* stellt eine in der Filmhandlung benutzte Warengruppe (z. B. Zigaretten, Tee, Jeans) in den Vordergrund, ohne Erkennbarkeit der einzelnen Marke. Ziel ist es, den Gesamtumsatz der Branche zu erhöhen. Sinnvoll ist diese Art der Platzierung nur bei Herstellern mit mehr als 50 % Marktanteil oder in Form eines Gemeinschafts-Placements (mehrere Auftraggeber einer Branche). Das Beispiel „Wackelpudding" bzw. „Götterspeise" aus der Serie „Liebling Kreuzberg" führte zu einem Umsatzanstieg der gesamten Warengattung (vgl. Auer, 1991).
- *Innovation Placement* oder auch *Novelty Placement* wird die Platzierung einer Produktinnovation vorzugsweise in einer internationalen Spielfilmproduktion genannt, mit dem Ziel, sie einer möglichst breit gefächerten Zielgruppe vorzustellen. Das Placement wird häufig von einer Werbe- und Promotion-Kam-

pagne begleitet. Ein inhaltlicher Bezug bei dieser Cross Promotion dient sowohl den Interessen des Filmproduzenten als auch den Absatzzahlen des Produktherstellers. Bekanntes Beispiel sind die seit 1995 in den James-Bond-Produktionen platzierten Autos und Motorräder von *BMW*: Z3 in „Golden Eye" (1995), Motorrad Cruiser R 1200 C in „Tomorrow never dies" (1997), Z8 in „The world is not enough" (1999) (vgl. Peymani, 1999).

- *Image Placement* bezeichnet die Abstimmung des gesamten Filmes um ein Produkt bzw. eine Dienstleistung oder Warengruppe als Mittelpunkt der gesamten Handlung. Gelungenes Beispiel ist der Film „Top Gun", nach dessen Ausstrahlung die US-Navy mit Bewerbungen zur Ausbildung zum Piloten überhäuft wurde.
- *Location Placement* ist die erfolgreiche Verknüpfung von Filmhandlung und Drehort. Insbesondere in deutschen Serien kann man hinsichtlich dieser Form des Placements von einem wachsenden Markt ausgehen. Das allseits bekannte Beispiel der „Schwarzwaldklinik" wurde mittlerweile von vielen Serienproduktionen in ähnlicher Weise tourismusfördernd realisiert. Das „Traumschiff" gilt als Retter der damals stark angeschlagenen deutschen Kreuzschifffahrt vor dem Untergang, die „Sterne des Südens" sorgen beim *Robinson Club* für enorme Buchungszuwächse (vgl. Harbrücker, 1987)
- *Music Placement* beabsichtigt, durch eine gezielte Platzierung von Musiktiteln in Spielfilmen oder Serien eine Erhöhung der Verkaufszahlen des entsprechenden Titels zu erreichen. Das Repertoire reicht von einzelnen Titeln im Vorspann (z.B. James-Bond-Produktionen) bis zur kompletten Filmmusik.

Nach dem gewählten Informationskanal

- *Visuelle Product Placements* sind alle bisher genannten Formen der Platzierungen, mit Ausnahme des Music Placements. Dauer und Intensität der Darstellung des platzierten Objektes spielen hier keine Rolle; die Tatsache der optischen Wahrnehmungsmöglichkeit innerhalb der Handlung ist ausschlaggebendes Unterscheidungsmerkmal.
- *Verbale Product Placements* meinen die Erwähnung einer Marke/Dienstleistung oder eines Unternehmens im Darstellerdialog. Auch hier lässt sich die Form des On Set Placement, also ohne bedeutsame Einbindung in den Dialog (z. B. Bestellung eines *Fürstenberg Pilseners* zum Essen), von der des Creative Placement unterscheiden: In „Otto – der neue Film" erwähnt Otto in eindeutig zweideutiger Weise mehrfach den schon damals bekannten Slogan „Otto – find ich gut" des gleichnamigen Versandhauses, um sich selbst hervorhebend darzustellen. In „French Kiss" verabreden sich die Darsteller wortreich bei „Cartier" und im „Hotel Georges V.".

3. Die Beteiligten

3.1 Die Anbieter

Film- und Fernsehproduzenten
Warehouse

Historisch lässt sich der Gedanke des Product-Placement bis in die 50er-Jahre zurückverfolgen. Bereits zu dieser Zeit konnten Filmproduzenten gegen Bezahlung in Warenlagern für Requisiten (Warehouses) Produkte für den Einsatz im Film aussuchen. Die Automobilbranche ging aus marketingpolitischen Überlegungen als Erstes zu einer kostenfreien Überlassung der Autos über – lediglich Vollkaskoversicherung und einsatzbedingte Reparaturen müssen von der Filmproduktion übernommen werden (vgl. Auer, 1988).

Kostendruck der Filmindustrie

Aus verschiedenen Gründen hat sich die Nachfrage nach Requisiten heute zunehmend in eine Form des Angebots für den Einsatz von Markenartikeln in Film- und Fernsehproduktionen gewandelt. Die Filmproduktion leidet verstärkt unter dem Druck, qualitativ immer hochwertigere Filme unter Einsatz moderner Technologie herzustellen. Das verfügbare Budget hingegen wird nicht erhöht, was insbesondere bei den Auftraggebern für TV-Produktionen zutrifft. Einsparungen bei der Filmausstattung werden teilweise bereits in der Finanzierungsphase berücksichtigt, um eine Produktion überhaupt zu ermöglichen. Als kostendämmende Maßnahme eröffnet die Nutzung von Product-Placement den Weg zur qualitativen Verbesserung der Produktion und damit zum Erfolg des Filmes durch frei werdende Mittel für z. B. bessere, bekanntere Schauspieler und aufwendigere Bildbearbeitung.

Der deutsche Markt ist bezüglich der Reichhaltigkeit des Angebots an Produktionen mit Einschränkungen zu betrachten. Die öffentlich-rechtlichen Sender bestreiten zwar etwa die Hälfte ihres Programms mit Inlandsproduktionen und treten als dominierender Auftraggeber für Eigen-, Auftrags- und Koproduktionen im Inland auf. Zur Deckung des weiter wachsenden Unterhaltungsbedarfs innerhalb Deutschlands, der sich in einer steigende Anzahl von privaten Sendern manifestiert, tragen allerdings auf dem gesamten TV-Markt zum großen Teil im Ausland produzierte Kaufproduktionen bei.

3.2 Die Nachfrager

Für die trotz aller rechtlichen Unsicherheiten steigende Nachfrage nach Product-Placement von Unternehmen spricht eine Reihe von Gründen.

Steigender Werbedruck

Der steigende Werbedruck über alle Medien führt insbesondere beim Medium Fernsehen zu einer wachsenden Abwehrhaltung des Zuschauers gegenüber dem klassischen Werbespot. Die ständige Suche der konkurrierenden Sender nach alternativen Platzierungsformen für die Werbungtreibenden (z. B. „Kulmbacher Filmnacht") zeigt, dass die Grenzen der Programmunterbrechungen durch Werbeblocks vielleicht erreicht sind und keine nennenswerten Ausweitungen mehr möglich sind.

Höhere Reichweiten

Höhere Reichweiten zu erzielen ist ein weiterer Grund für die Unternehmen. Beim TV-Publikum bezieht sich dieses Ziel primär auf den Teil der anvisierten Zielgruppe, der sich durch Zapping bewusst der Einflussnahme der ausgestrahlten Werbespots entzieht. Bei Filmproduktionen, die im Kino ausgestrahlt werden sollen, kann eine Zielsetzung darin bestehen, Zielpersonen zu erreichen, die durch sonstige Medien schwer erreichbar sind. Bei Zielsetzungen wie Imageverbesserung oder Erhöhung des Bekanntheitsgrades wird bei erfolgreichen Filmen über das Kinopublikum die Reichweite erheblich erhöht, weitere Ausstrahlungen über den anschließenden Videoverkauf tragen zu auch nachträglich nicht genau messbaren Reichweiten bei. Die Affinität bleibt hier von sekundärem Interesse.

Höhere Glaubwürdigkeit

Reaktanz (bewusste Ablehnung einer Werbebotschaft) durch den Zuschauer kann mit höherer Wahrscheinlichkeit vermieden werden als beim herkömmlichen Werbespot. Dafür spricht zunächst die höhere Glaubwürdigkeit, die redaktionellen Programmteilen generell zugesprochen wird. Der im Kino ausgestrahlte Spielfilm eines bekannten Regisseurs mit Starbesetzung bei den Hauptdarstellern rangiert im Stellenwert beim Betrachter vor Fernsehproduktionen, Serien und Unterhaltungssendungen, wobei hier auch das Image des ausstrahlenden Senders als determinierender Faktor eine Rolle spielen kann. Der Aspekt der Glaubwürdigkeit bezieht sich außerdem auf den vonseiten des Betrachters zugesprochenen Realitätsbezug: Auch wenn vordergründig den meisten Zuschauern bekannt ist, dass es sich bei jeder Art von Filmhandlung, die der Unterhaltung dienen soll, um gestellte Situationen handelt, rückt dieses Bewusstsein beim Betrachten eines interessanten Films durch Identifikation mit Darstellern und/oder Situationen stark in den Hintergrund. Die Handlung bekommt Realitätsbezug. Der viel kürzere Werbefilm oder -spot kann trotz aller Bemühungen den Aufbau einer Erlebniswelt nicht mit gleich intensivem Echtheitscharakter leisten – die Werbeeinblendungen werden viel bewusster als „künstliche Welten" empfunden, auch diejenigen Umsetzungen, die sich verstärkt um lebensnahe Storys bemühen.
Warum also mit hohem Aufwand in kürzester Zeit künstliche Erlebniswelten schaffen, die sofort als solche identifiziert und deshalb eventuell unterbewusst abgelehnt werden, statt Erfolg versprechende Produzenten für einen Programmteil zu suchen, in deren Spielhandlung sich das Produkt gut integrieren lässt und durch die emotional ansprechende Wahrnehmung zu einer bevorzugten Marke des Betrachters werden könnte?

Nicht zuletzt können auf diese Weise bestehende und zukünftige produktbezogene Werbebeschränkungen (z. B. Zigarettenwerbung) umgangen werden (vgl. Berndt, 1993).

3.3 Die Vermittler

Spezialagenturen

Für die Vermittlung eines Product-Placements stehen spezielle Product-Placement-Agenturen, Werbeagenturen oder Spezialabteilungen der Produktionsgesellschaften zur Verfügung.

Die Vermittlungstätigkeit erstreckt sich von der systematischen Vorabrecherche der geplanten Drehbücher nach potenziellen Placement-Möglichkeiten bis hin zur Beratung in Richtung einer Optimierung der kreativen Einbindung der zu platzierenden Marke eines Auftraggebers.

Die Angaben zu den Vermittlungskonditionen der Branche sind auch aus Gründen der Rechtsunsicherheit der Verträge sehr vage. Pro Placement werden Zahlen zwischen 30.000 und 100.000 DM genannt, abgerechnet werde pro Sekunde, in der das Produkt im Bild zu sehen sei, zwischen 800 und 2.000 DM. Bei einzelnen Produktionen (z. B. investierte *Philips* insgesamt 3 Mio. DM bei der James-Bond-Produktion „Im Angesicht des Todes") werden die genannten Summen allerdings bei weitem überschritten. Außerdem ist darauf hinzuweisen, dass zusätzlich unentgeltliche Formen der Bezahlung, z. B. Freiflüge, hinzukommen (vgl. Hegner, 1995; Harbrücker, 1987; Berndt, 1993).

4. Werbewirkung

4.1 Aufmerksamkeitswirkung

Die Frage, ob ein platziertes Produkt vom Betrachter wahrgenommen wird, hängt in hohem Maße von dessen Aufmerksamkeit ab (vgl. Kroeber-Riel, 1988). Von Bedeutung für den Aufmerksamkeitswert eines Zuschauers sind folgende Faktoren:

- das generelle Interesse des Betrachters am Produkt (Produktart und persönliche Bindung an die Marke),
- das programmbezogene Interesse und die situative Spannung während des Placements.

Creativ Placements von High-Involvement-Produkten in Kinospielfilmen aktivieren den Zuschauer eher und werden daher mit höherer Wahrscheinlichkeit wahrgenommen als On Set Placements in nur nebenbei betrachteten Vorabendserien.

4.2 Emotionale und motivationale Aspekte

Die gefühlsmäßige Stimmung, die sich bei einem Zuschauer während des Betrachtens eines Programms aufbaut, überträgt sich mit hoher Wahrscheinlichkeit auch auf die Wahrnehmung der platzierten Marken. Das Ausmaß der affektiven Ansprache beim Zuschauer hängt von nicht beeinflussbaren Prädispositionen einerseits, aber auch von steuerbaren Faktoren ab, die in der inhaltlichen und gestalterischen Ausgestaltung der Filmhandlung liegen.

Bei der Auswahlentscheidung eines Unternehmens sollten Filme bzw. Handlungssequenzen, die emotional positiv geladen sind, zu einer Bevorzugung gegenüber affektiv negativ besetzten Szenen führen. Je stärker die positive emotionale Verknüpfung zwischen Zuschauer, Darsteller und suggerierter Handlung ist, umso höher ist die Wahrscheinlichkeit einer emotionalen Übertragung dieser positiven Gefühle auf das platzierte Produkt (vgl. Harbrücker, 1987; Konert, 1986).

4.3 Einstellungs- und Imageänderungen

Häufigste Zielsetzung des Einsatzes von Product-Placement ist die Intention, einen Imagetransfer beim Betrachter zu bewirken. Für einen Erfolg dieser Absicht ist die Wirkung des Kommunikators als Sender der Botschaft von großer Bedeutung. Von seiner Glaubwürdigkeit hängt es im Wesentlichen ab, ob der Zuschauer lediglich sein Einverständnis mit der dargestellten Situation zu erkennen gibt, es zu einer Identifikation mit dem Kommunikator etwa in Form eines Leitbildes kommt oder sogar von einer Internalisierung der Meinungen und Verhaltensweisen in das Wertesystem des Zuschauers als Werbeerfolg ausgegangen werden kann. Bekanntheit und Attraktivität des Schauspielers (vergleichbar mit der Wirkung eines Testimonials im klassischen Werbespot) tragen zusätzlich zum gewünschten Erfolg einer Einstellungsänderung bei.

4.4 Lerneffekt und Reaktanz

Konditionierung

Bei dem Ziel, eine emotionale Konditionierung, also einen Lerneffekt auf der Gefühlsebene, zu erreichen, sind nach Kroeber-Riel sehr intensive emotionale Reize notwendig, die innerhalb eines relativ kurzen Zeitraums häufig wiederholt werden müssen. Die mehrmalige Darstellung des platzierten Produktes innerhalb eines Programms kann bei Erfolg zu einer emotionalen Aufladung der Marke in Form einer Reiz-Reaktions-Verknüpfung führen.

In der Praxis sind die theoretischen Voraussetzungen für diesen Lerneffekt aus folgenden Gründen nur schwer realisierbar:

- Nur selten sind innerhalb eines Programms genügend emotional positiv geladene Szenen vorhanden, die sich für die möglichst kreative Einbindung des Produktes eignen.
- Über die notwendige Häufigkeit der Einblendungen lassen sich keine genauen Aussagen treffen, da die anderen in diesem Kapitel beschriebenen Faktoren ebenfalls beeinflussend wirken.
- Bei auffallend häufigen Platzierungen besteht die bereits erwähnte Gefahr der Reaktanz – der Zuschauer lehnt das Produkt ab, weil in ihm das Gefühl aufkeimt, hintergangen worden zu sein durch den Versuch, ihn in einem Moment werblich zu beeinflussen, in dem er eigentlich nicht damit rechnet.

Die besten Voraussetzungen für einen beabsichtigten Lerneffekt bieten Serienproduktionen. Kontakthäufigkeit und -frequenz bei teilweise täglicher Ausstrahlung im Vorabendprogramm erfüllen die geforderten Bedingungen bezüglich einer Reduzierung des bei jedem Lernvorgang eintretenden Vergessensprozesses.

4.5 Mangelnde Quantifizierbarkeit

Bei den größeren Unternehmen der Markenartikelindustrie wird in der heutigen Zeit kaum eine Kampagne geschaltet, ohne abgesicherte Ergebnisse der Marktforschung in Form von Pretests erhoben zu haben. Der Grund für dieses starke Bedürfnis nach Absicherung der gefühlsmäßig getroffenen Entscheidung für eine bestimmte Kampagne liegt in den enormen Summen, die für Werbung ausgegeben werden.

Bei Werbung in Form von Product-Placement bestehen im Vorfeld weder hinreichende Möglichkeiten, exakte Zahlen über erzielbare Reichweiten, Tausender-Preise etc. zu erfahren, noch über die Wirkung des Placements beim Betrachter in Bezug auf die gesetzten Ziele gesicherte Prognosen abzugeben. Die Branche ist also nicht nur mit einem rechtlichen Risiko, sondern auch mit einem höheren Erfolgsrisiko bezüglich der Erfüllung der kommunikativen Ziele behaftet.

5. Messbarkeit

Über die im vorhergehenden Abschnitt beschriebenen werbepsychologischen Wirkungszusammenhänge gibt es bislang nur wenige Untersuchungen. Einige ausgewählte Ergebnisse der bisher durchgeführten Wirkungsanalysen in Kurzform (vgl. Harbrücker ,1987; Auer, 1988):

- Jüngere Zuschauer erreichen erheblich höhere Erinnerungswerte als ältere Befragte.
- Die Erinnerungswerte bei verbalen Platzierungen liegen ebenfalls signifikant höher als bei visuellen Platzierungen.
- In die Handlung integrierte Placements werden besser erinnert als On Set Placements. Imageprofile, die bei Versuchspersonen vor und nach Betrachtung des Films „Im Angesicht des Todes" erstellt wurden, unterstützen die Messung. Die Marke *Renault* (Creativ Placement) wird nach Betrachtung des Films wesentlich besser eingeschätzt (Ausnahmen bei den Statements "Technologie und Produktqualität" können mit der Tatsache begründet werden, dass der gezeigte Renault während der Handlung schrottreif gefahren wird), während sich das Image von *Philips* (überwiegend On Set Placements) nur geringfügig verbessert.

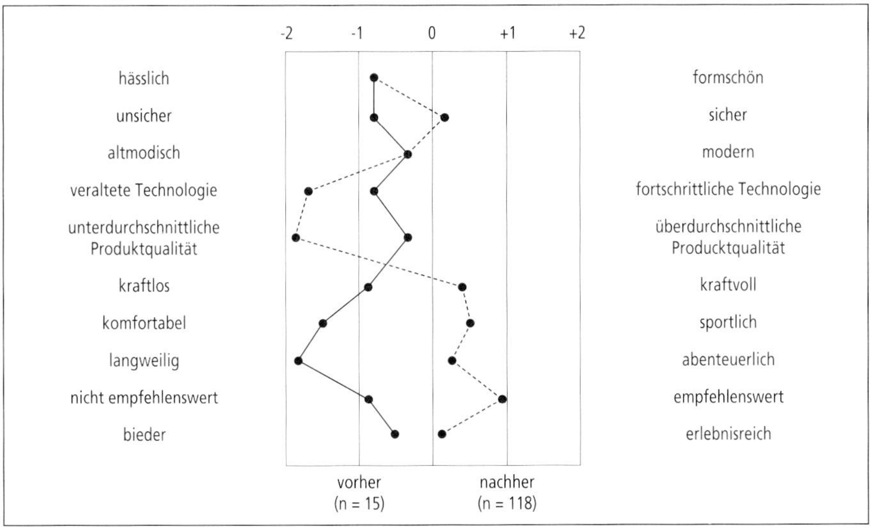

Abb.: Imageprofile der Marke Renault vor und nach der Vorführung des Spielfilms „Im Angesicht des Todes" (Quelle: Auer/Kalweit/Nüßler 1988, S. 217)

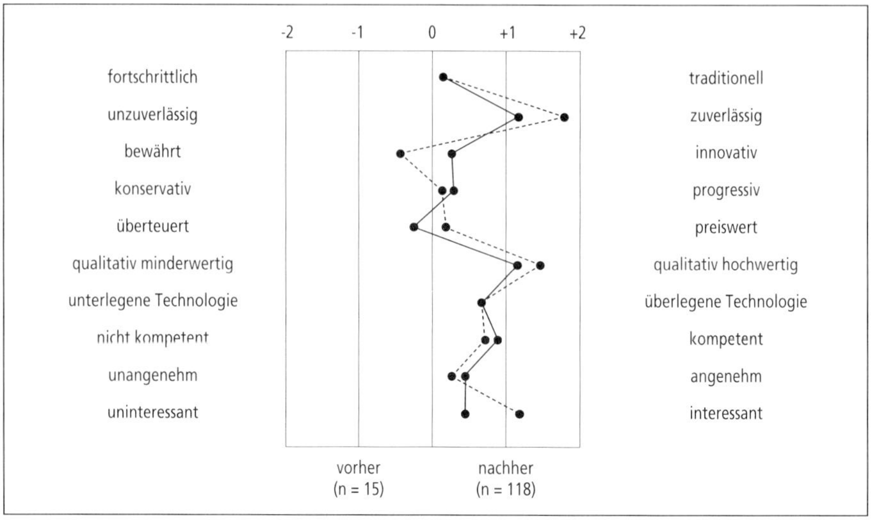

Abb.: Imageprofile der Marke Philips vor und nach der Vorführung des Spielfilms „Im Angesicht des Todes" (Quelle: Auer/Kalweit/Nüßler 1988, S. 219)

Die Analyse der Wirkungszusammenhänge von Product-Placement gestaltet sich insgesamt als schwieriges Terrain. Pretests können nicht oder nur mit unverhältnismäßig hohen Kosten durchgeführt werden – ein Film wird gedreht und nach Fertigstellung ausgestrahlt, Zeiten für Tests stehen innerhalb dieses Zeitraums nicht zur Verfügung.

Werbeerfolg

Des Weiteren lassen sich die Wirkungszusammenhänge zwischen den einzelnen Bereichen der Kommunikationspolitik nicht klar voneinander isolieren. Dieses Problem tritt häufig bei der Werbeerfolgskontrolle auf, nimmt für Product-Placement-Wirkungen aber einen besonderen Stellenwert ein, da man immer von einem lediglich die klassische Werbung unterstützenden Einsatz ausgehen kann. Der Werbeerfolg in Form einer Kaufabsicht oder eines getätigten Kaufs wird somit auch primär der klassischen Werbung zugeschrieben.

Die Zielsetzungen des Product-Placement-Einsatzes liegen andererseits aber schwerpunktmäßig auf der qualitativen Ebene; Imageverbesserungen oder Einstellungsänderungen beispielweise sind durchaus messbare Größen, die mit zunehmender Etablierung der Branche zukünftig auch adäquate Messverfahren hervorbringen werden.
Das Verhältnis zwischen den Kosten der Messung und dem Nutzen der Ergebnisse bleibt ein Problem. Nur selten ist der Aussagewert einer Messung von allgemeiner Bedeutung, noch können die Erkenntnisse mit Sicherheit auf zukünftige Placement-Entscheidungen übertragen werden. Jeder produzierte Film ist

ein neues Produkt mit nicht genau prognostizierbaren Erfolgsaussichten – von der Qualität und dem Erfolg des Filmes hängt aber im Wesentlichen auch der Wirkungserfolg des Placements ab.

6. Kontrollfragen zu Teil XIV

1. Beschreiben Sie den Unterschied zwischen Schleichwerbung und Product-Placement.
2. Welche Interessen verfolgt die rechtliche Reglementierung von Product-Placement?
3. Unterscheiden Sie unterschiedliche Formen von Product-Placement.
4. Welche Gründe veranlassen Unternehmen zur Kommunikationsform des Product-Placements?

7. Literaturverzeichnis zu Teil XIV

Auer, M. / Kalweit, U. / Nüßler, P.: Product Placement – Die neue Kunst der geheimen Verführung, Düsseldorf 1988 und 1991.

Berndt, R.: Product Placement, in: Handbuch Marketing Kommunikation, Hrsg.: Berndt, R. / Hermanns, A., Wiesbaden 1993.

Bork, R.: Werbung im Programm. Zur wettbewerbsrechtlichen Haftung der Fernsehanbieter für unzulässige Werbung im Fernsehprogramm, München 1989.

Harbrücker, U. / Wiedmann, K.-P.: Product Placement. Rahmenbedingungen und Gestaltungsperspektiven, Mannheim 1987.

Hegner, C.: Das ganze System ist völlig durchweicht, in: Horizont Nr. 42 vom 16.10.1997, S. 70.

Konert, F.-J.: Vermittlung emotionaler Erlebniswerte. Eine Marketingstrategie für gesättigte Märkte, Heidelberg/Wien 1986.

Kroeber-Riel, W.: Strategie und Technik der Werbung. Verhaltenswissenschaftliche Ansätze, Stuttgart/Berlin/Köln/Mainz 1988.

Meyerhoff, J.: Product Placement findet mehr Anklang, in: Horizont Nr. 43 vom 27.10.1995, S. 76.

Peymani, B.: Marketingkommunikation – Lizenz zum Verdienen, in: werben & verkaufen Nr. 49 vom 10.12.1999, S. 108.

Schmid H.: Fernsehen – Schleichen verboten, in: werben & verkaufen, Nr. 32 vom 13.08.1999, S. 134

Teil XV E-Commerce

1. Grundlegende Aspekte

Interaktives Medium

Das Internet ist mehr als ein Medium, auch wenn es immer noch den neuen Medien zugeordnet wird. Denn es bietet wie kein anderes Medium Interaktivität. Allerdings nutzen immer noch viel zu viele Anbieter das Internet ausschließlich zu Selbstdarstellung auf einer mehr oder manchmal auch minder gut gestalteten Homepage. Eine derartige Selbstdarstellung folgt einem monologischen Denkansatz, für den aber eine Fülle geeigneterer Medien und Methoden zur Verfügung stehen. Gerade die Chance zur Interaktivität, also zum Dialog, macht das Internet zu einem Erfolg versprechenden Kommunikationsinstrument. Es bietet wesentlich mehr als nur Dialog: Das Internet ist zugleich ein globaler virtueller Marktplatz. Global ist hier in zweifachem Sinne zu verstehen:

- Global im Sinne von weltweit: Von jedem Computer mit Internet-Zugang kann mit allen Internet-Anbietern Kontakt aufgenommen werden, und zwar zu jeder Zeit und auf der ganzen Welt. Entsprechend hat sich das Internet auch zu einem globalen Diskussionsforum entwickelt.
- Global im Sinne der Angebote: Im Internet werden Informationen zu allen erdenklichen Themen angeboten und ausgetauscht, alle denkbaren Waren (Güter bzw. Produkte und Dienstleistungen) können offeriert werden.

In dieser Globalität liegen die völlig neuen Chancen, aber auch mögliche Risiken des Kommunikationsinstruments „Internet" für alle Nutzer.

Marketinginstrument

Wegen seines Charakters liegt das Internet in der Nähe von Messen einerseits sowie des Direkt- bzw. Dialogmarketings andererseits. Messen sind zwar ebenfalls Marktplätze im weitesten Sinne, der Dialog mit den Besuchern steht im Vordergrund, Kaufabschlüsse sind das Ziel. Messen sind aber ortsgebunden und selbst bei Universalmessen vom Angebot her bei weitem nicht so umfassend wie das Internet. Außerdem sind Messen höchst reale Marktplätze, wogegen das Internet ein virtueller Markplatz ist. Mit „virtuell" ist dabei die auf dem Bildschirm zu betrachtende „künstliche Wirklichkeit" gemeint in Form realer Figuren, Gegenstände und Räume.

Das Direkt-Marketing wird nur für jeweils eine Warengruppe eines Auftraggebers eingesetzt und hat neben dem Verkaufen „nur" den Dialog zum Ziel. Hinzu kommt noch ein anderer Unterschied: Im Direkt-Marketing wird anfangs stets der Anbieter aktiv, im Internet der Nutzer.

Zusammenfassend lässt sich also feststellen: Das Internet ist Kommunikationsinstrument, Diskussionsforum und globaler virtueller Marktplatz für Informationen und Waren (Produkte und Dienstleistungen).

Kommunikationsinstrument

E-Commerce ist daher ein integrativer Teil des Internets. Das heißt, wenn ein Anbieter auf seiner Homepage einem Nutzer Einkaufsmöglichkeiten per Mausklick bietet, muss er das ganzheitlich in seine Homepage integrieren. Fällt es dem Nutzer schwer, den Einkauf zu tätigen, weil die Homepage zu kompliziert ist, oder empfindet er das Einkaufsangebot als lästig, wird er diese Homepage bestimmt nicht mehr aufrufen und, schlimmer noch, anderen über seine negativen Erfahrungen berichten.

2. Begriff

Gemäß dem Deutschen Multimedia Verband ist zwischen Electronic Commerce und Online Business zu unterscheiden (vgl. dmmv-Special: E-Commerce Know-How, 10/99):

E-Commerce (Electronic Commerce, Elektronischer Handel)

Beim E-Commerce wird über das Internet oder Online Umsatz bzw. Wertschöpfung erzeugt. Das Internet fungiert hier also als Mittler.
Im Einzelnen trifft Folgendes auf E-Commerce zu:

- E-Commerce bedeutet Handel von Waren mittels elektronischem Datentransfer.
- Unter E-Commerce sind entsprechend alle Transaktionen zu verstehen, bei denen online ein Kaufvorgang von Waren initiiert oder eine kostenpflichtige Online-Dienstleistung in Anspruch genommen wird.
- Beim E-Commerce kann die Bezahlung online oder traditionell erfolgen.
- Die Auslieferung der bestellten Waren kann dabei online erfolgen (z. B. Übersendung bestellter Marktforschungsergebnisse) oder offline (z. B. traditioneller Versand).

E-Commerce umfasst dementsprechend folgende Gruppen:

- Waren,
- Informationen (Texte, Grafiken, Video, Audio, Filme, Musik, Inhalte aus Datenbanken und Online-Diensten),
- Dienstleistungen (z. B. Banking, kostenpflichtige Suchaufträge),
- Zusatzkosten für die Vermittlung von Transaktionen (Finanz- und Versicherungstransaktionen, Maklertätigkeiten, Provisionen, Honorare, Gebühren).

Zu den anfangs am erfolgreichsten über das Internet vermarkteten Produkten zählte Software jeder Art. Inzwischen sind aber andere Produkte zu Rennern geworden, wie z. B. Musik im MPEG-Format.

Online Business

Beim Online Business werden mit Hilfe von Internet- oder Online-Dienstleistungen selbst Umsätze generiert. Entsprechend gehören zum Online Business Waren, die für das Internet erstellt werden. Das Internet ist hier also Gegenstand.

Online Business umfasst alle Geschäftsbeziehungen zwischen Auftraggebern bzw. Endkunden einerseits und Online-, Multimedia- und ISP-Dienstleistern (Internet Service Provider) andererseits in Bezug auf:

- Entwicklung und Konzeption von Multimedia-Produkten,
- Produktion von Multimedia-Produkten: Projektmanagement, Gestaltung und Programmierung,
- Datenvolumina und Service beim ISP.

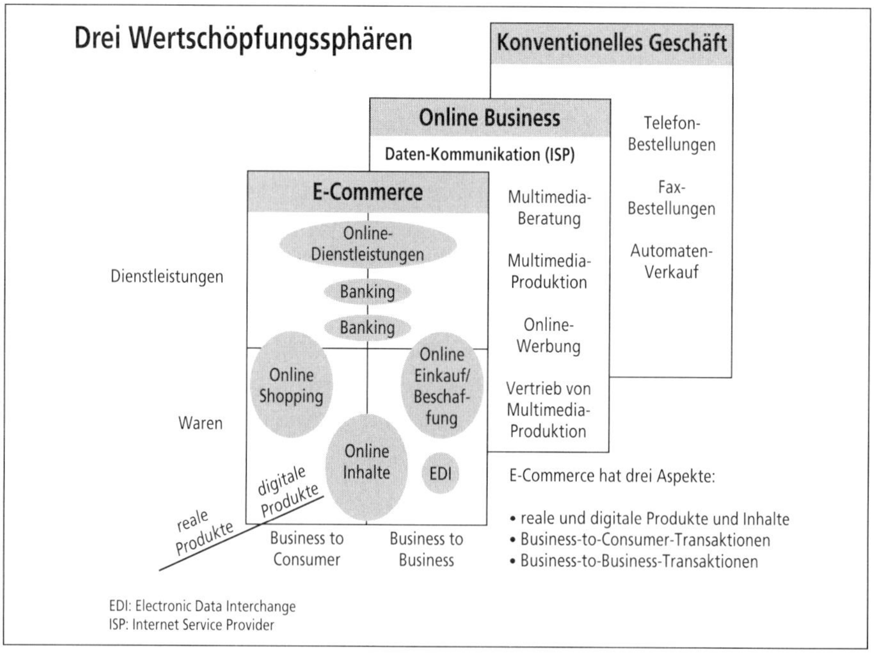

Abb.: Vergleich verschiedener Geschäftsformen (Quelle: dmmv-Special: E-Commerce Know-How, 10/99)

Entsprechend gehören zum Online Business folgende Gruppen:
- Datenkommunikation,
- Mitgliedsgebühren von Online-Diensten,
- Beratung, Entwicklung und Konzeption von Multimedia-Produkten, soweit sie nicht online bestellt werden,
- Produktion von Multimedia-Produkten, soweit sie nicht online bestellt wird,
- offline initiierter Vertrieb oder Verkauf von Multimedia-Produkten. Hier handelt es sich um Produkte, über die sich der Interessent konventionell (z. B. im Fachgeschäft) Informationen beschafft hat und die er dann online bestellt.
- Umsätze aus Online-Werbung und aus Online-Media.

3. Zielgruppen

Generell lässt sich feststellen, dass sich die Internet-Nutzer von der soziodemographischen Zusammensetzung her immer mehr der Struktur der Gesamtbevölkerung angleichen. Das Wachstum dieser Gruppe ist rasant, ein Ende noch nicht abzusehen. In ihrem Konsum- und Kommunikationsverhalten unterscheiden sich die Mitglieder dieser Gruppe jedoch stark von den Nichtnutzern. Bei ihnen sind die gesellschaftlichen Prozesse der Individualisierung und Wertepluralisierung wesentlich ausgeprägter zu beobachten. Entsprechend ist diese Gruppe außerordentlich fraktioniert, sodass zu ihrer Beschreibung soziodemographische Merkmale nicht mehr ausreichen (vgl. E-Commerce II, S. 13). User

Online-Käufer stellen eine in Deutschland zwar noch kleine, aber schnell wachsende, qualitativ hochwertige Gruppe dar. Sie nutzen nicht nur Kaufangebote, sondern auch andere interaktive Angebote wie z. B. Homebanking intensiv. Qualitative Aspekte Tendenziell lässt sich feststellen, dass diejenigen, die häufiger online kaufen, auch teurere Produkte erwerben. Je intensiver gekauft wird, desto eher wird mit Kreditkarte bezahlt. Das zeigt, dass die Vorbehalte gegenüber möglichen Risiken abnehmen werden, die mit der Zahlung mittels Kreditkarte verbunden sein können (vgl. E-Commerce II).

Zusammenfassend gilt für die Online-Käufer: Sie ähneln zwar der Gesamtbevölkerung von ihren soziodemographischen Merkmalen her. Andererseits sind sie weitaus individualistischer und auch aktiver als vergleichbare andere Gruppen. Sie suchen die gewünschten Informationen selbst und warten nicht darauf, dass irgendjemand ihnen Informationen präsentiert, die sie entweder gar nicht oder nicht in der angebotenen Form haben wollen – wie es typisch ist für die klassische Werbung.

Das eröffnet den im Internet präsenten Unternehmen die Chance, One-to-One-Marketing und Zielgruppenmarketing mit Hilfe des Internets wesentlich besser zu verzahnen, als es mit klassischer Medien oder Direkt-Marketing möglich ist. Entsprechend kann im Internet *Mass Marketing* betrieben werden, bei dem Güter und Dienstleistungen im Massenmarkt auf die individuellen Wünsche des Online-Käufers zugeschnitten werden können (z. B. ermöglichen die Automobilhersteller die individuelle Konfiguration eines Neuwagens).

Mass Marketing

4. Anbieter, Produkte, Dienstleistungen

Der Online-Käufer wünscht zunehmend komplette Angebote aus einer Hand. Die bisher betriebene traditionelle – branchenorientierte – Sortiments- und Produktpolitik muss sich also ändern hin zu branchenübergreifenden Sortimenten. Das gilt sowohl für das Endverbrauchergeschäft (Business-to-Consumer-Geschäft) als auch für das zwischenbetriebliche Geschäft (Business-to-Business-Geschäft). Auch die öffentliche Verwaltung (Administration) wird zunehmend das Internet nutzen. Entsprechend werden Internet und E-Commerce die gesamte Wirtschaft fundamental verändern, und das global.

B-to-C

B-to-B

Für E-Commerce sind grundsätzlich alle Waren geeignet. Schwierigkeiten dürften auf absehbare Zeit allerdings neue Produkte haben, die der potenzielle Käufer berühren, fühlen oder schmecken möchte. Erst wenn die Zielgruppen dieser Produkte über eine ausreichende Produkterfahrung verfügen, kann auch hier der Weg des E-Commerce beschritten werden. Entscheidend für den Erfolg ist, ob das Einkaufen im Internet preiswerter, bequemer, einfacher und schneller geht als auf herkömmlichen Wegen. Um Käufe per E-Commerce zumindest zu initiieren, ist deshalb der Kundenservice um die Einkaufsentscheidung herum von zentraler Bedeutung: Produktpräsentation, Produktrecherchen, Leistungsmerkmale, Gebrauchsanweisungen, Reparaturhinweise usw. Und das alles Tag und Nacht. So bieten die meisten Verkehrsunternehmen die Möglichkeit der individuellen Reiseplanung per Internet (vgl. z. B. die Deutsche Bahn AG, http://www.bahn.de). Ob die Tickets auch online bestellt oder im Reisebüro gekauft werden, ist dann zunächst unerheblich.

Vorteile

Im Business-to-Business-Geschäft sind E-Commerce-Lösungen sowohl im Einkauf als auch im Verkauf interessant. So ist im Verkauf zu prüfen, ob es sinnvoll ist, weiter mit den bisherigen Vertriebspartnern zusammenzuarbeiten oder einen eigenen Direktvertrieb zu organisieren. Große Bestellmengen können es angeraten sein lassen, mit den Vertriebspartnern geschlossene Systeme aufzubauen, so genannte Extranets.

Anbieter	Nachfrager		
	Consumer	Business	Administration
Consumer	**Consumer to Consumer** z. B. Internet-Kleinanzeigenmarkt	**Consumer to Business** z. B. Jobbörsen mit Anzeigen von Arbeitsuchenden	**Consumer to Administration** z. B. Steuererklärungen von Privatpersonen
Business	**Business to Consumer** z. B. Buchung einer Reise im Internet	**Business to Business** z. B. Bestellung eines Unternehmens bei einem Zulieferer	**Business to Administration** z. B. Steuererklärung eines Unternehmens (MWSt)
Administration	**Administration to Consumer** z. B. Zusage von Unterstützungsleistungen (Kindergeld, Sozialhilfe)	**Administration to Business** z. B. Ausschreibung im Internet	**Administration to Administration** z. B. Transaktionen zwischen öffentlichen Institutionen (Zahlung von Unterstützungen des EU-Regionalfonds an strukturschwache Regionen)

Abb.: Einsatzmöglichkeiten des E-Commerce (Quelle: CYbiz, 2000)

Im Business-to-Consumer-Geschäft spielen vor allem Waren aus folgenden Bereichen eine wichtige Rolle:

- Digitale und digitalisierbare Produkte: Texte, Bilder, Zahlen, Ton, Film, Daten und Software.
- Alle Produkte, die schon bisher über den Versandhandel vertrieben werden.
- Produkte, die verbraucht oder verarbeitet und deshalb regelmäßig nachbestellt werden.
- Spezialitäten und Raritäten, bei denen ein Verkäufer gesucht wird.
- Auktionen: Hier spielen Internet-Auktionshäuser bis hin zu punktuellen Versteigerungen – z. B. von Flugtickets oder Reisen – eine wichtige Rolle.

Mit Hilfe von E-Commerce können Anbieter nach einer Studie der OECD für die USA Kosten in erheblichem Umfang einsparen (vgl. OECD, Dezember 1999):

	Flugticket	Bank-geschäfte	Begleichung von Rechnungen	Lebens-versicherungs police	Software-Distribution
konventionelles System	8	1,08	2,22 – 3,32	400 – 700	15
per Telefon		0,54			5
per Internet	1	0,13	0,65 – 1,1	200 – 350	0,2 – 0,5
Einsparung (%)	87	89	67 – 71	50	97 – 99

Abb.: Einfluss des E-Commerce auf verschiedene Distributionskosten in US-$ pro Transaktion (Quelle: OECD, 1999)

Die Tabelle zeigt, dass z. B. der konventionelle Verkauf von Flugtickets den Anbieter 8 $ pro Ticket kostet, während der Verkauf über Internet nur 1 $ an Kosten verursacht. Das ergibt eine Einsparung von ca. 87 %.

Im Idealfall könnte eine komplette E-Commerce-Strategie folgendermaßen aussehen:

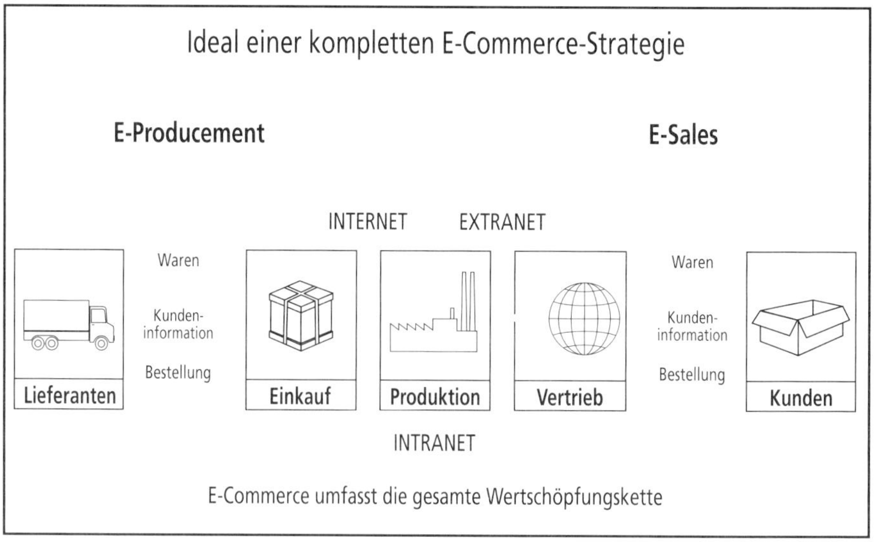

Abb.: Beispiel für eine E-Commerce-Strategie (Quelle: CYbiz, 2000)

5. Bezahlung beim E-Commerce

Klassische Waren wie Lebensmittel, Bücher oder CDs, die dem Besteller ins Haus geliefert werden, können auch konventionell bezahlt werden: per Kreditkarte, per Lastschrift, bar bei Lieferung oder per Nachnahme.

Dagegen erwarten Anbieter digitalisierter Produkte (z. B. Informationen, Recherchen, Bilder, Software) möglichst rasche Bezahlung, da diese Produkte dem Käufer durch Herunterladen sofort zur Verfügung stehen. Hier sind von den Firmen Digicash und Cybercash entsprechende Verfahren entwickelt worden. Allerdings lässt sich noch nicht absehen, ob sich diese auch durchsetzen werden.

Digicash-Verfahren
Hier kann der Nutzer echtes Geld in elektronische Münzen fälschungssicher zur einmaligen Verwendung umtauschen. Diese Münzen sind auf seinem PC gespeichert und können dann zur Zahlung eingesetzt werden.

Cybercash-Verfahren
Dieses Verfahren hat sich bisher weitergehend durchgesetzt. Es ist nach derzeitigen Erkenntnissen sehr sicher und bietet dem Kunden verschiedene Zahlungsmöglichkeiten:

- *Mikropayment-Verfahren* mit Hilfe von *Cybercoins:* Der Kunde lädt von seinem Konto bei seiner Bank Geld auf ein dort geführtes Sammelkonto. Damit kann er dann im Internet einkaufen. Die Bank garantiert dabei dem Verkäufer die Bezahlung der Ware.
- *edd-Verfahren (electronic direct debit):* Es ist vergleichbar mit dem konventionellen Lastschriftverfahren.

Kreditkarten-Verfahren
Um die Zahlung per Kreditkarte im Internet zu sichern, sind verschiedene Verfahren entwickelt worden. Hier scheint sich der SET-Standard (Secure Electronic Transaction) durchzusetzen, der einen bisher nicht gebotenen Schutz vor Missbrauch gewährleistet. Dabei wird die Kartennummer aufwendig verschlüsselt, der Verkäufer kann diese Nummer nicht lesen, sondern gibt sie in ihrem verschlüsselten Zustand weiter an seine Bank. Das SET-Verfahren garantiert dabei:

- *Vertraulichkeit:* Für Außenstehende wird der Zusammenhang zwischen Zahlung und Verwendungszweck nicht sichtbar.
- *Zugriffskontrolle:* Nur legitimierte Personen (z. B. beim Kreditkartenunternehmen) können die geschützten Daten einsehen und verändern.
- *Integrität:* Geschäftsinformationen sind gegen Manipulation geschützt.
- *Authentizität:* Jeder Teilnehmer ist eindeutig und auch nachvollziehbar zu

identifizieren. Wer also an einer Internet-Transaktion teilnimmt, kann seine Beteiligung daran nicht bestreiten. Die Abwicklung von Kaufverträgen ist damit auch juristisch gesichert.

Das SET-Verfahren hat sich als tauglich erwiesen. In virtuellen Kaufhäusern, die den SET-Standard akzeptieren, wird eingekauft und online mittels Kreditkarte bezahlt.

(vgl. Deutscher Direktmarketing Verband e.V., 1999, S. 28 f.)

6. Kommunikation

Das schönste Angebot, die beste Dienstleistung im Internet nützen nichts, wenn niemand die Adresse kennt. Damit potenzielle Kunden auf die Website kommen, ist daher ein Bündel von Maßnahmen erforderlich:

- Einführungskampagnen,
- konventionelle Werbemaßnahmen,
- Nennung der Internet-Adresse in allen Kommunikationsmaßnahmen,
- Nutzung aller Offline-Kundenbeziehungen,
- Online-Werbung (Bannerwerbung und andere Werbeformen),
- Online-PR,
- Online-Branding,
- Einträge in Suchmaschinen,
- Einträge in Linklisten,
- Zusammenarbeit mit Online-Portalen,
- Partnerprogramme,
- Newsletter,
- Aufbau einer One-to-One-Kommunikation mit dem Kunden, z. B. mittels Austausch von E-Mails,
- Unterstützung der Mund-zu-Mund-Propaganda, auch in (Virtual) Communities.

(vgl. dmmv-Special: E-Commerce Know-How, 1999)

7. Trends

E-Commerce wird alle wirtschaftlichen Aktivitäten und das soziale Umfeld radikal verändern (vgl. OECD, 1999):

E-Commerce transformiert die Arbeits- und Geschäftswelt
Traditionelle Absatzmittlerfunktionen werden verschwinden, neue Produkte und neue Märkte werden sich entwickeln, neue und wesentlich engere Beziehungen zwischen Anbietern und Konsumenten werden entstehen. Die Arbeitsorganisation wird sich verändern: Neue Kanäle des Wissenstransfers sowie für die menschlichen Interaktivitäten am Arbeitsplatz öffnen sich, höhere Flexibilität und Anpassungsfähigkeit sind gefordert. Einsatz und Fähigkeiten der Arbeitnehmer sind neu zu definieren.

E-Commerce hat einen Katalysatoreffekt
Bereits sichtbare Veränderungen werden beschleunigt: Reform von Gesetzen und Regeln, die Einführung elektronischer Verbindungen zwischen Unternehmen (EDI, Electronic Data Interchange), die Globalisierung der Wirtschaft und die Nachfrage nach höher qualifizierten Arbeitskräften. Electronic Banking, Buchen von Reisen via Internet, One-to-One-Marketing werden sich ebenfalls beschleunigt durchsetzen.

E-Commerce erhöht die Interaktivität in der Wirtschaft
Immer stärker werden kleinere Unternehmen und Privathaushalte sich des Internets bedienen. Der Weg wird wegführen von den traditionellen Computern hin zum leicht bedienbaren Fernsehgerät, zum Telefon und zu noch zu entwickelnden anderen Geräten, die die Nutzung des Internets für jeden erschwinglich und leicht bedienbar machen. Die Menschen erhalten die Möglichkeit, zu kommunizieren und Geschäfte zu tätigen: zu jeder Zeit und überall. Das wird letzten Endes dazu führen, dass wirtschaftliche und geographische Grenzen fallen. So bilden bisher z. B. die Telefonkosten oder die Kosten eines gegenseitigen Besuchs die wirtschaftliche Grenzen der persönlichen Kommunikation.

E-Commerce ändert die relative Bedeutung von Zeit
Bisher ist z. B. Massenproduktion die schnellste und kostengünstigste Produktionsmethode. Gesellschaftliche Kontakte sind geographisch determiniert, denn Zeit bestimmt den Grad der Nähe. E-Commerce und Internet reduzieren in diesem Zusammenhang die Bedeutung der Zeit:

- Unternehmen, die in irgendeiner Weise aufeinander angewiesen sind, können ihre Produktion stärker koordinieren und so beschleunigen. Das gilt insbesondere für Zulieferer und Abnehmer, die wegen der Just-in-time-Produktion ihre Produktionspläne koordinieren müssen.
- Konsumenten können ihre Transaktionen rund um die Uhr vornehmen.

So wie sich die Bedeutung der Zeit verändert, werden sich auch die Geschäftswelt und die sozialen Aktivitäten verändern. In letztlich welchem Umfang und in welcher Form ist noch nicht absehbar.

8. Kontrollfragen zu Teil XV

1. Was kann unter E-Commerce verstanden werden und wie unterscheidet es sich von Online Business?
2. Welche Einsatzmöglichkeiten sind für E-Commerce denkbar?
3. Welche Möglichkeiten der Bezahlung im E-Commerce gibt es und wodurch sind sie gekennzeichnet?

9. Literaturverzeichnis zu Teil XV

CYbiz – Das Fachmagazin für Erfolg mit E-Commerce, Frankfurt 2000.

Deutscher Direktmarketing Verband e.V. (DDV), Hrsg.: eCommerce-Recht im Netz, 1. Auflage, Wiesbaden 1999.

Deutscher Multimedia Verband, Hrsg.: dmmv-Special: E-Commerce Know-How, 10/1999.

Eymann, A.: Die Reisebranche im Internet: Das One-to-one-Marketing-Konzept als Basis für eine erfolgreiche Kundenbindung; Lizentiatsarbeit an der Rechts- und Wirtschaftswissenschaftlichen Fakultät der Universität Bern, Bern 1999.

Gfk AG Medienforschung, Hrsg.: E-Commerce II, Repräsentative Ergebnisse der dritten Untersuchungswelle des GfK Online Monitor, Nürnberg 1999.

Internet-Verband eco, in: http://www.eco.de/, Dezember 1999.

Introduction to EDI – A Primer, in:
http://www.support.geis.com/edi/edipindx.html, Dezember 1999.

Liedke, B., Hrsg.: Internet Business, Online-Marketing, Electronic Commerce und Intranet, Loseblattsammlung, Augsburg Stand September 1999.

OECD, Hrsg.: The Economic and Social Impacts of Electronic Commerce: Preliminary Findings and Research, in:
http://www.oecd.org/subject/e_commerce/summary.htm, Dezember 1999.

Spiegel Verlag, Hrsg.: Online – Offline 2, Zielgruppen, Marken, Medien, Hamburg 1999.

Werbeerfolgskontrolle

Teil XVI

In der Bundesrepublik Deutschland investieren die Unternehmen zurzeit jährlich mehr als 55 Mrd. DM in die Werbung. Vor diesem Hintergrund ist es verständlich und sinnvoll, dass sich Werbung treibende Unternehmen Informationen darüber beschaffen, ob die Werbeausgaben sinnvoll eingesetzt oder Fehlinvestitionen getätigt wurden. Außerdem gibt die Analyse Auskunft darüber, ob die Verfolgung der eingeschlagenen Richtung angebracht ist und die konzeptionellen Ideen, die eingesetzten Werbemittel und Werbeträger miteinander harmonieren oder konkurrieren (vgl. Nieschlag, Dichtl, Hörschgen, 1991, S. 567). Schließlich war schon der amerikanische Automobilindustrielle Henry Ford (1863–1947) der Ansicht, dass er von jedem für Werbung eingesetzten Dollar die Hälfte zum Fenster hinauswerfen würde, er wisse nur nicht, welche Hälfte.

Bevor nun auf die einzelnen Möglichkeiten der Werbeerfolgskontrolle eingegangen wird, sollen zum besseren Verständnis zunächst die begrifflichen Grundlagen erläutert werden.

1. Begriffsbestimmung

Definition Werbeerfolg

Unter dem Begriff des Werbeerfolgs werden in der Marketing-Literatur alle Wirkungen der Werbung, die anhand von Zielgrößen beurteilt werden, subsumiert – d. h., eine Werbekampagne war dann erfolgreich, wenn das gesteckte Ziel erreicht oder sogar übertroffen wurde. Umgekehrt bedeuten nicht erreichte Ziele einen Misserfolg.

Definition Werbeerfolgskontrolle

Aus der Definition des Werbeerfolgs ergibt sich, dass unter der Werbeerfolgskontrolle die Überprüfung durchgeführter Werbemaßnahmen im Hinblick auf den Realisierungsgrad der angestrebten Werbeziele verstanden wird. Man unterscheidet zwischen einer ökonomischen Werbeerfolgskontrolle, die sich auf Größen wie Umsatz oder Gewinn bezieht, und einer außerökonomischen Variante, die auf das Image, die Bekanntheit usw. abstellt. (vgl. Nieschlag, Dichtl, Hörschgen, 1991, S. 1035)

Operationale Zieldefinition

Um die Effizienz einer Werbekampagne genau anhand der gesetzten Ziele analysieren zu können, ist eine operationale (in der Praxis messbare) Zieldefinition und schriftliche Fixierung der Ziele wichtig. Die schriftliche Fixierung ist deshalb so bedeutsam, da sonst die Gefahr besteht, dass das Werberesultat an anderen Zielen gemessen wird. Wenn das ursprüngliche Ziel z. B. „Veränderung der Einstellung zu dem Produkt" war, die Ergebnisse aber an dem Ziel „Bekanntheit des Produktes" gemessen werden, dann sagen die Maßstäbe nichts über den Werbeerfolg aus. (vgl. Anton, 1975)

Werbewirkungsprognosen

Darüber hinaus kann die Kontrolle in so genannten Post-Tests nur stattfinden, wenn die Werbemaßnahme auch real in die Praxis umgesetzt worden ist. Dies bedeutet, dass die Werbeerfolgskontrolle das zeitliche und logische Ende eines Werbeprozesses darstellen sollte. Geht man von einer kontinuierlichen Werbeplanung aus, so können diese Daten wiederum als Eingangsinformationen zur Planung und Optimierung weiterer Werbemaßnahmen bzw. zur Reduktion von Werberisiken dienen. Man spricht dann von Werbewirkungsprognosen.

(vgl. Huth, Pflaum, 1988, S. 195)

2. Probleme der Werbeerfolgskontrolle

Selbst bei operationaler Zieldefinition, bei der die Ziele hinsichtlich Inhalt, Ausmaß und zeitlichem Bezug genau fixiert wurden, ergibt sich für die Praxis das Problem der exakten Isolation der durch die Werbemaßnahme erwirkten Veränderung.

Probleme der Erfolgsisolation

Die Gründe, weshalb noch keine genaue Werbeerfolgskontrolle möglich ist, bestehen darin, dass

- der Werbeerfolg (z. B. Umsatz) nicht ausschließlich auf die Werbemaßnahmen zurückzuführen ist, da auch die anderen marketingpolitischen Instrumente (die Preis-, Produkt- und Distributionspolitik) auf den Markt wirken und zum Markt- bzw. Werbeerfolg beitragen,
- der Werbeerfolg nicht ausschließlich das Ergebnis der Werbekampagne ist, sondern unter Umständen auch durch PR- oder Verkaufsförderungsmaßnahmen erzielt wurde,
- der Werbeerfolg nicht unbedingt allein das Ergebnis der derzeitig durchgeführten Werbekampagne, sondern auch das Verdienst von früheren Werbebemühungen sein kann (Carry-over-Effekt),
- der Werbeerfolg (bei Mehrproduktunternehmen) nicht unbedingt auf die gelungene Werbemaßnahme für ein bestimmtes Produkt zurückzuführen ist, da z. B. eine weiter zurückliegende Werbemaßnahme für ein komplementäres Produkt aus dem Programm der Unternehmung wirkt und es dadurch auch automatisch zu mehr Absätzen/Umsätzen bei dem gerade beworbenen Produkt kommt (Komplementäreffekt). Außerdem könnte ein Hersteller eines zum eigenen Unternehmen komplementären Produktes

Carry-over-Effekt

Komplementäreffekt

ebenfalls im selben Zeitraum Werbung machen. So kann es auch aus diesem Grund zu einer Absatz- bzw. Umsatzsteigerung kommen, die nicht auf die unternehmenseigenen Werbeanstrengungen zurückzuführen ist.

(vgl. hierzu Nieschlag, Dichtl, Hörschgen, 1991, S. 850 und Huth, Pflaum, 1988, S. 208)

3. Methoden zur Messung des Werbeerfolgs

Analog zur Festlegung von Werbezielen wird, wie bereits in der Definition beschrieben, unterschieden in:

- *außerökonomische Werbeerfolgskontrolle und*
- *ökonomische Werbeerfolgskontrolle.*

3.1 Außerökonomische Werbeerfolgskontrolle

Das globale Ziel der Werbung ist es, einen Werbewirkungsprozess auszulösen, der letztlich in eine Einstellungs- bzw. Verhaltensbeeinflussung, z. B. in der Erzeugung einer Kaufabsicht, oder dem Kauf mündet. Bis es zur Kaufabsicht bzw. zum Kauf kommt, ist davor das „Durchschreiten" vieler Wirkungsstufen nötig.

In der Marketing-Literatur gibt es eine Vielzahl verschiedener Stufenkonzepte, die diese Wirkungsstufen mehr oder weniger detailliert wiedergeben und somit die jeweiligen Werbeziele auf den einzelnen Stufen systematisieren. Wirkungsstufen

Auf die Problematik dieser Stufenkonzepte soll an dieser Stelle nicht näher eingegangen werden, da sie zum Verständnis des Weiteren unerheblich sind (idealtypischer, nicht realistischer Durchlauf der Stufen, unbekannte Zusammenhänge zwischen den jeweiligen Stufen etc.).

Von Totalmodellen bis hin zu reduzierten Stufenkonzepten (beispielsweise der AIDA-Regel von Lewis aus dem Jahr 1898) reicht die Spanne der Varianten. In der neueren Marketing-Literatur herrscht jedoch Einigkeit, dass man grundsätzlich drei Wirkungsstufen unterscheiden kann: AIDA

1. die Informationswirkung der Werbung,
2. die Motivationswirkung der Werbung und
3. die verhaltensrelevante Leistung der Werbung.

(vgl. Huth, Pflaum, 1988, S. 196, 209 ff. und Nieschlag, Dichtl, Hörschgen, 1991, S. 578 ff.)

Im Folgenden werden nun die jeweiligen Stufen mit den dazugehörigen Werbezielen und Messmethoden beschrieben.

3.1.1 Informationswirkung der Werbung

Bevor es beim Rezipienten, z. B. beim Leser einer Anzeige oder Hörer eines Funkspots, zu einer Reaktion kommen kann, muss das Werbemittel optisch bzw. akustisch wahrgenommen werden. Das bedeutet, dass man auf dieser Stufe die Aspekte der Wahrnehmung, des Lernens und Behaltens messen und interpretieren möchte (Werbeziel: Gedächtniswirkung erzielen). Dies kann mittels folgender Tests geschehen:

- *ungestützter Recall-Test,*
- *gestützter Recall-Test,*
- *unkontrollierter Recognition-Test,*
- *kontrollierter Recognition-Test und*
- *Identifikationstest (Maskierungstest).*

Ungestützte Recall-Tests

Bei ungestützten Recall-Tests handelt es sich um die Messung der Gedächtniswirkung von Werbemitteln nach der Durchführung einer Kampagne (Post-Test) ohne die Bereitstellung von Erinnerungshilfen (siehe unten).
Der Proband wird dabei gefragt, ob er sich an eine Anzeige in einer ganz bestimmten Ausgabe einer Zeitung oder Zeitschrift oder an einen TV- oder Funkspot in einem bestimmten Sender erinnern kann. Aus diesen Angaben der Befragten lassen sich folgende Daten ermitteln:

- quantitative Reichweite der jeweiligen Werbeträger (Zeitschriften, Zeitungen, Sender).
- Werden zusätzlich noch soziodemographische Daten der Probanden (Alter, Geschlecht, Einkommen etc.) erhoben, so kann darüber hinaus auch noch die qualitative Reichweite der Medien bestimmt werden.
- Auf das jeweilige Werbemittel bezogen, lässt sich durch derartige Befragungen feststellen, welche Werbemittel generell wahrgenommen wurden, welche Elemente der Werbemittel auffielen und wie die Werbemittel gefallen haben.

Gestützte Recall-Tests

Bei gestützten Recall-Tests, auch als Aided-Recall-Tests bezeichnet, werden den Befragten verschiedene Erinnerungshilfen, beispielsweise Listen mit Markennamen, Markenzeichen oder unvollständige Werbemittel, gezeigt. In der Bundesrepublik Deutschland führt das EMNID-Institut (Bielefeld) derartige Tests, so genannte Impact-Tests, in erweiterter Form durch. Bei diesen Impact-Tests handelt es sich um eine Kombination aus gestützten Recall-Tests und einem sich anschließenden Recognition-Test (siehe unten).

Während man mit dem ungestützten Recall-Test die aktive Bekanntheit der Werbemittel messen kann, gibt der in der Praxis häufig angewandte gestützte Recall-Test Auskunft über die passive Bekanntheit von Anzeigen etc.

Unkontrollierter Recognition-Test

Beim unkontrollierten Recognition-Test (erstmals von Strong im Jahre 1912 eingesetzt) geben die Probanden Auskunft darüber, wie bekannt ihnen ein bestimmtes Werbemittel ist. Im Folgenden wird die Vorgehensweise des bekanntesten und in der Praxis am häufigsten angewandten Tests von Starch (1966) beschrieben.
Beim Starch-Test werden ca. 150 Personen, die z. B. als Leser einer Zeitschrift festgestellt wurden, nach dem Quota-Verfahren (vgl. dazu Teil III, 6.1.2 Teilerhebung) ausgewählt. Ein Interviewer blättert mit der Versuchsperson die jeweils letzte Ausgabe einer Zeitschrift durch. Nach jeder Seite, auf der sich eine Anzeige befindet, fragt er den Probanden, ob er das Inserat wieder erkennt. Dabei werden folgende Werte ermittelt:

- *noted* (Anzeige gesehen),
- *seen/associated* (Anzeige global betrachtet), d. h., der Proband behauptet, dass er die Anzeige gesehen und Teile davon gelesen hat und sich deutlich an den beworbenen Meinungsgegenstand (z. B. das Produkt) erinnert,
- *read most* (Anzeige gelesen), d. h., die Probanden bestätigen, dass sie mehr als die Hälfte des Textes einer Anzeige gelesen bzw. ganz genau studiert haben.

Die Problematik dieser Methode zur Messung der Wiedererkennung liegt darin, dass Probanden oft in Befragungssituationen sozial erwünscht antworten und somit die Rate der wieder erkannten Anzeigen unter Umständen zu hoch ist. Außerdem schränken Kategorisierungsmängel (z. B. die Unterscheidung zwischen der Kategorie *noted* und *read most*), neben Carry-over-Effekten durch andere Medien, die Zuverlässigkeit (Reliabilität) der Ergebnisse ein.

Kontrollierter Recognition-Test

Diese Kritikpunkte beim Starch-Test können teilweise durch den kontrollierten Recognition-Test ausgeschaltet werden. Dieser arbeitet mit präparierten Ausgaben von Zeitschriften, in denen sich bereits veröffentlichte bzw. „unechte" Werbemittel befinden. Beim Durchblättern dieser Ausgabe soll der Proband, genau wie beim Starch-Test, angeben, ob er die Anzeige gesehen, teilweise gelesen oder eingehender studiert hat. Die sich für die noch nicht geschalteten Anzeigen ergebenden Durchschnittswerte werden vom Wert der Testanzeigen abgezogen. Damit erhält man ein „kontrolliertes" Wiedererkennungsmaß.
Beim Identifikationstest, der auch als Hidden-Logo-Test bekannt ist, wird bei

Identifikationstests (Maskierungstests)

einer Anzeige z. B. die Headline oder das Produkt abgedeckt. Der Proband wird dann vom Interviewer nach den Inhalten der verdeckten Teile gefragt. Der Anteil der Personen, der die richtigen Ergänzungen nennt, wird als Maßstab für den Erinnerungswert angenommen. Das Verfahren ist auch bei Funk- oder TV-Werbespots anwendbar.

Allgemein sei an dieser Stelle erwähnt, dass in der empirischen Marketingforschung noch keine direkte Beziehung zwischen Bekanntheitsgrad und Kaufbevorzugung, dem letztlichen Ziel der Werbebemühungen, festgestellt wurde. Dennoch argumentieren die Vertreter der Stufenkonzeption, dass die Gedächtniswirkung eine notwendige, wenn auch nicht hinreichende Bedingung für eine geänderte Einstellung darstellt (siehe die nächsten Stufen) und letztendlich auch zum Kauf führen kann.

3.1.2 Motivationale Wirkung der Werbung

Zur Messung der motivationalen Wirkung der Werbung werden die Probanden aufgefordert, sich frei darüber zu äußern:

- woran sie spontan gedacht haben, als sie das Werbemittel sahen,
- welche Gedanken sie sich zu der betreffenden Anzeige, dem Funk- oder TV-Spot gemacht haben.

Diese Verfahren zielen auf die Erfassung der Beziehung zwischen dem Werbesubjekt (dem Werbemittel, beispielsweise einer Anzeige) und dem Werbeobjekt (beispielsweise einem Produkt, für das in der Anzeige geworben wird) ab.

Die Analyse der Aussagen erfolgt nach folgenden Gesichtspunkten:

- Ist eine Kaufabsicht zustande gekommen?
- Wurde durch das Werbemittel eine positive Grundhaltung erzeugt?
- Welches Image wurde aufgebaut?

Lotteriemethode

Eine konkrete Methode ist die Lotteriemethode. Bei dieser darf der Proband als Belohnung für seine Mitarbeit ein Los ziehen, das ihn im Falle des Gewinns in den Besitz eines bestimmten Produktes bringt, dessen Hersteller und Marke er frei wählen kann. Aus der Nennung und Begründung für die Wahl der Marke bzw. des Herstellers kann auf die Einstellung zum Hersteller und dem jeweiligen Produkt geschlossen werden. (vgl. dazu Nieschlag, Dichtl, Hörschgen, 1991, S. 583)

Hinter der Messung der Einstellungswirkung von Werbestimuli steht die Hoffnung, dass durch Werbung bei den Umworbenen eine Einstellungsänderung herbeigeführt werden kann, die zu einem Verhaltenswandel führt, der die Kaufwahrscheinlichkeit erhöht. In der Marketing-Wissenschaft besteht darüber Einigkeit, dass derartige Beziehungen zwischen Einstellung und Kauf bestehen. Dennoch müssen positive Einstellungen nicht zwingend zum Kauf führen, denn das Kaufverhalten hängt auch noch von einer Reihe weiterer Faktoren ab, beispielsweise von der Kauffähigkeit (finanzielle Möglichkeiten, das Produkt zu erwerben) oder Kaufmöglichkeit (Verfügbarkeit des Produktes am Markt).

(vgl. Huth, Pflaum, 1988, S. 196, 210)

3.1.3 Verhaltensrelevante Leistungen der Werbung

Da die verhaltensrelevanten Leistungen der Werbung auf das Auslösen eines Kaufaktes abzielen, können hier alle für die Messung des ökonomischen Werbeerfolgs einsetzbaren Methoden Anwendung finden (vgl. Huth, Pflaum, 1988, S. 196, 210 ff.).

3.2 Ökonomische Werbeerfolgskontrolle

Unternehmen, die in Werbung investieren, erwarten nicht zuletzt, dass sich daraus positive ökonomische Konsequenzen ergeben. Bei der Messung des ökonomischen Werbeerfolgs geht es um die Erfassung der durch Werbung verursachten Absatz-, Umsatz-, Gewinn-, Marktanteils-, Distributions-, Käufer- und Wiederkäuferveränderungen. In diesem Zusammenhang sei hier nochmals auf die Problematik der Isolierbarkeit des Zielbeitrags der Werbung bezüglich ökonomischer Veränderungen hingewiesen. Der exakte Zielbeitrag der Werbung kann nur in Versuchsanordnungen ermittelt werden (z. B. Erfassung der Umsatzveränderung nach einer Werbemaßnahme). Aus Kostengründen kommt dieser „Königsweg" in der Praxis nur selten zur Anwendung. Jedoch sind die Kosten für derartige Experimente durch die zunehmenden Verbreitung von Scanner-Kassen im Handel in den letzten Jahren gesunken.

Gemessene Veränderungen

Neben ökonometrischen Ansätzen (vgl. dazu Nieschlag, Dichtl, Hörschgen, 1991, S. 575 ff.), um den ökonomisch messbaren Werbeerfolg zu ermitteln, gibt es die in der Praxis weit verbreiteten experimentellen Ansätze. Im Folgenden werden diese wegen ihrer großen Bedeutung für die Praxis und wegen der Unzulänglichkeit ökonometrischer Ansätze näher beschrieben. Es handelt sich um:

- *Gebietsverkaufstests bzw. Test-Kontrollläden-Experiment,*
- *BuBaW-Verfahren (Bestellung unter Bezugnahme auf Werbemittel),*
- *Netapps-Methode (net ad produced purchases).*

3.2.1 Gebietsverkaufstests, Test-, Kontrollläden

Für eine optimale Durchführung von Gebietsverkaufstests müssen verschiedene Voraussetzungen gegeben sein:

Test- und Kontrollmärkte

- Es müssen vergleichbare Städte oder Regionen als Test- bzw. Kontrollmarkt zur Verfügung stehen, die sich hinsichtlich ihrer Bevölkerungsstruktur und der Zielgruppe weitgehend entsprechen. In Deutschland befinden sich derartige Test-/Kontrollmärkte z. B. in Kassel, Passau, Straubing.
- Es muss gewährleistet sein, dass die Werbemaßnahmen des Testmarktes nicht auf die des Kontrollmarktes ausstrahlen.
- Außerdem dürfen die im Test- bzw. Kontrollmarkt beteiligten Handelsunternehmen während der Testperiode ihre Verkaufsbemühungen nicht verändern, da sonst die Gefahr der Verzerrung von Ergebnissen besteht.

Zeitraum

- Wichtig ist auch, dass die Testperiode lang genug ist, damit sich die werbebedingte Nachfrage voll niederschlagen kann. Dennoch ist zu beachten, dass die Zeitspanne nicht zu lang gewählt wird, da mit zunehmender Dauer die Wahrscheinlichkeit des Auftretens von Störeinflüssen wächst.

Experiment

Wenn mit mehreren Testgebieten gearbeitet wird, wobei eines der Gebiete als Test-, ein anderes als Kontrollmarkt fungiert, so handelt es sich hierbei um ein Experiment des Typs EBA-CBA (vgl. Teil III, 6.3).

In der Praxis wird aus Kostengründen oft nur mit einem Testgebiet gearbeitet, d. h., es werden die Ergebnisse in einem Testgebiet verglichen (z. B. Umsatz vor und nach dem Einsatz der Werbemaßnahme). Die Durchführung von Gebietsverkaufstests in nur einer Region hat mehrere Gründe. Einerseits ist es in der Praxis sehr schwer, vergleichbare Testgebiete zu finden, andererseits reduzieren sich dadurch die Kosten für die Durchführung.

Der Werbeerfolg bei Gebietsverkaufstests kann wie folgt errechnet werden (vgl. Bidlingmaier, 1975, S. 795):

Umsatz im Testmarkt nach Einsatz der Werbemaßnahme (U^{tn})
./. Umsatz im Testmarkt vor Einsatz der Werbemaßnahme (U^{tv})

\+ [Umsatz im Kontrollmarkt nach Einsatz der Werbemaßnahme (U^{kn})
./. Umsatz im Kontrollmarkt vor Einsatz der Werbemaßnahme (U^{kv})]

= werbebedingter Umsatzerfolg

Beispiel

In einem Testmarkt erzielte das Produkt einer Firma vor dem Einsatz der Werbekampagne einen Umsatz von 150.000,- DM. Danach lag der Umsatz in einem vergleichbaren Zeitrahmen bei 200.000,- DM (unter sonst gleichen Bedingungen = ceteris paribus).
Das Produkt erzielte auf dem Kontrollmarkt während derselben Zeitspanne vor der Werbekampagne einen Umsatz von 130.000,- DM. Der Umsatz steigt nach dem Einsatz der Werbekampagne im Testmarktgebiet um 10.000,- DM auf 140.000,- DM an. Der werbebedingte Umsatzerfolg lässt sich demnach wie folgt berechnen:

200.000,- DM – 150.000,- DM + (140.000,- DM – 130.000,- DM) = 60.000,- DM

Bezieht man in die Betrachtung noch die für die Entwicklung der Werbekampagne entstandenen Kosten mit ein, so lässt sich daraus der durch die Werbung bedingte Gewinn berechnen.

Beispiel

Beträgt der werbebedingte Umsatzerfolg 60.000,- DM (siehe oben) und sind für die Konzeption, Produktion und Streuung der Werbemittel Kosten in Höhe von 30.000,- DM entstanden, so beträgt der werbebedingte Gewinn:

60.000,- DM – 30.000,- DM = 30.000,- DM

	werbebedingter Umsatzerfolg (Mehrumsatz)
./.	Werbekosten
=	werbebedingter Gewinn

Eine günstigere Variante zum Gebietsverkaufstest stellt die Möglichkeit der Messung des Werbeerfolges mit Hilfe so genannter Test- und Kontrollläden dar. Hierzu sind verschiedene Einzelhandelsunternehmen nötig, die sich in

Test- und Kontrollläden

- Sortiment,
- Bedienungsform,
- Umsatz und
- Kundenstruktur

nicht oder nur unwesentlich unterscheiden.

Dieser Ansatz entspricht hinsichtlich seiner Voraussetzungen weitgehend dem Gebietsverkaufstest. Aufgrund der schmaleren Datenbasis ist die Aussagekraft der Ergebnisse im Vergleich zum Gebietsverkaufstest jedoch eingeschränkt.

3.2.2 Netapps-Methode

Die Netapps-Methode (net ad produced purchases) arbeitet nach dem EA-CA-Experimenttyp (vgl. dazu Teil III, 6.3).
Es wird nur eine Befragung in einem Gebiet durchgeführt. Nach der Werbekampagne werden Personen repräsentativ ausgewählt und in Werbeberührte (z. B. Anzeigenleser) bzw. Nicht-Werbeberührte unterschieden. Danach wird diejenige Käuferrate ermittelt, die auch ohne Werbeberührung die Produkte der werbetreibenden Firma kaufen würde (= Entwicklungseffekt). Danach wird der Umsatzeffekt berechnet. Er ergibt sich aus der Differenz des Prozentsatzes zwischen werbebeeinflussten und nicht werbebeeinflussten Käufern.

(vgl. Bidlingmaier, 1975, S. 800 ff. und Huth, Pflaum, 1988, S. 204 f.)

Beispiel Anhand eines Beispiels soll die Vorgehensweise verdeutlicht werden: Ein Unternehmen startet eine Anzeigenkampagne zur Einführung eines neuen Produktes. Der ökonomische Verkaufserfolg soll durch die zuvor beschriebene Methode ermittelt werden. Es wurde hier eine repräsentative Stichprobe von 5.000 Personen gezogen und ausgewertet: 3.500 Personen haben die Anzeige gesehen (Werbeberührte), davon haben 1.000 Personen jeweils ein Produkt gekauft. 1.500 Personen haben die Anzeige nicht gesehen (Nicht-Werbeberührte), davon haben 150 Personen jeweils ein Produkt gekauft (Prämissen für die nachfolgenden Berechnungen: Dieser Modellrechnung wird zugrunde gelegt, dass der Entwicklungseffekt in beiden Gruppen gleich groß ist und jeweils nur ein Produkt gekauft wird).
Der Entwicklungseffekt (Prozentsatz der Käufe, die auch ohne Werbeberührung zustande kommen) beträgt hier 10%.
Der Umsatzeffekt (Prozentsatz der Käufe, die sich durch die beeinflussende Wirkung der Werbung ergaben, abzüglich des Prozentsatzes der nicht werbebeeinflussten Käufe) beträgt 18,57% (28,57% – 10%).
Die durch Werbung beeinflussten Käufe in absoluter Zahl: 18,57% von 3.500 = ca. 650 Produkte.
Insgesamt wurden 1.150 Produkte abgesetzt und somit beläuft sich der werbebedingte Absatz auf ca. 57% (650 : 1.150).

(vgl. hierzu Huth, Pflaum, 1988, S. 211 und Nieschlag, Dichtl, Hörschgen, 1991, S. 579 ff.)

3.2.3 BuBaW-Verfahren

Der ökonomische Werbeerfolg kann durch das BuBaW-Verfahren (Bestellung unter Bezugnahme auf Werbemittel) ermittelt werden, wenn die Werbemittel (beispielsweise Kataloge, Direct-Mailings) mit einer Bestellkarte oder einem Coupon versehen werden. Die Rücklaufquote dient als Gradmesser für den Werbeerfolg.

Rücklaufquote

Sind neben der Anzahl der Aussendungen von Werbemitteln auch die Bestellungen, die erhaltenen Antworten und die Kosten für die Werbekampagne inklusive Porto bekannt, können folgende Kenngrößen für den Werbeerfolg ermittelt werden:

- *Streuerfolg:* Der Streuerfolg gibt das Verhältnis der absoluten Zahl der Aussendungen zur Anzahl der eingegangenen Bestellungen in Prozent wieder. Beispielsweise versandte eine Krankenkasse 4.000 Kursprogramme inklusive einer Rückantwortkarte mit Anmeldemöglichkeit an ihre Versicherten und erhielt 400 Anmeldungen (hier statt Bestellungen) per Post. Der Streuerfolg lag damit bei 10%.
- *Prozentualer Anteil der Antworten an den Aussendungen:* Die Krankenkasse erhielt insgesamt 500 Rückantwortkarten, darunter waren 400 konkrete Anmeldungen (siehe oben), 100 Antwortkarten kamen mit Absagen zurück. Damit liegt der gesamte Prozentsatz an Rücksendungen im Verhältnis zur Gesamtzahl der gestreuten Kursprogramme bei 12,5%.
- *Prozentualer Anteil der Bestellungen an den Antworten:* Insgesamt erhielt die Krankenkasse 500 Rückantwortkarten. 400 enthielten konkrete Anmeldungen, die restlichen waren Absagen. So ergibt sich ein Verhältnis von Anmeldungen zur gesamten Anzahl an Rückläufen von 80%.
- *Kosten je Antwort:* Die Kosten für die Kursprogrammproduktion inklusive der Streuung betrugen 14.000,- DM. 500 Rückantwortkarten gingen bei der Krankenkasse ein. Daraus ergeben sich Kosten von 28,- DM pro eingegangener Rückantwortkarte.
- *Kosten je Bestellung (hier Anmeldung):* Wenn sich die Werbekosten insgesamt auf 14.000,- DM belaufen und 400 konkrete Anmeldungen eingingen, so ergeben sich Kosten von 35,- DM pro Anmeldung.

4. Anwendung der Werbeerfolgskontrolle in deutschen Unternehmen

Eine Umfrage bei deutschen Unternehmen, ohne die neuen Bundesländer, ergab folgendes Bild: Weniger als die Hälfte der befragten Unternehmen führten „manchmal" oder „immer" Werbeerfolgskontrollen durch. Als Begründung für die mangelnde bzw. fehlende Werbeerfolgskontrolle wurden folgende Faktoren genannt (vgl. Neske, 1983, S. 362):

- methodische Schwierigkeiten,
- fehlende Mitarbeiter oder
- fehlende finanzielle Mittel.

Gegen das Argument der methodischen Schwierigkeiten lässt sich einwenden, dass die Anwendung eines noch zu optimierenden methodischen Ansatzes immer noch besser ist, als keine Werbeerfolgskontrolle durchzuführen. Die Begründung fehlender qualifizierter Mitarbeiter kann nicht akzeptiert werden, da man auch hier genau wie bei der Konzeption und Durchführung von Werbekampagnen mit Werbeagenturen und externen Spezialisten zusammenarbeiten kann. Auch die Argumentation der hohen Kosten für derartige Untersuchungen sollte neu überdacht werden, wenn man den Gesichtspunkt einer verbesserten Ausgangs- und Informationslage für die Planung weiterer Werbekampagnen in die Betrachtung mit einbezieht.

(vgl. Huth, Pflaum, 1988, S. 212)

5. Kontrollfragen zu Teil XVI

1. Definieren Sie die Begriffe Werbeerfolg und Werbeerfolgskontrolle.
2. Welche Voraussetzungen müssen gegeben sein, damit nach dem Einsatz einer Werbekampagne der Erfolg messbar wird?
3. Welche Probleme bei der Werbeerfolgskontrolle sind Ihnen bekannt? Nennen und erläutern Sie diese.
4. Welche Arten zur Messung des Werbeerfolgs sind Ihnen bekannt?
5. Nennen Sie verschiedene Methoden zur Messung des außerökonomischen und ökonomischen Werbeerfolgs.

6. Literaturverzeichnis zu Teil XVI

Anton, M.: Die Ziele der Werbung in Theorie und Praxis, Wiesbaden 1975.

Bidlingmaier, J.: Die Kontrolle des wirtschaftlichen Werbeerfolgs, in: Behrens, K. C., Hrsg.: Handbuch der Werbung, 2. Auflage, Wiesbaden 1975.

Huth, R. / Pflaum, D.: Einführung in die Werbelehre, Stuttgart 1988.

Neske, F.: Gabler-Lexikon Werbung, Wiesbaden 1983.

Nieschlag, R. / Dichtl, E. / Hörschgen, H.: Marketing, 16. Auflage, Berlin 1991.

ZAW, Zentralausschuß der Werbewirtschaft, Hrsg.: Werbung in Deutschland 1993, Stuttgart 1994.

Teil XVII Konzeption und Gestaltung von Werbemitteln

Der Einsatz der Werbeträger, z. B. Fernsehen, Tageszeitung, Außenwerbung, und die damit verbundene Ausgestaltung der einzelnen Werbemittel, z. B. TV-Spot, Anzeige, Plakat, sind stetigen Wandlungen unterworfen. Die Werbung ist in jedem Jahrzehnt auch ein Bestandteil gesellschaftlicher und kultureller Ausdrucksformen gewesen. Veränderte Vorstellungen, Meinungen und Einstellungen, wie z. B. das steigende Umweltbewusstsein in den letzten Jahren, haben den Stil, den Ausdruck und den Inhalt der Werbung nachhaltig beeinflusst.
Die Gestaltung der einzelnen Werbemittel muss sich daher immer der aktuellen Trends, der Mode, der Kunst etc. bedienen und somit auch anpassen, um dem Verbraucher den Eindruck des Neuen, des Modernen und des Zeitgemäßen zu vermitteln.
Ebenfalls zu berücksichtigen ist die zielgruppenspezifische Ansprache. Die verbale und visuelle Gestaltung mit Farben, Formen und Bildern muss bei der jeweiligen Zielgruppe „ankommen", um die gewünschten Reaktionen auslösen zu können.
Durch den technologischen Fortschritt neu hinzugekommene Medien wie das Internet (World Wide Web), Online-Dienste (z. B. T-Online), die interaktiven Multimediasysteme (z. B. Infoterminals) oder CD-ROM und CD-I stellen jeweils neue Herausforderungen im Bereich der Konzeption und Gestaltung dar.

1. Wirkungselemente der Werbung

1.1 Sprache und Text

Der Wirkungsgrad von gesprochenen oder gedruckten Texten wurde früher ausschließlich anhand ästhetischer und stilistischer Kriterien bewertet. In der heutigen Zeit wird die verbale Kommunikation erfahrungswissenschaftlich operationalisiert, d. h. mit den aus der Meinungsforschung gewonnenen Daten messbar gemacht und beurteilt.

Verständlichkeit

In der folgenden Übersicht sind alle relevanten Faktoren für die Verständlichkeit von verbaler Kommunikation hierarchisch dargestellt. Wichtig ist es, alle zielgruppenspezifischen Faktoren in der Werbung zu berücksichtigen.

- **Empfänger**
  - soziokulturelle Bezüge
    - Kultur
    - Klasse
    - Situation
  - geistige Bezüge
    - Intellekt
    - linguistisches Können
    - Bildungsgrad
    - Vorinformation
  - psychologische Bezüge
    - kommunikatives Engagement
    - Motivation
    - Interessen
    - Wahrnehmungssensibilität
- **Sprache**
  - formale Faktoren
    - typographische Bezüge
      - Schriftart
      - Schriftcharakter
      - Schriftgröße
      - Gliederung
    - grammatische Bezüge
      - Satzart
      - Satztiefe
      - Satzlänge
  - inhaltliche Faktoren
    - Vokabular
      - Wortlänge
      - Wiederholungen
      - Termini
    - Text
      - semantische Deduktion
      - semantische Übergänge

Abb.: Relevante Faktoren für die Verständlichkeit von verbaler Kommunikation (Quelle: Urban, 1980, S. 59)

Die Verständlichkeit, bezogen auf den Leser oder Hörer einer Werbung, ist kognitiv orientiert, d. h., sie verlangt eine Entschlüsselung der Zeichen. Je nach Kulturkreis, Intellekt, Meinungen, Vorstellungen usw. der verschiedenen Zielgruppen verläuft diese Dekodierung und Wahrnehmung etwas anders und ruft somit auch andere Reaktionen hervor. Deshalb sind die empfängerbezogenen Faktoren sehr wichtig und müssen stets eine Berücksichtigung finden. Die formellen Faktoren eines Textes, wie z. B. Schriftart, Schriftgröße und Satzart, sowie die inhaltlichen Faktoren (semantische Bezüge), wie z. B. die Auswahl, Rang- und Reihenfolge von Wörtern, sind ebenso auf die kommunikative Zielsetzung bzw. auf die Zielgruppe auszurichten. Dekodierung

Wie schon erwähnt, findet aufgrund der Dekodierung von Zeichen eine Reaktion statt. Für die Wirksamkeit von verbaler Kommunikation sind in der folgenden Tabelle alle wesentlichen Begriffe zusammengefasst. Je nach dem Seriositätsgrad des Senders, der Form der „überredenden" Sprache und rationalen Einflüssen, z. B., wenn der Konsument gerade kurz vor einer Kaufentscheidung steht, werden beim Empfänger unterschiedlich starke Reaktionen ausgelöst. (vgl. Urban, 1980, S. 59 f.)

- **Empfänger**
  - Erkennen (syntaktische Dimension) ⟷ Dekodierung
  - Urteilen (semantische Dimension) ⟷ Einstellungsänderung
    - Abbau von Vorurteilen
    - Sympathie
    - Entschluss
  - Realisieren (pragmatische Dimension) ⟷ Verhaltensänderung
    - Reaktion
    - Kauf
    - Weiterempfehlung
- **Sender**
  - Seriositätsgrad
    - Primärsender
      - Auftraggeber
      - Werbeagentur
      - Medium
    - Sekundärsender
      - Testimonials
      - Leitbilder
- **Sprache**
  - Diskrepanz
    - gutes Produkt, schlechte Werbung
    - schlechtes Produkt, gute Werbung
  - rationale Einflüsse
    - Aufklärung
    - Entscheidungshilfe
  - emotionale Einflüsse
    - Manipulation
    - Beunruhigung

Abb.: Einflussfaktoren auf die Wirksamkeit von verbaler Kommunikation (Quelle: Urban, 1980, S. 60)

Einwirkung

Die Sprache kann gezielt dazu eingesetzt werden, um auf das Denken, Fühlen und Handeln der Konsumenten einzuwirken. Die meisten Menschen stellen enge Beziehungen zwischen Wörtern (Namen) und Sachen her, was zu Irrtümern führen kann. Sie schließen von der Existenz eines Wortes auf die Existenz eines entsprechenden Sachverhaltes. Besonders aufschlussreiche Beispiele bietet z. B. die Werbung für Kosmetik mit den Begriffen „Aufbaustoffe" und „Nährcreme". Wenn der Konsument aufgrund der Bezeichnung „Nährcreme" entsprechende Wirkungen für seine Haut erwartet, so ist er Opfer seines Sprachrealismus geworden. Er hat eine zu enge Beziehung zwischen Wort und Sache hergestellt: Es ist nicht möglich, der Haut von außen Nährstoffe zuzuführen.

Es gibt eine erprobte „Psychologie der Grammatik", um mit grammatikalischen Kunstgriffen psychologische Effekte zu erzielen. So trägt z. B. die Bevorzugung von Substantiven dazu bei, von einem bloßen Wort auf einen reellen Sachverhalt zu schließen.

In der Werbung wird dies dadurch erreicht, dass man Produkteigenschaften nicht, wie grammatikalisch üblich, mit Eigenschaftswörtern, sondern mit Substantiven ausdrückt. Meist handelt es sich um zusammengesetzte Wörter, die den Eindruck technischer Perfektion hervorrufen sollen („Sekunden-Schnell-Korrektur", „Schönheitspflege" etc.). Substantive

Die Verwendung solcher Substantive bringen der Werbung mehrere Vorteile:

- Substantive wirken genauer, technischer und damit glaubwürdiger als ein Adjektiv. Eine Uhr, der Genauigkeit zugeschrieben wird, muss einfach perfekt laufen.
- Die Großschreibung der Substantive verleiht ihnen ein besonderes optisches und damit auch gedankliches Gewicht. Dies kann durch die zusätzliche Verwendung eines bestimmten Artikels (der, die, das) noch gesteigert werden.
- Die Verwendung von Substantiven ist außerdem ökonomisch, da sie häufig den Inhalt eines ganzen Satzes enthalten (z. B. „Energie-Sparautomatik"). Wenn man bedenkt, dass die Aufnahme jedes einzelnen Wortes durch das Auge Zeit beansprucht, wird klar, dass durch inhaltsreiche Substantive die Schnelligkeit der Informationsaufnahme gesteigert werden kann. Dies ist gerade für die Werbung von besonderer Bedeutung.

Die Werbung ist voll von Versprechungen, Anpreisungen und Superlativen. Diese sind als Wertungen sofort zu erkennen. Die Gefahr ist groß, dass solche Wertungen einen Widerspruch und einen psychischen Widerstand hervorrufen. Wertungen müssen somit in einer Weise formuliert werden, in der sie nicht als solche zu erkennen sind. Zwei sprachliche Techniken können dazu in erster Linie eingesetzt werden: Wertungen

1. *Die Eigenschaftstechnik und*
2. *die Einfärbtechnik.*

Die Eigenschaftstechnik

Eigenschaften eines Gegenstandes werden oft dadurch angegeben, dass dem Gegenstandswort ein Eigenschaftswort beigefügt wird (rotes Auto) oder in Form einer „Ist-Anzeige" getextet wird: „Das Auto ist rot". In der gleichen Weise können aber auch Wertungen mitgeteilt werden: „Das rote Auto ist toll!" Adjektive
Es gibt nun mehrere sprachliche Kunstgriffe, um den Eindruck einer Sachaussage und die Wirksamkeit einer versteckten Wertung zu verstärken:

- Man wählt Eigenschaftswörter, die entweder als Sachaussage oder als Wertung verstanden werden können („Die große Bank in unserem Land"). Das Wort *groß* hat hier zwei Bedeutungen: zum einen im Sinne einer Bank mit einem sehr großen Umsatz und zum anderen mit der Wertung eines ausgezeichneten und hervorragenden Unternehmens. Ein anderes Eigenschaftswort, das in der Werbung gern in diesem doppelten Sinne eingesetzt wird, ist das Wort „*erste*". Es bedeutet in sachlicher Hinsicht „zeitlich zuerst" und in weiterem Sinne wird es wie „besonders anerkannt" benutzt.

- Man wählt Eigenschaftswörter, die neben ihrer im Vordergrund stehenden sachlichen Bedeutung eine mehr oder weniger versteckte Wertung enthalten. Es sind Eigenschaftswörter, die dem Sachverhalt so ganz nebenbei eine positive oder negative Tönung geben („Diese Suppe ist vitaminreich"). Mit Eigenschaftswörtern, die vom Wort „Vitamin" abgeleitet sind, wird in erster Linie auf einen nachweisbaren Sachverhalt bzw. eine überprüfbare Eigenschaft von Nahrungsmitteln aufmerksam gemacht. Zugleich wird eine indirekte positive Wertung erreicht, denn die Konsumenten verbinden mit Vitaminen eine gesunde Ernährung.
- Man kombiniert zwei getrennte Eigenschaftswörter, ein ausgesprochen sachbezogenes und ein wertendes Eigenschaftswort. Die Wertung muss in die entstehende sprachliche Einheit so eingepasst werden, dass sie zusammen mit der Werbeaussage akzeptiert wird („Aus reiner Schurwolle, dem echten Material, das natürliche Schönheit, Eleganz, Tragekomfort in sich vereint – in geprüfter Wollsiegel-Qualität"). Eine Variante dieser speziellen Technik besteht darin, wertende Eigenschaftswörter direkt mit dem Markennamen zu koppeln („Das neue *Persil-Supra*", „Die gute *Sanella*").

Die Einfärbtechnik

Umschreibungen

Hier geht es um Sachverhalte, die in gleicher Weise zutreffend durch verschiedene sprachliche Formulierungen umschrieben werden können und dadurch jeweils eine andere Wertung bekommen. Besonders die politische Sprache bietet zahlreiche Beispiele, wie der gleiche Sachverhalt durch eine andere Wortwahl eingefärbt und somit geschönt werden kann. So wird z. B eine Steuererhöhung zur Steueranhebung, und Massenentlassungen werden als Abbau der Belegschaft bezeichnet.
Die Werbung bietet für diese Einfärbtechnik ideale Möglichkeiten, da der Verbraucher oft genug gar nicht in der Lage ist, wichtige Produkteigenschaften richtig einzuschätzen.

(vgl. Schulisch, 1986, o. S.)

1.2 Form

Jede Form und jedes Zeichen kann zu einem Nachrichtenträger werden. Um diese Vielfalt etwas zu klassifizieren, muss nach den Unterscheidungsmerkmalen gefragt werden.
Zu den Grundformen gehören das Viereck, das Dreieck und der Kreis. Diese Grundformen lassen sich jeweils weiter nach verschiedenen Gesichtspunkten für die formelle (syntaktische) Beurteilung unterteilen in:

- *Qualität,*
- *Quantität,*
- *Dimension,*
- *Begrenzung und*
- *Verwirklichung.*

1. Qualität

Die Qualitäten der Formen lassen sich mit den folgenden Gegensatzpaaren bzw. Formqualitätskontrasten einteilen:

- rund <-> eckig,
- geometrisch <-> freispielend,
- symmetrisch <-> asymmetrisch,
- regelmäßig <-> unregelmäßig,
- einfach <-> komplex.

2. Quantität

Eine Größenveränderung eines visuellen Zeichens verändert auch seine Aus- Größe druckskraft und Bedeutung. Zwischen einer Positiv- und Negativform bestehen große Empfindungsunterschiede in Bezug auf die Gewichtung, den räumlichen Eindruck und die Größe selbst, siehe hierzu die folgende Abbildung.

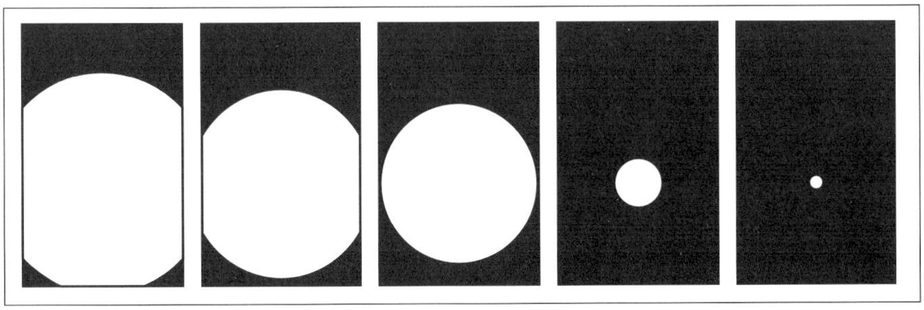

Abb.: Darstellung von Formquantitäten (Quelle: Kerner, Duroy, 1985, S. 59)

3. Dimension

Formen

Jede Form besitzt eine Ausdehnung in einem räumlichen Bezugssystem. Bei der visuellen Nachrichtenübermittlung bestimmt die Informationsabsicht die Auswahl der Mittel. Die visuellen Mittel müssen bezüglich ihrer Wirksamkeit auf die jeweilige Zielgruppe abgestimmt sein. Eine suggestive Wirkung oder eine exakte Sachdarstellung erfordert dabei unterschiedliche Einsatzmittel. Der Punkt kann z. B. für eine genaue Ortsangabe eingesetzt werden. Die Linie und Strecke hingegen ermöglichen Richtungs- und Längenangaben. Flächen erwecken beim Betrachter den Eindruck der Tiefe und Unendlichkeit. Körper- und Raumformen liefern durch ihre Länge, Breite und Höhe Informationen. Nachfolgend eine Übersicht der Formdimensionen (Kerner, Duroy, 1985, S. 67):

Der Punkt ist eine ungerichtete Form, die im Verhältnis zu seiner Negativform verschwindend klein ist.

Linien sind Formen, die nur einen Richtungsbezug aufweisen und unbegrenzt erscheinen.

Strecken sind lineare Formen, die begrenzt sind.

Flächen sind unbegrenzt scheinende Formen, die Richtungsbezüge in Länge und Breite aufweisen.

Körper und Raum werden als dreidimensionale Formen bezeichnet.

4. Begrenzung

Die primären Formbegrenzungsarten lassen sich in Leer-, Füll- und Vollform unterscheiden. Die Leerform ist lediglich linear abgegrenzt. Eine Gesamtform kann aus vielen Einzelformen bestehen, man spricht hier dann von einer Füllform. Wenn eine Form ein geschlossenes Gebilde darstellt, bezeichnet man es als Vollform. Siehe hierzu die folgende Abbildung.
Die sekundären Formbegrenzungen sind lediglich durch eine Konturenunschärfe bestimmt.

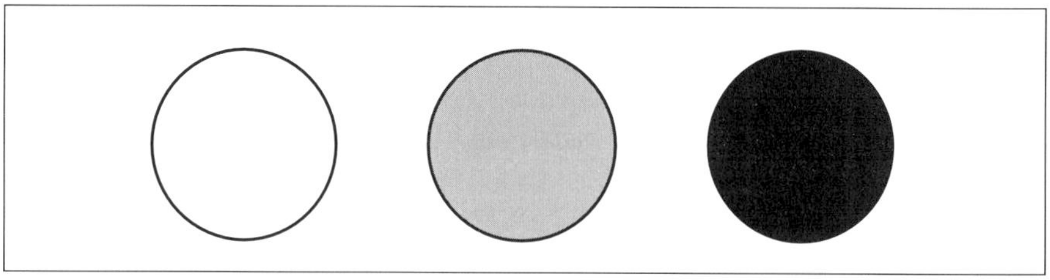

Abb.: Leer-, Füll- und Vollform

5. Verwirklichung

Die Auswahl der einzelnen Formverwirklichungen ist wiederum von den Kommunikationszielen und den spezifischen Zielgruppen abhängig. Wenn man dieselben Nachrichteninhalte auf unterschiedliche Weise visualisiert, können sich ihr Ausdruckswert und ihr Bedeutungsinhalt grundlegend verändern. Auch das Gestaltungsmittel Form ist gesellschaftlichen Einflüssen, wie z. B. der Kunst, der Mode und den verschiedenen Trends, unterworfen und muss entsprechend angepasst werden.

(vgl. Kerner, Duroy, 1985, S. 52 ff.)

1.3 Farbe

Farbe verleiht der Kommunikation eine zusätzliche Eigenschaft. Sie belebt die visuelle Botschaft, betont sie, macht sie besser wahrnehmbar und leichter erfassbar. Unsere Zeit wird von einer wahren Explosion der Farben gekennzeichnet, die unsere Umwelt und unser Leben durchdringen: Werbung, Mode, Malerei, Architektur, Kleidung, Gegenstände und Verpackungsmaterial. Diese farbenfrohe Umwelt wurde mit der Hilfe von modernen Technologien ermöglicht: Fotografie, Fernsehen, Kino, Druckverfahren und mit der Einfärbung von Kunststoffen und anderen Materialien.

Wahrnehmung

Zwei Sphären des Unterbewusstseins haben aktiv teil an der affektiven Wahrnehmung von Farben. Einerseits das kollektive Unbewusste und andererseits das individuelle Unbewusste. Ersteres wird als in jedem Menschen wirksam angenommen. Demzufolge scheinen alle Individuen des gleichen Kulturkreises ähnlich zu reagieren, wenn sie denselben Farben ausgesetzt werden. In dieser Kategorie findet man den symbolischen Wert der Farben, z. B. Rot für Liebe, Purpur für Melancholie und Grün für Hoffnung.

Andere Empfindungen entspringen dem individuellen Unbewussten. Sie sind personenspezifisch und hängen von der Eigenart der betreffenden Person sowie von den Erfahrungen, die sie bewusst oder unbewusst mit den betreffenden Farben im Lauf des Lebens gesammelt hat, ab. Eine Vorliebe oder Abneigung gegenüber bestimmten Farben resultiert aus dem individuell Unbewussten.

Farbpsychologie

Jede Farbe besitzt eine spezifische psychologische Eigenschaft, was mit der folgenden Auflistung verdeutlicht werden soll.

Schwarz
ist dunkel und kompakt, stellt ein Symbol der Verzweiflung und des Todes dar. Es ist die Farbe mit der geringsten Resonanz. Schwarz vermittelt auch den Eindruck von Vornehmheit, Würde und Eleganz.

Weiß

suggeriert Reinheit, das Unerreichbare. Weiß hat die Wirkung des Schweigens. Es hat eine erfrischende und antiseptische Wirkung in der Nachbarschaft von Blau.

Grau

ist ein Symbol für Unschlüssigkeit und Mangel an Energie. Die Mattheit von Grau reflektiert Furcht, hohes Alter und Todesnähe. Die Beschwörung von Angst, Monotonie und Depression wächst, je dunkler das Grau wird. Dunkelgrau ist die Farbe von Schmutz.

Grün

ist die ruhigste aller Farben. Es neigt nach keiner Seite hin und drückt weder Freude noch Traurigkeit oder Leidenschaft aus. Grün ist Symbol für Hoffnung.

Rot

bedeutet Kraft, Lebhaftigkeit, Energie, Männlichkeit und Dynamik. Es vermittelt sowohl den Eindruck von Strenge und Würde wie auch von Wohlwollen und Charme. Rot ist eine ganz besonders warme Farbe, überströmend von leidenschaftlichem, feurigem Leben, und Rot zieht die Blicke auf sich. Wir sehen hin, ob wir wollen oder nicht. Alle Nuancen von Rot haben ihren eigenen psychologischen Charakter.

Scharlachrot

ist streng, traditionsbewusst, schwer, reich, kraftvoll und ein Zeichen großer Würde.

Mittleres Rot

verkörpert Kraft, Aktivität, Bewegung und leidenschaftliches Sehen. Es verwirrt und zieht uns an.

Kirschrot

hat einen mehr sinnlichen Charakter.

Noch helleres Rot

bedeutet wieder Kraft, Lebhaftigkeit und Energie sowie Freude und Triumph.

Rosa

ist schüchtern und von wohltuender, romantischer Sanftheit. Mit seinem Mangel an Vitalität ist es das Sinnbild von Weiblichkeit und Liebe. Rosa vermittelt den Eindruck von Liebenswürdigkeit, Güte und Intimität.

Braun

gibt einen Eindruck von Festigkeit und großem Nutzen. Es ist die realistischste aller Farben und verkörpert ein gesundes Leben. Je dunkler es ist, umso mehr nimmt es die Eigenschaften von Schwarz an.

Orange

drückt noch stärker als Rot Energieausstrahlung, Wärme und Kommunikation aus und hat den offenen, warmen und intimen Charakter eines Kaminfeuers. Orange bedeutet Großzügigkeit und Gefühlsüberschwang.

Blau

ist eine tiefgründige und feminine Farbe, die eine ruhige, entspannte Atmosphäre schafft.

Türkis

beinhaltet große Kraft und die Vorstellung von Feuer, aber eines inneren, kalten Feuers. Seine Frische erinnert an einen Bergsee im Sommer.

Gelb

ist die leuchtendste, grellste und heiterste aller Farben. Gelb ist jung, von geradezu aufdringlicher Lebhaftigkeit. Mit seiner Leuchtkraft lässt Gelb Gegenstände größer erscheinen.

Violett

ist die geheimnisvollste, rätselhafteste aller Farben. Violett ist traurig, melancholisch und würdevoll.

Farbe und Form

Die Analyse des Charakters einer farbigen Oberfläche wäre jedoch unvollkommen, würde man nicht auch ihre Form einbeziehen. Auf einer abgerundeten Oberfläche wird dieselbe Farbe ganz und gar nicht dasselbe Gefühl hervorrufen wie auf einer zerklüfteten.

Das Dreieck entspricht am besten der exzentrischen Bewegung von Gelb, das nach allen Richtungen ausstrahlt. Blau weckt den Eindruck, in konzentrischer Bewegung unserem Blick zu entschwinden und passt am besten zum Kreis. Rot hat ebenfalls Bewegung, aber weder eine exzentrische noch eine konzentrische. Es ist eine innere Bewegung ohne Ausstrahlung, die sich ausgezeichnet mit dem Quadrat verbindet. Orange passt am besten zum Trapez. Grün verlangt nach einem sphärischen Dreieck. Die Ellipse ist die ideale Form von Violett.

Synästhesie

Das Phänomen der Synästhesie (Mitempfindung) spielt im Marketing eine bedeutende Rolle. Synästhesie findet überall statt, wo die Einwirkung von Farben mehr als eine Reizempfindung auslöst. Mit anderen Worten, wo nicht nur das Auge angesprochen wird, sondern auch der Tast- und Geschmackssinn oder das Kälte- und Wärmeempfinden.

Temperatur

Farbe kann das Gefühl von Kälte oder Wärme vermitteln. Jeder wird bereitwillig zugeben, dass Rot wärmer zu sein scheint als Grün oder Blau. Eine Farbe löst ein Wärmegefühl aus, wenn sie einen gewissen Anteil Orange enthält, sie scheint Kälte auszustrahlen, wenn sie ein gewisses Mengenverhältnis von Grün oder Blau in sich trägt.

Gewicht

Farben können auch eine Gewichtsempfindung bewirken. Es ist allgemein bekannt, dass Weiß und Gelb die „leichtesten", Dunkelviolett und Schwarz hingegen die „schwersten" Farben sind.

Geschmack

Untersuchungen haben sehr spezifische Beziehungen zwischen Farben und Geschmack ergeben:

- sauer (Gelbgrün),
- süß (Orangengelb bis Rot),
- süßlich (Rosa),
- bitter (Marineblau, Braun, Olivgrün, Violett),
- salzig (Grau mit Blassgrün oder mit Blassblau).

Geruch

Folgende Verknüpfung besteht zwischen Farbe und Geruchssinn:

- scharf, würzig (Orange),
- leicht würzig (Grün),
- parfümiert (Violett, Fliederblau oder die dem Parfümtyp entsprechende Farbe, z. B. Grün für Tannenduft),

und ganz allgemein:

- Wohlgerüche (helle, reine und zarte Farben),
- schlechte Gerüche (dunkle, trübe und überwiegend warme Farben).

Ganz allgemein kann man sagen, dass die so genannten kalten Farben – besonders Blau – „bitter" sind, während die warmen Farben „süß" wirken.

Appetit

Farben, die den Appetit am meisten reizen, sind am geeignetsten für Nahrungsmittel. Diese sind Orange, Blassgelb, Zinnoberrot, Blassgrün, Hellbraun und Braun.

Durst

Durst entspricht einem Gefühl der Spannung zwischen Trockenheit und dem sehnsüchtigen Verlangen nach einer Flüssigkeit, oder in Farben ausgedrückt sind das Gelbbraun, Ocker oder Rötlichgelb (trocken) und Grünblau und Blau (flüssig).

Prestige

Besondere Bedeutung und Prestige werden bei der Verwendung von vornehmen und erlesenen Farben, dazu gehören Violett, Weinrot, Weiß, Goldgelb und Schwarz, erreicht.

Farbe ist ein Teil der Ausdruckskraft der Werbung. Farben helfen verkaufen, da die Konsumenten sie nicht nur sehen, sondern auch empfinden und verarbeiten.
Bei der Anzeigenwerbung erhöht Farbe allgemein den Wert. Ein farbiges Inserat zieht in der Regel mehr Aufmerksamkeit und Interesse auf sich und wird verstärkt wahrgenommen. Der abgebildete Gegenstand erscheint lebendiger und

realistischer. Das heißt jedoch nicht, dass Farbe eine schlechte Anzeigenwerbung verbessern kann.

(vgl. Schulisch, 1986, o. S.)

Farbe im Corporate Design
Die farblichen Einheitlichkeiten eines Unternehmens und seiner Produkte bzw. Dienstleistungen werden in einer oder mehreren Hausfarben definiert. Diese finden einen konstanten Einsatz bei allen Produkten, Werbemitteln und sonstigen Kommunikationsmaßnahmen und dienen der schnellen Identifizierung und Zuordnung durch den Betrachter (z.B. das *Milka*-Lila und das *Coca-Cola*-Rot).

Farbe im Corporate Design

1.4 Bilder

Eine besondere Stellung in der Werbung nehmen die Bilder ein. Ergebnisse der modernen Konsumentenforschung haben gezeigt, dass die menschliche Informationsverarbeitung zu einem großen Teil mittels „bildhafter Vorstellungen" erfolgt. Diese Überlegenheit der Wirkung von Bildern kann durch die folgenden vier Effekte näher erklärt werden (vgl. Schulisch, 1986, o. S.).

Bildwirkungen

Reihenfolgeeffekt
Bilder werden in der Regel vor dem Text betrachtet. Ihr Inhalt wird somit zuerst erfasst, besser gelernt und in Erinnerung behalten. Dies sind Erkenntnisse aus der Lerntheorie.

Aktivierungseffekt
Bilder lösen, im Gegensatz zu Texten, eine stärkere innere Aktivierung (Erregung) aus und verbessern dadurch die Wirkung der jeweiligen Werbung.

Gedächtniseffekt
Bilder werden grundsätzlich besser in Erinnerung behalten als Wörter. Dies hängt mit der Art und Weise zusammen, mit der Informationen in unserem Gehirn gespeichert werden.

Manipulationseffekt
Bilder sind besser zur Verhaltenssteuerung geeignet, weil ihre Wirkung vom Empfänger in der Regel weniger durchschaut und kontrolliert wird.

Falls es in speziellen Fällen nicht möglich sein sollte, Informationen durch Bilder auszudrücken, können konkrete Wörter eingesetzt werden. Sie lösen bildhafte Vorstellungen aus und je konkreter – und somit bildhafter – ein Wort ist, desto eher kommt man der Wirkung von Bildern nahe.

1.5 Faktoren und Prinzipien der Ordnung

Für die Verknüpfung einzelner Zeichen zu Nachrichtenkomplexen sind die Ordnungsfaktoren Ortslage, Richtung, Abstand, Menge sowie die Maßbeziehungen von Bedeutung. Durch die verschiedenen Kombinationsmöglichkeiten der Zeichenelemente und unter Berücksichtigung der Ordnungsfaktoren können unendlich viele verschiedene Botschaften vermittelt werden. Die Voraussetzung dafür ist allerdings auch hier, dass die Nachrichtenempfänger die Zeichenverknüpfungen erkennen und richtig deuten können.

Die visuelle Beurteilung beruht auf dem Prinzip des Vergleiches und orientiert sich an Maßstäben bzw. Maßbeziehungen. Jede visuelle Beurteilung von Formen, Farben, Helligkeiten usw. ist relativ, d. h., sie ist jeweils von den soziokulturellen Faktoren des Nachrichtenempfängers sowie von situativen und gesellschaftlichen Bedingungen abhängig. Maßsysteme und Maßeinheiten sind gesellschaftliche Vereinbarungen und aus dem geschichtlichen und sozialen Kontext heraus zu erklären.

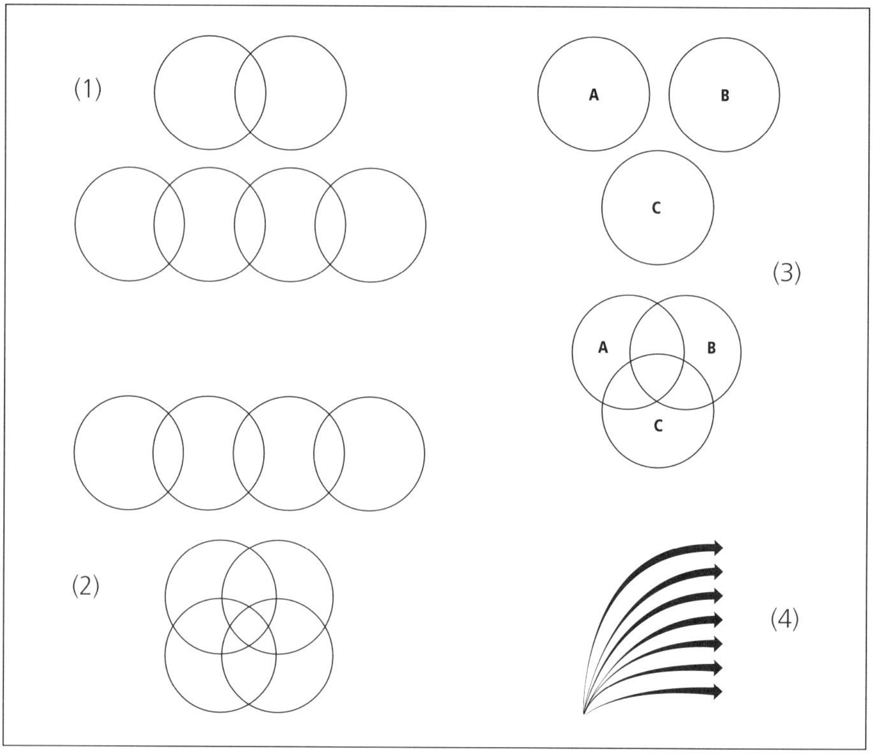

Abb.: Ordnungsfaktoren (vgl. Kerner, Duroy, 1985, S. 236)

(1) *Ordnungsfaktor Menge* (durch die Veränderung der Anzahl der visuellen Elemente ergeben sich veränderte Bedeutungen: Ehe und *Audi*-Logo).
(2) *Ordnungsfaktor Ortslage* (gleiche Menge, aber unterschiedliche Bedeutung durch die Ortslage: *Audi*-Logo und Stereoklang-Zeichen).
(3) *Ordnungsfaktor Abstand* (Dreiermenge getrennt und Vereinigungsmenge).
(4) *Ordnungsfaktor Richtung* (Lenkung der Aufmerksamkeit).

Maße und Maßbeziehungen besaßen zu allen Zeiten, vor allem in der Antike, eine Art Symbolfunktion. Durch das Einhalten verschiedener Maßsysteme dokumentierte der Einzelne beim Bau seiner Hütte wie auch die Gemeinschaft beim Bau von Tempelanlagen die Einhaltung der bestehenden gesellschaftlichen, politischen und weltanschaulichen Normen.

Goldener Schnitt

In der griechischen Antike entstand auch das Idealmaß mit dem Namen *goldener Schnitt*, das bis in unsere Zeit seine Verwendung findet und durch die folgende Abbildung veranschaulicht wird.

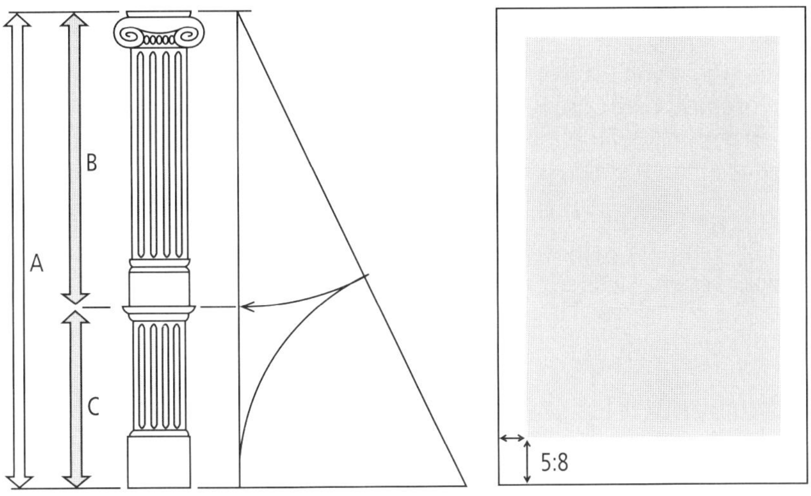

Abb.: Schema des goldenen Schnitts – links Architektur, rechts Festlegung des Satzspiegels (vgl. Kerner, Duroy, 1985, S. 263)

Der Major (B) verhält sich zum Minor (C) wie der Major zur gesamten Strecke (A : B = B : C). Das Verhältnis des goldenen Schnitts ist 5 : 8.

Festlegung des Satzspiegels

Die Anwendung des goldenen Schnitts findet z. B. bei der Festlegung des Satzspiegels statt. Die Anteile des Papierrandes an beiden Seiten und am Kopf sollten gleich, am Fuß hingegen größer sein. Dies vermittelt einen ruhigen, aber dennoch dynamischen Eindruck.

(vgl. Kerner, Duroy, 1985, S. 236 ff., 262 ff. und Siemoneit, 1989, S. 20 f.)

1.6 Weitere Gestaltungselemente

Duftstoffe (olfaktorische Elemente)

Neben den visuellen Gestaltungsmöglichkeiten bieten z. B. Duft-Anzeigen eine Möglichkeit, um ein weiteres Sinnesorgan anzusprechen und die Werbeaussage in der Parfum-Werbung zu verstärken. Duftstoffe werden hier z. B. in einer Anzeige aufgebracht und versiegelt und lassen sich durch Reiben oder durch Abziehen eines Papierstreifens freisetzen oder die Duftproben werden in Form von Warenproben der Anzeige beigeklebt.

Jingle, Musik, Töne

Ein Jingle ist ein kurzes und einprägsames Musikstück oder ein gesungener Slogan bei Werbespots in Hörfunk und Fernsehen. Ein Jingle dient der emotionalen Untermalung einer Werbebotschaft. Besonders bei den Radiospots sind markante Geräuschpassagen aufmerksamkeitsstark und werden insgesamt besser erinnert.
Immer öfter wird im Hinblick auf den Musikmarkt hitverdächtige Musik in der Werbung eingesetzt und landet in den Hitparaden (z. B. *C&A*-Werbung).

Haptische Elemente

Bei der Gestaltung von Werbemitteln spielen auch Elemente, die den Tastsinn ansprechen, eine bestimmte Rolle beim Transport von Informationen. Oberflächenstrukturen von Papieren und Kartons für die verschiedensten Werbemittel (z. B. Prospekte, Kataloge, Faltblätter) lösen bei der Berührung durch die Zielperson eine bestimmte Empfindung aus (z. B. glatt, angenehm weich, gerippt) und können wiederum die gewünschte Werbebotschaft unterstützen.

Geschmackliche Elemente

Wenn der Verzehr des Werbeobjekts (z. B. die Produktprobe einer Süßigkeit) gegeben ist, kann das zu bewerbende Produkt auch direkt geschmacklich wahrgenommen werden.

1.7 Werbemittelgestaltung und Corporate Design

Das Corporate Design soll ein beständiges und damit einprägsames Unternehmensbild bei den Zielgruppen schaffen. Bei der Gestaltung von jeglichen Werbemitteln sollen dieselben Schriften, grafischen Elemente, Farben, Platzierungen usw. eingesetzt werden, um eine schnelle Wiedererkennung der Firma bzw. der Produkte und Dienstleistungen zu erreichen und um ein bestimmtes Image zu erzeugen. Die Gestaltungsrichtlinien sollten langfristig eingesetzt und, falls es notwendig sein sollte, nur in kleinen Schritten verändert werden. Die Gestaltungselemente bestehen aus den verschiedenen Teilen (vgl. Pepels, 1996, S. 126 ff.):

Gestaltungselemente im Corporate Design

- *Tonality:* die Form und Art der Ansprache einer Zielgruppe in Werbetexten, Slogans und Spots. Dies kann z.B. sachlich und nüchtern oder frech und jugendlich erfolgen.

- *Visuality:* Sie besteht aus den visuellen Kernbildern (Big Picture), mit denen die zentrale Werbeaussage transportiert und veranschaulicht wird. Hier werden Probleme aufgezeigt und das entsprechende Produkt als Problemlöser dargeboten.
- *Fotostil:* die Inszenierung von Bildern, die teilweise von berühmten Fotografen realisiert werden und unverwechselbare Bildstimmungen schaffen.
- *Layoutraster:* Für Anzeigen, Werbemittel und sonstige Drucksachen werden verbindliche Vorgaben bezüglich Satzspiegel, Platzierung der Bilder, Headlines usw. festgelegt. Die schnelle Wiedererkennbarkeit einer Kampagne oder eines Werbemittels wird dabei entscheidend unterstützt.
- *Typographie:* Die Typographie bestimmt die Auswahl und die Anordnung von Schriften (Schriftart, Stil, Punktgröße, Symbole) und die äußere Anordnung und Gestaltung von Textbereichen.
- *Farben:* Die farbliche Einheitlichkeit wird in einer oder mehreren Hausfarben definiert. Diese finden einen konstanten Einsatz bei allen Produkten, Werbemitteln und sonstigen Kommunikationsmaßnahmen. Die Hausfarben werden meistens gemäß der HKS- oder Pantone-Farbskala verbindlich festgelegt und dienen auch als Vorgabe und zur Standardisierung der unterschiedlichsten Druckprodukte.
- *Logo:* Das Logo ist Absender und zentrales Erkennungsmerkmal bei allen kommunikativen Aktivitäten des Unternehmens. Das Firmensignet kann aus einem Wort-, Zahlen-, Bild- oder kombiniertem Wort-Bild-Zeichen bestehen.
- *Slogan:* Der Slogan fasst die werbliche Kernaussage in einem kurzen Satz zusammen und bildet in Verbindung mit dem Logo den Kern der Werbung.
- *Jingles und Musik:* Beide dienen der gefühlsmäßigen Unterstützung von Werbebotschaften und dienen zur Wirkungsverstärkung bei den Zielgruppen.

2. Konzeption und Kommunikationsstrategie

2.1 Briefing und Informationsbeschaffung

Das Briefing vom Werbung treibenden Unternehmen ist der Ausgangspunkt und die Basis von allen konzeptionellen Überlegungen der Werbeagentur. Im Briefing werden alle erforderlichen Informationen, die bei der Konzeption und Gestaltung einer Werbemaßnahme berücksichtigt werden müssen, zusammengestellt (vgl. Poth, u. a., 1988, S. 200 f.):

1. Informationen über das Unternehmen (z. B. Image, Leistungsfähigkeit)
2. Informationen über den Markt (z. B. Wettbewerb, Distributionskanäle)
3. Informationen über die Werbung (z. B. Werbemaßnahmen, Werbeetat)
4. Informationen über das Produkt (z. B. Produktnutzen, Bekanntheitsgrad)
5. Informationen über Wettbewerbsprodukte
6. Daten zum Budget
7. Informationen zum Marketingziel

Marktfaktoren

Im Briefing muss eindeutig definiert werden, welche Marktfaktoren, in welcher Ausgestaltung, mit welchem Endziel verändert oder stabilisiert werden sollen. Man konzentriert sich auf diejenigen Faktoren, die für die Konzeptionsarbeit wirklich wesentlich sind. Zum einen ermittelt man die erforderlichen Informationen durch Primärerhebungen, z. B. Befragungen, zum anderen durch Sekundärforschung, d. h. die Auswertung bereits vorhandener Studien und Untersuchungen (siehe hierzu Teil III Marketingforschung).

Je mehr Marktfaktoren im einzelnen Briefing berücksichtigt werden, desto genauer kann eine markt- und zielgruppenspezifische Werbung konzipiert werden. Das Ergebnis einer Konzeption kann nur so gut sein wie die Qualität und Vollständigkeit der ermittelten und benutzten Informationen.

In der Regel erstellt das jeweilige Unternehmen ein Briefing und übergibt es der Werbeagentur. Falls dies nicht der Fall ist, muss die Agentur selbst ein auftragsspezifisches Briefing als Arbeitsgrundlage erarbeiten, um die eigenen Mitarbeiter entsprechend zu informieren.
Für die Briefingerstellung ist normalerweise der Kundenberater (Kontakter) verantwortlich. Nach der Übergabe des Briefings wird in der Agentur eine projektbezogene Gruppe von Personen zur Bearbeitung des Auftrags zusammengestellt. Der Kundenberater, der Art Director und der Texter bilden dabei die Kerngruppe. Media- und Marketingfachleute sowie Produktioner (Druckspezialisten, Einkäufer etc.) werden je nach Bedarf mit eingebunden.

Situationsanalyse

Vor der eigentlichen Gestaltung der Werbemittel müssen viele Informationen beschafft und ausgewertet werden. So sind Daten über das jeweilige Produkt, den Markt, das Unternehmen selbst und die potenziellen Kunden und Verbraucher notwendig, um eine erfolgreiche Kampagne zu gestalten. Den Beginn der werblichen Planungen stellt die eigene Standort- bzw. Ist-Situationsanalyse des Unternehmens dar, um eine Basis für die weitere Vorgehensweise zu schaffen (Poth, u. a., 1988, S. 202 ff.):

1. Position des Unternehmens im Markt

Hier ist es wichtig, nicht nur eine momentane Bestandsaufnahme zu verwerten, sondern die Entwicklung langfristig zu beobachten, um auch Prognosen für die

Zukunft machen zu können. Wichtig kann es auch sein, die Stellung des Unternehmens in verschiedenen Teilmärkten zu analysieren. Vor allem bei der Formulierung der Kommunikationsinhalte ist die Analyse der Unternehmensposition und/oder der Produktposition oft ein wertvolles Hilfsmittel.

2. Ruf des Unternehmens

Hier stellt sich die Frage nach der Bekanntheit und nach dem Image des Unternehmens und seiner Produkte. Überprüft werden muss, ob das Image zielgruppenadäquat ist oder eventuell einer Korrektur bedarf. Die Produkterwartungen der Konsumenten müssen vom Unternehmen erfüllt werden.

3. Produkt- und Marktentwicklung

Der Entwicklung des Gesamtmarktes muss die Position des eigenen Produktes im Markt gegenübergestellt werden. Für die werbliche Positionierung der Produkte sind Entwicklungen wie z. B. Bekanntheitsgrad, Image, Entwicklung der Konsumentenstruktur usw. wesentlich.

Für die Untersuchung des Images und der Bekanntheit ist es zweckmäßig, ein renommiertes Marktforschungsinstitut zu beauftragen, das mittels verschiedener Messverfahren aussagekräftige Daten liefern kann.

(vgl. Poth, u. a., 1988, S. 199 ff.)

2.2 Bestimmung der Ziele und der Zielgruppen

Die Analyse der Unternehmensposition im Markt ist der Ausgangspunkt für die Festlegung der Werbeziele. Sie müssen sicherstellen, dass die übergeordneten Marketingziele erreicht werden. Das Werbeziel ist immer ein Kommunikationsziel und sollte sich möglichst auf einen einzigen Kommunikationsinhalt konzentrieren.

Die kommunikativen Ziele lassen sich in insgesamt sechs mögliche Wirkungsbereiche, bezogen auf den Empfänger der Werbebotschaft, gliedern (vgl. Irle, 1975, S. 30 ff. und Unger, 1989, S. 114): Kommunikative Ziele

1. *Wahrnehmung von Botschaften,*
2. *kognitive Verarbeitung und Bewertung,*
3. *Bildung von Entscheidungen und Wünschen.*

Diese Wirkungsbereiche stehen in einer Wechselbeziehung mit den beiden folgenden Faktoren:

4. *den Gedächtnisinhalten,*
5. *Einstellungen, Motiven und Werten, d. h. der kognitiven Struktur der spezifischen Personen.*

Dieser Prozess der Informationsverarbeitung löst möglicherweise eine Handlung bzw. eine Kaufaktivität aus und führt zu einer

6. *Rückbewertung des eigenen Handelns nach einem Kauf oder der Verwendung eines Produktes.*

Primäres Ziel ist es, die Aufmerksamkeit der Zielgruppe für die jeweilige Werbebotschaft zu gewinnen, denn was nicht wahrgenommen wird, kann auch nicht gelernt werden. Je größer die Aufmerksamkeit bzw. Wahrnehmung ist, desto größer ist die Kommunikationswirkung.

Reizüberflutung, Selektionsprozess

Infolge der Reizüberflutung unserer Kommunikationsgesellschaft findet ein Selektionsprozess in der Wahrnehmung jedes Einzelnen statt. Es erreichen ihn nur Reize, die für ihn persönlich relevant und von Interesse sind. Da man davon ausgehen muss, dass die einzelne Werbebotschaft unter diesem Gesichtspunkt nicht alle Zielpersonen erreicht, muss die sie entsprechend gestaltet sein, um ein ausreichendes Interesse bzw. die Aufmerksamkeit zu wecken.

Ein weiteres kommunikatives Ziel kann das Lernen der Werbebotschaften sein. Die Markenbekanntheit oder Informationen über das Produkt können dabei die Lerninhalte darstellen.

Eine Werbung mit emotionsbeladenen Elementen versucht die kognitive Struktur der Zielgruppe zu beeinflussen, d. h., ihre Einstellungen, Meinungen, Wünsche usw. zu verändern.

Beispiele für kommunikative Ziele

Als Beispiele können die folgenden Ziele aufgeführt werden (vgl. Unger, 1989, S. 116):

- Abbau psychologischer Kaufhemmnisse,
- Steigerung der sozialen Akzeptanz bestimmter Produkte,
- Weckung von Interesse am Produkt,
- Stabilisierung des Markenbewusstseins,
- Veränderung oder Stabilisierung der Bedeutung, die einzelnen Qualitätseigenschaften zugeschrieben wird,
- Profilierung der eigenen Produkte gegenüber Wettbewerbern,
- allgemeiner Gewinn von Sympathie innerhalb der Zielgruppe,
- Imagetransfer (ein vorhandenes positives Image bei der Zielgruppe soll von einer Produktgruppe auf eine andere übertragen werden),
- Schaffung einer Nutzenerwartung,
- Bildung von Präferenzen für das Produkt in der Zielgruppe,
- die Zielgruppe überzeugen.

Je nach der vorhandenen kognitiven Struktur der Zielperson und der Verarbeitung der Botschaft kommt es möglicherweise zu einem Entschluss, ein bestimmtes Produkt zu kaufen oder von einer Dienstleistung Gebrauch zu machen. Besonders wichtig ist es, mittels Werbemaßnahmen den Konsumenten auch nach einem Kauf bzw. Produktgebrauch in seiner Handlung zu bestätigen. Der Verwender muss im Nachhinein den getätigten Kauf positiv rückbewerten.
(vgl. Unger, 1989, S. 114 ff.)

Festlegung der Zielgruppen

Die Festlegung der Zielgruppen kann nach verschiedenen Kriterien bzw. deren Kombinationen erfolgen (vgl. Poth, u. a., 1988, S. 208 ff.):

1. Soziodemographische Faktoren, wie z.B. Geschlecht, Alter, Einkommen.
2. Konsum- und Besitzfaktoren, hierbei werden das Konsumverhalten und das Vorhandensein von verschiedenen Produkten innerhalb der Zielgruppe betrachtet, wobei bereits einiges sekundärstatistisches Material der MA und AWA zugänglich ist.
3. Psychologische Faktoren (Verhaltensmerkmale), wie z.B. Einstellungen, Meinungen, Wünsche.
4. Geographische Faktoren, wie z.B. Großstadt, Bundesland, Bundesrepublik, Europa.
5. Mediabezogene Faktoren

Für spezielle Produkt- und Dienstleistungsbereiche bieten sich mediabezogene Kriterien an. Dies gilt zum einen für Fachzeitschriften (berufsspezifische Zeitschriften) und zum anderen für die unzähligen Special-Interest-Titel (hobby- und freizeitbezogene Zeitschriften). Bestimmte Zielgruppen, wie z. B. die Video-Interessierten, lassen sich mit den Zeitschriften *Video* und *Video aktiv* am besten erreichen.

2.3 Planung und Entwicklung der Gestaltungskonzeption

2.3.1 Planung der Botschaft

Nachdem die Informationen beschafft, die kommunikativen Ziele bestimmt und die Zielgruppen festgelegt sind, kann mit der Planung der Botschaft begonnen werden.

Der Kommunikationsprozess (siehe dazu die folgende Abbildung: Planung der Botschaft) zeigt, dass die Konzeption der Botschaft auf die Wahrnehmung innerhalb der Zielgruppe exakt abgestimmt sein muss. Folgende Fragen lassen sich zur Kontrolle stellen (vgl. Tietz, 1982, S. 2810):

1. Wird die (thematische) Konzeption wahrgenommen oder übersehen?
2. Wird der Informationsgehalt verstanden und auch gelernt?
3. Überzeugen die Argumente derart, dass die Botschaften wunschgemäß bei der Zielgruppe bewertet und folglich Handlungen ausgelöst werden?
4. Ist die Werbebotschaft affektiv geladen, d. h., hat sie die gewünschte emotionale Wirkung, die sich die Zielpersonen gefühlsmäßig auch einprägen können?

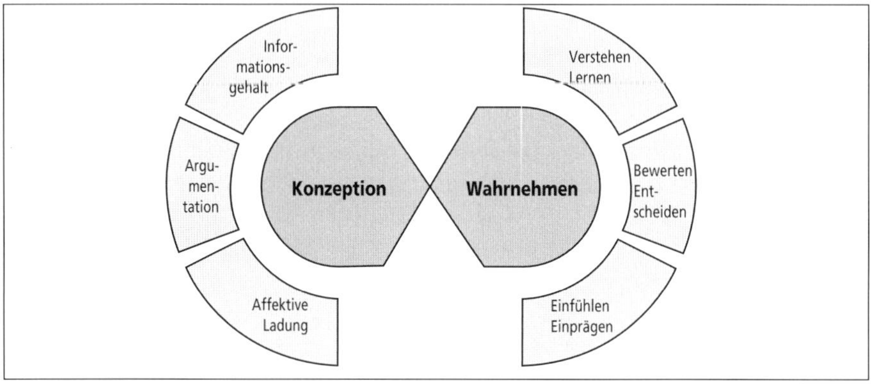

Abb.: Planung der Botschaft (Quelle: Tietz, 1982, S. 2810)

Der Informationsgehalt der Botschaft

Angebot	Problem Lösung Leistungen Design
Nutzen	Nutzen-Anlass Nutzen-Inhalt Nutzen-Erlebnis Nutzen-Zeit Nutzen-Dauer Nutzen-Ort
Wettbewerbsvorteil	gegen direkte Alternative gegen Substitution
Begründung	Funktions-Beweis Nutzen-Beweis Vorteil-Beweis
Relevanz	hoch egal niedrig keine

Abb.: Der Informationsgehalt der Botschaft (Quelle: Tietz, 1982, S. 2812)

Obwohl Anmutungsqualitäten stärker Aufmerksamkeit erregen als die rationalen Komponenten, wäre eine Werbebotschaft ohne jegliche Information „leer". Der Informationsgehalt einer Botschaft kann wie folgt aussehen (vgl. Tietz, 1982, S. 2812):

Informationsgehalt der Botschaft

- Ein Problem kann aufgeworfen und eine Lösung dafür angeboten werden.
- Der Nutzen der Leistung nach Anlass, Inhalt, Erlebnis, Zeit, Dauer und Ort kann anschaulich gemacht werden.
- Der relative Vorteil gegenüber Alternativen oder Substitutionen (Butter – Margarine) kann hervorgehoben werden.
- Die Funktion, der Vorteil und der Nutzen können ausführlich begründet werden.
- Die Relevanz und Bedeutung des Ganzen für die Zielperson kann z. B. durch Erfahrungs- und Testberichte erhöht werden.

Die meisten Kommunikationsfachleute sind der Ansicht, dass der USP (Unique Selling Proposition), der unverwechselbare und einmalige Produktvorteil, schwerpunktmäßig in der Werbung herausgestellt werden sollte.

Nachfolgend einige Regeln für die Anwendung der Argumentation (vgl. Tietz, 1982, S. 2814):

Argumentation der Botschaft

1. Empirische Argumente, d. h. durch Befragungen und Testergebnisse gestützte Aussagen, sollten eingesetzt werden, um bereits vorgefasste Urteile bei den Zielgruppen zu festigen.
2. Rationale Argumente haben vor allem eine Rechtfertigungsfunktion und sind als Ergänzung zu den anderen Argumentationsformen einzusetzen.
3. Plausible Argumente sind auszuwählen, wenn man ein breites Publikum mit der Werbebotschaft ansprechen will.
4. Ideologische Argumente wählt man, wenn bei der Zielgruppe Ungewissheiten beseitigt und ein Meinungswechsel gerechtfertigt werden sollen.
5. Taktische Argumente sollten angewendet werden, wenn man Offensiven der Konkurrenten im Vorfeld abwehren will.
6. In Bezug auf die Personifizierung eignen sich:
   - die Ich-Form für Testimonials,
   - die Anrede „du" und „ihr" in ideologisch gefestigten Gruppen,
   - die Anrede „Sie" bei größerer Distanz,
   - die „Er/Sie/Es"-Form für Schilderungen und Beweisführungen,
   - die „Wir"-Form zur Integration von Sender und Empfänger.

7. Die Richtung der Argumentation muss in verschiedenen Alternativen überprüft werden. Soll man für das eigene Produkt „kämpfen" und/oder gegen die Konkurrenz?
8. Für die Reihenfolge gilt, dass man das wichtigste Argument, das ein Bedürfnis der Zielperson sein sollte, an den Anfang stellt. Erwünschte Informationen sollten vor unerwünschten (die gute Nachricht zuerst) stehen.

Die Argumentation der Botschaft

Typologie	Empirie		Beobachtungen Test-Ergebisse Befragungsresultate
	Rationalität		logisch-deduktive Ableitung Induktion, Verallgemeinerung Dialektik, Alternativen Recht und Gesetz, Verträge
	Plausibilität		Tradition, Gewohnheit, Erfahrung gesunder Menschenverstand Umgangsformen Zitate Widerspruch
	Ideologie		Werte ethische Vorbilder Alltagsmoral Gerechtigkeitsprinzip Standards der Zielgruppe
	Taktik		Abwertung von Gegenargumenten Betonung eigener Überlegenheit
Personifizierung	ich du/ihr Sie er/sie/es wir		
Richtung	pro einseitig isolatorisch identifikatorisch	◄──► ◄──► ◄──► ◄──►	contra zweiseitig partizipatorisch projektiv
Reihenfolge	pro wichtig erwünscht	vor vor vor	contra unwichtig unerwünscht

Abb.: Die Argumentation der Botschaft (vgl. Tietz, 1982, S. 2813)

Mit dem emotionalen (affektiven) Teil der Botschaft sollen bei der Zielgruppe entsprechende Emotionen und Gefühle hervorgerufen werden. Experimente haben gezeigt, dass bei einem Kontakt mit der Werbung bereits messbare Erregungszustände bei den Zielpersonen eingetreten sind, noch bevor der eigentliche Informationsgehalt der Botschaft erfasst und verarbeitet wurde. Siehe hierzu die folgende Tabelle, die Text und Bild sowie jeweils Anmutung und Stil der einzelnen Elemente trennt.

Emotionale Ladung der Botschaft

Die affektive Ladung der Botschaft

Visualisierung	*Anmutung*	Umfeld-Harmonie	◄——►	Umfeld-Kontrast
		Übervolumen	◄——►	Kleinformat
		Bilddominanz	◄——►	Textdominanz
		Figurgewichtung	◄——►	Grundgewichtung
		Werbeanmutung	◄——►	verdeckte Werbung
		Authentizität	◄——►	Verfremdung
		Sachzentrierung	◄——►	Personenzentrierung
		Status	◄——►	Aktion
		Außenwelt	◄——►	Innenwelt
		Grafik Design	◄——►	Stillosigkeit
	Stil	plakativ	◄——►	intim
		kühl	◄——►	warm
		männlich	◄——►	weiblich
		jugendlich	◄——►	alt
		sachlich	◄——►	romantisch
		wertvoll	◄——►	billig
		seriös	◄——►	humorvoll
		innovativ	◄——►	gewohnt
		informativ	◄——►	gefühlvoll
		sozial	◄——►	individuell
Verbalisierung	*Anmutung*	Text:	Code:	Engagement:
		Titel	Wortwahl	Zitate
		Anreißer	Grammatik	Brückensätze
		Zwischen-überschrift		Losungen
		Fließtext		Schlagworte
		Abbinder		Slogans
	Stil	wissenschaftlich	◄——►	laienhaft
		sachlich	◄——►	storyartig
		trocken	◄——►	journalistisch
		objektiv	◄——►	märchenhaft
		entlarvend	◄——►	geheimnisvoll
		offen	◄——►	intim
		wortkarg	◄——►	literarisch
		erzählend	◄——►	überredend
		humorlos	◄——►	komisch, ironisch
		gleichmütig	◄——►	schockierend
		kurz	◄——►	ausführlich
		allgemein	◄——►	detailliert
		einseitig	◄——►	widersprüchlich
		geradeaus	◄——►	paradox

Abb.: Die affektive Ladung der Botschaft (Quelle: Tietz, 1982, S. 2816)

Hierzu ein Beispiel: *Amnesty International* will auf Menschenrechtsverletzungen aufmerksam machen – wie lässt sich nun diese Botschaft affektiv aufladen?
Visuelle Anmutung: authentische Großfotos ohne Ästhetik und Design.
Visueller Stil: plakativ und informativ.
Verbale Anmutung: durch Titel, Anreißer und Zwischenüberschriften gegliederter Text, Wortwahl und Grammatik einfach, Zitate und Losungen.
Verbaler Stil: sachlich, journalistisch, entlarvend, schockierend und detailliert.

(vgl. Tietz, 1982, S. 2815 ff.)

2.3.2 Kommunikationsmethoden

Die Planung für die jeweilige Kommunikationsmethode ist wiederum von den soziodemographischen, psychographischen und geographischen Merkmalen der Zielgruppe abhängig. Die Kommunikationsmethoden lassen sich wie folgt einteilen (Tietz, 1982, S. 2818):

Massen-Kommunikation
Design-System Werbung Public Relations

Gruppen-Kommunikation
Demonstration Distribution Interaktion Information Mailing

Individual-Kommunikation
Dialog Visite Give away

Massenkommunikation
Die Botschaften wenden sich an ein räumlich verstreutes und anonymes Publikum, das lediglich in seinen soziodemographischen Ausprägungen definiert ist.

Gruppenkommunikation
Der Kontakt wird entweder mit räumlich versammeltem, eventuell anonymem

Publikum oder räumlich verstreuten, aber persönlich adressierbaren Personengruppen hergestellt.

Individualkommunikation
Kommunikation mittels direkter Begegnungen.

2.3.3 Kommunikations-Leitstrategie

Ein aufeinander abgestimmter Einsatz der verschiedenen kommunikationspolitischen Einzelmaßnahmen fördert den Wahrnehmungs- und Lernprozess bei den jeweiligen Zielgruppen. Voraussetzung hierfür sind die Entwicklung und der Einsatz einer langfristig angelegten Kommunikations-Leitstrategie. Die Zielpersonen müssen jede einzelne Maßnahme sofort dem jeweiligen Sender, also dem Unternehmen bzw. der Marke, zuordnen können. Die schnelle und eindeutige Wiedererkennbarkeit der einzelnen Kommunikationsmaßnahmen ist das Ziel der Bemühungen. Eine Ausprägung der Kommunikations-Leitstrategie ist als Copy-Strategie bekannt. Sie setzt sich aus den folgenden vier Elementen zusammen (vgl. Unger, 1989, S. 133 f.): Copy-Strategie

- *Creative Objective (Kommunikationsziel):*
  Hier gilt es, die Kommunikationsziele, bezogen auf die spezifischen Zielgruppen, kurz und präzise zu formulieren (z. B. Imageveränderung und/oder Erhöhung des Bekanntheitsgrades eines Produkts, bestimmte Umsatz-/Absatzziele).
- *Creative Strategy:*
  Sie beschreibt, wie die gesteckten Ziele erreicht werden können (Bestimmung von Werbemitteln und Werbeträgern).
- *Consumer Benefit/USP (Produktversprechen):*
  Mit diesem soll die wesentliche Leistung des Produktes bzw. seine Vorteile gegenüber der Konkurrenz beschrieben werden, wobei die konkrete Werbeaussage noch nicht formuliert wird (z. B. sicheres Fahrverhalten, optimales Handling und höchster Komfort unter Extrembedingungen im neuen *OPEL Omega*).
- *Reason Why (Begründung):*
  Sie dient dazu, die aufgestellten Behauptungen glaubhaft zu machen (z. B. der neue *OPEL Omega* mit dem einzigartigen neuen S-DSA-Fahrwerk).
- *Tonality:*
  Hiermit wird der kreative, verbale und visuelle Stil der Kommunikationsmaßnahmen festgelegt (z. B. Freiheit, Abenteuer: *OPEL* sucht für den neuen *Omega* begeisterte Autofahrer für den 10.000-Meilen-Test in Arizona, USA).

(vgl. Unger, 1989, S. 132 ff.)

2.3.4 Visuelle und verbale Umsetzung

Die schriftlich niedergelegte Formulierung der Copy-Strategie, die so genannte Copy-Plattform, ist die Grundlage für die visuelle und verbale Umsetzung der Werbekonzeption.

Die einzelnen Stufen der Umsetzung sind:

1. *Scribble*
2. *Rohlayout*
3. *Reinlayout*

1. Scribble

Hier werden die ersten Ideenansätze grob und fragmentartig skizziert. Das Format des Scribbles sollte so angelegt sein, dass es mit dem Originalformat proportional übereinstimmt. Die verschiedenen alternativ angefertigten Entwürfe müssen einer kritischen Auswahl unterzogen werden, wobei man auf technische Realisierbarkeit, Harmonie und Gesamtgestaltung achten muss.

2. Rohlayout

Die Wirksamkeit des Scribbles wird in einem Zwischenentwurf – dem Rohlayout – überprüft. Dieses Layout entspricht bereits den Maßen des Endformates, wobei Schriften, Bilder und Fotos skizziert werden. In dieser Layoutphase kann man bereits beurteilen, ob ein harmonisches Gleichgewicht zwischen Text und Bildern besteht, wie die eingesetzten Farben wirken und ob die Gestaltung den gewünschten Vorstellungen entspricht. In dieser Zwischenstufe werden entsprechende Änderungen vorgenommen.

3. Reinlayout

Auf der Grundlage der Änderungen in der Rohlayoutphase wird das Reinlayout erstellt. Die Typographie und die Bild- und Farbkomposition werden optimiert, d. h., die Werbebotschaft wird auf das Wesentliche reduziert. Das Reinlayout soll eine exakte Vorstellung von der geplanten Druckvorlage geben.

Präsentation

Im Rahmen einer Präsentation (siehe hierzu Teil V, 5 Präsentation) erfolgt die Vorstellung des Werbekonzeptes beim Kunden. Das Konzept, die gestalteten Werbemittel und die entsprechenden Zeit- und Kostenpläne werden ausführlich dargestellt und erläutert. Wenn der Kunde dann alle Vorschläge und Pläne akzeptiert und genehmigt hat, kann mit der Produktion der einzelnen Werbemittel begonnen werden.

(vgl. Pawletko, 1992, S. 10 ff. und Koschnick, 1987, S. 139)

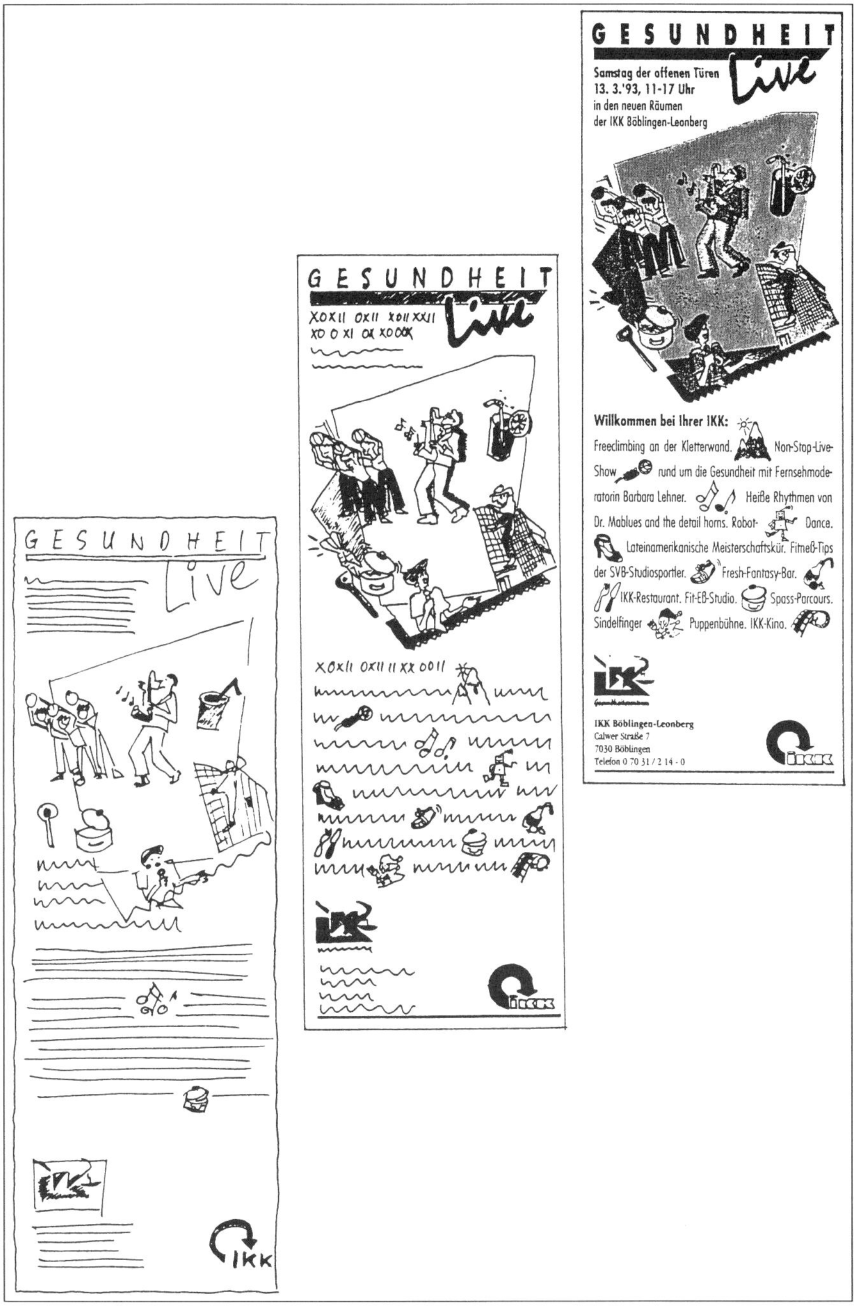

Abb.: Scribble, Roh- und Reinlayout

2.3.5 Überprüfung der Gestaltungskonzeption

Die Kommunikationsinhalte und die Gestaltung müssen einer kritischen Überprüfung unterzogen werden. Die Gestaltungskonzeption kann nur dann effizient sein, wenn sie exakt den Vorgaben der zielgruppenspezifischen Ansprache entspricht. Bei der Überprüfung unterscheidet man zwischen:

- *interner Überprüfung und*
- *externem Test.*

Dabei kann man sich zur Kontrolle beispielsweise die folgenden Fragen stellen (vgl. Poth, u. a., 1988, S. 218 f.):

Kontrollfragen zur Konzeption

- Entspricht die Sprache dem Stil der Zielpersonen, erweckt sie Vertrauen und wirkt sie glaubhaft?
- Vermittelt die Aussage die beabsichtigten Inhalte, macht sie sie begreifbar und erlernbar und sind sie für die Zielgruppe relevant?
- Entspricht die gewählte Gestaltung dem Produkt, dem Werbeträger und der Zielgruppe?
- Vermeidet das Werbemittel „Vampir"-Bilder bzw. -Effekte? Darunter versteht man, dass einzelne Elemente eines Werbemittels sehr stark die Aufmerksamkeit des Betrachters auf sich ziehen und damit das Produkt oder die Werbeaussage überlagern und „blutlos" machen.
- Selektiert das Werbemittel seine Zielgruppe – ist es also derart gestaltet, dass die Zielpersonen „auf den ersten Blick" erkennen, dass sie angesprochen sind?
- Ist der zielgruppenspezifische Produktnutzen deutlich erkennbar?
- Decken sich Produktversprechen und Verbrauchererwartung?
- Differenziert sich das Produktversprechen deutlich von den Aussagen der Wettbewerber?
- Ist das Produkt so dargestellt (visuell und verbal), dass es nicht mit einem Wettbewerbsprodukt verwechselt werden kann?

Interne Überprüfung

Während des Gestaltungsablaufes sollten diese Fragen in einem agenturinternen (unternehmensinternen) Team gestellt werden, in dem neben den Gestaltern auch Produkt-Management (Kontakt) und Forschung vertreten sind. Hilfreich ist es auch, bereits in diesem Stadium Produktionsfachleute in die Gestaltungsüberprüfung einzubeziehen, um technische, finanzielle und zeitliche Probleme bei der Realisierung auszuschließen.

Externe Überprüfung

Nach der internen folgt die externe Überprüfung der Gestaltungskonzeption. Hier testet man mit ausgewählten Personen die gesamte Gestaltung oder nur Teile davon (siehe hierzu Teil III, 6).

(vgl. Poth, u. a., 1988, S. 217 ff.)

3. Gestaltung von Werbemitteln

Unter einem Werbemittel versteht man die in Gedanken entstandene und ins Stoffliche transportierte Werbebotschaft, z. B. mittels Anzeige oder Plakat. Dazu gehören sowohl die inhaltlichen (Aussagekraft) als auch die formalen (darstellungstechnischen) Elemente (vgl. Nieschlag, Dichtl, Hörschgen, 1991, S. 548). In der Praxis kommen die folgenden Werbemittelkombinationen am häufigsten vor (Nieschlag, Dichtl, Hörschgen, 1991, S. 548):

- *Anzeige (Inserat), Fernseh- und Hörfunkspot,*
- *Prospekt, Katalog, Werbebrief und Flugblatt,*
- *Schaufensterdekorationen, Leuchtschrift und Plakat,*
- *Kundenzeitschrift und Werbegespräch.*

Eine Sonderstellung nehmen Warenproben, Zugaben, Werbegeschenke, Gewinnspiele und Preissauschreiben ein, weil sie dem Kunden zusätzlich zur Werbebotschaft einen materiellen Nutzen bringen.

3.1 Gestaltungstypen

Inhaltsanalyse (Content-Analyse)

Ein Mittel zur Erforschung des Zusammenhangs zwischen inhaltlichen Aussagen von Werbemitteln und deren Wirkung bietet die systematische Inhaltsanalyse (Content-Analyse). Die folgenden sechs Faktoren lassen sich dabei unterscheiden (vgl. Nieschlag, Dichtl, Hörschgen, 1991, S. 549):

Suggestion
Werbemittel, die diesen Faktor einsetzen, wollen mittels autoritärer Appelle ihr gestecktes Ziel erreichen. Bei entscheidungsschwachen Menschen, die sich scheuen, Verantwortung zu übernehmen, verspricht diese Methode einen Erfolg.

Identifikation
Andere Personen sprechen auf Vorbilder gut an, wobei sie sich an deren Meinungen und Verhaltensweisen orientieren. Dieser Faktor wird in der Leitbildwerbung eingesetzt.

Präsentation
Besonders aufwendig gestaltete und produzierte Werbemittel erregen die Aufmerksamkeit und heben sich entsprechend von anderen ab.

Konkretion
Die möglichst realitische Darstellung des entsprechenden Produktes im jeweiligen Werbemittel trägt denjenigen Personen Rechnung, die Schwierigkeiten mit abstrakten Umsetzungen haben.

Information
Werbung, die in erster Linie informieren will, zielt auf die Kauflust der Meinungsführer oder Multiplikatoren (Personen, die sich in bestimmten Bereichen umfassend informieren und ihr Wissen weitergeben bzw. andere damit beeinflussen).

Motivation
Sehr viele Werbemittel sprechen das Status- und Prestigedenken der Verbraucher an. Das Versprechen eines ganz bestimmten Nutzens soll zum Kauf veranlassen.

Diese Aufstellung verschafft eine Beurteilungs- und Kommunikationsbasis für die Werbeagenturen und Marketing-Leitungen der Unternehmen und hilft dabei, eine wenigstens grobe inhaltliche Einteilung der Werbemittel zu ermöglichen.

3.2 Anzeigen

Farbe oder schwarzweiß

Für die Anzeigengestaltung gibt es vielfältige Möglichkeiten. Die grundlegende Entscheidung ist, eine Anzeige schwarzweiß oder vierfarbig zu gestalten. Oft werden schwarzweiße Anzeigen auch mit einer Zusatzfarbe versehen. Die Schaltkosten für eine schwarzweiße Anzeige sind zwar geringer, andererseits ist aber auch ihre Wirkung gegenüber Farbanzeigen vermindert. Hingegen kann eine schwarzweiße Anzeige in einem besonders farbigen Anzeigenumfeld größere Aufmerksamkeit erregen.

Die zweite Möglichkeit für eine Anzeigengestaltung ist die Wahl des Formates (siehe hierzu Teil VI, 4.1 Printmedien, Abbildung Anzeigenformate). Hier gilt ebenso der Grundsatz, dass bei kleineren Anzeigenformaten normalerweise eine geringere Werbewirkung erzielt wird. Außergewöhnliche Anzeigenformate, z. B. in Form eines Kreises oder Sterns, erhöhen die Aufmerksamkeit.

Die wichtigsten Gestaltungselemente für eine Anzeige sind:

Gestaltungselemente

- *das Bild (Artwork),*
- *die Überschrift (Headline eventuell als Subline) und*
- *der Textteil (Copy,* auch *Body-Copy).*

Platzierung der Elemente

Wie bereits erwähnt, werden Bilder bevorzugt wahrgenommen, danach folgen die Über- und Unterschriften (Head- und Subline) und zum Schluss der übrige Text. Die Head-/Subline sollte bereits den Kern der Werbebotschaft kommunizieren und unter dem Bild positioniert werden.
Bei Untersuchungen stellte man fest, dass sich Texte, die unter einem Bild oder rechts davon stehen, besser erfassen lassen. Die Marke, den Absender und

eventuell einen zusätzlichen Slogan sollte man rechts unten platzieren. Man unterstellt hier, dass der letzte Blick beim Umblättern auf diese Stelle fällt und besser in Erinnerung bleibt.

Die „natürliche“ Reihenfolge der Betrachtung ist somit:

Bild
▼
Headline
▼
Copy
▼
Absender/Logo/Marke

Hieraus ergibt sich die klassische Reihenfolge für den Aufbau einer Anzeige. (vgl. Unger, 1989, S. 296 ff.)

Abb.: Anzeige (Deutsche Multiple Sklerose Gesellschaft, © B&O Dialog-Marketing, Stuttgart)

Typographie

Bei der Anzeigengestaltung gibt es u. a. folgende Möglichkeiten, um Sprache ihrem Inhalt entsprechend und grafisch originell umzusetzen (vgl. Urban, 1992, S. 29 ff.):

- Durch Schrift auf einer Silhouettenform die Lesebotschaft verstärken,
- durch Verfremdung eines Buchstabens den Leserhythmus bewusst stören, um eine „Stopper"-Wirkung zu erreichen,
- mit Riesenlettern etwas scheinbar Unlogisches sagen, das Kleingedruckte wird dann in diesem Fall garantiert gelesen,
- überlegen, ob sich aus der Botschaft nicht eine Story konstruieren lässt,
- mittels sämtlicher typographischer Techniken die Wirkung der Werbebotschaft verstärken (siehe hierzu auch Teil XVIII).

Ein langer Text (Copy) setzt eine Headline voraus, die das Informationsinteresse des Betrachters weckt und ihn zum Weiterlesen motiviert. Die Copy muss grafisch so gestaltet sein, dass sie leicht lesbar ist. Dies wird z. B. durch Einrückungen, Hervorhebungen, großen Durchschuss, Zwischenüberschriften und den Einbau von kleinen Bildern erreicht.

Anzeigen werden in der Regel nur oberflächlich und kurz betrachtet, deswegen ist es notwendig, den Produktnutzen bzw. die zentrale Werbeaussage in den Mittelpunkt der Gestaltung zu stellen und auf das Wesentliche zu reduzieren. Je komprimierter die Darstellung und konzentrierter die Aussagen, desto besser ist die Aufnahme und Verarbeitung durch den Betrachter. (vgl. Unger, 1989, S. 296 ff.)

Die Umsetzung der Copy-Strategie in einer Anzeige (vgl. Berndt/Hermanns, 1993, S. 340 ff.)

(1) Headline = Consumer Benefit = Claim

In der Headline soll der Verbrauchernutzen (Consumer Benefit) textlich formuliert werden. Diesen Nutzen bezeichnet man auch als Claim. Er muss schriftlich definiert werden und in die Werbe- und Kommunikationsarbeit mit einbezogen werden. Neben dem Grundnutzen gilt es auch, einen oder mehrere Zusatznutzen herauszustellen (z. B. Design, Funktionalität), um sich gegenüber der Konkurrenz eindeutig abzuheben.
Eine treffende Formulierung der Headline erfordert daher Kreativität, z. B.:

- „Weicher Stoff für harte Jungs. Wrangler, Jeans für alle." *(Wrangler Jeanswear)*
- „Dürfen wir Ihrem Haar eine kleine Erfrischung anbieten?" *(Unilever, Timotei Shampoo)*
- „Alle reden vom Wetter. Wir nicht." *(Deutsche Bahn).*

(2) Key Visual = Blickfang

Bilder werden, wie schon erwähnt, vom Betrachter bevorzugt wahrgenommen.

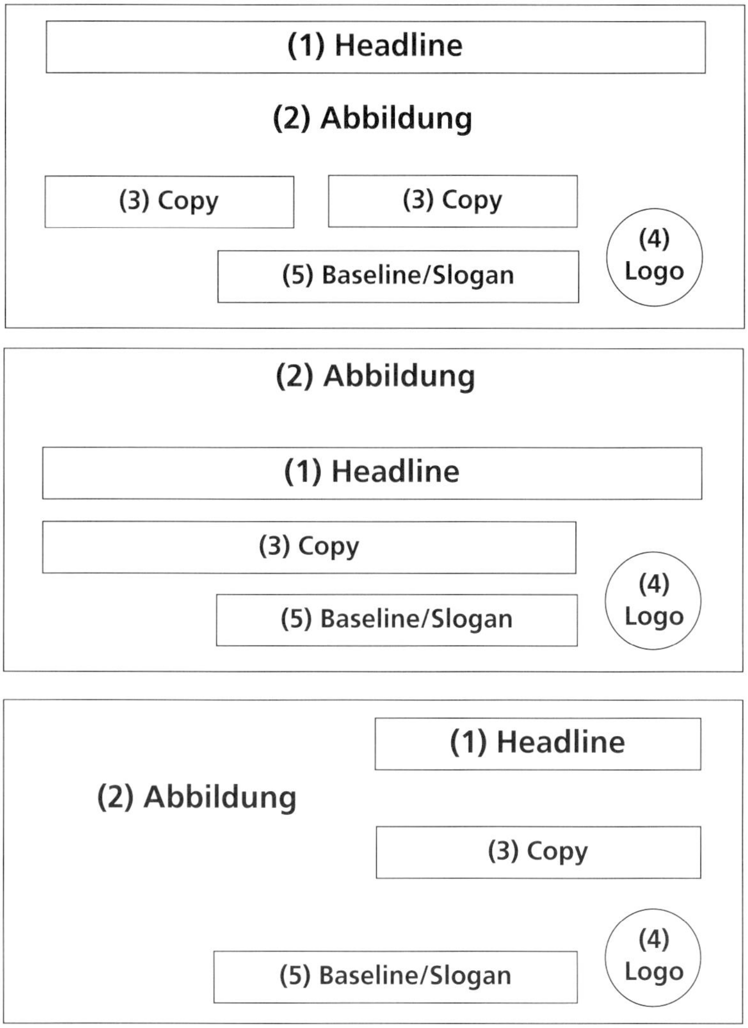

Abb.: Beispiele für einen schematischen Aufbau von Anzeigen (vgl. Berndt/Hermanns, 1993, S. 341)

(1) Headline = Claim = Consumer Benefit
(2) Blickfang (Abbildung) = Key Visual
(3) Copy = Reason Why = Proof
(4) Werbekonstante (z. B. Fimenlogo, Absender)
(5) Baseline = Slogan

Zusammen mit der Headline bilden sie den Blickfang von Anzeigen und auch von Plakaten. Die Abbildung soll die Aussage der Headline visualisieren. Dabei gibt es folgende Möglichkeiten (vgl. Berndt/Hermanns, 1993, S. 342):

- Eine visuelle Übersetzung der Headline durch entsprechende Personen- und Sachdarstellungen.
- Eine visuelle Übersetzung der Headline durch die Verwendung von bekannten Schlüsselreizen, wie z. B. Kinder, Tiere und Erotik.
- Eine visuelle Übersetzung der Headline durch Verfremdungen. Im Konsumgüterbereich kann eine Abgrenzung zur Konkurrenz fast nur noch durch eine werbliche Differenzierung mit bestimmten Markenbildern (inneren Bildern) erfolgen. Diesen künstlich durch Werbemaßnahmen geschaffenen Produktvorteil bezeichnet man als Unique Advertising Proposition/UAP, z. B.:
  - *Milka* Schokolade (inneres Bild: die lila Kuh),
  - *Volks- und Raiffeisenbanken: „Wir machen den Weg frei"* (inneres Bild: die Darstellung von Straßen und Wasserwegen, die in die Unendlichkeit führen).

(3) Copy = Reason Why

In der Copy bzw. dem Fließtext einer Anzeige wird die Begründung für den Nutzen (Haupt- und Zusatznutzen) eines Produktes oder einer Dienstleistung ausführlich formuliert. Dieser Text soll den Verbraucher in seiner Entscheidung für ein bestimmtes Produkt bestärken und die notwendigen Argumente liefern. Je höher der Produktanspruch, desto mehr Gewicht entfällt auf den Reason Why.

(4) Werbekonstanten

Werbekonstanten sind z. B. Signets bzw. grafische Darstellungen einer Marke (eines Markennamens), einer Firmenbezeichnung oder einer sonstigen Institution. Das Logo sollte eigentümlich und möglichst unverwechselbar in Farbe, Form und Wirkung sein, um sich bei Kommunikationsmaßnahmen eindeutig von anderen Werbungtreibenden abzugrenzen und bei den Zielgruppen eine schnelle Wiedererkennung des Zeichens zu erreichen. In der Regel werden Werbekonstanten bei einer Anzeige rechts unten platziert.

(5) Baseline = Slogan

Ein Slogan fasst die Werbebotschaft in kurzer Form zusammen, ist eine Grundlage für die Werbeerinnerung und sollte unverändert und langfristig bei den Kommunikationsmaßnahmen zum Einsatz kommen. Er wird meist in Verbindung mit dem Logo platziert.

Zusammenfassung

Zusammenfassend lässt sich sagen, dass durch gezielte Platzierungen, den Einsatz von Bildern, Farben und eventuell Hervorhebungen im Text, verbunden mit einer spezifischen emotionalen Ansprache, eine Wahrnehmung der wichtigsten Elemente der Werbebotschaft erreicht werden sollte.

3.3 Fernsehspots

Bei der Konzeption und Gestaltung von Fernsehspots ist zum einen das Desinteresse der Zuschauer zu überwinden und zum anderen auf eine fernsehgerechte und unterhaltsame Aufbereitung der Werbung zu achten. TV-Spots sind in der Regel zwischen sechs und 60 Sekunden lang und verlangen daher ein exaktes Timing, denn keine Sekunde darf wirkungslos verschenkt werden.

Timing

Ein Werbefilm lebt in erster Linie von seiner Idee. Mit Originalität, wie z. B. der lila Kuh von *Milka,* oder der effektvollen Darstellung von Straßen und Wasserwegen, die in die Unendlichkeit führen *(Volks- und Raiffeisenbanken: „Wir machen den Weg frei")* lassen sich eigenständige und interessante TV-Werbungen kreieren, die beim Betrachter Interesse wecken.

Originalität

Ein gut gemachter TV-Spot vermittelt durch Bild und Ton die gewünschte emotionale Wirkung, dabei sind die ersten und letzten Sekunden besonders wichtig. Zu Beginn gilt es, das Interesse beim Betrachter zu wecken, und der Schluss sollte, zumindest zum Teil, in Erinnerung bleiben (Slogan und Logo).

Die folgenden Punkte können als Richtlinie und Grundlage für die Gestaltung von Fernsehspots dienen (vgl. Koschnick, 1996, S. 309, und Unger, 1989, S. 315 ff.):

Richtlinien bei der Gestaltung

- Je pointenreicher, desto besser wird eine Fernsehwerbung aufgenommen und erinnert. Ein TV-Spot sollte immer mit einer produktbezogenen Pointe abschließen.
- Bezüglich der Vielzahl an konkurrierenden Spots sollte die Werbung auf einer zentralen Idee aufbauen und nicht zu viele Argumente liefern. Der Spot darf in den Szenenfolgen nicht überladen sein, um eine schnelle Orientierung des Zuschauers zu ermöglichen.
- Die Handlung des TV-Spots sollte vor allem mittels bewegter Bilder und deren Untermalung mit Geräuschen, Musik und Sprache erfolgen. Längere Dialoge sollten vermieden werden.
- Sprache und Musik ergänzen die gezeigten Bilder und sorgen für die gewünschte emotionale Ansprache und Wirkung bei den Zuschauern.
- Die Aufmerksamkeit muss während des Spots, z. B. durch raschen Szenenwechsel, akustische Signale oder Humor, immer wieder neu geweckt werden. Der Schluss sollte, zumindest zum Teil, mit Slogan, Logo und einer Schlusspointe, beim Betrachter in Erinnerung bleiben.
- Der Fernsehschirm ist im Gegensatz zur großen Kinoleinwand sehr klein. Dementsprechend gelten hier andere Gestaltungsgrundsätze, wie z. B. verstärkter Einsatz von Großaufnahmen.
- Das Fernsehformat hat eine viel geringere Auflösung wie das Kinofilmmaterial. Demzufolge sollten nicht zu viele Details sowie keine zu großen Hellig-

keits- und Kontrastunterschiede Verwendung finden. Klare Formen und plastische Beleuchtungen sollten vorherrschen.
- Die Idee und die Art der Werbebotschaft sollten über die genaue Länge des TV-Spots bestimmen.

Copy-Techniken

Die Umsetzung der Copy-Strategie bzw. verschiedene Copy-Techniken für einen TV-Spot (vgl. Berndt/Hermanns, 1993, S. 345 ff.)

Technik der Produktpersönlichkeit

Hier spielen vor allem das Produkt und seine Einsatzmöglichkeiten eine Rolle. Typische Beispiele hierfür sind TV-Spots mit Haushaltsgeräten, in denen ausführlich die Eigenschaften und Anwendungsmöglichkeiten dargestellt werden.

Testimonial-/Präsenter-Technik

Testimonial, Präsenter

Bei dieser Technik wird mit Aussagen und Urteilen von zufriedenen Kunden, Experten, Unternehmensrepräsentanten oder Prominenten (Präsenter) im TV-Spot geworben, um die Glaubwürdigkeit der Werbung zu erhöhen (z. B. Boris Becker für *America Online (AOL)* oder Thomas Gottschalk für *Haribo).*
Die Wirkung und Akzeptanz hängt entscheidend vom Image und den Sympathiewerten des Präsenters ab.

Slice-of-life-Technik

Slice-of-life-Technik

Hier werden kleine Alltagsgeschichten erzählt, die ein Problem aufwerfen und das entsprechende Produkt als Lösung präsentieren. Der typische Ablauf eines Slice-of-life-Spots wird im Folgenden skizziert:
- Eine Person hat ein Problem (sie ist z. B. mit ihrem Kaffee unzufrieden).
- Eine Bekannte weiß einen guten Rat: die *Jacobs Krönung.*
- Die unzufriedene Person meldet noch einige Zweifel an.
- Das Produkt wird mit einem überzeugenden Nutzenbeweis als Höhepunkt des Spots präsentiert.
- Das Produkt wird zum Abschluss mit Slogan, Logo und Jingle eingeblendet.

Lifestyle-Technik

Lifestyle-Technik

Bei dieser Technik wird das Produkt mit einem ganz bestimmten Lebensstil bzw. mit einer spezifischen Umgebung verbunden und in dieser Weise präsentiert. Das Konsumgut wird mit einer bestimmten Produktillusion beworben, die sich in der Vorstellung des Verbrauchers verankern soll. Ein Beispiel hierfür ist die *Marlboro*-Werbung (Cowboy, Wildwest, Freiheit, Abenteuer).

Grundsätzlich ist bei allen konzeptionellen und gestalterischen Überlegungen zu berücksichtigen, dass die eigentliche Werbebotschaft nicht durch Effekte überlagert werden darf. Denn gerade die Botschaft muss die Aufmerksamkeit auf sich ziehen und vom Betrachter in Erinnerung behalten werden.
Siehe hierzu auch die folgenden Abbildungen zum Storyboard.

Deutsche Multiple Sklerose Gesellschaft
Blatt 1 31.01.2000 TV-SPOT 20sek. **„DIAGNOSE"** **STORYBOARD**

Zeit/Story	Bild	Sprechertext/Ton
0.00 Dunkler Screen Close-Up **auf junge Frau** (Kampagnen-Model) mit verzweifeltem, fragendem Gesichtsausdruck, angespannt, auf Lippen kauend...		Herzklopfen (Echo-Effekt), immer lauter und schneller werdend (spannungssteigernde, musikalische Background-Untermalung)
0.05 Schwenk/Schnitt auf **Arzt,** der gegenüber der Frau an seinem Praxis-Schreibtisch sitzt und – mit ernsthaft besorgter Miene – die antwort- und hilfssuchenden Blicke der Frau mit einem knappen Kopfnicken erwidert		Musik stoppt /Herzschlag setz abrupt aus
0.08 Schnitt / Close-Up auf entsetztes, fassungsloses Gesicht der jungen Frau – wie versteinert Szene wird eingefroren/abgesoftet (Still) und zoomt aus auf die linke Bildhälfte		
0.10 Das Wort „D_I_A_G_N_O_S_E_:" und die Buchstaben „M" und „S" werden nacheinander stakkato-artig auf der rechten Bildhälfte eingeblendet		Anschlag-Geräusch wie bei Schreibmaschine (Im Telex-Stil) synchron zu den eingeblendeten Buchstaben

Deutsche Multiple Sklerose Gesellschaft
Blatt 2   31.01.2000   TV-SPOT 20sek. **„DIAGNOSE“**   **STORYBOARD**

Zeit/Story	Bild	Sprechertext/Ton
0.12 Von einer imaginären Schreibfeder geführt, erscheint auf dem Bildschirm Buchstabe für Buchstabe der Schriftzug „Multiple Sklerose“ in Handschrift. Zunächst noch dynamisch, schwungvoll. Dann zum Wortende hin immer langsamer und „unleserlicher“ werdend.		Kratzendes Schreibfeder-Geräusch, im Tempo synchron zu dem erscheinenden Schriftzug
Der letzte Buchstabe ist kaum mehr richtig ausgeschrieben		Stimme aus dem Off: „Multiple Sklerose“
0.15 Um die noch stehenden Buchsstaben MS baut sich das soft eingeblendete DMSG Logo auf		
Daneben Überblendung auf das Kampagnen-Motiv (Junge Frau im Arm des Partners /Geborgenheit)		„Wir lassen Sie nicht alleine“ Herzschlag/Musik setzt wieder ein
Texteinblendung: **Aufklären, Beraten, Helfen**		
0.18 Hotline-Nummer wird eingeblendet „01805/777007“ => animiert		„Rufen Sie uns an!“ (evt. Tonwahl-Geräusch von Telefontatstatur)

Abb.: Storyboard für TV-Spot der DMSG (© B&O Dialog-Marketing, Stuttgart)

3.4 Hörfunkspots

Da bei der Hörfunkwerbung lediglich akustische Gestaltungsmöglichkeiten bestehen, bedarf es sehr intensiv wirkender Signale, die ganz besonders herausgestellt werden müssen. Auch hier gilt der Grundsatz, dass zu viele Informationen die zentrale Werbeaussage überlagern. Die Botschaft muss sachlich richtig sein und die gewünschte Anmutungsqualität klanglich transportieren. Da man Radio normalerweise flüchtig und nebenbei hört, sind Hinweisreize, z. B. Erkennungsmelodien und bekannte Markenslogans, sowie häufige Wiederholungen des Spots sehr wichtig.

Hinweisreize

Bezüglich des Aufbaus von Hörfunkspots gibt es zwei klassische Vorgehensweisen: sehr starke Hinweisreize zu Beginn des Spots, um die Aufmerksamkeit sofort und während des ganzen Spots zu erregen; die andere dramaturgische Möglichkeit besteht in einem sich langsam steigernden Spannungsaufbau, der die Werbeaussage bis zum Schluss hinauszögert. Die Spannung kann durch verschiedene Elemente, z. B. Reizworte, Stimmlagen, Lautstärken, Musikeffekte, aber auch mit Pausen gesteigert werden.

Spannungsaufbau

Die wesentlichen Gestaltungselemente für die Hörfunkwerbung sind neben der Stimme des Sprechers sämtliche Geräusche und Toneffekte sowie natürlich Musik und Erkennungsmelodien in den verschiedensten Formen. Einige dieser Elemente unterliegen auch gewissen Moderichtungen, wie z. B. dem verstärkten Einsatz von klassischer Musik, bei Hörfunk- und TV-Spots in den letzten Jahren. (vgl. Unger, 1989, S. 324 ff.)

Geräusche und Toneffekte

Folgende Gestaltungsrichtlinien für Hörfunkspots lassen sich daraus ableiten (vgl. Koschnick, 1996, S. 432 ff.):

Gestaltungsrichtlinien

- Der Spot muss leicht verständlich sein, d. h. Einsatz von einfachen Worten und kurzen Sätzen.
- Die Sprecherstimmen müssen dem Inhalt der Werbebotschaft in Tonfall und Lautstärke angepasst sein.
- Eine musikalische Untermalung kann die emotionale Wirkung erhöhen.
- Auf eventuelle Differenzen zwischen Sprech- und Schreibweise muss besonders geachtet werden, damit der Hörer die entsprechende Werbung auch in einem Printmedium sofort wieder erkennt.
- Eine mehrmalige Wiederholung von Stichwörtern oder Kernsätzen im Spot ermöglicht einen schnellen „Lerneffekt" beim Zuhörer.
- Ein Hörfunkspot muss vielfach wiederholt werden, um eine Wirkung zu erreichen. Die Texte sollten dabei etwas variiert werden, um auf Dauer nicht langweilig zu wirken.

Folgende Copy-Techniken für einen Hörfunkspot lassen sich unterscheiden (vgl. Berndt/Hermanns, 1993, S. 345 ff.):

Testimonial-/Präsenter-Spot

Testimonial-, Präsenter-Spot

Bei diesem Spot wird mit Aussagen und Urteilen von zufriedenen Kunden, Experten, Unternehmensrepräsentanten oder Prominenten (Präsenter) wie beim TV-Spot geworben, um die Glaubwürdigkeit der Werbung zu erhöhen. Wirkung und Akzeptanz hängen entscheidend vom Image und den Sympathiewerten sowie der Stimmenbekanntheit des Präsenters ab.

Dialog-Spot

Dialog-Spot

Bei dieser Technik werden die Vorteile eines Produktes in ein Gespräch zwischen zwei Personen verpackt, das die Glaubwürdigkeit und Akzeptanz der Hörfunkwerbung erhöhen soll.

Slice-of-live-Spot

Slice-of-live-Spot

Hier werden, wie beim TV-Spot, kleine Alltagsgeschichten akustisch erzählt, die ein Problem aufwerfen und das entsprechende Produkt als Lösung präsentieren.

3.5 Plakate

Gestaltungsregeln

Bei der Plakatwerbung muss man von einer sehr kurzen und oberflächlichen Betrachtung ausgehen. Daher sind die folgenden Regeln der Gestaltung speziell für das Plakat zu beachten (vgl. Unger, 1989, S. 328):

- Komprimierung der Botschaft auf die wesentlichen Aussagen,
- starke Bevorzugung des Bildes als Kommunikationselement,
- besonders kurze und klar verständliche Headline, die sich im oberen Bereich des Plakates befinden sollte, da dieser Bereich eher erfasst wird,
- ein konstant eingesetzter Absender mit eventuell zugehöriger Subline kann im unteren Bereich platziert sein, da es bei einer prägnanten Plakatgestaltung genügt, wenn derartige konstante Elemente vom Betrachter nur gelegentlich wahrgenommen werden,
- die Copy hat hier keine Bedeutung,
- ein spezifisches Problem bei Plakaten ist die produktionstechnisch bedingte Zusammensetzung aus mehreren Einzelteilen, wobei zu berücksichtigen ist, dass bestimmte Bildelemente, z. B. die Augen und der Mund von Personen oder das Markensymbol, nicht über die Schnittstellen laufen sollen, da es beim Plakatanschlag zu leichten Verschiebungen kommen kann.

Die Plakatwerbung lebt auf der einen Seite von Konstanz und auf der anderen Seite von Variation innerhalb des kommunikationspolitischen Rahmens. In einem bestimmten Fall kann zur Vermittlung einer aktuell wichtigen Botschaft ein einziges Plakat gestaltet und über einen längeren Zeitraum eingesetzt werden. Langfristig angelegte Kampagnen machen sich hingegen die Möglichkeiten der Seriengestaltung zunutze. Dabei kann ein Produkt aus verschiedenen Perspektiven oder Situationen gezeigt werden, wobei Headline und Absender immer konstant gehalten werden. Möglich ist auch die Variation von Headline und Motiv – hier müssen dann andere gestalterische Konstanten die Wiedererkennung gewährleisten. (vgl. Unger, 1989, S. 327 ff.)

3.6 Konzeption und Gestaltung im Media-Mix

Im Media-Mix gibt es einige klassische Kombinationsmöglichkeiten, die auch in der Gestaltung berücksichtigt werden müssen. Eine enge Beziehung besteht zwischen Plakat und Anzeige. Eine Plakatwerbung lässt sich meistens direkt in eine Anzeigenwerbung umwandeln. Umgekehrt ist dies nicht immer möglich, da für das Plakat eine Komprimierung der Werbebotschaft Voraussetzung ist. Ebenso kann man zwischen Print- und Non-Print-Medien Beziehungen aufbauen. Ein Werbefilm kann Schlüsselszenen beinhalten, die als Standbilder in Anzeigen und auf Plakaten wieder auftauchen. Auch Fernsehen und Hörfunk lassen sich miteinander verbinden, wenn der „Sound“, das gesprochene Wort und eine Erkennungsmelodie (Jingle) in beiden Medien verwendet werden.

Zusammenfassend lässt sich sagen, dass die Eigenart jedes einzelnen Werbeträgers bei der Konzeption und der Gestaltung beachtet werden muss, um die gewünschte Wirkung bei den Zielgruppen mit jedem Werbemittel zu erreichen.

(vgl. Unger, 1989, S. 333)

4. Analyse und Wirkung von Anzeigen

Eine Anzeige wird in der Regel mit text-/bildlichen oder rein textlichen Mitteln gestaltet. Bei jedem Bertrachtungsvorgang findet eine bildliche und gleichzeitig text-/bildliche Dekodierung (Übersetzung, Entschlüsselung) statt. Die bildhaften Gestaltungselemente werden unbewusst, die textlichen bewusst verarbeitet. Beim Betrachter werden durch die bildlichen Elemente optische Reize erzeugt. Diese können mit den textsprachlichen Teilen übereinstimmen oder, um Aufmerksamkeit zu erregen, bewusst im Widerspruch dazu stehen.
Für die bildhafte Gestaltung einer Anzeige ist der Einsatz von Zeichen sehr wichtig. Sie können umfangreiche Botschaften auf eine kleine, schnell zu erfassende Informationsmenge reduzieren.

Ein Zeichen ist ein Mittel, das stellvertretend für ein Objekt steht und von jemandem (Interpret/Rezipient) interpretiert bzw. gedeutet wird. Zu den Zeichen gehören Alphabete, Sprachen, Namen, Verkehrszeichen usw. Aus einfachen Zeichen können so genannte Makro- und Superstrukturen (Superzeichen) gebildet werden, d. h., Zeichen sind als Teile eines Ganzen im neuen Sinnzusammenhang zu sehen. Die Informationsmenge wird beim Superzeichen weiter verdichtet und komplexere Gestaltungen mit umfassender und abstrakter Bedeutung entstehen. (vgl. Noelle-Neumann u.a., Hrsg., 1994, S. 158)

Superzeichen

Wer Anzeigen analysieren will, muss zwischen Inhalt (Botschaft), Form (Grafik) und Ausdruck (Wirkung) unterscheiden. Zunächst einmal stellt sich die Frage nach dem Sinn und Zweck der Werbung. Steht beispielsweise ein Produkt oder eine Dienstleistung zur Bedürfnisbefriedigung der Kunden im Vordergrund oder geht es z. B. um die Verbesserung des Firmenimages?

Inhalt

Nach dieser allgemeinen Einordnung der Anzeige schließt sich eine inhaltliche Bestandsaufnahme an. Hier werden nun die einzelnen Gestaltungselemente (Bild, Headline, Sub-Headline, Copy-Text, Logo) näher betrachtet. Je nach Anordnung und prozentualer Verteilung haben die einzelnen Elemente eine unterschiedliche Bedeutung bzw. Gewichtung. Auch das Fehlen bestimmter Teile gibt bereits einen Aufschluss über den Absender der Anzeige. Gestaltungen ohne erläuternden Text, in denen nur Bild, Logo und Slogan eingesetzt werden, zeigen, inwieweit sich die Firmen auf die Bekanntheit und das Image ihrer Marken verlassen.

Form

Die formale Gestaltung einer Anzeige kann streng geordnet, symmetrisch, aber auch völlig frei ausfallen. Zur weiteren Analyse betrachtet man den linearen Aufbau. Hierbei werden die Umrisse der Personen, Gegenstände oder Packungen und auch der Textbereich skizziert und nach Symmetrien, Richtungen usw. untersucht. Die Beziehungen von Bild- und Textteilen werden somit offensichtlich, so können z. B. beide Elemente eng verzahnt oder streng getrennt sein. Beim Bildteil einer Anzeige werden vom Gestalter oft bewusst dominierende Schrägungen und Richtungslinien eingesetzt. Diese erzeugen vor allem eine bestimmte Beziehung der einzelnen Bildteile zueinander und beeinflussen damit die Betrachtungsreihenfolge.

Die Komposition einer Anzeige auf der jeweiligen Formatfläche ist für die formale Gestaltung sehr wichtig. Eine einheitliche Gestaltung fördert die Wiedererkennung, auch wenn unterschiedliche Produkte beworben werden. Festgelegte Gestaltungsrichtlinien, wie z. B. Satzspiegel, Typographie, Anordnung von Text- und Bildteilen, müssen hier beachtet werden. Einheitlich eingesetzte Logos, prägnante Headlines, Copy-Texte und auch die konsequent eingesetzte Hausschrift eines Unternehmens erleichtern die Wiedererkennung.

Wirkung

Die illustrative Gestaltung einer Anzeige kann sich aus Text, Bild oder Zeichnung oder deren Kombination zusammensetzen. Dem Einsatz von Farben kommt dabei eine große Bedeutung zu, da er die Anmutungsqualität einer

Anzeige ganz entscheidend beeinflusst. Je nach farblicher Komposition wirkt eine Anzeige z. B. stimulierend (Orange- und Grüntöne), wärmend (Rot, Gelb, Orange), kalt und frisch (Blautöne), erhaben (Lila), depressiv (Grau, Schwarz) oder rein (Weiß).
Innerhalb der Anzeigengestaltung können verschiedene Anmutungsqualitäten vorherrschen. Ein Inserat kann z. B. überwiegend informativ (sachlich-nüchtern), manipulativ (leitbildorientiert), provokativ, heiter oder nach rein ästhetischen Gesichtspunkten aufgebaut sein. Die Anzeige kann eine plakative Fernwirkung, einen alternativen Charakter, originell-witzig sein oder eine klassisch-edle Ausstrahlung besitzen.
Eine Anzeigengestaltung erfüllt erst dann ihre Aufgabe, wenn sie beim potenziellen Kunden bzw. Betrachter innerhalb von wenigen Sekunden die entsprechende Botschaft übermittelt, die gewünschten Empfindungen auslöst und Interesse am Produkt bzw. am Kauf entwickelt.

(vgl. Urban, 1992, S. 60–65)

5. Konzeptions- und Gestaltungskosten

Die folgenden Tabellen zeigen die Kostenstruktur einzelner Werbemittel in den alten Bundesländern. Die Daten sind dem Etat-Kalkulator 1999/2000 entnommen. Sämtliche Preisangaben sind unverbindliche Durchschnittswerte (ohne Mehrwertsteuer) und dienen einer überschlägigen Ermittlung. Die Berechnungsbasis bezieht sich auf einen durchschnittlichen Aufwand innerhalb eines gehobenen Qualitätsniveaus. Preisänderungen nach oben wie nach unten werden sich bei projektspezifischer Angebotsermittlung selbstverständlich ergeben. Die Einzelhonorare beinhalten in der Regel die Übertragung der Nutzungsrechte an den Auftraggeber für die Nutzung im vereinbarten Umfang und Zweck.

Grafik-Design-Leistungen

Die Berechnung der Honorare für spezielle Grafik-Design-Leistungen erfolgt unter Berücksichtigung der Bedeutung des Auftraggebers, der Qualifikation des Entwerfers, der Art und des Umfangs der Leistung und der Nutzung.

Wirtschaftliche Nutzung

Bei Nachauflagen, erweiterten Verwendungszwecken, Fremdsprachen- bzw. Auslandsverwendung usw. werden, sofern nichts anderes vereinbart wurde, je nach Nutzungsgrad 10 bis 50% des Honorars nachberechnet.

Service-Fee

Für technisches Know-how, Auftragsbeschreibung, Ausschreibung, Angebotsauswertung, Auftragserteilung, Auftragsüberwachung, Termin- und Qualitätskontrolle sowie für die Organisationskosten (Telefon, Telefax, Telex, Porti, Fahrten) werden 3 bis 17% der Produktionskosten als so genannte Service-Fee zusätzlich berechnet.

Werbemittel	Kontakt/ Konzeption Layout	Alternative/ Änderung	Konzeption/ Idee/Text	DTP-Realisation	Text-erfassung	Repro-duktion
Geschäftsdrucksachen - Briefblatt, Rechnung, Hülle, Geschäftskarte, 2-farbig:	ab 3.100,-	700,-	Slogan ab 1.000,-	1.200,-	100,-	360,-
Signet - Firmenzeichen Entwicklung inkl. Alternativen und sämtliche Nutzungsrechte:	ab 4.000,-	---	Slogan ab 1.100,-	1.100,-	---	---
Prospektmappen für Angebote, Firmendokumentation etc. - außen und innen 2-farbig bedruckt mit Abheftzunge und Tasche(n). Papier: Chromolux 700, 300 g/qm:	ab 1.400,-	450,-	ab 300,-	500,-	80,-	370,-
Direct-Mail - Package: 1 Prospektbrief DIN A 4, einseitig, 4-farbig; Stuffer, DIN A 4, 2-seitig, 4-farbig; Antwortkarte A 6, 2-seitig, 2-farbig; Versandhülle, einfarbig; ohne Adressen und Versand:	4.100,-	800,-	ab 800,-	1.500,-	250,-	820,-
Deko-Hilfen - Theken-, Hängedisplay oder Regalstopper DIN A 3, 4-farbig:	ab 2.500,-	400,-	ab 500,-	800,-	80,-	500,-
- Warendisplay ab DIN A 2 4-farbig, gestanzt:	ab 3.700,-	800,-	ab 500,-	1.400,-	80,-	900,-
Produktionsausstattung - Verkaufspackung Kartonage 8 x 8 x 15 cm, 4-farbig, Herstellungspreise für Kartonagen:	ab 3.700,-	---	ab 500,-	ab 800,-	200,-	ab 650,-
Poster/Plakate - DIN A 1, 4-farbig, einseitig, Papier: 150 g/qm, holzfrei, weiß Offset:	3.000,-	800,-	500,-	900,-	100,-	1.300,-
- 6/1 Plakat, 4-farbig in 3 Bogen DIN A 0, 150 g/qm holzfrei weiß:	4.600,-	1.100,-	900,-	1.700,-	ab 100,-	3.600,-

Abb.: Kostenstruktur, Angaben in DM (Quelle: Etat-Kalkulator 1999/2000, S. 13)

Werbemittel	Kontakt/ Konzeption Layout	Alternative/ Änderung	Konzeption/ Idee/Text	DTP-Realisation	Text-erfassung	Repro-duktion
Anzeigen - Fachanzeige: Format 1/1-seitig, einfarbig:	2.200,-	---	ab 600,-	ab 400,-	100,-	160,-
- Puplikumsanzeige: Format 1/1-seitig, 4-farbig:	4.100,-	---	ab 900,-	ab 850,-	100,-	310,-
Prospekt - DIN A 4, 2-seitig, 2/2-farbig, Papier: 135 g/qm Samtoffset:	1.800,-	450,-	ab 650,-	650,-	150,-	310,-
Prospekt/Beihefter - DIN A 4, 2-seitig, 4/4-farbig, Papier: 170 g/qm Bilderdruck:	2.100,-	500,-	ab 650,-	700,-	150,-	460,-
Prospekt/Beihefter - DIN A 4, 4-seitig, 4/4-farbig, Papier: 170 g/qm Bilderdruck:	3.100,-	700,-	1.100,-	1.300,-	250,-	950,-
Prospekt - DIN A 4, 6-seitig, 4/4-farbig, Papier: 135 g/qm Bilderdruck:	3.500,-	800,-	1.300,-	1.500,-	350,-	1.500,-
Prospekt - Sammelprospekt, Jubiläumsschrift, Geschäftsbericht, Dokumentation DIN A 4, 16-seitig, 135 g/qm Kunstdruck plus 4 S. Umschlag, 250 g/qm Kunstdruck 4/4-farbig Rückstichheftung:	7.400,-	1.800,-	ab 3.300,-	4.000,-	1.000,-	3.750,-
Katalog - DIN A 4, 4-farbig 6-seitig, 135 g/qm Kunstdruck plus 4 S. Umschlag 170 g/qm Kunstdruck drucklackiert, Rückstichheftung:	13.400,-	3.600,-	ab 4.200,-	6.400,-	ab 1.800,-	6.700,-
Katalog - ca.DIN A 5, 4/4-farbig, 116 S., 65 g/qm, weiß Bilderdruck, Rollenoffset Rückstichheftung:	17.000,-	4.500,-	5.000,-	11.000,-	ab 3.000,-	10.800,-

6. Kontrollfragen zu Teil XVII

1. Durch welche vier Effekte lässt sich die Überlegenheit von Bildern in der Werbewirkung erklären? Bitte kurz erläutern.
2. Erläutern Sie den Begriff goldener Schnitt.
3. Welche Informationen muss ein ausführliches Briefing beinhalten?
4. Welche Daten müssen für eine Standortanalyse (Ist-Situationsanalyse) eines Unternehmens beschafft werden?
5. Nennen Sie die sechs Wirkungsbereiche von kommunikativen Zielen, die sich auf den Empfänger beziehen.
6. Zählen Sie einige Beispiele für kommunikative Ziele auf.
7. Nach welchen Kriterien kann die Festlegung der Zielgruppen erfolgen?
8. Nennen Sie die drei Entwicklungsstufen der visuellen und verbalen Umsetzung einer Werbebotschaft.
9. Welche Fragen muss man sich bei der Planung einer Werbebotschaft stellen?
10. Aus welchen Elementen setzt sich die Copy-Strategie zusammen?
11. Was verstehen Sie unter den Begriffen Massen-, Gruppen- und Individualkommunikation? Geben Sie bitte jeweils einige Beispiele.
12. Welches sind die wichtigsten Gestaltungselemente einer Anzeige?
13. Mit welchen Mitteln lässt sich beim Gestalten eines TV-Spots die Aufmerksamkeit des Zuschauers steigern?
14. Welche Regeln sind bei der Gestaltung von Plakaten zu berücksichtigen?

7. Literaturverzeichnis zu Teil XVII

Berndt, R. / Hermanns, A., Hrsg.: Handbuch Marketing-Kommunikation, Wiesbaden 1993.

Etat-Kalkulator 1999/2000, Freiburg 1999.

Irle, M.: Lehrbuch der Sozialpsychologie, Göttingen, Toronto, Zürich 1975.

Keitz, B. von: Wirksame Fernsehwerbung, Würzburg 1983.

Kerner, G. / Duroy, R.: Bildsprache 1 – Lehrbuch für den Fachbereich Bildende Kunst, 6. Auflage, München 1985.

Koschnick, J. W.: Standard-Lexikon für Marketing, Marktkommunikation, Markt- und Mediaforschung, München 1987.

Koschnick, W.J.: Standard-Lexikon Werbung, Verkaufsförderung, Öffentlichkeitsarbeit, 1. Auflage, München 1996.

Koschnick, W.J.: Lexikon Marketing (Enzyklopädie des Marketing I), 2. Auflage, Stuttgart 1997.

Nieschlag, R. / Dichtl, E. / Hörschgen, H.: Marketing, 16. Auflage, Berlin 1991.

Noelle-Neumann, E. / Schulz, W. / Wilke, J., Hrsg.: Fischer Lexikon Publizistik und Massenkommunikation, Frankfurt am Main 1994.

Pawletko, P.: Layouten, hrsg. in Zusammenarbeit mit „novum gebrauchsgraphik", München 1992.

Pepels, W.: Lexikon des Marketing, München 1996.

Pepels, W.: Praxiswissen Marketing, München 1996.

Poth, L. G., u. a.: Praktisches Lehrbuch der Werbung, 4. Auflage, Landsberg am Lech 1988.

Schulisch, O.: Informationstheorie, Vorlesungsmanuskripte an der Fachhochschule für Druck, Stuttgart 1986.

Siemoneit, M.: Typographisches Gestalten – Regeln und Tips für die richtige Gestaltung von Drucksachen, 3. Auflage, Frankfurt am Main 1989.

Tietz, B., Hrsg.: Die Werbung – Handbuch der Kommunikations- und Werbewirtschaft, Band 3, Landsberg am Lech 1982.

Unger, F. Prof.: Werbemanagement, Heidelberg 1989.

Urban, D.: Text im Kommunikationsdesign – Zur Gestaltung von Texten für die visuell-verbale, audio-verbale und audio-visuell-verbale Kommunikation, hrsg. in Zusammenarbeit mit „novum gebrauchsgraphik", München 1980.

Urban, D.: Anzeigen gestalten, hrsg. in Zusammenarbeit mit „novum gebrauchsgraphik", München 1992.

Teil XVIII Produktion Print- und Non-Print-Medien

1. Einführung

Technologische Voraussetzungen der Massenkommunikation

Der Mainzer Goldschmied Johannes Gutenberg schuf um das Jahr 1440 die technischen Voraussetzungen zur Massenkommunikation. Er erfand keineswegs den Buchdruck, denn gedruckt wurde bereits im 7. Jahrhundert unserer Zeitrechnung in China, sondern den Druck mit beweglichen Lettern. Dieses technologische System versetzte die Drucker in die Lage, Informationen wesentlich schneller und zu ökonomisch vertretbaren Bedingungen zu vervielfältigen als mit dem bis dahin ausschließlich bekannten Abschreiben von Hand.

Die Genialität dieser Erfindung wird an der Tatsache deutlich, dass das Verfahren über 500 Jahre hinweg praktisch unverändert genutzt wurde. Wie das Erstlingswerk Gutenbergs, das „Mainzer Fragment vom Weltgericht" im Jahr 1445, und sein Hauptwerk, die 42-zeilige Bibel, wurden noch bis in die 60er-Jahre des 20. Jahrhunderts Druckformen im Handsatz aus Einzelbuchstaben zusammengesetzt, die nach dem Druck erneut verwendet werden konnten.

Mit der Erfindung der Schnellpresse im Jahr 1812 schuf dann Friedrich Koenig die Voraussetzungen zur industriellen Fertigung größerer Auflagen, wobei die damals erreichte Stundenleistung von 1.100 Bogen, im Vergleich zur Produktivität moderner Druckmaschinen, bescheiden erscheint.

Weit mehr als in den Jahrhunderten zwischen 1500 und 1900 hat sich die Technik, speziell in den Druckvorstufen Satz und Reproduktion, in den vergangenen 10 Jahren verändert. Die Elektronik hat sich durchgesetzt und verändert die Abläufe in den Druckereien immer wieder.

2. Fertigungsbereiche Druck

Der klassische mehrstufige Druckbetrieb gliedert sich in die Vorstufe (Prepress, ehemals Satz und Reproduktion), Druckformherstellung und Druck sowie die Druckverarbeitung. Im folgenden Schema sind die Schnittstellen, die Bereiche, in die der Auftraggeber mit seinen Entscheidungen direkt eingreifen kann, mit einem Raster unterlegt.

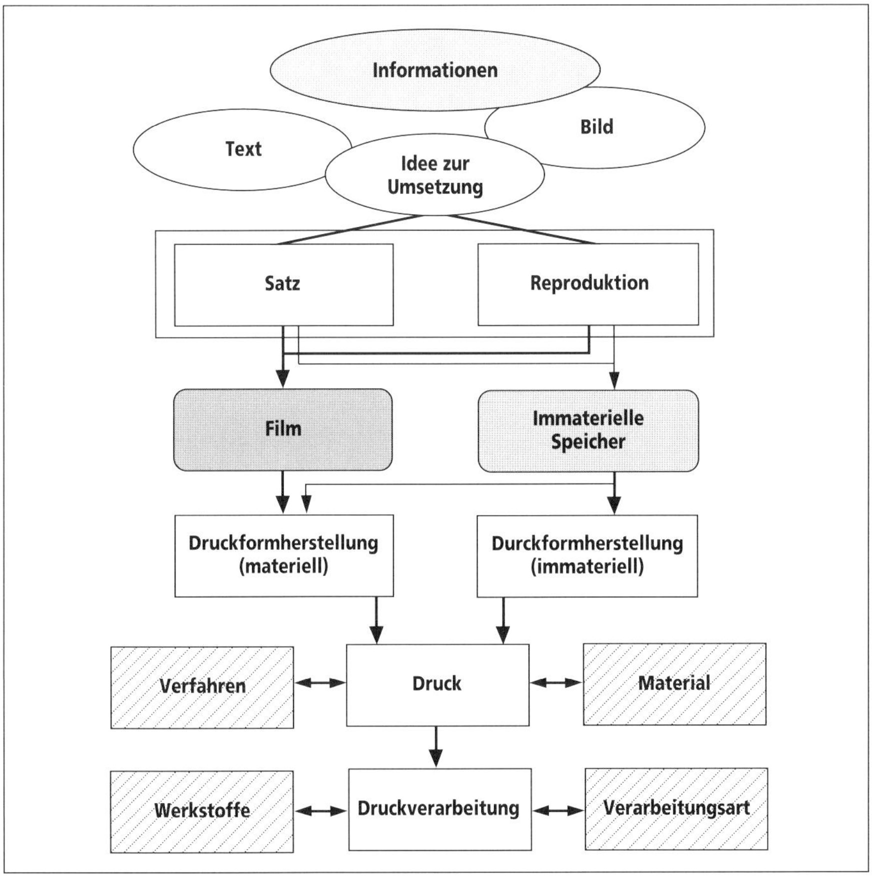

Abb.: Fertigungsstufen Druck

3. Drucktechnologie

Zur optimalen Bewältigung der unterschiedlichsten Aufgaben stehen der Druckindustrie eine Vielzahl verschiedener Technologien zur Verfügung. Neben den Hauptdruckverfahren Flach-, Hoch- und Tiefdruck existiert eine Reihe weiterer Verfahren und Verfahrensvarianten. In Zukunft werden Non-Impact-Verfahren (Laserdruck, Magnetografie) zunehmend an Bedeutung gewinnen. Alle diese Verfahren begründen spezifische Erzeugniseigenschaften und stellen entsprechende Anforderungen an die Vorstufe und die Weiterverarbeitung der Drucke.

Vom technologischen Wandel besonders betroffen war die Vorstufe. Innerhalb weniger Jahre hat sich die Technologie zur Herstellung von Druckerzeugnissen mehrfach verändert. Bis weit in die 90er-Jahre schufen ausschließlich Reproanstalten oder Reproabteilungen in mehrstufigen Druckereien mit hoch qualifizierten Mitarbeitern unter Einsatz monofunktionaler Geräte die Voraussetzungen zur drucktechnischen Wiedergabe von Bildern.
Die neuen Technologien zur Bildverarbeitung sind dagegen praktisch für jedermann verfügbar und können gleichermaßen von Agentur, Vorstufen- und Druckereiunternehmen genutzt werden. Dies gilt ebenso für die Software, z. B. verwenden sowohl Reprospezialisten als auch Grafik-Designer das Programm Adobe Photoshop. Jedoch darf daraus keinesfalls der Eindruck entstehen, dass die Computertechnik handwerkliches Können bei der Text- und Bildverarbeitung entbehrlich macht.

Eine auch nur grobe Darstellung der gesamten Drucktechnik ist auf dem zur Verfügung stehenden Raum in diesem Kapitel nicht möglich. Der Autor versucht, wesentliche Aspekte der zur Produktion gedruckter Werbemittel relevanten Vorgänge verständlich darzustellen. Interessenten werden zum tieferen Studium der einzelnen Fachgebiete die im Literaturverzeichnis aufgeführten Titel empfohlen.

3.1 Druckvorstufe

3.1.1 Typographie

Informationen müssen gestalterisch aufbereitet werden, damit für den Leser optimale Bedingungen zur Aufnahme entstehen. Dazu stehen die typographischen Mittel Schrift, Bild, Fläche, Format und Linie zur Verfügung.

Schriftgeschichte

Aus den bildhaften Vorstufen der Schrift, den frühzeitlichen Darstellungen in Höhlen und auf Felsen oder den Knotenschriften der Inkas, entwickelten sich Silben- und letztendlich Buchstabenschriften. Für jeden Laut existiert hier ein Schriftzeichen. Durch Kombination relativ weniger Zeichen lassen sich komplexe Sachverhalte darstellen.

Diese Zerlegung der Sprache in kleinste Lauteinheiten und somit die Entwicklung des heute gebräuchlichen Alphabets geht auf die Phönizier (etwa 1200 v. Chr.) zurück. Die Griechen übernahmen um 900 v. Chr. diese Schriftzeichen, veränderten und ergänzten sie.
Die Römer übernahmen das griechische Alphabet und entwickelten bis zum 1. Jahrhundert v. Chr. die Capitalis, ein reines Versalalphabet. Das Schreiben auf Pergament und Papyrus veränderte die Zeichen erneut zur Uniziale, bei der die Vorläufer der Kleinbuchstaben sichtbar und dann in der karolingischen Minuskel voll ausgebildet wurden.

In der Gotik entwickelten sich im Norden Europas die gebrochenen Schriften, die beispielsweise in der Gutenberg-Bibel Verwendung fanden. Nahezu gleichzeitig entstand, während der französischen und italienischen Renaissance im Süden, die lateinische Schrift.

Aus der Kombination der römischen Versalbuchstaben und der karolingischen Minuskel ging die Renaissance-Antiqua hervor, Klassizistische und Barock-Antiqua folgten. Im 19. und 20. Jahrhundert entstanden dann serifenbetonte und serifenlose Schriften.

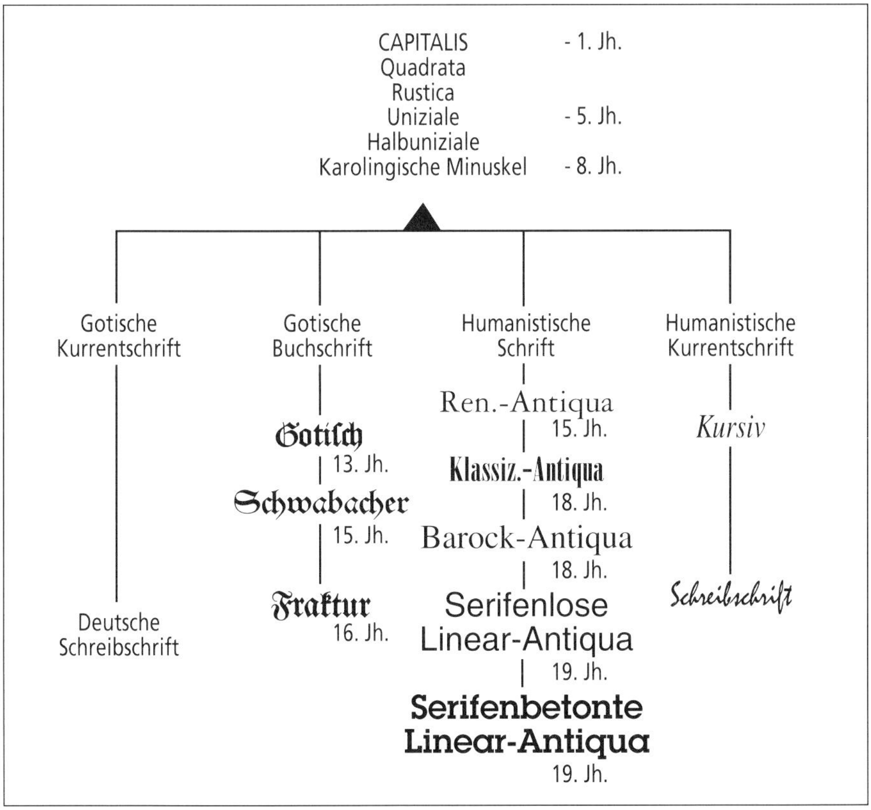

Abb.: Stammbaum der Druckschriften

Schriftklassifikation

Für gestalterische Aufgaben steht heute ein nahezu unüberschaubares Angebot verschiedener Schriften aller Stile zur Verfügung, die in DIN 16518 klassifiziert werden:

Gruppe 1	*Venezianische Renaissance-Antiqua*
Gruppe 2	*Französische Renaissance-Antiqua*
Gruppe 3	*Barock-Antiqua*
Gruppe 4	*Klassizistische Antiqua*
Gruppe 5	*Serifenbetonte Linear-Antiqua*
Gruppe 6	*Serifenlose Linear-Antiqua*
Gruppe 7	*Antiquavarianten*
Gruppe 8	*Schreibschriften*
Gruppe 9	*Handschriftliche Antiqua*
Gruppe 10	*Gebrochene Schriften*

Charakteristisches Merkmal der Antiqua-Schriften ist die Serife, ein Querstrich auf den Senkrechten. Die Form dieser Serife ergab sich ursprünglich aus der Art und Weise, mit der die Werkzeuge, beispielsweise Meißel oder Breitfeder, gehalten wurden. Diese Formen wurden grundsätzlich erhalten.

Renaissance-Antiqua

Renaissance-Antiqua

Das Bild, das beim Schreiben mit einer schräg angesetzten Breitfeder entsteht, ist die Vorlage für die in den Gruppen 1 und 2 angeführte venezianische und französische Renaissance-Antiqua. Die Schriften weisen relativ geringe Strichstärkendifferenzen auf und wirken sehr zurückhaltend und harmonisch. Ein weiteres Merkmal ist die schräg nach links geneigte Achse durch Zeichen mit Rundungen (b, c, o, q etc.). Bedeutende Vertreter sind Bembo, Garamond, Palatino und Sabon.

Barock-Antiqua

Barock-Antiqua

Die Barock-Antiqua unterscheidet sich durch die gerade stehende Achse und eine deutlich größere Differenz der Strichstärken von der Renaissance-Antiqua. Der Serifenansatz ist flacher als bei den Schriften der beiden ersten Gruppen. Die Versalbuchstaben haben die gleiche Höhe wie die Oberlängen der Gemeinen, das führt in deutschen Texten oft zu einer Überbetonung der Versalbuchstaben. Zu dieser Gruppe gehören Schriften wie Times, Caslon und Baskerville.

Die korrekte und zweifelsfreie Zuordnung der Schriften zu den drei Gruppen ist nicht immer einfach, zumal bei vielen Schriften die Stilmerkmale verwischt sind.

Klassizistische Antiqua

Eindeutig erkennbar ist die Klassizistische Antiqua am extremen Kontrast der Strichstärken. Die kraftvollen senkrechten Striche sitzen ansatzlos auf den feinen Serifen auf. Aus diesen Schriften spricht die Rationalität der Aufklärung.

Serifenbetonte Linear-Antiqua

Die Eigenart der serifenbetonten Linear-Antiqua wird schon im Namen ersichtlich. Die Serife zeigt dieselbe oder annähernd dieselbe Strichstärke wie die anderen Elemente des Buchstabens. Bei der speziellen Form „Italienne“ sind die Serifen sogar stark überbetont.

Serifenlose Linear-Antiqua
Die serifenlose Linear-Antiqua, die in der Praxis häufig als Grotesk bezeichnet wird, verzichtet auf jede Serife. Das beginnende Industriezeitalter spiegelt sich in diesen abstrahierten Formen wider. Bedeutende Vertreter der Gruppe sind Akzidenz-Grotesk, Avant Garde, Futura, Helvetica und Univers.

Sonstige Schriften
Die Gruppen 1 bis 6 der Norm haben in der Praxis der Satztechnik überragende Bedeutung. Im Rahmen dieses Kapitels sollen die anderen Gruppen lediglich exemplarisch dargestellt werden.

Die Gruppe 7 ist ein Sammelbecken verschiedener Stile, die weder den Gruppen 1 bis 6 zugeordnet werden können noch klassische Schreibschriften sind. Die Schreibschriften in der Gruppe 8 unterscheiden sich nach dem Werkzeug, mit dem sie erstellt wurden: Spitzfeder, Breitfeder und Flachpinsel. Bei der Handschriftlichen Antiqua der Gruppe 9 ist der Schreibcharakter weitgehend erhalten. Hier steht die Achse senkrecht und die typische Neigung der Schreibschrift nach rechts fehlt.
Die gebrochenen Schriften setzen ein klares Gegengewicht zu den Antiquaformen. Alle Elemente, die dort rund sind, erscheinen mehr oder weniger gebrochen. Diese Schriften werden häufig als Frakturschriften bezeichnet, was nicht ganz korrekt ist, weil die Fraktur neben der Gotisch, der Rundgotisch und der Schwabacher lediglich eine Variante der gebrochenen Schrift ist.

Französische Renaissance-Antiqua

Garamond roman

abcdefghijklmnopqrstuvwxyz
ABCDEFGHIJKLMNOPQRSTUVWXYZ
1234567890.,;:`´&!?

Habeg

Barock-Antiqua

Times roman

abcdefghijklmnopqrstuvwxyz
ABCDEFGHIJKLMNOPQRSTUVWXYZ
1234567890.,;:`´&!?

Habeg

Klassizistische Antiqua

Bodoni regular

abcdefghijklmnopqrstuvwxyz
ABCDEFGHIJKLMNOPQRSTUVWXYZ
1234567890.,;:`´&!?

Habeg

Serifenbetonte Linear-Antiqua

Lubalin Graph book

abcdefghijklmnopqrstuvwxyz
ABCDEFGHIJKLMNOPQRSTUVWXYZ
1234567890.,;:``&!?

Habeg

Serifenlose Linear-Antiqua

Helvetica roman

abcdefghijklmnopqrstuvwxyz
ABCDEFGHIJKLMNOPQRSTUVWXYZ
1234567890.,;:``&!?

Habeg

Avant Garde book

abcdefghijklmnopqrstuvwxyz
ABCDEFGHIJKLMNOPQRSTUVWXYZ
1234567890.,;:``&!?

Habeg

Antiqua-Varianten

Colossalis

abcdefghijklmnopqrstuvwxyz
ABCDEFGHIJKLMNOPQRSTUVWXYZ
1234567890.,;:``&!?

Habeg

Schreibschriften

Bellevue

abcdefghijklmnopqrstuvwxyz
ABCDEFGHIJKLMNOPQRSTUVWXYZ
1234567890.,;:`&!?

Habeg

Handschriftliche Antiqua

Zapf Chancery

abcdefghijklmnopqrstuvwxyz
ABCDEFGHIJKLMNOPQRSTUVWXYZ
1234567890.,;:`&!?

Habeg

Gebrochene Schriften

Goudy Text MT

abcdefghijklmnopqrstuvwxyz
ABCDEFGHIJKLMNOPQRSTUVWXYZ
1234567890.,;:`&!?

Habeg

Abb.: Klassifikation der Druckschriften nach DIN 16518

Schriftwahl

Bei der Schriftwahl muss auf Harmonie zwischen der Anmutung einer Schrift, ihrem spezifischen Charakter und der textlichen Aussage geachtet werden. Die folgende Abbildung zeigt, wie die Schrift mit ihrer spezifischen Form die Lesbarkeit und inhaltliche Aussage unterstützen bzw. behindern kann.

Problematisch ist das Mischen verschiedener Schriften oder Schriftstile. Können die Schnitte innerhalb einer Schriftfamilie praktisch uneingeschränkt gemeinsam benutzt werden, so dürfen Schriften einer Stilrichtung, z. B. verschiedene Schreibschriften, nicht kombiniert werden.

> Bei vielen Menschen bleiben die Laster nur deshalb verborgen, weil die Machtmittel fehlen. *Wären diese vorhanden, würden sich die Fehler genauso hervorwagen wie jene, welche der Erfolg bereits zu Tage treten ließ.*
>
> *Bei vielen Menschen bleiben die Laster nur deshalb verborgen, weil die Machtmittel fehlen.* Wären diese vorhanden, würden sich die Fehler genauso hervorwagen wie jene, welche der Erfolg bereits zu Tage treten ließ.

Abb.: Richtige und falsche Schriftwahl

Schriftfamilie

Jede Schrift besitzt verschiedene Varianten, die zur Hervorhebung und zur Auszeichnung bestimmter Textpassagen, ohne Wechsel des Schriftgrades, dienen. Grundsätzlich wird unterschieden in gerade stehende und kursive, magere, halbfette und fette, normale, breite und schmale Schnitte.

Frutiger Light
Frutiger Light Italic
Frutiger Roman
Frutiger Italic
Frutiger Bold
Frutiger Bold Italic
Frutiger Black
Frutiger Black Italic
Frutiger Ultra Black

Abb.: Schriftfamilie

Schriftgrade

Schriften müssen für ganz unterschiedliche Anwendungen in verschiedenen Größen darstellbar sein. Basis der Schriftgrößenbestimmung ist auch heute noch der Kegel, ein Relikt aus Bleisatz-Zeiten. Aus der Kegelgröße lässt sich nur sehr bedingt auf die tatsächliche Größe des einzelnen Zeichens schließen, da jeder Schriftkünstler individuelle Proportionen für seine Schrift wählt. In den nachfolgenden Darstellungen wird deutlich, dass Schriften identischer Kegelgrößen objektiv unterschiedlich große Schriftbilder haben.

10 p	Frutiger Roman	Avant Garde
12 p	Frutiger Roman	Avant Garde
14 p	Frutiger Roman	Avant Garde
16 p	Frutiger Roman	Avant Garde
18 p	Frutiger Roman	Avant Garde

Abb.: Schriftgrade

Typographische Maßsysteme

In der Praxis konkurrieren mit dem typographischen Punkt nach Didot und dem metrischen Millimeter zwei Maßsysteme. Das typographische Maßsystem hat in der täglichen Praxis nach wie vor eine große Bedeutung. Ein typographischer Punkt (p) entspricht 0,376 mm, ein Millimeter 2,66 Punkten. Auf modernen Satzsystemen kann in beiden Maßsystemen in Ein-Punkt-Abständen gesetzt werden.
Die klassische Gliederung der Schriftgrade (6, 7, 8, 9, 10, 11, 12, 14, 16, 20, 24 p usw.) ist somit aus technischen Gründen nicht mehr bindend. Grundsätzlich werden Konsultationsgrößen (6 bis 8 p) für reine Abfragetexte, Lesegrößen (9 bis 12 p) und Schaugrößen (ab 14 p) für Überschriften oder Texte, die aus größerem Abstand lesbar sein müssen, unterschieden.

Satzarten

Aus gleichen bzw. unterschiedlichen Zeilenbreiten resultieren die Satzarten Blocksatz, links- bzw. rechtsbündiger Flattersatz, Satz auf Mitte sowie Konturen-, Formen- und Figurensatz. Bei der Wahl der Satzart muss die Lesbarkeit im Vordergrund stehen, reine Ornamentik ist abzulehnen.

Blocksatz

Weisen alle Zeilen einer Spalte die gleiche Breite auf, spricht man vom Blocksatz. Bei dieser ruhig wirkenden Satzart entstehen unterschiedliche Wortzwischenräume. Es ist darauf zu achten, dass diese nicht zu groß werden, sondern etwa einem Drittel der Schriftgröße entsprechen.

Blocksatz

Bei vielen Menschen bleiben die Laster nur deshalb verborgen, weil die Machtmittel fehlen. Wären diese vorhanden, würden sich die Fehler genauso hervorwagen wie jene, welche der Erfolg bereits zu Tage treten ließ. Es fehlt diesen Leuten nur an den Werkzeugen, ihre Schlechtigkeit zu entfalten. So kann man die giftigste Schlange ohne weiteres berühren, solange sie vor Kälte starr ist. Seneca

Flattersatz rechtsbündig

Bei vielen Menschen bleiben die Laster
nur deshalb verborgen, weil die
Machtmittel fehlen. Wären diese
vorhanden, würden sich die Fehler genau-
so hervorwagen wie jene, welche der
Erfolg bereits zu Tage treten ließ.
Es fehlt diesen Leuten nur an den
Werkzeugen, ihre Schlechtigkeit
zu entfalten. So kann man die giftigste
Schlange ohne weiteres berühren,
solange sie vor Kälte starr ist. Seneca

Flattersatz linksbündig

Bei vielen Menschen bleiben die Laster
nur deshalb verborgen, weil die
Machtmittel fehlen. Wären diese
vorhanden, würden sich die Fehler genau-
so hervorwagen wie jene, welche der
Erfolg bereits zu Tage treten ließ.
Es fehlt diesen Leuten nur an den
Werkzeugen, ihre Schlechtigkeit
zu entfalten. So kann man die giftigste
Schlange ohne weiteres berühren,
solange sie vor Kälte starr ist. Seneca

Rausatz

Bei vielen Menschen bleiben die Laster nur
deshalb verborgen, weil die Machtmittel
fehlen. Wären diese vorhanden, würden
sich die Fehler genauso hervorwagen wie
jene, welche der Erfolg bereits zu Tage
treten ließ. Es fehlt diesen Leuten nur an
den Werkzeugen, ihre Schlechtigkeit zu
entfalten. So kann man die giftigste
Schlange ohne weiteres berühren, solange
sie vor Kälte starr ist. Seneca

Formen und Figurensatz

Bei vielen Menschen bleiben die
Laster nur deshalb verborgen, weil
die Machtmittel fehlen. Wären diese
vorhanden, würden sich die Fehler genau-
so hervorwagen wie jene, welche der
Erfolg bereits zu Tage treten ließ.
Es fehlt diesen Leuten nur an
den Werkzeugen, ihre Schlech-
tigkeit zu entfalten. So kann man
die giftigste Schlange ohne weiteres
berühren, solange sie vor Kälte starr ist.
Seneca

Satz auf Mitte

Bei vielen Menschen bleiben die
Laster nur deshalb verborgen,
weil die Machtmittel fehlen.
Wären diese vorhanden,
würden sich die Fehler genauso
hervorwagen wie jene, welche
der Erfolg bereits zu Tage treten ließ.
Es fehlt diesen Leuten
nur an den Werkzeugen,
ihre Schlechtigkeit zu entfalten.
So kann man die giftigste Schlange
ohne weiteres berühren,
solange sie vor Kälte starr ist.
Seneca

Abb.: Satzarten

Spaltenbreite zu schmal
Durchschuss zu groß

Halte dir die rasende Schnelligkeit der Zeit vor Augen, bedenke die Kürze der Bahn, die wir wie gepeitscht durchstürmen, betrachte den Zug des Menschengeschlechtes, der ein und demselben Ziele entgegenstrebt, nur durch kleine Zwischenräume getrennt – auch dort, wo diese uns groß erscheinen. Der, von dem du glaubst, er sei zugrunde gegangen, ist in Wirklichkeit nur vorausgesandt. Was aber ist törichter, als den zu beweinen, der dir vorangegangen ist: musst doch auch du einmal denselben Weg durch-

Spaltenbreite und
Durchschuss harmonisch

Halte dir die rasende Schnelligkeit der Zeit vor Augen, bedenke die Kürze der Bahn, die wir wie gepeitscht durchstürmen, betrachte den Zug des Menschengeschlechtes, der ein und demselben Ziele entgegenstrebt, nur durch kleine Zwischenräume getrennt – auch dort, wo diese uns groß erscheinen. Der, von dem du glaubst, er sei zugrunde gegangen, ist in Wirklichkeit nur vorausgesandt. Was aber ist törichter, als den zu beweinen, der dir vorangegangen ist: musst doch auch du einmal denselben Weg durchmessen. Weint man denn über ein Geschehen, von dem man immer wusste, dass es einmal eintreffen wird? Wer beim Menschen nicht an die Sterblichkeit denkt, täuscht sich selbst. Beweint einer ein Geschehen, das zugegebenermaßen auf jeden Fall eintreten wird?

Spaltenbreite zu breit

Halte dir die rasende Schnelligkeit der Zeit vor Augen, bedenke die Kürze der Bahn, die wir wie gepeitscht durchstürmen, betrachte den Zug des Menschengeschlechtes, der ein und demselben Ziele entgegenstrebt, nur durch kleine Zwischenräume getrennt – auch dort, wo diese uns groß erscheinen. Der, von dem du glaubst, er sei zugrunde gegangen, ist in Wirklichkeit nur vorausgesandt. Was aber ist törichter, als den zu beweinen, der dir vorangegangen ist: musst doch auch du einmal denselben Weg durchmessen. Weint man denn über ein Geschehen, von dem man immer wusste, dass es einmal eintreffen wird? Wer beim Menschen nicht an die Sterblichkeit denkt, täuscht sich selbst. Beweint einer ein Geschehen, das zugegebenermaßen auf jeden Fall eintreten wird?

Spaltenbreite zu breit, Durchschuss zu gering

Halte dir die rasende Schnelligkeit der Zeit vor Augen, bedenke die Kürze der Bahn, die wir wie gepeitscht durchstürmen, betrachte den Zug des Menschengeschlechtes, der ein und demselben Ziele entgegenstrebt, nur durch kleine Zwischenräume getrennt – auch dort, wo diese uns groß erscheinen. Der, von dem du glaubst, er sei zugrunde gegangen, ist in Wirklichkeit nur vorausgesandt. Was aber ist törichter, als den zu beweinen, der dir vorangegangen ist: musst doch auch du einmal denselben Weg durchmessen. Weint man denn über ein Geschehen, von dem man immer wusste, dass es einmal eintreffen wird? Wer beim Menschen nicht an die Sterblichkeit denkt, täuscht sich selbst. Beweint einer ein Geschehen, das zugegebenermaßen auf jeden Fall eintreten wird?

Abb.: Verschiedene Spaltenbreiten

Flattersatz

Beim dynamisch wirkenden Flattersatz wird die Zeilenlänge durch inhaltliche Kriterien bestimmt, Trennungen gibt es wenige oder keine. Die Zeilen können dabei links- oder rechtsbündig angeordnet werden.

Erfolgt die Variation der Zeilenlängen nach rein ästhetischen Gesichtspunkten in einer relativ engen Zone, so entsteht als gemäßigte Variation des Flattersatzes der Rausatz.

Formen- und Figurensatz

Der Konturen-, Formen- oder Figurensatz ordnet die Zeilen um eine bestehende Figur herum an oder schafft durch die Zeilen eine Form bzw. eine Figur.

Satz auf Mitte

Werden die Zeilen zentriert, so „flattert" der Text auf beiden Seiten. Diese Satzart sollte ebenso wie rechtsbündiger Flattersatz wegen der verminderten Lesbarkeit nur bei Arbeiten mit geringem Textumfang angewendet werden.

Zeilenbreiten

Die Lesbarkeit von Texten leidet unter zu langen Zeilen. Ideal sind etwa 60 Zeichen je Zeile. Bei zu kurzen Zeilen entstehen zu viele Trennungen und in Verbindung mit Blocksatz häufig zu große Wortzwischenräume.

Durchschuss

Auch der Zeilenzwischenraum beeinflusst die Lesbarkeit. Zwischen Schriftart, Schriftgröße, Zeilenbreite und Durchschuß muss ein harmonisches Verhältnis entstehen. Weder ein starkes Aufeinanderpressen noch ein zu weiter Abstand sind wünschenswert.

Kompress (10 Punkt/3,75 mm)

Bei vielen Menschen bleiben die Laster nur deshalb verborgen, weil die Machtmittel fehlen. Wären diese vorhanden, würden sich die Fehler genauso hervorwagen wie jene, welche der Erfolg bereits zu Tage treten ließ. Es fehlt diesen Leuten nur an den Werkzeugen, ihre Schlechtigkeit zu entfalten. So kann man die giftigste Schlange ohne weiteres berühren, solange sie vor Kälte starr ist.

+ 2 Punkt Durchschuss (10 Punkt/4,5 mm)

Bei vielen Menschen bleiben die Laster nur deshalb verborgen, weil die Machtmittel fehlen. Wären diese vorhanden, würden sich die Fehler genauso hervorwagen wie jene, welche der Erfolg bereits zu Tage treten ließ. Es fehlt diesen Leuten nur an den Werkzeugen, ihre Schlechtigkeit zu entfalten. So kann man die giftigste Schlange ohne weiteres berühren, solange sie vor Kälte starr ist.

+ 3 Punkt Durchschuss (10 Punkt/5 mm)

Bei vielen Menschen bleiben die Laster nur deshalb verborgen, weil die Machtmittel fehlen. Wären diese vorhanden, würden sich die Fehler genauso hervorwagen wie jene, welche der Erfolg bereits zu Tage treten ließ. Es fehlt diesen Leuten nur an den Werkzeugen, ihre Schlechtigkeit zu entfalten. So kann man die giftigste Schlange ohne weiteres berühren, solange sie vor Kälte starr ist.

Abb.: Verschiedene Zeilenabstände

3.1.2 Layout und Manuskript

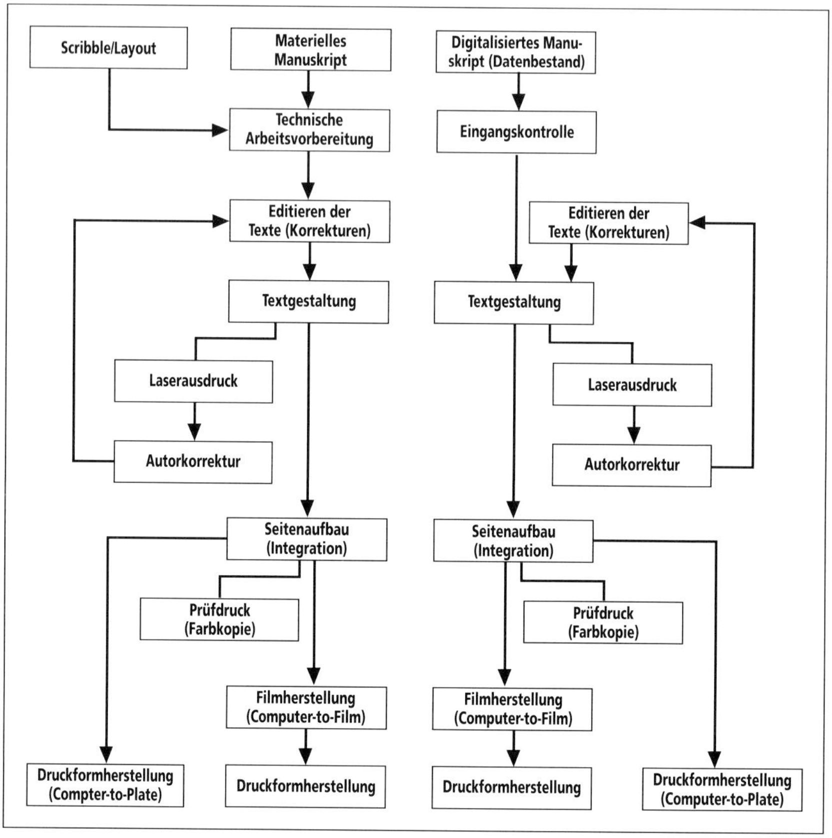

Abb.: Fertigungsablauf Druckvorstufe, Teilbereich Textbe- und -verarbeitung

Layout

Ein Layout ist ein skizzenhaftes bis detailliertes Auslegen einer Idee. Grundsätzlich unterscheidet man, je nach Perfektionsgrad, Scribble (grobe Skizze in Strichmanier), Rohlayout und Darstellungsformen, die eine nahezu perfekte Illusion des Druckes vermitteln (Reinlayout).

Das Layout fixiert die Vorstellungen des Entwerfers, es dient zur Übermittlung dieser Idee an den Auftraggeber und der fachlich eindeutigen Verständigung mit dem Setzer, dem Reprofotografen und dem Drucker. Es hat exakte Vorstellungen im Hinblick auf den gedruckten Endzustand zu vermitteln.

Manuskript

Das Manuskript muss im Vorfeld bereits so vorbereitet werden, dass spätere Korrekturen auf ein Minimum begrenzt werden können. Neben der selbstverständlichen Forderung nach einer einwandfreien Lesbarkeit müssen beispiels-

weise einheitliche Schreibweisen von Namen und Abkürzungen, aber auch formale Dinge, z. B. die Form der Anführungen, geregelt sein.
Korrekturen sind eindeutig und unter Verwendung der in DIN 16511 festgelegten Korrekturzeichen am Rand anzuzeichnen. Die Korrekturvorschriften findet man ausführlich in Fachbüchern und im Duden dargestellt.

3.1.3 Technik der Druckvorstufe

Die früher gültige Trennung von Satz und Repro ist längst überholt. Die Vorstufentechnik basiert heute auf Macintosh-Rechnern bzw. dem PC, sie sind Werkzeuge des Electronic Publishing und ermöglichen die integrierte Bild- und Textverarbeitung.

Die Entwicklung zur volldigitalen Vorstufe ist sehr weit gediehen. Analog angelieferte Bilder wie Fotografien oder Dias werden zur Bearbeitung am Bildschirm digitalisiert, digitale Daten von CD-ROM, Cartridge oder Diskette übernommen oder per Netz über große Entfernungen überspielt. Bereits die fotografische Aufnahme kann unter Verwendung spezieller Kameratechnik digital erfolgen.
Der Seitenaufbau erfolgt am Bildschirm unter Verwendung vergleichsweise günstiger Standard-Software. Der fachlich korrekte Aufbau der Dateien mit korrekten Verknüpfungen ist Voraussetzung für den optimalen Workflow.

Wird heute noch ein erheblicher Teil der am Computer erzeugten Seiten auf Film ausgegeben, so setzen sich im Markt Systeme durch, mit denen aus dem Datenbestand direkt auf die Druckplatte belichtet wird (Computer-to-Plate) oder die Druckform direkt in der Druckmaschine „bebildert" wird (Computer-to-Press).

Computer-to-Plate
Computer-to-Press

Texterfassung

Bei der Texterfassung verlagert sich ein Teil der Aufgaben von der Setzerei zum Auftraggeber, der häufig bereits erstellte Layoutdaten und erfasste Texte zur Übernahme liefert. Dabei wird der Datenaustausch zwischen Auftraggeber und Auftragnehmer zunehmend geringere Schwierigkeiten bereiten.
Allerdings darf nicht vergessen werden, dass eine wesentliche Voraussetzung für den Erfolg weniger das technische System, sondern vielmehr die satz- und reprotechnische Qualifikation des Personals ist.

Datenkonversion und Optical Character Recognition (OCR)

Nahezu alle Daten, die in EDV-Systemen unterschiedlichster Art und Größe erzeugt wurden, können in Satzsysteme übernommen und satztechnisch aufbereitet werden. Mit der Einführung moderner Netze wird die Fernübertragung von Daten erheblich vereinfacht und beschleunigt.

Konvertierung

OCR Bereits ausgedruckte Texte können über Flachbettscanner erneut eingelesen, in Dateien umgewandelt und dann wie erfasste Texte weiterverarbeitet werden.

Belichtung

Die Satz-Belichtung erfolgt wahlweise auf Fotopapier oder Film durch zeilenförmiges Aufzeichnen per Laserstrahl (Light Amplification by Stimulated Emission of Radiation), wobei bis zu 1.000 Linien je Zentimeter abgebildet werden.

3.2 Bildbearbeitung und -verarbeitung (Reproduktion)

Der Großteil der Werbedrucksachen ist ohne Abbildungen nicht vorstellbar. Speziell das farbige Bild spielt im modernen Design eine überragende Rolle. Der Produktioner muss geeignete Vorlagen bereitstellen, denn bereits mit der Vorlagenqualität wird zu einem nicht unerheblichen Teil die spätere Qualität des Druckerzeugnisses begründet.

Zielsetzung Ziel jeder drucktechnischen Reproduktion ist die Umsetzung eines grafischen Konzeptes sowie die tonwertidentische Wiedergabe von Originalvorlagen unter Berücksichtigung der reproduktions- und drucktechnischen Möglichkeiten und Grenzen.
Basis der reprotechnischen Umsetzung sind ein Layout, ein Manuskript sowie Vorlagen, die entweder als digitale Datenbestände oder als analoge Vorlagen (Diapositve, Reinzeichnungen, Drucke etc.) vorliegen.

Vorlagen

Reproduzierbar sind grundsätzlich alle zweidimensionalen Vorlagen. Im Fertigungsbereich Reproduktion werden diese entsprechend den drucktechnischen Anforderungen aufbereitet.

Im Offsetprozess wird, mit Ausnahme einiger Spezialanwendungen, ein seitenverkehrter Positivfilm, im Flexodruck ein seitenrichtiges Negativ und im Siebdruck ein seitenrichtiges Positiv benötigt.

Ungeeignet sind unscharfe und beschädigte Vorlagen. Reprofähig sind solche Vorlagen, die nach der Retusche weiterverarbeitet werden können. Ideal sind reproreife Vorlagen, die sich ohne vorherigen Aufwand reproduzieren lassen.

Vorlagen können folgendermaßen klassifiziert werden:

1. Strich- und Halbtonvorlagen

Halbtonvorlagen (Diapositive, Fotografien) weisen zwischen der hellsten und der dunkelsten Bildstelle eine ganze Reihe von Tonwerten (Tiefen, Mitteltöne,

Lichter) auf. Strichvorlagen haben keine Tonwertabstufungen, hier gibt es lediglich die Farbe der Bildelemente und den Hintergrund.

2. Aufsichts- und Durchsichtsvorlagen
Träger von Aufsichtsvorlagen sind undurchsichtige Materialien (Fotopapier, Papier, Karton), die Durchsichtsvorlagen sind transparent.

Vorlagen	Strich	Halbton	Aufsicht	Durchsicht	einfarbig	mehrfarbig
Aquarell		x	x			x
Color-Diapositiv		x		x		x
Farbfoto		x	x			x
Holzschnitt	x		x		x	
Schwarzweiß-Foto		x	x		x	
Techn. Zeichnung	x		x		x	
Reinzeichnung	x	x	x		x	x

Abb.: Vorlagen für die Reproduktion

Die Qualität der Vorlagen hat erhebliche Auswirkung auf das Druckergebnis. Ideal sind tonwertrichtige Aufsichts- (Fotos) bzw. Durchsichtsvorlagen (Diapositive).
Die reproduktionstechnische Umsetzung eines Originals auf die allgemeinen drucktechnischen und die speziellen verfahrenstechnischen Anforderungen des Offsetverfahrens erfordert je nach Zustand und Kundenwunsch unterschiedlichen fertigungstechnischen und damit verbunden finanziellen Aufwand.

Alle Bildinformationen (Farbe, Tonwerte) werden reprotechnisch so modifiziert, dass mit einem Minimum an Farben das gesamte Spektrum abgedeckt werden kann.

Der Fertigungsablauf soll am Beispiel einer Offsetreproduktion dargestellt werden, was die folgende Abbildung zeigt.

Farbauszug

Das naturwissenschaftliche Phänomen Licht erklärt Newton in seiner Korpuskulartheorie, nach der eine Lichtquelle viele Teilchen (Korpuskeln) aussendet. Huygens definiert bereits im Jahr 1690 Licht als elektromagnetische Wellen. Spezielle Rezeptoren im menschlichen Auge, die Zäpfchen, empfangen die Signale Blau, Grün und Rot. Durch Kombination entstehen alle anderen Farben. Unterschiedliche Helligkeiten und somit unterschiedliche Töne werden durch die Stäbchen wahrgenommen.

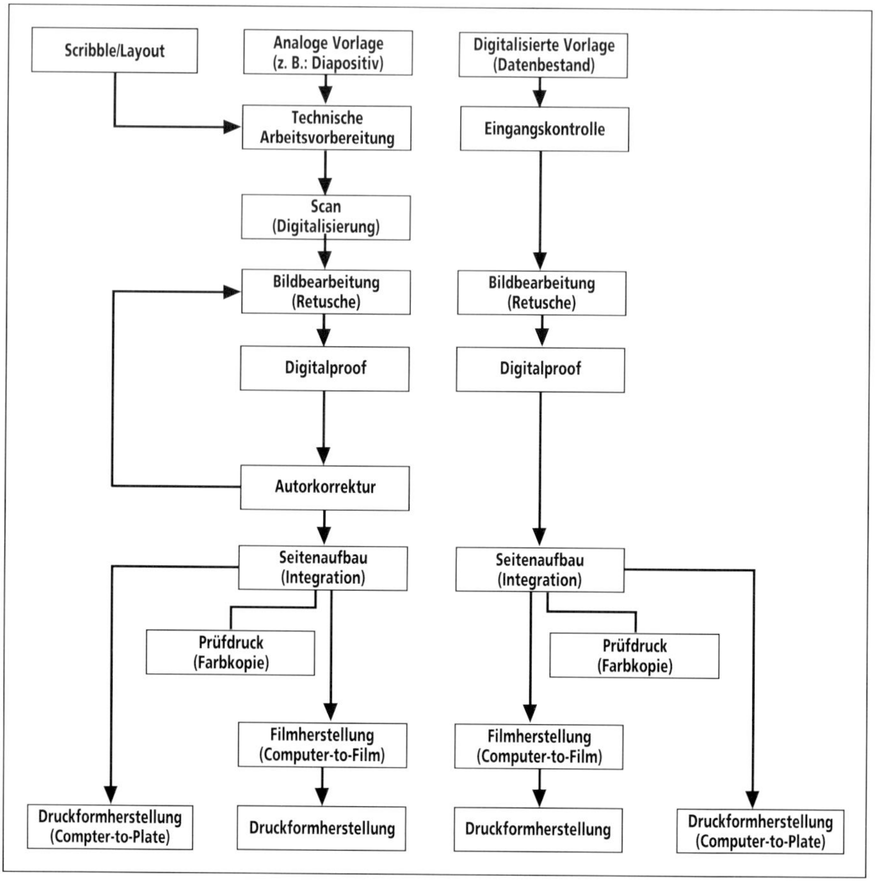

Abb.: Fertigungsablauf Druckvorstufe, Teilbereich Bildbe- und -verarbeitung

In der Summe kann das menschliche Auge etwa fünf Millionen Farbnuancen unterscheiden. Der Farbeindruck entsteht aus dem Absorptions- und Reflexionsverhalten von Gegenständen unter Berücksichtigung des Lichtes im Umfeld.

Additive Farbmischung

Die Grundfarben der additiven Farbmischung (Blau, Grün und Rot) addieren sich zu weißem Licht. Wenn dieses Licht auf eine Fläche fällt und von dort zu 100% reflektiert wird, so entsteht der Farbeindruck „Weiß". Wird dabei beispielsweise der Grünanteil absorbiert, so wird die Kombination aus den Farben Blau und Rot sichtbar, das Magenta. Die nachfolgende Abbildung verdeutlicht diesen Sachverhalt.

Aus wirtschaftlichen Gründen muss, wie bereits ausgeführt, das gesamte sichtbare Spektrum zwischen 400 und 700 Nanometer mit einem Minimum an Farben dargestellt werden. Die Grundfarben der subtraktiven Farbmischung Cyan, Magenta und Gelb (Yellow) ergeben beim Übereinanderdruck den Sinneseindruck „Schwarz". Jede der drei Grundfarben deckt einen spektralen Bereich ab, alle zusammen das gesamte sichtbare Spektrum. Die vierte Farbe im Vierfarbendruck, das Schwarz, dient zur Verbesserung des Kontrastes. Zusätzlich werden Sonderfarben verwendet, speziell aus Gründen des Corporate Design oder bei besonders schwierigen Tönen.

Subtraktive Farbmischung

Sehr wesentlich für die Beurteilung eines Druckes sind die Eigenschaften der Beleuchtung, bei der man ihn betrachtet. Ideal ist Normlicht mit einer Farbtemperatur von 5.000 K (Kelvin). Bei Dunkelheit können keine Farben wahrgenommen werden. Die objektive Beurteilung eines Druckes oder einer Vorlage erfordert also entsprechende Lichtverhältnisse.

Die Druckfarben sind nach einheitlichen Vereinbarungen bzw. Skalen genormt. Die Normfarben der heute üblichen Europa-Skala (DIN16538) sind Cyan, Magenta und Gelb.

Europa-Skala

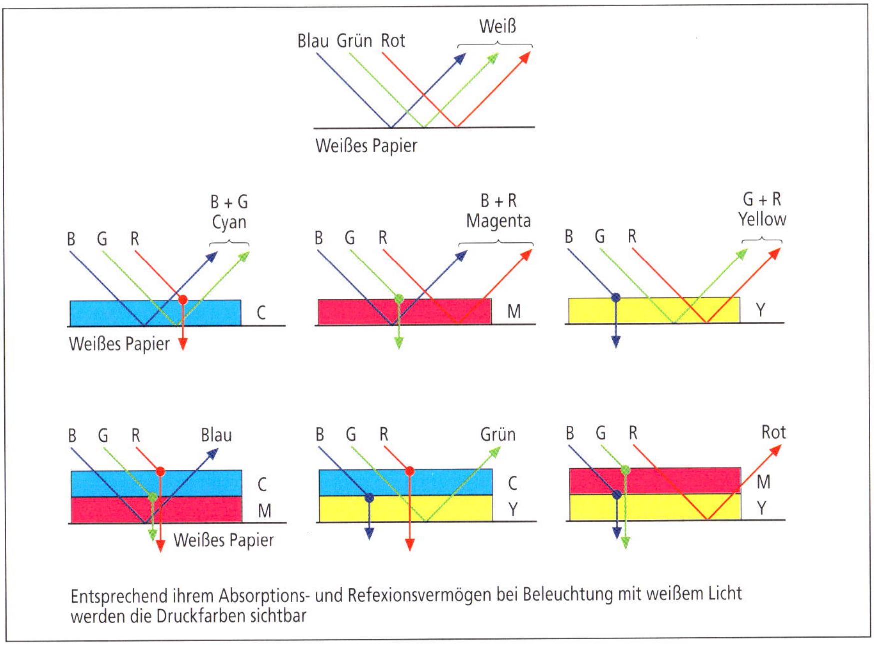

Abb.: Entstehung des Farbeindrucks

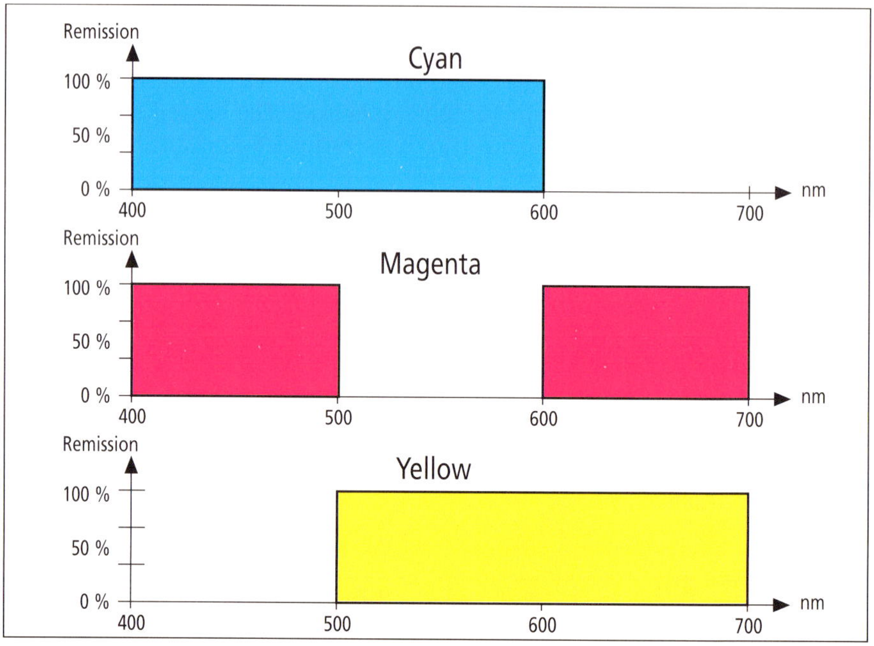

Abb.: Spektrale Remission der theoretisch idealen Farben Cyan, Magenta und Gelb

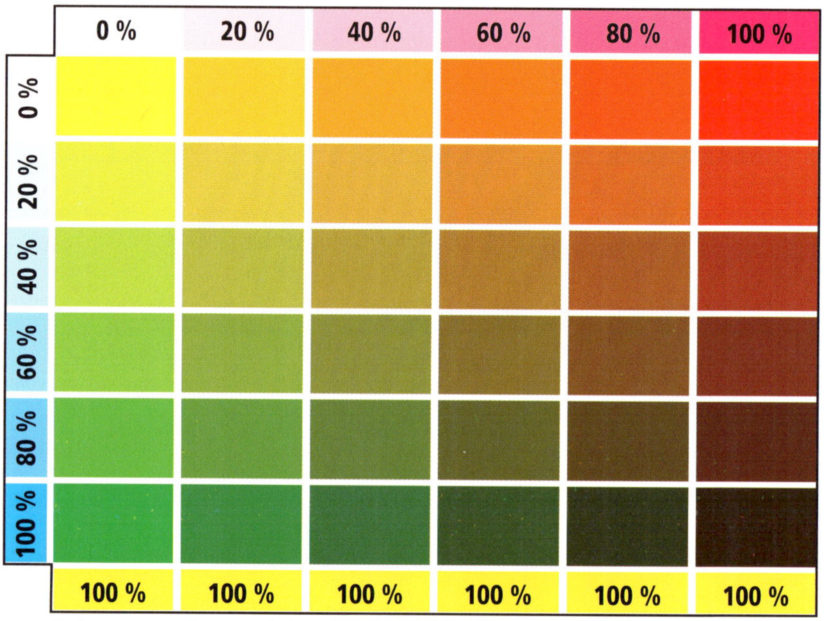

Farbwerte gemäß Europaskala der drei Farben Cyan, Magenta, Yellow.

Eine Farbvorlage wird in ihre Teilfarben zerlegt, indem sie gefiltert wird. Da Filter die Eigenschaft haben, ihre Eigenfarbe durchzulassen, wird mit der jeweiligen Komplementärfarbe gearbeitet. Zur Separation von Cyan wird ein Rotfilter, von Magenta ein Grünfilter und von Gelb ein Blaufilter eingesetzt. Farbauszug

Rasterung

In den Druckverfahren Flach-, Hoch- und Siebdruck werden Halbtöne durch unterschiedlich große Rasterpunkte dargestellt. Die Anzahl der Rasterpunktzellen ist grundsätzlich konstant, die Größe der Punkte variiert nach dem darzustellenden Tonwert in einer Bildpartie. Die Rasterweite bzw. die Anzahl der Punkte je Zentimeter ist vom Bedruckstoff abhängig. Je glatter die Oberfläche eines Papiers, desto feiner können die Raster sein, d. h., desto mehr Rasterpunkte befinden sich auf der Strecke von einem Zentimeter. Auf Zeitungspapier können nur relativ grobe Raster mit 32 bis 40 Linien/cm gedruckt werden, auf hochwertigen Kunstdruckpapieren weit über 80 Linien/cm. Für Standardanwendungen im Bereich der anspruchsvollen Werbedrucksachen haben sich die Rasterweiten 54 bzw. 60 Linien/cm als Optimum erwiesen. Dem unbestreitbaren Qualitätszuwachs durch noch feinere Raster stehen meist überproportionale Schwierigkeiten beim Druck gegenüber. Rasterweiten

Alternative Rasterungsverfahren, so genannte frequenzmodulierte Raster, ergänzen die autotypischen. Ein Original wird in gegenüber der konventionellen Rastertechnik wesentlich kleinere Punkte identischer Größe zerlegt. Der Punktdurchmesser beträgt ca. 14 µm.

Die Punktzentren sind im Gegensatz zum herkömmlichen Rasterverfahren nicht gleich weit voneinander entfernt, sondern sie sind stochastisch verteilt. Es wird nicht mehr die Punktgröße, sondern die Häufigkeit der Punkte variiert. Bei einem konventionellen Raster von 60 Linien/cm stehen 3.600 Punkte auf einem Quadratzentimeter, bei FM-Rastern können maximal 500.000 Punkte auf dieser Fläche stehen, bei zehnprozentiger Flächendeckung sind es immer noch 50.000 Rasterpunkte. Diese extreme Feinheit lässt das Ziel jeder drucktechnischen Reproduktion, Halbtonvorlagen originalgetreu und ohne störende Muster abzubilden, näher rücken. Ein weiterer Vorteil besteht darin, dass in dieser Technik praktisch kein Moiré und Rosettenmuster entstehen kann.

Maßstabsveränderungen

Vorlagen können vergrößert, verkleinert und in Ausschnitten dargestellt werden. Extremes Vergrößern oder Verkleinern schadet der Bildqualität und ist deshalb zu vermeiden.

Farbkorrekturen, Bildbearbeitung

Bei der Umsetzung des Originaldiapositivs zum Offsetfilm (Litho) können darüber hinaus sowohl umfangreiche partielle als auch lineare Korrekturen ausgeführt werden.

Lineare Korrekturen

Von linearen Korrekturen spricht man dann, wenn das gesamte Bild in allen vier oder lediglich in einer Teilfarbe (Schwarz, Cyan, Magenta, Gelb) verändert wird. Dabei entstehen Tonwertverschiebungen, das Motiv wird insgesamt heller oder dunkler; verändert man die Gradation, erscheint das Bild härter bzw. weicher. Wird lediglich eine Teilfarbe manipuliert, indem man sie verstärkt, so führt dies zu einer kälteren oder wärmeren Bildwirkung.
Im Zusammenwirken mit der Reduzierung einzelner Teilfarben können beispielsweise Farbstiche entfernt werden.

Partielle Korrekturen

Bei der partiellen Korrektur werden einzelne Bildpartien bearbeitet. Auf EBV-Systemen ist es möglich, eingescannte Motive einer umfangreichen „elektronischen Retusche" zu unterziehen, bei der im Extremfall praktisch ein neues Bild entsteht.

Andruck und Proof

Ein Proof [engl: Nachweis, Beleg, Prüfung] ist ein Dokument, das durch die Darstellung von Seiten zur internen Abstimmung im Produktionsprozess der Druckvorstufe sowie zum Einholen der Druckfreigabe beim Kunden und unter bestimmten Bedingungen als Referenz für den Auflagendruck dient. Grundsätzlich unterscheidet man Analog- und Digitalproofs.

Analogproof

Zur Herstellung von Analogproofs sind Filme erforderlich. Beim fotomechanischen Einzelträgersystem (z. B.: 3M Matchprint, DuPont Cromalin, Fuji ColorArt) erfolgt eine Kontaktbelichtung der Farbauszüge auf Trägerfolie; unterschiedlich klebrig gewordene Schichten werden betonert oder von Geberfolien trocken eingefärbt; die Bildlaminierung erfolgt auf Empfängerpapier.
Bei elektrofotografischen Systemen (z. B.: Kodak Signature) erfolgt eine Projektionsbelichtung der Farbauszüge auf eine Platte, deren elektrostatische Ladung je nach Lichteinwirkung abfließt; das latente Bild wird mit Flüssigtonern visualisiert und direkt oder indirekt auf Papier übertragen.

Digitalproof

Beim Digitalproof, bei dem aus dem Datenbestand des Rechners heraus gearbeitet wird, unterscheidet man

- *Thermodruck* in den Varianten Sublimation bzw. Farbstoff-Transfer
  Beim Sublimationsdruck (z. B.: DuPont 4Cast, 3M/Imation Rainbow) durchlaufen Farbstoffgeberfolien (Cyan, Magenta, Gelb, Schwarz) einen Druckkopf mit feinsten Heizelementen, die den Farbstoff in die Druckträgeroberfläche eindampfen (sublimieren). Beim Farbstoff-Transferdruck (z. B.: Fuji First Proof) passieren Farbfolien (ebenfalls Cyan, Magenta, Gelb, Schwarz) Heizelemente, die Farbstoff verflüssigt auf Papier übertragen.

- *Tintenstrahldruck*
  Beim kontinuierlichen Verfahren (z. B.: DuPont Digital Cromalin, Scitex-Iris) erfolgt eine elektrostatische Tintenstrahlablenkung auf den Bedruckstoff.

- *Farb-Laserdruck*
  RGB-Laserbelichtung auf Silberhalogenid-Folien, die Farbstoffe thermal übertragen.

Die Frage, wie aussagekräftig ein Digitalproof ist, ist von mehreren Faktoren abhängig. Grundsätzlich wird den modernen Systemen weitgehende Farbverbindlichkeit attestiert. Neben der Fähigkeit, druckkonforme Raster ausgeben zu können oder nicht, unterscheiden sich die einzelnen zuvor beschriebenen Verfahren im Verfahrensprinzip, in der Stabilität des Prozesses und der Geschwindigkeit.
Absolute Voraussetzung ist die Einbeziehung von Color-Management, hier erfolgt eine individuelle Anpassung des Workflow an die Simulationsaufgabe. Für die Erstellung oder Anwendung eines Proofer-Profils ist der Drucker zu kalibrieren. Color-Management bezieht die Farbwiedergabeeigenschaften verschiedener Datenquellen (Eingabegeräte) und -ziele (Druckmaschine) in Form von ICC-Geräteprofilen ein. Es erfolgt eine Farbraumanpassung.
Der fortdruckgerechte Andruck, unter Verwendung von Auflagenpapier in der richtigen Druckreihenfolge, ist nach wie vor dann erforderlich, wenn höchste Qualitätsanforderungen gestellt werden.

Scan

Bei der Digitalisierung der Originale muss darauf geachtet werden, dass die Abtastauflösung sowohl der Rasterweite als auch dem Vergrößerungsmaßstab entspricht.
Die digitalisierten Daten werden in einem geeigneten Format abgelegt: Datenformate

- *EPS* (Encapsulated Post Script)
  Eine EPS-Datei kann zum Zweck der Austauschbarkeit von allen gängigen Vorstufenprogrammen erzeugt werden. Die häufigste Anwendung findet sich unter Adobe Photoshop (Bildbearbeitungs-Software).

- *DCS* (Desktop Color Separation)
  Eine DCS-Datei-Gruppe besteht aus fünf separaten Datensätzen: einer niedrig aufgelösten Layoutdatei des eigentlichen Bildes und je einer Datei des einzelnen Farbauszugs.

- *TIFF* (Target Interchange File Format)
  Eine TIFF-Datei wird ausschließlich bei der Herstellung von Bilddaten erzeugt, kann in verschiedene Programme importiert werden und lässt eine Beeinflussung der Inhalte bei der Belichtung zu (Tonwertveränderungen).

Damit in der modernen Druckvorstufe unter Nutzung des jeweils optimalen Programms Druckseiten hergestellt werden können, sind Datenformate notwendig, die das Zusammenführen ermöglichen. Besonders bewährt hat sich bei der Kooperation von Werbeagenturen und Betrieben der Druckvorstufe (Reproanstalten) das Format DCS. Dabei wird beim Vorstufenbetrieb hochauflösend gescannt. Für Layoutzwecke erhält die Agentur per ISDN oder Datenträger einen Grobdatenbestand. Belichtet wird der Feindatenbestand.

DCS

3.3 Druckverfahren

Für die unterschiedlichen Aufgabenstellungen und die daraus resultierenden Anforderungen stehen spezielle Druckverfahren zur Verfügung. Grundsätzlich muss jeder Einkäufer vor der Auftragsvergabe prüfen, welches Verfahren für seine Aufgabenstellung optimal ist. Der Druck eines einfachen Prospektes in kleiner Auflage stellt völlig andere Anforderungen an die Technologie als beispielsweise ein Versandhauskatalog in Millionenauflage, ein Mailer mit aufwendiger Verarbeitung, eine Tageszeitung oder ein Plakat, bei dem fluoreszierende Farben verdruckt werden sollen.

Folgende Faktoren bestimmen die Auswahl des Druckverfahrens:

- Erzeugniseigenschaften (z. B. Qualität)
- Preis
- Termin

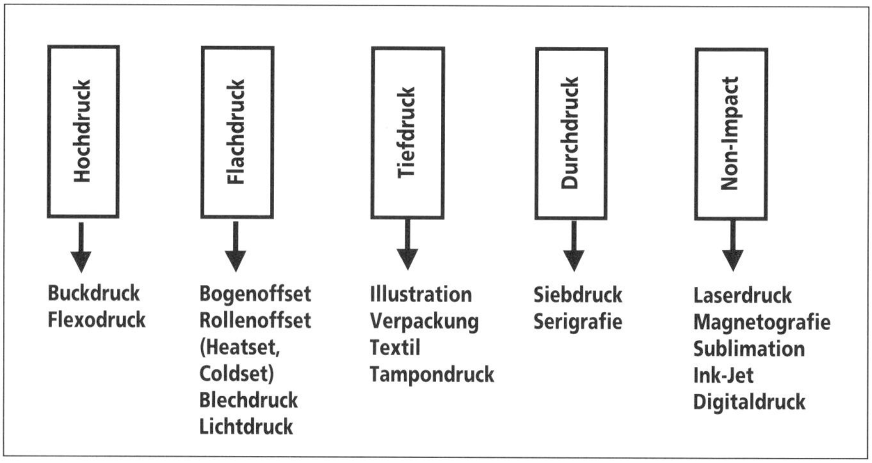

Abb.: Die Hauptdruckverfahren

Ein umfassender Überblick über alle Verfahren an dieser Stelle ist nicht möglich, die nachfolgenden Erläuterungen beschränken sich im Wesentlichen auf die Verfahren, die für die Produktion gedruckter Werbemittel relevant sind.

3.3.1 Flachdruck (Offset)

Das heute dominierende Druckverfahren ist der Flachdruck. Etwa zwei Drittel des Produktionswertes der Druckindustrie entfielen 1999 auf dieses Verfahren. Ausschlaggebend dafür sind die vergleichsweise günstigen Druckformkosten und der hohe Qualitätsstandard. Für nahezu jede Anwendung steht eine geeignete Technologie zur Verfügung: Kleinoffsetdruck, Bogenoffset, Illustrations-Rollenoffset (Heatset) und Zeitungsoffset (Coldset). Im Flachdruck wird das gesamte Spektrum gedruckter Werbemittel, wie Prospekte, Kataloge, Plakate, Bücher und Formulare, hergestellt.

Abb.: Prinzip des Flachdrucks

Das Verfahren beruht auf dem gegenseitigen Abstoßen von Wasser und Öl. Die Druckplatte wird so präpariert, dass die druckenden Partien farbannehmend werden, die nicht druckenden Teile dagegen wasserfreundlich und gleichzeitig fettabstoßend. Diese Wasserfreundlichkeit bewirkt, dass das Feuchtmittel die Partien, an denen keine Farbe übertragen werden soll, schützt. Druckende und nicht druckende Teile liegen praktisch in einer Ebene. Prinzip

Verfahrensvariante Offsetdruck

Der aus dem Englischen stammende Begriff Offsetdruck kennzeichnet ein indirektes Druckverfahren. Das auf der Druckplatte (Druckform) befindliche Druckbild wird zunächst auf einem Gummizylinder „abgesetzt" und von dort auf den Bedruckstoff übertragen.

Druckform Die Druckform ist dabei eine Aluminiumplatte, die mit einer lichtempfindlichen Schicht versehen ist. Die Endprodukte der Druckvorstufe, die seitenverkehrten Positivfilme, werden standgerecht nach einem von der Art der Druckverarbeitung abhängigen System (Ausschießen) auf eine Kunststofffolie montiert und in direkten Kontakt zur lichtempfindlichen Schicht der Platte gebracht. Dieser direkte Kontakt ist notwendig, um ein Unterstrahlen und damit eine Veränderung, speziell der Rastertonwerte, zu verhindern. Bei der Belichtung mittels Metall-Halogenlampen schützen die geschwärzten Partien des Films die darunter liegende Kopierschicht. An den ungeschützten Stellen wird die Schicht zerstört, hier wird die Platte nach der Entwicklung feuchtmittelführend und damit fettabstoßend. Es gelangt keine Farbe auf die Platte. Für jede Farbe muss jeweils eine Platte hergestellt werden.

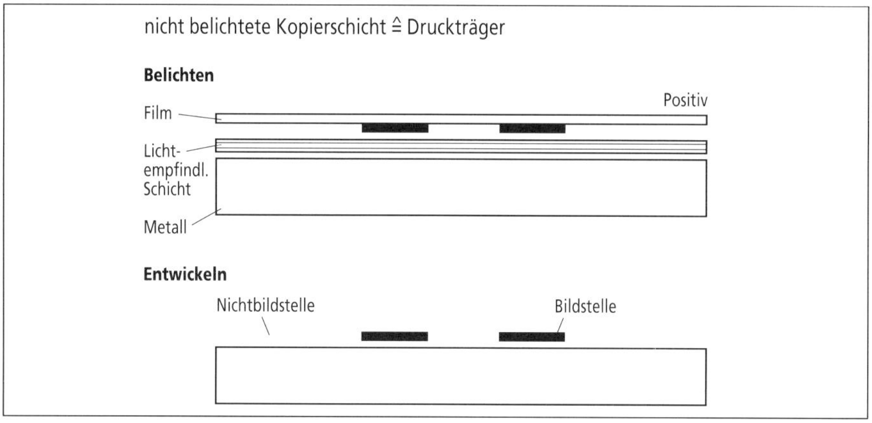

Abb.: Plattenherstellung beim Offsetdruck

Bogenoffset

Zum Bedrucken einzelner Papierbogen stehen Maschinen unterschiedlicher Formatklassen zur Verfügung:

Klasse	*Maximales Bogenformat*
01	*48,0 x 65,0 cm*
I	*52,0 x 72,0 cm*
III	*64,0 x 91,5 cm*
III b	*72,0 x 102,0 cm*
VI	*100,0 x 140,0 cm*
VII	*110,0 x 160,0 cm*

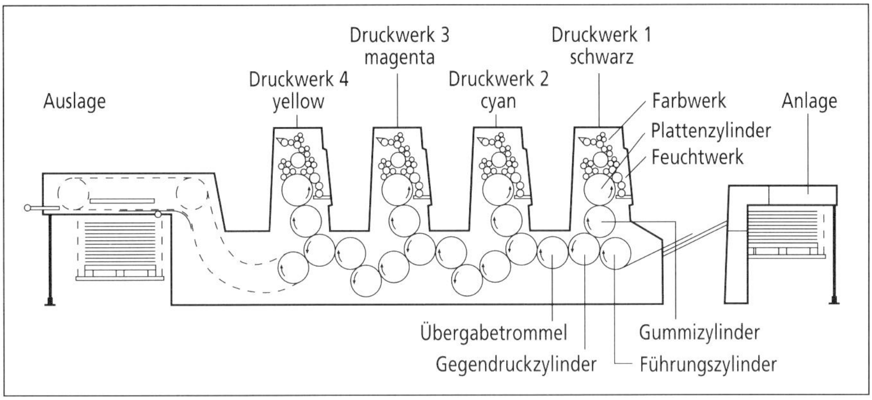

Abb.: Vierfarben-Offsetmaschine

Der Bogen wird den Druckwerken zugeführt, bedruckt und danach auf einem Stapel wieder ausgelegt. Die Maschinen verfügen über ein, zwei, vier, fünf, sechs oder acht Druckwerke, sodass in einem Arbeitsgang entsprechend viele Farben auf eine Papierseite gedruckt werden können. Besitzen die Maschinen eine Wendeeinrichtung, so lassen sich auch beide Seiten bedrucken. In einem Druckgang kann ein Bogen auf einer Fünffarbenmaschine wahlweise einseitig fünffarbig oder auf der einen Seite vierfarbig und auf der anderen einfarbig bedruckt werden.

Für die Herstellung von Farbdrucken werden heute aus wirtschaftlichen und qualitativen Gründen praktisch nur noch Mehrfarbenmaschinen eingesetzt. An die Präzision der Maschinen werden höchste Ansprüche gestellt, nur so können qualitativ hochwertige Drucke entstehen.
Ein Druckwerk besteht aus Platten-, Gummi- und Gegendruckzylinder sowie aus Feucht- und Farbwerk. Die Aufgabe des Feuchtwerkes besteht darin, die Platte an den nicht druckenden Stellen vor Farbannahme zu schützen. Feuchtmittel ist heute Wasser unter Beimengung von Isopropyl-Alkohol (10%). Über das Farbwerk wird die im Farbkasten befindliche Farbe über ein System von Stahl- und Gummiwalzen dünn verrieben. Das Gleichgewicht von Feuchtmittel und Farbe ist wesentliche Voraussetzung für einen Qualitätsdruck.

Einsatzbereiche

Der Bogenoffset ist das Druckverfahren für kleine und mittlere Auflagen, es zeichnet sich durch hohe Variabilität aus. Da die Bogen einzeln zugeführt werden, können alle Formate, die innerhalb des durch die Maschinenklasse vorgegebenen Maximalformates liegen, verarbeitet werden. Ebenso kann sowohl leichtgewichtiges Papier als auch schwerer Karton bedruckt werden. Durch wiederholtes Anlegen der Bogen besteht hinsichtlich der Farbenzahl keine Grenze. Dies ist dann wichtig, wenn neben den Skalenfarben Schwarz, Cyan, Magenta und Gelb weitere Sonderfarben gedruckt werden sollen. Das zunehmend an Bedeutung gewinnende Lackieren der Bogen ist ebenfalls inline möglich.

Leistung

Begrenzt ist die Produktivität der Bogenmaschinen. Die Normalleistung liegt, je nach Motiv und Bedruckstoff, bei etwa 7.000 Bogen je Stunde.

Rollenoffset

Zum Druck hoher Auflagen bedarf es eines Systems, das den Einsatz der wirtschaftlichen Offsetdruckform erlaubt und gleichzeitig die Produktivität des Bogenoffsets weit übertrifft. Dies gewährleistet der Illustrations-Rollenoffset.
Das zu bedruckende Papier wird den Druckwerken nicht als einzelner Bogen zugeführt, sondern von einer Rolle abgewickelt. Die Druckwerke sind als Doppeldruckwerke ausgebildet, d. h., dass der Gummizylinder gleichzeitig ein Gegendruckzylinder für das gegenüberliegende Druckwerk ist. In einem solchen Doppeldruckwerk wird die Bahn gleichzeitig auf beiden Seiten bedruckt.

Die folgende Skizze zeigt eine Anlage mit zwei Abwicklungen, fünf Doppeldruckwerken, einem Trockner und einem Falzapparat.

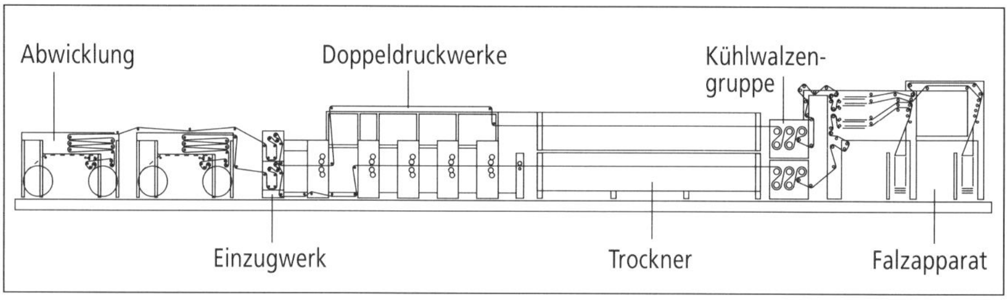

Abb.: Rollenoffset für den Illustrationsdruck (Quelle: MAN-Roland Druckmaschinen AG)

Ein weiterer wesentlicher Vorteil gegenüber dem Bogendruck ist die Inline-Verarbeitung der Bahn. Nach dem Trocknen in einem Trockenkanal erhält die Farbe ihren spezifischen Glanz und bei niedergewichtigen Papieren eine leichte Wellenbildung.
Der Falzapparat ermöglicht je nach Ausstattung verschiedene Produktionen, die in der folgenden Abbildung dargestellt sind.

Leistung

Zur Fertigung von Mailings sind Zusatzkomponenten möglich, mit denen perforiert und geleimt, Rubbel- und Geschmacksfarben aufgedruckt und Antwortkarten oder Warenproben aufgebracht werden können. Die Normalleistungen dieser Anlagen liegen, je nach Maschinentyp und Produkt, zwischen 30.000 und 40.000 Exemplaren je Stunde. Dem stehen erhebliche Rüstkosten und Makulatur während des Einrichtens gegenüber, sodass sich das Verfahren wegen hoher Stundensätze erst bei mittleren Auflagen wirtschaftlich einsetzen lässt.
Die Maschinen haben festformatige Zylinderumfänge und sind damit weniger

formatvariabel als Bogenmaschinen. Die Anzahl der maximal zu druckenden Farben ist gleich der Anzahl der vorhandenen Aggregate. Druck und Druckverarbeitung höhergewichtiger Materialien ab 120 g/m² ist inline nicht möglich.

Einsatzbereiche

Die Maschinen drucken je nach Format und Konfiguration Prospekte, Kataloge, Beileger und Mailings im Auflagenbereich zwischen 30.000 und 800.000 Exemplaren.

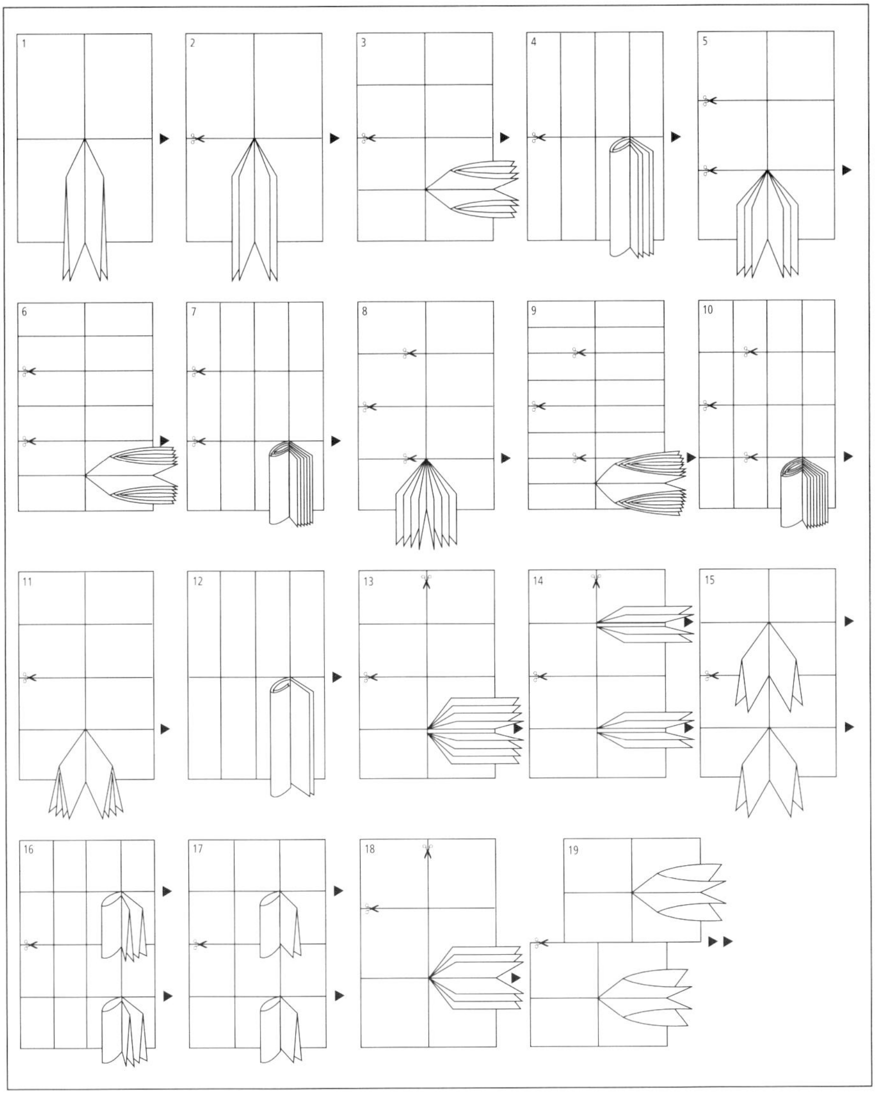

Abb.: Falzmöglichkeiten im Rollenoffset (Quelle: MAN Druckmaschinen AG)

Zeitungsdruck

Ebenfalls im Offsetverfahren wird der überwiegende Teil der Tageszeitungen gedruckt. Zeitungsmaschinen müssen hinsichtlich Seitenumfang und Farbbelegung variabel sein. Das folgende Foto aus einem großen Zeitungsverlag gibt einen Eindruck von der Dimension solcher Anlagen.

Abb.: Anlagenbeispiel Zeitungsdruck (Foto: MAN-Roland Druckmaschinen AG)

Endlosdruck

Eine spezielle Variante des Flachdrucks ist der Endlosdruck. In diesem Verfahren werden Drucke hergestellt, die zur Weiterverarbeitung in einem EDV-Drucker bestimmt und deshalb mit einem Führungslochrand ausgerüstet sind. Dieser ist auch dann erforderlich, wenn Vordrucke in Laserdruckern personalisiert werden sollen.

3.3.2 Hochdruck

Beim Hochdruck liegen druckende und nicht druckende Partien in zwei Ebenen. Die druckenden (erhabenen) Teile der Druckform werden mit Farbe eingefärbt und direkt auf den Bedruckstoff abgedruckt.

Erkennungsmerkmal

Erkennungsmerkmal des Hochdrucks ist der Quetschrand am Rand der Buchstaben. Diese Erscheinung erklärt sich daraus, dass die Farbe beim Aufdrucken der Druckform auf das Papier auch über das Schriftzeichen hinaus gedrückt wird. Im Buchdruck sind auf der Rückseite des Druckes zusätzlich fühlbare

Durchprägungen, so genannte Schattierungen, zu sehen. Wegen der weichen Druckform ist diese Erscheinung in der Verfahrensvariante Flexodruck nicht mehr vorhanden.

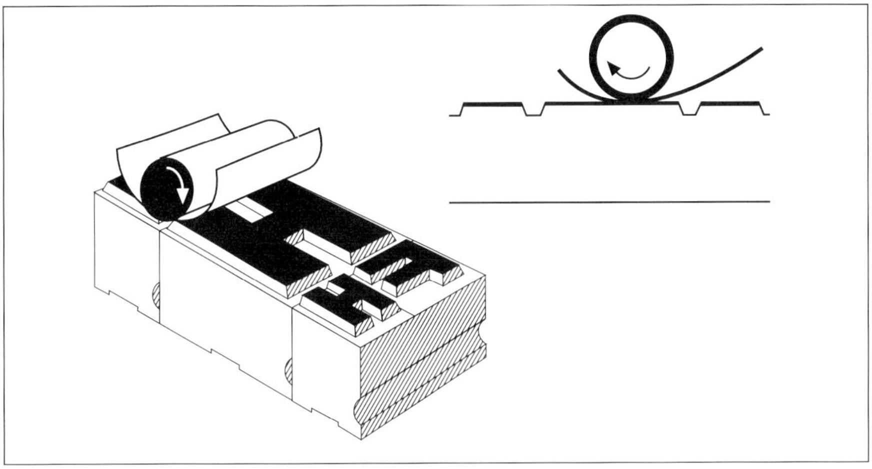

Abb.: Prinzip des Hochdrucks

Buchdruck

Der Buchdruck war über mehrere Jahrhunderte *das* Druckverfahren schlechthin. Namensgeber ist das in der Zeit Gutenbergs und danach praktisch ausschließlich hergestellte Produkt Buch.
Der Buchdruck hat heute für die industrielle Produktion keine Bedeutung mehr. Ursache dafür sind die, im Vergleich zum Offsetdruck, hohen Rüstkosten und die deutlich geringere Produktivität. Gedruckt wurde von Bleisatzschriften und Klischees (Zinkklischees, Galvanos).
Die Buchdruckmaschinen werden heute vorwiegend für druckverarbeiterische Aufgaben, wie Stanzen und Rillen, oder zur Heißfolienprägung eingesetzt.

Flexodruck

Während der klassische Hochdruck, der Buchdruck, praktisch bedeutungslos wurde, wird der Flexodruck heute speziell zur Herstellung von Verpackungen auf Papier oder Kunststoffen eingesetzt. Aus dem ehemaligen Anilindruck mit einem geringen Qualitätspotenzial entwickelte sich ein Druckverfahren, in dem mehrfarbige Objekte in zufrieden stellender Qualität gedruckt werden können. Ursache dafür ist in erster Linie die Druckform. Gedruckt wird von einer fotopolymeren Kunststoffplatte. Belichtet man dieses Material, so härten die vom Licht getroffenenen Stellen durch Polymerisation, die unbelichteten Partien werden ausgewaschen. Zur Herstellung dieser Formen sind seitenrichtige Negativfilme erforderlich. Gedruckt wird mit Mehrfarben-Rotationsmaschinen, die über einfache Druckwerke verfügen. Die dünnflüssige Farbe wird mit einer Rasterwalze aus der Farbwanne gleichmäßig auf die auf einen Stahlzylinder aufgeklebte Druckform aufgebracht und von dort auf den Bedruckstoff übertragen.

Einsatzbereiche

Im Flexodruck werden Verpackungsmittel wie Tüten und Tragetaschen (auf Papier oder Polyethylen) sowie Schreibhefte, Formulare und Durchschreibesätze, aber auch Tapeten und in kleinem Umfang Tageszeitungen gedruckt.

3.3.3 Tiefdruck

Moderne Tiefdruckrotationen sind in ihrer Produktivität nach wie vor konkurrenzlos. Bei Papierbahnbreiten von über drei Metern sind diese Anlagen in der Lage, stündlich mehr als 50.000 farbig bedruckte, gefalzte und eventuell sogar geheftete Exemplare mit einem Umfang von 96 und mehr Seiten herzustellen. Dem stehen sehr hohe Kosten für die Herstellung der Druckformen gegenüber. Gedruckt werden Objekte wie Versandhauskataloge und Zeitschriften in sehr hohen Auflagen.

Prinzip

Im Tiefdruck liegen die druckenden unter dem Niveau der nicht druckenden Stellen. In einen Kupferzylinder werden Vertiefungen, die so genannten Näpfchen, graviert. Begrenzt werden diese Näpfchen durch die Stege. Das Volumen eines solchen Näpfchens entscheidet über den Tonwert. Je größer die Graviertiefe ist, desto dunkler wird der gedruckte Ton. Dies bedeutet, dass die Simulation der Tonwerte durch unterschiedlich große Rasterpunkte hier entbehrlich wird. Vorlagen, die im Tiefdruck gedruckt werden, müssen deshalb nicht aufgerastert werden. Zum Gravieren der Kupferzylinder werden Opale verwendet. Insgesamt gesehen geht der Trend zum Gravieren aus immateriellen Datenbeständen.

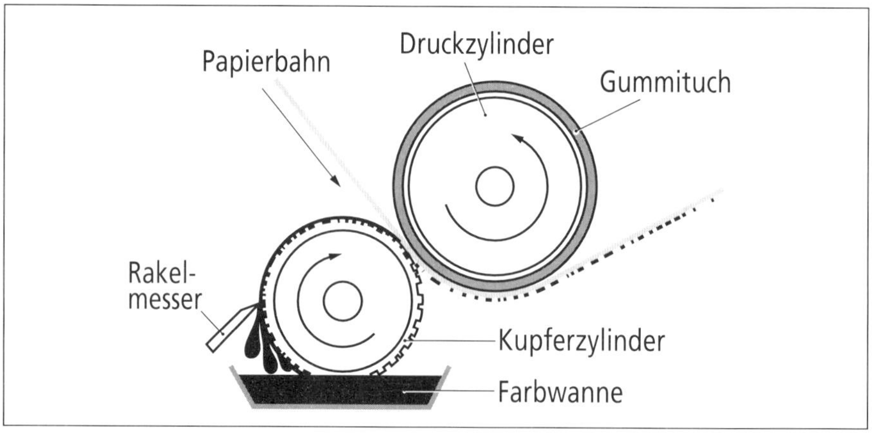

Abb.: Prinzip des Tiefdrucks (Quelle: Blana, 1991, S. 255)

Standardmäßig gedruckt wird, wie in allen anderen Verfahren, mit den vier Farben Schwarz, Cyan, Magenta und Gelb, sodass ein Zylindersatz üblicherweise, und sofern keine Sonderfarben erforderlich sind, aus vier Zylindern besteht. Zur Verbesserung der Auflagenbeständigkeit werden die Zylinder verchromt. So können Auflagen von mehreren Millionen Exemplaren von einem Zylindersatz hergestellt werden. Nach dem Ausdruck werden die Zylinder abgedreht, erneut galvanisch aufgekupfert und graviert.

Gedruckt wird auf Rotationsmaschinen mit erheblichen Ausmaßen, auf denen sich das Bedienungspersonal auf drei Etagen bewegt.

Die Zylinder laufen in einer Farbwanne, dabei füllen sich die Näpfchen. Die überschüssige, sich auf den Stegen befindende Farbe wird durch ein Stahlmesser abgerakelt, bevor der Zylinder die Farbe an den Bedruckstoff abgibt. Die Tiefdruckfarbe ist dünnflüssig, sie trocknet durch Verdunstung der Lösungsmittelanteile.

Da in der Tiefdruck-Reproduktion keine Aufrasterung der Vorlage in unterschiedlich große Rasterpunkte zur Simulation von Halbtönen erfolgt, ist das Verfahren dem Offsetdruck in der Abbildungsqualität überlegen. Ein im Tiefdruck gedrucktes Bild kommt der Halbtonvorlage sehr nahe. Da jedoch auch die Schrift aufgerastert wird, zeigt sich bei ihr eine typische und störende Sägezahnstruktur.

Im Rakeltiefdruck werden in erster Linie Kataloge, Zeitschriften und Verpackungen in Massenauflagen gedruckt. Daneben wird das Verfahren im Geld- und Wertpapierdruck eingesetzt. Einsatzbereiche

Tampondruck

Abb.: Beispiel für den Tampondruck: Kunstlokomotive zum Geburtstag von Micky Maus (Quelle: Gebr. Märklin & Cie. GmbH, 1998)

Besondere Anforderungen an die Drucktechnik sind dann gestellt, wenn dreidimensionale Werbeartikel mit schwierigen, unebenen Flächen und ganz spezifischen Materialeigenschaften (Glas, Kunststoffe) mehrfarbig und qualitativ Einsatzbereiche hochwertig bedruckt werden sollen. In den letzten Jahren hat sich für diese Anwendungen der Tampondruck, ein indirektes Tiefdruckverfahren, etabliert.

Prinzip

Die Druckform, das Klischee, aus Metall oder Kunststoff wird zunächst eingefärbt und dann die überschüssige Farbe abgerakelt. Ein hochelastischer Tampon (Silikonkautschuk) nimmt die Farbe auf und überträgt sie auf den dreidimensionalen Körper.
Mit dem Verfahren ist eine gute Druckqualität, speziell bei kleinsten Schriftgraden erzielbar. Einschränkungen sind durch relativ kleine Druckformate sowie die Produktivität gegeben.

3.3.4 Siebdruck

Der Siebdruck hat ein außerordentlich breites Anwendungsfeld zur Herstellung von Objekten in kleinen Auflagen. Das Verfahren wird dort eingesetzt, wo spezielle Bedruckstoffe oder besondere Anforderungen an die Farbe den Einsatz anderer Druckverfahren ausschließen. Neben den rein künstlerischen Anwendungen (Serigraphie) zeichnet sich der industrielle Siebdruck durch ein sehr weites Einsatzgebiet aus. In keinem anderen Druckverfahren können auch nur annähernd so viele Farbeffekte auf praktisch jedem Material erzeugt werden wie im Siebdruck.

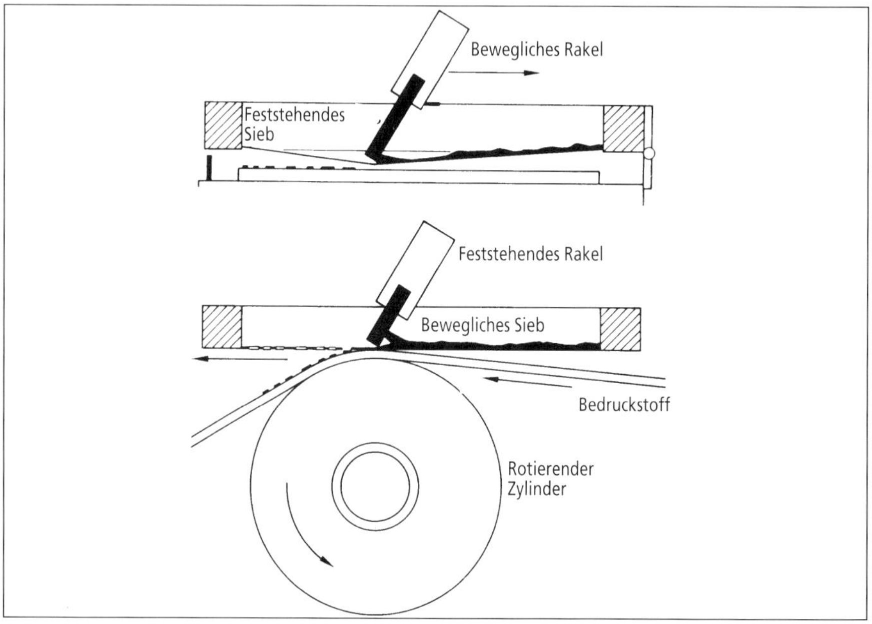

Abb.: Prinzip des Siebdrucks (Quelle: Blana, 1991, S. 260)

Entscheidend dafür ist, dass Farben unterschiedlicher Zusammensetzung in variablen Schichtdicken auf Bedruckstoffe aller Art gedruckt werden können, z. B. auf Papier, Kunststoffe, Textilien, Glas und Metall.

Durch ein auf einen Rahmen gespanntes Kunststoff- oder Metallgewebe, das Sieb, wird mit einer Rakel Farbe auf den Bedruckstoff gedrückt. Zur Trennung der druckenden und nicht druckenden Stellen wird das Sieb fotomechanisch so präpariert, dass die Maschen an den Stellen, an denen Farbe auf den Bedruckstoff gelangen soll, offen bleiben. Die anderen werden verschlossen. Die Fadenstärke bestimmt im Wesentlichen die Farbschichtdicke, gebräuchlich sind Siebe mit 10 bis 190 Fäden je Zentimeter. Prinzip

Typische Anwendungen sind z. B. Plakate, Schilder, Displays, Overheadfolien, Abziehbilder, Kunststoff- und Glasflaschen, T-Shirts oder Verkehrszeichen. Einsatzbereiche

3.3.5 Digitale Druckverfahren

Digitale Techniken haben die arbeitsintensiven Prozesse der Druckvorstufen revolutioniert. In den klassischen Bereichen Satz und Reproduktion, aber auch im gestalterischen Sektor brachten sie eine Optimierung der Arbeitsabläufe. Die moderne Datenkommunikation ermöglicht den Austausch von Bild- und Textdaten zwischen Auftraggeber, Agentur, Vorstufenunternehmen und Drucker. Dem Ort der Leistung kommt so zunehmend geringere Bedeutung zu.

Die Druckmaschine schließt die digitalen Kette: Die Motive werden digital aufgenommen, im Rechner bearbeitet (Farbkorrektur, Gestaltung) und über eine Druckmaschine/ein Drucksystem ausgegeben.
Vom Digitaldruck spricht man grundsätzlich dann, wenn Rechner und Druckmaschine online verbunden sind.

Der Markt der digital und in Farbe erzeugten Werbemittel in Kleinauflagen, Short-Run-Color, wird in den nächsten Jahren erheblich wachsen. Der Vorteil der direkt digital ansteuerbaren Drucksysteme gegenüber konventionellen Druckverfahren besteht in der Flexibilität und der Verfügbarkeit. Interessant ist der Bereich zwischen 50 und maximal 3.000 Farbdrucken bis zum Format DIN A2. Short-Run-Color

Der zu erwartende erhöhte Anfall an farbigen Produkten erfordert produktive, automatisierte und qualitätssichere Produktionsformen.

Printing on demand, (Drucken nach Bedarf) verkürzt zunächst die Produktionszeiten, da die materiellen Datenträger Film und Druckplatte nicht mehr hergestellt werden müssen. Die Auflagen werden dem momentanen Bedarf angepasst, ein Neudruck mit inhaltlichen Korrekturen ist jederzeit möglich. Printing on demand

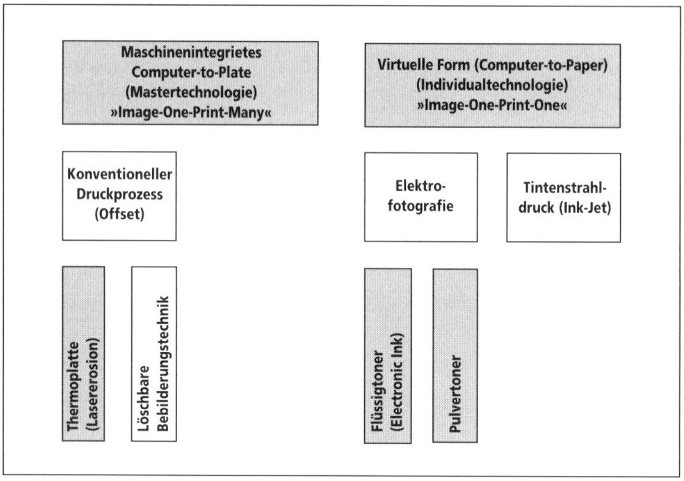

Abb.: Übersicht „Digitaldruck".

Prinzip

Digitaldruck, basierend auf der Elektrofotografie

Auf einem mit einem Fotohalbleiter beschichteten Zylinder wird durch Laserstrahl an den Bildstellen negative Ladung erzeugt, dadurch entsteht ein latentes Bild. Im Anschluss daran wird Toner (Pulver) mit positiver Ladung auf die Trommel aufgebracht, der an den ungleichnamig geladenen Stellen haften bleibt. Das so erzeugte Bild wird auf Papier übertragen und durch Hitzeeinwirkung fixiert. Vor dem nächsten Druck wird die Trommel entladen, dadurch wird ein Motivwechsel von Druck zu Druck möglich. Vergleichbare Verfahren arbeiten mit Flüssigtoner, der zunächst auf ein Drucktuch und von dort auf den Bedruckstoff übertragen wird.

Die Besonderheit dieses Verfahrens besteht also darin, dass bei jeder Zylinderumdrehung ein partiell oder vollständig neues Druckbild erzeugt werden kann – ideale Voraussetzung beispielsweise für eine Personalisierung.

Einsatzbereiche

Wirtschaftlich arbeiten diese Systeme in einem Auflagenbereich zwischen 100 und 500 Drucken. Das Leistungspotenzial der Maschinen liegt momentan bei etwa 2.100 einseitig und 1.000 beidseitig bedruckten Bogen je Stunde im DIN-A4-Format. Die Maschinen arbeiten mit einer Auflösung zwischen 400 und 800 dpi und ermöglichen einen befriedigenden Qualitätsstandard.

Digitaldruck, basierend auf sonstigen Non-Impact-Technologien

Das Spektrum der Non-Impact-Technologien ist relativ breit. Zu nennen sind Tintenstrahldruck (Ink-Jet), Thermotransfer-, Thermosublimationsdrucker und magnetografische Drucksysteme.

Besondere Bedeutung hat der Tintenstrahldruck für den Großformatdruck (Large-Format-Printing). Aus Mac- bzw. PC-Daten werden in Continuous-Ink-Jet-Verfahren Drucke bis zum Format von 5 x 30 m hergestellt. Die erzielbare Qualität ist sehr gut, die Palette der verarbeitbaren Materialien ist gemäß dem Einsatzgebiet sehr breit. Sie reicht von Selbstklebefolien für Fahrzeug- und Verkehrsmittelwerbung über lichtundurchlässige Planen für Bannerwerbung, Materialien mit Durchlässigkeit für normales und starkes Windaufkommen für die Außenwerbung, opake Folien für Durchleuchtung in Leuchtkästen, Bodenbeläge für Messen und Ausstellungen bis hin zu Fahnenstoffen und edlen Geweben für den Indoor-Bereich.

Einsatzbereiche

Im Offsetprozess können Druckformen in der Druckmaschine erzeugt und wieder gelöscht werden. Direkt aus dem Datensatz wird der blanke Zylinder durch laserinduzierten Thermotransferdruck für den Offsetdruck bebildert, wobei ein Band mit einer Polymerbeschichtung als Medium dient. Rückstandsfrei gelöscht und somit für den Folgeauftrag vorbereitet wird die Form mittels Waschlösung und Reinigungsvlies.

Die Vorteile der traditionellen analogen Druckverfahren liegen noch im höheren Qualitätspotenzial und in den für Massenauflagen erforderlichen hohen Druckgeschwindigkeiten bei Papierbahnbreiten von mehr als drei Metern. Mit digitalen Verfahren sind beispielsweise Kataloge mit hohen Seitenumfängen in der zur Verfügung stehenden Zeit nicht herzustellen.

4. Druckweiterverarbeitung

Die Verarbeitung der Produkte des Drucks, der Einzelbogen oder bereits gefalzten Signaturen, zu fertigen Druckerzeugnissen erfolgt in der industriellen Weiterverarbeitung, die sich von der handwerklichen Buchbinderei technologisch und organisatorisch ganz erheblich unterscheidet. Die Palette der Produkte ist sehr breit. Sie reicht von Einzelblättern und einfachen Falzprospekten bis zu Büchern mit hochwertigen Einbänden. Dafür stehen eine ganze Reihe verschiedener Betriebsmittel mit unterschiedlicher Leistungsfähigkeit zur Verfügung. Bereits bei der Konzeption eines Druckerzeugnisses sind die Möglichkeiten und Grenzen der Weiterverarbeitung und die damit verbundenen ökonomischen Konsequenzen mit in die Überlegungen einzubeziehen.

Produkte

Einzelblätter

Geschäftsdrucksachen (Briefbogen, Rechnungsformulare) und Prospektblätter erfordern den geringsten druckverarbeiterischen Aufwand. Die je nach Auflage zu einem oder mehreren Nutzen gedruckten Objekte werden auf einem Planschneider auf das Endformat zugeschnitten. Weitere Schritte, wie beispielsweise das Anbringen einer Abheftlochung, können zusätzlich im Anschluss an den Schneidevorgang erfolgen. Einzelblätter können auch Teil einer Loseblatt-Bindung werden. Der wesentliche Vorteil besteht darin, dass Blätter ersetzt oder neue in die Mechanik eingefügt werden können.

Abheftlochung

Faltprospekte

Der Bogen wird in Falzautomaten auf das jeweilige Endprodukt (z. B. vier-, sechs- oder achtseitiger Bogen) gefalzt, wegen der geringen Seitenumfänge ist eine Verbindung durch Kleben oder Heften nicht erforderlich. Die Einzelseiten müssen bereits auf dem Druckbogen so angeordnet, d. h. ausgeschossen, werden, dass sie nach Anwendung einer bestimmten Falzart in der richtigen Reihenfolge im Produkt erscheinen. Es steht eine breite Palette an teilweise außergewöhnlichen Falzarten zur Verfügung. Die wesentlichen sind in der folgenden Abbildung dargestellt.

Einlagige Broschüren

Werbeprospekte, Geschäftsberichte und Kataloge mit oder ohne Umschlag und Seitenumfängen zwischen 8 und 80 Seiten sind typische Vertreter dieser Produktgruppe. Die einzelnen gefalzten Bogenteile mit Umfängen zwischen 4 und 32 Seiten (die Signaturen) werden auf einem Sammeldrahthefter ineinander gesteckt, mit Drahtklammern im Rücken zusammengeheftet und anschließend auf das Endformat beschnitten. Die Drahtklammer kann als Öse für das Abheften ausgebildet werden. Rückendrahtheftung ist neben der Falzklebung, die nur Objekten mit geringeren Umfängen vorbehalten ist, die preisgünstigste Art zu heften. Die Seitenumfänge sind, je nach Papierstärke, jedoch begrenzt.

Signatur

Heftung

Mehrlagige Broschüren

Bei mehrlagigen Broschüren werden die Signaturen nicht eingesteckt, sondern in Lagen aufeinander gelegt, d. h. zusammengetragen. Die Verbindung der Lagen erfolgt, je nach Anforderung, in Klebebindung oder Fadenheftung. Zur schnellen und kostengünstigen Massenfertigung von Katalogen, Taschenbüchern und Zeitschriften mit hohem Seitenumfang ist die Klebebindung das dominierende Verfahren.

In Transferstraßen werden die einzelnen Signaturen zusammengetragen und am Rücken aufgefräst, um so die Fläche, die mit dem Leim in Kontakt kommt und die Blätter zusammenhält, zu vergrößern. Der Block wird anschließend mit dem Umschlag verbunden.

Klebebindung

Geklebt wird mit Schmelzklebern (Hotmelt), Dispersions- oder in noch geringem Umfang mit Polyurethanklebern. Probleme entstehen häufig durch Mineralölanteile in der Druckfarbe, die mit dem Leim reagieren und die Klebekraft vermindern, sowie durch den Strich des Papiers.

Fadenheftung

Im Gegensatz zur Klebebindung ist die Fadenheftung weitgehend unempfindlich gegen mechanische Belastung. Hierbei werden die einzelnen Signaturen durch einen Faden zusammengehalten und die auf diese Weise gebundenen Buchblocks in eine harte oder weiche Decke eingehängt. Die Problembereiche der Klebebindung, Papieroberfläche, -format und -gewicht spielen keine Rolle. Allerdings entstehen wesentlich höhere Kosten und längere Produktionszeiten.

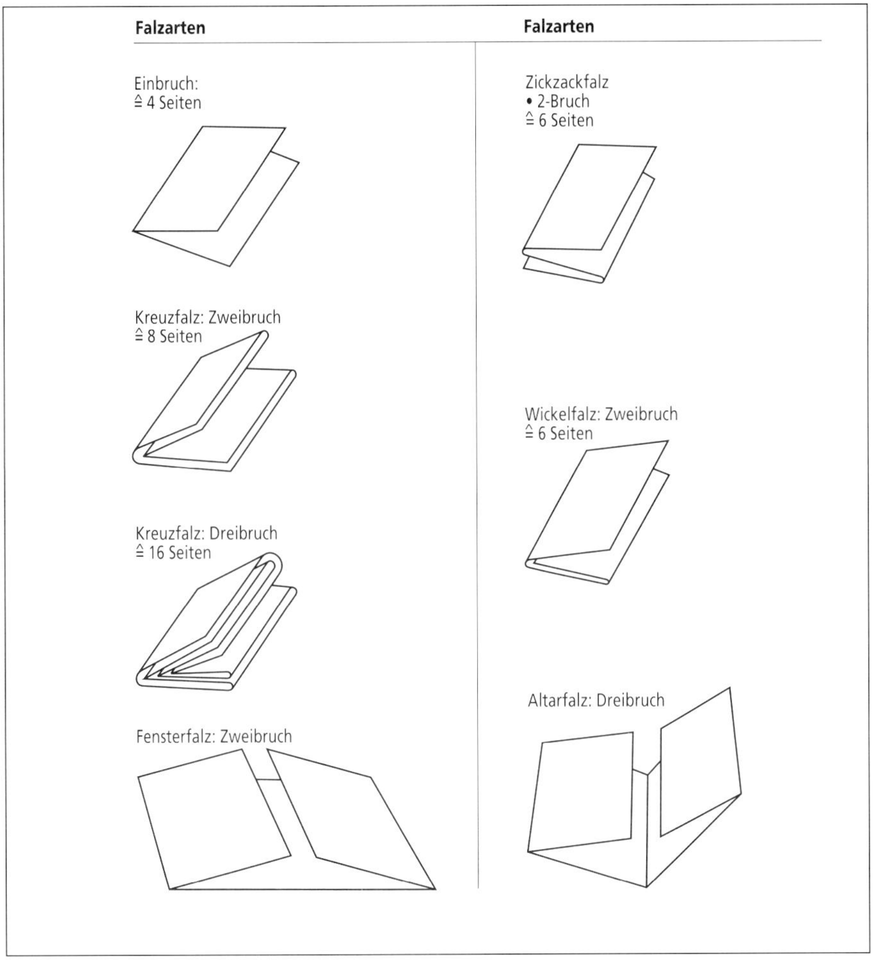

Abb.: Falzarten

5. Bedruckstoffe

Neben den traditionellen Werkstoffen Papier und Karton wird heute auf sehr viele Materialien, wie z. B. Kunststoff, Metall, Gewebe und Glas, gedruckt. In diesem Kapitel soll lediglich auf die Bedruckstoffe Papier und Karton eingegangen werden.

Die Papierindustrie stellt ein nahezu unübersehbares Angebot verschiedenster, qualitativ sehr unterschiedlicher Papiere zur Verfügung. Bei der Auswahl sind zum einen die technischen Anforderungen zu berücksichtigen, zum anderen ist darauf zu achten, dass das Papier zum Produkt passt.

Bedruckbarkeit, Verdruckbarkeit

Die Beurteilung von Papier geschieht unter den Gesichtspunkten von Bedruckbarkeit und Verdruckbarkeit. Während Verdruckbarkeit im Wesentlichen die Laufeigenschaft des Papiers in der Druckmaschine kennzeichnet, beschreibt der Begriff Bedruckbarkeit Größen wie Glanz, Glätte und Farbe der Papieroberfläche, die unter dem Gesichtspunkt des Corporate Design zu beachten sind.

Rohstoffe

Basis grafischer Papiere sind Zellstoff und Holzschliff, also wieder verwendbare und nachwachsende Rohstoffe. Die zur Papierproduktion verwendeten Hölzer stammen aus Durchforstungen oder sind durch Wind- oder Schneebruch angefallen. Die Papierindustrie in Mitteleuropa leistet einen nicht zu unterschätzenden Beitrag zur Erhaltung der Wälder.

Recycling

Nach dem Gebrauch wird Papier dem Recycling zugeführt. In Deutschland beträgt die Altpapier-Einsatzquote knapp 50% bei steigender Tendenz. Einzelne Sorten, beispielsweise das Zeitungspapier, bestehen aus bis zu 70%, Verpackungspapier zu 90% aus Altpapier. Lediglich bei hochwertigen Papieren ist der Einsatz von bedrucktem Altpapier nicht möglich.

Holzschliff

Zellstoff

Für die Papierherstellung müssen die Hölzer aufbereitet werden. Geschieht dies mechanisch durch Mahlen, so entsteht Holzschliff, bei dem die natürlichen Bestandteile (Harze, Lignin), die Ursache für das Vergilben sind, erhalten bleiben. Papiere, die aus Holzschliff hergestellt werden, tragen die Bezeichnung „holzhaltig". Holzfreie Papiere werden aus Zellstoff hergestellt. Erfolgt der Aufschluss von Nadel- und Laubhölzern chemisch unter Einsatz von Säure oder Lauge, so entsteht Zellstoff.
Zur Erfüllung hoher Ansprüche wird der Zellstoff gebleicht. Das traditionell verwendete Elementarchlor lagert sich am Lignin an, dabei entstehen chlorierte Kohlenwasserstoffe und Dioxine. Vorbildliche Hersteller setzen nur noch Zellstoffe ein, die chlorfrei unter Einsatz von Sauerstoff bzw. Wasserstoffperoxyd oder chlorarm gebleicht sind.

Den Faserstoffen Zellstoff bzw. Holzschliff werden verschiedene Hilfsstoffe beigemischt. Füllstoffe (beispielsweise Kaolin) dienen zur Verbesserung der Eigenschaften, sie machen das Papier dichter und verringern z. B. die Neigung zum Durchscheinen. Die Undurchsichtigkeit des Papiers, die beim beidseitigen Druck das Durchscheinen verhindert, wird fachsprachlich mit Opazität bezeichnet. Opazität

Herstellungsprozess

Der Papierbrei, der zunächst aus 99% Wasser und 1% Stoff besteht, gelangt durch einen schmalen Spalt von der Aufbereitung auf das Endlossieb der Papiermaschine, wo Wasser durch das Sieb abläuft. Dabei kommt es durch Verfilzung der Fasern zur Blattbildung. Mit einem Feststoffgehalt von etwa 20% wird die Bahn von der Nass- an die Pressenpartie übergeben, in der das Papier, auf einem Filz aufliegend, zwischen Walzenpaaren weiter entwässert wird. In der folgenden Trockenpartie läuft die Bahn über bis zu 60 beheizte Zylinder, dabei wird schonend auf eine Restfeuchtigkeit von knapp 10% getrocknet, geleimt und anschließend aufgerollt. Innerhalb weniger Sekunden entsteht so aus einem dünnflüssigen und wässrigen Brei das Kulturgut Papier.

Oberflächenveredelung

Die Papierbahn verlässt die Maschine ohne spezielle Bearbeitung der Oberfläche als maschinenglattes Papier. Solche Papiere werden beispielsweise zum Druck von Zeitungen verwendet. Erfordert das zu druckende Motiv eine deutlich glattere Oberfläche, muss diese satiniert, d. h. mechanisch geglättet, oder aber gestrichen werden. Speziell der Druck feiner Raster stellt erhebliche Anforderungen an die Beschaffenheit der Papieroberfläche, sodass ein Großteil der zum Druck von Werbedrucksachen eingesetzten Papiere vorher gestrichen wird. Satinieren

Die Papierbahn wird der Streichmaschine zugeführt und dort mit Streichfarbe, einer Suspension aus Weißpigmenten (Kaolin, Bariumsulfat, Titandioxyd) und natürlichen oder synthetischen Bindemitteln, versehen. So werden die Unebenheiten des Rohpapiers überdeckt. Es entsteht eine hochwertige, glatte Oberfläche. Streichen

Die so präparierte Bahn kann anschließend im Kalander unter Druck, Reibung und Wärme eine glänzende Oberfläche erhalten, die aus rein ästhetischen Gründen nach wie vor gefragt ist. Vorteilhaft für die Lesbarkeit sind reflexfreie oder reflexarme Oberflächen. Dazu laufen die Papiere entweder überhaupt nicht über den Kalander oder werden mit einer speziellen Mattsatinage versehen. Man unterscheidet so glänzend, halbmatt oder matt gestrichene Papiere. Kalender

Letzte Station ist die Ausrüstung, in der die Papiere zunächst in schmale Rollen zum Einsatz in einem Rollendruckverfahren oder weiter auf Standard- oder Sonderformate für den Einsatz im Bogendruck geschnitten werden.

Klassifikation der Papiere

Grundsätzlich teilt man Papiere in die Kategorien holzfrei und holzhaltig sowie gestrichen und nicht gestrichen ein.

Naturpapiere

Papiere, die nicht mit einem Strich versehen sind, werden als Naturpapiere bezeichnet. Sie können je nach Faserstoff holzfrei oder holzhaltig sein. Zu dieser Gruppe gehören:

a) Offsetpapiere

Sie sind durch die Oberflächenleimung widerstandsfähig gegen Stauben gemacht worden und sehr dimensionsstabil gegenüber der im Offsetdruck unvermeidlichen Feuchtigkeit.

b) Werkdruckpapiere

Diese Papiere werden zur Herstellung von Büchern eingesetzt. Häufig wird durch spezielle Verfahren das Volumen erhöht, sodass bei unverändertem Gewicht ein stärkerer Buchblock entsteht.

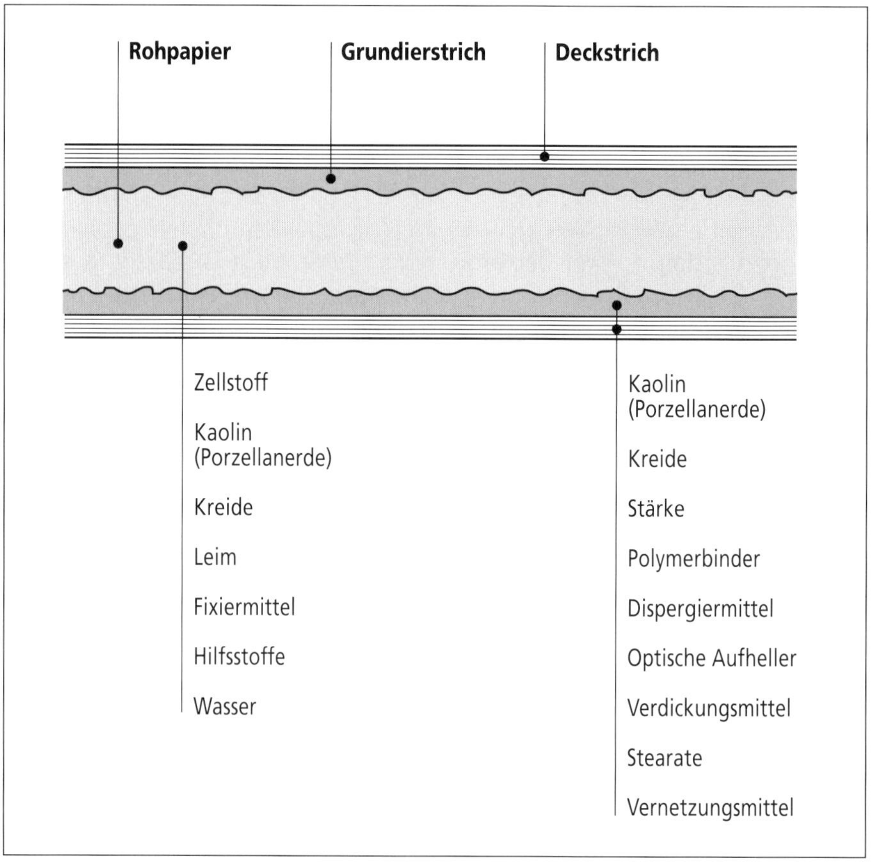

Abb.: Zweifach gestrichenes Druckpapier im Querschnitt (Quelle: Scheufelen)

Gestrichene Papiere

a) Gussgestrichene Papiere

Diese Papiere weisen extremen Glanz auf, der durch das spezielle Fertigungsverfahren erzielt wird, bei dem beheizte Chromzylinder die Trocknung des Strichs unterstützen und so eine absolut glatte Oberfläche entsteht. Diese Papiere und Kartons werden für Umschläge, Faltschachteln und Etiketten in höchster Qualität eingesetzt.

b) Originalgestrichen Kunstdruck

Holzfreies Spitzenprodukt mit einem Strichauftrag, das wegen der völlig ebenen und geschlossenen Oberfläche alle Voraussetzungen zur optimalen Wiedergabe feinster Raster hat. Lieferbar sind diese Papiere mit glänzend und matt gestrichener Oberfläche, auch in naturweißer Färbung, hierbei wird auf optische Aufheller verzichtet. Anwendungbeispiele sind besonders hochwertige Werbedrucksachen, Kalender und Bildbände.

c) Spezialgestrichen Bilderdruck

Holzfreie Papiere mit geringerem Strichauftrag zur Herstellung von Druckerzeugnissen mit hohem Qualitätsanspruch, wie hochwertige Prospekte, Kataloge und Bücher. Je nach Einsatzzweck stehen auch hier glänzende, matte und halbmatte Varianten zur Verfügung.

d) Gestrichen Bilderdruck Standard bzw. Konsum

Wirtschaftlicher holzfreier oder holzhaltiger Bedruckstoff mit beidseitigem geringerem Strichauftrag und glänzender bzw. matt gestrichener Oberfläche zur Herstellung von Zeitschriften, Broschüren und Prospekten in gehobener Qualität.

e) LWC (light weight coated)

Speziell beim Druck von Zeitschriften und Katalogen in Massenauflagen im Rollendruck spielen niedergewichtige holzhaltige Papiere mit geringem Strichauftrag eine bedeutende Rolle. Bei Flächengewichten von maximal 72 g/qm bieten sie ordentliche Bedruckbarkeitseigenschaften zu günstigen Konditionen.

Flächengewichte

Neben der Qualität von Rohpapier und Strich unterscheiden sich die Papiere durch ihre Flächengewichte:

Sorten	*Gramm/qm*
Naturpapiere	
Schreibmaschinenpapiere	40 bis 90
Hartpostpapiere	40 bis 90
Offsetpapiere, Offsetkarton	60 bis 150
Werkdruckpapiere	70, 80, 90, 100, 120

Gestrichene Papiere und Kartons	
Gussgestrichene Papiere und Kartons	80, 90, 100, 135, 215, 250
Originalgestrichen Kunstdruck	115, 135, 150, 170, 200, 250, 300
Spezialgestrichen Bilderdruck	100, 115, 135, 150, 170, 200, 250, 300
Gestrichen Bilderdruck	90, 100, 115, 135, 150, 170, 200, 250, 300, 350
LWC	50 bis 70

6. Produktion in Werbeabteilungen und Werbeagenturen

6.1. Qualifikation

Produktioner

Die qualitativen Anforderungen an die Produktioner steigen mit den immer komplexer werdenden Kommunikationstechniken. Intime Kenntnisse der Beschaffungsmärkte sind ebenso Voraussetzung für eine erfolgreiche professionelle Beschäftigung mit gedruckten Werbemitteln wie solide technische Kenntnisse über Verfahren und Materialien.
Außerdem sind persönliche Eigenschaften wie Verhandlungsgeschick, Organisationstalent, Belastbarkeit, Flexibilität und Aufgeschlossenheit gegenüber neuen Technologien gefordert. Kaufmännisches Basiswissen rundet das Profil ab.
Vorgezeichnete Ausbildungswege gibt es nicht; gute Voraussetzungen bietet eine Berufsausbildung in der Druckindustrie in Verbindung mit einem einschlägigen Fachhochschulstudium.

6.2 Auswahl von Verfahren und Lieferanten

Aus der großen Palette der Möglichkeiten ist die zur Herstellung eines nach Art, Umfang und Auflage definierten Werbemittels jeweils optimale Kombination verschiedener Verfahren in allen Fertigungsstufen zu bestimmen. Diese Festlegung erfolgt unter Würdigung technischer, ökonomischer und kapazitiver Gesichtspunkte.

Entscheidungsfaktoren

Die Faktoren im Entscheidungsprozess sind Preis, Termin und Qualität. Diese Ziele stehen in einem funktionalen Zusammenhang. Selbstverständlich müssen gesteigerte Qualitätsansprüche ebenso zu höheren Preisen führen wie verkürzte Termine, die nur durch eine Fertigung in zuschlagpflichtigen Zeiten (Überstunden, Sonn- und Feiertagsarbeit) realisiert werden können. Ein direkter Zusammenhang zwischen kurzen Terminen und der Qualität ist nahe liegend.

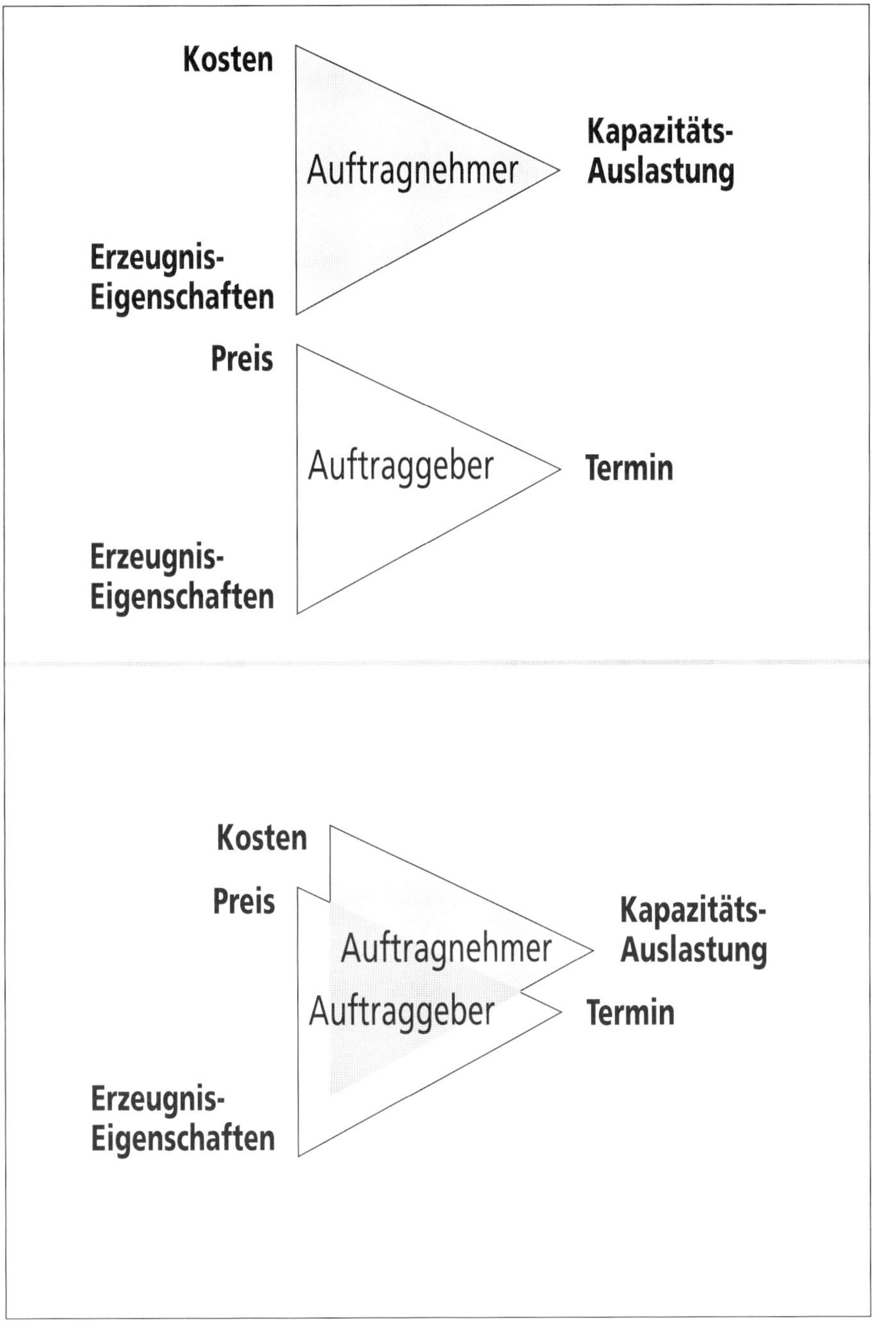

Abb.: Die Interessen von Auftragnehmer und -geber sollten möglichst weitgehend übereinstimmen.

Die Ziele des Auftragnehmers sind mit denen des Auftraggebers nur scheinbar identisch, denn für eine Layoutsetzerei, eine Reproanstalt oder eine Druckerei sind die Faktoren Kosten, Auslastung vorhandener Kapazitäten und zu erwartende Erzeugniseigenschaften maßgebend. Es liegt im beiderseitigen Interesse, die Zusammenarbeit so zu gestalten, dass die Schnittmengen und somit der Grad der Übereinstimmung ein Maximum erreichen. Absolute Kongruenz ist wegen unterschiedlicher Interessenlagen nur selten möglich.

6.2.1. Kosten gedruckter Werbemittel

Die Produkte der Druckindustrie entstehen weitestgehend in Einzelfertigung. Dieser Fertigungstyp ist durch eine unmittelbare kunden- bzw. auftragsbezogene Abwicklung mit erheblichem Planungsanteil gekennzeichnet.

Einen Marktpreis, d. h. einen zu einem bestimmten Zeitpunkt an einem bestimmten Ort (Handelsplatz) für bestimmte Waren von durchschnittlicher Qualität geforderten Betrag, gibt es bei Anlage wissenschaftlicher Maßstäbe nicht. Die Preise für identische oder zumindest vergleichbare Objekte streuen, speziell in den Vorstufen Satz und Reproduktion, erheblich. Ursache dafür sind die unterschiedliche Marktgeltung der Anbieter sowie unterschiedliche Qualität, Betriebsmittelkonfiguration, Betriebsgröße und unterschiedlicher Aufwand in Verwaltung und Verkauf (Serviceorientierung).
Das bedeutet, dass die Preise in den Angeboten konkurrierender Anbieter daraufhin untersucht werden müssen, ob Leistungsumfang, Leistungsqualität und Leistungstermin vergleichbar sind. Es gilt zu unterscheiden, ob ein günstiger Preis durch positive Faktoren, z. B. für den speziellen Einsatzzweck besonders geeignete Technologie (Systemproduktivität) und gute Organisation, oder aber durch verkürzte Leistungen (Papierqualität, Korrekturaufwand in der Reproduktion etc.) begründet ist.

Der erfolgreiche Produktioner kennt die Möglichkeiten und Grenzen moderner Technologien, er ist in der Lage, die jeweils optimalen Verfahrenswege zu finden und diese wirtschaftlich zu bewerten. Er stellt die zur Produktion erforderlichen Unterlagen wie Layouts, Manuskripte und Vorlagen in technisch einwandfreier Form bereit, überwacht die Produktion und kontrolliert die Rechnungsstellung.

7. Audiovisuelle Medien (AV-Medien)

7.1 Geschichte der Medien – Von den Höhlenzeichnungen zum High-Definition-TV

Seit es Menschen gibt, verständigen sie sich untereinander. Bei der Kommunikation werden vorwiegend zwei der fünf Sinne des Menschen eingesetzt: hören (lat. = audire) und sehen (lat. = videre). Und schon immer wollten die Menschen das Gehörte und Gesehene übermitteln und konservieren, also unabhängig von Ort und Zeit machen.

Hören und sehen – audire et videre

Zunächst waren das z. B. Zeichnungen in Höhlen, später dann kodierte Zeichen – also Schrift. Als Speichermedien dienten Stein, Papyrus und später das Papier. Die Herstellung war langwierig und teuer und deshalb wohl auch nur einer exklusiven Gesellschaftsschicht vorbehalten.

Selbst im 15. Jahrhundert, nachdem Gutenberg den Druck mit beweglichen Lettern erfunden hatte, war man noch weit entfernt von dem, was man heute Massenkommunikation nennt, denn die Vervielfältigungsmethoden waren immer noch zeitraubend und teuer: Handsatz für die Schrift, Holz- oder Kupferstiche für die Illustrationen.

Erfindungen auf dem Weg zur modernen Massenkommunikation

Erst im 19. Jahrhundert gab es für die Drucktechnik die entscheidenden Innovationsschübe hin zum Massenmedium. Die Linotype und die Monotype ermöglichten den schnellen maschinellen Bleisatz, Rotationsdruckmaschinen erlaubten hohe Auflagen in kurzer Zeit. Zudem konnte die Fotografie die Wirklichkeit abbilden und über die Technik der Autotypie wurde es möglich, die Fotos dann in gerasterter Form zu drucken. Die Printmedien waren zum alleinigen Träger der öffentlichen Kommunikation geworden. Von Non-Print-Medien oder audiovisuellen Medien sprach noch keiner.
Ende des 19. Jahrhunderts lernte man auch, mit Telefon und Grammophon akustische Signale zu übermitteln und sie zu speichern. Und man entdeckte, dass das Auge träge ist und nicht mehr als 16 Bilder in der Sekunde unterscheiden kann. So wurde es möglich, Bewegungen in einzelne Fotos zu zerlegen und über einen Projektor in Folge wieder zu präsentieren – der Stummfilm war geboren. Jetzt galt es nur noch, Bilder und Töne synchron zu koppeln. Ende der 20er-Jahre unseres Jahrhunderts war es so weit, der Tonfilm eroberte die Welt. Danach verlief die Entwicklung stürmisch:

Entwicklung der Non-Print-Medien

- In den 30er-Jahren wurde der Tonfilm perfektioniert, der Hörfunk fand weltweite Verbreitung.
- Die 40er-Jahre brachten den Farbfilm und das Breitwandformat.
- Die 50er-Jahre ermöglichten das Fernsehen für jedermann und die magnetische Bild- und Tonaufzeichnung (MAZ).

- Ein qualitatives Wachstum war in den 60er-Jahren zu beobachten. Der Hörfunk wurde stereophonisch, das Fernsehen farbig und die ersten Nachrichtensatelliten ermöglichten weltweite Live-Übertragungen.
- Die 70er-Jahre brachten die Videokassetten für den Hausgebrauch und den Einsatz in Werbung und Verkaufsförderung sowie die Etablierung eines zuvor erst zaghaft aufgetretenen Mediums: Dia-Audiovision.
- In den 80er-Jahren kam der Durchbruch der optischen Trägermaterialien Compact Disc (Ton) und Bildplatte (Bild und Ton). Dank ihrer kurzen Zugriffszeiten auf jedes einzelne Kapitel oder Bild eröffneten diese von einem Laser abgetasteten optischen Speichermedien neue Interaktionsmöglichkeiten (u. a. in Verbindung mit Personal Computern). Neu in den 80er-Jahren waren auch die Videomöglichkeiten vor großem Publikum: der Video-Projektor (Beam) und die Videowände.
- Die 90er-Jahre brachten den Durchbruch der Computertechnik im Massenmarkt. Die CD-ROM als günstiges Offline-Speichermedium für Bild, Ton und Daten findet in Millionenauflagen Verbreitung.
- Ab Mitte der 90er-Jahre rückt die Welt durch das Internet zusammen. Das World Wide Web schafft innerhalb weniger Jahre den Durchbruch zum Massenmarkt. Auf rund 200 Mio. wird das weltweite Potenzial der Online-Nutzer Mitte 1999 geschätzt.
- An der Schwelle zum neuen Jahrtausend etabliert sich – wenn zunächst auch zögerlich – das digitale Fernsehen: Pay-TV, Video-on-Demand. Die Verbreitung des Internets schreitet fort, die Möglichkeiten der Internet-Kommunikation werden immer vielfältiger: Live-Videoübertragungen, E-Commerce, Online-Banking. Bis zum Jahr 2005 wird es Voraussagen zufolge weltweit 720 Mio. Internet-User geben. Sinkende Nutzungspreise und das schnell anwachsende landessprachliche Web-Angebot bilden die Voraussetzungen für die weltweite Internet-Durchdringung.

High Definition Television (HDTV)

Auch die Einführung des hoch auflösenden Fernsehens bleibt fraglich. High Definition Television (HDTV) bietet zwar eine Bildqualität wie der 35-mm-Kinofilm und obendrein das Breitwandformat, doch ist es nicht kompatibel mit den eingeführten Fernsehnormen (PAL in Deutschland, SECAM in Frankreich, NTSC in den USA etc.). Vor Einführung von HDTV muss deshalb erst die Hardware-Basis geschaffen werden: von der Aufnahme über die Bearbeitung und Ausstrahlung bis zum Empfang.
Um diesen Milliardenmarkt der Zukunft konkurrieren japanische, amerikanische und europäische HDTV-Normen. Solange sich keiner dieser Standards durchsetzen kann, wird HDTV wohl nicht auf breiter Basis eingeführt werden.
Ein mit der bisherigen Norm kompatibler Mittelweg ist das 1995 in Deutschland eingeführte PALplus. Es arbeitet mit dem Bildschirmformat 16:9. Mit diesem Breitwandformat können Cinemascope-Filme bildschirmfüllend vorgeführt wer-

den, sodass die beim herkömmlichen Fernsehbild (Seitenverhältnis 4:3) auftretenden schwarzen Balken entfallen.

Entwicklung der Printmedien

Wie aber haben sich die Printmedien in unserem Jahrhundert entwickelt? Die Druckqualität wurde wesentlich gesteigert, insbesondere bei Farbdrucken. Das Drucken wurde durch Fotosatz, Farbscanner, DTP, Mehrfarben-Druckmaschinen, Rotationsdruck und digitale Druckverfahren immer schneller und immer günstiger. Noch nie war die Vielfalt der Medien so groß wie heute:

- Prospekt, Katalog, Zeitschrift, Zeitung und Buch im Print-Bereich,
- Dia-AV, Film, Video und interaktive Medien (On- und Offline) im Non-Printbereich,
- Web-Medien.

Der Frage, welche Rolle nun welches Medium in einem speziellen Kommunikationsmix spielen soll, muss sich jeder Kommunikationsfachmann stellen. Wem die charakteristischen Merkmale und Wirkmechanismen der einzelnen Medien bekannt sind, dem fällt die Beantwortung leichter.

7.2 Unterschiede bei der Rezeption von Print- und Non-Print-Medien

Merkmale der Printmedien

Um das Charakteristische der audiovisuellen Medien zu verstehen, muss man sich zunächst die Unterschiede bei der Rezeption zwischen Print- und audiovisuellen Medien bewusst machen. Anders als bei AV-Medien sind Printmedien Botschaft und Präsentationsmedium in einem. Man braucht keine aufwendige Hardware, um eine Software abzuspielen. Deshalb kann man Gedrucktes zu jeder Zeit rezipieren, selbst in der S-Bahn. Drucksachen sind leicht zu handhaben, überall aufzubewahren und kaum dem Verschleiß unterlegen. Aber sie stellen eine Bedingung: Der Rezipient muss die in Schriftzeichen kodierte Botschaft in Sprache übersetzen können, was in einem Land mit wenigen Analphabeten kein Problem ist.

Lernzeit-Differenzierung

Printmedien sind selektiv nutzbar, d. h., der Rezipient liest nur das, was ihn interessiert. Das andere überfliegt er oder lässt es ganz aus. Ist er mit dem Thema vertraut, geht das Lesen schnell. Muss er sich erst in das Thema einarbeiten, liest er jedes Detail. Der Leser bestimmt also sein Lerntempo und seine Lernzeit selbst. Der Print-Autor muss sich deshalb keine Gedanken über eine so genannte Lernzeit-Differenzierung machen. Da hat es der Drehbuch-Autor einer AV-Produktion schwerer. Sein Medium arbeitet linear – es hat einen definierten Anfang und ein definiertes Ende. Dazwischen läuft es in immer der gleichen Zeit ab – egal wie intelligent, interessiert oder vorinformiert der Zuschauer ist. Wer deshalb als Dreh-

buch-Autor das Anforderungsniveau seiner Zielgruppe nicht genau kennt, läuft Gefahr, seine Rezipienten zu überfordern oder zu unterfordern.
Anders dagegen die interaktiven AV-Medien (z. B. CD-ROM, DVD, Internet). Sie sprengen diese engen linearen Grenzen und eröffnen dem Nutzer weit reichende selektive und die Lernzeit differenzierende Möglichkeiten.
Doch nicht die Linearität oder die Handhabung des Mediums machen den Hauptunterschied zwischen Print- und Non-Print-Medien aus, sondern die Vielfalt der Kommunikationsmöglichkeiten.
Bei den Printmedien wird nur der visuelle Kanal des Rezipienten angesprochen (sieht man einmal von der optischen Qualität einer bestimmten Papieroberfläche, Stanzung oder Prägedruck sowie Rubbelduftstoffen ab).

Merkmale der Non-Print-Medien

Bei AV-Produktionen dagegen sieht man einerseits Bilder, Bewegungen und Abläufe und hört zugleich Geräusche, Musik und Sprache. Zusammen ergibt diese Zweikanal-Kommunikation eine spezifische, ungemein starke Dynamik. Deshalb faszinieren zielorientiert produzierte AV-Medien mit perfekter Technik den Zuschauer, können ihn motivieren und mitunter so weit animieren, dass er sich, ohne darüber nachzudenken, mit der Botschaft identifiziert. Dass die AV-Medien wie kein anderes Medium Emotionen mobilisieren können, stellt eine Chance, aber auch eine Gefahr dar.

7.3 Die einzelnen audiovisuellen Medien

7.3.1 Dia-Audiovision/Tonbildschau/Multivision/Multimedia

Ton-Dia-Reihe

Erst ab 1960 brachte man die bekannten Medien Diaprojektor und Tonband zusammen. Man projizierte Bild für Bild und ließ das Ganze über das Tonband von einem Sprecher kommentieren. Jedesmal, wenn ein Piepston zu hören war, schaltete der Vorführer ein Bild weiter. Ton-Dia-Reihe nannte man diese schulmeisterliche Methode. Bald begann man, die störenden, piepsenden Steuertöne auf eine separate Tonspur zu verbannen, von wo aus sie, für den Zuschauer unhörbar, ein Steuergerät aktivierten, das dann den Diatransport auslöste. Die störenden Dunkelpausen während des Diatransports überwand die Überblendtechnik. So entstand die Tonbildschau, bei der mindestens zwei Projektoren auf eine Fläche projizieren.

Tonbildschau

Hohe Schärfe und Brillanz der Dia-AV

Richtig konzipiert, erreicht man damit eine ungeahnte Wirkung. Denn weder Film und schon gar nicht Video erreichen die hohe Schärfe und Brillanz eines Kleinbild-Diafilms mit einem Bildfenster von fast 24 x 36 mm. Damit hat man eine fast dreimal so große Fläche wie mit dem 35-mm-Kinofilm (15 x 21 mm) und zwölfmal so viel wie beim 16-mm-Film (7 x 9,6 mm).

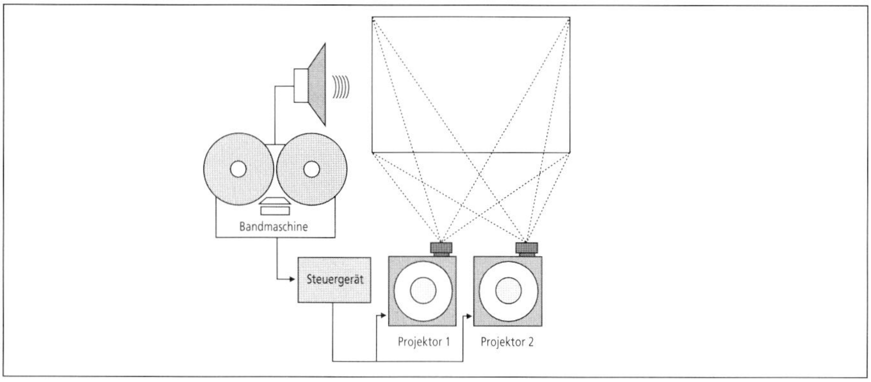

Abb.: Aufbauschema einer Tonbildschau

Im Gegensatz zum flimmernden Filmbild haben wir es bei der Dia-AV mit einem ruhenden und besonders einprägsamen Bild zu tun. Einprägsam deshalb, weil wir – zielgerichtete AV-Fotografie vorausgesetzt – die zu „stills" gewordenen Geschehnisse oder Abläufe in der interessantesten, markantesten Phase und im entscheidenden Moment vor Augen haben. Deshalb ist die Dia-AV wie geschaffen für kurze, prägnante Aussagen, die intensiv aufgenommen werden sollen und längere Zeit im Gedächtnis haften bleiben. Wegen der herausragenden Lernerfolge wird die Dia-AV vorwiegend im Bereich der inner- und außerbetrieblichen Schulung sowie in der Verkaufsförderung eingesetzt.

Dia-AV

Herausragende Lernerfolge bei der Dia-AV

Die Bildfolge wird synchron zum Ton mit dem Computer programmiert und kann in kleinste Schritte zerlegt werden. Schnelles oder langsames Auf- und Abblenden, harte oder weiche Überblendungen, Blinkeffekte – nichts ist unmöglich bei modernen Dia-AV-Schauen. Jede Schau kann zudem durch den Austausch von Einzelbildern einfach und schnell aktualisiert werden.

Wenn wir auch vom „ruhenden Bild" sprechen, so zeigt eine gute Überblendschau dennoch fast keine Einzelbilder, sondern vielmehr eine neue Dimension des Sehens. In der Überblendung gleitet ein Bild in das vorhergehende hinein. Es entsteht also zwischen zwei Bildern „das dritte Bild". Ein virtuelles Bild, in dem sich zwei Bilder durchdringen. Besonders wirkungsvoll ist es dann, wenn Farbe und Aufbau der Bilder exakt aufeinander abgestimmt sind. AV-Fotografie ist deshalb kein Schnappschießen, sondern konzeptionelle Fotografie. Dynamisches Sehen wird zur wichtigsten Voraussetzung für die Bildgestaltung und der Leuchttisch, an dem der Art Director die Bildfolgen komponiert, zum kreativen Mittelpunkt.

Überblendungen

Die Bilder einer Dia-AV können auch aus Firmen- oder Fremdarchiven stammen: ein Pluspunkt für die Dia-AV, der oft hohe Kosten erspart. Zudem erweitern Dialabors und Computergrafiken die gestalterischen Möglichkeiten beträchtlich.

Drei oder vier auf eine Fläche gerichtete Projektoren bieten die technische Voraussetzung für noch schnellere, dynamischere und effektvollere Diaschauen. Oft wird auch schon mit fünf oder sechs Projektoren projiziert, was natürlich den Hardware-Aufwand vergrößert und die Mobilität etwas mindert.
Man kann eine Einflächen-Diaschau zudem auch leicht auf Video überspielen und so kostengünstig vervielfältigen und später dann ohne großen technischen Aufwand auf jedem Videoequipment abspielen.

Multivision

Multipliziert man die Projektionsflächen, so vervielfacht man nicht nur die gestalterischen Möglichkeiten, sondern vor allem die Wirkung. Wohl kein anderes Medium bietet die Faszination einer Multivision. Über Computer können gleichzeitig bis zu 256 und mehr Projektoren angesteuert werden. Letztendlich ist eine Multivision nicht eine Frage des Machbaren, sondern des Finanzierbaren.

Abb.: Multimediaeinsatz mit Live-Aktion zur Einführung der E-Klasse von Mercedes-Benz: Videobeamer, 70-mm-Film, Dia-Multivision, Licht- und Soundeffekte (Milla & Partner, Stuttgart)

Multivisionen sind Eyecatcher, Animationsmedium, Motivatoren, Stimulans und Attraktion. Man sieht sie auf Messen und in Museen, bei der Vorstellung des neuen Produkts oder als groß angelegte PR-Show. Und weil alles von Computern gesteuert wird, ist es kein großes technisches Problem, weitere Geräte zur Multivision zu synchronisieren: Film- oder Videoprojektoren, Laser-Strahler, Nebelmaschinen, Konfettikanonen und sonstige Effektgeräte. Auch Live-Darbietungen von der Conférence bis zum Ballett können mit einer Multivisionsschau kombiniert werden. Weil dabei viele Medien zusammenwirken, bezeichnete man in den 70er- und 80er-Jahren solche Multivisionen als Multimediaschau.

Multimedia

Seit Anfang der 90er-Jahre wird der Begriff Multimedia jedoch von Computerherstellern beansprucht, die darunter die Verwendungsmöglichkeiten von PCs verstehen, mit denen mehrere Komponenten bearbeitet und wiedergegeben werden können: Realbild, Ton, Schriften, Grafiken und Daten. Ein „Multimedia-PC" kann für verschiedene Medien eingesetzt werden und je nach Programm und Zusatzausstattungen Texte, Bilder und Layouts für Printmedien erstellen (Desktop-Publishing/DTP), Bilder für Animationen in Videos bzw. Filmen bearbeiten oder die Nachbearbeitung im Tonstudio übernehmen.

Video- und Datenprojektion

Im Business- und Event-Präsentationsbereich übernehmen mehr und mehr rechnergespeiste Datenprojektoren die bisherige Aufgabe der Diaprojektoren. Hochauflösende und helle Datenprojektionen übertreffen dabei die Diaqualität. Die Charts können auf dem Rechner schneller, topaktuell und kostengünstiger als Dias produziert werden.

7.3.2 Film

Auch die perfekteste Dia-AV oder rechnergestützte Datenprojektion kann keine kontinuierlichen Bewegungsabläufe vermitteln. Erst mehr als 16 Bilder pro Sekunde überlisten die Trägheit des Auges und täuschen eine zusammenhängende Bewegung vor. So funktionieren Film (24 Bilder pro Sekunde) und Video (50 Halbbilder pro Sekunde).

Abb.: Produktion eines Werbespots auf 35-mm-Film (Foto: Märtterer)

Filmformate

In vier Formaten kann Film produziert werden: Super 8, das billige Amateurformat, scheidet im professionellen Bereich aus. 70 mm, das „Hollywood-Breitwandformat", kommt aus Kosten- und Handlingsgründen für Industriezwecke auch nicht in Betracht. Verbleiben die Formate 16 und 35 mm.

35 mm ist für Kino- und TV-Spots zwingende Norm. Im Industriebereich wird es dagegen immer seltener eingesetzt, was bei etwa drei- bis fünfmal so hohen Technik- und Materialpreisen, im Vergleich zu 16 mm, auch nicht verwundert.

Vorteile des 16-mm-Films

16-mm-Film bietet für Industriezwecke das optimale Preis-Leistungs-Verhältnis:

- Das Bild kann bis zu drei oder vier Metern Breite projiziert werden,
- der Ton ist akzeptabel (Lichtton) oder fast schon Hi-Fi-gerecht (Magnetton)
- und 16-mm-Projektoren findet man „all over the world".

Viele Fernsehanstalten produzieren bei anspruchsvollen Fernsehfilmen angesichts des zukünftigen Breitbildfernsehens (High Definition Television/HDTV) heute wieder auf herkömmlichen Filmmaterial. Denn Film kann in optimaler Qualität auf jede heutige Fernsehnorm und genauso auf jedes zukünftige HDTV-Format überspielt werden.

Zunächst aber ist Film aufwendiger in der Produktion als Video, weil das Bild eben auf fotochemischem Wege und der Ton auf elektromagnetischem Wege gespeichert werden. Auf zwei getrennten Trägern also. Um synchron zu sein, müssen die Kamera und das Tonband miteinander gekoppelt werden. Dies geschieht entweder über Pilotton oder die gequarzte gleiche Geschwindigkeit. Am Schneidetisch müssen dann Bild und Ton wieder synchron angelegt werden. Erst im Kopierwerk erfolgt die Vereinigung auf einen Träger. Auch die sofortige Erfolgskontrolle wie bei Video („Spul doch bitte mal kurz zurück") kennt der Film nicht, er muss erst entwickelt werden. Kopierwerke gibt es in Deutschland nur in München, Berlin und Hamburg. Entwicklungs- und Transportzeiten muss man also einkalkulieren.

Filmschnitt

Schnitt und Montage (bei Video heißt das Post Production) müssen nicht teurer als bei den elektronischen Medien sein. Zumindest solange man nur harte Schnitte plant und keine Tricks oder Blenden, denn diese müssen im Kopierwerk auf fotomechanischem Weg erstellt werden.

Wenn man aber durch gute Vorplanung und ein niedriges Drehverhältnis (Verhältnis zwischen gedrehtem Material und tatsächlich gebrauchtem Material, oft bis 1:10) die Film- und Kopierkosten in Grenzen halten kann, dann ist ein 16-mm-Film auch nicht teurer als ein gutes Video. Er braucht nur etwas mehr Produktionszeit.

Film oder Video?

Alle genannten Gründe sollten aber nicht ausschlaggebend für die Entscheidung sein, wenn es um Film oder Video geht. Wichtig ist der geplante Einsatz.

Soll die Produktion im abgedunkelten Raum vor größerem Publikum mit brillantem, großem Bild gezeigt werden, dann gibt es fast nur die Lösung Film. Zwar gibt es auch Video-Großprojektoren oder Videowände (Videovision/Videowall), doch sind diese relativ teuer und zeigen bei entsprechender Vergrößerung, dass das Auflösungsvermögen der 625 Videozeilen seine Grenzen hat. Zudem kann Film ohne großen finanziellen Aufwand auf jedes beliebige Videosystem überspielt werden und steht somit auch im Einsatz vor kleinem Publikum zur Verfügung.

7.3.3 Video

Video ist der „schnelle Bruder" des Films. Der technische Unterschied liegt im Speichermedium und in der Präsentation – statt Filmmaterial und Chemie kommen hier das Magnetband und Elektronik zum Einsatz.

Video hat ein einziges Trägermaterial für Bild und Ton, kennt keine Synchronitätsprobleme und hat eine sofortige Ergebniskontrolle. Die Kehrseite der Medaille ist die geringe Auflösung (625 Zeilen) bei den europäischen PAL- und SECAM-Systemen. Und davon gehen noch einmal 50 Zeilen für Nutzsignale verloren. Die Auflösung ist also um einiges geringer als beim 16-mm-Film. Video bietet weniger Farb- und Helligkeitsnuancen als der 16-mm-Film, aber eine gleiche oder höherwertige Tonqualität.

HDTV

Erst mit der Einführung des hoch auflösenden Fernsehens (High Definition Television) mit einer Auflösung von über 1.000 Zeilen und dem 16:9-Breitbild wird Video den Qualitätsvorsprung des Films aufgeholt haben.

Einstellungsgrößen

Wer Video und seine Eigenheiten kennt, kann daraus das Beste machen. Man vermeidet z. B. die weite Total-Einstellung, da auf dem TV-Schirm dann keine Details mehr zu sehen sind. Man geht näher ran und dreht des Öfteren in Nah- und Groß-Einstellungen.
Weil weniger Details bei diesen Einstellungsgrößen zu erkennen sind, ist die Gefahr groß, dass der Zuschauer nichts Neues entdeckt und sich zu langweilen beginnt. Dem wird durch eine schnelle und kurzatmige Schnittfolge entgegengewirkt. Die durchschnittliche Einstellungsdauer bei Video ist kürzer als bei Film, der Schnittrhythmus also schneller. 30-Sekunden-TV-Spots mit mehr als 100 Schnitten sind keine Seltenheit.

Post Production

Video ist auch schnell bei der Aufnahme und Post Production (Nachbearbeitung), weil das Arbeitsergebnis immer sofort kontrolliert werden kann und keine zeitraubenden Entwicklungsprozesse durchlaufen werden müssen. Auch die Trickmöglichkeiten stehen sozusagen auf Abruf bereit. Überblendungen, Wipes, Bildausschnitte, Überlagerungen, Schrifteinblendungen, Standbild, Slow- und Quick-Motion zählen zum Standardrepertoire der Videotechnik.

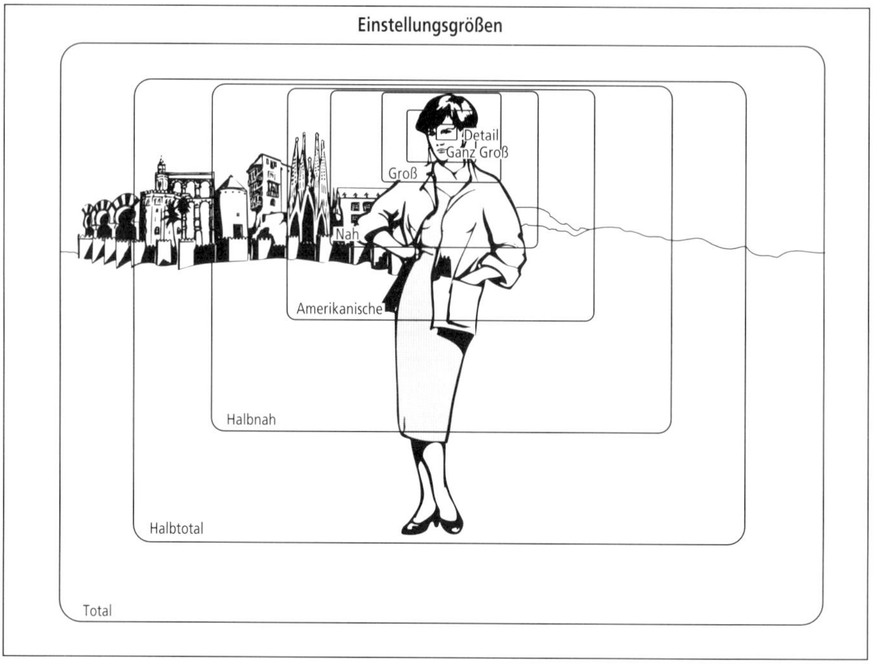

Abb.: Die Einstellungsgrößen bei Film und Video

Schnitt und Montage beim Film

Beim Film wird dagegen noch im wahrsten Sinne des Wortes „geschnitten". Am Schneidetisch werden die besten Einstellungen aus dem gedrehten Material herausgenommen und mit Klebestreifen zu Szenen und Sequenzen zusammenmontiert.

Der elektronische Schnitt bei Video aber ist etwas anderes: Dabei wird die gewünschte Einstellung gleich auf ein neues Band überspielt und so Take für Take hintereinander kopiert.

Elektronischer Schnitt

Der Videoschnitt ist also immer mit einem Kopiervorgang verbunden und bedingt somit einen Generationsverlust. Zumindest wenn man mit herkömmlichen analogen Aufzeichnungsformaten (z. B. Betacam) arbeitet.

Bei den teureren digitalen Systemen (z. B. Digi Beta) gibt es keinen Generationsverlust mehr.

Deshalb heißt das oberste Gebot bei analogem Video: vorplanen, mitdenken und abstimmen. Denn nachträgliche Korrekturen kosten nicht nur Zeit und Geld, sondern sind oft nur durch neues Überspielen zu machen, d. h.: wieder eine Generation verloren. Deshalb sind exakte Absprachen zwischen Auftraggebern und Produzenten zwingend. Dabei hilft ein Layoutschnitt mit Time Code.

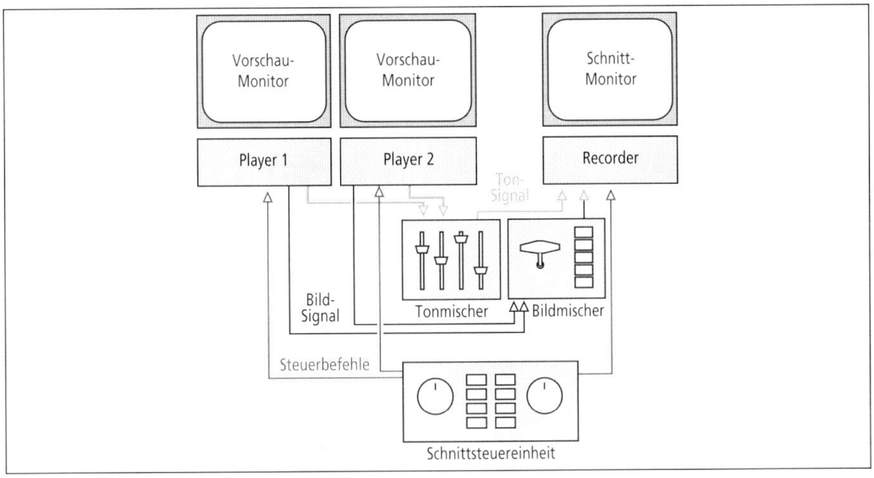

Abb.: Schema eines Schnittplatzes bei Video

Schon bei der Aufnahme zeichnet der Recorder auf einer separaten Spur den so genannten Time Code auf. Dabei wird jedem Videobild eine Nummer zugeteilt: Stunde, Minute, Sekunde, Frame (1 bis 25). Ein Assistent notiert während der Dreharbeiten auf seinem Script den Time Code jeder einzelnen Einstellung. Time Code
Anhand des Scripts lassen sich beim Schnitt dann aus dem Rohmaterial schnell die gewünschten Einstellungen finden.

Nun beginnt die kreative Phase der Nachbearbeitung. Man sucht die richtige Stelle, den entscheidenden Moment beim gelungensten Versuch der jeweiligen Einstellung, den passenden Übergang zur Folgeeinstellung und so weiter. Diese kreative Arbeit kostet Zeit, aber nicht unbedingt teures Studiogeld, denn man kann sie offline auf günstigen Layoutschnittplätzen ausführen, da für diesen Schnitt noch nicht die hohe Qualität der teuren Studiomaschinen benötigt wird. Mit dem Layoutschnitt erstellt man eine Schnittliste, auf der exakt die Layoutschnitt
Time Codes jedes Schnittpunktes notiert werden.

Ist der Layoutschnitt vom Auftraggeber abgenommen, geht man mit der Schnittliste ins eigentliche Post Production Studio, wo dann nach der Schnittliste schnell und somit kostengünstig gearbeitet wird.

Eine besonders schnelle Lösung des Layoutschnitts ermöglichen moderne PCs mit großen Plattenspeichern und entsprechenden Programmen (z. B. AVID). Dabei wird zunächst das Rohmaterial mit etwas verringerter Auflösung (um Speicherplatz zu sparen) auf die Plattenspeicher überspielt. Mit der Computer-Maus kann nun jede Einstellung aus dem Speicher aktiviert und an eine andere angeschnitten werden. Die Suchzeiten werden minimiert, der Layoutschnitt geht noch schneller vonstatten. Ist der Layoutschnitt fertig, speichert der Computer die Schnittliste auf Diskette, die wiederum im Post Production Studio den Endschnitt in optimaler Auflösung steuert.

7.4 Konzeption audiovisueller Medien

Was die einzelnen AV-Medien unterscheidet, wurde in den vorhergehenden Abschnitten behandelt. Wie man zu einem individuellen Video, einem Film oder einer Dia-AV kommt, wird im Folgenden beschrieben.

Aufgabenstellung (Briefing)

Briefinginhalt

Zunächst muss sich der Auftraggeber klar darüber werden, was er erreichen will (Aufgabenstellung). Dann muss er die Botschaft, die Zielgruppe und die Präsentationsvoraussetzungen definieren und sich überlegen, wie viel ihm die Übermittlung der Botschaft wert ist. Daraus können dann bereits erste Rückschlüsse auf das Medium (Video, Film, Dia-AV) erfolgen. Schließlich müssen die internen Zuständigkeiten festgelegt werden. Ist das Projekt groß, kann sich die Bildung einer Projektgruppe als sinnvoll erweisen.
Wenn dies alles bedacht und zu Papier gebracht wurde, ist das Briefing erstellt. Nun kann man Kontakt zu den AV-Unternehmen aufnehmen. Es empfiehlt sich dabei, die Studios persönlich zu besuchen, um bereits einen ersten Eindruck zu erhalten.

Exposé / Angebot

Aussagen des Exposés

Der potenzielle Auftragnehmer kann nun aufgrund des Briefings erste Ideenvorschläge (Exposé) ausarbeiten und auch bereits ein grobes Angebot vorlegen. Im Exposé werden der Inhalt kurz dargelegt und die wesentlichen didaktischen und dramaturgischen Elemente ausgearbeitet. Der so genannte rote Faden des Filmes wird deutlich. Das Exposé ermöglicht auch bereits eine erste Kostenschätzung. Sofern man mehrere Exposés (z. B. von mehreren Produzenten) vorliegen hat, müssen sie verglichen werden, um zu prüfen, welche vorgeschlagene Umsetzung am besten in das Rahmenkonzept passt.

Auftragserteilung

Auftragsbestandteile

Der geeignetste Produzent erhält den Zuschlag. Das Budget und der Terminplan (am besten mit Zwischenzielen) müssen nun endgültig verabschiedet werden. Zahlungskonditionen werden vereinbart, Rahmenkonditionen formuliert. Wer Wert darauf legt, sollte sich auch die Mitsprache bei Locations und Model-Castings sichern. Darüber hinaus empfiehlt es sich, auch die vollen Nutzungsrechte für Auswertung und Vervielfältigung, Vorführung und Sendung sowie Wiedergabe auf allen Bild- und Tonträgern zu sichern, damit nicht später bei jeder einzelnen Kopie oder Nebennutzung weitere Kosten entstehen.

Zahlungsmodus

Da der Produzent seinerseits viele Kosten vorfinanziert, hat sich in der Praxis folgender Zahlungsmodus eingespielt: Ein Drittel der Produktionssumme wird bei Auftragserteilung, das zweite Drittel bei Dreh- bzw. Fotobeginn, der Rest nach der Präsentation fällig. Nun kann der Auftrag endgültig vergeben werden.

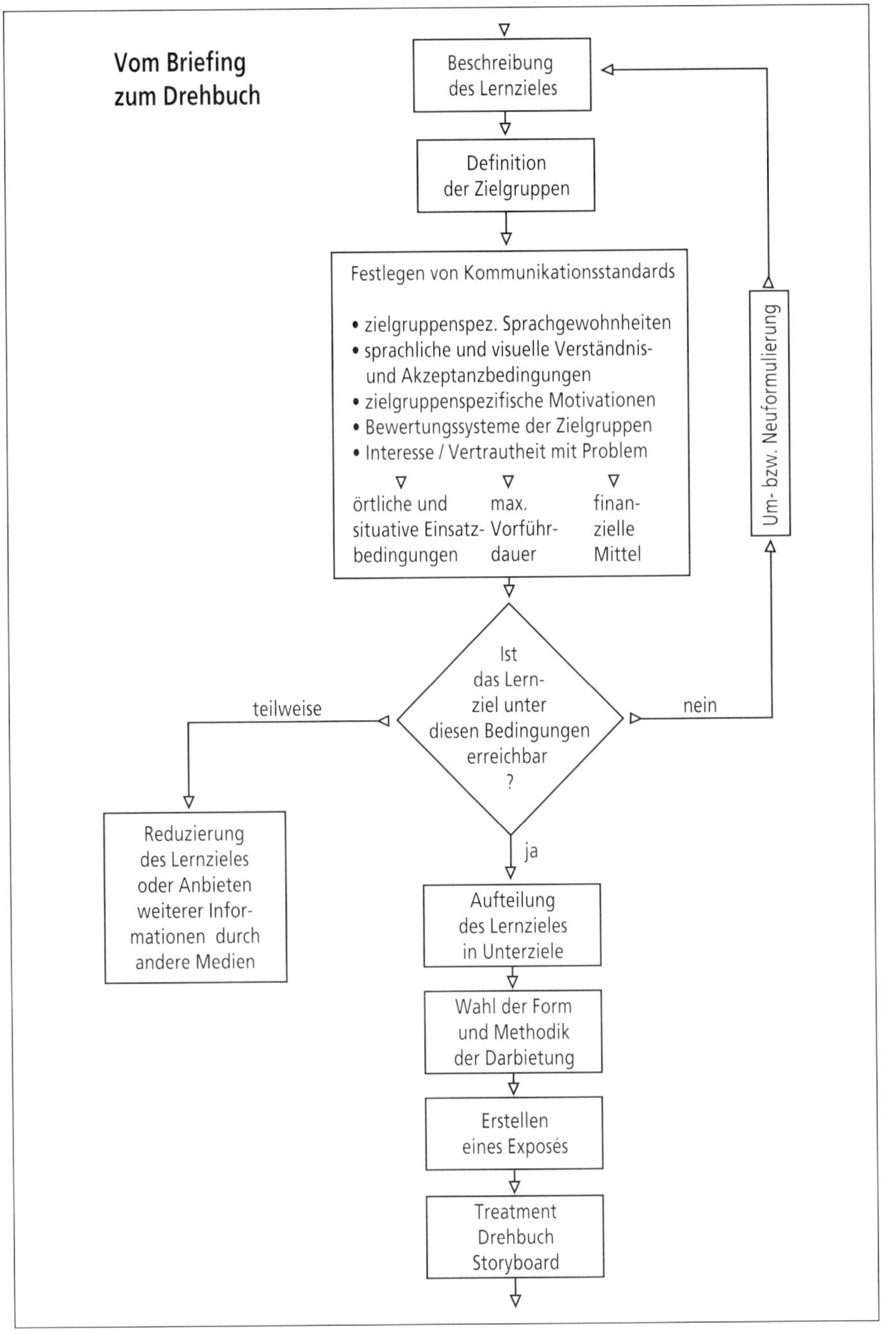

Abb.: Schematische Darstellung vom Briefing zum Drehbuch

Treatment

Recherche des Drehbuchautors

Jetzt beginnt die ausführliche Recherche des Drehbuchautors. Vielleicht gibt es bereits eine Stoffsammlung seitens des Auftraggebers, sodass der Drehbuchautor gezielt vorgehen kann. Im Treatment muss der Autor schon verhältnismäßig detailliert Auskunft über den Ablauf und die Visualisierung geben. Auch der Sprechertext wird im Treatment bereits angedeutet.

Alle Fachabteilungen im Hause des Auftraggebers haben nun die Gelegenheit, das Treatment zu überprüfen und Korrekturen und Ergänzungen einzubringen. Dabei kann sich auch herausstellen, dass vorgeschlagene Visualisierungen das Budget überschreiten. Entweder sucht man dann nach einer günstigeren Lösung oder stockt den Etat auf.

Drehbuch

Inhalt des Drehbuchs

Es ist in der Regel in vier Spalten aufgeteilt (Zeit/Ton/Bilderläuterung/Sprechertext). Mit etwas Routine kann man bei der Lektüre des Drehbuchs den späteren Film bereits vor seinem inneren Auge ablaufen lassen.

Kunde/Projekt: **Wüsthof Video Worldwide**
Blatt **- 8 -**

DREHBUCH

Zeit	Ton	Bild	Sprechertext
6.15	O-Ton abgemischt mit Selected Sound 4112/B4 ab Auftrakt	**Griffschalen-Vormontage** Nahaufnahme	Die beiden Griffschalen bestehen aus Hostaform C, einem unverwüstlichen, rutschsicheren Kunststoff.
6.28		**Induktionswärmer** Schwenk	Zuerst werden die Schalen in einem patentierten Verfahren so auf den Erl geschweißt, dass keinerlei Lücken zwischen Stahl- und Griffmaterial verbleiben ...
6.31		**Nietvorgang** Erst Halbtotale, dann Nah	... so entsteht eine sichere, absolut feste Verbindung. Dann werden sie zusätzlich noch dreifach vernietet.
6.44		**Griffbearbeitungsmaschine** Zoom von HT auf Groß	Nun noch die Griffbearbeitung: Hier geschieht das Angleichen der Kunststoff- und Stahlteile. Zuerst maschinell, dann manuell.
6.55	SS 4112 auf Ending geschnitten	Kamerafahrt mit Zoom in **Griffbearbeitungssaal:** Arbeiter entnimmt bearbeitetes Messer und prüft es.	Das Ergebnis: makellose Übergänge. Kein Spalt. keine Ecken und Kanten. Spülmaschinenfest und hygienisch einwandfrei.
			© MÄRTTERER + SCHUSCHKLEB

Abb.: Drehbuch

Ein Anfänger wird bei der Drehbuchlektüre meist die Textspalte überbewerten, da er nicht gewohnt ist, die Bildbeschreibung in einen imaginären Film umzusetzen. Doch der Schwerpunkt einer audiovisuellen Produktion liegt in der Regel auf dem visuellen Kanal.

Deshalb wird auch vermieden, allzu früh den sprechreifen Text festzulegen und damit die Bildgestaltung oder die Dramaturgie zu hemmen. Erst wenn der Rohschnitt des Filmes bzw. die Bildfolge bei der Multivision feststeht, wird der Sprechertext endgültig ausformuliert.

Storyboard
Wie wichtig der Bildteil ist, merkt man besonders dann, wenn man ein Storyboard anfertigen lässt. Das ist so in etwa das Drehbuch als Comicstrip, also eine gescribbelte Umsetzung der Bildfolge. Bei komplizierten Bildideen, bei Computeranimationen oder bei aufwendigen Dia-Multivisionen ist das Storyboard zur Vermeidung von Fehlinterpretationen und Szenenbeschreibungen obligatorisch.

Erst wenn das Drehbuch bzw. Storyboard von allen Abteilungen des Auftraggebers genehmigt ist, beginnt die eigentliche Produktion.

Kunde/Projekt: Hewlett Packard GmbH / The HPPA-3000 Story **Blatt** -4-		**STORYBOARD**
Zeit/Ton	**Bild**	**Sprechertext**
0.00 Flug durchs Weltall mit entsprechendem Geräusch und Musik **0:12** Raketentriebwerk		**((Commander´s Voice male))** "This is the HP-PA star liner. We´re reaching the computer galaxy - Roger."
0:12 Planet in braun/grün mit blauer Aura		**((Voice/female from Cape Cupertino))** "This is Cape Cupertino: Start the operation! Bring more power and flexibility to all HP bases on that planet! - Roger."
0:22 Das Raumschiff sendet einen Beam-Strahl. Sobald er auf dem Planeten auftrifft, leuchten 3000 bei OLTP auf.		**((Commander´s voice))** "Okay, we´ve got just what they need: HP 3000 and the HP 9000. - Roger." ©**MÄRTTERER + SCHUSCHKLEB**

Abb.: Storyboard

7.5 Produktion audiovisueller Medien

Je durchdachter die konzeptionelle Vorarbeit, desto reibungsloser die Produktion. Das Produktionsteam wird nach einem vom Produzenten ausgearbeiteten Drehplan vorgehen. Das muss nicht in der chronologischen Reihenfolge des Drehbuchs geschehen, sondern in der produktionstechnisch günstigsten Abfolge. Nach Abschluss der Dreharbeiten wird das produzierte Material gesichtet und selektiert. Im Layoutschnitt werden nun die einzelnen Einstellungen gemäß Drehbuch aneinander gefügt. Diese erste, noch unvollständige Version wird dem Auftraggeber zur Beurteilung vorgelegt. Der Autor textet nach der Rohfassung den bildgerechten Kommentar. Der Regisseur fertigt aus der Rohfassung einen Schnittplan zur Minimierung der zeit- und kostenaufwendigen Arbeit im Studio.

Drehplan

Layoutschnitt

Produktion bei Video

Entsprechend der genehmigten Rohfassung wird die endgültige Fassung des Videos produziert. Zusätzliche Grafiken, Tricksequenzen und Letterings werden eingespielt, Überblendungen und Trickblenden gezogen. Im Tonstudio wird der Kommentar gesprochen, die Musik angelegt und der Endmix aus Sprache, Musik und O-Tönen gezogen. Die Synchronität zwischen Bild und Ton steuert der gemeinsame Time Code.

Produktion bei Film

In der Regel wird Film auf Negativmaterial aufgenommen. Dieses Negativ wird dann im Kopierwerk entwickelt und unter optimalen Bedingungen eingelagert. Vom Negativ wird eine nicht farbkorrigierte, kostengünstige Kopie gezogen (Rush-Print/„Klatschkopie"), mit der Regisseur und Cutter/in am Schneidetisch den Roh- und Feinschnitt ausführen können.

Ist der Feinschnitt genehmigt, erfolgt der Negativschnitt im Kopierstudio. Davon können dann die farbkorrigierten Einsatzkopien gezogen werden. In einem zweiten Arbeitsgang wird danach der Ton, der vorher im separaten Tonstudio produziert wurde, auf die Tonspur des Films übertragen.

Produktion bei Dia-AV

Die gemäß Drehbuch bzw. Storyboard fotografierten Dias werden am Leuchttisch in der richtigen Reihenfolge ausgelegt und vom Kunden abgenommen. Im Dia-Labor werden eventuelle Tricks und Splittings (Aufrasterungen) vorgenommen. Dann wird der Endtext formuliert und im Tonstudio aufgenommen und mit Musik und eventuellen Geräuschen zusammengemischt. Danach wird im Programmierstudio synchron zum Soundtrack die Bildfolge programmiert.

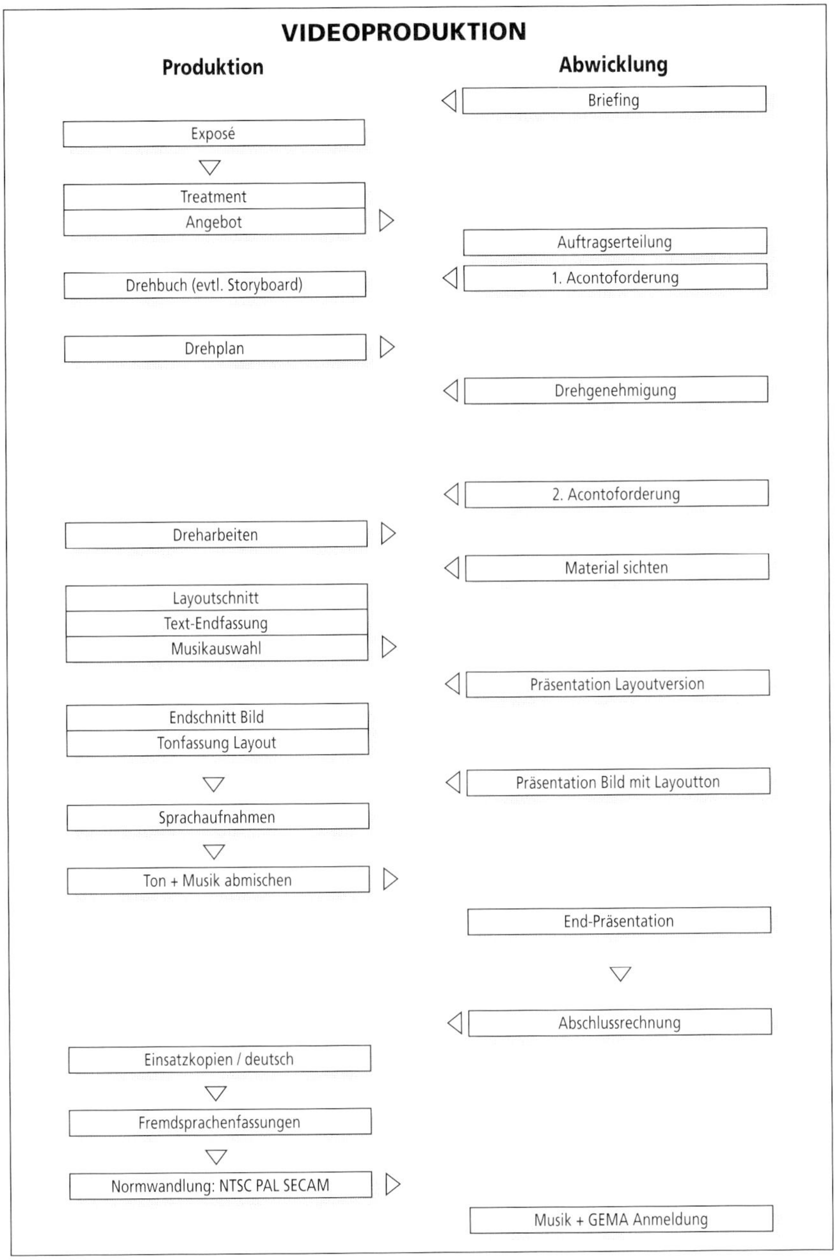

Abb.: Ablaufschema einer Videoproduktion

7.6 Kosten audiovisueller Medien

Keine standardsierten Preise

Da audiovisuelle Medien keine standardisierten Serienprodukte, sondern maßgeschneiderte Einzelanfertigungen sind, können auch keine standardisierten Preise oder Musterkalkulationen ausgearbeitet werden. Zudem kalkuliert jeder Produzent nach seinem eigenen Schema. Wichtig ist es, dass der Auftraggeber die ihm vorgelegten Angebote kritisch vergleicht und prüft, ob z. B. Zusatzleistungen extra bezahlt werden müssen und wie die Konditionen ausfallen.

Um aber eine ungefähre Vorstellung über die Kosten geben zu können, wird hier aufgezeigt, in welchem finanziellen Rahmen sich die AV-Produktionen bewegen. Bei den folgenden Zahlen handelt es sich um Eckwerte aus der Praxis. Low-Cost-Produktionen mit weniger Dreh- bzw. Fototerminen und ohne Tricks und Grafiken können noch um einiges darunter liegen. High-Level-Produktionen mit vielen Dreh- bzw. Fototerminen, hohen Darstellergagen, Reise- und Übernachtungskosten und aufwendigen Tricks und Grafiken können dagegen um ein Vielfaches teurer werden.

Alle nachfolgend aufgeführten Kosten verstehen sich ohne die gesetzliche Mehrwertsteuer.

Die Kosten für eine AV-Produktion können aus dem veranschlagten Zeitaufwand und den entsprechenden Honorarsätzen überschlägig berechnet werden. Sie richten sich nach den technischen Qualitätsanforderungen und der inhaltlichen Gestaltung.
Hier Richtwerte:

Drehbucherstellung
je nach Aufwand: ab 3.000,– Euro

Dreharbeiten
Aufnahmeteam bestehend aus Kameramann,
Assistent/Techniker und komplettem Equipment (z.B. Betacam SP):
pro Tag ab 1.300,– Euro
Regisseur: pro Tag ab 800,– Euro

Nachbearbeitung im Video-Studio
(jeweils Equipment inklusive Operator)

Hartschnitt Betacam SP (analog):	pro Tag ab 800,– Euro
Effektschnitt Betacam SP (analog):	pro Tag ab 1.500,– Euro
Effektschnitt Digital MAZ:	pro Tag ab 2.500,– Euro
Layoutschnitt (z.B. AVID):	pro Tag ab 1.000,– Euro

Tonstudio
Aufnahme/Mischung, inklusive Toningenieur: pro Stunde 150,– Euro

Tonbildschau
Zwei oder drei Projektoren auf eine Fläche, ca. zwölf Minuten, 140 bis 240 Dias:

Durchschnittskosten:	ca. 25.000,– bis 50.000,– Euro
Kopiensatz:	ca. 1.000,– bis 2.000,– Euro
Videotransfer:	ca. 1.000,– Euro

Tonbildschau/Multi-Image-Schau
Drei bis sechs Projektoren auf eine Fläche, ca. zwölf Minuten, 240 bis 400 Dias:

Durchschnittskosten:	ca. 25.000,– bis 50.000,– Euro
Kopiensatz:	ca. 2.000,– Euro
Videotransfer:	ca. 1.200,– Euro

Multivision (Dia-AV)
Da die Gestaltungsvielfalt bei der Dia-AV auf mehreren Flächen unendlich groß ist, können auch keine Durchschnittswerte genannt werden. Nur so viel: Es gibt Multivisionen, die für weniger als 25.000,– Euro realisiert wurden, und solche, die weit über 100.000,– Euro lagen.

Video/16-mm-Film
Schulungsfilm, ca. 20 Minuten ohne große Tricks:
Durchschnittskosten: ca. 25.000,– bis 100.000,– Euro

Imagefilm, ca. zwölf Minuten, repräsentativ, mit über einer Woche Außendreh und aufwendigeren Tricks und Grafiken:
Durchschnittskosten: ca. 50.000,– bis 150.000,– Euro und mehr

Videokopie VHS, je nach Auflage und Länge: ab 2,– Euro
Filmkopie 16 mm, 20 Minuten, je nach Auflage: ca. 250,– Euro
Überspielung von Film auf Video, 20 Minuten, je nach Farbkorrektur-Aufwand und Bandmaterial: ca. 500,– bis 1.000,– Euro

DVD *und CD-ROM (Compact Disk Read only Memory)*
Was den Videoteil betrifft, so kostet eine interaktive Produktion auch nicht mehr als ein vergleichbares Video. Hinzu kommen die Kosten für die Programmstruktur der CD, die Steuersoftware und die Navigationsscreens. Diese Kosten steigen mit dem Grad der Interaktivität.
Für die reinen technischen Kosten sind ca. 3.000,– Euro für das Mastering und noch einmal ca. 2.000,– Euro für die Pressform anzusetzen. Bei Massenauflagen kann mit sehr niedrigen Kopienpreisen gerechnet werden: Ab 1.000 Exemplaren kostet eine CD weniger als 1,– Euro pro Stück inklusive Jewelbox.

8. Kontrollfragen zu Teil XVIII

Printmedien

1. Welche Faktoren sind nach Ihrer Meinung Ursache dafür, dass die Printmedien ihre starke Position im Medien-Mix behaupten werden?
2. Der überwiegende Teil der gedruckten Werbemittel wird heute im Offsetverfahren hergestellt. Welche Gründe sind dafür ursächlich?
3. Wie ist es möglich, das gesamte farbige Spektrum mit den Farben Schwarz, Cyan, Magenta und Gelb wiederzugeben?
4. Wird nach Ihrer Ansicht der Digital-Proof in naher Zukunft den Andruck ersetzen?
5. Die Qualität einer Abbildung wird zu einem nicht unerheblichen Teil durch die Vorlage bestimmt. Welche Vorlagen sind reproduzierbar? Welche qualitativen Anforderungen sind an die Vorlage zu stellen?
6. Stellen Sie die Prinzipien der Hauptdruckverfahren Hochdruck, Flachdruck, Tiefdruck und Siebdruck dar.
7. Die Wahl des Bedruckstoffes hat erheblichen Einfluss auf die werbliche Wirkung eines Druckerzeugnisses. Nach welchen Kriterien wählen Sie aus?
8. Was verstehen Sie unter dem Begriff Digitaldruck? Sehen Sie konkrete Einsatzbereiche in der Werbemittelproduktion?
9. Zur Herstellung von Druckerzeugnissen stehen verschiedene Verfahren zur Verfügung. Nach welchen Kriterien treffen Sie die Verfahrensauswahl?
10. Welche Kenntnisse muss ein Produktioner besitzen, um allen Anforderungen, die sich aus dieser Tätigkeit ergeben, gerecht zu werden?

Non-Print-Medien

11. Beschreiben Sie die Unterschiede bei der Wahrnehmung (Rezeption) von Print- und audiovisuellen Medien.
12. Warum ist im Drehbuch die Bildspalte wichtiger als die Textspalte?
13. Was unterscheidet eine Tonbildschau von einem herkömmlichen Diavortrag?
14. Welche Konzeptions- und Produktionsschritte sind nach dem Exposé notwendig, bis ein Video produziert ist?
15. In welchen Fällen ist es angebracht, statt eines Drehbuchs ein Storyboard zu erstellen?

9. Literaturverzeichnis zu Teil XVIII

Printmedien

Bauer / Giesriegl: Druckwerke und Werbemittel, Wien 2000.

Bäumler / Senff: Moderne Reproduktion, Fellbach 1999.

Blana, H.: Die Herstellung, München 1991.

Heidelberger Druckmaschinen, Hrsg.: Handbuch der Printmedien, Berlin 2000.

Stiebner, E.: Bruckmanns Handbuch der Drucktechnik, München 1992.

Teschner, H.: Offsetdrucktechnik, Fellbach 1997.

Non-Print-Medien

Acker, A. / Nann, O. M.: Film-Fernsehen-Video – Ein Leitfaden für die Praxis, München 1986.

Appeldorn, W. van: Handbuch der Film- und Fernsehproduktion, Psychologie – Gestaltung – Technik, München 1984.

Biere, J.: Professionelle Dia-AV, Schaffhausen 1988.

Kandorfer, P.: DuMont's Lehrbuch der Filmgestaltung, Köln 1994.

Kodak AG, Hrsg.: Film im Auftrag, Stuttgart 1978.

Solf, K. D.: Fotografie, Frankfurt am Main 1973.

Solf, K. D.: Film, Frankfurt am Main 1978.

Stankowski, A. / Duscheck, K.: Visuelle Kommunikation, Berlin 1989.

Weber, J.: Handbuch der Film und Videotechnik, München 1983.

Teil XIX Multimedia

1. Grundlegende Aspekte

Die Entwicklungen in der digitalen Technologie führen uns in einen neuen Abschnitt des Kommunikationszeitalters. Ein Schlagwort, das in diesem Zusammenhang häufig fällt, ist „Multimedia". Und tatsächlich ist Multimedia ein Oberbegriff, der die Medienverschmelzung, wie sie momentan stattfindet, am besten trifft.

Begriff

Multimedia ist ein Synonym für die beliebige Kombination und Mischung von Grafik, Text, Ton, Bild, Animation, Film etc. und die Darstellung dieser Elemente auf einem Ausgabemedium (z. B. PC).
Was allerdings bisher bei analogen Medien nur bedingt funktionierte, ist plötzlich durch den Rückkanal bzw. die Rückkopplung der Informationen bei digitalen Medien möglich: die Interaktion. Erst durch die Interaktion wird Multimedia zu einem zukunftsweisenden Instrument professioneller Informationsdarbietung und -verarbeitung.

Interaktion

Digitale Multimedia-Anwendungen können mit einer hohen Interaktivität ausgestattet werden. Der Grad der Interaktion kann sich einem persönlichen Gespräch annähern, ist aber dennoch unpersönlich (Mensch-Maschine-Kommunikation). Medium und Nutzer treten in einen Dialog zueinander. Durch Vernetzung der Medien ist der Dialog darüber hinaus auf weitere Nutzer ausdehnbar.

Online-, Offline und klassische Werbeträger im Vergleich

Marketingfunktion/-leistung	TV	Print	Offline	Online
Intensität des Werbekontaktes	xx	x	xxx	xxx
Individuelle Selektion von Informationen	x	x	xxx	xxx
Möglichkeit zur Aktualisierung	xx	x	x	xxx
Permanente Verfügbarkeit von Marketinginformation	xx	x	x	xxx
Globale Verfügbarkeit	xx	x	xx	xxx
Geringe Kostenintensität	xx	x	xx	xxx
Direkte Kontrollmöglichkeit	xx	x	x	xxx
Pflege und Aktualisierung der Inhalte	x	x	x	xxx
Reichweite	xxx	xx	x	x

Schlüssel: xxx = sehr gut, xx = gut, x = zufriedenstellend

Abb.: Vergleich Online, Offline und klassische Werbeträger (Quelle: Screen Multimedia 4/1996, S. 111)

Multimedia ist mit Online-Medien, Offline-Medien und in absehbarer Zeit auch in vollem Umfang per Mobilfunk möglich.

Gegenüber dem Werbeeinsatz von klassischen Medien bieten die interaktiven Medien einige Vorteile.

Besonderheit eines Multimedia-Einsatzes

Durch die Reizüberflutung, der wir ständig ausgesetzt sind, werden Informationen oftmals nicht mehr richtig aufgenommen. So werden z. B. 92 % der durch Zeitungen, 99 % der durch das Radio und 96 % der durch das Fernsehen verbreiteten Informationen nicht mehr bewusst verarbeitet. Reizüberflutung

Viele Medien können den Schutzwall durch zu viele Informationen zwischen Sender und Empfänger nicht mehr überbrücken. Ganz anders sieht dies bei interaktiven Medien aus. Hier muss sich der Konsument direkt mit der Anwendung beschäftigen, er kann sich nicht einfach berieseln lassen. Durch diese freiwillige Auseinandersetzung entsteht ein wesentlich höheres Involvement als bei vergleichbaren Print-, TV- und Hörfunk-Produktionen. Involvement

Klassische Medien versuchen durch verstärkte Kommunikation Kaufanreize zu schaffen. Man kann hier zwei Strategien unterscheiden:

- Push-Effekt: Das Produkt bzw. die Dienstleistung wird auf den Markt gedrückt.
- Pull-Effekt: Es entsteht eine Art Sogwirkung, die Verbraucher fragen verstärkt nach.

Multimediale Anwendungen müssen so entwickelt werden, dass erwähnter Pull-Effekt entsteht. Wenn man dem User keinen echten Nutzen bietet, wird er die Internet-Seite wohl kaum aufrufen und teure Telefongebühren bezahlen oder eine CD-ROM freiwillig in sein CD-Laufwerk legen. Pull-Effekt

Vorteil der interaktiven Medien ist, dass die Geschwindigkeit der Informationsdarbietung an die Aufnahmefähigkeit und an die individuellen Bedürfnisse des Benutzers angepasst werden kann. Der Anwender bestimmt selbst, was er betrachtet und wie lange.

Der Wirkungsgrad multimedialer Kommunikation ist deshalb wesentlich höher als bei Botschaften, die nur durch auditive und/oder visuelle Reize vermittelt werden.

Bedeutung und Stellung von Multimedia im Media-Mix

Fest steht, dass Multimedia als Teil des gesamten Media-Mix zu sehen ist und die Palette der möglichen Kommunikationsmaßnahmen erweitert.
Dabei spielt das Internet eine besondere Rolle, da es durch die Entwicklung zum Massenmedium und die Bandbreite an Einsatzmöglichkeiten inzwischen für fast alle Bereiche Lösungen bietet.

2. Online-Medium Internet

2.1 Entstehung

Entstehungsgeschichte

Zunächst entstand das Internet für militärische Zwecke. Das in den USA entwickelte ARPAnet wurde vom amerikanischen Verteidigungsministerium 1969 eingerichtet und sollte im Falle eines atomaren Krieges den Ausfall der Datenkontrolle in den USA verhindern.
Schon 1972 waren über 40 Großrechner von Universitäten und Forschungseinrichtungen miteinander verbunden. Daten konnten nun elektronisch ausgetauscht werden. Mit der Einführung der E-Mail wurde diese Entwicklung für Wissenschaft und Technik erst richtig interessant. Da das militärische Netz für solche Anwendungen jedoch nicht konzipiert war, entwickelte man eine Alternative namens USEnet. Der systemübergreifende Austausch von Informationen wurde mit einer gemeinsamen Computersprache, dem IP-Protokoll, vereinfacht. Zahlreiche mit den Großrechnern der Universitäten verbundene Netzwerke – das Internet war geboren.
Damals war die Benutzeroberfläche noch recht kompliziert. Dies änderte sich erst, als im Rahmen des europäischen Forschungszentrums für Kernphysik (CERN) das World Wide Web (WWW) als Teil des Internets entwickelt wurde. Heute ist das WWW der bekannteste Dienst im Internet und ermöglicht auf einfache Weise, innerhalb eines Datennetzes von Rechner zu Rechner zu springen.

WWW

Online-Anwendungen haben sich bereits in nahezu allen vorstellbaren Bereichen einen festen Platz gesichert. Sei es zum Kommunizieren, Informationen abrufen und bereitstellen, Geschäfte abwickeln oder einfach nur zur Unterhaltung.

2.2 Vor- und Nachteile des Internet gegenüber anderen Medien

Das Internet bietet folgende Vorteile:

- Hohes Involvement durch aktives Aufrufen der Informationen.
- Einfache Pflege und Aktualisierung der Daten, d. h., die Informationen können stets auf dem neuesten Stand sein.
- Direkter Kontakt zu den Anbietern kann aufgenommen werden. Die Möglichkeit zu einem persönlichen Dialog besteht.
- Informationen, Bilder und Daten können einfach vom Schreibtisch aus abgerufen werden, z. B. über Mailing-Listen.

- Bessere Selektionsmöglichkeiten und ausführliche Hintergrundinformationen.
- Geringe Kosten in Relation zur globalen Verfügbarkeit.
- Verfügbarkeit zeitlich unbegrenzt und rund um die Uhr.
- Geringe Streuverluste durch die Möglichkeit der direkten Zielgruppenansprache (Special-Interest-Angebote).
- Sehr gute Möglichkeiten im Bereich der Marktforschung (Information über Zugriffszeiten, Nutzung). Das gewonnene Datenmaterial liegt digital vor und kann dadurch schneller und kostengünstiger ausgewertet werden.

Natürlich gibt es auch Nachteile:

- Der Anwenderzugriff ist nicht standardisiert und nicht limitiert.
- Unüberschaubares Angebot.
- Schlechte Audio-, Video- und Animationsqualität durch fehlende Bandbreiten.
- Nutzungsentgelt durch Telefongebühren und Internet-Zugangskosten.
- Lange Übertragungszeiten.
- Problem der Datensicherheit, unbefriedigende Abrechnungssysteme.
- Regelung des Urheberrechtschutzes gestaltet sich schwierig.
- Der Konsument muss selbst aktiv werden und ist deshalb auf die WWW-Seiten aufmerksam zu machen. Unterstützung durch klassische Medien.
- Bei Befragungen im Internet kann kein Rückschluss auf die Allgemeinbevölkerung gezogen werden, denn die Nutzer sind heute noch zu stark segmentiert (technisch orientierte, innovative Zielgruppe).

2.3 Die Produktion einer Website

Folgende Schritte sind bei der Produktion notwendig:

1. Domain-Name festlegen (http://www.name.de)

Der Name, unter dem man eine Web-Seite findet, ist der Schlüssel zu ihr. Aus diesem Grund sollte er in direktem Zusammenhang mit der Firma, der Dienstleistung oder dem Produkt stehen. Komplizierte Bezeichnungen sind oftmals schwer zu merken, deshalb verzichtet man besser auf irgendwelche Zusätze und verwendet den eigentlichen Namen, sofern dieser noch nicht besetzt ist. Wenn der Name schon vergeben ist, besteht die Möglichkeit, zu klären, wer die größeren Rechte an seiner Verwendung hat.

2. Ziele definieren

- Was soll mit dem Internet-Auftritt erreicht werden?
- Wer ist das Zielpublikum?

- Welcher Nutzen oder Unterhaltungswert kann mit dem Internet-Auftritt für die Zielgruppe bereitgestellt werden?
- Welche Inhalte stehen zur Verfügung oder müssen neu generiert werden?
- Wer soll die Inhalte später aktualisieren? Müssen Masken erstellt werden für Personen, die keine Programmierkenntnisse besitzen?
- Welche Gestaltungsvorgaben sind bereits vorhanden?
- Über welchen Online-Dienst bzw. welchen Browser werden die meisten Zielpersonen die Web-Seiten besuchen?

3. Inhalte sammeln und erstellen

Bei der Strukturierung der Inhalte ist zu bedenken, dass die Informationsstruktur maßgeblich für das Auffinden von Informationen ist. Eine zu tiefe Hierarchisierung erschwert ebenso wie eine flache und dafür zu breite.
Texte, Fotos und Sounddateien müssen für das Web optimiert werden. Bei Texten ist zu beachten, dass das Lesen am Bildschirm aus ergonomischen und Kostengründen von vielen Nutzern als unangenehm betrachtet wird. Daher sollte man dringend lange Texte kürzen und die Vollversionen zum Download zur Verfügung stellen.

4. Konzeption

Internet-Surfer, die die Seiten einer Firma aufgerufen haben, muss man an die Website „binden". Sie sollen die aufgerufenen Seiten nicht gleich wieder verlassen und damit im großen weiten Internet verloren gehen. Die Inhalte müssen so interessant sein, dass sich die Anwender gerne auf den Seiten aufhalten.

5. Navigation festlegen

Die Navigation hilft dem Anwender, sich auf der Website zurechtzufinden und gezielt an die gewünschte Information zu gelangen. Sofern nicht auf allen Seiten die Hauptkapitelpunkte angewählt werden können, muss es einen Button geben, mit dem der Anwender einfach auf die Übersichtsseite oder Homepage zurückkehren kann.

6. Screen-Board erstellen

Bevor das Screen-Design definitiv gestaltet werden kann, sollten alle Verzweigungstafeln/Unterkapitel aufgezeigt werden.

7. Screen-Design erstellen

Das Screen-Design bildet den optischen Rahmen und gibt der Website eine bestimmte Tonality.
Es beeinflusst das Image des Produkts oder des Unternehmens.

8. Programmierung und Einbindung der Medien

9. Benutzertests (Pre-Test)

10. Implementierung ins Netz

Zu Beginn werden die Internet-Seiten offline entworfen und erst danach ins Netz gestellt, vorerst meist noch unter einer Prototyp-Adresse, die der Öffentlichkeit nicht bekannt ist.
Erst wenn verschiedene Tests gemacht wurden und die Seiten vollständig sind, werden die Seiten unter ihrer eigentlichen URL ins Netz gestellt.

11. Funktionstests und Korrekturen

Die Websites müssen unter verschiedenen Rechnern, Browsern und Zugängen getestet werden. Meist sind danach noch Anpassungen in einem Finetuning vorzunehmen.

12. Website-Promotion

Eine Internet-Adresse muss bekannt gemacht werden, zum einen über Suchmaschinen und zum anderen über Werbung und PR. Auch hierfür ist ein einheitliches Kommunikationskonzept zu entwickeln.

2.4 Kosten eines Internet-Auftritts

Die Kosten für Konzeption und Programmierung eines Internet-Auftritts weisen eine erhebliche Spannweite auf. Es gibt Stundensätze zwischen 30,– und 400,– DM.
Für einen einfachen professionellen Internet-Auftritt beginnt die Preispalette bei einer Summe von etwa 20.000,– DM. Nach oben sind keine Grenzen gesetzt.

2.5 Screen-Design

Eine neue Herausforderung an Gestalter und Designer ist das Bildschirmdesign. Doch beschränken sich die Ansprüche daran schon längst nicht mehr auf originelles Aussehen. Von elementarer Bedeutung für interaktive Multimedia-Anwendungen ist beispielsweise die Gestaltung des Bildschirmaufbaus.

Eine zweckmäßige Gestaltung multimedialer sowie interaktiver Produkte setzt daher folgende Überlegungen voraus:

1. Informations-Design

Der erste Schritt einer Multimedia-Konzeption ist das Informations-Design, dem wegen des Problems der Informationsüberflutung immer mehr Bedeutung zukommt.
Die steigende Menge an Informationen, die weltweit in immer kürzerer Zeit

verbreitet wird, stellt den Informations-Designer vor eine verantwortungsvolle Aufgabe. Er muss Informationen so strukturieren und gestalten, dass Inhalte verständlich, leicht zugänglich und möglichst noch mit Unterhaltungswert an den Empfänger weitergeleitet werden können.

2. Interaktions-Design
Der zweite Schritt ist das Interaktions-Design. Eine intuitive Benutzerführung, zweckmäßige Navigationshilfen und eine überschaubare Struktur helfen dem Anwender, sich in dem Informationsangebot zurechtzufinden. Je mehr Bewegungsfreiheit man dem Anwender durch die Navigationsstruktur einräumt, desto höher ist der Grad an Interaktivität. Der Anwender muss verführt werden, wenn er mit dem Medium unterhalten werden soll, und schnell und sicher ans Ziel gebracht werden, wenn er gezielt Informationen finden will.

3. Screen-Design
Der dritte Schritt ist das eigentliche Screen-Design. Mit dem Screen-Design wird eine ansprechende Benutzeroberfläche geschaffen, die darüber hinaus idealerweise der Corporate Identity des Unternehmens entspricht. Multimedia-Produktionen bestehen aus vielen zusammenhängenden Screens. Diese müssen so gestaltet sein, dass sie für sich alleine, aber auch im Zusammenhang mit den übrigen Screens logisch im Aufbau, funktional und interessant sind.
Wie auch das Informations- und Interaktions-Design erfordert das Screen-Design technisches Hintergrundwissen über das Medium, für das entworfen werden soll. Während man sich beispielsweise bei CD-ROM-Produktionen relativ frei entfalten kann, muss man sich bei Internet-Lösungen einschränken, sei es in der Farbwahl oder der Größe der Grafiken. Screen-Designer müssen sich außerdem u.a. mit Bildschirmauflösungen, Grafikformaten, Kompressionstechniken, Multimedia-Tools auskennen.

2.6 Werbung fürs Web – Werbung im Web

Die neuen Möglichkeiten, die sich im Web nicht nur für die Werbung, sondern auch für das Marketing im weitesten Sinne ergeben, zwingen die Unternehmen zum Umdenken.

Plötzlich steht die Homepage des kleinen Familienbetriebs gleichberechtigt neben dem großen, weltweit operierenden Unternehmen. Wie die Unternehmen das Web für ihre Marketingmaßnahmen einsetzen können, hängt von vielen Faktoren ab. Unabdingbar ist jedoch, dass die Maßnahmen hinsichtlich der neuen Möglichkeiten im Internet neu überdacht und geplant werden müssen.

Erst das richtige Zusammenspiel zwischen den Marketingmaßnahmen und dem Einsatz der zur Verfügung stehenden neuen und herkömmlichen „Werkzeuge" sichert die Wettbewerbsfähigkeit der Unternehmen auch in Zukunft.

2.6.1 Cross-Media

Bei übergreifendem Medieneinsatz werden verschiedene Medien aufeinander abgestimmt. Die Gesamtwirkung der Kommunikation wird durch die dabei entstehenden Synergieeffekte verstärkt.

Ein Werbespot im Fernsehen beispielsweise, in dem die Web-Adresse des jeweiligen Produkts bzw. Unternehmens eingeblendet wird, trägt über die Werbebotschaft hinaus auch noch zu höheren Besucherzahlen des Web-Auftritts bei.

2.6.2 Offline-Werbung

Ein guter Grund für Offline-Werbung ist, dass potenzielle Kunden die Marke schon kennen, bevor sie ins Internet kommen – Markenbewusstsein wird geschaffen. Neue Nutzer des Internets lassen sich so leichter an eine Marke binden. Lange Zeit war das Web nur für technikbegeisterte „Early Adopters" ein Thema, inzwischen besitzt das Internet eine wesentlich stärkere Verbreitung.

Markenbewusstsein

Außerdem kann durch den Einsatz von klassischen Kommunikationsmaßnahmen wie PR, Anzeigenkampagnen und TV-Spots sehr viel stärker Vertrauen bei der Zielgruppe geschaffen werden, als dies durch die bloße Online-Präsenz möglich wäre.

2.6.3 Web-Promotion

Ziel der Web-Promotion ist es, den Traffic bzw. die Zahl der Besucher einer bestimmten Website durch geeignete Marketingaktivitäten zu erhöhen. Es gibt hierzu verschiedene Möglichkeiten:

Besucherzahl

- Einführungskampagnen und Werbemaßnahmen mit klassischen Medien,
- Nennung der Internet-Adresse auf allen Kommunikationsmedien,
- Online-Werbung (z. B. Bannerwerbung),
- Online-PR,
- Einträge in Suchmaschinen,
- Einträge in Linklisten,
- Newsletter,
- Zusammenarbeit mit Online-Portalen,
- Viral-Marketing.

2.6.4 Bannerwerbung – die häufigste Werbeform im Web

Die Bannerwerbung zählt zu den wichtigsten Einnahmequellen der Online-Werbeträger. Banner wirken, wenn man sie mit klassischer Werbung vergleicht, wie Anzeigen und TV-Spots – sind also grafische Begleiterscheinungen von redaktionellen Inhalten.

Einnahmen aus Bannerwerbung machen teilweise bis zu 60 % der Gesamteinnahmen der Werbeträger aus, Tendenz sinkend. Die Top-20-Sites in den USA verzichten inzwischen auf Banner.

Statische Banner – die ersten Banner

Einfache, grafische Banner, die ohne Sound und Animation auskommen.
Eine Sonderform der statischen Banner sind die als Windows-System-Fenster getarnten: Durch die grafische Darstellung von Scrollbars, Standard-Buttons oder anderen typischen Bedienungselementen wird dem Internet-User vorgetäuscht, er könne ein Systemfenster öffnen, stattdessen wird er auf die beworbene Seite weitergeleitet. Diese Art der Täuschung kann jedoch schnell zu Verärgerung bei den Anwendern führen bzw. wird inzwischen schon oft als Banner erkannt und erzielt vermutlich bald nicht mehr die erwünschten hohen Klickraten.

Animated Banner – bewegte Bilder

Die Werbebotschaft wird in einen kleinen Film gepackt, meistens als GIF-Animationen. Animierte Banner gehören heute zur häufigsten Bannerform. Sie lenken die Aufmerksamkeit auf sich, besitzen jedoch unterdurchschnittliche Recall-Werte (Erinnerungswerte) bei Textanimationen.

Interaktive Banner

Sie haben mehr Aktionstiefe, da der User innerhalb des Banners interagieren kann, z. B. durch Pull-Down-Menüs, Download-Möglichkeiten, Call-Back-Buttons. Dadurch kann ein höherer Nutzenfaktor für den Anwender entstehen.

Rich-Media-Banner

Sehr wirkungsstark durch Integration von Audio (Jingles und Sprecher) und Video. Kampagnen aus TV und Radio können sehr gut mit der Online-Werbeaktion ineinander greifen. Problematisch sind jedoch die lange Übertragungsdauer und die eingeschränkte Maximalgröße von Bannerdateien, die oft durch die Werbeträger vorgegeben wird.

Pop-Up Advertisement

Das Werbemotiv lädt sich nicht innerhalb der Website des Werbeträgers, sondern in einem kleineren Extrafenster. Dadurch wird die Anordnung des eigentlichen Inhaltes der Website nicht gestört. Nachteil ist jedoch, dass das Browser-Fenster gleich wieder geschlossen werden kann, bevor der Inhalt geladen wurde.

Nano-Sites – Websites im Miniaturformat

Komplett funktionierende Mini-Websites in Bannergröße liefern dem Nutzer unbegrenzt viele Informationen, ohne dass die Website des Werbeträgers verlassen werden muss. Nano-Sites erfordern in der Regel besondere Vereinbarungen mit dem Werbeträger.

Die häufigsten Fehler bei der Bannerwerbung

- *Banner ist zu lebhaft:* Wird oft als Zumutung empfunden. Schlechter Recall bei Textanimation.
- *Banner ist zu alt:* stark sinkende Klickrate, z. T. schon nach einer Woche.
- *Banner ist versteckt:* User muss scrollen, um Banner zu sehen. Lösung: Frames (können nicht weggescrollt werden) speziell für Anzeigen. Problematik bei Frames: Fläche für wichtige Informationen wird kleiner.
- *Banner ist zu langsam:* Wird erst nach Erscheinen des Contents geladen. Abhilfe: schneller Adserver.
- *Banner ist rätselhaft:* Oft erfolgt kein Klick, da teilweise schlechte Erfahrungen gemacht wurden (Inhalte uninteressant oder Ladezeiten zu lange).

Wichtige Faktoren bei der Buchung

Banner können nach unterschiedlichsten Kriterien geschaltet werden. Meist stehen unterschiedliche Buchungsformen zur Verfügung, die je nach gewünschter Zielgruppe bzw. nach dem angestrebten Kommunikationsziel gewählt werden sollten:

Targeting
Das Banner wird abhängig von individuellen Merkmalen und Interessen des Users eingespielt. Auswahlkriterien könnten z. B. das vom User verwendete Betriebssystem, seine Nationalität oder sogar seine jeweiligen Interessen sein. Durch Cookies, kleine Programme, die auf der Festplatte des Internet-Anwenders gespeichert werden, lassen sich User-Profile erstellen. Das Anlegen von Cookies kann vom Anwender jedoch auch abgelehnt werden. Cookies

Rotation
Mehrfachbelegung eines Bannerplatzes, Banner wird nur bei jedem x-ten Aufruf gezeigt. Vorteil ist die gleichmäßige Verteilung der Kontakte in der gesamten Buchungszeit.

General Rotation
Das Banner wird innerhalb des vereinbarten Kontaktvolumens frei auf der gesamten Website platziert. Nachteil ist, dass die Banner meist in wenig gefragten Themenumfeldern geschaltet werden. Vorteil: kostengünstig.

Keyword-Advertising
Das Keyword-Advertising ist eine Buchungsform bei Suchmaschinen. Die Schaltung des Banners ist abhängig vom eingegebenen Suchbegriff. Dadurch kann möglicherweise eine bestimmte Zielgruppe konzentriert angesprochen werden. Nachteil ist jedoch, dass es wirklich erst zur Schaltung kommt, wenn entsprechende Keywords eingegeben werden, mit der Folge relativ seltener Kontakte.

2.6.5 Weitere Werbeformen im Web

Interstitials – Werbebreak im Web

Interstitials sind vergleichbar mit Fernsehwerbung, der Online-Auftritt wird unterbrochen für die Werbebotschaft.

Vorteile:
- Konkurriert nicht mit anderen Inhalten,
- Überraschungseffekt,
- hohe Aufmerksamkeit.

Nachteil:
- Hohe Telefongebühren in Deutschland führen zu Verärgerung beim User.

Comet Cursor

Der Cursor verändert sich optisch und kann z. B. die Form eines Firmenlogos annehmen.

Vorteil:
- Kann an die jeweilige Werbekampagne angepasst werden.

Nachteil:
- Download eines Miniprogrammes ist notwendig.

E-Mail-Advertising (Direkt-Marketing)

Werbemails werden verschickt.

Probleme:
- Rechtliche Situation bei Massenaussendungen.
- Spamming: Massenhafte und unverlangte Versendung von Werbemails führt zur Verärgerung bei Usern.

Option:
- User hat diese Mails angefordert.

Newsletter

Als Newsletter getarnte Werbe-E-Mails werden angeboten. User bestellt den Newsletter online.

Vorteile:
- Zielgruppenansprache,
- geeignet für informative Werbung,
- Adressen sind vorhanden,
- Einverständnis der Empfänger ist da,
- relativ kostengünstig.

Nachteile:

- Ähnlich wie bei E-Mail-Advertising kann eine massenhafte Aussendung eher zu Verärgerung bei Usern führen, vor allem, wenn die Inhalte eher dürftig sind.

Online-Give-aways / Webpromotion durch Give aways

Werbeträger mit Nutzeneffekt werden online zur Verfügung gestellt. Das Logo des Unternehmens kann in das Give away eingebunden werden.

Beispiele:

- Screensaver zum Download,
- Berechnungsmodule (Rente, Euro usw.),
- digitale Postkarten,
- kostenlose SMS-Nachrichten.

Partnerprogramme

Kooperationen mit anderen Unternehmen sind der Schlüssel für Wachstumserfolge im Internet.

Beispiele:

- Links und Verweise zu anderen Websites,
- Partner verlinken zu Partnern,
- Firmen, die ähnliche Zielgruppen ansprechen, kooperieren,
- Unternehmen verweisen zu ihren Zulieferern für Detailinformationen.

Viral-Marketing

Viral-Marketing ist eine nicht zu unterschätzende Werbeform, besser bekannt als „Mund-zu-Mund-Propaganda".
Das Ziel besteht darin, dass der User freiwillig ein Produkt promotet. Dazu muss echter Nutzen angeboten werden. Der User darf nicht das Gefühl haben, für eine Marketingstrategie eingespannt zu sein.

2.7 Online-Media

Lange fehlten einheitliche Bewertungskriterien für Werbung im Web. Verschiedene Verbände haben sich auf folgende Online-Kernwährung geeinigt:

Page Views (= Seitenaufrufe)
Die Einheit „Page Views" bezeichnet die Anzahl der Sichtkontakte beliebiger Nutzer mit einer HTML-Seite. Sie liefert das Maß für die Nutzung einer kompletten Seite inklusive aller Elemente (Buttons, Frames usw.) aus dem Web-

Angebot. Die Summe aller Page Views ist ein Maß für die Attraktivität des Angebots.

Page Impressions
Page Views pro Monat.

Visits
Ein „Visit" bezeichnet einen zusammenhängenden Nutzungsvorgang (Besuch) eines Web-Angebots. Er definiert den Werbeträgerkontakt. Als Nutzungsvorgang zählt ein technisch erfolgreicher Seitenzugriff eines Internet-Browsers auf das aktuelle Angebot, wenn er von außerhalb des Angebotes erfolgt.
Nicht erfasst werden kann die Zahl der unterschiedlichen Besucher (Unique Visitors), denn oftmals greifen verschiedene User auf ein und denselben Webzugang zu. Es ist außerdem nicht zu erkennen, wie viele Seiten neu aufgerufen wurden oder wie viele schon in einem Zwischenspeicher abgespeichert waren und von dort aus geladen wurden.

Hits
Einheit für alle Elemente einschließlich der HTML-Seite, die ein Webserver an den Client (Browser) übermittelt.
Kein wirklicher Vergleichswert, da jedes Bild, jeder Button und jeder Frame mitgezählt und als Hit mitgerechnet wird.

Ad Views
Beziehen sich auf die tatsächlich gesehenen Banner (wichtig bei Rotation).

Ad Clicks
Endgültiger Wert, wie oft ein Banner wirklich aktiviert bzw. angeklickt wurde. Umstrittene Form der Abrechnung: Die Qualität des Banners oder des Angebotes entscheidet über den Erfolg.

Klickrate (Click Through Ratio)
Die Klickrate ist das Verhältnis zwischen gesehener Werbung und erfolgreichem Klick. Vergleichbar einer Response-Rate im Print oder Direkt-Mailing.

Cost per Order (CPO)
Vergleichszahl, die feststellt, wie hoch der Werbeeinsatz im Verhältnis zum gewünschten Erfolg (Bestellung) steht.

2.8 Das Internet wird mobil

WAP (= Wireless Application Protocol)

Nach den aktuellen Entwicklungen zu urteilen, wird das Surfen mit dem Handy bald genauso verbreitet sein wie der Internet-Zugang von zu Hause aus.

WAP-Seiten der ersten Generation bestehen hauptsächlich aus Text, da die Netze noch geringe Übertragungsgeschwindigkeiten aufweisen. Aber neue Technologien sollen in Zukunft größere Datenübertragungsraten per Funk ermöglichen.
Planungen sehen vor, die Übertragungsgeschwindigkeit Zug um Zug auf 115 Kilobit pro Sekunde und später auf 384 Kilobit pro Sekunde zu steigern. Langfristig gesehen können sogar Übertragungsraten von 2 Mio. Bit pro Sekunde erreicht werden. Bei solchen Geschwindigkeiten wären sogar Videokonferenzen in TV-Qualität möglich. Schon jetzt redet man von M-Commerce (= mobile commerce) und M-Banking (= mobile banking).

WML

Grundlage von WAP ist die Sprache WML (= Wireless Markup Language), die zur Beschreibung der Seiten dient. WML ist eine XML-Sprache (Extensible Markup Language) und ähnlich wie HTML aufgebaut. WML-Script, eine einfache Skriptsprache, ist zur Steuerung von Handyfunktionen und Programmabläufen vorgesehen und soll WML unterstützen.

3. Offline-Medien

3.1 Entstehung und Stand der Technik

Seit der Einführung der Audio-Compactdisc im Jahre 1982 und der CD-ROM im Jahre 1985 ist die 12 cm große Scheibe zum populärsten Universalträger für Musik, Daten und Multimedia geworden. Doch primär im Bereich der Video-Wiedergabe stieß die CD sehr schnell an ihre Grenzen. Deshalb wurde Anfang der 90er-Jahre ein Komitee gebildet, um den „großen Bruder" der CD zu definieren. Das Komitee bestand aus Hollywoods Unterhaltungsindustrie, der Computerindustrie und den großen Unterhaltungselektronikanbietern.
Ein weiterer Grund für diesen Zusammenschluss war die Entwicklung eines neuen einheitlichen Weltstandards, um die Fehler bei der Einführung der Videokassette (Beta vs. VHS) nicht zu wiederholen. Nach verschiedenen Vorschlägen einigte man sich im Dezember 1995 auf die generellen Spezifikationen der neuen Disc. Die DVD (Digital Versatile Disc = digitale vielseitige Scheibe) wurde geboren.

Weltstandard

DVD

Die „Digital Versatile Disc" will als universeller Multimedia-Standard Compactdiscs, Videokassetten, CD-ROMs und PC-Wechselplatten ablösen.
Sie bietet eine Speicherkapazität von 4,7 bis 17 Gigabyte, ist aber trotzdem

nicht größer als eine CD. Auf diesem neuen Massenspeicher kann man bis zu acht Stunden hochwertiges Bildmaterial in einer digitalen Bild- und Tonqualität unterbringen. Die enormen Datenmengen sind durch dichteres Packen und Verkleinern der Pits (die winzige Vertiefungen, die die digitalisierten Tonsignale enthalten) und ein zweifaches Ablesen der Daten auf jeder Seite der Scheibe möglich. Die DVD besteht nämlich aus zwei aufeinander geklebten 0,6 mm dicken Scheiben, die jeweils bis zu zwei Speicherschichten haben können. Sie ist eine High-Density-CD, deren Speichereinheiten kleiner sind und dichter beieinander liegen als bei herkömmlichen CDs.
Da es von allen Anbietern der Unterhaltungselektronik, der Computer- und der Kinoindustrie gemeinsam erarbeitet und festgelegt wurde, kann man dieses neue digitale Medium universell anwenden. Es wird sie als DVD-ROM, DVD-Audio, DVD-R (Recordable), DVD-RAM (Rewriteable) und DVD-Video geben.
Die DVD kann allerdings nicht von einem herkömmlichen CD-Player gelesen werden, sondern benötigt einen speziell hierfür entwickelten DVD-Player.

CD

CD-ROM

Die „Compact Disk Read only Memory" ist eine CD mit einem Nur-Lese-Speicher. Digitale Informationen sind fest eingebrannt. Der Anwender kann also weder Daten auf die CD schreiben noch den Inhalt der CD verändern. Die digitalen Daten können Grafiken, Animationen, Fotografien, Programme, Ton und Videos sein.
CD-ROMs sind vielseitig einsetzbar: Als digitale Kataloge bestechen sie durch geringen Platzbedarf und niedriges Gewicht und bieten darüber hinaus elektronische Suchhilfen.
Digitale Zeitschriften auf CD-ROM überzeugen durch eingebundene Video- und Audiosequenzen und besitzen somit einen höheren Nutzwert als ihre gedruckten Gegenstücke, sind dafür aber in der Herstellung teurer und erzielen geringere Werbeeinnahmen.
CD-ROMs können Lernprogramme beinhalten, deren Schwierigkeitsstufe sich individuell einstellen lässt. Die Angebotspalette reicht von einfachen mathematischen Übungen mit der Trial-and-Error-Methode über Vokabeltraining bis hin zu kompletten Sprachkursen.
Außerdem können sie als Träger von elektronischen Spielen, Programmen, Foto- und Sounddateien, Datenbanken wie Telefonbücher, Postleitzahlenverzeichnisse und Lexika oder auch als digitale Unternehmenspräsentationen eingesetzt werden.
Der weltweite CD-Standard (ISO Norm) stellt sicher, dass CD-ROMs überall auf der Welt von CD-ROM-Laufwerken gelesen werden können.

Hybride CD-ROM

Generell bezeichnet man etwa als „hybrid", wenn es zwei Welten in sich ver-

eint. Eine CD-ROM ist hybrid, wenn sie zusätzlich zu den auf ihr gespeicherten Offline-Dateien variable Daten per Online-Verbindung abrufen kann.
Von hybrider CD-ROM wird auch gesprochen, wenn sich zwei verschiedene Abspielprogramme auf einer CD befinden, damit sie beispielsweise von Apple- und DOS/Windows-Rechnern gelesen werden kann. Man nennt sie dann hybride bzw. plattformübergreifende ISO/HFS-CD. Der entsprechende PC erkennt nur das ihm zugehörige Dateisystem.

CD-R/CD-RW
Die Abkürzungen bedeuten: R = Recordable; RW = Rewritable. Die CD-R ist eine Roh-CD ohne Daten und kann mit einem handelsüblichen CD-Writer einmal beschrieben werden. Handelt es sich um eine CD-RW, ist es sogar möglich, die CD mehrmals zu überschreiben.

3.2 Vorteile und Nachteile von CD/DVD gegenüber anderen Medien

Vorteile von CD/DVD: Vorteile

- Die CD bzw. DVD besitzt eine hohe Speicherkapazität. Im Vergleich zum Internet können hier also aufwendigere Animationen und Gestaltungen bereitgestellt werden.
- Trotzdem ist sie handlich und leicht zu verschicken.
- Die hohen Kosten, die bei einem Nachdruck des Print-Kataloges anfallen würden, reduzieren sich bei der Vervielfältigung einer CD auf einen Bruchteil davon.
- Als Vorteil gegenüber dem Internet verfügt die CD bzw. DVD über eine hohe Datensicherheit.
- CDs sind bei hohen Auflagen relativ kostengünstig.
- Special-Interest-Anwendungen führen zu geringen Streuverlusten.

Nachteile von CD/DVD: Nachteile

- Die CD hat gegenüber der Festplatte einen langsameren Datenzugriff. Dies ist vor allem für Point-of-Sale-Anwendungen von Bedeutung, dort macht es deshalb meist mehr Sinn, Anwendungen direkt von der Festplatte zu starten.
- Radio, TV und Zeitschriften sind zwecks Massenansprache klar im Vorteil, da die Verbreitung von Laufwerken noch relativ gering ist.
- Das Abspielen einer CD erfordert eventuell eine Installation von Daten auf der Festplatte. Diese Tatsache kann von Usern als lästig empfunden werden, weil man die Daten wieder löschen muss und sie nur unnötigen Speicherplatz auf der Festplatte beanspruchen.

3.3 Die Produktion einer CD-ROM

Bevor mit der Produktion eines Multimedia-Produktes begonnen werden kann, ist die Struktur der Anwendung festzulegen. Man kann hier zwischen linearer, hierarchischer und non-linearer Struktur unterscheiden.

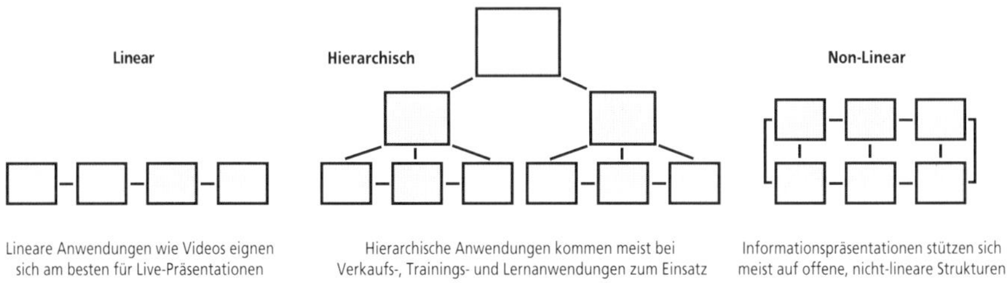

Abb.: Beispiele von Produktionsstrukturen (Quelle: Screen Multimedia 1/96)

Videos gehören z. B. zur Gruppe der linearen Anwendungen. Für eine CD-ROM-Produktion wäre diese Art der Verknüpfung von Informationen eine Lösung, die die Vorteile einer interaktiven Anwendung nicht ausnutzt.

Auch hierarchische Anwendungen können die Möglichkeiten einer CD-ROM nicht ausschöpfen. Die Besonderheit eines interaktiven Mediums besteht ja gerade im Verknüpfen von Informationseinheiten.

3.3.1 Mögliche Vorgehensweise bei der Produktion einer CD-ROM

1. Zieldefinition

Ein interaktives Produkt kann noch so ansprechend und aufwendig gestaltet sein, wenn es an den Bedürfnissen des Anwenders vorbeigeht, kommt es nicht zum Einsatz.
Deshalb sind verschiedene Fragen vor dem Beginn einer CD-ROM-Produktion zu beantworten:

- Was soll mit dem Medium erreicht werden?
- Wer ist das Zielpublikum?
- Welches Medium ist für die Zielgruppe geeignet?
- Müssen die Inhalte regelmäßig aktualisiert werden?
- Für welche Plattform soll das Produkt konzipiert werden?
- Wo wird die Anwendung Einsatz finden, z. B. am Arbeitsplatz oder zu Hause (Sound wird am Arbeitsplatz oft als Belästigung empfunden, weil Kollegen gestört werden)?
- Welche Gestaltungsvorgaben sind bereits vorhanden?

- Mit welchen Tools soll das Produkt erstellt werden?
- Wie wird das Produkt später distribuiert?

2. Konzeption

Welche gestalterische und inhaltliche Grundidee soll sich wie ein roter Faden durch die gesamte Anwendung ziehen? Kann eine Metapher gefunden werden, die zum Verständnis des Produktes beiträgt?

Welche Techniken sollen eingesetzt werden. Macht es Sinn, datenbankgestützte Suchmechanismen zu integrieren? Ist es nützlich, eine dreidimensionale Darstellung eines Produktes zu simulieren, um dessen Vorzüge aufzuzeigen?

3. Festlegen der Navigation

Wichtig ist, dass die Ebenen der Navigation und Querlinks festgelegt werden. Dies kann am besten in einem Strukturbaum erfolgen.

So genannte „Guided Tours", die entweder selbstständig ablaufen oder vom Benutzer verfolgt werden, lassen sich durch einen Strukturbaum einfacher ausarbeiten. Der Grad der Interaktivität kann dabei abgestuft sein.

4. Storyboard

Das Storyboard sollte die gesamte Anwendung mit ihren Inhalten darstellen. Die Bildschirme werden in einer Kurzbeschreibung festgehalten und Interaktionen eingezeichnet. Ablauf von Animationen, Einsatz von Ton und Musik, Ablauf von linearen Anwendungen und Videos werden festgelegt.

5. Screen-Design

Bei der Entwicklung des Screen-Designs muss zuvor geklärt werden, für wie viele Farben die Anwendung optimiert sein soll. Manche Grafikkarten sind nicht in der Lage, mehr als 256 Farben darzustellen.

Farben, die sich nicht in einer Farbpalette von 256 befinden, werden an Bildschirmen mit geringerer Farbtiefe „gerastert" dargestellt. Vor allem bei flächigen Darstellungen ist es empfehlenswert, Farben innerhalb der möglichen Palette zu verwenden.

6. Inhalte sammeln und erstellen

Texte, Videos, Fotos, Grafiken, Animationen, Sound (Töne und Musik). Oftmals wird vom Kunden gewünscht, einen Katalog 1:1 auf CD zu pressen. So einfach lässt sich aber keine sinnvolle Anwendung produzieren. Die gesamte Struktur muss auf das Medium ausgerichtet sein. Print-Produkte sind in fast allen Fällen rein lineare Medien. Werden diese einfach für eine multimediale Anwendung übernommen, kann oft der Katalog nützlicher und einfacher anzuwenden sein als eine CD-ROM, die dann in ihren Fähigkeiten vollkommen eingeschränkt ist.

7. Programmierung und Einbindung der Medien

Alle Teile werden zusammengesetzt: Video, Grafik, Text, Ton, Animationen, Fotos, Datenbanken ...

8. Funktionstests

Hierbei wird die Anwendung auf verschiedenen Geräten und unter verschiedenen Bedingungen (z. B. Speicher) getestet. Außerdem werden sämtliche Links durchgespielt, um sicherzustellen, dass sie auch zu den richtigen Seiten führen und funktionieren.
Auf dem Weg zu einer gut funktionierenden CD-ROM müssen auch während der Produktion verschiedene Demoversionen getestet werden, sodass Fehler programmiertechnischer oder softwareergonomischer Art rechtzeitig erkannt und behoben werden können.

9. Benutzertests (Pre-Test)

Kommen Personen, die zuvor noch nie mit der Anwendung konfrontiert wurden, mit der Navigation und der Struktur zurecht? Werden die Buttons und Piktogramme verstanden?

10. Korrekturen

Die sich aus Funktions- und Benutzertests ergebenden Änderungen werden ausgeführt.

11. Vervielfältigung

Für kleine Auflagen von CDs können Rohlinge gebrannt werden. Bei höheren Auflagen ist das Pressen kostengünstiger. Zum Pressen wird zuerst ein Glasmaster angelegt, das dann als Schablone gilt, um große Stückzahlen zu produzieren.

12. Booklet und unterstützendes Vermarktungsmaterial erstellen

Ein gutes Produkt macht sich leider nicht von alleine bekannt. Handelt es sich um eine Unternehmensdarstellung oder eine Werbe-CD, muss man möglichst viele Exemplare verteilen bzw. verschicken.
Ein Spiel oder Lexikon muss auf dieselbe Art vermarktet werden wie das jeweilige Äquivalent in Papierform.
Jede Produktion ist dabei individuell zu betrachten.

3.3.2 Kosten einer CD-ROM-Produktion

Kosten für eine CD-ROM-Produktion lassen sich nicht pauschalisieren. Die Preisspanne ist sehr groß. Die im Folgenden genannten Preise sind Durchschnittswerte und variieren stark je nach Umfang und Interaktivität.

Konzeption

Grobkonzept: Formulierung von Zielsetzung, Umfang und Inhalt des Projekts; Strukturbaum, Vorschläge zur Benutzerführung
Feinkonzept: Storyboard mit Strukturlayouts, Texten und Bildzuordnung; verbindliche Benutzerführung; Sprecher- und Hilfetexte; Flussdiagramm
Kosten: ca. 10.000,– DM

Screen-Design
Programmlayout: Umsetzung des CI auf das Medium
Bedienerführung: Entwicklung der Benutzerführung mit grafischer Umsetzung
Kosten: ca. 20.000,– DM

Medienaufbereitung
Bildaufbereitung: etwa 700 Bilder bearbeiten und für das Layout vorbereiten
Bewegtbildaufbereitung: 60 Sekunden Video digitalisieren, schneiden, bearbeiten, synchronisieren, komprimieren
3D-Darstellung: mit Quick-Time VR
Erstellung des Sprechertextes
Sprachaufnahmen: 60 Minuten
Text, Sprecher, Studio
Musik: Komposition, Studio
Kosten: ca. 60.000,– DM

Umsetzung
Gestalten und Programmieren; Einbinden aller Medien; Synchronisierung; interaktiv verknüpfen
Kosten: ca. 40.000,– DM

Programmierung
Ablaufprogrammierung für Mac und PC
Kosten: ca. 15.000,– DM

4. Digitales Fernsehen

Neue digitale Übertragungstechniken und so genannte „Set-Top-Boxen", die digitale Signale verarbeiten, in einzelne Kanäle trennen und auf dem Fernsehschirm erkennbar machen können, ermöglichen digitales Fernsehen.
Herkömmliche Fernsehprogramme und Pay-TV-Programme können somit durch eine Vielzahl elektronischer Dienste ergänzt werden:

Pay-per-channel
Abonnementfernsehen, bei dem der Zuschauer ein monatliches Entgelt für den Empfang eines kompletten Programmkanals bezahlt. Hier kann es sich um ein einziges Programm oder um ein ganzes Programmpaket handeln.

Pay-per-view
Der Zuschauer bezahlt für eine von ihm ausgewählte Sendung. Der Zeitpunkt der Ausstrahlung ist allerdings vom Programmanbieter vorgegeben.

Video-on-Demand

Der Zuschauer kann aus einer Programmpalette eine bestimmte Sendung zu einer von ihm selbst bestimmten Zeit abrufen; er bezahlt nur für diese Leistung.

Video-near-Demand

Ein Pay-TV-Kanal, bei dem Videos im Abonnement zu sehen sind. Die Videos sind mit zahlreichen parallelen Kanälen ausgestattet, auf denen das Programmangebot zeitversetzt, beispielsweise im 15-Minuten-Takt, wieder neu beginnt (Multiplexing). Damit ist jederzeit ein Einstieg in den aktuellen Film möglich.

Interaktive Spielfilme

Dem Zuschauer werden kurze Filmsequenzen gezeigt. Er kann zwischen verschiedenen Abläufen innerhalb eines Filmes entscheiden.

Interaktive Regie

Der Zuschauer hat die Möglichkeit, z. B. bei Autorennen, durch Programmauswahl die Kameraperspektive zu bestimmen oder den seiner Mannschaft wohlgesonnenen Kommentator.

5. Virtuelle Realität

Virtuelle Realität (Virtual Reality, Abk.: VR) ist eine Technologie, bei der durch leistungsstarke Computer dreidimensionale, erlebbare Räume durch digitale Daten visualisiert werden. Die Sinneswahrnehmungen des Menschen werden in der virtuellen Realität so manipuliert, dass ein hoher Grad der psychischen Eingebundenheit, der so genannten Immersion, entsteht.
Mit dieser künstlich erzeugten Welt kann der Mensch interagieren, er kann sich in ihr scheinbar bewegen, in ihr handeln und sie sogar gestalten.
Außerdem ermöglicht VR dem Anwender, Dinge zu tun, zu denen er physikalisch in der realen Welt nicht fähig wäre, beispielsweise fliegen oder durch Wände sehen. VR ergänzt und erweitert somit die Sinneswahrnehmung des Menschen.

Damit der Anwender den Eindruck der psychischen Eingebundenheit erhält, müssen seine Bewegungen innerhalb der VR-Darstellung sofort, d. h. in Echtzeit, durch so genannte Trackingsysteme vom Rechner ermittelt, berechnet und umgesetzt werden. Die realitätsnahe Interaktivität kann nur entstehen, wenn sich der Anwender innerhalb der künstlichen Welt auch bewegen und agieren kann. Befinden sich mehrere Teilnehmer gleichzeitig in einem VR-System und damit im gleichen Erlebnisraum, in welchem sie interagieren können, spricht man von einem Cyberspace.

Cyberspace

Telepräsenz beschreibt im Zusammenhang mit VR die Begegnung und Kommunikation zweier oder mehrerer Teilnehmer im Cyberspace. Jeder Teilnehmer benutzt dabei ein VR-System, das über ein Netzwerk oder einen Zentralrechner mit den VR-Systemen anderer Teilnehmer verbunden ist. Durch die Immersion, die Synchronisation der verschiedenen VR-Systeme und vor allem durch die zugrunde liegende Modellwelt befindet sich der Teilnehmer unabhängig von seinem tatsächlichen geographischen Standort mit den Teilnehmern an den anderen VR-Systemen in einem gemeinsamen virtuellen Raum.

Die Anwendungsgebiete, in denen die VR-Technik eine bedeutende Rolle spielen könnte, sind beinahe unzählig. Da jedoch die meisten VR-Systeme bisher nur prototypisch in der wissenschaftlichen Forschung entwickelt wurden, bleibt abzuwarten, inwieweit sich diese Technik durchsetzen wird.

Um die Vielfalt der Einsatzmöglichkeiten von VR zu verdeutlichen, seien im Folgenden einige mögliche Anwendungsgebiete dargestellt:

Medizin
Das Potenzial von VR-Technologie wurde in der Medizin schon früh erkannt. Man könnte VR beispielsweise für die Schulung von angehenden Chirurgen einsetzen. Sie könnten anhand von simulierten Körpern virtuelle Operationen durchführen, um erste Operationen oder komplizierte Eingriffe vorab zu üben.

Raumfahrt und Militär
Für die Raumfahrt bedeutet VR die Möglichkeit, große komplexe Datenmengen, die von Weltraumsonden an die Erde übermittelt werden, zu visualisieren und erlebbar zu machen. Dadurch werden die übermittelten Daten verständlicher und greifbarer, ohne an Genauigkeit zu verlieren.

Unterhaltung
Ein VR-System kann von einer Person oder je nach Grad der Vernetzung von einer beliebigen Anzahl von Personen zum Spielen genutzt werden. Spielort können das eigene Wohnzimmer oder Spielhallen, Einkaufszentren, Vergnügungsparks und auch Cybercafes sein. Cybercafes sind Lokale, in denen Spielkonsolen stehen, mit denen Besucher alleine oder mit anderen Besuchern spielen können.

Architektur
Die Daten einer per CAD-Technik erstellten Bauzeichnung werden in ein VR-System eingegeben, um das geplante Gebäude schon vor Baubeginn zu simulieren. Die beteiligten Personen können es begehen und begutachten.

Virtual Prototyping
Ziel des Virtual Prototyping ist es, einen virtuellen Prototyp zu erschaffen. Diesen Prototyp können Entwickler und Designer am virtuellen Modell optimieren. Zu

den uns in der realen Welt bekannten Bearbeitungsmöglichkeiten, z. B. mittels einer Feile Material abzutragen, könnte eine virtuelle Feile zusätzlich Material auftragen.

Noch sind die VR-Welten mehr oder weniger weit von unserem Realitätsbild entfernt. Damit sich VR im größeren Rahmen kommerziell nutzen lässt, muss die Technik in Hinblick auf Geschwindigkeit, Auflösung und Komplexität optimiert werden. Die Darstellung künstlicher Welten ist ausgesprochen datenintensiv und erfordert Millionen von Rechenoperationen in kürzester Zeit. Die optimale Bewegungswiedergabe in Echtzeit verlangt sehr hohe Rechnerkapazitäten und -geschwindigkeiten. Die Verbesserung der Visualisierung hängt wiederum von der Leistungsfähigkeit der Grafikprogramme ab.

6. Ausblick

Konvergenztheorie

Die Konvergenztheorie besagt, dass einem multifunktionalen Gerät, das weder Computer noch Fernseher, Telefon oder Radio ist, die Zukunft gehören wird. Die Grenzen zwischen den verschiedenen Medien und ihren Nutzungsformen sollen zunehmend verschwinden. Welche Medien wann miteinander verschmelzen, hängt stark von der Akzeptanz der Verbraucher ab, denn technische Entwicklungen werden zurzeit in jede erdenkliche Richtung gestartet.

Im Mittelpunkt des Interesses steht vor allem das Internet. Das Medium Internet hat sich zur weltweit größten öffentlichen Institution gemausert und wird durch die Entwicklung zum Massenmedium unser Leben entscheidend prägen.
Dachte man eine Zeit lang noch, die Verschmelzung von Fernseher und Computer machen das Internet „wohnzimmerfähig“ und somit zugänglich für jedermann, so ist man inzwischen eines Besseren belehrt: Telekommunikation und Mobilkommunikation, ob geschäftlich oder privat genutzt, wachsen mit dem Internet immer stärker zusammen.
Bis Ende 2000 sollen die ersten Käufe und Bankgeschäfte über WAP-Handy möglich sein. Weitere Dienste wie Online-Banking oder das Bezahlen im Supermarkt mittels tragbarem Telefon werden derzeit entwickelt. Mit dem gleichen Gerät soll sich in Zukunft von unterwegs auch das Garagentor öffnen, die Kaffeemaschine anwerfen und der Videorekorder programmieren lassen.

Verschiedene bereits existierende technische Entwicklungen, wie elektronische Bücher, Datenübertragung via Stromnetz, Bildwiedergabegeräte, die Bilder direkt auf die menschliche Netzhaut projizieren und ein PC, der riechen kann, lassen uns mit Spannung auf die Zukunft blicken.

7. Kleines Lexikon der neuen Medien

Ad-Server
Software oder Netzrechner zur Disposition von Werbebannern auf WWW-Seiten, abhängig von der bereits erreichten Kontakthäufigkeit oder nutzenorientierten Merkmalen. Gleichzeitig wird das Reporting an die Werbekunden erstellt.

ADSL (Asynchronous Digital Subscriber Line)
ADSL ist eine Standleitungstechnologie, die Download-Raten von bis zu 768 Kilobit pro Sekunde ermöglicht. Damit ist es bis zu zwölfmal schneller als ISDN. Gewöhnliche Telefonleitungen, können in einen Breitbandanschluss umgewandelt werden, wenn die nächste Vermittlungsstelle der Telekom nahe genug ist, denn ADSL funktioniert nur über kurze Strecken von maximal zwei bis vier Kilometern.

Analog
In der Analogtechnik werden Informationen über das herkömmliche Telefonnetz in Form von Schwingungen übertragen. Die Werte des Stroms bzw. der Spannung werden dabei im zeitlichen Verlauf erfasst und ausgewertet. Das heißt, dass ein analoges Signal – im Gegensatz zu einem digitalen – Zwischenwerte annehmen kann.

Animation
Eine Animation entsteht durch mehrere Computergrafiken, die z. B. wie beim Trickfilm in schneller Abfolge dargestellt werden und so einen fließenden Bewegungsablauf simulieren. Neuere Technologien arbeiten mit Vektorgrafiken, die ihre Form fließend verändern können.

Auflösung
Die Auflösung eines Bildes bzw. einer Grafik wird durch die Anzahl der Bildpunkte (= Pixel) per Inch bestimmt. Je mehr Bildpunkte, desto höher die Auflösung.

Bandbreite
Die Bandbreite gibt an, welcher Frequenzbereich auf einem Übertragungsweg (z. B. einem Netz) verarbeitet werden kann. Je größer die Bandbreite, desto mehr Informationen können in einer Zeiteinheit über das Netzwerk transportiert werden.
Bei der Datenfernverarbeitung hängt die erreichbare Übertragungskapazität von der Bandbreite ab.

Baud
Bei der Datenübertragung zwischen zwei Modems bzw. zwischen Computer und Modem wird die Signalgeschwindigkeit mit der Maßeinheit „Baud" gekennzeichnet.
Bei einer Baudrate von 28.800 finden 28.800 Signalwechsel in einer Sekunde statt. Nur wenn pro Signalwechsel ein Bit übertragen wird, entspricht die Baudrate der Maßeinheit Bit pro Sekunde (bsp).

Benutzeroberfläche
Grafisches Erscheinungsbild eines Programms, einschließlich der Art der Interaktion und Navigation.

Browser
Die bekanntesten Browser im World Wide Web sind Microsoft Explorer und Netscape.

Browser nennt man Software, die das Navigieren in einem Hypermedia-System wie dem World Wide Web und dem Internet ermöglicht.

Chat
Chat ist der moderne Begriff für Online-Konferenzen. Mehrere Datenreisende können sich gleichzeitig mit Gleichgesinnten unterhalten. Beim Chat (vom englischen „Schnattern") unterhält man sich per Tastatur direkt mit anderen Teilnehmern.

Clients
Clients (= Kunden) sind Systeme oder Programme, die Rechenleistung im Netz von anderen Rechnern (= Servern) beziehen.

Content Provider
Firmen, die das Internet zum Verbreiten von Inhalten nutzen. Content Provider bieten also selbst Informationen zu bestimmten Themen an.

Cyberspace
Dieses Kunstwort verknüpft Kybernetik – die Lehre von der Verbindung sich selbst regulierender autonomer Systeme – und Raum. Ein über eine entsprechende Mensch-Maschine-Schnittstelle im Cyberspace agierender Anwender kann sich im virtuellen Raum frei bewegen und sogar verändernd eingreifen. Die von einem Computer berechneten Wechselwirkungen werden entsprechend in realistischen Bildeindrücken, akustischen Signalen und eventuell auch simulierten Beschleunigungskräften an den Benutzer weitergegeben.

Datenfunk
Kunden mit speziellen Empfängern nehmen direkten Funkkontakt zum Provider auf und zahlen nur die übertragenen Datenmengen. Telefongebühren fallen nicht mehr an. Das Angebot richtet sich derzeit vor allem an kleine und mittlere Unternehmen. Eine Konsumentenvariante ist aber geplant.

DENIC
Als Genossenschaft betreut der Betreiberkreis des Deutschen Network Informations Center die Vergabe von Internet-Adressen mit .de-Endung.

Digital
Darstellung, Übertragung und Verarbeitung von Daten, verschlüsselt durch die Werte „0" oder „1". Sie werden als Bits (Binary Digits, d. h. zweiwertige Ziffern) bezeichnet. Ein digitales Signal ändert sich in Sprüngen: „0" bedeutet, dass kein Strom fließt; „1" bedeutet, dass Strom fließt. Dagegen kann ein analoges Signal auch Zwischenwerte annehmen.
Der Computer benötigt Daten in digitaler Form. Über das neue digitale Telefonnetz und über ISDN werden die Daten digital übertragen.

Digitaltechnik
Verarbeitung von Signalformen, die im Gegensatz zur Analogtechnik nicht auf zeit- und wertkontinuierlichen Größen, sondern auf zeit- und wertdiskreten Elementen aufbauen. Alle Informationen werden unabhängig vom Quellensignal (Bilder, Töne und Zeichen) mit digitalen Symbolen beschrieben.

Domain-Adresse
Weltweit eindeutige Anschrift eines einzelnen Teilnehmers im Internet.
Eine Domain-Adresse ist folgendermaßen aufgebaut: gopher.name.de

Die erste Angabe links steht für den gewünschten Rechner. Die nächste Angabe bezeichnet das Netzwerk, dessen Teil dieser Computer ist. Als Letztes wird das Gebiet (engl. domain) angegeben, in dem dieses Netzwerk angesiedelt ist. Diese Domains können geographisch definiert sein, müssen aber nicht. Sie werden auch nach thematischen Gesichtspunkten vergeben.

Domain	*Bedeutung*
com	kommerzielle Unternehmen
edu	Bildungsstätten (z.B. Universitäten)
gov	nicht militärische Regierungsangelegenheiten
mil	Militär
net	Netzwerke, die in keine der anderen Kategorien passen
org	Organisationen

Domain	*Land*
au	Australien
be	Belgien
br	Brasilien
dk	Dänemark
de	Deutschland
fr	Frankreich
uk	Großbritanien

E-Commerce
Allgemeine Bezeichnung für über Datennetze abgewickelten Geschäftsverkehr. Darunter fallen Warenbestellungen über das Internet ebenso wie der Kontakt zwischen einzelnen Firmen.

GIF
= Graphics Interchange Format
Ein von CompuServe geprägter Grafikstandard, der Bilder mit bis zu 256 Farben auf ein Minimum an Platzbedarf komprimiert.

Homepage
Die erste Seite, die beim Anklicken einer Internet-Adresse erscheint. Von dieser Ausgangsseite aus erreicht man alle weiteren Seiten einer Website.

HTML
= Hypertext Markup Language
Sprache, durch die die logische Struktur eines Dokumentes festgelegt wird. Dabei werden beispielsweise auch die Hypertextlinks eines WWW-Dokuments formuliert.

HTTP
Das Hypertext Transfer Protocol dient im WWW dazu, auf Dokumente an Zielorten irgendwo im Netz zuzugreifen.

Hyperlink
nennt man eine Verknüpfung mehrerer in Computern gespeicherter Dokumente. Sie ermöglicht, per Mausklick oder Tastendruck direkt von einem Dokument zum nächsten zu wechseln.

Hypertext
In einem solchen Text sind bestimmte Wörter oder Textteile besonders hervorgehoben (Farbe oder Unterstreichung) und mit einer Funktion belegt. In der Regel bewirkt ein Mausklick auf einen so gekennzeichneten Textteil das Erscheinen eines themenverwandten Textes, der etwa zusätzliche Informationen enthält, oder er ruft ein Bild, ein Musikstück oder gar ein Video auf den Bildschirm, die mit dem hervorgehobenen Textteil per Hyperlink verbunden sind.

Immersion
ist ein Ausdruck für das „Eintauchen" in eine virtuelle Welt. Je realitätsnäher sie gestaltet ist, desto eher kann man die Wirklichkeit dabei ausblenden.

Interface
Schnittstelle zwischen Protokollen, Programmen, Diensten usw.

Internet-Presence-Provider (IPP)
IPP sind Firmen, die für ihre Kunden eine Internet-Präsentation gestalten. Die bekannteste Dienstleistung dieser Art ist sicher die Entwicklung und Gestaltung von Informationssystemen für das World Wide Web.

Internet-Service-Provider (ISP)
ISP sind Firmen, die die Teilnetze des Internet betreiben. Das Internet besteht also aus den Netzen der einzelnen Internet-Service-Provider. Jede dieser Firmen ist für ihr Netz zuständig und sorgt für einen möglichst reibungslosen Austausch mit den Netzen anderer Anbieter.

Internet-Telefonie
Telefonverbindungen, d.h. Echtzeitdatenaustausch – insbesondere von Audio- und Videoinformationen – über das Internet. Genutzt werden dafür meist PC-gestützte Lösungen oder Zusatzgeräte zur Telefonanlage. Der Zugang ins Internet erfolgt über einen Internet-Service-Provider (ISP) oder ggf. über einen Online-Dienst. Die Qualität hängt davon ab, welchen Datendurchsatz der ISP bietet.

Intranet
Bezeichnung für firmeninternes Internet.
Firmenmitarbeitern wird auf diese Weise die Kommunikation und das Arbeiten erleichtert. Das Intranet lässt sich z. B. für den Austausch von Text, Bild oder Grafik einsetzen. Datenblätter könnten abgerufen und Arbeitsvorlagen überschrieben werden. All die Dinge, die eine bürokratische und umständliche Suche durch die gesamte Firma nötig machen würden, erleichtert das Intranet. Außerdem kann das Intranet auch als elektronische Mitarbeiterzeitschrift eingesetzt werden (Mitarbeitermotivation).

IP-Adresse
Zur Identifizierung eines Computers im Netz ist ihm eine Internet-Protokoll-Adresse zugeordnet. Diese umfasst 32 Bit und wird in vier Teilen von 8 Bit dargestellt, z. B.: 112.45.132.7. Da diese Adressierung recht kompliziert ist, wurde ein einfacheres System entwickelt: Der Domain-Name-Service (DNS) ordnet einem Namen automatisch die entsprechende Adresse zu. Damit es weltweit nicht zu Verwechslungen kommt, werden die Namen verwaltet und nur einmal vergeben. Der jeweilige Name setzt sich von links nach rechts aus Rechner, Abteilung, Firma und Land zusammen – jeweils durch einen Punkt getrennt. Die letzte so genannte Top-Level-Domain besteht meist aus dem Landeskürzel, z. B. „de" für Deutschland.

ISDN
= Integrated Services Digital Network
ISDN ist ein dienstintegriertes Digitalnetz, d.h. ein leitungsvermitteltes Netz, das sowohl Netz- als auch Teilnehmerdienst anbietet. Alle diese Dienste werden unter einer einheitlichen Rufnummer angeboten; es meldet sich nur dasjenige Endgerät, das angesprochen wird, beispielsweise das Faxgerät. Glasfaserkabel ermöglichen bei ISDN eine wesentlich höhere Übertragungsleistung und damit auch die Übertragung bewegter Bilder über Datennetz. Die Qualität aller Dienste ist höher als bei den herkömmlichen Übertragungswegen.

ISO 9660
Festgeschriebener Standard für CD-ROM-Aufzeichnungen (Dateistruktur, Verzeichnisformat, Copyright usw.).

Java
Plattformneutrale, C++-ähnliche Programmiersprache, die in der Lage ist, Echtzeit-Operationen über ein Netzwerk durchzuführen.

JPEG
= Joint Photographic Expert Group
Kompressionsverfahren für digitale Grafikdateien. Es beinhaltet raffinierte Verfahren, die selektiv einzelne Bildinformationen löschen, ohne dabei den optischen Gesamteindruck zu zerstören.

Modem
Der Modem (Modulator-Demodulator) ist eine Datenübertragungseinrichtung, die digitale Signale in analoge Signale für die Übertragung im Telefonnetz umsetzt und umgekehrt. Modems können intern als Steckkarte im Computer untergebracht sein oder extern über Kabel an die serielle Schnittstelle angeschlossen werden.

MPEG
= Moving Pictures Expert Group
Arbeitsgruppe zur Festlegung der ISO/IEC-Normierung. Sie entwickelte den gleichnamigen Kompressionsstandard für Bewegtbilder.

MP3
MP3 ist ein Komprimierungssystem für Audio-Daten, das eine hohe Kompression bei sehr geringem Qualitätsverlust ermöglicht. Stereoaufnahmen lassen sich um den Faktor 1:10 bis 1:20 verkleinern.

Multiplex
Verfahrensweise zur Zusammenführung diverser Datenströme mit unterschiedlichen Inhalten, wie Bild, Ton, Videotext u. a., zur gemeinsamen Übertragung in einem zusammengefassten Datenstrom.

Pit
Spiralig angeordnete sehr kleine Vertiefungen (Datenspuren) auf Compactdiscs und DVDs.

Portal
Inhaltliches Konzept für eine Website, die sich als zentraler Start- oder Verzweigungspunkt für Internet-Nutzer sieht. Portale verbinden aktuelle Nachrichten mit Internet-Navigationsdiensten und erhalten ihre Inhalte häufig von Kooperationspartnern.

Powerline
Fast alle Elektrizitätsversorger arbeiten derzeit an einer Möglichkeit, um die vorhandenen Stromkabel auch für die Telekommunikation zu nutzen. Theoretisch kann jede Vermittlungsstation weit über ein Megabit Daten pro Sekunde an die angeschlossenen Haushalte senden.

Set-Top-Box
Adapter, der Telefonnetz und TV-Gerät verbindet. Set-Top-Boxen ermöglichen es, den Fernseher zum PC-Bildschirm zu machen und von der Couch per Provider durchs Netz zu surfen. Da die Auflösung von TV-Geräten gegenüber dem PC jedoch noch weit zurück liegt, ist das Lesen am Fernsehgerät eher mühsam.

Spam
Sammelbegriff für unerwünschte E-Mails, die meist als Massenaussendung verschickt werden (= Spamming), vergleichbar mit Postwurfsendungen oder ungebetenen Marketing-Telefonanrufen oder -Telefaxen.

URL
Eine Dokumentadresse heißt in der WWW-Terminologie Unique Resource Locator. Das ist in der Regel die Zugriffsmöglichkeit und die Domänenadresse des Computers, der das Dokument bereithält.

Viral-Marketing
Werbung durch „Mund-zu-Mund-Propaganda". Eine Werbeform, die sich, hier im positiven Sinne; genauso rasant verbreitet wie Computer-Viren.

VRML
= Virtual Reality Modelling Language
Mit dem neuen VRML-Standard wurden zwei zukunftweisende Technologien verbunden: Virtual Reality und das World Wide Web. Mit VRML können virtuelle Realitäten im Internet dargestellt werden.
Verwendet die Metapher eines Raums, in dem sich der Internet-Nutzer bewegt, durch räumlich verknüpfte Informationen.

WAP
= Wireless Application Protocol
Das WAP ist eine neue Mobiltechnologie, die das Internet ins Handy bringt.

WWW
= World Wide Web
Das weltweite Netz, kurz auch einfach „Netz" genannt. Dieses Hypermedia-System wurde speziell für die unkomplizierte Handhabung des Internet entwickelt. Es erlaubt einen weltweiten Zugriff auf Dokumente im Internet. Das WWW bietet im Internet Hypertextsuche rund um die Welt. Es bietet nicht nur Text, sondern auch Bild-, Ton- und andere Informationen.

8. Kontrollfragen zu Teil XIX

1. Beschreiben Sie stichwortartig die Vorteile des Internets im Vergleich zu den klassischen Medien.
2. Welche Schritte sind für die Produktion einer Website notwendig?
3. Nennen Sie drei Möglichkeiten für Werbung im Web.
4. Was bedeutet der Begriff Multimedia?
5. Erklären Sie den Begriff Web-Promotion und nennen Sie fünf Möglichkeiten zur Durchführung.
6. Welche Fehler werden häufig bei Bannerwerbung gemacht?

9. Literaturverzeichnis zu Teil XIX

Bachofer, M.: Wie wirkt Werbung im Web? Hamburg 1998.

DMMV-Special: E-Commerce-Know-How, München 1999.

DMMV-Special: Trendbericht Online-Marketing, München 1999.

Götz, G.: com!online – Internet-Magazin 3/2000, Ulm 2000.

Hartmann / Meister / Strauss: Das CD-ROM Handbuch, Poing 1994.

Hasebrook, J.: Multimedia-Psychologie, Heidelberg u.a. 1995.

Heise, G. / Glomb, H. J.: Multi-Media und Marketing, hrsg. v. Hünerberg / Heise, Wiesbaden 1995.

Hennes, W. / Jakobs, P.: Der Einstieg ins Internet, Frankfurt am Main 1996.

Herczeg, M.: Software-Ergonomie, Bonn u.a. 1994.

Jarzina, K. R.: Multi-Media und Marketing, hersg. v. Hünerberg / Heise, Wiesbaden 1995.

Manthey, D.: Tomorrow 1/2000, Offenburg 2000.

Online-Marketing / Electronic Advertising, GWP Media-Marketing, Düsseldorf 1996.

Riempp, R. / Schlotterbeck, A.: Digitales Video in interaktiven Medien, Berlin u. a. Heidelberg 1995.

Silberer, G.: Interaktive Werbung – Marketingkommunikation auf dem Weg ins digitale Zeitalter, Stuttgart 1997.

Waller, A.: Ein Handbuch für Online-Werbung, Fraunhofer IAO (Hrsg.), Stuttgart 1996.

W&V New Media Update, Folge 3, München 1999.

Ziemer, A.: Digitales Fernsehen, Heidelberg 1994.

Teil XX Werberecht

1. Zum Begriff Werberecht

Gesetze

In Deutschland ist das Werberecht kein einheitliches, in sich geschlossenes Rechtsgebiet. Es gibt auch nicht *das* Gesetz, das die Fragen und Probleme, die Werbung im rechtlichen Rahmen mit sich bringt, regelt. Vielmehr wurden im Laufe der Jahrzehnte eine Fülle von Einzelgesetzen, Verordnungen und Erlassen zu einem Rahmenwerk für die Kommunikationswirtschaft geknüpft. Früher waren die gesetzlichen Bestimmungen fast ausschließlich zum Schutze des Werbung treibenden Unternehmens und seiner Produkte vor der Konkurrenz da, aber der Schutz des Umworbenen (Verbrauchers) wurde vernachlässigt.
Doch nach dem Zweiten Weltkrieg wurde durch ein Umdenken in der Gesellschafts- und Verbraucherpolitik und durch die immer stärker werdende Bedeutung der Werbung für die Wirtschaft eine Reihe rechtlicher Bestimmungen auch zum Schutze des Verbrauchers, so wie dies schon lange auf dem Gebiet der Heilmittelwerbung existierte, verändert bzw. neu vom Gesetzgeber erlassen.

Selbstkontrolle

Ferner ist durch die Gründung des ZAW (Zentralverband der deutschen Werbewirtschaft) im Jahre 1949 und seiner Zielsetzung, eine zentrale Institution auf freiwilliger Basis zu schaffen, die freiwillige Werbeselbstdisziplin hinzugekommen. Dies soll staatliche Zwangsregelungen, wie sie z. B. in Frankreich bestehen, entbehrlich machen. Zur gesetzlichen ist noch die freiwillige Werbe*selbst*kontrolle hinzugekommen.
Um diese freiwillige Selbstkontrolle zu fördern, wurde im Jahr 1972 vom ZAW der Deutsche Werberat (DWR) gegründet. Der DWR hat eine Reihe von Verhaltensregeln verabschiedet, die eine Art Leitplanke für die Werbenden sind, um Fehlentwicklungen zu verhindern und verbrauchergerechte Werbung zu fördern. Daneben existiert aber noch eine Reihe von freiwilligen Wettbewerbs- und Werberegeln einiger Branchen, u. a. vom Verband der Automobil-, der Heilmittel- und der Cigarettenindustrie.
Neben diesen rechtlichen Rahmenbedingungen der deutschen Werbewirtschaft sind auch die „Internationalen Verhaltensregeln für die Werbepraxis", verabschiedet von der Internationalen Handelskammer (ICC) in Paris, und die Richtlinien der EU-Kommission zu beachten. Gerade die europäische werberechtliche Entwicklung greift stark in das bundesdeutsche Werberecht ein und will immer mehr Werbebereiche einschränken, z. B. die Zigarettenwerbung, Alkoholwerbung usw. Aber die Europäische Kommission versucht auch eine Angleichung unterschiedlicher europäischer Werberegeln wie die vergleichende Werbung.

Doch auch diese Aufzählung ist bei weitem noch nicht vollständig und so ist der werberechtliche Rahmen in Deutschland recht eng gesteckt und wird sich außerdem durch das Zusammenwachsen der EU wohl bald verändern. Einiges wird gestrafft, anderes gelockert werden müssen.

2. Gesetzliche Rahmenbedingungen der deutschen Werbewirtschaft

Nachfolgend eine Zusammenstellung der wichtigsten Gesetze und Verordnungen, die von der deutschen Werbewirtschaft bei der täglichen Kommunikationsarbeit zu beachten sind:

- *Gesetz gegen den unlauteren Wettbewerb (UWG)* vom 07.06.1909, in der Fassung vom 25.07.1994,
- *Gesetz gegen Wettbewerbsbeschränkungen (GWB)* vom 27.07.1957, in der Fassung vom 26.08.1998,
- *Gesetz über Preisnachlässe (Rabattgesetz)* vom 25.11.1933, in der Fassung vom 25.07.1986,
- *Zugabeverordnung* vom 09.03.1932, in der Fassung vom 25.07.1994,
- *Preisangabengesetz* vom 03.12.1984,
- *Verordnung zur Regelung der Preisangaben* (PAngVO) vom 22.07.1997,
- *Verordnung des BMWI über Sommer- und Winterschlußverkäufe* vom 13.07.1950,
- *Musteranordnungen der Länder, betreffend Aus-, Räumungs- und ähnliche Sonderverkäufe,*
- *Gesetz über den Verkehr mit Lebensmitteln, Tabakerzeugnissen, kosmetischen Mitteln und sonstigen Bedarfsgegenständen* vom 15.08.1974, in der Fassung vom 22.01.1991,
- *Nährwert-Kennzeichnungsverordnung* vom 25.08.1988, in der Fassung vom 21.11.1991,
- *Weingesetz* vom 27.08.1982, in der Fassung vom 01.09.1994,
- *Gesetz über die Werbung auf dem Gebiete des Heilwesens* vom 11.07. 1965, in der Fassung vom 07.09.1998,
- *Landespressegesetze,*
- *Landesrundfunkgesetze,*
- *Vierter Rundfunkstaatsvertrag* (in Kraft getreten zum 01.04.2000) zum Staatsvertrag über den Rundfunk im vereinten Deutschland (vom 31.08.1991), geändert durch den Mediendienste-Staatsvertrag (vom 21.01. bis 12.02.1997)
- *Medienrichtlinien* (ARD, ZDF und der Landesmedienanstalten)

- *Gesetz zur Regelung der Rahmenbedingungen für Informationsdienste (IuKDG) vom 13.06.1997*
- *Gesetz über die Verbreitung von jugendgefährdenden Schriften* vom 29.04.1961,
- *Jugendarbeitsschutzgesetz* vom 12.04.1970, in der Fassung vom 24.04.86,
- *Straßenverkehrsordnung* vom 16.11.1970, in der Fassung vom 01.07.92,
- *Landesbauordnungen,*
- *Strafgesetzbuch,*
- *Ordnungswidrigkeitsgesetz* vom 24.05.1968, in der Fassung vom 1.1.1987,
- *Bürgerliches Gesetzbuch,*
- *Urheberrechtsgesetz* vom 09.09.1965, in der Fassung vom 07.03.1990,
- *Patentgesetz* vom 02.01.1968, in der Fassung vom 16.12.1980,
- *Gebrauchsmustergesetz* novelliert zum 01.01.1987,
- *Geschmacksmustergesetz* in der Fassung vom 18.12.1986,
- *Textilkennzeichnungsgesetz* vom 14. 08. 1986,
- *Markengesetz* vom 25.10.1994, in der Fasung vom 16.07.1998,
- *Produktpiraterie-Gesetz (PrPG)* vom 01.07.1990,
- *Grundgesetz,*
- *EU-Richtlinien:*
  Fernsehrichtlinie 97/36/EG und 89/552/EWG
  Richtlinie zur vergleichenden Werbung 84/450/EWG und 97/55/EG
  Richtlinie zum Tabakwerbeverbot 98/43/EG 7
  Richtlinie zum Geschmacksmusterschutz 98/71/EG

Es ist jedoch kaum möglich, jedes relevante Gesetz bzw. jede Verordnung zu kennen. Doch sollten die wichtigsten bekannt sein, um den Kunden vor falschen Schritten zu warnen bzw. ihn darauf hinzuweisen. Notfalls muss sogar ein auf das Werberecht spezialisierter Rechtsanwalt eingeschaltet werden – doch dazu muss der werbliche „Pferdefuß“ bekannt sein.
In den folgenden Abschnitten werden einzelne wichtige Gesetze und Bestimmungen ausführlich dargestellt.

3. Die wichtigsten deutschen Gesetze und Verordnungen für die Werbewirtschaft

3.1 Gesetz gegen den unlauteren Wettbewerb (UWG)

Die meisten Werber und Firmen denken bei der Erwähnung des UWG meist nur an die Exekutionsform „vergleichende Werbung“. Sie sind auch der Meinung,

dass in Deutschland vergleichende Werbung verboten ist. Doch richtig ist vielmehr, dass vergleichende Werbung bei uns nicht direkt verboten, sondern nur eingeschränkt möglich ist.
Der eigentliche Sinn des UWG ist es, der Marktwirtschaft einen rechtlichen Rahmen zu geben, innerhalb dessen sich ein freier Wettbewerb abspielen kann. Die Wettbewerber sollen untereinander vor unlauteren Methoden geschützt werden, die darauf abzielen, Mitbewerber mit unfairen Mitteln aus dem Markt hinauszudrängen. Es ist somit vor allem ein Konkurrenten-Schutzgesetz. Doch auch der Endverbraucher wird durch dieses Gesetz geschützt, denn über die Verbraucherverbände besteht die Möglichkeit, unlautere oder irreführende Methoden, die einem Endverbraucher schaden bzw. ihn übervorteilen könnten, anzuprangern und für Abhilfe zu sorgen.
§ 1 UWG, die Generalklausel des Gesetzes, dient als Schranke gegen wettbewerbswidriges Verhalten: „Wer im geschäftlichen Verkehre zu Zwecken des Wettbewerbs Handlungen vornimmt, die gegen die guten Sitten verstoßen, kann auf Unterlassung und Schadensersatz verklagt werden." Hierbei ist jedoch zu beachten, dass sich die Auffassung der beteiligten Verkehrskreise (Verbraucher), was nun gute Sitten des Wettbewerbs sind, im Zeitablauf verändert. Gerichte, die in einem Fall früher ein Wettbewerbsverhalten als nicht zulässig erklärt haben, werden vielleicht heute in einem ähnlich gelagerten Fall ganz anders urteilen.

Generalklausel

3.1.1 Vergleichende Werbung

Von vergleichender Werbung sprechen wir, wenn ein Wettbewerber sein eigenes Produkt mit dem eines Konkurrenten vergleicht, wobei der Mitbewerber namentlich nicht genannt sein muss. Zielt er darauf ab, die Ware oder Dienstleistung des Mitbewerbers im Verhältnis zur eigenen Ware herabzusetzen, dann liegt eine kritisierende vergleichende Werbung vor, die in der Bundesrepublik als unlauter gilt und somit nicht zulässig ist. In Deutschland ist vergleichende Werbung, auch nach dem BGH-Urteil von 1986 zum „*Pepsi-Cola*-Test", nur dann zulässig, wenn ein hinreichender Anlass besteht, die Angaben wahr sind und sich in Grenzen halten.

Pepsi-Cola-Test

Daran hat auch die EU-Richtlinie von 1997 nicht viel geändert. Zurzeit liegt erst ein Entwurf eines überarbeiteten UWGs vor. Der Gesetzgeber muss überprüfen, ob und wie das UWG geändert werden müsste, denn das bisherige Verfahren, die Fälle der vergleichenden Werbung ausschließlich nach § 1 UWG zu prüfen, wird nicht mehr als ausreichend angesehen. Unabhängig davon hat der BGH in zwei Entscheidungen Anfang 1998 entschieden, dass vergleichende Werbung bereits ab diesem Zeitpunkt nicht mehr gegen § 1 UWG verstößt, sofern sie den Anforderungen der EU-Richtlinie 1997 entspricht. Somit hat der Gesetzgeber vorläufig ein wenig Spielraum bekommen.

EU-Richtlinie „Vergleichende Werbung"

Doch das Bundesjustizministerium ist der Meinung, dass die Richtlinie kaum

Umsetzungsspielraum lässt, da in Artikel 3a detailliert festgelegt ist, unter welchen Voraussetzungen vergleichende Werbung zugelassen werden darf und muss.
Dies bedeutet, dass vergleichende Werbung zukünftig in den Staaten der EU nur dann zulässig ist, wenn sie

- nicht irreführend ist,
- keine Verwechslungen herbeiführt,
- keine Verunglimpfungen enthält,
- Waren für den gleichen Bedarf oder dieselbe Zweckbestimmung vergleicht,
- einen objektiven Vergleich von nachprüfbaren und typische Eigenschaften enthält, neben anderem auch der Preis.

Jeder, der vergleichende Werbung betreiben will, muss daran denken, dass weiterhin keine „schmarotzerische Werbung" stattfinden darf. Schmarotzerisch bedeutet, dass der Vergleichende durch die Nennung des Markennamens einen Imagetransfer auf sein Produkt erreichen will. Hierbei ist zu bedenken, dass der Markeneigentümer sehr viel Geld in Marketing und Werbung gesteckt hat, um den Markennamen aufzubauen. Die Gerichte reagieren auf solche Verstöße sehr sensibel!

Als zulässig angesehen werden von der deutschen Rechtssprechung nur folgende Erscheinungsformen:

1. Abwehrvergleich

Diese Erscheinungsform der vergleichenden Werbung liegt vor, wenn sie zur Abwehr eines rechtswidrigen Angriffs eines Mitbewerbers dient. Dadurch soll ein drohender Schaden für das Unternehmen abgewehrt oder gemildert werden.
In einem solchen Falle ist vielleicht eine schnelle Reaktion auf den Angriff des Mitbewerbers erforderlich, um den wirtschaftlichen Schaden für das angegriffene Unternehmen so klein wie möglich zu halten. Es ist nicht immer möglich, erst eine gerichtliche Entscheidung abzuwarten, da der Schaden bis dahin irreparabel sein kann. Außerdem muss der Abnehmer von der Richtigstellung sehr schnell in Kenntnis gesetzt werden, um keine Umsatzeinbußen zu erleiden.

2. Systemvergleich

Dieser ist eigentlich keine vergleichende Werbung, da hier nicht Produkte oder Dienstleistungen im Wettbewerb, sondern zwei Arbeitsweisen, Techniken oder Systeme miteinander verglichen werden. Dabei ist es unerlässlich, das Produkt eines anderen Herstellers in der Werbung zu zeigen.
Um junge Verbraucher von den Vorzügen einer Trockenrasur zu überzeugen, wird beispielsweise diese Methode mit der Nassrasur verglichen. Das Modell des Nassrasierers ist wahrscheinlich durch seine Form einem ganz bestimmten

Hersteller zuzuordnen. Es muss nun aber nicht extra ein „Dummy" gebaut, sondern es kann praktisch jedes Nassrasierermodell verwendet werden, das nur wenig verfremdet wird, indem man beispielsweise den Herstellernamen unkenntlich macht.
Dabei sollten die Vorteile des eigenen Produktes wahrheitsgemäß geschildert werden, ohne dass daraus erkennbar auf einen bestimmten Mitbewerber in dem Marktsegment Rasierer geschlossen wird. Es sind also die Vorzüge des Systems so herauszustellen, dass der Verbraucher den Vergleich praktisch selbst machen kann. Andernfalls würde eine unzulässige vergleichende Werbung vorliegen.

3. Fortschrittsvergleich

Hier gelten die gleichen Kriterien wie beim Systemvergleich. Die Aufklärung über den Fortschritt, der mit der Entwicklung dieses Produktes verbunden ist, muss sachlich und die Vorzüge und Neuartigkeit des Produktes für die Allgemeinheit von Interesse sein. Es muss aber unumgänglich sein, dass der Fortschritt nur durch diesen Vergleich werbewirksam zu veranschaulichen ist.
Daneben kann jeder Anbieter selbstverständlich einen Vergleich mit eigenen Produkten anstellen, um den Fortschritt in der Entwicklung seiner Produkte herauszustellen.
Das ist der Fall, wenn beispielsweise für *Persil* mit „Das beste *Persil*, das es je gab" geworben wird. Oder wenn *Shell* für den neuen Kraftstoff „*Shell* mit M 2000" im Vergleich mit „Unser bisheriges Benzin, das bereits ein sehr gutes Additiv enthielt" und mit einem *Shell*-Benzin „nach DIN-Norm" wirbt. Dies wird anhand von Einlassventilen demonstriert, die mit mehr oder weniger Ablagerungen dargestellt werden. (Siehe hierzu auch Abschnitt 3.1.2 Alleinstellungs- und Superlativwerbung)

4. Auskunftsvergleich und Vergleich mit Testurteilen

Dies geschieht meist durch direktes Verlangen eines Abnehmers, der wünscht, dass die Vor- und Nachteile des angebotenen Produktes oder der Dienstleistung, im Vergleich zu denen anderer Anbieter, erörtert werden. Geht also die Initiative vom Abnehmer aus, so darf auch unter kritisierender Bezugnahme verglichen werden. Dabei muss jedoch stets auf korrekte Angaben (streng sachlich, rational nachprüfbar) geachtet werden.
Ein solches Verlangen kommt sehr häufig vor einem Abschluss von Versicherungsverträgen vor, da hier ja unter verschiedenen Anbietern, die fast dieselbe Leistung bieten, ausgewählt wird.
Einfach wird es für einen Werbungtreibenden, wenn solche Vergleiche bereits in Warentests von unabhängigen Institutionen mit vergleichbaren Waren, Warengruppen oder Leistungen angestellt wurden. Solche Ergebnisse lassen sich sehr gut benutzen, da die verwendeten Grundlagendaten für alle Mitbewerber gleich sachlich, objektiv und unabhängig ermittelt sind. Für jeden lassen sich

somit solche Ergebnisse nachvollziehen. Damit können die Ergebnisse auch in der Werbung verwendet werden.

TV-Reichweiten

Haben beispielsweise Untersuchungen über TV-Reichweiten auf Grundlage der Zahlen der GfK stattgefunden, kann ein Sender diese ermittelte Reichweite für seine Werbung in einer Fachzeitschrift verwenden, auch wenn durch die Rangfolgendarstellung die anderen Sender logischerweise schlechter abschneiden.

Stiftung Warentest

Ebenso kann ein Ergebnis der *Stiftung Warentest* in der Werbung für ein Produkt verwendet werden. Dabei ist jedoch zu beachten, dass bei Verwendung des Test-Zeichens der *Stiftung Warentest* auch die Zahl derjenigen im Test mit Beurteilten genannt werden muss, für deren Produkte das gleiche Ergebnis oder sogar ein besseres erzielt wurde.

3.1.2 Alleinstellungs- und Superlativwerbung

Da hier kein Bezug auf die Mitbewerber genommen, sondern nur die eigene Leistung in der Werbung als Spitzenstellung besonders herausgestellt wird, ist eine solche Werbung nur zulässig, wenn sie wahr und umfassend ist. Dennoch wird dabei indirekt auf die Leistung des Mitbewerbers abgezielt, wenn von „dem größten Möbelhaus in XY" oder der „ältesten Sektkellerei" gesprochen wird. Diese Angaben müssen wahr (nachweisbare Quadratmeter- oder Jahreszahlen) und auf Dauer angelegt sein. Sie müssen also bereits eine Zeit lang bestanden haben und noch weiter bestehen. Weiter muss der Vorsprung zu dem Mitbewerber so groß sein, dass ein deutlicher Abstand vorhanden ist, damit die führende Position mit Wörtern wie „größte" und „beste" werblich herausgestellt werden darf.

§ 3 UWG

Beurteilt wird diese Art der Werbung nach dem § 3 UWG, ob eine irreführende und unwahre Angabe vorliegt. Es ist also ein so genannter objektiver Nachweis erforderlich.

Ist der Vorsprung zum Mitbewerber nicht allzu groß oder annähernd gleich, so kann allenfalls mit einer „negativen Alleinstellung" geworben werden, wie „Keiner wäscht reiner" oder „Es gibt nichts besseres als ...". Werbliche Übertreibungen wie „Die schönsten Pausen sind lila" oder „Der größte Film aller Zeiten" sind keine unrichtigen Angaben im Sinne des § 3 UWG, da sie auf den ersten Blick erkennbar ein subjektives Werturteil enthalten.

Subjektives Werturteil

3.1.3 Irreführende Werbung

Irreführende Werbung nach § 3 UWG liegt dann vor, wenn sie auf die Abnehmer die Wirkung einer unrichtigen Angabe ausübt.

Marktanteil

Doch gibt es seit 1996 eine Änderung der richterlichen Meinung zur irreführenden Werbung. Bisher war es nicht erlaubt, dass ein Unternehmen in seiner Werbung aussagt, dass sein Produkt das meistverkaufte der Welt ist, wenn es nicht auch in Deutschland das meistverkaufte ist. Seit dem Urteil des Bundesgerichtshofes von 1996 in Sachen „Spitzenstellung der Rasierer von Philips" ist es jedoch nun nicht mehr länger notwendig, dass die beworbene weltweite Spitzenstellung des Produktes auch in Deutschland vorhanden sein ist; allerdings muss das Produkt in Deutschland einen ansehnlichen Marktanteil haben. Dann ist diese Aussage keine irreführende Werbung mehr!

Beschaffenheit

Auch Angaben über die Beschaffenheit einer Ware oder deren stoffliche Zusammensetzung müssen korrekt sein. Irreführend wäre z. B., wenn bei einer Uhr von „Schweizer Präzision" gesprochen wird, aber die gesamte Uhr aus Fernost stammt.

Preisschlagwörter

Gern werden auch so genannte Preisschlagwörter verwendet, die eine den Verbraucher irreführende Angabe enthalten können, wie z. B. „Sonderpreise", „Höchstrabatt", „Fabrikpreis". Hier werden vom Verbraucher wirklich günstige Preise erwartet, also deutlich unter den bisher verlangten, und es dürfen keine Preise sein, die vielleicht der Hersteller sowieso vorgegeben hat. Stimmen müssen auch verwendete geographische Herkunftskennzeichen. Ein „echter" Schottenschal muss auch in Schottland hergestellt und dort nicht nur mit den Fransen versehen worden sein, wenn das Label „Made in Scotland" aussagt.

Werbung mit Selbstverständlichkeiten

Irreführend ist auch, wenn mit Selbstverständlichem geworben wird. Wird die Messung der Sehschärfe von einem Optiker als eine besondere Leistung für sein Geschäft werblich herausgestellt, so ist dies nicht zulässig, denn ein solcher Service wird in dieser Branche überall kostenfrei geboten.

Es darf also kein Werbender in der Werbung für sein Produkt den Eindruck erwecken, er würde mehr Leistung bieten als sein Mitbewerber, indem er mit Selbstverständlichem (= Üblichem) der Branche wirbt. Es muss also eine Leistung sein, die über das Branchenübliche hinausgeht.

3.1.4 Rücktrittsrecht des Verbrauchers bei unwahrer oder irreführender Werbung

§ 13a UWG

Für die tägliche Agenturarbeit bei der Gestaltung von Anzeigen ist es wichtig, den Paragraphen 13a UWG zu kennen.
Die Agentur ist darauf angewiesen, dass die ihr im „Briefing" bzw. dem „Start Work Report" gelieferten Daten und Angaben über das zu bewerbende Produkt korrekt sind. Wenn nämlich in der Werbung Angaben gemacht werden, die für den Kaufentscheid wesentlich, aber unwahr oder irreführend sind, so kann der Verbraucher vom Kaufvertrag zurücktreten, wenn dem anderen Vertragspartner die Unwahrheit der Angabe und ihre Eignung zur Irreführung bekannt war oder er diese kennen musste.

3.2 Rabattgesetz (RabG)

Das Rabattgesetz (RabG) wird vom Endverbraucher häufig missverstanden. Mit diesem Gesetz will der Gesetzgeber nicht erreichen, dass der Endverbraucher hohe Preise zahlen muss, sondern er will verhindern, dass aus einem Leistungs- und Preiswettwerb ein Rabattwettbewerb würde. Der Händler könnte sonst die Preise hochsetzen und darauf einen entsprechend hohen Rabatt gewähren. Die Konkurrenz müsste dann wiederum einen nochmals höheren Rabatt anbieten und der Verbraucher würde somit nicht mehr Preise und Leistung vergleichen, sondern Rabatte.

Seit Jahren nun wird mit Leidenschaft diskutiert, ob das Rabattgesetz und die Zugabeverordnung, die beide aus den 30er-Jahren stammen, abgeschafft werden müssen. Argumentiert wird, dass der heutige Endverbraucher dieses Schutzes nicht bedarf. Auch müssen ja keinerlei Rabatte gewährt werden, sondern es kann von vornherein ein besser Preis kalkuliert werden. Aber bis heute (Anfang 2000) ist über eine Abschaffung noch keine Entscheidung getroffen worden.

Grundsätzlich ist deshalb die Gewährung von Rabatten unzulässig. Das Gesetz nennt hier aber einige Ausnahmetatbestände. Erlaubt sind folgende Rabattarten:

Rabattarten

- *Barzahlungsrabatt* bis 3% des Preises der Ware oder der Leistung, wenn die Bezahlung unverzüglich oder beim Stundungsrabatt spätestens innerhalb eines Monats nach Lieferung erfolgen muss. Der Rabatt kann sofort in bar vom Kaufpreis erfolgen oder in Form von Rabattmarken, die später in Bargeld eingelöst werden,
- *Mengenrabatt (Umsatzbonus)*, sofern dieser nach Art und Umfang sowie der verkauften Stückzahl oder Menge als handelsüblich anzusehen ist. Für die Feststellung der Handelsüblichkeit dient im Zweifelsfalle ein Gutachten der Industrie- und Handelskammer oder eines Marktforschungsinstitutes. Möglich ist auch die Gewährung in Form eines Preis- oder Warenrabattes (Naturalnachlass).
- *Sondernachlässe* für berufliche oder gewerbliche Verwerter, Großabnehmer und eigene Arbeitnehmer (Personalrabatt).

Maximalrabatt

Bei all diesen Rabattarten gilt: Treffen mehrere Rabattarten zusammen, darf der Nachlass nur für maximal zwei Arten gewährt werden.

Anwendungsbereich

Das Rabattgesetz gilt für den Verkauf von Waren des täglichen Bedarfs bzw. die Ausführung gewerblicher Leistungen an den Endverbraucher. Letzter Verbraucher ist jeder Abnehmer, der die Ware nicht mehr umsetzt. Auch Gewerbetreibende sind die letzten Verbraucher, wenn sie eine Ware nicht zwecks Weiterveräußerung erwerben. Bei Verkauf an Wiederverkäufer ist eine Rabattgewährung also zulässig. Hier geht der Gesetzgeber davon aus, dass ein Kaufmann hinsichtlich der Preisgestaltung nicht getäuscht werden kann.

Auf so genannte hochwertige Luxuswaren und Anlagegüter, wie Rennwagen, Luxusmotorboote, edlen Schmuck, Einfamilienhäuser usw., findet das Rabattgesetz keine Anwendung. Luxuswaren

Zulässig ist die Gewährung von Barzahlungsrabatten auch in Form von Gutscheinen (Sparmarken, Kassenzettel, Zahlabschnitte). Gemäß § 4 RabG aber nur, wenn diese bar eingelöst werden. Der Umsatz an Waren oder Leistungen, von dem die Einlösung der Gutscheine abhängig gemacht wird, darf auf höchstens 50,- DM festgesetzt werden. Gutscheine

Die so genannte *Treuevergütung* gemäß § 13 der Durchführungsverordnung zum Rabattgesetz kann der Hersteller von Markenartikeln gewähren, indem er den Markenartikeln, die in verschlossenen Packungen abgegeben werden, eine Vergütung in Form von Gutscheinen beipackt. Wenn der Verbraucher die vorgegebene Anzahl von Gutscheinen einreicht und bei einer Zahlstelle (Bank oder Post) vorlegt, wird eine Treuevergütung in bar ausgezahlt. Treuevergütung

Eine Ankündigung von Rabatten in der Werbung ist nicht zulässig, da auch die Ankündigung selbst dem grundsätzlichen Rabattverbot unterliegt. Zulässig ist nur die Ankündigung eines *Jubiläumsrabattes*, weil hier davon ausgegangen wird, dass der Umworbene den Preisnachlass als befristete Preissenkung erkennt. Jubiläumsverkäufe sind gemäß § 7 Abs. 3 Ziff. 2 UWG jedoch nur alle 25 Jahre für die Dauer von zwölf Werktagen zulässig. Neu ist eine Entscheidung eines Oberlandesgerichtes, das dies auch bei einem 20-jährigen Firmenjubiläum zuließ (Anfang 2000) (siehe Abschnitt 3.5). Jubiläen

3.3 Zugabeverordnung (ZugbVO)

Die Zugabeverordnung (ZugbVO) ergänzt das Rabattgesetz und regelt einen Teil der so genannten Wertreklame. Unter der Wertreklame versteht man, dass der Umworbene geschenkweise Vergünstigungen zu Werbezwecken erhält.

Anders als das Rabattgesetz gilt die Zugabe auch für den geschäftlichen Verkehr zwischen Hersteller und seinem Abnehmer (Groß- und/oder Einzelhändler).

Die Zugabe ist von der Warenprobe oder dem Werbegeschenk zu unterscheiden.

Zugaben, Werbegeschenke und Warenproben

Bei einer Zugabe besteht immer ein innerer Zusammenhang von Zugabe und Hauptware/Hauptleistung. Entscheidend ist der zeitliche Zusammenhang. Dies ist auch das Unterscheidungsmerkmal zum Werbegeschenk oder zur Waren- Abgrenzung probe. Hier besteht kein innerer Zusammenhang, denn die Leistung wird selbstständig und unabhängig von der Art der Hauptleistung gewährt. Eine Zugabe erhält man, weil man kauft – das Werbegeschenk bekommt man, damit man kauft.

Werbegeschenke sind unentgeltliche Zuwendungen und stehen nicht in einem zeitlichen Zusammenhang mit einer Leistung des Empfängers (Geschenkkörbe zu Jubiläen, Zigarettenaschenbecher usw.). Meist dienen sie auch reinen Verkaufsförderungaufgaben. Sie sollen eigentlich nur auf ein Erzeugnis aufmerksam machen, die geschäftliche Atmosphäre verbessern helfen oder die Erinnerung an eine Firma auffrischen. Rechtlich problematisch wird es, wenn eine solche Werbegabe keinen bloßen Aufmerksamkeitscharakter hat. Deshalb können nur Geschenke, deren Anschaffungswert 75,- DM nicht übersteigt, steuerlich abgesetzt werden. Diese Wertgrenze gilt pro beschenkter Person und pro Wirtschaftsjahr.

Warenproben sollen dagegen helfen, Geschäftsbeziehungen zu einem bestimmten Kunden bzw. zu dem potenziellen Verbraucher zu knüpfen. Der Kunde soll sich von der Qualität des Produktes überzeugen können. Die unentgeltliche Verteilung von Warenproben ist nicht mehr zulässig, wenn sie nicht nur der ausreichenden Erprobung dient, also zu groß bemessen ist. Wurde beispielsweise in einem bestimmten Wohngebiet ein normales Waschmittelpaket als Warenprobe verteilt, so wird für dieses Gebiet eine Marktverstopfung eintreten. Für die Mitbewerber bedeutet es einen Umsatzrückgang, denn in nächster Zeit werden sie in diesem Wohngebiet kein Waschmittel mehr absetzen können. Deshalb werden zumeist speziell hergestellte Probepackungen verteilt, die nur für ein bis zwei Wäschen ausreichend sind.

Verbot der Zugabe

§ 1 ZugbVO

Zugabe ist eine Ware oder Leistung, die im geschäftlichen Verkehr, neben der Hauptware oder Hauptleistung, ohne besonderes Entgelt angekündigt oder gewährt wird. Da jedoch kein Kaufmann etwas zu verschenken hat, sind laut § 1 der ZugbVO die Zugaben grundsätzlich unzulässig. Der Gesetzgeber befürchtete, dass die Verknüpfung einer Wertreklame mit dem Kauf eines Produktes zur Verfälschung des auf Preiswürdigkeit und Güte einer Ware aufgebauten Leistungswettbewerbes führen könnte. Zudem könnte diese Zugabe den Kunden in seiner Kaufentscheidung beeinflussen.

Ausnahmen

Doch § 1 Abs. 2 der ZugbVO regelt die Ausnahmen. Zulässig sind insbesondere: *Reklamegegenstände von geringem Wert* wie Luftballons, Fähnchen, Kalender. Die Gegenstände müssen geringwertig sein, wobei sich die Einschätzung der Kunden für die Zugaben ändert und somit auch die Beurteilung der Gerichte, was geringwertig ist.

Handelsübliches Zubehör, wie Dosen oder Gläser für Tabak, Kaffee oder Senf, soweit der Verpackungsgrund im Vordergrund steht, gehören zu den Reklamegegenständen von geringem Wert.

Kundenzeitschriften: Voraussetzung für die Annahme, es handele sich um eine Kundenzeitschrift, ist der im Vordergrund stehende Werbecharakter der Aufmachung. Ferner sollen die Herstellungskosten gering sein (ca. 30 bis 50 Pfennig pro Exemplar).

Raterteilung und Auskünfte, wobei die Ratschläge bei der Kundenberatung oder die Weitergabe von Kochrezepten nicht als Zugabe angesehen werden.

Geld- und Warenrabatt: Hier gilt aber das Rabattgesetz.

Geringwertige Kleinigkeiten: Hier liegt, im Gegensatz zu Werbegegenständen mit geringem Wert, die Betonung auf Kleinigkeit. Solche Zugaben werden vom Käufer wirtschaftlich nicht sonderlich geachtet. Der Wert dieser Zugabe ist nicht entscheidend zum Wert der Hauptware.

Fahrgeld-Erstattung: Die Fahrtkosten für Verkehrsmittel des öffentlichen Personennahverkehrs zum Besuch des Supermarktes, der Gaststätte usw. dürfen seit Juli 1994 ganz oder teilweise erstattet werden, sofern dies im Hinblick auf den Wert oder die Leistung angemessen ist.

Es ist beabsichtigt, das aus den 30er-Jahren stammende Rabattgesetz und die Zugabeverordnung abzuschaffen. Anfang 2000 gab es viele Stimmen, die dies forderten, da im Zuge der europäischen E-Commerce-Richtlinie deutsche Unternehmen im Nachteil gegenüber anderen EU-Mitbewerbern sind, da die anzuwenden Gesetze des Herkunftslandes gelten (siehe auch Abschnitt 5). Herkunftslandprinzip

3.4 Preisangabengesetz und Preisangabenverordnung (PAngVO)

Es besteht eigentlich keinerlei Verpflichtung, in der Werbung einen Preis für das Produkt oder die Dienstleistung anzugeben. Dies wird aber in Print-Anzeigen, im Fernsehen oder in anderen Medien praktiziert, beispielsweise durch den Lebensmitteleinzelhandel im Print-Bereich, der seine Zeitungsanzeigen mit plakativ herausgestellten Preisen versieht (so genannte Schweinebauchanzeigen), oder in Anzeigen der Automobilhersteller („Nissan Maxima 3,0 V6 ab 43.245,– DM inkl. elektrischem Schiebedach. Unverbindliche Preisempfehlung zzgl. Überführung und Zulassung. Mineraleffektlackierung, Klimaanlage, Leder und Automatik gegen Aufpreis."). Hier sind dann die Regelungen der Preisangabenverordnung (PAngVO) und des Gesetzes gegen Wettbewerbsbeschränkungen, insbesondere § 23, zu beachten.

In diesen Fällen muss der Endverbraucherpreis einschließlich Umsatzsteuer und sonstiger Preisbestandteile angegeben werden, wobei der Endpreis deutlich hervorzuheben ist. Preisbestandteile

DM oder Euro

Während der Übergangszeit von der DM zum Euro besteht die Wahlmöglichkeit, die Preise entweder nur in DM oder in DM und Euro anzugeben. Der Euro- und der DM-Preis dürfen aber nicht so gestaltet werden, dass sie verwechselt werden können. Vielmehr ist die DM hervorzuheben. Irreführend gemäß § 3 UWG ist auch eine Preisangabe nur in Euro. Denn die DM bleibt als Untereinheit des Euro bis Ende 2001 gesetzliches Zahlungsmittel, da der Euro bis dahin nur als Buchgeld zur Verfügung steht. Die DM ist nach der PAngVO anzugeben, weil der DM-Preis der Preis ist, der tatsächlich gezahlt wird. Ohne die Auszeichnung in DM hätte der Endverbraucher Schwierigkeiten beim Preisvergleich. Die Preisangabe nur in Euro ist damit nicht nur irreführend gemäß dem UWG, sondern verstößt auch gegen die in § 1 Abs. 6 PAngVO verankerten Grundsätze der Preisklarheit und Preiswahrheit.

Zu den erweiterten Angaben von Preisbestandteilen gehört beispielsweise, dass bei den Flugpreisen die eventuellen Flughafen- oder Sicherheitsgebühren genannt werden. Bei Mehrweggebinden mit Pfand ist seit 1997 nur noch der Zusatz „zuzüglich x DM Pfand" erforderlich.

Automobilpreise

Da in der Automobilbranche aber eigentlich nur der Autohändler (Verkäufer) den genauen Abgabepreis bestimmen kann, wird der Zusatz „unverbindliche Preisempfehlung" durch den Hersteller in seiner Werbung notwendig sein.

Effektiver Jahreszins

Im Kreditgewerbe ist es erforderlich, neben dem Zinssatz pro Jahr auch den „anfänglichen effektiven Jahreszins" anzugeben, damit der Verbraucher die Kosten für einen aufzunehmenden Kredit überhaupt vergleichen kann. Zusätzlich muss der Zeitpunkt genannt werden, zu dem sich die preisbestimmenden Faktoren frühestens ändern können und für welchen Zeitraum z. B. Disagio, Tilgungsleistungen oder Bearbeitungsgebühren in den „anfänglichen effektiven Jahreszins" eingerechnet worden sind.

Tankstellen

Da Tankstellen sehr auffallend mit den Kraftstoffpreisen werben, müssen diese für den noch auf der Straße fahrenden Kraftfahrer deutlich erkennbar sein, damit sich der Verbraucher vorher ein Bild über die Preise machen kann.

Preis = Verhandlungsbasis

In einigen Bereichen der Wirtschaft wie Gebrauchtwagenhandel oder Immobilienmarkt ist es üblich, noch einmal über den Preis für die Ware zu verhandeln. Dort ist auch aufgrund der Rechtsprechung auf diese Bereitschaft mit dem Vermerk „7500,- DM VB" hinzuweisen. Durch den Zusatz VB (Verhandlungsbasis) macht der Anbietende in der Werbung klar, dass er bisher nur Preisvorstellungen hat, es also einen festen Preis noch nicht gibt.

Preisverzeichnis

Daneben gilt die PAngVO für alle Dienstleistungstreibenden und Händler, die ihre Leistungen anbieten. Hier muss ein Preisverzeichnis mit Preisen für die wesentlichsten Leistungen oder die Verrechnungssätze im Geschäftslokal aushängen wie z. B. bei Banken und Immobilienmaklern. In Gaststätten muss das Preisverzeichnis nicht nur auf den Tischen ausgelegt werden, sondern auch neben dem Eingang zur Gaststätte hängen. In Hotels müssen im Zimmer der Übernachtungspreis und eventuell die weiteren Kosten für Frühstück, Telefon usw. aushängen.

Preisauszeichnung

Im Handel sind ausgestellte Waren, auch außerhalb des Verkaufsraumes oder im Schaufenster, mit den jeweiligen Preisschildern zu versehen. Bei Waren mit EAN-Code muss sich der Preis wenigstens einmal am Regal befinden.

3.5 Sonderveranstaltungen

Sonderveranstaltungen sind Verkaufsveranstaltungen, die dem Verbraucher zu einem bestimmten Anlass günstige Angebote oder eine aus dem Rahmen des sonst üblichen Verkaufsangebotes herausragende Leistung ankündigen sollen. Alle Sonderveranstaltungen, die außerhalb des regelmäßigen Geschäftsbetriebes stattfinden und den Abverkauf beschleunigen sollen, sind verboten.
Nach dem UWG sind nur folgende Sonderveranstaltungen für den Zeitraum von zwölf Werktagen zulässig:

Saisonschlussverkäufe (Sommer- und Winterschlussverkäufe)
Die Tage, an denen diese stattfinden dürfen, sind exakt im Gesetz festgelegt (Beginn Sommerschlussverkauf am letzten Montag im Juli; Beginn Winterschlussverkauf am letzten Montag im Januar). Sie dienen dazu, die Lager freizumachen. Verkauft und beworben werden dürfen nur Bekleidungsgegenstände, Schuhwaren, Lederwaren aller Art und Sportartikel. Bei der Werbung muss der Tag des Verkaufsbeginns deutlich angegeben werden. Eine Vorwegnahme des Schlussverkaufs ist unzulässig. Es darf vorher nicht durch Sonderangebote der Eindruck bei den Verbrauchern erweckt werden, dass der Schlussverkauf bereits begonnen habe, wie dies zum Teil Boutiquen mit Fensteraufklebern „SALE" machen.

Jubiläumsverkäufe
Zur Feier des Bestehens einer Firma nach Ablauf von jeweils 25 Jahren, d. h. nach 25 Jahren, 50 Jahren usw, darf mit „Jubiläumsrabatten" geworben werden, nicht aber mit „Sonderrabatten". Selbstverständlich ist Werbung auch zu anderen Geschäftsjubiläen erlaubt, jedoch nicht mit dem Eindruck eines Sonderverkaufs. Hier darf nicht mit „Jubiläumsrabatt" geworben, sondern lediglich auf das Jubiläum hingewiesen werden.
Durch Rechtsprechung des BGH in 1998 im Rahmen des § 7 Abs. 3 Nr. 2 UWG ist es aber jetzt für ein Unternehmen möglich, seinen 20. Geburtstag zu feiern und aus diesem Anlass einzelne Geburtstagsangebote zu bewerben, solange nicht der Eindruck erweckt wird, dass außerhalb des regelmäßigen Geschäftsverkehrs besondere Kaufvorteile geboten würden.

Räumungsverkäufe

§ 8 (1) UWG Diese dürfen gemäß § 8 (1) UWG nur bei folgenden Voraussetzungen durchgeführt werden:

- In einer *Zwangslage*, z. B. aufgrund höherer Gewalt (Feuer, Wasser, Sturm oder ein anderes vom Veranstalter nicht zu vertretendes Ereignis). Der übliche Verkauf der Ware darf also nicht mehr möglich sein.
- Bei einem *Umbauvorhaben*. Hier muss die Räumung des vorhandenen Warenbestandes aufgrund der Umbaumaßnahme unvermeidbar sein.
- § 8 (2) UWG Bei *Aufgabe des gesamten Geschäftsbetriebes* gemäß § 8 (2) UWG. Hier sind sogar 24 Werktage zulässig. Ein solcher Räumungsverkauf darf nur angekündigt und durchgeführt werden, wenn seit dem letzten Räumungsverkauf wegen Geschäftsaufgabe mindestens drei Jahre vergangen sind oder § 9 (2) UWG wenn besondere Umstände für einen kürzeren Zeitraum vorliegen (§ 9 (2) UWG). Für diese Räumungsverkäufe gilt aber, dass sie bis zu zwei Wochen vorher bei der zuständigen Berufsvertretung, z. B. der IHK, angemeldet werden.

Bei der Werbung mit Räumungsverkäufen muss unbedingt der Grund, z. B. „Räumungsverkauf wegen Geschäftsaufgabe", angegeben werden.

Für alle Sonderveranstaltungen gilt: Es ist unzulässig, vor den Sonderveranstaltungen die üblichen Preise erst heraufzusetzen, vor der Ankündigung oder danach zusätzliche Ware zu bestellen und während eines Räumungsverkaufes noch anzubieten.

3.6 Lebensmittel- und Bedarfsgegenständegesetz (LMBG) sowie Gesetze betreffend Werbung für Tabakerzeugnisse, Heil- und Nährmittel

Zigarettenwerbung

Die wohl bekannteste Einschränkung der Werbung aufgrund § 22 des Lebensmittel- und Bedarfsgegenständegesetzes (LMBG) ist das Verbot der Zigarettenwerbung in Fernsehen und Hörfunk. Dies gilt auch für zigarettenähnliche Tabakerzeugnisse und Tabakerzeugnisse, die zur Herstellung von Zigaretten durch den Verbraucher bestimmt sind (§ 22 (1) LMBG). Darunter fallen aber beispielsweise nicht Zigarillos und Pfeifentabak. Doch der Verband der Cigarettenindustrie hat freiwillig auf die Werbung im Fernsehen für solche Produkte verzichtet.
Daneben verbietet das Gesetz auch, z. B. Bezeichnungen und Darstellungen zu verwenden, die zeigen könnten, dass der Genuss von Zigaretten das Wohlbefinden fördert. Auch dürfen durch das Aussehen und das Alter der Models sowie die Tonality der Werbung die Jugendlichen nicht gezielt angesprochen werden. Daher müssen Werbe-Models wenigstens 30 Jahre alt sein „und auch

so aussehen". Die abgebildete Person darf zudem nicht den Rauch inhalieren oder gar ausstoßen. Die Anzeigen in Printmedien sowie die Plakate müssen mit den Warnhinweisen der EG-Gesundheitsminister (Aufdruck) versehen werden. Es ist durch das LMBG auch nicht zulässig, was sich ja besonders anbieten würde, Zigaretten in Filmen zu platzieren (Product-Placement), da diese Filme wiederum im Fernsehen ausgestrahlt werden. Doch völlig lässt sich dies durch die Filmhandlung nicht vermeiden, was dann erlaubt ist. Allerdings gelten diese gesetzlichen Regelungen bisher nur für das Gebiet der Bundesrepublik Deutschland. Seit 1978 gilt die EU-Richtlinie 98/43/EG 7, die Tabakwerbung sukzessive verbietet.

Produkt-Placement

Werbliche Einschränkungen und verschiedene Verbote existieren auch für die Heilmittel. Das Heilmittelwerbegesetz regelt dies sehr genau. Für einige Heilmittel (verschreibungspflichtige Arzneimittel) ist jede Werbung gegenüber dem Endverbraucher verboten, ebenso für Psychopharmaka. Nur in Fachzeitschriften dürfen Medikamente gegenüber Personen des Berufsstandes, wie Ärzten oder Apothekern, beworben werden. Die Werbung gegenüber dem Endverbraucher beschränkt sich auf OTC-Produkte (Over-The-Counter-Products).

Heilmittelwerbung

OTC-Produkte

Das Gesetz regelt auch alle anderen werblichen Erscheinungsformen auf dem Gebiete des Heilwesens. Es spricht ein Verbot der Abbildung von Personen mit typischer Berufskleidung in der Werbung aus. Auch darf nicht mit einer Werbeaussage geworben werden, die geeignet ist, Angstgefühle hervorzurufen und diese auszunutzen.

Das Gesetz schreibt in § 4 (1) 1. für die Werbung genau vor, welche Angaben gemacht werden müssen. Wichtig ist, dass Gegenwirkungen und Warnhinweise genannt werden müssen (siehe die schriftlichen Hinweise oder den Sprecher aus dem Off: „Zu Risiken und Nebenwirkungen lesen Sie die Packungsbeilage und fragen Sie Ihren Arzt oder Apotheker.").

Gegenanzeigen

Besonders muss gemäß § 3 darauf geachtet werden, dass keine irreführenden oder täuschenden Angaben gemacht werden.

In der Werbung für Lebensmittel dürfen z. B. auch keine Angaben verwendet werden, die so missverstanden werden könnten, dass diese Lebensmittel eine schlankheitsfördernde bzw. gewichtsreduzierende Wirkung hätten (Nährwert-Kennzeichnungsverordnung).

Lebensmittel

3.7 Rechtsschutz der Erzeugnisse

Wer seine Erzeugnisse vor dem Ideenklau schützen lassen möchte, seien es nun gewerbliche oder geistige Rechte, für den bildet der § 1 des Gesetzes gegen den unlauteren Wettbewerb (UWG) die rechtliche Grundlage. Zum besseren Schutz stehen jedoch noch weitere, speziellere Gesetze, wie Patent, Gebrauchsmuster, Geschmacksmuster oder das Urheberrecht, zur Verfügung.

Gesetze

Patente, Gebrauchs- und Geschmacksmuster schützen eine Produkt- oder Verfahrensneuheit vor Nachahmung, d. h. vor der kostenlosen Übernahme der Erfindung. Durch die Erteilung eines solchen Schutzrechtes erhält das anmeldende Unternehmen ein ausschließliches Nutzungsrecht. Zwar ist dieses Recht zeitlich begrenzt, doch kann das Unternehmen in dieser Zeit seine eventuell kostspielige Entwicklung wirtschaftlich für sich auswerten. Voraussetzung ist jedoch die rechtzeitige Anmeldung dieser Schutzrechte.

Eine völlig neue Erfindung, die gewerblich verwertbar ist und auf erfinderischer Tätigkeit beruht, kann als Patent angemeldet werden. Sie muss sich also vom Stand der aktuellen Technik abheben und außerdem zum Tage der Anmeldung völlig unbekannt sein. Sie darf also noch nicht in Fachzeitschriften oder auf Messen vorgestellt sein. Hier gilt das Gebot: *Erst anmelden – dann darüber reden.* Mit der Anmeldung erfährt die Erfindung bereits einen vorläufigen Schutz, alle Ansprüche aus einem Patent erhält der Patentrechtsinhaber jedoch erst nach Erteilung des Patents durch die Veröffentlichung im Patentblatt.

§1 UWG

Die rechtliche Grundlage gegen Ideendiebstahl bildet hauptsächlich das UWG (Gesetz gegen den unlauteren Wettbewerb), da dessen § 1 ausdrücklich alle Wettbewerbshandlungen verbietet, die gegen die guten Sitten verstoßen (siehe dort). Darunter fallen nicht nur der Schutz von Ideen bzw. geistigen Schöpfungen, sondern auch der Schutz vor unrechtmäßiger Verwendung der gewerblichen Produkte oder von Firmen- oder Markenzeichen.

Geltungsbereich

Plagiate

Da die verschiedenen Gesetze jedoch nur im Bereich der Bundesrepublik und mit einigen Ausnahmen seit 1993 auch im Gebiet der EU gelten, haben Firmen immer wieder Probleme mit Plagiaten aus fernöstlichen Ländern, wie beispielsweise *Boss*- oder *Lacoste*-Bekleidung, *Swatch*- oder *Rolex*-Uhren, die aus diesen Ländern in den Wirtschaftsraum der EU kommen.

Die Uhrenfirmen der Schweiz haben deshalb weltweit spezielle Detekteien beschäftigt und lassen Plagiate ihrer Produkte beschlagnahmen und spektakulär vernichten.

3.7.1 Technische Schutzrechte (Patent und Gebrauchsmuster)

Nationaler Schutz

Technische Schutzrechte (Patent und Gebrauchsmuster) schützen technische Erfindungen, die neu sind. Beide Schutzrechte sind nahezu identisch. Um nun eine Erfindung schnell schützen zu lassen, empfiehlt sich immer erst eine Gebrauchsmusteranmeldung, die umgehend erteilt wird, da auf das umfangreiche und zeitraubende Prüfungsverfahren (Neuheit und Erfindungshöhe) beim Deutschen Patent- und Markenamt verzichtet werden kann.

Um den Bestand des Gebrauchsmusterschutzes zu sichern, sollte allerdings auf diese Prüfung nicht verzichtet werden. Ansonsten kann der Inhaber des Gebrauchsmusters von einem Dritten mit einem Löschungsantrag überzogen werden, wenn das Muster nicht schutzfähig war. Der Antragsteller eines solchen Löschungsantrages muss dies jedoch beweisen.

Rechtsschutz der Erzeugnisse						
Schutz durch	**Patent**	**Gebrauchs-muster**	**Geschmacks-muster**	**Marke**	**Gütezeichen**	**Geschmacks-muster**
Rechtli. Grund-lagen	Patent-Gesetz	Gebrauchs-muster-Gesetz	Geschmacks-muster-Gesetz	Markenrechts-reformgesetz (MG)	Vereinbarung durch die RAL (DNA) und/oder Gütegemeinschaften und MG §§ 97 ff.	Urheberrechts-Gesetz
Schutz-gegen-stand	Neue Erfindungen und Gebrauchsgegenstände (gewerblich verwendbar, körperlich/ unkörperlich)	Neuartig Arbeitsgeräte und Gebrauchsgegenstände (nur Raumform)	Muster und Modelle (Design)	Vor Verwendung der Marke durch Unbefugte a. Firmenmarke b. Sortimentsmarke c. Produktmarke	Überwachung der Einhaltung einer Mindestqualität durch die berechtigten Verwender	Werke der Literatur, Wissenschaft und bildenden Kunst
Materielle Schutz-voraussetzung	Erfindungshöhe, Neuheit	(geringe) Erfindungshöhe, Neuheit	Eigentümlichkeit	Grafisch darstellbares Zeichen mit Unterscheidungskraft		Individuelle Schöpfung. Neuheit nicht erforderlich. Bekanntem fehlt Schutzwürdigkeit
Schutz-beginn	Ab Veröffentlichung im Amtsblatt	Ab Anmeldung	Ab Hinterlegung	Ab Anmeldung; bei nicht eingetragenen Marken durch Benutzung oder notorische Bekanntheit		Ab Schöpfung
Dauer	20 Jahre	Zuerst für 3 Jahre, dann für weitere 3 Jahre sowie nochmals für zweimal 2 Jahre bis max. 10 Jahre	Zuerst für 5 Jahre, dann in fünfjährigen Zeitabschnitten bis maximal 20 Jahre	10 Jahre mit unbegrenzter Verlängerung; bei nicht eingetragener Marke, solange sie benutzt wird		Zeitlebens und bis 70 Jahre nach dem Tode des Urhebers
Anmelde-stelle	Deutsches Patentamt	Deutsches Patent- und Markenamt	Deutsches Patent- und Markenamt (Berlin)	Deutsches Patent- und Markenamt (München)	Deutsches Patent- und Markenamt (München)	Keine Eintragung nötig, der Schöpfungsakt wirkt rechtskonstruktiv, kein "Copyright-Register"
Rolle/ Register	Eintragung in die Patentrolle	Eintragung in die Gebrauchsmusterrolle	Eintragung in das Musterregister	Eintragung in das Markenregister		

Abb.: Rechtsschutz der Erzeugnisse

Wenn es sich nicht um eine vollständig neue Erfindung handelt, sondern vielleicht nur um eine Kombination bekannter Modelle, so kann dafür zwar kein Patent, jedoch immerhin noch der Gebrauchsmusterschutz beantragt werden.

Mit dem Gebrauchsmuster kommen auch kleinere Erfindungen kostengünstig zu einem umfassenden Schutz.

Was kann geschützt werden?

Geschützt werden können neu erfundene Gegenstände und Verfahren: Maschinen, Vorrichtungen, Geräte und deren Teile, chemische Erzeugnisse (z. B. Kunststoffgranulate), elektrische Schaltungen, Verfahren zum Herstellen von Erzeugnissen, Arbeits- und Anwendungsverfahren, mikrobiologische Verfahren und deren Erzeugnisse. Chemische Verfahren allerdings lassen sich nur über das Patentrecht schützen.

Neu ist eine Erfindung immer dann, wenn sie der Öffentlichkeit nicht *vor* dem Anmeldetag bekannt geworden ist. Sie darf also noch nicht in einer Fachzeitschrift besprochen oder auf einer Verkaufsmesse vorgestellt worden sein. Es gilt das bereits genannte Gebot: Erst anmelden – dann darüber reden.

Schutzdauer

Die Erfindung muss gewerblich verwertbar sein und auf einer „erfinderischen Tätigkeit" beruhen. Der Schutz für ein Patent beträgt 20 Jahre und für das Gebrauchsmuster maximal zehn Jahre.

Euro-Patent

Deutsche Schutzrechte gewähren nur Schutz gegen die Verwertung der Erfindung durch andere im Inland, aber nicht gegen den Nachbau oder Vertrieb nachgeahmter Produkte im Ausland. Sollen die Schutzrechte auf das Ausland ausgedehnt werden, dann bieten sich zwei Möglichkeiten an. Zum einen kann für die meisten europäischen Länder der Schutz beim Europäischen Patentamt in München als Euro-Patent erworben werden – entweder als Schutz für ein einzelnes Land, für mehrere oder alle 13 Vertragsstaaten gemeinsam. Zum anderen können separate nationale Patentanmeldungen in den betreffenden Staaten eingereicht werden, was jedoch sehr teuer und zeitaufwendig ist.

Internationales Patent (PCT)

Auch für die Anmeldung zum Patent in Staaten außerhalb der EU gibt es ein Verfahren, das den Aufwand minimieren soll, die Internationale Patentanmeldungen (nach dem PCT). Beim Deutschen Patent- und Markenamt besteht nämlich die Möglichkeit, für Patente eine internationale Anmeldung nach dem Patentzusammenarbeitsvertrag (PCT) zu tätigen. Der PCT umfasst ca. 95 Mitgliedsländer, die im Wege einer internationalen Anmeldung für ein Patent „bestimmt" werden können. Die PCT-Anmeldung stellt faktisch ein Bündel mehrerer Anmeldungen dar, das sich später in den bestimmten Staaten zu jeweils nationalen Erteilungsverfahren aufspaltet und dort zu nationalen Schutzrechten führt.

3.7.2 Geschmacksmuster

Design

Der Geschmacksmusterschutz schützt nicht die technische Beschaffenheit, sondern die ästhetische Formgestaltung und Wirkung, also das *Design*. Heutzutage, auch im Zeichen des „Grünen Punktes" bzw. des gestiegenen Umweltbewusstseins, verkauft sich Schönheit immer noch besonders gut.

Die „äußere Verpackung" ist für den Konsumenten viel wichtiger geworden, denn das technische Innenleben eines Produktes lässt sich für ihn in vielen Fällen nicht mehr erfassen. Die Anstrengungen der Firmen, ihr Produkt besonders formschön zu gestalten, kosten sehr viel Geld. Somit sollen diese Aufwendungen gegenüber der Konkurrenz bestmöglich abgesichert werden, damit die Chancen am Markt auch genutzt werden können.

Das spezielle Schutzrecht für die Produktgestaltung ist das Geschmacksmuster. Es dient gewöhnlich als Vorbild für die Herstellung ähnlicher Erzeugnisse. Allgemeine Formideen oder eine bestimmte Stilrichtung können als solche nicht geschützt werden, sondern immer nur die konkrete Formgestaltung.
So können Gegenstände des täglichen Bedarfs, wie Bestecke, Geschirr, Kleidungsstücke, das Design eines Rasierapparates (z. B. *Braun*), die typische Flasche eines Whiskys (z. B. *Dimple*), der Flacon einer Parfümflasche, aber auch die äußere Form von Computern (z. B. *Apple*) usw., über das Geschmacksmuster geschützt werden. Produktbeispiele

Die Anmeldung erfolgt beim Deutschen Patent- und Markenamt, Dienststelle Berlin. Bei der Anmeldung muss kein Muster oder Modell hinterlegt werden, sondern nur dessen Fotografie oder Flächenmuster. Voraussetzung ist aber, dass das Design am Anmeldetag einen ästhetischen Gehalt aufweist, gewerblich verwertbar sowie objektiv neu und eigentümlich ist. Ein Modell ist immer noch als „neu und eigentümlich" anzusehen, wenn es innerhalb von sechs Monaten nach seiner ersten Veröffentlichung zum Geschmacksmuster angemeldet wird (so genannte Neuheitsschonfrist). Das Patentamt prüft im Rahmen des Anmeldeverfahrens nicht, ob die Voraussetzungen erfüllt sind. Dies geschieht erst bei einem möglichen Verletzungs- oder Löschungsverfahren. Der Geschmacksmusterschutz kann maximal 20 Jahre betragen. Anmeldung Schutzdauer
Auf europäischer Ebene wurde die Richtlinie zum Geschmacksmusterschutz (98/71/EG vom 13.10.1978) verabschiedet, die einen Schutz für Muster und Modelle darstellt. Sie soll bis zum 29.10.2001 in nationales Recht umgesetzt werden. Ausgeklammert sind noch Vorschriften zum Schutz von Ersatzteilen und zur Bekämpfung von Produktnachahmungen. Diese sollen später geregelt werden. EU-Richtlinie
Der Schutz für Muster, die neu und originell sind, beträgt fünf Jahre und kann auf maximal 25 Jahre verlängert werden.

3.7.3 Marken

1995 löste das Markengesetz (MarkenG) das Warenzeichengesetz und die §§ 5 (1), 16 und 28 UWG ab. Es hat die Schutzmöglichkeiten für Waren- und Kennzeichen deutlich erweitert.
Die Marke dient dazu, Erzeugnisse oder Dienstleistungen des Unternehmens von denen anderer Hersteller oder Händler zu unterscheiden bzw. den Ver-

braucher darauf hinzuweisen, dass das Produkt bzw. die Dienstleistung aus einem ganz bestimmten Unternehmen stammt. Neben dieser Unterscheidungs- und Herkunftsfunktion der Marke rückt heute mehr und mehr die Werbe- und Qualitätsfunktion in den Vordergrund.

Markenverzeichnis

Was kann geschützt werden?

Die Eintragung als Marke erfolgt beim Deutschen Patent- und Markenamt München in das Markenverzeichnis. Schutzfähig sind alle Zeichen (siehe die Beispiele verschiedener Marken in der folgende Abbildung), insbesondere Wörter, auch Personennamen, Abbildungen, Buchstaben, Zahlen, Hörzeichen (Notenschrift), dreidimensionale Gestaltungen einschließlich der Form einer Ware oder ihrer Verpackung sowie sonstige Aufmachungen einschließlich Farben und Farbzusammenstellungen.
Ausgeschlossen vom Markenschutz sind nur solche Zeichen usw., denen jegliche Unterscheidungskraft fehlt. Es sei denn, das Unternehmen weist nach, dass sich das Zeichen innerhalb der beteiligten Verkehrskreise als Hinweis auf das Unternehmen durchgesetzt hat (Verkehrsdurchsetzung), d.h. 60% und mehr der Verkehrsbeteiligten in diesem Zeichen einen Hinweis auf das Unternehmen sehen, was nicht sehr einfach ist. Dies geschieht durch eine Verkehrsdurchsetzungsbefragung, die die Industrie- und Handelskammer auf Bitten des Deutschen Patent- und Markenamtes durchführt.

Eintragungshindernisse

Marken dürfen den Verbraucher aber nicht täuschen, z. B. indem für Parfüme, die nicht aus Frankreich stammen, ein französisch klingendes Wort eingetragen wird. Da dies zu einer Irreführung des Verbraucher führen kann, ist eine Eintragung nicht möglich.
Nicht eintragungsfähig sind auch so genannte allgemein gültige Zeichen, z. B. der Totenkopf auf der Giftflasche, da diese sich zu einer von jedermann genutzten Kennzeichnung entwickelt haben. Ebenso verboten ist die Benutzung von Staatswappen, amtlichen Prüfzeichen, Siegeln oder Kennzeichen internationaler Organisationen wie z. B. Rotes Kreuz.
Jede rechtsfähige natürliche und juristische Person kann Inhaber einer eingetragenen Marke werden, die nicht mehr vom Vorhandensein eines bestimmten Geschäftsbetriebes abhängt. Die Marke muss jedoch innerhalb von fünf Jahren nach Eintragung genutzt werden, sonst gehen die Rechte verloren.

Ähnliche Marke

In der Praxis werden aber häufig ähnlich klingende Namen der eigentlich zu schützenden Marke ebenfalls geschützt, damit nicht die Gefahr entstehen kann, dass ein anderes Unternehmen einen ähnlich klingenden Namen verwendet. Um nun den Schutz dieser ähnlichen Marken zu gewährleisten, wird ab und zu ein Teil der Packungen zusätzlich mit dem ähnlich klingenden Namen versehen. Somit kann der Nachweis erbracht werden, daß diese Name auch genutzt wurde.

Schutzdauer

Die Schutzdauer für Marken beträgt zehn Jahre mit unbegrenzter Verlängerungsmöglichkeit. Auf die Eintragung kann mit einem beim Zeichen angebrachtes ® hingewiesen werden (registrierte Marke/Zeichen, registered trade mark).

Doch auch ohne Eintragung und Anmeldung beim Deutschen Patent- und Markenamt kann ein Markenschutz durch die Benutzung eines Zeichens bzw. notorische Bekanntheit einer Marke (früher so genanntes Ausstattungsrecht) entstehen. Dies kann dann eintreten, wenn die besondere Verpackung Verkehrsgeltung erlangt hat, wie dies beispielsweise für die Verpackung der *Ritter Sport-Schokolade*, die *Odol*-Mundwasser-Flasche mit ihrer eigentümlichen Formgebung (gebogener Hals) oder die Flaschenform von *Coca-Cola* gilt. Verkehrsgeltung
Hierfür gibt es jedoch keine bestimmte Schutzdauer, der Schutz besteht so lange, wie die Marke genutzt wird.

Das Markengesetz regelt auch die sonstigen geschäftlichen Kennzeichen. Dies sind Unternehmenskennzeichen (Name, Firma) und Werktitel (Druckschriften, Bühnentitel usw.), die früher über § 16 UWG geschützt waren. Hieraus können große Firmen ihre Rechte für ihren Corporate-Design-Auftritt herleiten, z. B. die benutzten Firmenfarben durch *SHELL* mit Rot und Gelb, *BP* mit Grün und *Aral* mit Blau.
Zum Schutz durch das Markengesetz kommen auch weiterhin noch andere gesetzliche Regelungen wie der § 3 UWG zu „Irreführenden Angaben". § 3 UWG

Domain-Grabbing: Gemäß einer Entscheidung (Zwilling) des Oberlandesgerichtes Karlsruhe ist es nicht zulässig, den bekannten Namen eines Unternehmens im Internet als Domain-Namen zu benutzen. Die Benutzung des Firmennamens oder die berühmte Marke ist gemäß § 14 Abs. 2 Nr. 3 MarkenG untersagt, denn durch die Verwendung eines nahezu identischen Markennamens nutzt der Unberechtigte die mit der Marke bei den Verbrauchern verbundene Vorstellung an Qualität und Güte aus, um im Internet die Aufmerksamkeit des Nutzers auf sich zu lenken. Dadurch kann die Wertschätzung einer Marke beim Verbraucher beeinträchtigt werden. Der rechtmäßigen Besitzerin der Marke ist es nicht möglich, sich und/oder ihre Marke, die eine bestimmte Wertschätzung bei den angesprochenen Verkehrskreisen besitzt, im Internet selbst zu präsentieren. Dies stellt auch einen Verstoß gegen § 1 UWG dar, da sie an der uneingeschränkten Nutzung ihrer Marken und Kennzeichnungsrechte gehindert wird. Domain-Grabbing

Marken lassen sich auch international schützen. Durch das Protokoll zum Madrider Markenabkommen vom 27.07.1989 kann beim Deutschen Patent- und Markenamt in München durch Anmeldung eine Internationale Registrierung (IR-Marke) für insgesamt 170 Staaten der Erde beantragt werden. Das Genfer Büro der WIPO (Weltorganisation für geistiges Eigentum), eine Special Agency der United Nations, leitet die Anmeldung an die zuständigen Behörden in den teilnehmenden Mitgliedsstaaten weiter. Denn es kann vorkommen, dass in einem Mitgliedsstaat rechtliche Gründe oder ein Widerspruch der Eintragung entgegenstehen könnten. Die Laufzeit beträgt zehn Jahre und ein Vielfaches davon. Internationaler Schutz; WIPO; Schutzdauer
Innerhalb der EU kann beim Harmonisierungsamt in Alicante/Spanien (HABM) HABM

EU-Gemeinschaftsmarke

eine Gemeinschaftsmarke angemeldet werden. Das HABM hat die Aufgabe, auf der Ebene der Europäischen Union den Erwerb von Marken, Mustern und Modellen zu fördern und die entsprechenden Rechte zu verwalten.
Das Amt führt die Verfahren zur Eintragung gemeinschaftlicher gewerblicher Schutzrechte durch und führt die öffentlichen Register dieser Titel. Der Schutz gilt für die gesamte Gemeinschaft. Gemeinsam mit den Gerichten der Mitgliedstaaten der EU hat es die Aufgabe, über Anträge zur Nichtigerklärung dieser Titel nach ihrer Eintragung zu entscheiden.
Es übt seine Tätigkeit im Rahmen des Gemeinschaftsrechts aus. Für die Kontrolle der Rechtmäßigkeit der Entscheidungen des Harmonisierungsamtes sind die gemeinschaftlichen Gerichte zuständig: das Gericht erster Instanz und der Gerichtshof der Europäischen Gemeinschaften.

3.7.4 Schutz für Kollektivmarken (Gütezeichen, Verbandszeichen)

§§ 97 ff. MarkenG

Neben der Marke kann auch einem Gütezeichen – jedenfalls als Verbandszeichen – Herkunftsfunktion zukommen. Gemäß §§ 97 ff. MarkenG können rechtsfähige Verbände, die gewerbliche Zwecke verfolgen, Kollektivmarken anmelden, die ihren Mitgliedern zur Kennzeichnung der Waren dienen (Verbandszeichen). Aber auch als Hinweis für die Zugehörigkeit zu einem Verband (Berufs- oder Wirtschaftsverband) ist dies möglich.

BDW

Zu nennen wären hier beispielhaft der kommunikationsverband.de, der seinen Mitgliedern erlaubt, das frühere Kürzel *BDW* als Namenszusatz im geschäftlichen Verkehr als Hinweis auf die Zugehörigkeit zu diesem Berufsverband zu verwenden.

RAL

Für Gütezeichen besteht eine solche gesetzliche Regelung nicht, denn die Gütezeichen-VO 1942 ist nicht mehr rechtsgültig. Aber es bestehen Richtlinien des Ausschusses für Lieferbedingungen und Gütesicherung beim Deutschen Normenausschuß (RAL).

Gütezeichen

RAL-Gütezeichen sind Wort- und Bildzeichen oder beides, die als Garantieausweis zur Kennzeichnung von Waren oder Leistungen Verwendung finden. Die wohl bekanntesten Gütezeichen sind das *Wollsiegel-*, das *Combi-Wollsiegel-* und das *Cool Wool*-Zeichen. Diese Zeichen sind vom RAL anerkannte Gütezeichen und vom Wollsiegel-Verband e.V. – Schutzmarken-Gemeinschaft des Internationalen Wollsekretariats, Düsseldorf, als Marke beim Patent- und Markenamt registriert und somit geschützte Marke. Firmen, die Genehmigung für die Verwendung dieses Zeichen durch das Wollsekretariat erhalten haben, müssen die vorgegebenen Qualitätsansprüche einhalten. Der RAL prüft die Einhaltung der Mindestanforderungen als neutrale Stelle, sodass der Verbraucher die Gewissheit hat, dass die Ware auch wirklich den vorgegebenen Güteansprüchen entspricht.
Bekannt sind daneben noch vom TÜV Rheinland das GS-Zeichen (geprüfte Sicherheit) oder von der Stiftung Warentest das Test-Zeichen.

3.8 Urheberrechtsgesetz (UrhG)

Das Entstehen und die Rechte eines Urheberrechtes sind im so genannten Urheberrechtsgesetz (UrhG) geregelt. Ein Urheberrecht kann an Werken der Literatur, Wissenschaft und Kunst bestehen. Das Urheberrecht schützt den Urheber gegen unbefugte wirtschaftliche Auswertung seiner eigenen schöpferischen Leistung bzw. seines Werkes. Das Urheberrecht soll dem Urheber die ausschließliche Verfügungsgewalt über sein Werk gewähren.

Was kann geschützt werden?

In der Praxis ist zu beachten, dass dieses Urheberrecht nur natürliche Personen besitzen können, also keine Firmen. Das Urheberrecht als solches kann auch nicht übertragen werden. Gleichwohl hängen am Urheberrecht so genannte Nutzungs- und Verwertungsrechte, die übertragen werden können, damit eine wirtschaftliche Auswertung des Urheberrechtes überhaupt möglich ist.

Im Gegensatz zu den zuvor genannten Rechten kann und muss eine Eintragung dieses Urheberrechtes nirgends erfolgen, es ist also nicht erst ein „verbrieftes" Recht. Es setzt lediglich das Bestehen eines Werkes, eine persönliche geistige Schöpfung voraus. Ausnahme davon ist lediglich die Eintragung eines Pseudonyms oder Aliasnamens in die Urheberrolle gemäß §§ 66 und 138 UrhG beim Patent- und Markenamt, damit die Urheberschaft nicht schon 70 Jahre nach Erscheinen des Werkes erlischt.

Aliasnamen

Geschützte Werke sind in § 2 des UrhG beispielhaft aufgezählt, daneben sind die noch weiterhin gültigen Bestimmungen des Kunst-Urhebergesetzes aus dem Jahr 1907 zu beachten.

§ 2 UrhG

Wichtig für Werbeagenturen in diesem Zusammenhang ist, da ja die Schöpfer von Werbeideen, -prospekten, -slogans, -filmen usw. meist Angestellte oder freie Mitarbeiter sind, dass dem Arbeitgeber die Verwertungsrechte des von ihm angestellten oder beschäftigten Arbeitnehmers nicht zustehen. Er kann jedoch verlangen, dass ihm der Arbeitnehmer die notwendigen Nutzungsrechte an dem Werk einräumt, das er in Erfüllung seiner arbeitsvertraglichen Pflichten geschaffen hat. Aus dem Wesen des Dienst- oder Arbeitsvertrages kann es sich auch ergeben, dass die Nutzungsrechte dem Arbeitgeber nicht nur eingeräumt, sondern auch auf ihn übertragen werden.

Mitarbeiter in Werbeagenturen

Das Urheberrecht erlischt 70 Jahre nach dem Tode des Urhebers. Bei Lichtbildern erlischt das Urheberrecht in der Regel 25 Jahre nach Erscheinen des Lichtbildes.

Schutzdauer

Ein ständiger Streit ist, ob beispielsweise der Werbungtreibende nach Vertragsende die Vorlagen weiter nutzen kann, ohne eine zusätzliche Vergütung an die Agentur zu zahlen. Die Agentur ist jedoch der Meinung, dass der Kunde, wenn sie ihm die ihr als Inhaber zustehenden Nutzungsrechte weiter zu Verfügung stellt, dafür auch eine entsprechende Vergütung zahlen soll. Wir spre-

Zweckübertragungstheorie

chen hier von der Zweckübertragungstheorie, dass also die Agentur an den Kunden nur so viel Nutzungsrechte überträgt, wie es den Zweck des abgeschlossenen Vertrages erfordert.
Dies ist jedoch noch nicht endgültig entschieden, obwohl der BGH im Jahre 1999 in einer Zurücküberweisung einer Klage an das Oberlandesgericht einen Vergütungsanspruch für möglich hält.

3.9 Schutz gegen Marken- und Produktpiraterie

Alle Rechte und Vorschriften reichen aber alleine nicht aus, um sich vor der „Untergrundwirtschaft", die von Kopien, Imitationen und Plagiaten lebt, zu schützen. Insbesondere Prestigemarken sind der Nachahmung ausgesetzt, wobei die Nachahmerfirmen im Ausland arbeiten und die Produkte in den heimischen Markt des Rechteinhabers einführen.
Da der Schaden für die betroffenen Unternehmen und die Volkswirtschaft sehr groß ist, trat zu ihrem Schutz am 01.07.1990 das Produktpiraterie-Gesetz (PrPG) in Kraft.

Zu unterscheiden sind Marken- und Produktpiraterie:

Markenpiraterie

Bei der Markenpiraterie verwendet ein Dritter unberechtigt einen bekannten Namen, Schriftzug oder sonstige Marke/Warenzeichen. Er will sich an die Qualitäts- und/oder Imagevorstellungen anhängen, die der Verbraucher mit der Marke verbindet.
Es handelt sich hierbei um die Verletzung von Patenten, aber auch von Gebrauchsmusterrechten oder Rechten an Marken/Warenzeichen. Beispielsweise wird das *Lacoste*-Krokodil in allen möglichen Variationen nachgeahmt und auf Blanko-Poloshirts aufgenäht oder der Name von *NIVEA* in allen möglichen und unmöglichen Schreibweisen verwendet.

Produktpiraterie

Bei der Produktpiraterie geht es weniger um Namen oder Marken, sondern eher um die Idee oder das Design. Es werden auch Geschmacksmusterrechte verletzt, indem z. B. die Form bekannter Lampen (*Bauhaus*-Stil) oder Flaschen (*Dimple*-Whisky) nachgeahmt werden.

Zwar kann gegen beide Formen durch das Produktpiraterie-Gesetz vorgegangen werden, doch muss dabei der Betroffene den schwierigen Beweis führen. Ein eingetragenes Schutzrecht wäre eine schärfere Waffe gegen die Marken- und Produktpiraten, da hier der Inhaber von Rechten eine bessere Beweisposition hat. Hier müsste nämlich der Nachahmer beweisen, dass er zu Recht die Marke etc. verwendet.
Nach dem PrPG ist, und das ist der Vorteil, der Händler, der solche Waren in

Verkehr bringt, zur Auskunft über die Herkunft verpflichtet. Außerdem kann nun entdeckte Piraterieware aus den Verkehr gezogen und vernichtet werden, wie es *Cartier* schon seit längerem mit entdeckten gefälschten Uhren oder *Microsoft* mit gefälschter Software macht.

3.10 Schutzmöglichkeiten von Werbekonzeptionen, -ideen, -prospekten, -slogans und -motiven

Werbung genießt Urheberrechtsschutz, wenn sie Individualität und einen bestimmten geistigen Gehalt im Sinne der Rechtsprechung aufweist. Da Agenturen und Berater für Werbung, Öffentlichkeitsarbeit und Verkaufsförderung hinsichtlich der von ihnen entwickelten Konzeptionen und Ideen weitgehend ohne Schutz sind, hat der kommunikationsverband.de, Bonn, für seine Mitglieder eine Hinterlegungsstelle für Konzeptionen und Ideenkonzepte, den so genannten „Safe gegen Ideenklau" eingerichtet.

BDW-Hinterlegungsstelle

Zwar ist bei der schriftlich niedergelegten Konzeption/Konzeptionsidee der Text als solcher geschützt, doch gibt es keinen Schutz gegen die unberechtigte Verwendung der im Text enthaltenen Konzeption/Idee.
Insbesondere in der Präsentationsphase besteht die Gefahr, dass Konzeptionen oder Ideen adaptiert und ganz oder teilweise von anderen realisiert werden, ohne dass eine Honorierung der Arbeit der Autoren stattfindet.
Durch die Hinterlegung können die Autoren einen Nachweis führen, dass diese Konzeptionen/Ideenkonzeptionen (= beschreibende Problemlösungen – Idee, Realisationsvorschläge/Ausarbeitung) von ihnen stammen.

Werbeideen
Eine noch nicht konkretisierte Idee ist nicht durch das Urheberrecht geschützt, beispielsweise die Idee zur Erstellung einer Werbe- oder Mediaplanung, einer Marktanalyse oder ähnliches. Zwar sind die Ausarbeitungen (booklets) dazu als Schriftwerk urheberrechtlich geschützt, doch die Idee als solche nicht. Schützenswert ist eine solche Idee nur, wenn sie bereits eine gewisse Ausformung erfahren hat und ein bestimmtes Maß an geistiger Leistung beinhaltet, den so genannten Eigentümlichkeitsgrad bzw. die Schöpfungshöhe. Je höher der Eigentümlichkeitsgrad und die schöpferische Leistung der Gestaltung, umso weiter ist der Schutzumfang bemessen.

Booklets

Werbeprospekt
Werbeprospekte, Preislisten, Programme, Kataloge oder Verzeichnisse, die im Wesentlichen reine Tatsachenangaben enthalten, sind urheberrechtlich nicht geschützt. Ist jedoch ein Werbeprospekt von der Gestaltung her beispielsweise als „Pop-up"- oder „3D"-Prospekt gestaltet oder von Aufbau und Gliederung

3D-Prospekt

her so aufgemacht, dass er ein ausreichend hohes Maß an individueller Gestaltungskraft ausweist, besteht die Chance, dass ein Gericht diesen Prospekt als urheberrechtsschutzfähig ansieht.

Werbeslogan

Werbeslogans können Urheberrechtsschutz genießen, wenn sie ein gewisses Maß an Eigentümlichkeit hinsichtlich Form, Inhalt und Aussage aufweisen. Doch der Maßstab der Gerichte wird hier in den letzten Jahren sehr hoch angelegt. Meist sind auch die Slogans heute so kurz gehalten, dass die nach der Rechtsprechung erforderliche Entfaltung schöpferischer Individualität nicht möglich ist, sodass diesen Werbeslogans der Urheberschutz versagt ist.

Daneben besteht für den Slogan eine Schutzmöglichkeit durch das Markengesetz (MarkenG), wenn ihn das Urheberrecht schutzlos lässt. Die eigenartige Form und Aufmachung, in der der Gewerbetreibende Waren aus seinem Betrieb in den Verkehr bringt oder in der er für seine Ware wirbt und die gerade wegen ihrer Besonderheit und infolge häufiger Wiederholung bei den Konsumenten als Hinweis auf die jeweilige Ware bekannt wird, kann zu einer Marke bzw. einem Kennzeichen für die Waren oder Dienstleistungen seines Betriebes führen. Der Slogan kann also Verkehrsgeltung erlangen.

MarkenG

Verkehrsgeltung

Marken- und Urheberrechtsschutz bestehen ohne jegliches Zutun des Schöpfers des Slogans oder des Sloganverwenders. Sie müssen erst dann geltend gemacht werden, wenn ein Dritter unerlaubterweise diesen Slogan verwendet.

Auch ein „nur alltäglicher" Slogan kann einen Ausstattungsschutz genießen, wenn er durch die häufige Benutzung von dem Verbraucher mit einem einzelnen Erzeugnis verbunden ist, sodass der Verbraucher sofort den Firmennamen oder die Warenbezeichnung damit in Verbindung bringt.

Besser wäre jedoch die Rechtslage, wenn der Slogan als Zeichen des Werbetreibenden und nicht der Agentur eingetragen wäre.

Eintragung

Doch die Anforderungen des Markengesetzes sind sehr hoch, bevor ein Slogan eintragungsfähig wird. Wichtig ist dabei, dass der Slogan unterscheidungskräftig und mit einem Blick zu erfassen ist, er muss etwas in sich Geschlossenes sein. Er soll einen individuellen Eindruck hervorrufen und sich leicht im Gedächtnis einprägen.

Gute Chancen auf Eintragung bestehen, wenn dem Slogan der Name des Herstellers hinzugefügt wird, dadurch besteht eher die verlangte Unterscheidungsmöglichkeit, damit auch ein „alltäglicher" Slogan für den jeweiligen Werbungtreibenden eingetragen werden kann.

Doch meist wird von den Firmen gar nicht gegen einen missbräuchlichen Verwender eines Slogans vorgegangen, selbst wenn es sich um offensichtliche „Abkupferei", aber um eine andere Branche handelt. Vielfach wird gesagt: Nur was gut ist, wird auch geklaut.

Werbemotive und Werbefiguren

Werbemotive oder Werbefiguren, also immer wiederkehrende Motive in der Werbung für Produkte oder Dienstleistungen, dienen dazu, die Erkennbarkeit zu erhöhen. Sie sind urheberrechtlich geschützt, wenn das Motiv eine konkrete Ausformung hat. Meist sind es vermenschlichte Darstellungen von Tieren (z. B. Lurchi-*Salamander* und *HörZu*-Mecki) oder Phantasielebewesen (z. B. *Meister Propper*).

Marken- oder Warenzeichen eines Unternehmens, wie das *Salamander*-Logo für die *Salamander* AG, aber auch die „Lurchi"-Figur sind noch besser geschützt, wenn sie gemäß Markenrechtsreformgesetz eingetragen sind. Dann liegt nämlich, anders als beim Urheberrecht, die Beweislast für eine zu Recht erfolgte Verwendung beim Nachahmer bzw. Abkupferer.

3.11 Rechtlicher Rahmen für Werbung in Rundfunk und Fernsehen

In Deutschland unterliegt das Ausstrahlen von Rundfunk- und Fernsehprogrammen ausschließlich der Länderhoheit (Kulturhoheit der Bundesländer). Die Bundesländer haben deshalb Rundfunkgesetze für ihr Land beschlossen. Für Programme, die Landesgrenzen überschreiten, sind entsprechende rechtliche Vereinbarungen zwischen diesen Ländern notwendig. Zusätzlich existieren Rundfunkstaatsverträge in Deutschland.

Die bekanntesten Staatsverträge sind:

- der *Staatsvertrag von 1961 zur Gründung des Zweiten Deutschen Fernsehens*, in dem erstmals die Beschränkung auf maximal 20 Minuten Fernseh-Werbezeit werktäglich für die öffentlich-rechtlichen Fernsehanstalten festgeschrieben war,
- der *Rundfunk-Staatsvertrag von 1987* regelte insbesondere die Ein- und Durchführung von privatem Rundfunk und Fernsehen in den einzelnen Bundesländern,
- der *Staatsvertrag über den Rundfunk im vereinten Deutschland 1991 (Rundfunkstaatsvertrag)*,
- der *Mediendienste-Staatsvertrag*, der am 01.08.1997 in Kraft trat, in Verbindung mit dem *Informations- und Kommunikationsdienste-Gesetz* (IuKDG) vom 13.07.1997,
- die *4. Rundfunkstaatsvertragsänderung* mit für die Werbung wichtigen neuen Regelungen, die zum 01.04.2000 in Kraft treten soll,
- ferner die in diesem Zusammenhang ebenfalls zum 01..04.2000 in Kraft tretenden neuen *Medienrichtlinien* der Landesmedienanstalten.

Trennung von Programm und Werbung

Für den öffentlich-rechtlichen und den privaten Rundfunk und das Fernsehen (RTV) gilt die inhaltliche und redaktionelle Trennung von Programm und Werbung. Aus diesem Grund wird die Werbung optisch und akustisch vom übrigen Programm, z. B. durch Inserts (Zwischenschnitte), getrennt. Am Anfang ist die Fernsehwerbung durch ein optisches Signal, d. h. Werbelogo, nicht Sendelogo, eindeutig zu kennzeichnen.

Werbung darf nicht irreführen und den Verbraucherinteressen nicht schaden, insbesondere darf sie nicht die Unerfahrenheit der Kinder ausnutzen. Aus diesem Grund ist es auch nicht zulässig, Sendungen für Kinder durch Werbung zu unterbrechen, das gilt auch für Gottesdienstübertragungen. Auch Split-Screen (siehe unten) ist für diese Sendungen nicht zulässig.

Scharnierwerbung

Fersehwerbung ist in Blöcken und zwischen einzelnen Sendungen (Scharnierwerbeblock) einzufügen. Ausnahmen sind möglich, doch durch die Einzelspots darf die Zahl der Unterbrechungen nicht zunehmen.

Unterbrecherwerbung

Bei den Privaten können Kinospielfilme und TV-Filme mit Ausnahme von Serien und Reihen für Werbeeeinschaltungen nur unterbrochen werden, wenn die Filme länger als 45 Minuten dauern. Ab bestimmten Längen kann zusätzlich weiter unterbrochen werden, d. h. bis 89 Minuten Länge eine Unterbrechung (UB), bis 119 Minuten zwei UBs, ab 120 Minuten pro 45 Minuten eine weitere UB.

Bruttoprinzip

Dies bezieht sich auf das Bruttoprinzip, das in der 4. Staatsvertragsänderung festgeschrieben wurde. Das bedeutet, die Zahl der zulässigen Werbeunterbrechungen einer Sendung wird einschließlich Werbung, Vor- und Nachspann sowie An- und Abmoderation gemessen.
Bei Sportsendungen darf die Werbung in den Pausen ausgestrahlt werden.

Einschränkungen

Einschränkungen der Unterbrechung gibt es bei den privaten Sendern auch bei Nachrichtensendungen, Sendungen zum politischen Zeitgeschehen oder mit religiösem Inhalt sowie Dokumentarsendungen. Ansonsten soll in der Regel bei Fernsehsendungen der Abstand der Werbeunterbrechungen mindestens 20 Minuten betragen. Ausnahmen sind möglich, die Zahl der Unterbrechungen darf dann aber nicht zunehmen.

Split-Screen

Neu ab April 2000 ist Split-Screen, eine Teilbelegung der ausgestrahlten Bilder mit Werbung (geteiltes Fernsehbild). Die Werbung muss aber gekennzeichnet und optisch eindeutig vom Programm getrennt sein. Bei Sportsendungen kann der Zuschauer dadurch gleichzeitig mit der Werbung auch die Vorgänge des Sportgeschehens während der Pause mitverfolgen. Split-Screen wird zeitlich voll auf die Dauer der klassischen Spotwerbung angerechnet.

Virtuelle Werbung

Auch ist nun virtuelle Werbung in Form von Überblendung bereits bestehender Werbeflächen erlaubt, d. h., die Bandenwerbung in den Sportstadien kann mit elektronischer Werbung überblendet werden. Nicht zulässig sind Formen wie in den USA, beispielsweise Einblendungen auf dem Rasen des Spielfeldes. Bewegtbilder nur dann, wenn bereits im Stadion auf der Anzeigetafel bewegte Werbebilder zu sehen sind.

Voraussetzung ist aber, dass optisch oder akustisch auf die elektronische Werbung vor und nach der Sendung hingewiesen wird. Dieser Hinweis muss die Zuschauer über die technischen Grundlagen der virtuellen Werbung aufklären. Der Vorteil der virtuellen Werbung kommt insbesondere bei internationalen Sportveranstaltungen zum Tragen, da hier nationale Werbung für die Zuschauer in dem betreffenden Land zu sehen ist und keine unbekannten und im Inland nicht erhältlichen Produkte.
Split-Screen und Laufbandwerbung wird dem Sender zeitlich auf die gesamte Werbezeit (Vollbildwerbung) angerechnet.

Dauer der Werbung

Für die öffentlich-rechtlichen Anstalten ist Fernsehwerbung nur jeweils höchstens 20 Minuten werktäglich (also nicht an Sonn- und Feiertagen) im Jahresdurchschnitt vor 20 Uhr erlaubt. Eine Überschreitung bis maximal 25 Minuten werktäglich ist weiterhin erlaubt, da in den Zeiten vor Ostern und Weihnachten ein höherer Bedarf an Werbezeit besteht. In den Kulturkanälen von ARD und ZDF (3 Sat und Arte) und in den dritten ARD-Fernsehprogrammen darf Werbung nicht ausgestrahlt werden.

Kulturkanäle

Beim öffentlich-rechtlichen Hörfunk kann die Sendezeit für Werbung auf bis zu 90 Minuten werktäglich im Jahresdurchschnitt durch das betreffende Land festgelegt werden. Dabei sind jedoch Regelungen, die bereits vor 1987 galten, weiterhin zulässig. Falls also ein Land für die Hörfunkwerbung im öffentlich-rechtlichen Rundfunk bisher keine zeitliche Einschränkung gemacht hat, so kann diese bestehen bleiben.

Für die privaten Sender darf die Dauer der Werbung 20 % der täglichen Sendezeit, die der Spotwerbung 15 % nicht überschreiten. Auch hier gilt die Einschränkung auf zwölf Minuten Werbesendezeit pro Stunde. Hinweise des Senders auf eigene Programme o. Ä. werden nicht berechnet, dies gilt aber nicht für Ankündigungen von Programmen o. Ä. einer Sendefamilie, wie z. B. der Kirch-Gruppe. Auch die Hinweise auf Merchandising-Produkte gelten als Werbung und werden auf die Werbesendezeit angerechnet.

Werbung für eigenes Programm

Merchandising-Produkte

Sponsoring

Sponsoring von Sendungen ist sowohl im öffentlich-rechtlichen (auch an Sonn- und Feiertagen und nach 20 Uhr) als auch im privaten Hörfunk und Fernsehen erlaubt. Sponsoring ist die direkte oder indirekte Finanzierung einer Sendung durch einen Werbungtreibenden, der nicht an der Rundfunktätigkeit oder an der Produktion audiovisueller Werke beteiligt ist, zur Förderung der Bekanntheit seines Namens, seiner Marke, seines Erscheinungsbildes, seiner Tätigkeit und seiner Leistung.

Für den Werbungtreibenden bieten sich hier vor allem Sportsendungen, aber auch alle Arten von Unterhaltungssendungen an. Nicht möglich ist dies bei Nachrichtensendungen und Produktionen zum politischen Zeitgeschehen. Auch darf der Werbungtreibende/Sponsor keinen Einfluss auf die Sendung nehmen und auch keine Vorgaben machen.

Zu Beginn und am Ende ist auf das Sponsoring hinzuweisen, dies geschieht durch einen kurzen Hinweis, beispielsweise durch Einblenden des Namens, der Firma, des Firmenemblems oder einer Marke (Produktname) des Sponsors. Seit 1994 darf dazu aber auch ein Kurzspot (Bewegtbild) verwendet werden. Sponsoren dürfen auch in den Werbeblocks ihre Werbespots normal schalten. Sponsoring ist für Unternehmen nicht erlaubt, für die Werbeverbote gelten (z. B. Zigarettenhersteller).

Dauerwerbesendungen

Dauerwerbesendungen wie Gameshows sind zulässig, müssen aber die ganze Sendezeit über als Werbesendung gekennzeichnet sein.

Teleshopping

Teleshopping ist in öffentlich-rechtlichen Anstalten nicht zulässig und bei den privaten Sendern auf maximal acht Fenster bzw. drei Stunden pro Sendetag beschränkt.

Product-Placement

Schleichwerbung (Product-Placement) ist unzulässig, wenn die Erwähnung oder Darstellung von Waren, Dienstleistungen usw. Werbezwecken dient und beabsichtigt wird, die Allgemeinheit hinsichtlich des eigentlichen Zweckes irrezuführen. Zulässig dagegen ist die Darstellung und/oder Erwähnung von Produkten oder Dienstleistungen, soweit sie aus journalistischen oder künstlerischen Gründen, um z. B. die reale Umwelt darzustellen, zwingend erforderlich ist. Nicht erlaubt ist die Darstellung oder Erwähnung gegen Entgelt oder eine sonstige Gegenleistung.

Schleichwerbung

Die Erwähnung oder Darstellung von Produkten wird aber nur dann als Schleichwerbung definiert, wenn sie vom Veranstalter absichtlich zu Werbezwecken vorgesehen ist. Dies jedoch ist nur schwer nachzuweisen.

Parteienwerbung

Weiter gilt, dass in Rundfunk und Fernsehen nur Wirtschaftswerbung ausgestrahlt werden darf, wobei zu beachten ist, dass dies im öffentlich-rechtlichen Fernsehen nur vor 20 Uhr möglich ist. Die Werbung für die Parteien in Wahlkampfzeiten wird deshalb im öffentlich-rechtlichen Fernsehen nach 20 Uhr ausgestrahlt, wobei eine Verteilung der zur Verfügung stehenden Sendezeiten und -tage auf die einzelnen Parteien von einem Ausschuss bestimmt wird. Bei öffentlich-rechtlichen Anstalten ist diese Ausstrahlung kostenlos, sofern die Sender durch die Landesrundfunkgesetze dazu verpflichtet sind. Radio Bremen ist als einziger öffentlich-rechtlicher Sender nicht verpflichtet, Wahlwerbung auszustrahlen. Die privaten Sender, die ihre Sendungen bundesweit ausstrahlen, müssen den Parteien unter bestimmten Voraussetzungen in Zeiten des Wahlkampfes gegen Erstattung der Selbstkosten angemessene Werbesendezeiten einräumen.

Moderatoren

Personen (Moderatoren), die Nachrichtensendungen oder Sendungen zum politischen Zeitgeschehen vorstellen, dürfen nun nicht mehr in der Fernsehwerbung auftreten. Selbstverständlich können sie aber z. B. in einer Anti-Aids-Kampagne (Social Advertising-Kampagne) mitwirken.

Die ARD und das ZDF sowie die Landesmedienanstalten haben zusätzlich Werberichtlinien erlassen, um nochmals genauer die Bereiche unzulässige Sendungen, Kinder- und Jugendschutz, Werbeinhalte, Kennzeichnung von Werbesendungen, Sponsoring und Product-Placement sowie Platzierung und Dauer der Werbung in Rundfunk und Fernsehen zu regeln. Richtlinien

4. Freiwillige Rahmenbedingungen und Selbstkontrolle der deutschen Werbewirtschaft

Neben den vielen gesetzlichen Regelungen existiert in der deutschen Werbewirtschaft ein noch viel feineres Selbstregulierungssystem. Unter dem Dach des Zentralverbandes der Werbewirtschaft (ZAW) greift der Deutsche Werberat (DWR) regulierend in das Werbegeschehen ein. Er beruft sich bei seiner Arbeit auf die von ihm entwickelten und von der Werbewirtschaft akzeptierten Verhaltensregeln und Entschließungen. Diese Leitlinien gehen zum Teil auf die Internationalen Verhaltensregeln der Internationalen Handelskammer (ICC) in Paris zurück, die für die ca. 80 Mitgliedsstaaten gelten und die freiwillige Selbstdisziplin vor dem Hintergrund des nationalen und internationalen Rechts fördern sollen. Deutscher Werberat (DWR)

Weiter arbeitet in diesem Selbstregulierungssystem der deutschen Werbewirtschaft noch die Zentrale zur Bekämpfung des unlauteren Wettbewerbs e. V. (Wettbewerbszentrale) in Bad Homburg mit sowie der INTEGRITAS-Verein für lautere Heilmittelwerbung, der Verband der Cigarettenindustrie und der Beobachtungskreis Automobilwerbung des Verbandes der Automobilindustrie e. V. (VDA). Wettbewerbszentrale Weitere Institutionen

4.1 Internationale Verhaltensregeln der Internationalen Handelskammer (ICC), Paris

Die Internationalen Verhaltensregeln der ICC gelten für alle angeschlossenen Mitglieder, somit auch für alle Werbungtreibenden in Deutschland, da sie ja als Gewerbetreibende Mitglied der jeweiligen Industrie- und Handelskammer sind und diese wiederum durch den Deutschen Industrie- und Handelstag (DIHT) der ICC angehören.

Die Verhaltensregeln legen insbesondere fest, dass jegliche Werbung lauter, also mit den guten Sitten vereinbar, redlich und wahr sein muss. Die meisten

dieser Regeln bzw. Richtlinien sind in die Verhaltensregeln des Deutschen Werberates eingeflossen und teilweise auch in den deutschen Gesetzen verankert worden.
Die Internationalen Regeln präzisieren nochmals die bestehenden deutschen gesetzlichen Werberegeln in Hinblick auf das Verbot der Irreführung, des Schutzes des Privatlebens, Werbung mit und vor Kindern und Jugendlichen. Sie verbieten im werblichen Geschehen das Ausnutzen von Angst und Aberglauben der Menschen. Auch darf die Unwissenheit der Verbraucher nicht zu ihrem Nachteil ausgenutzt werden.
Der genaue Wortlaut der Verhaltensregeln der ICC ist in der Schrift Werbung in Grenzen, erschienen in der edition ZAW, zu finden.

4.2 Verhaltensregeln des ZAW

ZAW

Im Bereich des Werberechts sieht der Zentralverband der Werbewirtschaft (ZAW) seine zentrale Aufgabe darin, ungerechtfertigten und unzulässigen Beschränkungen der Wirtschaft entgegenzuwirken. Er will nicht nur reagieren und abwehren, sondern informierend tätig sein. Damit versucht er der Gefahr vorzubeugen, dass der Staat noch mehr einschneidende Regelungen, Gesetze, Verordnungen usw. für die Werbewirtschaft erlässt als jetzt schon vorhanden sind.
Eigentlich möchte er den Staat in der Werbewirtschaft unseres Wirtschaftssystems so weit als möglich entbehrlich machen. Die Werbewirtschaft soll sich selbst regulieren bzw. die Einschränkungen, die sie sich selbst gesetzt hat, einhalten, ohne dass der Staat wie in anderen Ländern eingreifen muss. Aus diesem Grunde wurde vom ZAW 1972 der Deutsche Werberat (DWR) gegründet, dessen Bedeutung sich aus den Kernaufgaben des DWR ablesen lässt: Konfliktregelung zwischen Verbrauchern und gesellschaftlichen Gruppen auf der einen und den Werbungtreibenden bzw. Agenturen auf der anderen Seite. Hier übernimmt der DWR eine Schiedsfunktion.

DWR

Jeder Bürger, jede Institution hat die Möglichkeit, sich beim DWR über Werbemaßnahmen im Bereich der Wirtschaftswerbung zu beschweren. Er muss unter Angabe seines Namens schildern, welche Werbung ihm aus welchen Gründen nicht gefällt, dies kann schriftlich, aber auch telefonisch geschehen. Anonyme Beschwerden werden nicht behandelt.

Aufgabe

Durch diese Beschwerdemöglichkeit erkennt der DWR Fehlentwicklungen in der Werbewirtschaft. Beschwerden geht er nach und überprüft, ob es sich vielleicht um zweifelhafte Werbemaßnahmen am Rande gesetzlicher Legalität handelt oder gar um Gesetzeswidrigkeiten.
Er schaltet sich in bestimmten Fällen auch aufgrund eigener Initiative ein, besonders wenn es um die so genannte Grauzone zwischen Erlaubtem und Unerlaubten bzw. „nicht Wünschenswertem" geht.

Vorgehensweise

Das Gremium des DWR prüft die Beschwerden. Kommt der DWR dabei zu dem Entschluss, dass es sich um eine Art von Werbung handelt, die eine Änderung erforderlich macht, so bittet er den Werbungtreibenden und/oder die Werbeagentur direkt, diese Werbung abzuändern oder nicht mehr zu schalten. Meist erfolgt eine Reaktion in diesem Sinne, denn nichts ist schlimmer als eine Werbekampagne, die beim Verbraucher bzw. den Zielpersonen aneckt.
Lässt sich aber auf diesem direkten gütlichen Wege nichts erreichen, so kann der DWR die dem ZAW angehörende Mitgliedsorganisation des Werbetreibenden, z. B. den Bundesverband Deutscher Banken, bitten, sich vermittelnd einzuschalten, um eine Änderung der Werbung zu bewirken.
Hilft dies jedoch alles nichts, so geht der DWR an die Öffentlichkeit. Durch eine Pressemitteilung wird dem Werbungtreibenden eine Rüge erteilt, indem der DWR den Fall und seine Meinung dazu veröffentlicht. Zusätzlich werden wichtige und entscheidende Fälle im Jahrbuch und in der SPRUCHPRAXIS des Deutschen Werberates (edition ZAW, Bonn) veröffentlicht und so einer breiten Öffentlichkeit zugänglich gemacht.

Rüge

Doch in den meisten Fällen, die in der Vergangenheit an den DWR herangetragen wurden, sah er keine Veranlassung, die Werbung zu beanstanden, z. B. weil er keinen Verstoß gegen die Verhaltensregeln erkennen konnte.
Der Beschwerdeführer wird dann von den Gründen in Kenntnis gesetzt, warum in diesem speziellen Falle keine weiteren Schritte ergriffen wurden.
In anderen Fällen, beispielsweise aus dem Bereich der Heilmittelwerbung, leitet der DWR aber die Beschwerden an die zuständige Stelle, die *INTEGRITAS*, weiter oder in Fällen des unlauteren Wettbewerbs an die Zentrale zur Bekämpfung unlauteren Wettbewerbs. Bei eindeutigen Gesetzesverstößen weist sie den Beschwerdeführer auf den Klageweg hin.

Zusammenarbeit

DWR-Leitlinien für die Werbewirtschaft

Neben der Prüfung von Beschwerden über Werbung entwickelt der DWR Verhaltensregeln und Entschließungen, deren Einhaltung er überwacht. Diese so genannten Leitlinien der Werbewirtschaft sind im Einzelnen:

1. Verhaltensregeln für die Werbung mit und vor Kindern in Werbefunk und Werbefernsehen (in der Fassung von 1998)
2. Verhaltensregeln über die Werbung und das Teleshopping für alkoholische Getränke (in der Fassung von 1998)
3. Entschließung zur Werbung in Sportaustragungsstätten (1974)
4. Verlautbarung zur Werbung mit unfallriskanten Bildmotiven (1974)
5. Verlautbarung zur Reifenwerbung (1974)
6. Verlautbarung zum Thema Herabwürdigung und Diskriminierung von Personen (in der Fassung von 1991)
7. ZAW-Richtlinien für redaktionell gestaltete Anzeigen (1980)
8. Deutscher Werberat und das Beschwerdeverfahren zur Online-Werbung (1997)

9. Verlautbarung des Deutschen Werberates zur Werbung mit Politikern (Januar 2000)

Die Werbungtreibenden und ihre Werbeagenturen richten sich nach diesen Verhaltensregeln und akzeptieren Entscheidungen des DWR in ihrem Sinne. Eine ausführliche Darstellung ist im jeweiligen Jahrbuch des Deutschen Werberates zu finden.

Leider sind und können viele Agenturen und sonstige in der Werbewirtschaft tätigen Unternehmen nicht über alle werberechtlichen Regelungen oder gerichtlichen Entscheidungen im Werbebereich hundertprozentig informiert sein. Einige Fehlentwicklungen lassen sich dadurch verhindern, dass der DWR diese Informationsaufgabe ausübt. Er hilft den Agenturen damit auch zu verhindern, dass womöglich eine Werbekampagne – aus werberechtlicher Sicht – zuungunsten eines Kunden entwickelt wird und später hohe Regressforderungen auf die Agentur zukommen.

Gleichzeitig sind die Presseorgane sehr an der Arbeit des DWR interessiert, liefert er ihnen doch ständig Informationen über Entwicklungen im Bereich der deutschen Werbewirtschaft, sodass die Verbraucher laufend durch Presseveröffentlichungen über die Arbeit des DWR unterrichtet werden. Zusätzlich wird immer wieder in Werbekampagnen auf seine Existenz und das Beschwerdeverfahren hingewiesen.

Benetton-Werbung

Im Jahr 1992 schaltete sich der DWR in die Diskussion um die Werbung von *Benetton* ein und versuchte, die aus seiner Sicht nicht wünschenswerte und umstrittene Werbekampagne zu verhindern, indem er die Firma bat, diese Art von Werbung nicht mehr zu schalten. Doch hatte er bei *Benetton* mit dieser Bitte keinen Erfolg und schaltete dann die Zentrale zur Bekämpfung des unlauteren Wettbewerbs ein.
Hier zeigte sich die Zusammenarbeit zwischen diesen beiden Institutionen. Das Ergebnis war, dass die UWG-Zentrale, nachdem auch ihr Appell keinen Erfolg hatte, den Klageweg beschritt und *Benetton* diese Art der Werbung gerichtlich untersagt wurde.
Interessant ist, dass die in 2000 laufende internationale Kampagne *Benettons* gegen die Todesstrafe mit Fotos von in den USA zum Tode Verurteilen in Deutschland kaum auf Resonanz stößt, so wie dies 1992 der Fall war.

4.3 Zentrale zur Bekämpfung des unlauteren Wettbewerbs

Die Zentrale zur Bekämpfung unlauteren Wettbewerbs e. V. (Wettbewerbszentrale) wurde bereits im Jahre 1912 in Berlin gegründet und hat jetzt ihren Sitz in Bad Homburg vor der Höhe. Ihre Mitglieder sind die Industrie- und Handels-

kammern sowie über 400 Wirtschaftsverbände und Unternehmen aus allen Wirtschaftsbereichen. Sie arbeitet sehr intensiv mit den Spitzenverbänden der deutschen Wirtschaft zusammen.
Die Wettbewerbszentrale hat die Möglichkeit, einen möglichen Verstoß gegen das UWG gerichtlich klären zu lassen, da ihr das Gesetz eine Klagebefugnis zugesteht. Diese Befugnis hilft ihr bei der Bekämpfung unlauterer Wettbewerbshandlungen (unlautere und/oder irreführende Werbung). Sie wird das Recht aber erst dann ausüben, wenn sich Firmen (das Werbung treibende Unternehmen oder die Werbeagentur) gegenüber der Aufforderung der Wettbewerbszentrale, beispielsweise eine Anzeige nicht mehr zu schalten, nicht einsichtig zeigen. Es wird immer erst versucht, auf gütliche Art und Weise mit den Unternehmen zu verhandeln. Dies geschieht durch Abmahnung oder die Anrufung der Einigungsstellen zur Beilegung von Wettbewerbsstreitigkeiten bei den regional arbeitenden Industrie- und Handelskammern. Erst danach schaltet die UWG-Zentrale ein Gericht ein. Bei Verstößen gegen das Rabattgesetz oder die Zugabeverordnung hat die UWG-Zentrale ebenfalls eine Klagebefugnis.

Klagebefugnis

4.4 Werbeselbstkontrolle und freiwillige Werbeselbstbeschränkungen

In einigen speziellen Bereichen der Wirtschaft existieren zusätzlich zu den Regeln des Deutschen Werberates noch branchenspezifische Verhaltensregeln. So hat beispielsweise der Markenverband bereits 1975 Wettbewerbsregelungen veröffentlicht, die unter folgendem Leitsatz stehen: „Werbung und Preisgestaltung beim Warenangebot eines Herstellers haben sich nach den Geboten der Wahrheit und Klarheit zu richten. Wettbewerbswidrig sind alle irreführenden Methoden der Kennzeichnung, Ausstattung, Preisangabe und Werbung."

Markenverband

Im Bereich der Heilmittelindustrie gibt es neben den gesetzlichen Vorschriften eine Werbeselbstkontrolle. Zu diesem Zweck wurde ein Verein für lautere Heilmittelwerbung, die *INTEGRITAS*, gegründet. Dieser prüft alle Erscheinungsformen der Heilmittelwerbung, und zwar systematisch und lückenlos, auf ihre Vereinbarkeit mit dem Heilmittelwerbegesetz, dem UWG und den entsprechenden Richtlinien im Heilmittelbereich. Zu den Aufgaben des Vereins gehört es auch, Grundsatzprozesse über Zweifels- oder Grenzfragen des Heilmittelrechts zu führen. Bei unpraktikablen Bestimmungen des Heilmittelrechtes versucht die *INTEGRITAS*, solche Regelungen herbeizuführen, die auch durchführbar sind.

Heilmittelwerbung

Beispielsweise wurde 1991 eine Liberalisierung der Bestimmungen über die Pflichtangaben in Hörfunk- und Fernsehwerbung vom Deutschen Bundestag beschlossen. Nunmehr muss am Ende eines Fernsehspots der Text „Zu Risiken und Nebenwirkungen lesen Sie die Packungsbeilage und fragen Sie Ihren Arzt oder Apotheker" gesprochen und im Fernsehen auch als Standbild eingeblendet werden. Vorher mussten alle Gegenanzeigen im Fernsehen einzeln aufgeführt werden, sodass nur eine schnelle „Geisterschrift" über den Bildschirm flimmerte, die kein Verbraucher vernünftig lesen konnte. Nach der Liberalisierung war es aber auch die Aufgabe des Vereins, in einem Gerichtsverfahren klären zu lassen, dass die Einblendung des neuen Hinweises nicht zusammen mit der Marke/Warenzeichen oder der Packung des beworbenen Arzneimittels zulässig ist.

Apothekenwerbung

Seit der Entscheidung des Bundesverfassungsgerichts von 1996 ist das für Apotheker geltende Wettbewerbsverbot für Waren, mit denen der Apotheker in Konkurrenz zu sonstigen Berufsgruppen steht, aufgehoben.

Zigarettenwerbung

Im Bereich der deutschen Zigarettenindustrie gab es auch schon vor der EG-Tabakwerbeverbot-Richtlinie 98/43/EG 7 bereits in mehreren zeitlichen Abschnitten freiwillige Wettbewerbsbeschränkungen. Diese beinhalteten ein Verbot der

- Werbung mit gesundheitlichen Argumenten,
- Werbung, die sich speziell an Jugendliche richtet,
- Leitbildwerbung mit Prominenten,
- Werbung mit Motiven aus der Welt der Jugendlichen und Heranwachsenden.

Bereits 1972, also vor den Werbeverboten für Zigaretten im § 22 des Bedarfsgegenständegesetzes von 1974, wurde ein so genanntes Ministerkartell gemäß § 8 GWB durch den Bundeswirtschaftsminister im Bundesanzeiger vom 07.12.1972, Nr. 229, veröffentlicht. Hier hatten der Bundeswirtschaftsminister und die deutschen Zigarettenhersteller weitreichende Werbeeinschränkungen auf freiwilliger Basis vereinbart, die auch heute noch Gültigkeit haben. Schon zu diesem Zeitpunkt hatte die Zigarettenhersteller auf die Fernsehwerbung ab dem 01.01.1973 verzichtet. Hinzugekommen ist 1993 eine Vereinbarung mit dem Gesundheitsministerium, in der die Selbstbeschränkung noch zusätzlich ausgeweitet wird.
Hier auszugsweise einige der wichtigsten freiwilligen Beschränkungen, denen sich die Zigarettenindustrie seit 1973 unterwirft:

Außen- und Verkehrsmittelwerbung

In der Plakatwerbung:

- maximal 18/1-Bogen, wobei der Warnhinweis 10% ausmachen muss,
- nicht mehr als eine Großfläche pro Standort zu belegen,
- innerhalb des eigenen Anschlagnetzes einen Abstand von 100 m zum nächsten Standort einzuhalten, der sich nicht in der Nähe von Schulen und Jugendzentren befinden darf,
- in geschlossenen Ortschaften mit weniger als 3.000 Einwohnern nicht mehr als eine Großfläche und bei Orten mit mehr als 3.000 Einwohnern nur eine Großfläche je 3.000 Einwohner mit Plakaten zu belegen;

Im Bahnhofs- und Flughafenbereich:

- Je Bahnhof- bzw. Flughafenbereich darf nur eine Großfläche oder Ganzstelle belegt werden,
- für Leuchtkästen, Transparente, Lichtbildwerbung und Großattrappen von Packungen gelten die Richtlinien für die Plakatwerbung.

In der Verkehrsmittelwerbung:

- Hier ist es unzulässig, auf Verkehrsmitteln zu werben, außer es sind eigene Lieferfahrzeuge oder die Werbung in Flugzeugen etc., die nicht nur innerhalb Deutschlands verkehren.

In der Dauer-Außenwerbung:

- Unzulässig ist die Giebelwandbemalung und Außenleuchtwerbung, Ausnahmen wie Uhren, Leuchtkästen usw. sind nur im Bereich der Verkaufsstellen und der Zigarettenproduktionsstätten erlaubt.

In der Luftwerbung:

- Alle Art der Luftwerbung (Zeppelin, Himmelsschreiber usw.) ist unzulässig.

In der Printwerbung ist es unzulässig zu schalten: Printwerbung

- in der Tages-, Wochen- oder Sonntagszeitung pro Ausgabe und Hersteller mehr als eine halbe Seite,
- in Zeitschriften mehr als eine Seite.

Als Werbebeilage für Zeitungen oder Zeitschriften ist maximal nur das aufgefaltete Format des betreffenden Werbeträgers (1/2 bzw. 1/1 Seite) zulässig. Eine weitere Schaltung in der gleichen Ausgabe für diese Zigarettenmarke ist dann nicht mehr erlaubt.

In der Kinowerbung ist es unzulässig, in Vorstellungen, die für Jugendliche unter 18 Jahren frei sind, für einen vor 18 Uhr liegenden Zeitraum zu disponieren. Ein Warnhinweis muss am Ende des Werbefilms gegeben werden. Ebenso darf in Diskotheken keine Zigarettenwerbung vor 22 Uhr in dem Diskotheken-Medium *Video-Disco* ausgestrahlt werden. Kinowerbung

Ganz allgemein gilt, dass alle Werbefilme, nicht nur aus der Zigarettenbranche, vor ihrer Ausstrahlung bei der Freiwilligen Selbstkontrolle der Filmwirtschaft (FSK) vorgelegt werden müssen, die wie bei Kinofilmen eine Zensur oder Altersbegrenzung auferlegt. Dies wirft natürlich einige Probleme auf, wenn ein Kinospot erst ab 16 Jahre freigegeben wird. Es gibt aber in der Regel meist nur Filme frei ab 12 Jahre oder 18 Jahre. FSK

Werbung in Sportstätten und bei Sportveranstaltungen sowie die Darstellung von Sportlern und Sportgeräten in der Werbung ist unzulässig. Sport

Bei den sonstigen Werbemitteln ist es unzulässig, Werbeartikel wie Luftballons, Fähnchen usw. an Kinder zu verteilen, da sie diese Dinge sehr begehren. Auch Sonstige Werbemittel dürfen den Zigarettenpackungen keine Bilder, Gutscheine und Bilderschecks beigefügt werden.

Proben

Bei der Verteilung von *Gratisrauchproben,* z. B. in Gaststätten, ist darauf zu achten, dass dort auch Zigaretten verkauft werden, z. B. über einen Zigarettenautomat, und nur eine Originalpackung pro Konsument abgegeben wird.

Sport und Gesundheit

Daneben existieren noch Beschränkungen, z. B. dass jede Art von Zigarettenwerbung unzulässig ist, die sich *gesundheitlicher* Argumente bedient, oder die Darstellung *leistungssportbezogener* Werbung mit Sportlern, sportlichen Kleidungsstücken oder Geräten.

Jugend

Jugendbezogene Werbung ist unzulässig. Gemeint ist hier die Darstellung von Personen, die jünger als 30 Jahre (Nachweis Lebensalter) sind oder als jünger angesehen werden. Es dürfen keine Situationen oder Umgebungen dargestellt werden, die für Jugendliche oder Heranwachsende typisch sind (Diskothek, Universität usw.) und die Personen dürfen sich nicht typischerweise wie Jugendliche kleiden. Auch darf die Werbung nicht mit Äußerungen, die dem typischen Wortschatz Jugendlicher und Heranwachsender entnommen sind, werben. Das Inhalieren des Zigarettenrauchs darf nicht als nachahmenswert dargestellt werden. Personen und Prominente, die aufgrund ihres Erfolges oder ihrer Tätigkeit für Jugendliche und Heranwachsende einen Vorbildcharakter haben, dürfen weder dargestellt noch genannt werden.

EU-Richtlinie

Das Verbot der direkten und indirekten Tabakwerbung gemäß EU-Tabakverbot-Richtlinie 98/43/EG 7 bedeutet, dass die EU-Staaten verpflichtet sind, die Tabakwerbung in eigenen Land schrittweise zu verbieten (siehe dazu Abschnitt 5).

Auch im Bereich der Automobilindustrie will die EU die Werbungtreibenden verpflichten, im Werbeauftritt den Kraftstoffverbrauch und die CO_2-Werte zu nennen.

Automobilwerbung

Bereits 1971 hat die deutsche Automobilindustrie eine freiwillige Selbstkontrolle innerhalb der Automobilwerbung geschaffen. Danach soll die Werbung keine direkten oder indirekten Appelle an einen unangemessenen Durchsetzungswillen eines Verkehrsteilnehmers gegenüber anderen enthalten. Dies bedeutet auch, dass Angaben über Höchstgeschwindigkeiten weder an einer auffälligen Stelle platziert noch besonders hervorgehoben werden sollen. Diese Selbstkontrolle des Verbandes der Automobilindustrie (VDA) hat bisher sehr gut funktioniert. Doch immer wieder einmal erregte der Werbestil einiger Automobilanbieter bei verschiedenen Politikern und beim Bundesverkehrsministerium Missfallen. So wurden im Jahre 1988 mit der Einrichtung des Beobachterkreises Automobilwerbung neue Akzente in der Selbstkontrolle gesetzt. Dieses unabhängige Sachverständigengremium des VDA beobachtet die gesamte Branchenwerbung und richtet sein Augenmerk nicht nur auf die „klassischen" Automobilanzeigen, sondern auch auf entsprechende Anzeigen der Hersteller von Kraftfahrzeugteilen, -zubehör und von Reifen.

Für den Bereich der Alkoholwerbung existieren Verhaltensregeln des Deutschen Werberates (DWR) über die Werbung und das Teleshopping für alkoholische Getränke (in der Fassung von 1998). Zusätzlich gibt es aber auch die Bestimmung, dass es bei der Werbung für alkoholische Getränke im Kino unzulässig ist, in Vorstellungen, die für Jugendliche unter 18 Jahren frei sind, für einen vor 18 Uhr liegenden Zeitraum zu disponieren. In den übrigen Vorstellungen sollen nur drei alkoholische Getränke beworben werden, wobei hier zusätzlich für bis zu zwei Biersorten und ein alkoholfreies Bier geworben werden darf. Auch hier wird die EU wohl demnächst ein mehr oder weniger starkes Verbot der Werbung aussprechen. Alkoholwerbung Teleshopping

Alle diese Regeln werden von den Branchenorganisationen auf ihre Einhaltung hin selbst überwacht und es wird sanfter Druck auf die Beteiligten ausgeübt, damit sie eventuell ihre Werbemaßnahmen überarbeiten. Lässt sich keine gütliche Einigung erzielen, dann wird zum Teil, z. B. bei der Zigarettenindustrie, eine Übertretung mit Bußgeldern bestraft.

Doch die wichtigste Funktion dieser freiwilligen Werbeselbstschränkungen ist für alle Beteiligten, zu verhindern, dass Werbung beim Endverbraucher, der ja umworben wird, aneckt und der Staat in das Werbegeschehen eingreifen muss.

5. Rahmenbedingungen der deutschen Werbewirtschaft durch EU-Recht (Richtlinien der EU-Kommission)

Seit 1993 haben wir ein wirtschaftlich vereintes Europa. In den Ländern der Europäischen Union (EU) gilt aber weiterhin ein unterschiedliches Werberecht. Doch bereits seit 1984 versucht die EU durch Richtlinien und Verordnungen, ein solches gemeinsames Werberecht zu schaffen. Im Jahr 1984 hat sie die EU-Richtlinie über irreführende Werbung verabschiedet, die den Wettbewerb und auch den Verbraucher schützen soll. Jedoch wird in jedem Mitgliedsstaat bei der Rechtsprechung ein unterschiedlicher Maßstab anlegt, sodass nicht von einer EU-Rechtsprechung gesprochen werden kann. Dies wäre nur möglich, wenn die Rechtsprechung durch den Europäischen Gerichtshof (EuGH) aufgrund eines einheitlichen europäischen Werberechtes stattfände. Nationale Gerichte, beispielsweise in der Bundesrepublik Deutschland, würden natürlich deutsche Verhältnisse im Werbegeschehen berücksichtigen bzw. Maßstäbe anlegen, nicht aber, denn das steht ihnen nicht zu, die Verhältnisse, Sitten usw. in einem anderen EU-Land. Hier könnte wohl nur der EuGH durch Abwägen der unterschiedlichen Vorstellungen in den betreffenden Ländern zu einer einheitlichen Rechtsprechung in Europa kommen. EU-Werberecht

EG-Vertrag

In der Entwicklung eines einheitlichen europäischen Werberechtes wird der Artikel 30 des EG-Vertrages eine entscheidende Rolle spielen, der es den Mitgliedern untersagt, solche Werbemaßnahmen aus anderen EU-Mitgliedsstaaten, die dort erlaubt sind, im eigenen Lande zu verbieten. Seit 1993 sind solche Maßnahmen immer dann erlaubt, wenn sie mit der jeweiligen Rechtslage des EU-Herkunftlandes des Werbungstreibenden übereinstimmen, so genanntes Herkunftslandprinzip.

In der Bundesrepublik Deutschland existieren einige Gesetze wie das Rabattgesetz oder die Zugabeverordnung sowie einige werberechtliche Sondernormen, die es in anderen EU-Staaten so nicht gibt. Hat die deutschen Wirtschaft in der Vergangenheit großen Widerstand gezeigt, als Rabattgesetz und die Zugabeverordnung fallen sollten, so gibt es im Jahr 2000 sehr viele Stimmen, die eine Abschaffung fordern. Entscheidend ist wohl, dass sich die EU-Wirtschaftsminister auf eine Richtlinie geeinigt haben, die Werbung im Internet, Online-Verträge und Haftungsfragen regelt, und dass Maßnahmen zur Verkaufsförderung wie Rabatte oder Geschenke grundsätzlich erlaubt sind, wenn dem Verbraucher die Bedingungen zur Inanspruchnahme klar und deutlich erklärt werden.

E-Commerce-Richtlinie

Werden wir in Zukunft in Deutschland ein Zwei-Klassen-Werberecht haben? Für Unternehmen aus anderen Mitgliedsstaaten gelten die besonderen deutschen Werberegeln ja nicht, wohl aber für deutsche Unternehmen, die damit gegenüber der Konkurrenz benachteiligt wären. In dieser E-Commerce-Richtlinie der EU ist festgeschrieben, dass die Gesetze des betreffenden Landes gelten, in dem der Anbieter, d.h. der Werbungtreibende, seinen Sitz hat, es gilt also das Herkunftslandprinzip. Dadurch sind deutsche Unternehmen gegenüber einem Anbietern aus einem anderem EU-Land mit anderen Gesetzen im Nachteil, da sie die Gesetze der Bundesrepublik beachten müssen. Für den Konkurrenten aus Dänemark gelten als EU-Ausländer die weicheren Gesetze seines Landes.

Spamming

In dieser E-Commerce-Richtlinie wird auch die heute rechtlich unhaltbare Situation durch das massenhafte Aussenden von unerwünschten Werbe-E-Mails (Spamming) geregelt, analog der Rechtssprechung, dass keine unaufgeforderte Telefax-Werbung versandt werden darf.

Tabakwerbeverbot

Bisher versuchen die Länder, Probleme mit ihren Nachbarn auszuschließen bzw. zu mildern, wie das belgische Tabakwerbeverbot vom Januar 1997 zeigt. Auf Drängen der deutschen Bundesregierung und der Europäischen Kommission wurde die Gesetzesvorlage dahingehend geändert, dass das Verbot der Tabakwerbung nicht für ausländische Zeitungen und Zeitschriften gilt. Auch Frankreich hatte einige Abstriche an seinen nationalen Gesetzen hinsichtlich der Werbung für Tabakprodukte gemacht.

Doch haben die EU-Kommission und das Europäische Parlament im Bereich der Tabakwerbung ein Verbot (EU-Tabakverbot-Richtlinie 98/43/EG 7) durchgesetzt. Das Verbot der direkten und indirekten Tabakwerbung bedeutet, dass die EU-Staaten verpflichtet sind, diese Richtlinie binnen drei Jahren in nationales Recht

umzusetzen. Ab dem 31.07.2001 besteht ein grundsätzliches Verbot für jede direkte und indirekte Tabakwerbung für Produkte, das Sponsoring und das Sampling für Tabakerzeugnisse. In Deutschland ist dann verboten: Plakatwerbung, Kinowerbung und Dekowerbung.
Außerdem verboten, aber durch nationale Auslauffristen verlängerbar ist:

- Tabakwerbung in Printmedien bis 31.07.2002,
- Sponsoring zugunsten von Tabakerzeugnissen bis 31.07.2003,
- Sponsoring von Kulturveranstaltungen bis 31.07.2003,
- Sponsoring von Veranstaltung und Aktivitäten, die weltweit organisiert sind (Formel 1), bis zum 01.10.2006.

Ausgenommen vom Tabakwerbeverbot sind nur Werbung in Mitteilungen im Tabakhandel, Werbung in und an Tabakfachgeschäften und Kiosken in Griechenland (so genannte Periptera) und die Werbung in Printmedien außerhalb der EU.
Grundsätzlich verboten, aber mit möglichen nationalen Ausnahmen ist die Werbung für bereits bestehenden Produkte der Markendiversifikation wie beispielsweise Camel Boots, HB-Bildbände, Peter Stuyvesant Travel Reisen usw., jedoch nur bei deutlich verändertem Markenauftritt.

Automobilwerbung

Ebenso hat die Kommission für die Automobilwerbung einen Entwurf (Gemeinsamer Standpunkt (EG) Nr. 17/1999 – 23.02.1999) einer Richtlinie vorbereitet. Diese Regelungen zur Kfz-Werbung stehen im Zusammenhang mit der Umweltpolitik: Der Richtlinienentwurf bestimmt, dass jede Art von Werbung für neue Fahrzeuge, sei es im Verkaufsraum (mindestens DIN-A4-große Hinweisschilder) oder in Anzeigen, deutlich die Angaben über den Benzinverbrauch und die spezifischen CO_2-Emissionen des betreffenden Fahrzeugs enthalten muss. Diese Richtlinie soll bis Herbst 2000 umgesetzt sein.

Alkoholwerbung

Neu ist der Vorstoß der EU-Kommission zum Verbot der Alkoholwerbung. Es liegt der Entwurf einer Ministerratsempfehlung vor, um den Alkoholkonsum von Jugendlichen und Kindern einzudämmen. Festgestellt wurde, dass der Alkoholmissbrauch dieser Altersgruppen drastisch gestiegen ist. Dabei soll Alkoholwerbung im Umfeld von TV- und Radiosendungen sowie in den Printmedien, die sich vor allem an Kinder und Jugendliche richten, untersagen werden. In diesem Zusammenhang ist auch zu berücksichtigen, dass die WHO-Europa bis zum Jahre 2005 in Europa umfassende Werberestriktionen im Bereich der Alkoholwerbung durchsetzen will. Werbung soll auf reine Produktinformationen reduziert, eine Totalzensur der audiovisuellen Medien eingeführt und Werbung bei Sportveranstaltungen verboten werden. Ebenfalls versucht das Bundesgesundheitsministerium auf „freiwilliger" Basis ein Verbot der Alkoholwerbung in der Zeit von 6 bis 22 Uhr sowie des Markenwettbewerbs bei Sportveranstaltungen durchzusetzen. Hinzu soll noch ein umfangreicher Warenaufdruck mit Warnhinweis o. Ä. kommen.

EU-Richtlinien

Die Rechtslage im Werbebereich wird auch in Zukunft sehr unüberschaubar sein, denn es gelten in der Bundesrepublik Deutschland eine Menge von EU-Richtlinien, Verordnungen usw. der EU-Kommission, wie z. B. Richtlinien zur Zulässigkeit vergleichender Werbung, zum Datenschutz, Etikettierungsrichtlinien (für so genannte Waschzettel) im Bereich der Heilmittelwerbung, Datenbankrichtlinie (Direktwerbung), Versandhandelsrichtlinie, Markenrichtlinie, Fernsehrichtlinie usw., die zum Teil in bundesrepublikanische Gesetze oder Verordnungen eingeflossen sind oder einfließen müssen. Daneben gilt aber weiterhin auch noch ein spezielles nationales Werberecht, sofern es nicht mit den Bestimmungen, Richtlinien etc. der EU kollidiert.

6. Kontrollfragen zu Teil XX

1. Unter welchen Voraussetzungen ist eine vergleichende Werbung zulässig?
2. Welche Erscheinungsformen der vergleichenden Werbung sind zulässig?
3. Unter welchen Voraussetzungen ist gemäß § 3 UWG die Alleinstellungs- und Superlativwerbung statthaft?
4. Wann ist Werbung im Sinne des § 3 UWG irreführend?
5. Welches Recht kann der Verbraucher bei unwahrer oder irreführender Werbung ausüben?
6. Welche Ausnahmetatbestände für die Gewährung von Rabatten nennt das Rabattgesetz?
7. Unterscheiden Sie Zugabe, Werbegeschenk und Warenprobe.
8. Welche Ausnahmen vom Verbot der Zugabe nennt die Zugabeverordnung (ZugbVO)?
9. Wann entspricht Werbung unter Nennung eines Preises den Richtlinien des Preisangabengesetzes und der Preisangabenverordnung (PAngVO)?
10. Welche Sonderveranstaltungen sind gemäß § 7 UWG zulässig bzw. erlaubt?
11. Welche Einschränkungen sieht das Lebensmittel- und Bedarfsgegenständegesetz (LMBG) für die Zigarettenwerbung vor?
12. Auf welche Medikamente beschränkt das Heilmittelwerbegesetz die Werbung in Publikumszeitschriften?
13. Worin unterscheiden sich die beiden technischen Schutzrechte Patent und Gebrauchsmuster?
14. Welche Marken, Zeichen und Dienstleistungsmarken können eingetragen werden?
15. Wie wird ein Urheberrecht übertragen?

16. Besteht eine Möglichkeit, Werbekonzeptionen und -ideen schützen (eintragen) zu lassen?
17. Wann besteht die Möglichkeit, einen Werbeprospekt urheberrechtlich schützen zu lassen?
18. Welche Möglichkeit gibt es, auf europäischer oder internationaler Ebene Erzeugnisse, Marken usw. schützen zu lassen?
19. Welche rechtlichen Einschränkungen bezüglich der Werbung durch den Rundfunkstaatsvertrag und die Medienrichtlinien der Medienanstalten gibt es für:
    a) öffentlich-rechtliche Fernsehsender (ARD/ZDF),
    b) private Fernsehsender?
20. Was ist beim Sponsoring im öffentlich-rechtlichen und privaten Fernsehen zu beachten?
21. Welche Sanktionsmöglichkeiten hat der Deutsche Werberat bei Verstößen gegen die freiwilligen Werberegeln der deutschen Werbewirtschaft?
22. Welchen freiwilligen Einschränkungen unterliegt die Tabak-/Zigarettenwerbung seit 1972? Und welchen ab 2001?
23. Nennen Sie die freiwilligen Einschränkungen für den Einsatz von Alkoholwerbung in Filmtheatern.
24. Nennen Sie die wichtigsten EU-Richtlinien und ihre Auswirkungen für Werbungtreibende in der Bundesrepublik Deutschland.

7. Literaturverzeichnis zu Teil XX

Amann, J. / Jasper, R., Hrsg.: Rechtsfragen in Wettbewerb und Werbung, Loseblattsammlung, Stuttgart.

Dietz, K.: Werbung: Was ist erlaubt? Was ist verboten?, Planegg 1992.

Dobbeck, O. D.: Wettbewerb und Recht, Wiesbaden 1991.

Francke, L.: Erlaubtes und Unerlaubtes in Verkaufsförderung und in der Werbung von A–Z, 3. Auflage, München 1994.

Gloy, W.: Handbuch des Wettbewerbsrechts, München 1986.

Helsinki Media: Print, Copyright and the publishers, Vantaa 1996.

Hooffacker, G.: Warenschutz, in: PC Direct Nr. 4/1992, S 464 u. 466.

Koblitz, A. / Möllering, J.: Sonderausgabe Wettbewerbsrecht und Werbung, Wettbewerbs- und Kartellrecht der EU, Berlin 1999.

Kühner, A.: TV-Werberecht. Der Rundfunkstaatsvertrag ... (Teil 1 und 2) in: Horizont Nr. 2 und 3/2000, Frankfurt am Main 2000.

Nordmann, W.: Wettbewerbsrecht, 7. Auflage, Baden-Baden 1994.
Plener, M.: Praktisches ABC „Werberecht", Freiburg 1995.
Schmidt, S.: Werbung und Recht von A bis Z, Hamburg 1993.
Schönfelder, H.: Deutsche Gesetze, Loseblattsammlung, München.
Schotthöfer, P. W.: Ein Europa-Werberecht kommt mühsam voran, in: w&v Nr. 44/1992.
Schräder/Hohl: Der Wettbewerbsberater, Loseblattsammlung, Berlin.
Schricker, G., Hrsg.: Recht der Werbung in Europa – Band 1 Einführung, Bonn 1990 (hier sind die wichtigsten EG-Richtlinien zu finden).
Wenzel, K. E.: Recht und Unrecht in Wettbewerb und Werbung, 8. Auflage, Bonn 1996.
ZAW, Hrsg.: Irreführende Werbung in Europa.
ZAW, Hrsg.: Spruchpraxis Deutscher Werberat.
ZAW, Hrsg.: Werbung in Deutschland.
ZAW, Hrsg.: Werbung in Grenzen.
ZAW, Hrsg.: Werbung und Baurecht – Das Genehmigungsverfahren.
ZAW, Hrsg.: ZAW-Jahrbuch des Deutschen Werberates.
ZAW, Hrsg.: Werbeselbstdisziplin in Europa.
ZAW, Hrsg.: Werbung und Baurecht – Örtliche Bauvorschriften.
ZAW, Hrsg.: Tabak Werbung – Fakten ohne Filter.
ZAW, Hrsg.: Nüchterne Fakten zur Werbung für alkoholische Getränke.
ZAW, Hrsg.: Schleichwerbung in Pressemedien.
ZAW, Hrsg.: Kinder, Kinder – Über das Unbehagen an der Werbung.
ZAW, Hrsg.: Nackte Tatsachen – Das Frauenbild in der Werbung.

Richtlinien und Rundfunkstaatsverträge

ARD-Richtlinien für die Werbung, das Programm und für das Sponsoring vom 24.06.1992.
ZDF-Richtlinie für die Werbung, zur Durchführung der Trennung von Werbung und Programm und für das Sponsoring von 1992.
Gemeinsame Richtlinien der Landesmedienanstalten von 1993.
Entwurf der Medienanstalten – Neufassung Fernseh-Werberichtlinien 1999.
Bundesanzeiger vom 07.12.72, Nr. 229, so genanntes Ministerkartell gemäß § 8 GWB durch den Bundeswirtschaftsminister zur Zigarettenwerbung.
Vereinbarung der Zigarettenindustrie mit dem Bundesgesundheitsminister über Werbeselbstbeschränkung, Pressemitteilung des BMG Nr. 41/93 vom 29.04.1993.
Staatsvertrag von 1961 zur Gründung des Zweiten Deutschen Fernsehens.

Rundfunkstaatsvertrag von 1987 (Medienstaatsvertrag).

Staatsvertrag über den Rundfunk im vereinten Deutschland 1991, (Rundfunkstaatsvertrag), zuletzt geändert durch Vierten Rundfunkstaatsvertrag, in Kraft getreten zum 01.04.2000.

BGH-Urteil vom 22.05.86 (I ZR 11/85) zum „Pepsi-Cola-Test".

BGH-Urteile vom 05.02.1998 (I ZR 211/95) und 23.04.1998 (I ZR 2/96, (UWG-Preisvergleiche).

Autorenverzeichnis

Engelhardt, Bernhard

Diplom-Handelslehrer, Betriebswirt (grad.), Oberstudienrat, studierte an der Fachhochschule Frankfurt/M. Fachbereich Wirtschaft mit dem Schwerpunkt Marketing, an der Johann-Wolfgang-Goethe-Universität Frankfurt/M. und an der Gesamthochschule Kassel Wirtschaftspädagogik und Gesellschaftslehre, lehrt Werbebetriebslehre an der Stauffenbergschule in Frankfurt/M., ist Dozent für Werberecht am IMK in Wiesbaden und *Autor von Teil XX Werberecht.*

Frick, Hans-Adolf

Diplom-Kaufmann, Oberstudiendirektor, studierte Betriebswirtschaftslehre an der Universität Nürnberg-Erlangen, ist Schulleiter der Johann-Friedrich-von-Cotta-Schule in Stuttgart und *Autor des Kapitels Der Betrieb „Werbeagentur".*

Gemeinhardt, Roland

Diplom-Handelslehrer, Studiendirektor, studierte Betriebs- und Volkswirtschaftslehre an den Universitäten Würzburg und Nürnberg, ist stellvertretender Schulleiter der Johann-Friedrich-von-Cotta-Schule in Stuttgart und *Autor des Kapitels Finanzierung.*

Kreuzer, Christine

Diplom-Handelslehrerin, studierte an der Universität Köln Wirtschaftspädagogik, war in der Ausbildungsleitung bei der Firma UBS in Dormagen, ist Studienrätin mit Schwerpunkt Werbelehre an der Johann-Friedrich-von-Cotta-Schule in Stuttgart und *Autorin von Teil XIV Product-Placement.*

Lämmle-Koziollek, Beate

Diplom-Haushaltsökonomin, studierte an der Universität Stuttgart-Hohenheim, arbeitete in der Kundenberatung bei der Werbeagentur Märtterer + Schuschkleb sowie bei der Stoll + Fischbach Gruppe, ist Inhaberin der Agentur M & M, Marketing & Management-Beratung in Wimsheim und *Autorin von Teil III Marketingforschung, von Teil XVI Werbeerfolgskontrolle sowie Co-Autorin von Teil X Verkaufsförderung.*

Langner, Mechthild

Diplom-Handelslehrerin, studierte Wirtschaftspädagogik mit Nebenfach Markt- und Werbepsychologie an der Ludwig-Maximilian-Universität in München, arbeitete in der Kundenberatung bei Scholz & Friends in Hamburg sowie als freie Beraterin bei Serviceplan in München, lehrt Werbebetriebslehre und Werbepsychologie an der Berufsschule für Werbung in München und ist *Co-Autorin von Teil V Marketingkommunikation sowie von Teil VII Werbung.*

Märtterer, Gerhard

Diplom-Wirtschaftsingenieur (FH) Fachbereich Werbetechnik/Werbewirtschaft, studierte an der Fachhochschule für Druck in Stuttgart, ist Geschäftsführer der Werbeagentur MÄRTTERER + SCHUSCHKLEB GmbH in Waiblingen, nebenberuflich tätig als Lehrbeauftragter im Fach „Gestaltung Non-Print-Medien" an der Hochschule für Druck und Medien in Stuttgart und *Autor des Kapitels Audiovisuelle Medien.*

Matt, Bernd Jürgen

Professor für Planung und Steuerung in der Druckindustrie an der Hochschule für Druck und Medien in Stuttgart. Öffentlich bestellter und vereidigter Sachverständiger für Preisbildung und Wirtschaftlichkeit von Druckerzeugnissen einschließlich gedruckter Werbemittel und *Autor von Teil XVIII Produktion Print- und Non-Print-Medien.*

Meichle, Thomas

Diplom-Betriebswirt (FH) Fachbereich Werbung, studierte an der Fachhochschule für Wirtschaft in Pforzheim, ist geschäftsführender Gesellschafter und Creative Director bei der Werbeagentur RTS Rieger Team in Leinfelden-Echterdingen und *Autor des Kapitels Präsentation.*

Pflaum, Dieter

Professor, Diplom-Volkswirt, studierte an den Universitäten München und Saarbrücken, ist Professor an der Fachhochschule für Wirtschaft in Pforzheim, Dekan für den Fachbereichsleiter für Werbewirtschaft und *Autor von Teil II Einführung in das Marketing.*

Reuter, Geert

Diplom-Handelslehrer, Oberstudienrat, studierte an der Universität Hamburg und an der Freien Universität Berlin neben Pädagogik Betriebs- und

Volkswirtschaft mit Schwerpunkten in Unternehmensforschung, Industrie-, Bank- und Handelsbetriebslehre, Steuerrecht und Bilanzen sowie Statistik und Ökonometrie, ist Leiter des Fachbereichs Werbung an der Staatlichen Handelsschule Wandsbek in Hamburg und *Autor des Kapitels Die Corporate Identity, von Teil X Verkaufsförderung, Teil XII Direkt-Marketing und Teil XV E-Commerce.*

Roth, Antje

Diplom-Wirtschaftsingenieur (FH) Fachbereich Werbetechnik/Werbewirtschaft, studierte an der Hochschule für Druck und Medien in Stuttgart, ist Inhaberin der Kommunikationsagentur CO4 Communications in Stuttgart und *Co-Autorin von Teil XIX Multimedia.*

Schneider, Karl

Diplom-Betriebswirt (FH), Studienrat, studierte Betriebswirtschaftslehre mit Schwerpunkt Marketing an der Fachhochschule für Wirtschaft in Ludwigshafen, Wirtschaftswissenschaften an der Universität Hohenheim und Berufspädagogik an der Berufspädagogischen Hochschule in Stuttgart-Hohenheim, ist Fachlehrer für Marketing-Kommunikation und Fachbetreuer für Werbung an der Johann-Friedrich-von-Cotta-Schule in Stuttgart und *Autor von Teil IX Sponsoring, Teil XI Event-Marketing und des Kapitels Organisation in der Werbewirtschaft.*

Scholz, Armin

Diplom-Handelslehrer, Betriebswirt, studierte an der Ludwig-Maximilian-Universität in München, ist Oberstudienrat an der Berufsschule für Werbung in München und *Autor von Teil VI Media-Grundlagen.*

Schrader, Harald

Diplom-Betriebswirt (FH), Diplom-Handelslehrer, Studiendirektor, studierte an den Fachhochschulen in Augsburg und München Fachbereich Betriebswirtschaft mit Schwerpunkt Marketing sowie an der Ludwig-Maximilian-Universität in München Wirtschaftspädagogik und Politologie, lehrt Werbebetriebslehre an der Berufsschule für Werbung in München sowie Werbepsychologie an der Deutschen Modeschule in München und ist *Autor von Teil V Marketingkommunikation und Teil VII Werbung.*

Seebohn, Joachim

Diplom-Wirtschaftsingenieur (FH) Fachbereich Werbetechnik/Werbewirtschaft und Diplom-Wirtschaftsingenieur (FH) Fachbereich Verlagswirtschaft/Verlagsherstellung, studierte an der Fachhochschule für Druck in Stuttgart, ist Inhaber der AGENTUR FÜR WERBUNG in Waiblingen und *Autor von Teil VIII Öffentlichkeitsarbeit und Teil XVII Konzeption und Gestaltung von Werbemitteln.*

Sirin, Mine

Diplom-Wirtschaftsingenieur (FH) Fachbereich Werbetechnik/Werbewirtschaft, studierte an der Hochschule für Druck und Medien in Stuttgart, ist Inhaberin der Kommunikationsagentur CO4 Communications in Stuttgart und *Co-Autorin von Teil XIX Multimedia.*

Walper, Ralph

Diplom-Handelslehrer, Diplom-Kaufmann, Oberstudiendirektor, studierte Betriebswirtschaftslehre mit Schwerpunkt Marketing an der Freien Universität Berlin, ist Schulleiter der Staatlichen Handelsschule Wandsbek in Hamburg und *Autor von Teil IV Marketinginstrumente.*

Walter, Martin

Wirtschafts-Ingenieur (FH), studierte an der Fachhochschule für Druck in Stuttgart im Fachbereich Werbe- und Verlagswirtschaft, ist Leiter der Werbeabteilung der Messe Stuttgart International und Autor von Teil XIII Messen und Ausstellungen.

Stichwortverzeichnis

E

L

N

W